경성의 아빠트

경성의 아빠트
ⓒ 박철수·권이철·오오세 루미코·황세원, 2021

초판 1쇄 펴낸날 2021년 4월 30일
초판 2쇄 펴낸날 2021년 6월 30일
지은이 박철수·권이철·오오세 루미코·황세원
펴낸이 이상희
펴낸곳 도서출판 집
디자인 로컬앤드

출판등록 2013년 5월 7일
주소 서울 종로구 사직로8길 15-2 4층
전화 02-6052-7013
팩스 02-6499-3049
이메일 zippub@naver.com

ISBN 979-11-88679-08-9 03910

- 잘못 만들어진 책은 바꿔드립니다.
- 책값은 뒤표지에 쓰여 있습니다.

[13] 정암총서

경성의 아빠트

박철수
권이철
오오세 루미코
황세원
지음

집

차례

008 책을 펴내며

017 모던 경성: 착란의 교향악
경성, 1935년 | 근대도시 경성의 꼴불견 | 지나친 가벼움과 지나친 무거움 | 아파트 도시 경성 | 아파트, 아빠-트 | 39곳의 경성 아파트 | 경성의 '아빠-트' 시대

039 전화번호부로 본 1930년대 경성의 아파트
전화의 도입 | 네 권의 전화번호부와 아파트의 등장 | 1930년대 경성의 주택난과 주거임대 업태 | 1930년대 숙박임대 업태 변화 | 서양식 고급 숙소, 호텔의 번성 | 천차만별 우후죽순, 일본식 여관과 조선식 여관 | 도시 곳곳, 속속 늘어난 하숙과 대가 | 전화번호부를 통해 살펴본 경성의 아파트 | 해방이후 호텔로 변모한 경성의 아파트

083 도쿄에서 경성으로 전해진 아파트
아파트멘트 | 아파트멘트하우스와 도시주택 | '아파트의 날' 그리고 아파트멘트의 출현 | 간토 대지진과 도준카이아파트 | 아파트 이미지의 차용 | 경성의 아파트 건설 붐 | 《성대문학》과 《경성잡필》에 등장한 경성의 아파트 | 당시 신문이 전한 외국의 아파트 | 미국 유학생의 아파트 경험 | 기이한 풍경으로 소개된 아파트 | 명랑한 세계 도시민의 생활

121 경성의 아파트는 어떤 모습이었을까
「아파트」(세놋는집=줄행랑)」 | 과연 어떤 모습이었을까: 남산동 미쿠니아파트, 내자동 미쿠니아파트, 취산아파트, 식산은행 독신자아파트

145 경성의 아파트에는 누가 살았을까
삼화원주택지 광고에 등장한 '아빠-트' 광고 | 아파트멘트 잡담 | 가족아파트 등장 | 경성 최고 상류층인 경성골프구락부 회원의 거처 | 화가 김환기, 법학자 황산덕과 도요타아파트 | 과연 경성의 아파트엔 누가 살았을까

177 경성의 아파트 집세

일본인과 조선인의 생활상 | 경성의 셋방살이 비용 | 집 없이도 사는 경성인! | 1930년대 일본 아파트 집세 | 경성의 아파트 집세는 얼마였을까 | 교활하게 올려받는 아파트 집세

195 아파트 임대사업 경영자, 건축청부업

아파트를 경영한 일본인들 | 호쾌하게 놀며 사업을 전개한 사업가, 미쿠니상회 대표이사 도이 세이치 | "조선 재계를 등에 업고 일어나는 일은 나말고는 누구도 못한다." 사업가 사이토 히사타로 | 전당포 사장 우에하라 나오이치와 모리 타쓰오 | 정계 진출과 부동산 회사의 경영자, 요시무라 겐지와 아오키 마사루 | 1930년대 일본인 토목건축 청부업자 | 1930년대 조선인 청부업자

215 아파트 취체: 아파트를 만든 법령과 제도

경성의 건축 법령 | 건폐율, 건축선, 건축물의 높이, 도로사선 | 아파트 규모를 결정하는 법령 | 일본에서 제정된 아파트건축규칙

231 지대가임통제령과 부영아파트

식민지의 나른함 뒤에 도사린 중일전쟁과 국가총동원법 | 지대가임통제령 발동 전후의 움직임 | 주택대책위원회의 경성부 주택 대책과 기존 아파트의 호텔 전업 | 식민지배 권력의 아파트 인식, 경성과 평양 | 도면을 통해 확인한 부영아파트, 청진과 대구

269 경성과 평양, 그리고 부산의 아파트 낙성식과 전람회

식민지 조선의 7대 도시 | 경성: 요란했던 옥상전망대 낙성식, 내자동 미쿠니아파트 | 두 동을 먼저 준공한 내자동 미쿠니아파트 | 사진으로 읽는 내자동 미쿠니아파트 | 경성의 아파트 공사장 중계와 상량식 전파 | 평양: 순수하고 아름다운 근대건축의 정수, 동정의 동아파트 | 평양흥업(주)과 평양무진(주) 그리고 동아파트(주) | 추적, 동아파트 | 부산: 두 곳의 청풍장아파트와 전람회 | 부평정 청풍장아파트 | 남빈 청풍장아파트 | 옥상정원과 아파트 | 아파트 생산 주체와 상황 변동

319 풍기문란과 아파트: 오락실과 빌리어드 그리고 댄스홀

몰락한 왕실과 순종 임금의 당구대 | 유행병처럼 번진 오락, 당구 | 내자동 미쿠니아파트 오락실 | 퇴폐와 중독의 온상으로 변한 마작과 당구 | 빌리어드 걸과 명랑, 그리고 베이비골프 | 부영아파트 오락장과 댄스홀

343 아파트에서 벌어진 사건과 사고

아파트의 사건·사고: 신문기사로 역추적한 1930년대 아파트 | 근대식 공동숙소에서 빈번하게 발생한 전염병과 화재 | 아파트로 숨는 도둑, 아파트에 사는 도둑 | 아파트 거주자의 고단한 삶이 투영된 실업, 횡령 그리고 자살사건 | 아파트를 배경으로 펼쳐진 비극적 사랑 | 일제강점기 말 통제의 대상으로 변모한 대규모 아파트

355 조선인이 경영한 덕수아파트

1930년 《경성·인천 전화번호부》 | 조선인 본위의 문화 「아파−트」 | 조옥현에서 다시 조옥현으로 | 덕수아파트−덕수여관·덕수호텔−덕수빌딩

379 추적! 경성의 아파트: 채운장아파트, 욱아파트, 중앙아파트

로마의 폐허에서 볼 수 있는 투우장과 같은 건물 | 쇼와의 변종, 우에하라 나오이치가 꾸몄던 경성 '무랑루즈'의 꿈 | 채운장아파트 이력 | 단 한 장의 사진으로 남은 욱아파트 | 기록이 남아있지 않은 중앙아파트

405 한 번쯤 스쳐 지났을 경성의 아파트

이 건물이 아파트? | 남산동 미쿠니아파트 | 아일빌딩 | 개발의 경계에서 | 그대로 남아있는 아파트와 변화를 거듭해온 아파트 | 과연 아파트였을까: 적선하우스와 구 미쿠니사택 아파트 | 남아있는 아파트 찾아가기: 남산동 미쿠니아파트, 취산아파트(현 아일빌딩), 청운장아파트, 국수장아파트, 황금아파트, 적선하우스

435 마치며: 시간을 거슬러 경성시절에 주목한 까닭

1930년대 전반기와 후반기 경성의 아파트 | 일제 패망에 따른 아파트의 변모 |
도시건축 유형으로서의 지속과 변용 | 마치며

451 부록

경성 어디에, 얼마나 많은 아파트가 있었을까 | 아파트 목록 읽기 |
지도에서 아파트 읽기

책을 펴내며

1939년 4월 박태원이 발표한 소설 〈윤초시의 상경〉[1]에는 흥미롭게도 '아파트'가 등장한다. 여기에 '대부분의 소설이 실제 세계의 특정 공간을 사실적으로 재현하고자 하고, 실제 공간의 지리적 혹은 지정학적 특성에 의해 제약받는 동시에 특정 공간은 고유한 이야기 형식을 발생시키고, 소설의 특정 스타일과 플롯은 특정한 공간을 필요'[2]로 한다는 주장을 보태 읽으면, 1930년대 말이라는 시간 배경과 경성이라는 특정 공간에는 적어도 '아파트'가 제법 있었다는 사실과 크게 다르지 않다.

게다가 "문학은 도시 공간이 사람들에게 어떻게 체험되고 의식 속에 각인되는지 이해할 수 있게 해주며, 문학의 언어를 통해 재현된 공간들은 상징적 차원에서 도시 공간을 새롭게 생산하는 역할"[3]도 마다하지 않는다는 말을 포개 보자. 그리고 다시 여기에 "소설이란 '사실적 자료'를 뛰어넘는 어떤 것"[4]이라는 단정적 어조까지 보태면 소설에서 '윤초시가 찾아 헤매던 홍수의 거처'가 혹시 '남대문통 5정목 모리총포점(毛利銃砲店) 건너편 빈 땅에 누군가가 본정서(本町署)에 아파트 건축허가 신청을 했던 그 아파트'[5]가 아닐까 하는 공연한 생각에 이르게 한다.

실제로 1938년 11월 6일자 《매일신보》는 '최근 경성 시내에만 크고 작은 「아파-트」가 30여 곳이 생겼고, 평양, 인천, 부산, 대구 등 소위 중요 도시로 약진하고 있는 곳에

---

1 — 박태원이 1939년 4월 《家庭の友》를 통해 발표했을 때 소설의 제목은 〈만인의 행복〉이었다. 그런데 같은 해 학예사에서 발간한 《박태원 단편집》에 수록되면서 〈윤초시의 상경〉으로 바뀌었다. 박태원의 소설 〈만인의 행복〉과 〈애욕〉에 대한 다양한 측면에서의 언급에 대해서는 권은, 《서강 인문연구전간 55: 경성 모더니즘—식민지 도시 경성과 박태원 문학》, 일조각, 2018, 87~119쪽 참조

2 — 권은, 《서강 인문연구전간 55: 경성 모더니즘—식민지 도시 경성과 박태원 문학》, 일조각, 2018, 16쪽

3 — 송은영, 《서울 탄생기: 1960~1970년대 문학으로 본 현대도시 서울의 사회사》, 푸른역사, 2018, 22쪽

4 — 황석영, 〈낙천적 활기와 비장한 결의: 송기숙의 소설 〈당제〉에 대한 해설〉, 《황석영의 한국 명단편 101: 04 폭력의 근대화》, (주)문학동네, 2015, 499쪽

5 — 〈南大門通に アパート 建設〉, 《조선신문》 1931년 3월 27일자

도 수없이 지어지고 있다. 특히 샐러리맨이 많은 은행이나 회사를 상대로 「아파-트」건설이 늘어가고 있는데, 그곳에는 30~100명의 대집단이 모여 생활하는 까닭에 풍기문란과 위생문제가 대두'된다고 걱정 아닌 걱정을 했다. 그보다 2년쯤 전인 1936년 1월에는 광희문 근처 채운장(彩雲莊)아파트 고용원이 연애 상대인 카페 여급과의 혼인 비용 마련을 고심하다가 낙담해 용산역을 출발해 남쪽으로 향하는 화물열차에 뛰어들어 삶을 마감했다는 사실이 알려지기도 했다.[6] 〈윤초시의 상경〉에 등장하는 좁고 어두운 아파트에서 문화병(文化病)이라 불린 결핵을 앓던 '홍수'와 동거인이었던 카페 여급 '숙자'의 모습이 겹쳐 안타까운 마음이 드는 사건이다.

1937년 6월에는 경성소방서에서 여관 이외에 '아파-트'의 형식을 갖춘 39곳을 보건위생시설 점검 차원에서 조사했다며, 아파트에 거처를 둔 이들을 1,035명으로 추산했다. 평균 잡아 한 곳에 26~27명이 들어 살고있는 꼴이니 소방이며 위생시설에 대한 구체적 대안 마련이 무엇보다도 시급하다고 한 것이다.[7] 혹시라도 식민지 경영에 방해가 될 일이 생길까 노심초사했던 조선총독부의 치밀한 염려였다. 그러니 〈윤초시의 상경〉에 등장하는 '아파-트'는 단순히 오래전 소설 속 장치이자 흥미의 대상이 아니라 매우 구체적이고 특정적인 동시에 사실적이라고도 할 수 있는 경성의 공간이며 장소였다. 서둘러 말하자면 1930년대 식민도시 경성은 가히 '아파트의 시대'였던 것이다.

"「아파아트」라니까, 윤초시는 지레짐작으로, 그것이 무슨 집 이름이겠거니 하여 누구에게든 그렇게만 물으면 남대문 밖에선 다 알려니 하였던 것이, 정작 알아보니 그것은 어림도 없는 수작이어서, '아파아트라니, 무슨 아파아트를 찾으시게요?'하고 사람들은 으레 되묻고, '그냥 아파아트라고만 하시면 어딘 줄 압니까?' 그리고는 저 갈 데로들 가 버리었다. 어떤 학생은, '번지는 아시나요?'하고, 그것만 안다면 바로 자기가 나서서 찾아 줄듯이 하였으나, 윤초시는 「아파트」라면 그만인 줄 알아, 애초에 그러한 것을 배워 두지를 안 하였던 것"[8]이라 했다. 때론 '연애의 시대'요, '잡지의 시대'라고도 호명하는 1930년대 식민지 대도시 경성은 다른 한편으로는 아파트가 넘쳐나던 곳이었으니 '아파트의 시대'라 불러도 그리 어색하지 않다.

실제로도 아파트가 경성을 위시한 대도시에 제법 들어섰지만 도심을 활보하던 '모

6 ─ 〈戀愛幻滅과薄俸歎〉, 《동아일보》 1936년 1월 10일자

7 ─ 〈消防衛生上의 不備로 危險한 旅館「아파-트」市內三十九個所調査의 結果 改善의 具體策講究〉, 《매일신보》 1937년 6월 5일자

8 ─ 박태원, 〈윤초시의 상경〉, 《윤초시의 상경》, 깊은샘, 1991, 82~83쪽

가와구치 마츠타로(川口松太郎) 감독의 영화
〈가을은 아파트의 창에〉(1930) 포스터.
출처: 일본국립영화아카이브

던보이'며 '모던걸'을 뺀 다른 이들에게는 도무지 생경한 모습이어서인지 사람들은 풍문으로만 듣던 아파트를 매우 다양한 방법으로 부르거나 표기했다. 일본어로 발행한 신문이나 서적에서는 대개 'アパートメンツ·ハウス' 혹은 'アパートメントハウス' 등으로 표기하거나 이를 줄여 'アパート'라고 했지만 우리말을 사용한 문헌이며 각종 대중잡지 혹은 여러 신문에는 '아파-트멘츠·하우스', '아파-트멘트', '아파-트' 등으로 부르거나 표기했다. 때론 당시 표기법에 따라 '아파-트멘트', '아파-아트(아파아트)', '아싸트', '아파트' 등으로 표기해 따로 가려 쓰지 않았다. 아주 특별한 경우이긴 하지만 미국인의 발음을 그대로 따라 표기한다는 취지에서 '판멘'⁹이라 표기한 경우도 있었다.

도이 세이치(土井誠一)라는 인물이 대표이사 사장을 했던 미쿠니상회(三國商會)가 일본 건축회사인 시미즈구미(清水組) 경성지점에 의뢰해 경성부 내자정(內資町, 현 내자동) 75번지에 지은 미쿠니아파트의 낙성식을 가진 것이 1935년 6월 1일이었는데, 얼마 지나지 않아 이 아파트는 조선에서 국제주의 건축양식을 대표하는 건축물 가운데 하나로 꼽혔다.¹⁰ 당시 가정용 연료로 사용했던 관제(官製) 연탄이나 만주의 무순(撫順)탄광에서

9 — '판멘'이라 표기한 예는 주요섭이 이전(李栓)이라는 고학생의 힘든 미국 생활을 조선 사람들에게 전한다는 취지에서 《동아일보》에 연재한 〈유미외기(留米外記)〉 가운데 1930년 3월 15일자에서 확인할 수 있다. 모르긴 해도 'apartment'를 [əpáːrtmənt]라 했던 미국인의 발음을 그대로 우리말로 옮겨본다는 취지에서 글쓴이가 고안해낸 표기법이라 여겨진다. 널리 쓰이지 않았기 때문이다.

10 — 홍윤식, 〈근대건축예술사상의 동향〉, 《조광》, 1937년 9월, 357쪽

채굴한 석탄을 자체 건조한 운반선을 이용해 조선으로 들여와 판매하던 회사가 부동산 임대업으로 사업 종목을 확장하고, 개인소유였던 업체를 주식회사 형태로 법인격까지 바꾸어가면서 아파트 경영에 본격 나선 경우가 바로 미쿠니상회이다. 그렇지만 당시 조선인 대부분은 조선에서 식민권력층이 유망한 사업으로 여긴 아파트 대실업(貸室業)에 대해 도무지 이해할 수 없었다.[11]

《신동아》 1933년 5월호는 이와 관련해 매우 흥미로운 기사를 실었다. 신조어 해설 정도라 할 수 있는 〈모던어 점고(點考)〉[12]에서 '아파-트멘트'를 설명했다. "아파-트멘트(apartment) 영어. 일종의 여관 또는 하숙이다. 한 빌딩 안에 방을 여러 개 만들어놓고, 세를 놓는 집이니, 역시 현대적 도시의 산물로 미국에 가장 크게 발달되었다. 간혹 부부생활을 아파-트멘트에서 하는 경우가 있지만 대개는 독신 샐러리맨이 많다. 일본에서는 줄여서 그냥 「아파트」라고 쓴다."[13]고 했다. 식민권력에 의해 근대도시, 소비도시로 모습을 바꾼 경성 곳곳에 들어선 아파트에 대한 궁금증을 친절하게 풀이해 준 것인데, 당시 누구나 궁금하게 여겼을 법한 외래어였기 때문이다. 이렇듯 '홍수'의 행방을 좇아 당도했던 1930년대 대도시 경성이 윤초시에게 과연 도깨비와 같은 곳이라 여겨졌던 것처럼 거의 모든 조선인에게, 아니 경성에서 살던 이들에게조차도 경성의 아파트는 수수께끼와도 같았다.[14]

그런 수수께끼 풀이를 위한 첫 질문은 대관절 경성 어느 곳에 얼마나 많은 아파트가 지어졌을까 하는 것이었다. 흔히 경성을 남촌과 북촌으로 구분해 그 위치를 대입한다

11 — 중일전쟁 이후 조선총독부가 마련한 조선의 주택난 완화방안 가운데 하나는 집을 임대하는 사업자인 대가업자(貸家業者)를 모아 조합을 조직해 가임(家賃) 상승을 억제하면서 쉽게 시장을 통제하는 것이었다. 다시 말해 한반도의 병참기지화에 따른 주택 문제에 이들을 적극 동원한 것이었는데, 이에 따라 1940년 12월 8일 경성대가조합 창립총회를 열어 조치를 구체화했다. 또한 경성을 비롯해 평양과 부산 등에서는 '아파트 경영자들이 (대가조합과는 다른) 대실조합(貸室組合)을 만들고, 경성의 6곳 이외의 주요 도시에 대가알선소 18개를 설치'하기도 했다. 대가조합과 대실조합의 차이를 통해 당시 아파트 공간 점유방식은 '대실'이었음을 쉽게 파악할 수 있다. 김윤경, 〈경성의 주택난과 일본인 대가업자들〉, 《서울학연구》 제78호, 2020 봄호, 2020년 2월, 17쪽 등 참조.

12 — '점고'란 하나하나 불러 확인한다는 뜻이니 세상이 어리둥절할 정도로 바뀌면서 그간 쓰였던 말로는 세계를 설명하기 어려웠던 모양이다. 잡지며 신문에서는 새로 등장한 직업이며 놀이와 오락에 대해 설명하거나 풀이하는 일이 잦았다.

13 — 〈모던語點考〉, 《신동아》, 통권18호, 1933년 5월, 19쪽.

14 — 이 내용은 壬寅生, 〈모던이씀〉, 《별건곤》 제25호, 1930년 1월, 136쪽에 실린 "과연 독개비와 갓고 수수꺽기도 갓다"에서 가져왔다.

면 당연하게도 남촌이 상대적으로 아파트 경영의 적지였을 것이니 당시 아파트의 위치를 조사해 지도에 옮겨보자고 작정했다. 그 결과 70여 곳의 경성의 아파트 목록을 새롭게 꾸릴 수 있었고, 번지수가 분명한 경우는 1930년대에 만들어진 지도에 이를 표기해 질문에 대한 간단한 답을 얻을 수 있었다. 내친김에 당시 일본인들이나 조선인들은 아파트를 어떻게 생각했는지, 각종 신문이 실어 날랐던 다른 나라의 아파트는 어떤 시선으로 바라봤는지에 대해서도 살폈고, 경성뿐 아니라는 당연한 시대적 명제를 좇아 평양이며, 부산, 대구와 목포 그리고 청진 등의 아파트 건설 움직임도 더불어 훑어보았다. 민간에서의 아파트 경영 움직임과 더불어 공적 권력주체였던 조선총독부의 부영(府營) 아파트에 대한 이해를 함께 살피기 위함이었다.

또 다른 호기심은 아파트에 살던 이들은 과연 누구이며, 무슨 일을 하는 사람들일까였다. 그저 방 한 칸을 얻어 지내는 통상의 하숙보다는 짧은 기간 머물다 떠나는 곳, 끼니는 아파트 식당에서 해결할 수 있지만 친구를 불러 함께 담소를 나누거나 당구를 치면서 그 비용만 따로 지불하던 곳이었으니 당연하게도 하숙과는 다른 것이 분명했다. 그러니 이런 곳을 이용하는 이들은 누구였을까 하는 궁금증은 누구나 가질 만한 것이었다.[15] 그리고 이런 사업을 일제 식민도시 경성에서 펼치며 돈벌이에 나선 이들은 또 어떤 부류일까 등 호기심은 점점 갈래를 늘렸고, 질문은 더욱 부풀었다.

아파트에 부설한 식당이며 당구장은 당연하게도 소비도시 경성의 불특정 다수를 대상으로 영업을 했으니 전화는 매우 유용한 영업수단이었을 것이다. 당시 발행한 전화번호부를 구해 꼼꼼하게 살핀 까닭이다. 이 작업을 통해 미처 몰랐던 경성의 아파트를 새로 찾고, 경성의 어느 곳에 자리하고 있었는가를 알아낼 수 있었다. 아파트가 왜 풍기문란의 온상으로 지목됐는지, 여럿이 함께 생활하는 곳이라는 이유만으로 보건위생이 허술했다고 판단한 근거가 무엇이었는지도 질문으로 삼았다. 하루가 멀다하고 등장한 아파트에서의 사건사고 소식은 그것이 단지 누군가에게는 마땅찮은 아파트라는 이유로 과잉 생산된 것은 아닌지도 들여다보았다. 1937년 7월 중일전쟁 발발 후 아파트가 대거 호텔로 전업했고, 이를 못마땅하게 여긴 총독부가 강력한 단속에 나서며 행정명령을 발동한 배경은 무엇이며, 총독부가 팔을 걷고 나서 주택난 완화대책을 도시마다 따로 마련할 것을 채근한 이유는 무엇인지 등으로 질문은 이어졌다. 그럴 때마다 오래전

---

15 — 이와 관련해 1940년 5월 도쿄 우에노(上野)공원 전람회 출품작가목록을 제공해 주신 마쓰오카 토모코(松岡とも子) 선생과 도요타 관련 기록을 건네주신 건축가 황두진 선생에게 특별한 감사를 전한다.

자료나 기록을 찾아 살펴 정리하고 궁리하는 일은 늘어만 갔다. 즐겁기는 했지만 난감하기 이를 데 없는 속수무책의 연속이었다.

전체 내용을 엮고 자료를 훑는 과정을 통해 그동안 잘못 이해했거나 사실 확인에 나서지도 않은 채 조급하게 주장했던 내용에 대한 부끄러움 역시 크게 자랐고, 꼼꼼하게 짚어 마음의 빚을 갚아야 한다는 의무감은 나날이 무게를 더해 갔다. 경성의 아파트에 특별하게 주목한 연구논문이나 단행본이 적지는 않으나 마땅치 않다는 사실을 확인한 뒤에는 일종의 의무감까지 더해졌다. 때론 위로부터의 건축역사 기술과는 다른 아래로부터의 사실 기록을 통해 결코 성글다고 밖에 할 수 없는 한국주거사나 한국건축사의 공극을 일부나마 메울 수 있지 않을까 하는 공연한 포부에 야릇한 흥분을 느끼기도 했다.

당연하게도 모든 기록은 권력의 잉여물이어서 버려진 외투처럼 여전히 서울 곳곳에 지금도 남아 시대를 증언하는 많지 않은 당시의 아파트조차도 변변한 기록과 원천자료를 가지고 있지 않았고, 흩어져 있는 관련 자료를 엮어 이해하려는 시도는 번번이 어긋났다. 힘에 부쳤지만 그럴 때마다 생각을 가다듬고 다시 신발끈을 동여맨다는 뜻에서 국가기록원, 국사편찬위원회, 미국국립문서기록관리보관소(The U.S. National Archives and Records Administration) 등이 소장한 사료와 각종 이미지 자료를 경성의 아파트라는 안경을 쓰고 오래도록 살폈고, 위안을 받아가며 적지 않은 성과를 낼 수 있었다.

1934년 11월 평양 동정(東町, 현 평양역 앞 창광거리와 영광거리에 둘러싸인 요충지)에 지어진 동(東)아파트 사진을 한국전쟁 중 미군의 평양 폭격 사진 무더기에서 발굴했을 때와 도쿄에 본사를 둔 시미즈건설주식회사의 아카이브에도 없는 회현동 욱(旭)아파트 자료를 국가기록원의 자료를 훑어 찾았을 때의 흥분과 기쁨은 원고를 쓰는 과정에서 쌓였던 지루함과 노고를 일거에 날리기에 충분했다. 그럼에도 이 책은 여전히 미완성이며, 지은이들의 부족한 역량 탓에 미처 알아차리지 못한 사실도 적지 않게 담겼을 것이 분명하다. 이 책이 미처 채우지 못한 많은 여백은 동료 연구자들이나 답사가들의 몫으로 남길 수밖에 없다는 것은 진실한 고백이다.

마지막으로 특별하게 감사를 표해야 할 기관이 여러 곳 있다. 서울역사박물관과 인천시립박물관 그리고 KT와 천안의 우정박물관, 한국연구원이 그곳이다. 서울역사박물관에서는 1930년대에 발간된 경성의 다양한 정밀지도를 공부에 쓸 수 있도록 사용을 허락해주셨으며, 인천시립박물관과 KT는 각각 1930년과 1939년에 경성중앙전화국에서 발행한 경성전화번호부를 마음껏 살펴볼 수 있도록 아량을 베푼 곳이다. 탈고 후 교정 과정에서 1934년 《경성·인천 전화번호부》를 촬영할 수 있게 친절을 보탠 곳은 천안의 우정박물관이다. 1945년 발행 《경성·영등포 전화번호부》를 제공해주신 한국연구원에도 깊은 감사를 드린다. 이 기관들 덕분에 제법 새로운 시선으로 경성의 아파트를 다시 살필 수 있었으며, 거듭되는 질문에 상당 부분 답을 구할 수 있었다. 전화번호부를 통해 경성의 아파트를 둘러볼 수 있었던 것은 행운이었음을 고백한다. 더불어 내자동 미쿠니 아파트 사진 원판을 표지에 사용할 수 있도록 허락해 준 시미즈건설주식회사(清水建設株式會社)에도 특별한 감사를 드린다.

경성의 아파트는 지금의 아파트와 사뭇 달랐다. 더러는 살림집이기도 했지만 대부분 독신아파트였고, 예외를 찾아볼 수 없을 정도의 완전한 도시형 임대주택이었다. 그것이 들어서는 곳은 도심 한복판이었기에 울타리라곤 찾아보기 힘든 복합용도의 도시건축이었으니 오늘날의 아파트와는 달라도 많이 달랐다. 대부분은 주변에 비해 상대적으로 규모가 크고 높은 건축물이었고, 길거리를 오가는 누구나 편안하게 들고 날 수 있는 근대도시의 특별한 장소였으며, 때론 익명의 누군가와 우연한 접촉을 통해 사회적 자본을 축적하기도 하는 전초기지였다.

그러니 당연하게도 1950년대 후반 이승만 정권에 의해 서울 도심 주요간선도로변에 집중적으로 지어졌던 상가주택과 크게 다르지 않았으며, 오늘날의 초고층 주상복합아파트와 닮은 구석 역시 적지 않다. 비록 오늘날의 아파트와 같은 이름으로 불렸다 하더라도 공간재현 방식의 절대적 다름으로 인해 1930년대 경성의 아파트를 그대로 아파트라 부를 수는 없었다. 책 제목을 "경성의 아빠트"로 조금 다르게 붙인 까닭이다.

《경성의 아빠트》는 연구자 여럿이 모여 공부를 함께 나눈 결과물이다. 이 책을 쓰기 전부터 몇몇은 한 해 정도 정기적으로 모여 공부했던 성과를 책자 발간으로 마무리 했다. 기왕 모여 즐겁게 공부하는 일상을 유지한 적이 있으니 서로에게 부담을 주지 않는 모임이 지속되기를 서로 걱정하며 고민하던 참이었다. 마침 이 책과 함께 세상에 나오게 된 《한국주택 유전자》에서 함축적으로 다뤘던 '1930년대 아파-트'를 서울이 경성이었던 시대에 주목해 폭넓게 그리고 집중적으로 살펴보자는 제안에 모두가 쉽게 동의했고, 그 이전과 마찬가지로 두 주일 간격으로 모여 각자 공부한 내용이며 발굴한 자료를 나누는 일에 공감했다.

공부 모임이 쉼 없이 이어지면서 흐릿하던 얼개가 조금씩 제 모습을 띠기 시작했을 즈음 도서출판 집에서 《경성의 주택지》[16]라는 단행본을 머지않아 세상에 내놓을 것이라는 소식을 접했다. 그 책이 주목한 내용이 주로 경성의 문화주택지라고 하니 우리는 '경성의 아파트'라는 제목으로 책을 만들어 같은 곳에서 출간하면 좋겠다는 말은 결국 씨가 됐고, 도서출판 집에서 흔쾌히 책을 내겠노라 했다.

    출판계약서에 서명을 하니 다소 느슨하던 공부 모임이 제법 팽팽한 기운을 얻게 됐지만 걱정 역시 이에 비례했다. 여전히 익숙하지 않은 일본어 문헌과 자료 해독이 가장 문제였다. 마침 우연한 기회로 알게 된 오오세 루미코(大瀬留美子) 선생이 떠올랐고, 도움과 참여를 부탁했다. 우리말도 능숙한 분이니 일본으로 돌아가기 전 함께 어울려 책을 만들어 한국 체류를 함께 기억하자고 간청했다. 기꺼이, 그리고 빠르게 청을 들어주셨다. 그렇게 집필진이 완전체를 이뤘고, 그후에도 전처럼 연구모임을 지속했다.

    특별한 인연이랄 것이 없는 여럿이 모여 공부하고 생각을 나누는, 그래서 누구에게도 익숙하지 않은 방법으로 책을 만드는 일은 자칫 깨지기 쉬운 유리그릇을 다루는 일만큼이나 조심스러웠다. 행여 잘못되지는 않을까 노심초사하며 각자 맡은 공부에 진력했다. 그 결과가 세상에 나온 것이니 서로에게 고마움을 전할 일임에 틀림없다. 서로를 다독이며 애썼노라 축하를 나눌 자그마하고 편안한 자리도 마련할 작정이다. 도서출판 집의 이상희 대표에게도 깊은 감사를 드린다. 틈이 날 때마다 공부 모임을 찾아 함께 얘기하며 걱정을 나누기도 했으니 함께 책을 지은이라 해도 전혀 과하지 않다.

    거의 100년에 가까운 지난 시대의 세상을 살필 수 있었던 것은 비록 충분하지는 않지만 조각난 기록자료 때문이다. 그런 뜻에서 지금도 어딘가에서 무언가를 기록하고 있을 모든 분들에게 이 책을 통해 응원과 격려를 더불어 전하고 싶다. 아무리 하찮을지라도 기록으로 남기는 일은 다른 무엇과도 견줄 수 없는 문화시민의 기본적 소양이자 태도다. 존재와 사라짐을 반복하는 것이 건축물의 속성이자 운명이라 하더라도 한때 누군가의 모든 세계였을 집에 대한 기록은 아무리 강조해도 지나침이 없을 일이기 때문이다. 그런 까닭에 이 책은 모든 기록자와 답사가의 것이기도 하다.

2021년 늦봄
지은이를 대표하여 박철수

16 — 이경아, 《경성의 주택지: 인구 폭증 시대 경성의 주택지 개발》, 도서출판 집, 2019

일러두기

지명 및 거리 이름, 인명, 회사 이름, 건축물 및 아파트 이름, 주택지 이름 등 일제강점기 명칭은 다음과 같이 정리했다.

1. 지명, 거리 이름, 건축물 규모와 바닥면적 표기
 - 일본의 지명은 표기 원칙을 따라 표기했다. 예) 동경(東京) → 도쿄
 - 우리나라의 지명은 당시 사용하던 한자를 그대로 읽고 괄호에 한자 표기와 현재 지명을 밝혔다.
   예) 내자정(內資町), 현 내자동
 - 일제강점기의 동네 영역이 지금과 정확히 일치하지 않는 경우에는 가장 대표적인 현재 동네 이름을 밝히고 '일대'로 표기했다. 예) 본정(本町), 현 충무로 일대), 죽첨정(竹添町), 현 충정로 일대)
 - 건축물 규모나 대실(貸室)의 기준이 되는 바닥면적 표기는 '평', '척' 등을 그대로 사용했고, 다다미의 경우는 '장'으로 표기했다. 예) 4.5첩 → 4.5장

2. 인명
 - 일본 사람의 이름은 표기 원칙에 따라 일본식으로 표기했다. 단 일본식 이름은 읽는 방식이 여러 가지인 경우가 있다는 점에서 오래전 이름을 하나씩 확인하는 데 한계가 있기에 가장 보편적이라고 생각되는 발음으로 표기했다.
   예) 토정성일(土井誠一) → 도이 세이치
   예) 청목승(青木勝) → 아오키 마사루와 아오키 가츠 중 아오키 마사루로 표기

3. 회사 이름
 - 일본 사람이 운영한 회사는 일본식 표기로, 한국 사람이 운영한 회사는 한자를 그대로 읽었다.
   예) 경성건축사(京城建築社) → 경성건축사
   예) 청수조(清水組)→ 시미즈구미, 삼전약방(森田藥房)→ 모리타약방

4. 건축물 및 아파트 이름
 - 일본에 있는 건축물 및 아파트는 표기 원칙에 따라 일본식 발음으로 표기했다.
   예) 동윤회아파트(同潤会) → 도준카이아파트, 제국(帝國)호텔 → 데이고쿠호텔
 - 한국에 있는 건축물 및 아파트 가운데 일본 사람 이름이나 일본의 지명, 일본의 고전이나 하이쿠 등에서 가져온 이름은 일본식 발음으로 표기했다. 그럼에도 사회화 과정을 보통명사처럼 통용되는 경우는 한자음을 우리말로 읽어 표기했다. 예) 영목(鈴木)아파트 → 스즈키아파트, 삼국(三國)아파트 → 미쿠니아파트
   예) 채운장(彩雲莊)아파트 → 채운장아파트, 소화장(昭和莊)아파트→ 소화장아파트
 - 한국의 지명이나 행정동 명칭, 한국 사람의 이름 붙인 경우, 한국의 지명 표기와 마찬가지로 한자 그대로 읽어주었다.
   예) 동(東)아파트 → 동아파트, 삼판(三坂)아파트 → 삼판아파트

5. 주택지 명칭
 - 개발 주체가 일본 사람인지 한국 사람인지, 일본에서 가져온 이름인지 여부와 상관없이 한자를 그대로 읽어주었다. 학계에서 기존에서 많이 사용하는 표기 원칙으로 혼동을 피하기 위해 선택한 방법이다.
   예) 소화원(昭和園)주택지 → 소화원주택지, 앵구(櫻丘)주택지 → 앵구주택지

모던 경성: 착란의 교향악[1]

1 — 이 제목은 1929년 10월 17일자 《동아일보》 머리기사 〈대경성은 어디로 가나 파괴와 건설의 교향악〉이란 글에서 가져왔다. 기사는 네 가지를 힘주어 언급하고 있다. 특히 경성의 도시 변화와 근대적 건축물의 신축으로 말미암아 경성은 신구의 교합처가 됐기에 파괴와 건설의 교향악이라고도 할 수 있는데 세계의 여러 도시 가운데 경성만큼 난조를 보이는 곳이 없다고 했다. 그런 까닭에 대경성 행진곡은 콘트라스트의 첨예화라 하면서 지난 12년 동안 경성의 팽창과 발달은 결국 일본인과 조선인의 불균형이라는 결과를 가져온 탓에 앞으로 이러한 피지배자와 지배자의 민족적 차별이 지속된다면 이들 사이에 자연적으로 충돌이 빚어질 것이라는 일종의 담대한 경고성 주장을 담았다.

경성, 1935년

"임진왜란이나 병자호란 같은 전란 이외에는 조선시대 500여 년간 한양의 인구는 10만에서 20만 내외로 유지돼왔다. 그런데 1920년에 들어 갑자기 25만이 되고 1930년대에는 40만, 1940년대에는 100만에 육박하게 되어 불과 30여 년 만에 경성 인구는 5배 이상 늘어났다."[2] 1930년대 허리쯤에 해당하는 1935년을 기준으로 할 때 "경성의 총 인구 40만 4,202명 중 28%는 일본인이었고, 조선에 앞서 일본의 식민지가 된 타이완의 같은 시기 총 인구 26만 명 중 약 30%가 일본인이었으니 이는 아시아의 다른 유럽 식민지 도시에 비해 월등히 많은 식민 지배국 인구가 유입됐음을 보여준다." 다시 말해 일본은 조선보다 앞서 일본제국의 식민지가 된 타이완과 지리적으로 가깝고 채광업자나 소시민 계급의 실업가 인구를 대량으로 식민지에 이식했다는 사실에서 프랑스의 북아프리카 일대 식민지와 견줄 만하다는 것이다.[3] 일제가 강점한 식민지 조선의 상대적 특이성을 이르는 말이다.

1935년 일본 수도 도쿄의 인구는 587만 5,667명으로 같은 시기 경성 인구의 14.5배 이상이었으니 여러 가지 면에서 경성보다 압도적이었다. 같은 해를 기준으로 삼을 때 조선인 4,646명이 유학생 신분으로 도쿄에 거주했고, 1942년에는 16,784명으로 늘었으니 그 사이 7년 동안 도쿄에 유학한 조선인 수는 3.6배 이상 증가했다.[4] 1935년 도쿄 거주 조선인은 도쿄 전체 인구의 1% 남짓으로, 경성에 거주하는 일본인 숫자 28%에 상대되지 못할 정도였다.[5] 조선은 열세였고, 당연히 수탈과 착취 대상이었다. 그러므로 소시민 계급의 일본 실업가가 돈벌이를 위해 조선으로 대량 유입된 반면 상대적으로 비교할 수 없을 정도로 그 수가 적은 조선인은 유학생이라는 신분으로 동경(憧憬)의 대도시 '동경(東京)'에서 근대적 지식 습득을 위해 체류하고 있었다는 것이니[6] 지배와 피지배의 역학관계를 여실히 드러내는 장면이 아닐 수 없다. 제국과 식민지의 극단

---

2 — 손정목, 《일제강점기 도시화과정 연구》, 일지사, 1996, 364쪽

3 — 조던 샌드 지음, 박삼헌·조영희·김현영 옮김, 《제국일본의 생활공간》, 소명출판, 2017, 24쪽

4 — 朴宣美, 《朝鮮女性の知の回遊: 植民地文化支配と日本留學》, 山川出版社, 2005, 28쪽

5 — 조던 샌드 지음, 박삼헌·조영희·김현영 옮김, 《제국일본의 생활공간》, 소명출판, 2017, 25쪽

6 — 조던 샌드 지음, 박삼헌·조영희·김현영 옮김, 《제국일본의 생활공간》, 소명출판, 2017, 26쪽. 1936년 도쿄에는 약 65,000명의 조선인이 거주했으며, 비록 같은 해는 아니지만 1935년 4,646명의 유학생이 도쿄에 살았다는 사실을 견주면 당시 도쿄 유학생은 도쿄 거주 조선인의 7.15% 정도에 해당한다.

1 1910년 도쿄 중심시가지인 야에스마치도리
 (八重洲町通) 풍경. 출처: 오가와 카즈마
 (小川一真), 《일본풍경풍속사진첩
 (日本風景風俗写真帖)》,
 오가와사진제판소(小川寫眞製版所), 1910

2 1930년 남산에서 바라본 경성 중심지 풍경.
 출처: 조선총독부 편, 《조선박람회기념사진첩
 (朝鮮博覽会記念写真帖)》, 1930

적 비대칭성으로 설명할 수 있고, 당연하게도 식민지에 대한 제국의 폭압과 수탈이 악랄할 수 있었음을 설명하는 대목이다.

이를 간파했던 육사 이원록(陸史 李源綠)은 1930년대 식민지 조선의 10년을 "살풍경의 10년"이라 했다. 1941년 1월 《조광》에 발표한 수필 〈연인기(戀印記)〉에서 그렇게 썼다. "세월은 12세 소년으로 하여금 그 인재(印材)에 대한 연연한 마음을 팽개치게 하였으니 내가 배우던 '중용', '대학'은 '물리'니 '화학'이니 하는 것으로 바뀌고 하는 동안 그야말로 살풍경의 10년이 지나갔다."고. 오래전 상하이에서 S에게 준 비취인(翡翠印)을 떠올리며 전부터 물고기나 새 모양으로 상형화해 쓰던 인장은 이미 바뀌고 변해 관청이나 회사 현관에 들어서며 수위장 앞에서 꾹 눌러 찍고 들어가는 목각 도장이나 수정에 새긴 도장으로 바뀌고 말았다는 회고였는데, 그 글 끄트머리에서 중용이나 대학이 물리나 화학으로 바뀌었음을 새삼 확인한 것이다. 그렇게 흐른 시간이 곧 살풍경의 10년이라 했는데 조선의 으뜸 도회지 경성도 중용이나 대학이 물리나 화학으로 바뀐 것만큼 거친 물살을 타고 바뀌기를 거듭했다.

근대도시 경성의 꼴불견

경성은 이미 1920년대부터 본격적 근대도시로 변모하기 시작했다. 서양식 건물이 거리 곳곳에 들어서 이색적인 분위기를 자아냈고, 밤이면 가로등과 네온사인이 번쩍이며 거리를 환히 밝혔다. 상점에 진열된 물건들과 이를 광고하는 각양각색의 선전물은 자본주의 물결에 휩쓸렸던 경성의 다른 모습이다. '서울 등 일부 대도시에 들어서기 시작한 백화점에서는 양복, 넥타이, 음료수, 안경, 전축, 원피스, 옷장, 모자, 양산, 핸드백 같은 근대적인 상품이 팔렸다. 1920년대에 일본에서는 이미 독점자본주의가 진전되고 있었고, 그 영향 아래 식민지 조선에서도 자본주의화 과정이 일정 부분 나타났다.'[7]

1930년대 경성은 이미 자본주의적 상업도시로 모습을 바꿨고, 지방 사람에게 대도시 경성은 그야말로 신천지였다. 물론 경성에 살고 있던 사람에게도 나날이 변하는 경성의 모습은 진기하고도 낯설었다. 시간은 늘 생각했던 속도보다 빨랐고, 문득 깨닫게 된 뒤처졌다는 생각은 산책과 구경을 일상의 한 귀퉁이로 몰았다. 야단법석의 도시이자 어리둥절의 도회지가 됐기 때문이다. 경성에서 소위 근대식 고등교육을 받고 방학을 맞아 시골집으로 내려가는 여학생들은 경성역에서 귀향 기차를 타기 전에 동무들과의 작별 인사를 나눌 겨를도 없이 미쓰코시(三越)나 조지야(丁子屋)백화점에 먼저 들르기 일쑤였다.[8]

꼴불견으로 불렸던 습속의 충돌과 풍경의 대척은 경성 어느 곳에서라도 쉽게 찾

---

7 — 이준식, 《일제강점기 사회와 문화》, 역사비평사, 2014, 98쪽

8 — 석영, 〈1930년 녀름〉, 《조선일보》 1930년 7월 19일자

1　1930년대 중반 조선은행 일대의 근대건축물과 화장품 및 맥주 광고. 출처: 조선총독부철도국 편, 《반도의 근영(半島の近影)》, 1937

2　석영, 〈1930년 녀름〉, 《조선일보》 1930년 7월 19일자

3　1930년 무렵 경성 서대문우편국 앞. 부영승합차와 전차, 리어카 등 근대도시의 단면.
　　출처: 미국국립문서기록관리보관소

아볼 수 있었으니[9] 도시는 과연 도깨비와 같았으며 수수께끼와도 같았다.[10] 서울이 경성으로 불리던 당시 "대로변을 따라 형성된 번화가는 새로운 시대의 경성 풍경을 대표하는 공간이었다. 조선총독부를 비롯해 경성부 청사·경성재판소·경성우체국·조선은행·경성소방소 등의 청사에서부터 동양척식주식회사와 조선식산은행 등의 건물로, 다시 경성역사·용산역사로 이어져 제국의 위용을 과시하는 건축물이 즐비했다. 그리고 그 길목마다 종로서·본정서·서대문서 등 경찰서가 공포의 권위를 부리고 있었다. 또 영관·법관·덕관·아관 등 각국 영사관, 명동성당과 정동교회, 천도교회당 등의 첨탑, 중앙고보와 경기고보, 경성제대와 연희전문·보성전문 등 교사와 경성도서관 및 YMCA·매일신보·동아일보·조선일보의 사옥, 미쓰코시·화신·조지야 등 백화점, 손탁호텔과 조선호텔, 반도호텔이 웅장한 풍경을 자아냈다. 그리고 거대 건물의 사이사이로 양화점과 양복점, 출판사와 서점, 사진관과 이발소, 의원과 약국 등 근대도시의 새로운 일용품을 파는 각종 상회와 잡화점들이 빼곡했다."[11] 식민지 통치기관인 조선총독부의 과잉 권력이 경성을 자본과 소비의 전시장으로 바꾼 모습이다. 예컨대 1934년 12월 7일자 《조선신문》

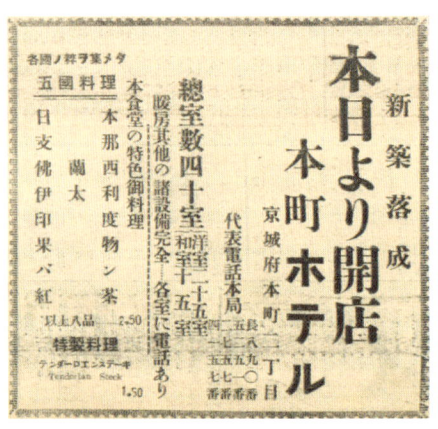

《조선신문》 1934년 12월 7일자에 실린 본정호텔 개업 광고

에 등장한 본정(本町, 현 명동) 2정목의 본정호텔 개업 광고는 식민지 도시 경성이 과연 누구를 위한 소비도시였는가를 여실히 드러낸다. 서양식 침실 25개와 일본식 침실 15개 도합 40개의 객실을 갖춘 본정호텔은 각 방마다 전화를 두었을 뿐 아니라 일본 요리는 물론이고 프랑스, 이탈리아, 중국, 인도에 이르는 5개국 요리를 맛볼 수 있는 식당을 갖췄다고 했다. 그들에게는 당연한 것이겠지만 조선 요리는 내놓지 않았다.

9 — 황정수, 〈신구 모던 꼴불견〉, 《별건곤》 제65호, 1933년 7월, 34~35쪽

10 — 이 내용은 王寅生, 〈모던이즘〉, 《별건곤》 제25호, 1930년 1월, 136쪽에 실린 "과연 독깨비와 갓고 수수꺽기도 갓다."에서 가져왔다.

11 — 이경돈, 〈미디어텍스트로 표상된 경성의 여가와 취미의 모더니티〉, 《일제강점기 경성부민의 여가생활》, 서울역사편찬원, 2018, 20쪽. 영관은 영국영사관, 법관은 프랑스영사관, 덕관은 독일영사관을, 아관은 러시아영사관을 이른다.

1935년 2월 10일을 기준으로 잡을 때 경성의 광화문 본국과 용산 등 3개 분국에 근거지를 둔 9,297개의 전화 회선은 쉴 새 없이 울려댔다. 일요일이면 총독은 창경원으로, 정무총감은 1929년 6월에 완공한 능동리 골프장 등으로 나서 왕조를 무너뜨려 강탈한 식민지의 나른한 풍경을 감상하거나 499명에 달하는 경성골프구락부 회원들과 번갈아 교류하며 식민지 경영의 수완과 능력을 과시했다.[12] 이들과 어울린 조선인은 일부였지만 이들은 식민 지배자들이 식민지에서 누리고 있는 나른한 일상과 풍경 유희에 동참하기 위해 갖은 노력을 했다. 당시 경성의 전화 회선 가운데 14.7%를 점유해 절대적 우위를 차지했던 곳이 관공서와 학교라는 사실이 의미하듯 대도시 경성은 오로지 식민지 권력층과 일부 친일부역자들의 무대였고, 장삼이사 조선인의 삶은 철저할 정도로 궁핍하고 부박했다.

문화주택과 조선인 빈민굴의 그로테스크한 대조.
출처: 《조선중앙일보》 1936년 1월 3일자

물론 수하정(水下町, 현 수하동)의 일본인 빈민굴[13] 사람들에게도 직접 해당되는 경우일 테지만 '1926년에 5.77%이던 경성의 주택 부족률은 1931년에는 10.62%, 1935년에는 22.46%를 넘어가더니 일제강점기 끄트머리였던 1944년에는 40.25%

---

12 — 1935년 2월 기준 경성의 전화회선은 《조선중앙일보》 1935년 2월 19일자 기사 〈직업별로 본 대경성의 전화 수〉를 참고했으며, 능동리 골프구락부의 회원 수는 1939년 4월 1일을 기준으로 사단법인 경성골프구락부가 조선총독에게 보고한 문건 〈사업상황 보고의 건〉에 붙은 회원명부를, 조선총과 정무총감의 휴일 동정에 관한 내용은 《매일신보》 1931년 7월 27일자 〈日曜의 總督 摠監 昌慶苑 觀覽과 골프〉 기사내용을 참고했다.

13 — 《동아일보》에서 경성 사람을 대상으로 공모한 후 결과를 신문을 통해 알린 〈내 동리 명물〉 연속기사 가운데 하나로 1924년 8월 2일 소개한 〈수하정 일인빈민굴〉에 대한 언급에서 동리 명물로 '일인빈민굴'을 설명한 윤희라는 이는 '진고개 구경을 마치고 오는 길에 수하정 일인빈민굴을 봤는데 보통 조선 사람들 눈에는 대단히 훌륭하고 형무소 간수나 총독부 수위 같은 사람들도 이곳에 산다며 경복궁 궁궐을 훼손하며 뜯어낸 재목으로 지은 집에 여러 가구가 함께 산다면서 조선 사람에게는 황송할 따름'이라 했으니 같은 빈민굴이라도 일본인의 경우는 조선인 사정과는 매우 달랐음을 알 수 있다.

로 치솟았다.'[14] 식민권력의 전시장이었던 경성은 권력층의 문화주택과 조선 세궁민(細窮民)의 거처였던 빈민굴이 극적 대비를 보이며 그로테스크의 또 다른 풍경을 만들었다.

지나친 가벼움과 지나친 무거움

그러니 1930년대 끄트머리인 "1939년 가을의 경성은 불균형이 빚어내는 카오스로 혼란스러웠다. 지나친 현란함과 지나친 어둠, 지나친 가벼움과 지나친 무거움, 그 사이에서 많은 이들이 수탈과 악행과 치욕을 잠시 잊을 수 있는 소비 유흥 문화에 빠져들었다. 백화점, 다방, 술집, 영화, 유성기…. 노면 전찻길과 구불구불한 골목길을 따라 식민지의 욕망은 어지러이 흘러 다녔다. 하지만 일본인과 조선인, 자본가와 노동자, 그들 사이의 거리는 여전히 멀었다."[15]는 묘사는 그저 소설 속 허구가 아니라 대경성이라 이름 붙인

자본주의 도시풍경으로 변모한 경성 보신각 일대의 1930년 모습. 출처: 미국국립문서기록관리보관소

14 — 손정목, 《일제강점기 도시화과정 연구》, 일지사, 1996, 246쪽

15 — 고은주, 《그 남자 264》, 문학세계사, 2019, 23쪽

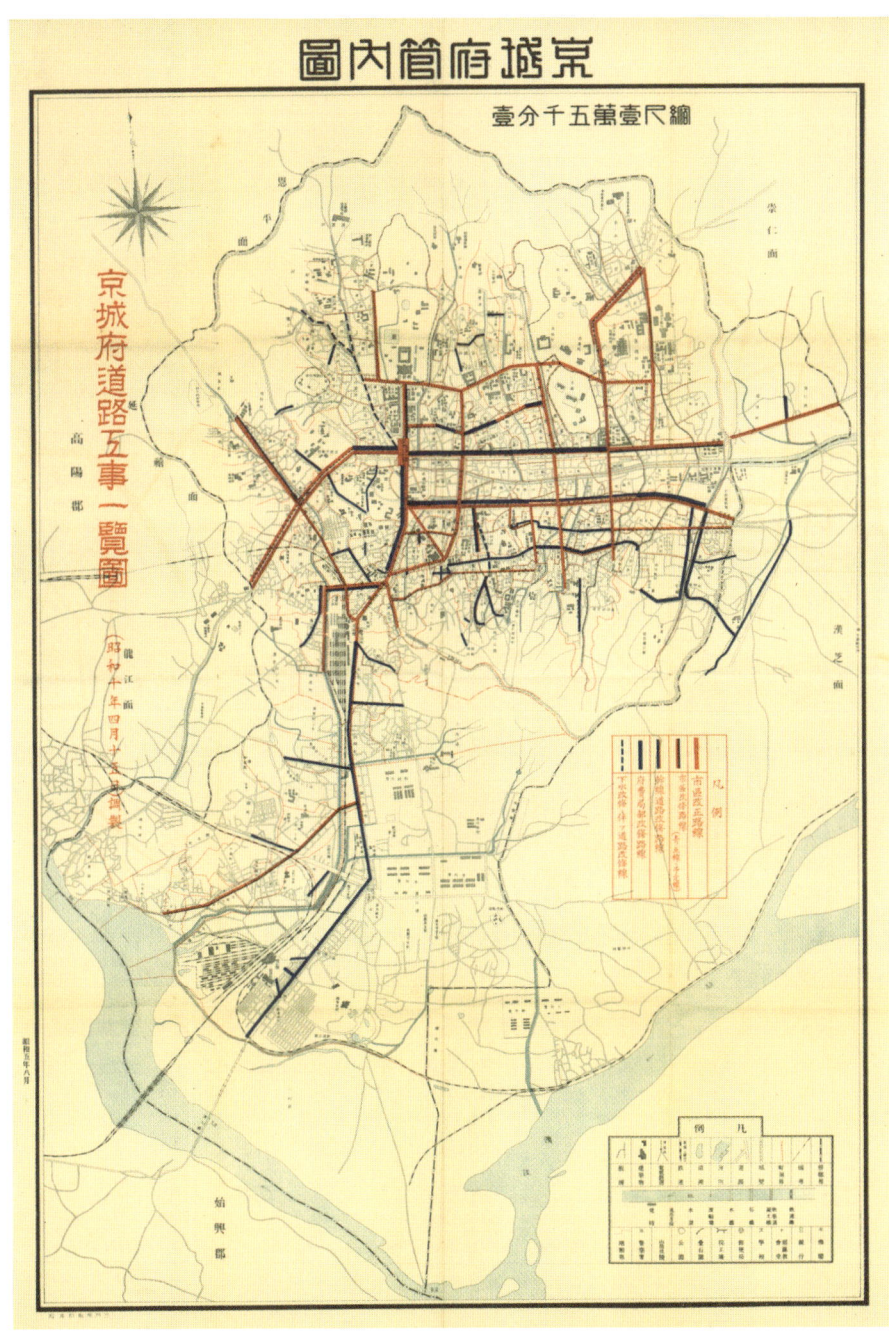

1930년 도로공사 현황을 표기한 경성부도로공사 일람도. 출처: 경성부 관내도, 1935, 서울역사박물관

서울의 진경이었다. 전쟁에 몰두하는 소수의 강대국과 그들의 식민지가 된 다수의 약소국으로 나뉜 세계에서 다수의 약소국 가운데 하나였던 조선은 다른 약소국과 마찬가지로 수탈과 만행의 대상지였고, 제국의 야욕을 성취하기 위한 전쟁 수행의 병참기지였다. 시대와 장소를 막론하고 도시는 누군가에게는 신기하고도 어리둥절한 세계였지만 또 다른 누군가에게는 미칠 듯 괴로운 현실 자각의 현장이었다.

그럼에도 불구하고 칼과 붓 모두를 쥔 제국의 권력은 피지배 계급인 조선인의 세속적 호기심을 자극하며 어설픈 욕망을 끊임없이 부추겼다. 조선의 가파른 현실과 달리 조선 강점 20년을 맞아 축제를 기획하고 남대문에 조명등을 설치해 시가지를 밝히는 등 조선총독부는 심혈을 기울여 다양한 이벤트를 기획했다. 100만 명의 구경꾼을 끌어들였다는 조선박람회[16]를 맞아 시골 친구가 경성에 온다면 단 이틀 동안 어디를 보여줄 것인가를 다룬 《별건곤》[17]의 한 기사는 스펙터클 전시 야욕의 은밀한 기획을 잘 보여준다.

고향 사람 하나가 방금 경성역에 도착했다고 가정한 이 글은 경성 사람의 우쭐함을 먼저 내세운 뒤 시골에서 온 이들을 경성 곳곳으로 안내하는 형식으로 구성했는데, 식민권력이 의도한 상전벽해의 경성을 묘사한 다른 경우와는 결이 조금 다르다. 경성 사람이 아닌 까닭에 풍문으로만 들었던 경성의 요모조모를 소개한다는 점에서 관공서와 철도역, 각종 회사와 근대 교육기관, 신문사와 백화점 그리고 호텔이며 각종 상점과 의원을 다루기는 마찬가지였지만 여기에 머물지 않았다. 경성역을 나서면서 만나게 되는 남대문, 중국인촌, 덕수궁 석조전, 기념비각, 광화문과 동십자각, 보신각과 전동식당뿐 아니라 창경원이며 장충단과 신당동 일대, 광희문과 독립문 등을 꼽아 보태며 근대적인 것과 그렇지 않은 것의 우열을 맹목적 관찰자 시각에서 평가해보라는 지시와 다르지 않았다.

매우 흥미로운 사실은 조선총독부와 경성부청, 조선호텔과 백화점 따위와 같은 개별 건축물만 꼽은 것이 아니라 태평로와 을지로 일대, 아주개와 종로, 인사동길이며 안

---

16 ─ 조선박람회는 1929년 9월 12일부터 10월 31일까지 경복궁에서 열렸다. 사실상 일제가 기획한 모든 박람회는 "식민지 근대화의 착취적 속성이 조선인들에게도 어쨌든간에 이익이 될 것이라고 그들을 설득하는 것이 목적인 미디어 이벤트였다." 토드 A. 헨리 지음, 김백영·정준영·이향아·이연경 옮김, 《서울, 권력도시》, 산처럼, 2020, 49쪽

17 ─ 一記者, 〈2일 동안에 서울 구경 골고로 하는 法, 시골親舊 案內할 路順〉, 《별건곤》 제23호, 1929년 9월, 58~64쪽

국동 육거리 등 새로 꾸며진 경성 곳곳의 길거리로 친구를 안내하는 내용을 담았다는 사실이다. 근대도시 경성을 대상으로 삼았던 조선 최초의 도시계획사업인 경성시구개수사업(京城市區改修事業)의 성과를 은연중에 알렸고, 적지 않게 놀랄 것이라는 의뭉스러운 기획 의도가 담긴 것이다.

아파트 도시 경성

1935년 경성의 토목·건축 및 자재회사가 보유한 전화 회선 수가 관공서와 학교, 요리 및 음식, 은행금융업, 식료품점의 뒤를 이어 5위를 차지하게 된 배경이다. 1920년대 이후 경성 인구의 폭발적 증가와 조선총독부가 주도한 도시계획사업의 확대는 자연스럽게 토건청부업의 증가로 이어졌고, 풍경 변화를 추동했다. "1920년대 이후 자본을 가진 이라면 조선인, 일본인 할 것 없이 모두 토목건축개발회사를 차려 주택지 개발에 뛰어들었는데, 일본인 개발업자들은 주로 문화주택지 개발에, 조선인 개발업자들은 주로 한옥단지 개발에 나섰다."[18] 고는 하지만 집을 지었다는 행위와 달리 일정한 규모와 조직을 갖춘 근대적 기업으로 사업에 진출한 경우는 대부분 일본인이거나 일본에 본사를 둔 토건회사 경성지점이었다.

그러니 경성의 변모 과정에 맞춰 사업을 확장해 아파트라는 새로운 도시건축 유형에 주목한 토건청부업자들이나 아파트사업 경영에 참여한 조선인은 전무했다 해도 과언이 아니다.

아파트가 단순 풍문으로서가 아니라 자본도시, 소비도시 경성의 새로

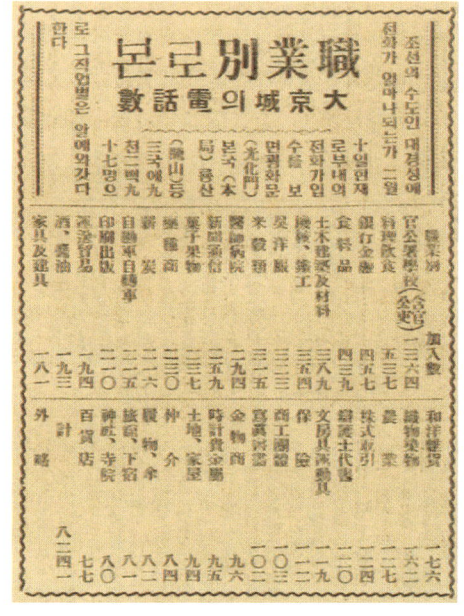

〈직업별로 본 대경성의 전화 수〉, 《조선중앙일보》 1935년 2월 19일자

18 — 이경아, 《경성의 주택지: 인구 폭증 시대 경성의 주택지 개발》, 도서출판 집, 2019, 17쪽

운 도시건축 유형의 하나로, 사진에 설명까지 곁들여 조선에 본격 소개된 것은 1930년이다. 조선건축회 기관지 《조선과건축(朝鮮と建築)》 제9집 제12호(1930년 12월)에 '미쿠니상회아파트(三國商會アパート, 일명 회현동 미쿠니아파트)'[19]가 실렸다. 같은 해인 1930년 2월과 11월에도 일본어 신문인 《조선신문》과 《경성일보》에 아파트 관련 기사가 큼지막하게 실렸다. 후일 '채운장(彩雲莊)아파트'라는 이름을 가진 이 아파트는 지어질 당시에는 아직 '동헌정(東軒町), 현 장충동1가)의 아파트' 혹은 '광희문 옆 거대한 아파트'로 불렸다.[20]

또 있다. 1930년 2월 22일부터 4월 11일까지 《동아일보》를 통해 〈유미외기〉를 연재한 주요섭은 1930년 3월 15일자에서, "아파트는 여관 모양으로 집을 크게 짓고 칸마다 떼어서 세를 놓는 집인데 큰 것은 10여 층에 방도 200에서 300칸에 이르기도 한다. 「셋방 한 칸」이라고 하면 대개 침실 겸 응접실(낮에는 침대를 들어서 담벼락 뒤로 놓고 문을 닫아두는 방식)이 한 칸, 화장실 한 칸, 부엌 한 칸, 욕실·변소가 한 칸 있다. 「홀아비 칸」이란 방도 있는데 거기에는 부엌이 없다. 음식은 밖에 나가 사먹으라는 말이다. 셋집 한 방에 집세가 대개 매월 24불부터 최고 56불씩 한다."[21]고 했다. 당시 아파트에 대한 대중적 이해 정도를 가늠하기에 넉넉한 내용이다.

19 — 《조선과건축》에 실린 당시 건축물의 명칭(미쿠니상회아파트)과 폐쇄건축물 대장과 건축물관리대장을 통해 확인한 준공 당시 신축건물의 주소지(남산정1정목 16-23), 그리고 지금의 법정동 구분에 따른 지번(서울특별시 중구 남산동 1가 16번지 23)이 모두 일치하고 있다는 점에서 '회현동 미쿠니아파트'로 부르는 것은 적절하지 않다. 아파트 준공 후 얼마 지나지 않은 1933년 4월 미예출판사(三重出版社) 경성지점에서 제작, 발행한 〈경성정밀지도〉에는 동일한 번지수에 '南山アパート'가 자리하고 있음을 기록하고 있는데, 흥미롭게도 지도 제작 당시 공공기관과 각종 학교, 크고 작은 회사와 백화점 및 상점, 당시 세도가였던 유명인사들의 거처, 호텔과 여관, 사택과 관사며 기숙사형 주택이라 할 수 있는 요(寮)에 이르기까지 매우 자세한 내용을 지도 위에 직접 표기했는데 '아파트'로 표기한 것은 남산동 1가 '남산아파트'가 유일하다. 여러 가지 정황에 비춰볼 때 그동안 회현동 미쿠니아파트라 불렸던 대상은 '남산동 미쿠니상회아파트'나 이를 줄여 부르는 '남산동 미쿠니아파트' 정도로 부르는 것이 타당하다. 이 책에서는 남산동 미쿠니아파트로 부른다.

20 — 〈素人考へから急斜面へ危險極まるアパート建設〉, 《조선신문》 1930년 2월 14일자; 〈住宅點景(3): ローマの鬪牛場そのまま大アパート〉, 《경성일보》 1930년 11월 19일자. 채운장아파트가 언제 아파트 임대사업을 시작했는가에 대해서는 두 가지 사실이 존재한다. 《大京城寫眞帖》(中央情報鮮滿支社 編, 中央情報鮮滿支社, 1937, 31쪽)에는 이 건축물을 '채운장아파트(동사헌정 38)'라 소개하고 우에하라 나오이치(上原直一)가 1932년 개업했는데 냉온방장치가 설비됐고, 식당과 욕실 등을 갖추고 있어 여관식으로 변경해도 무리가 없다고 밝힌 반면에 《조선신문》 1937년 2월 24일자 기사 〈築きあげる彼と人生(13): 彩雲莊アパートの主 上原直一氏〉는 우에하라 나오이치라는 인물의 열정에 대해 다루면서 '이 아파트는 1927년 봄에 착공하여 1934년 봄에 준공하기까지 정확하게 7년이 걸렸다.'고 언급하고 있다. 본문의 동헌정은 동사헌정을 의미한다.

21 — 물론 이는 미국의 경우를 설명하기 위한 것이다. 그렇지만 일본이 미국 대도시의 아파트를 수입, 번안했다는 점에서 여러 정황을 살피기에 유용하다.

하지만 1930년《조선과건축》을 통해 알려진 남산정(南山町, 현 남산동) 미쿠니아파트를 경성 시절의 아파트 전범(典範)으로 삼을 수 있을까에 대해서는 앞으로의 논의를 위해 미뤄둔다면 1935년 5월 준공(폐쇄대장에 의하면 1935년 10월 10일이 공식 등재일이다)한 내자정 미쿠니아파트는 경성의 아파트를 대표하는 사례 가운데 하나로 꼽기에 충분하다. 1930년대의 허리에 자리하고 있는 1935년에 처음 주목했던 이유이기도 하다.

내자정 미쿠니아파트는 특이하게도 옥상전망대에서 낙성식을 거행했다. 행사는 오후 4시부터 기생들의 여흥까지 곁들이며 두 시간 동안 진행됐고, 준공식에 참석한 경성의 유력 인사만 300명에 달했다고 한다.[22] 임대할 수 있는 방이 69호(본관 59호, 별관 10호)에 불과하지만 준공 이전부터 입주 신청이 이어져 준공 당일까지 벌써 150명에 이르는 신청자가 쇄도했다고도 한다. 그런 이유 때문인지 경성의 지식인 홍윤식은 〈근대건축예술사상의 동향〉이라는 글에서 내자정 미쿠니아파트를 국제주의 건축양식을 갖춘 당대 경성의 건축 예술작품 가운데 하나로 꼽고, 이런 건축물을 조선에서 볼 수 있다는 것만으로도 대단히 경사스러운 일이라고 치켜세웠다. 당시의 세계적 건축 경향을 일갈하는 글의 끄트머리에서 조선의 건축계를 언급하면서 이른 내용이다. 그 내용 일부를 살펴보자.

아파트, 아빠트

조선건축계는 어떠한가, 이 질문의 대해서는 무엇이라 대답할 길이 없다. 조선건축계! 금후의 발전 및 동향이 과연 어떠할 것인가? 끝으로 최근 경성 시내에 산재한 국제 건축작품을 소개하고 이 글을 마치겠다. 체신국 분소, 동양극장, 약초(若草)극장, 단성사, 임가(任家)빌딩, 구정상회, 금광당사진관, 오쿠보상점(大久保眞敏商店), 종방 서비스 스테이션, 경성제일공립여자고등학교, 용곡고등여학교, 상공장려관, 토라야(虎屋)여관, 조선신문사, 스즈키상회, 요시카와상점(吉川商店), 야노오복점(矢野吳服店), 이와양행(イワ洋行), 토크리키상회(德力商會), 미쿠니아파트, 서대문우편국, 오야마다약국 본점(小山田藥局本店), 신토미자칸(新富座館), 영빌딩 등이 모두 경성 시내에서 최근 년에 건축된 국제주의 작품들이다. 그러나 그중에도 순수한 국건양식(國建樣式, 국제주의 건축양식)도 있으며 또는 국건양식을 얼마쯤 흉내

22 — 〈ミクニアパート落成式〉, 《조선신문》 1935년 6월 1일자

1934년 11월 1일 준공한 평양 동정의 동아파트 원경. 출처: 미국국립문서기록관리보관소

만 내고 만 것도 있다. 국제건축작품은 그 건축미를 양적, 미적보다도 질적으로 아름다운 건축미를 찾는데 참된 의의가 있는 까닭에 무엇보다도 질적 순수미를 표현한 작품만을 국건작품으로 볼 것이다. 이상 이외에도 필자의 눈에 띄지 않은 작품이 또한 다수 산재해 있을 것이며 앞으로도 또한 허다하게 건축될 것으로 믿는다. 좌우간 조선에 있어서 이러한 국건작품의 현실화를 다수 보게 된 것만은 대단히 경사스러운 일이다.[23]

억지로 아파트 하나를 끼워넣으며 소위 당대풍인 경성의 국제주의 건축양식을 열거한 것인데, 그 대상이 바로 내자정 미쿠니아파트였던 것이다. 미쿠니상회가 부동산 임대업으로 사업 종목을 확장하고 주식회사 형태로 법인격을 바꾸면서 본사를 아파트가 들어설 내자정 75번지로 옮기고 본격 건설에 매진해 준공한 것이 1935년 5월이었으니 글쓴이가 직접 '내자정'이라 지목하지는 않았을지라도 글에서 꼽은 경성의 국제주의 건축양식의 대표적 사례 가운데 하나가 내자정 미쿠니아파트라는 사실엔 의문의 여지가 없다.

내자정 미쿠니아파트 준공보다 앞선 다른 지역의 아파트로 먼저 꼽을 수 있는 대

23 — 홍윤식, 〈근대건축예술사상의 동향〉, 《조광》, 1937년 9월, 357쪽

표적인 사례는 평양 동정에 1934년 11월 1일 준공한 동(東)아파트이다.[24] 평양에 만들어진 근대풍경의 요체로 언론에서 상찬한 동아파트는 4층 규모의 철근콘크리트 구조로 아파트 내부에는 95개의 임대용 방과 이발소, 당구장과 같은 다양한 부대시설은 물론 지하실에 상점을 갖추었으며 옥상을 발코니로 이용할 수 있게 했다. '대중적인 모습으로 불을 밝히는 듯 가을 하늘에 의연하게 우뚝 선 동아파트야말로 근대건축의 정수'라며 준공 소식을 전한 신문은 크게 칭송했다. 이렇듯 1930년대 중반 경성을 포함한 한반도의 대도시에는 아파트가 여럿 지어졌고, 도회의 풍경과 도시민의 삶을 전혀 다른 것으로 바꾸는데 일조했다.

39곳의 경성 아파트

1937년 6월 5일자 《매일신보》는 아주 놀랄 만한 사실을 전한다. 경성의 주택난이 심각해지는 가운데 "여관 생활을 하는 사람과 아파트로 기어드는 사람이 점점 증가"한다고 글을 열면서 그로 인해 "아파트와 여관업이 호경기를 맞았지만 보건위생의 측면에서 우려"가 된다는 식민당국의 입장을 전했다. 경성소방서에서 여관을 제외한 아파트 형식을 갖춘 39곳의 숙사(宿舍)를 조사해보니 노후하고, 소화전마저 갖추지 않은 경우가 태반이어서 1,035명의 아파트 거주자가 보건위생과 화재에 무방비한 상태라고 우려했던 것이다.

물론 평균치가 무의미하기는 하지만 아파트 한 곳마다 26~27명 정도가 기거했다는 것이니 1937년에 일제의 공식 기관이 조사한 경성의 아파트 수를 아주 좁혀 추려도 39곳 이상이라는 사실은 매우 의미심장하다. 물론 공식 조사대상에서 빠진 경우도 적지 않으리라 짐작한다면 그 수효는 훨씬 많다고 해야 할 것이니 1930년대를 '경성의 아파트 시대'로 불러 손색없을 것이다. 역시 시미즈구미가 시공해 1938년 경성의 욱정(旭町, 현 회현동)에 준공한 욱아파트의 경우는 누구도 특별하게 주목한 적은 없었지만 경성의 아파트 시대를 웅변하는 또 다른 대표적 경성의 아파트 사례라고 할 수 있다.[25]

---

24 — 〈平壤市街의 偉觀 東アパート出現, 近代建築の粹〉,《조선신문》1934년 11월 2일자

25 — 《매일신보》 1938년 11월 6일자에도 "최근 경성에 대소 아파트가 30여 곳이나 생겼음은 물론 평양, 인천, 부산, 대구 등 소위 주요 도시로 약진을 거듭하고 있다면서 은행원이나 회사원을 대상으로 아파트 건설이 늘어가고 있다."는 사실을 크게 다뤘다.

1930년대 중반을 거치며 20세기 아시아 최대 규모의 전쟁으로 불리는 중일전쟁(1937~1945)이 발발했다. 당연하게 군수품 생산과 전쟁물자 동원을 위해 대도시 경성을 위시한 한반도 전역은 건축자재의 품귀 현상과 물가앙등으로 인해 주택 상황은 더욱 나빠졌다. 이에 따라 자신들의 영구 식민지로 여겼던 한반도 전역을 대상으로 한 일제의 주택공급 구상은 큰 차질을 빚는다. 이때 조선총독부가 취한 중요한 조치 가운데 하나가 지대가임통제령(地代家賃統制令, 1939년 10월 18일 공포, 총독부령 제184호에 의거해 10월 27일 시행규칙 발포) 발동이다.

지대가임통제령의 핵심은 지대(地代)와 집세를 한 해 전인 1938년 12월 말일 기준으로 되돌리고 부(府)와 읍(邑) 단위의 행정부서에서는 부영이나 읍영 공영(公營)주택 건설 대책을 강구하며, 특별히 경성, 평양, 부산, 대구 등과 같은 대도시에서는 대규모 주택수요에 대응해 '아파트' 건축을 적극 검토한다는 것이었다. 이는 오늘날의 국무총리격인 정무총감의 강력한 행정 지시로 이어졌다.[26] 이 조치에 따라 자재 수급의 어려움과 함께 임대료 인하 압력을 받게 된 민간업자의 주택건설은 자연스럽게 급감했고, 많은 경우는 월세를 받던 기존의 아파트를 호텔로 용도를 바꾸며 총독부의 조치에 맞서기도 했다. 경성의 많은 아파트가 호텔로 운영 방식을 바꾼 배경이기도 하다. 물론 이 와중에도 틈새를 노려 이익을 꾀하려는 업자가 있었음은 물론이다.[27]

아파트를 호텔로 전업하는 행위를 총독부가 강력 단속한다는 《매일신보》 1940년 6월 9일자 기사

26 — 이보다 앞서 1937년 10월 25일에는 총독부령 제160호로 '철강공작물축조제한령(鐵鋼工作物築造制限令)'이 발령되어 11월 1일부터 시행되었다. 이때 아파트는 백화점, 극장, 영화관, 상점, 은행, 사무소, 여관, 숙박소 등과 함께 신축을 원칙적으로 허가하지 않았고, 보안상 필요한 경우에 한해서만 허용하기로 했다.

27 — 오늘날의 마포구 공덕동 일대를 대상으로 했던 공덕정쌍용대(孔德町雙龍臺) 주택지가 대표적인 경우인데 경성의 심각한 주택난을 해소하기 위해 5~10년의 장기 월부상환 방식으로 내 집을 가질 수 있는 절호의 기회라는 신문 광고를 연일 게재했다. 이밖에도 인천 송도를 대상으로 임해주택지 분양도 이어졌다. 중일전쟁 발발 이후의 일이다.

그러나 전반적으로 민간부문에서의 주택공급이 여의치 않고, 전쟁으로 인해 건축자재 품귀 현상이 심해지며 주택난이 가중하자 조선총독부는 1941년 7월 조선주택영단(朝鮮住宅營團)을 설립, 공영주택 건설을 담당하도록 했다.[28] 이때 설립된 조선주택영단이 대한주택영단을 거쳐 대한주택공사(1962)로, 다시 한국토지공사와의 합병(2009)을 통해 지금의 한국토지주택공사(LH)가 된다. 한반도 전역을 대상으로 서민주택 공급을 영단 설립의 목적으로 한다고는 했지만 속내를 살피면 군수품 생산을 위한 노동자들의 거주 안정에 주목한 것이었다. 이와 함께 조선총독부는 주택공급 부족으로 인한 임대료 상승을 대가조합(貸家組合)이나 대실조합(貸室組合)을 새로 조직해 적극적으로 개입, 통제했다.

조선총독부 정무총감의 지시와 강력한 행정 조치는 신문에서 크게 다뤘고, 대도시의 주택난 해소에 결정적 역할을 할 것처럼 부풀려졌다. 그러나 경성이나 평양 등 대도시에서 아파트 건축자금 마련을 위한 공채 발행(起債) 계획이 구체적으로 수립된 것은 그로부터 1년 가까이 경과한 1939년경이었다.[29] 현재 국가기록원이 공개하고 있는 관련 자료 가운데 1939년과 1941년에 각각 추진된 청진과 대구의 신영비기채(新營費起債. 아파트 신축비용 마련을 위한 공채 발행) 관련 문건을 통해 아파트 신축을 위한 공채 발행이 여의치 않았음을 확인할 수 있다.[30]

흥미로운 사실은 경성에서도 조선에 일찍이 없던 '가족아파트'를 부영주택으로 건설, 1939년 가을에 착공한다는 발표[31]가 있었다는 것인데 안타깝게도 그 구체적 내용은 확인할 수 없다. 다만 관련 기사로 미루어보건대 경성의 경우 특별히 '가족아파트'라는 점을 강조했다는 사실은 그동안 경성에 지어진 대다수 아파트가 '가족을 위한 것이

28 — 조선주택영단은 1941년 5월 일본에서 설립된 일본주택영단을 본떠 설립한 것으로 이때부터 비로소 공공에 의한 본격적인 주택공급이 시작되었다고 할 수 있다. 조선주택영단은 1941년 7월 설립과 동시에 2만호 주택건설4개년계획을 추진해 1945년 해방을 맞을 때까지 북한지역을 포함한 한반도 전역에 12,184호의 주택을 건설했다. 공동주택연구회, 〈조선주택영단의 설립과 주택건설〉, 《한국공동주택계획의 역사》, 세진사, 1999, 32~33쪽 참조.

29 — 그러나 공채 발행과 건설이 계획에 따라 제대로 시행된 예는 극히 적다. 전시체제에서 민간자본을 공공사업에 끌어들이는 것 자체가 쉽지 않았기 때문인데 국가기록원의 문건에 따르면 많은 사업이 취소되었음을 알 수 있다. 《부산일보》 1940년 2월 20일자에 따르면 "대구부가 6만 원의 기채를 발행해 1941년 신축하려던 부영아파트가 자재난과 함께 부지매입의 어려움이 겹쳐 보류되었다."며 타개 방안을 모색하고 있다고 밝히고 있다.

30 — 해당 문건은 〈청진부부영아파트신영비기채의건〉(1939년 2월 2일), 〈대구부영주택및아파트신영비기채의건〉(같은 제목의 서로 다른 문건 2건) 등이 있다.

31 — 〈住宅難의 大京城에 府營 "家族아파트" 建設〉, 《동아일보》 1939년 6월 20일자

아니라 일반적으로는 독신자나 도심에서 밥벌이를 하는 은행원이나 회사원을 위한 것'이었음을 반증하는 것이기 때문이다. 평양의 경우도 다르지 않아 평양 부영아파트 부지가 거의 결정되었다는 기사가 1941년 7월 17일자 《매일신보》에 실렸는데, 이는 앞서 언급한 동아파트와는 전혀 다른 것이다. 물론 1941년 7월 설립된 조선주택영단 역시 총독부의 지시에 의해 짐짓 하는 척이라도 해야 했던 때문인지 아파트 건설 구상을 여러 차례 가다듬기도 했다.[32]

그러나 공공에 의한 이 같은 공영아파트 건설사업의 실현 여부와 상관없이 당시의 부영아파트 관련 자료는 매우 유용한 것임엔 틀림이 없다. 한반도는 철저하게 통제된 식민지 상태였고, 민간이 주도한 아파트 경영사업과 관련해 조선총독부가 대행했던 '국가'라는 권력이 '아파트'라는 대상을 1930년대 후반을 거치며 어떻게 이해하고 있었는가를 추론할 수 있는 의미있는 근거로 삼을 수 있기 때문이다. 이는 곧 일본을 거쳐 한반도에 출현한 아파트의 유전적 속성을 가려내는 작업인 동시에 그것이 해방 이후 이 땅에 어떠한 변이를 거쳐 전승되었는가의 과정 경로를 살피는데 중요한 단서로 작동할 수도 있다.

조급하게 말하자면 이들 부영아파트 역시 1935년에 준공한 내자동 미쿠니아파트와 결코 다르지 않았다는 사실이다. 대부분 계획에 그치고 말았던 대도시의 부영아파트들 역시 상업 활동이 빈번한 도심 주요간선도로변에 위치했고, 1층은 입주자가 아니더라도 누구나 쉽게 들어와 이용할 수 있는 식당이나 카페, 오락실, 심지어 임대용 사무공간까지 두었으며 2층 이상은 대부분 독신자를 위한 임대용 방으로 만들도록 의도했었기 때문이다.

---

32 ― 〈주택영단 건설의 첫 거름. 대(大) 『아파ー트』와 1,500호 기지 내정〉, 《매일신보》 1941년 7월 17일자 기사는 조선주택영단이 평양에 180가구를 수용하는 규모의 아파트 건설계획을 수립했다는 내용을 전한다.

경성의 '아빠트' 시대

과연 일제강점기 대도시 경성의 다른 한 면을 '아파트 시대'로 불러도 될 것인지, 그렇다면 어느 곳에 얼마나 많은 아파트가 들어섰는지, 임대사업은 어떤 수단을 이용해 광고했는지, 누가 어떤 모습으로 이곳에서 일상을 견뎌냈는지를 살필 차례다. 아파트에 대한 욕망을 부추겼거나 폄훼한 내용은 과연 무엇이었으며, 평양이나 부산과 같은 다른 대도시에서는 어떤 아파트가 누구에 의해 지어졌는가도 궁금하다. 당시의 아파트는 오늘날의 그것과 무엇이 다르며, 어디에 놓였는가도 관심사 가운데 하나다. 소위 '명랑을 강조하던 시대'[33]에 아파트라는 건축유형이 어떤 이유로 이를 거스르는 '풍기문란의 대명사'가 됐는지, 무엇이 허구이며 과연 무엇이 진실인지도 알고 싶다.

해방을 맞아 경성의 아파트 대부분이 왜 미군정 요원들의 숙소나 사무공간으로 이용됐으며, 여전히 그 자리를 지키고 있는 크고 작은 경성시절의 아파트는 어떤 이력을 가졌을까도 의문이다. 1930년대 일제강점의 한복판이자 식민지 정치권력의 핵이었던 경성은 겉으론 어리둥절한 세계였지만 그 공간을 살았던 누군가에게는 미칠 듯 괴로운 현실 공간이었는데 그 사이에 경성의 아파트가 놓였다. 그곳 역시 어리둥절이거나 해괴함의 현장이었으며 때론 식민지에서의 부박한 삶을 포기한 사람들의 최종 거처였다.

천재 시인 이상이 폐병 치료를 위해 도쿄에서 하숙 생활을 하던 무렵, 일장기를 달고 42,195km를 가장 먼저 달려 슬픈 월계관을 머리에 얹은 손기정의 사진에 조선인 모두가 숨죽이며 환희했던 바로 그 시간, 소설가 박태원이 쓴 〈소설가 구보씨의 일일〉이며 〈천변풍경〉이 읽히던 그때는 시인 윤동주가 연희전문학교에서 시작(詩作)에 몰두하던 시기였는데, 모두가 1930년대였다. 항일애국단원 이봉창이 일본 도쿄경시청 앞에서 신년 열병식에 참가한 일왕을 향해 폭탄을 던졌을 때도, 윤봉길 의사가 자신의 결심을 가족에게 글로 남기고 항일운동을 위해 기차에 몸을 실었던 그 시간 역시 모두 1930년대의 한복판이다.

미국에서는 주식시장이 폭락하며 세계 대공황의 어두운 그림자가 지구를 덮을 때

---

33 — "'명랑'을 표방하는 총독부의 정책은 배제와 증진이라는 양방향으로 진행되었다. 부랑자, 오물, 질병, 미신, 범죄처럼 근대적 생활과 도시환경을 저해하는 요소들이 '명랑성'을 감소시키는 배제의 대상이 되었다면 위생설비, 전등, 치안, 범죄 예방 및 범법자 검거, 건전 오락 등 생활환경을 근대화하고 체제 안전에 기여하는 요소들은 '명랑성'을 증진시키는 대상으로 '명랑'의 의미장을 확장했다." 김지영, 《매혹의 근대, 일상의 모험》, 돌베개, 2016, 259쪽

였지만 뉴욕 맨해튼의 엠파이어스테이트 빌딩은 하늘을 향해 치솟아 오를 때였다. 독일에서는 나치당이 집권했으며, 일제의 야욕으로 중일전쟁과 제2차 세계대전이 발발했고 이들 사건에 앞서거니 뒤서거니 할 때 일제가 국민징용령을 공포한 바로 그때였다. 평양에서는 '근대건축의 정수'라 칭송했던 동아파트가 1934년 늦가을에 준공되었으며, 1935년 12월 1일에는 화신백화점 평양지점을 개관하고 귀금속부와 치과가 든 종합백화점이 신설되었음을 신문에 광고했다.

바로 그 무렵 일제식민지였던 조선의 한복판 '경성'을 '아빠-트'라는 새로운 도시건축 유형으로 살펴보자. '착란의 교향악'에 분명 '아빠-트'가 일조했으리라는 안경을 쓰고, '연애의 시대'요 '잡지의 시대'이자 '황금광의 시대'로도 불렸고, 건축왕 정세권이 근대적 '디벨로퍼'로서 대량의 도시한옥을 경성 곳곳에 짓던 1930년대 경성을 또 다른 이름인 '아파트의 시대'로 호명할 수 있을 것이다.

15년의 논쟁 끝에 조선시가지계획령이 제정된 1934년과 기존의 경성시가 면적을 3.5배 확장한 1936년의 대경성 건설계획 사이에 놓였던 곳곳에서 경성의 대표적 아파트들이 출현했다. 평양에서는 동아파트가 지어졌고, 얼마 지나지 않아 경성에는 당대 건축사조인 국제주의 건축양식을 대표한다는 내자정 미쿠니아파트 낙성식이 있었다. 물론 그보다 앞서 아파트 시대가 막 열릴 즈음 대경성의 건축미를 자신 있게 뽐낼 건축물 가운데 하나로 '아빠-트'가 이미 꼽히기도 했다.[34]

일제강점기 신문연재 소설은 여러 층위에서 근대 기획의 중요한 도구였으며, 이미지를 통해 서사를 재현하는 소설 삽화 역시 국제주의에 맹목적으로 순종했던 조선의 근대풍경을 어김없이 수용했다. 이런 의미에서 "근대적 풍경의 묘사에 관한 한, (신문 연재소설에서) 삽화의 선택은 거의 맹목적"[35]이었다는 설명은 매우 중요한 의미를 지닌다. 작가 박태원이 직접 쓰고 그림까지 보태《동아일보》를 통해 1933년에 연재했던 소설 〈반년 간(半年間)〉에 등장한 도쿄의 근대건축 풍경이 지식인의 내면 풍경이었다면 1941년《매일신보》연재소설인 〈여인성장〉에서 작가는 경성 조지야백화점 옥상정원을 구체적 장소로 다시 호명했다. 그 사이에 1935년의 경성이 놓여 있으며, 경성의 '아빠-트'는 어쩌면 이들 모습을 모두 담아낸 집적체이기도 했다.

---

34 — 〈대경성의 건축미〉,《매일신보》1930년 11월 14일자

35 — 공성수,《소설과 삽화의 예술사》, 소명출판, 2020, 51쪽

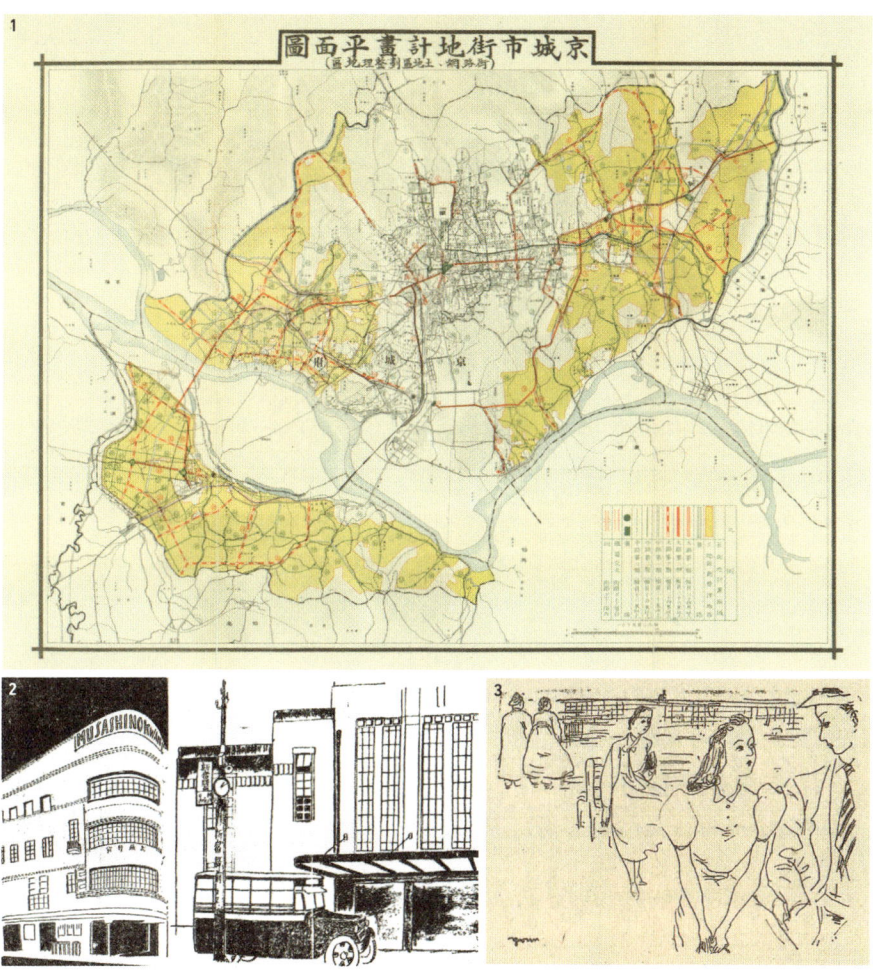

1 1936년 경성시가지계획 평면도. 출처: 서울역사박물관
2 박태원이 쓰고 그린 신문연재소설 〈반년 간〉 17화와 42화에 등장하는 도쿄의 근대풍경. 출처: 《동아일보》 1933년 7월 15일자와 1933년 8월 22일자
3 《매일신보》 1941년 11월 29일자에 실린 박태원의 소설 〈여인성장〉 115화에 담긴 조지야백화점 옥상정원 삽화. 윤희순 그림

1935년 3월 《조선신문》은 다음과 같이 전했다.

최근 들어 생활양식의 간소화가 대두되면서 아파트 생활에 대한 관심과 선호가 높아졌는데, 도쿄와 오사카 등 일본의 대도시에서 아파트 생활자가 격증하면서 경성에도 크고 작은 아파트가 속속 등장하고 있다. 특히 샐러리맨과 학생들의 아파트 생활이 늘어나며 아파트 경영자들의 잔꾀도 그에 못지않게 늘었다. 아파트에 대한 특별한 관리 규정이 아직 만들어지지 않은 틈을 타 아파트가 단순 대실업(貸室業)에 머물지 않고 음식점이나 점포 등을 겸하는 경우가 그것인데, 경성과 인천의 각 경찰서가 예의주시하면서 철저한 조사에 나서기로 했다.[36]

경성 등 대도시에서 아파트 출현이 보편적이었음은 물론 그 변이가 벌써 진행되고 있었음을 알리는 기사다.

36 — 〈食はせゐアパート〉, 《조선신문》 1935년 3월 13일자

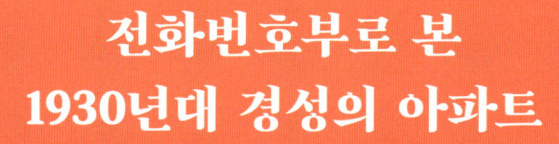

전화번호부로 본
1930년대 경성의 아파트

전화의 도입

1896년 백범 김구는 고종의 전화 한 통으로 사형 직전에 목숨을 건졌다.[1] '전화'라는 새로운 통신매체 덕분이었다. 1933년에는 국제전화가 개통되어 만리 타국 베를린에서 개최된 1936년 올림픽에서 손기정 선수의 국제전화 인터뷰가 50여분 동안 송신되기도 했다.[2] 근대사회로의 전환기에서 전화기는 새로운 문화와 일상을 열었는데, 사실상 그 도입은 주변국가들의 정치적 욕망에서 비롯되었다. 우리나라에 전화통신이 실용화된 것은 청나라에 의해 1885년 9월 28일 한성과 인천 간 서로전선(西路電線)이 가설되고 전신업무가 개시되면서부터이다. 1884년 갑신정변 실패로 가만히 있을 리 없던 일본은 청나라를 견제하며 1887년 한성과 부산 간 남로전선(南路電線)을 가설하고 조선에 대한 종속 관계를 강화하려 했고 열강들의 세력다툼은 더욱 치열해졌다. 이처럼 통신시설은 근대도시로 변모하는 경성에서 중요한 정치적, 군사적, 상업적 도구로 이용되었다.[3]

영선사로 청나라에 간 김윤식은 전화기 실물을 처음 접했다. 전화기는 '어화통(語話筒)'이라고 불리다가 미국식 '텔레폰(telephone)'을 음역해 '덕률풍(德律風)' 또는 '전어기(傳語機)' 등 다양한 명칭으로 불렸다.[4] 조선에서의 본격적인 전화 사업은 일본 회사에 의해 시작되었다. 1902년 6월 한성과 인천의 우편전신국에서 교환업무[5]가 개시되면서 들어

---

1 — 강준만은 《전화의 역사》에서 《백범일지》에 근거해 1896년 10월 2일 궁중과 인천 간 전화가 개통된 지 한달만에 인천형무소에 수감되어 있던 백범이 사형 직전 고종의 사형집행 정지명령으로 죽음을 면할 수 있었다고 했다. 강준만, 《전화의 역사》, 인물과사상사, 2009, 53쪽;《문헌에 따른 근대통신(우체·전신·전화)의 역사》에서는 개인기록인 《백범일지》와 다양한 공적기록을 분석하여 전화개통 시기를 1896년 음력 12월로 추정해 1897년으로 보고 있다. 이봉재, 《문헌에 따른 근대통신(우체·전신·전화)의 역사》, 진한엠앤비, 2019, 142쪽 참조

2 — 조선일보는 베를린 올림픽 마라톤에서 손기정 선수가 우승한 다음 날인 1936년 8월 10일 본국과 국제전화로 인터뷰하고 다음날인 11일자에 대서특필했다. 〈세계제패(世界制覇) 영웅(英雄)의 가슴도 뜨거운 흥분(興奮) 식자 쓸쓸한 애수(哀愁)〉,《조선일보》1936년 8월 11일자; 동아일보는 1936년 8월 25일 시상식 사진에서 손기정 선수의 가슴에 붙어 있는 일장기를 지우고 기사를 내보내 관련자들이 투옥되고 조선총독부로부터 무기정간 처분을 받았다. 〈1936년 8월10일 새벽 동아일보 앞 뜨거웠던 함성〉,《동아일보》 2006년 4월 1일자

3 — 《韓國電氣通信100年史(상)》, 체신부, 1985, 77~78쪽. 1884년 갑신정변의 실패로 전신매체의 도입이 무산되었다. 이후 청과 일본은 통신권을 운영·관리하면서 조선의 정치·외교·군사·경제를 지배하기 위해 전신시설의 가설을 중요한 전략 중 하나로 삼았다.

4 — 강준만,《전화의 역사》, 인물과상사, 2009, 54쪽

5 — 전화 도입 초기 전화국에서 가장 중요한 업무는 교환원이 직접 전화를 연결하는 일이었다. 이후 일제 강점기 때 자동교환기가 경성에 도입되었고 교환기의 자동화가 이루어진 것은 1960년대 이후이다.

1911년 경성 본정통(本町通)6 풍경. 출처: 《조선풍경인속사진첩(朝鮮風景人俗寫眞帖)》, 日韓書房·日之出商行·海市商會, 1911. 서울역사박물관

선 새로운 건축양식의 건물과 전차 선로변으로 띄엄띄엄 설치된 전신주와 늘어진 통신선 등은 1900년대를 전후해 변모하는 경성의 도시 풍경을 잘 드러낸다.

1905년 1,000여 명 정도였던 전화 가입자 수는 일본의 조선 강탈 이후 일본인의 유입이 격증하고 상업활동이 활발해지면서 1916년에 10,000명을 넘어섰다. 1923년에는 20,000명, 1928년에 30,000명, 그리고 1941년에 60,000명을 돌파했다. 1920년대가 시작되면서 전화가입자가 증가하고 전화 관련 업무가 증대됨에 따라 경성우편국의 전화교환업무를 분리해 경성전화국을 별도로 설치하고 광화문통에 전화분국을 신축했다. 기존에는 경성우편국에 있던 경성중앙전화국에서 주로 시내전화를, 용산전화분국에서 시외전화업무를 취급했는데 회선 수가 많고 복잡해지자 별도로 경성전화국을 설치하

6 — 본정통이란 오늘날의 충무로와 명동 일대를 아우르는 명칭이다. 일제강점기에 만들어진 일본식 지명이자 상업중심지를 일컫는 것으로 경성뿐 아니라 대구, 청주, 부산 등 대도시와 중소도시를 가리지 않고 해당 지역의 번화가를 의미했던 지명으로 도회지마다 일본인의 상업활동이 활발했던 곳을 의미한다.

1 경성중앙전화국, 1945년 10월 촬영.
  출처: 미국국립문서기록관리보관소
2 광화문전화분국, 1945년 10월 촬영.
  출처: 미국국립문서기록관리보관소
3 용산전화분국, 1945년 10월 촬영.
  출처: 미국국립문서기록관리보관소
4 전화교환대, 1945년 10월 촬영.
  출처: 미국국립문서기록관리보관소

고 분국 건물을 신축한 것이다. 1897년 각 부처와 연결하는 전용 전화가 궁중에 가설된 지 6년 만에 일반인도 사용할 수 있는 공중전화가 서울의 마포, 남대문, 영등포, 서대문 등지에 생겼다. 동전을 넣어 사용하는 공중전화 또는 자동전화는 1921년 경성부에 19곳이었던 것이 1937년에는 53개로 점증하였고, 주로 시내 번화가에 설치되어 있던 공중전화 하루 이용은 평균 1,100회 내외였다고 한다.[7]

당시 전화기는 수입품이었기 때문에 한 대 당 1,000원을 상회할 정도로 굉장히 고

7 — 〈自動電話收入〉,《동아일보》1922년 8월 20일자;〈公衆電話使用 一千百回의 內外〉,《동아일보》1937년 11월 11일자

가였음에도 물건이 없어 구하기가 어려웠다. 기본 통화시간은 3분이었고 요금은 통화당 10전이었다. 전차요금이 5전이었으니 전화를 한 번 한다는 것은 적은 비용은 아니었을 것이다. 1930년대 중반에 자동식 전화가 도입되기 전까지는 전선을 수동으로 이어주는 교환대를 통해 통화하는 방식이라 비쌀 수밖에 없었다.[8]

1920년대에 이미 경성을 비롯한 대도시에서 영업을 하려면 전화기는 필수였다. 상점 간판에 전화번호를 표기했느냐 유무는 신용과 직결된 사항이었다.[9] 나아가 상점들은 기존의 박리다매식 상업전술보다 전용 포장지에 상호, 주소, 영업종목, 그리고 '전화번호'를 표기해 원거리 손님에게도 광고하고 전화로 주문을 받으며 물건을 팔 수 있는 전략을 구사하기 시작했다.[10] 상업도시로 변모하는 경성에서 전화기는 시간과 거리를 압축하는 필수불가결한 문명의 이기였지만 일제 강점기에는 여전히 일본인에게 집중적으로 편재되어 있었다는 점은 당시 전화번호부를 통해 다시금 확인할 수 있다.

네 권의 전화번호부와 아파트의 등장

현대인에게는 필수품이 되어버린 휴대전화의 출현 전에는 집 전화나 공중전화를 이용했다. 집에도 공중전화부스 안에도 두꺼운 전화번호부가 있었다. 일제강점기 당시에도 전화번호부가 있었는데 전화기를 설치한 가입자를 수록해 매년 4월 1일과 10월 1일을 기준으로 두 차례 발행했다.[11] 당시에 전화번호부가 연 2회 발행되고 수록된 업종만 하더라도 몇 백 곳에 달해 발행 부수가 적지 않았을 것으로 짐작했으나 전화번호부를 찾는 일은 예상과는 달리 쉽지 않았다. 운 좋게도 1930년대부터 해방 직전까지를 파악할 수 있는 전화번호부를 소장한 기관들의 협조로 1930년대의 시작과 중간, 끝 무렵 그리

---

8 — 1905년에 전화 통화료는 5전이었고, 한 통화에 3분씩, 연속해서 세 번의 통화(9분)까지 계속할 수 있도록 했다. 1934년 4월 1일 당시 경성의 가입구역은 본국, 광화문분국, 용산분국 등 3개국 내에서 한 통화(3분)에 10전이었다. 이후 1937년 7월 1일 진화요금제가 연액제(年額制)에서 도수제(度數制)로 바뀌면서 3분 통화에 요금이 3전으로 인하되었고 공중전화요금도 5전으로 인하되어 공중전화소 사용은 대폭 증가했다. 《韓國電氣通信100年史(상)》, 체신부, 1985, 373쪽

9 — 〈悲風慘雨 錢慌의 餘波 (七) 電話의 暴落〉, 《동아일보》 1920년 6월 11일자

10 — 〈商店과 設備 包紙와 노끈〉, 《동아일보》 1929년 10월 8일자

11 — 《韓國電氣通信100年史(상)》, 체신부, 1985, 374쪽

1   1930년에 발간된 《경성·인천 전화번호부》의 표지. 인천시립박물관 제공
2   1934년에 발간된 《경성·인천 전화번호부》의 표지. 천안 우정박물관 제공
3   1939년에 발간된 《경성·영등포 전화번호부》의 표지. KT제공
4   1945년에 발간된 《경성·영등포 전화번호부》의 앞표지와 뒤표지. 한국연구원 제공
5   1930년 전화가입구역도, 경성중앙전화국, 《경성·인천 전화번호부》, 1930년 5월 15일 기준 1930년 6월 발행
6   1934년 전화가입구역도, 경성중앙전화국, 《경성·인천 전화번호부》, 1934년 4월 1일 기준, 1934년 5월 발행
7   1939년 전화가입구역도, 경성중앙전화국, 《경성·영등포 전화번호부》, 1939년 10월 1일 기준, 1939년 12월 발행

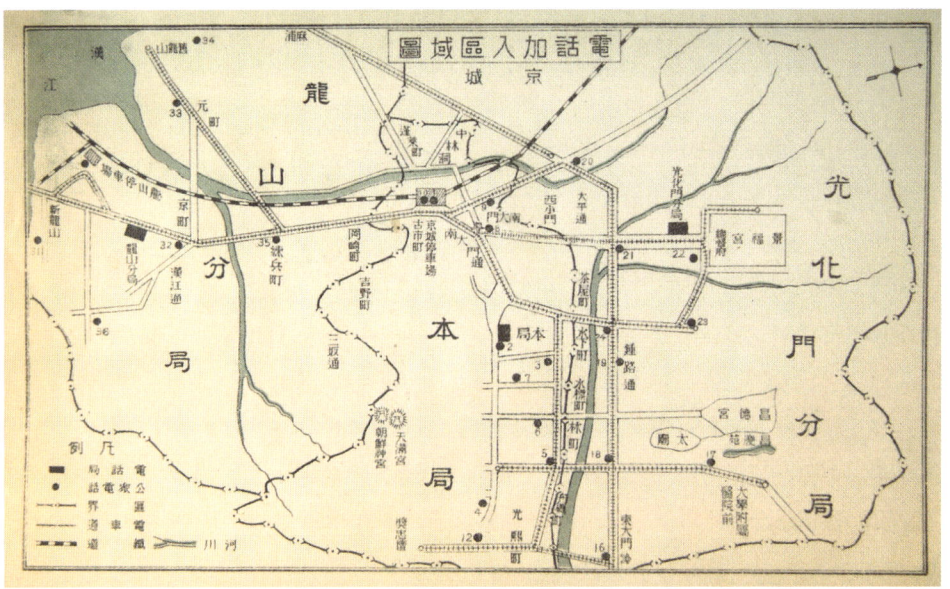

5

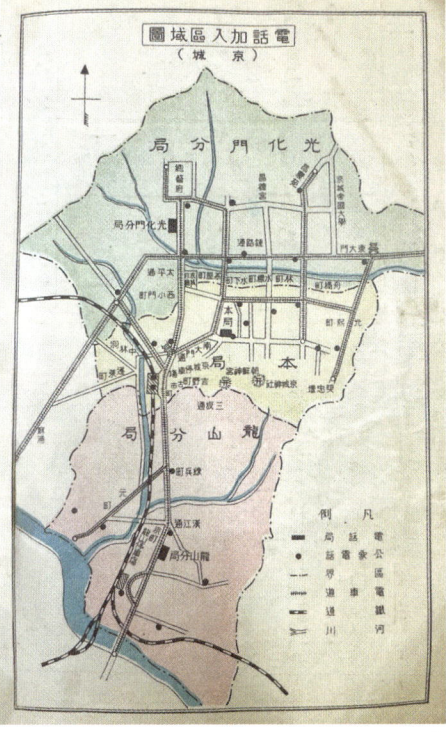

6

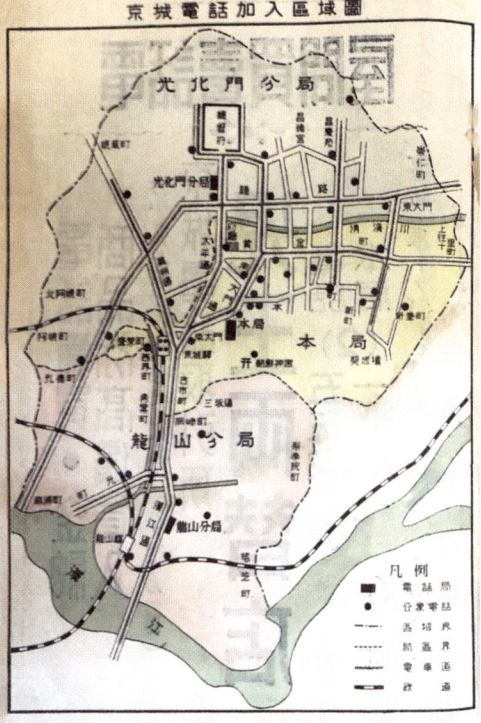

7

고 해방 직전에 발행된 전화번호부를 살펴볼 수 있었다.

첫 번째는 1930년 6월 30일에 발간된 《경성·인천 전화번호부》(1930년 5월 15일 기준)로 경성과 인천지역에 가입된 전화번호가 295쪽에 걸쳐 수록되어 있다. 두 번째는 1934년 5월 26일 발행된 《경성·인천 전화번호부》(1934년 4월 1일 기준)로 경성지역의 전화번호가 250쪽에 걸쳐, 인천지역의 전화번호가 27쪽에 걸쳐 수록되어 있다. 1930년에 발간된 전화번호부의 경우 한 쪽에 영업장 명과 주소를 포함해 34곳의 전화번호를 수록했는데, 1934년 전화번호부에서는 글씨를 조금 작게 해 50곳을 수록했다. 대략 47% 정도가 증가한 것이니 섣불리 쪽수만 보고 비슷할 것으로 추측하면 안 된다. 1939년에 발간된 《경성·영등포 전화번호부》(1939년 10월 1일 기준)에는 1936년 조선총독부의 대경성계획에 따라 행정구역이 확장되면서 영등포 지역을 포함한 전화번호가 380쪽에 걸쳐 수록되어 있다.[12] 1930년 전화번호부와 달리 순서를 '50음 방식'[13]으로 바꿔 등재하고 있는데, 1932년이나 1933년부터 바뀐 것인지는 분명하지 않다. 마지막은 1945년 3월 20일 발행된 《경성·영등포 전화번호부》(1944년 9월 1일 기준)이다. 1930년과 1934년 전화번호부는 짙은 녹색에 색인표로 간단하게 표지를 구성했다. 1939년 전화번호부에는 대한문이 색인표와 함께 등장한 반면 1945년 전화번호부는 앞표지에 탱크, 뒷표지에는 항공기와 군함으로 장식해 당시 전시체제 상황을 강렬하게 드러냈다.

각 전화번호부 서두에 삽입된 '(경성)전화가입구역도(電話加入區域圖)'에서는 각 분국의 위치와 가입지역의 경계 그리고 공중전화의 분포를 살펴볼 수 있다. 추가로 전차선과 철도선도 표기되어 있는데 대부분의 공중전화가 경성역, 용산역이나 총독부 옆처럼 주요 시설물 주변에 설치되었음을 확인할 수 있다. 이외에도 가입등기료, 전화 사용 기본료, 시내·외에 전화 거는 방법 안내 등의 내용을 담았다.

---

12 — 1939년 전화번호부가 경성과 영등포를 대상으로 한정하게 된 연유에는 폭발적인 전화 수요로 인해 인천은 분리시킬 수밖에 없었던 것으로 보인다. 295쪽에 달하는 1930년 《경성·인천 전화번호부》는 1939년 《경성·영등포 전화번호부》에서 400쪽에 달하게 되며 큼지막한 글자들은 세로방향에서 가로방향으로 깨알같이 작은 크기로 바뀌어 전화 가설이 지속적으로 증가한 것을 알 수 있다.

13 — 1930년에 발간된 《경성·인천 전화번호부》는 전화 가입자 이름을 중세부터 사용한 '이로하(いろは)' 방식으로 수록했고 1939년 《경성·영등포 전화번호부》에서는 오늘날 '아이우에오(あいうえお)'로 시작하는 '50음' 순서로 배열했다. 윤상길, 〈근대 한국 전화번호부의 소장상황과 1924년판 부산 전화번호부 자료 해제〉, 《항도부산 (39)》, 2020, 507쪽 참조

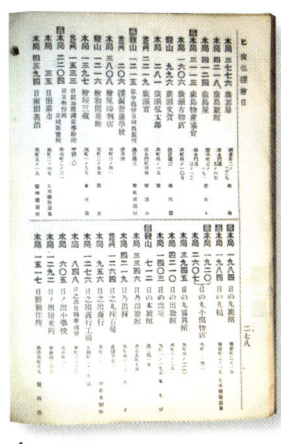
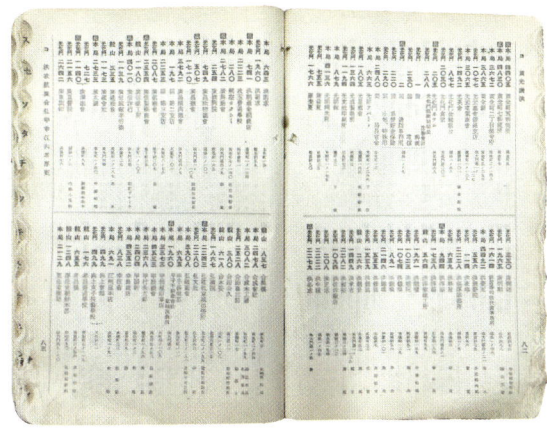
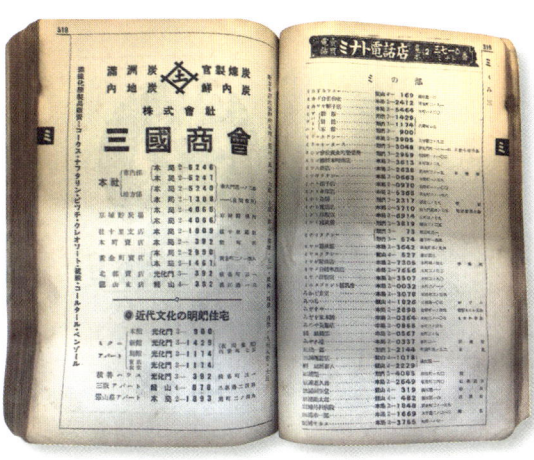
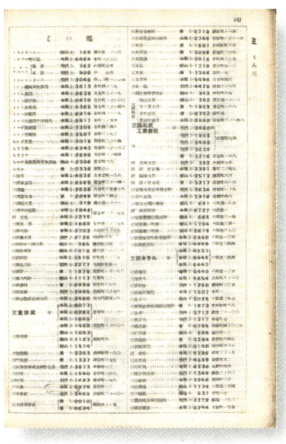

1 1930년에 발간된《경성·인천 전화번호부》의 페이지 구성. 가입지역, 전화번호, 업체 이름, 업체 주소, 업종이 세로쓰기로 기록되어 있다.

2 1934년에 발간된《경성·인천 전화번호부》의 페이지 구성. 1930년 전화번호부처럼 세로쓰기 구성이지만 더 많은 번호가 수록된 것을 볼 수 있다.

3 1939년에 발간된《경성·영등포 전화번호부》의 페이지 구성. 왼쪽에는 광고를 게재하고 오른쪽 페이지에 전화번호 정보를 담는데 1930년에 발간된 전화번호부에 비해 글씨도 작아지고 가로쓰기로 빽빽해졌다. 페이지 상단에 광고 문구를 삽입한 것도 보인다.

4 1945년에 발간된《경성·영등포 전화번호부》의 페이지 구성. 상단 광고가 사라지고 전화번호는 두 단으로 나뉘어 더욱 빼곡하게 페이지를 채우고 있다.

1945년 전화번호부에는 전화가입구역도는 없고 전화번호 중 동분국(東分局)으로 분류된 곳이 있는데 1940년대 초반 전화가입구역 개편을 통해 지금의 왕십리와 신당동 일대까지 확장한 것으로 보인다.[14]

본격적으로 전화번호부가 시작되는 페이지에는 가입전화국(본국, 광화분국, 용산분국 또는 동분국), 세 자리 또는 네 자리로 구성된 전화번호, 상호와 주소 그리고 업종이 표기되어 있다. 네 권의 전화번호부에는 당시 전화기를 설치했던 호텔, 백화점, 신문사, 대학, 공공기관을 비롯해 다양한 영업장과 이들의 정확한 주소가 기록되어 있어 이를 통해 1930년대와 해방 직전까지의 변화를 살펴볼 수 있다. 여기서는 '아파트'의 등장에 특히 주목했다.

1930년에 발간된 《경성·인천 전화번호부》에는 '아파트'가 등장하지 않는다. 1934년 《경성·인천 전화번호부》에서 비로소 3곳의 아파트가 등장하게 된다. 1939년에 발간된 《경성·영등포 전화번호부》에서는 21곳에 이르는 아파트를 찾아볼 수 있다. 1945년에 발행된 《경성·영등포 전화번호부》에는 1939년 전화번호부에 등장했던 아파트 가운데 한 곳을 뺀 나머지는 사라져 11곳으로 줄어든 것을 알 수 있다. 이는 몇몇의 아파트가 호텔로 전업했거나 국민총동원 체제와 전쟁 확전 분위기로 인해 이전보다 영업활동이 약화된 것에서 기인한다고 추정할 수 있다. 경성 곳곳에 확산되어 있는 아파트 정보가 담긴 네 권의 전화번호부를 통해 1930년대 경성은 아파트 시대였음을 새삼 확인할 수 있다.

전화번호부를 한 번 더 면밀히 살펴보면 임대업 또는 대실업은 아파트에 국한되지 않았음을 알 수 있다. 각각의 전화번호부를 넘기다 보면 심심치 않게 호텔(ホテル), 여관(旅館), 여관하숙(旅館下宿) 또는 하숙여관(下宿旅館), 하숙(下宿) 그리고 대가(貸家) 등의 다양한 임대업 종류[15]를 확인할 수 있다. 네 권의 전화번호부를 통해 일제 강점기 주거임대업태의 변화와 공간 이해는 물론 아파트를 비롯한 대실영업에 대한 전반적인 양상을 파악해 소비도시, 상업도시, 자본도시로 재편된 경성의 면모를 새롭게 들여다볼 수 있다.

14 — 윤상길, 〈일제시기 京城 전화 네트워크의 공간적 배치〉, 《서울학연구(34)》, 2009, 150~151쪽 참조

15 — 1930년 《경성·인천 전화번호부》와 1934년 《경성·인천 전화번호부》, 1939년 《경성·영등포 전화번호부》에는 '호텔', '여관', '여관하숙', '하숙', '대가'의 업종이 표기되어 있다. 1930년 전화번호부에는 '하숙여관'과 '숙(宿)'이 있었는데 1934년 판에서 '아파트'가 새롭게 등장했다. 전화번호부에서는 보통 영업장 명을 표기하거나 경영자 이름을 표기했다. 예를 들어 영업자 이름에 '○○旅館'이라고 표기되고 따로 업종 표시가 되지 않는 경우나 영업장 명 또는 경영자 이름 바로 뒤에 '旅館'이나 '下宿'이라고 업종 표기가 적혀 있는 것으로 경성부 전반의 주거임대 업태를 파악했다.

1930년대 경성의 주택난과 주거임대 업태

1920년대 이후 경성의 주택난은 더욱 심각해졌는데, '집이 귀해 돈을 들고도 길거리에 방황'하거나 '세 들은 집이 나가지 않아 내 돈을 내고 내가 산 집에 못 들어가'는 일도 허다했다.[16] 1921년《동아일보》기사에 따르면 '경성부 내 가옥은 3만9천 호이고, 한 호에 월세나 전세의 형태로 거주하는 가구 수는 모두 합해 5만4천 호에 이르러 가구 수에 비해 1만5천 호 정도의 집이 부족'[17]한 것으로 조사되었다. 1920년대 말이 되면 극심한 주택난으로 1인당 거주면적은 경성부민의 25%가 2~5평에, 45% 정도가 6~10평에 살고 있었다. 이와 더불어 평균적으로 하나의 주택에 2가구, 10명 정도라는 지표는 조선인과 일본인을 전체로 본 것[18]이니, 자가를 충분히 가지고 있었던 일본인을 제외하면 상대적으로 수입이 훨씬 적은 조선인의 생활은 힘겨웠을 것이라고 짐작할 수밖에 없다. 1930년대에도 여전히 총 호수 7만 호 가운데 2만 호가 차가 생활을 이어갔고[19] 1930년대 후반에도 집 없는 주민이 증가하여 주택난은 심각한 도시 문제였다.[20] 이러한 상황에서 방 하나도 구하지 못하는 사람은 여관 생활을 전전했는데, 천도교 중앙위원 대표였던 이종린[21]도 월셋집 하나 구하지 못하고 여관에 살림을 차렸다고 한다.

나의 가족이 여관 생활을 하기는 지금으로부터 6년 전인데 여관생활을 하게 된 동기는 지금이나 그때나 서울에서 생활하는 우리네가 주택난을 당한 까닭입니다. 나도 그때 집 한 칸 없이 한 달에 이사를 두세 번씩 했습니다. 이렇게 집으로 고통을 받으니 먹을 것도 없는 놈이 얼마나 갖은 괴로움과 고통을 당했겠습니까. … 여관 생활 하는 중에는 친한 친구들이 너무나 딱하게 봐서 전동(典洞)에 열세 칸 쯤 되는 집 한 채까지 얻어주고 그 곳에

---

16 — 〈極甚한 市內의 住宅難〉,《동아일보》1921년 6월 7일자

17 — 〈極甚한 市內의 住宅難〉,《동아일보》1921년 6월 7일자

18 — 〈住宅難과家賃引下問題〉,《동아일보》1929년 11월 16일자. 같은 시기 도쿄의 1인당 거주면적은 15평, 오사카는 32평, 고베는 12평. 그리고 구미에서는 1인당 거주면적이 40~50평이라고 상대적인 수치로 비교하며 질적인 차원에서도 경성의 주거환경 문제를 인식하는 기사이다.

19 — 〈都市生活과 住宅難〉,《동아일보》1932년 7월 14일자

20 — 〈都市에 住宅難滋甚〉,《동아일보》1938년 6월 13일자

21 — 이종린(李鍾麟, 1883~1951)은 일제강점기 독립운동가, 천도교 지도자이며 대한민보 주필을 맡고 독립신문 발행을 주도하기도 했다. 해방이후에는 국회의원으로활동했다. 이종린, 국사편찬위원회, 한국사데이터베이스, 한국근현대인물자료

서 전과 같이 살림을 하라고 권고를 퍽이나 했습니다만 여관 생활보다 더 편한 생활을 하기는 어려울 줄 알고 고맙게 얻어준 집이나마 도로 물리고 또다시 그대로 여관 생활을 하게 되었습니다. … 여관 생활을 하니까 한 달 식비 외에 내는 세금이 없습니다. 잡비라야 내가 피우는 담배 밖에 없어요. 찾아오는 사람도 없으니까 손님들 대접하는 비용도 절약됩니다. 나는 경제적으로 보아서도 조선 사람에게 여관 생활을 권고하고 싶습니다.[22]

이처럼 안착해 살 수 있는 살림집 또는 방 한 칸을 구하지 못한 처지에 이른 이들에게는 장·단기로 투숙할 수 있었던 저렴한 여관, 하숙, 대가 등이 대안이 되었다.[23] 반면 정기적인 수입이 있었던 월급쟁이나 독신자의 경우에도 이러한 임시거처를 적극 활용했고 외국에서 오거나 지방에서 올라오는 사람들의 경우에도 각자 형편과 필요한 기간에 다양한 숙박업종 가운데 맞춤한 것을 선택해 머물렀다.

전화번호부에서 임대업의 명칭은 대개 영업장 명에 '○○여관'이라고 적지 않은 경우에는 따로 임대 업태 분류상 '여관'이라고 명시해 놓았다. 하숙의 경우에는 '○○관(館)', '○○옥(屋)' 또는 '○○장(莊)'으로, 대가의 경우에는 영업장 상호보다는 운영하거나 소유하는 사람의 이름이 적혀 있다. 하숙이나 대가는 모두 전화번호부에 '하숙(下宿)' 또는 '대가(貸家)'라고 표기되어 있다. 다만 때로는 여관과 하숙의 중간 어디쯤에 해당하는 애매모호한 '여관하숙(旅館下宿)'이라든지 '하숙여관(下宿旅館)'이라고 적힌 경우도 있지만 정확한 분류 기준은 드러나 있지 않다. 호텔보다 시설이 좋은 고급여관도 있었고 하급여관보다 잘 갖추어진 고등하숙이 있었기 때문에 업태 분류로 임대업 수준을 구분하기에는 한계가 있지만 임대업의 형편이 일정하지 않고 다양했던 것으로 이해할 수 있다.

1930년대 숙박임대 업태 변화

1930년대에 숙박임대 업태는 계속해서 번성해 나갔는데, 10년 사이에 추이를 파악할

---

22 — 《별건곤》 16·17호, 1928년 12월, 최병택·예지숙, 《경성 리포트: 식민지 일상에서 오늘의 우리를 보다》, 시공사, 2009, 184~185쪽 재인용

23 — '… 셋방을 얻지 못하는 사람은 대개 이 아파트를 빌려 가지고 사는 사람이 많다. 아파트업자로 보아서는 한 칸의 방을 한 사람에게 빌려주어 얼마 되지 않은 월세를 받는 것보다는 아파트를 보통 여관과 호텔로 변경하는 것이 훨씬 이익이 많다. …' 《아파-트의 轉業 絶對로 不許한다》, 《매일신보》 1940년 6월 9일자

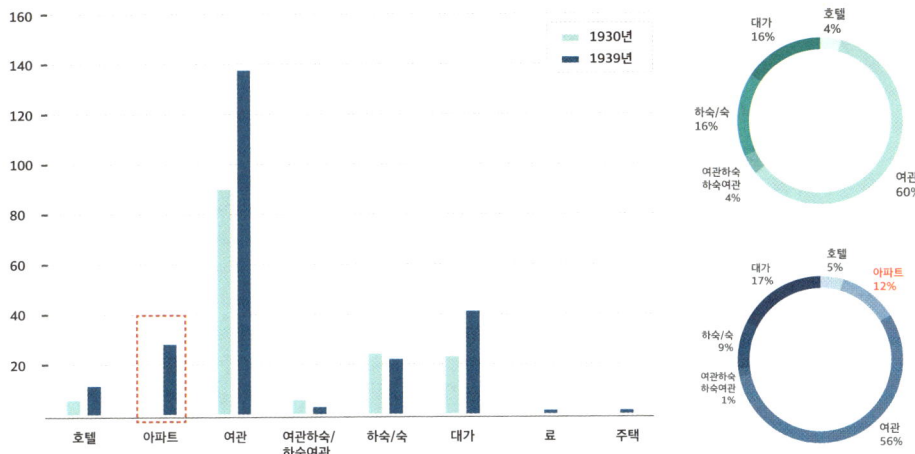

1930년과 1939년 숙박임대 업태의 변화와 아파트의 등장 분포[24]

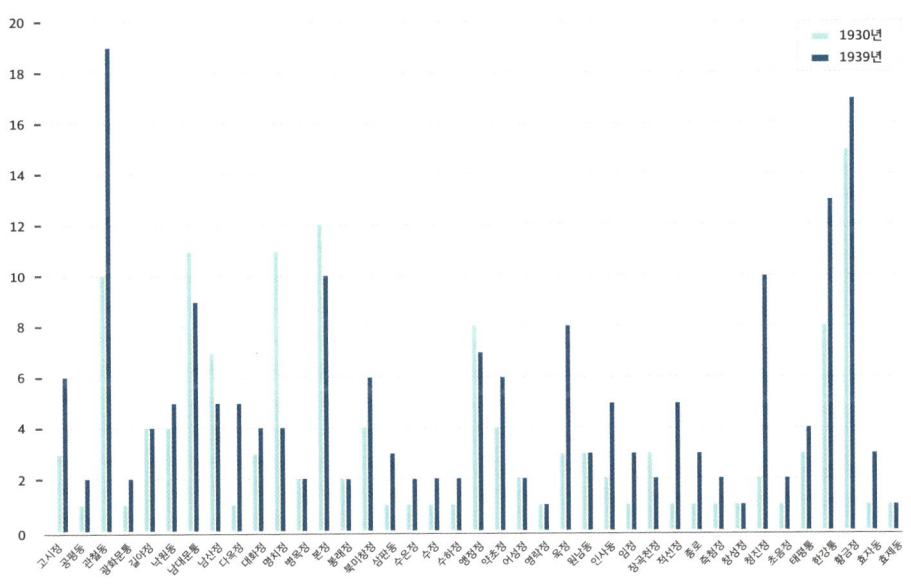

1930년과 1939년 경성부의 지역별 숙박임대 업태 변화

24 — 1930년 《경성·인천 전화번호부》에서는 찾아볼 수 없었던 '아파트'는 1939년 《경성·영등포 전화번호부》에서는 21곳 등장한다.

수 있는 전화번호부에 기록된 영업장을 기준으로 호텔의 꾸준한 증가, 여관과 대가의 급격한 확산 그리고 아파트의 등장을 확인할 수 있다. 1930년대 초에는 150여 개의 임대업이 44개의 정·동·통에 있었는데 1930년대 말에는 240여 개의 임대업이 66개 지역으로 확산된다. 그 중 39개는 여전히 그 전에 있던 자리에서 임대업을 하고 있었지만 10년 동안 사라지거나 새로 생기고 확장하는 임대업체도 생겨나게 되었다.[25] 종로 1정목에서 2정목 사이의 청진정(淸進町, 현 청진동), 관철정(貫鐵町, 현 관철동), 인사정(仁寺町, 현 인사동), 낙원정(樂園町, 현 낙원동) 등에서는 폭발적으로 여관이 증가했고, 황금정 3정목과 4정목 주변의 약초정(若草町, 현 초동), 앵정정(櫻井町, 현 인현동), 임정(林町, 현 산림동) 등에서는 하숙과 대가업이 활발하게 번성했다. 임대업에서는 접근성이 중요하므로 대로와 전찻길을 따라 광희정, 동사헌정까지 확산한 모습을 살펴볼 수 있으며, 1936년 경성부의 행정구역 확장과 더불어 한강통을 따라 청엽정(靑葉町, 현 청파동)과 지금의 용산지역까지도 임대업이 확산된 사실을 확인할 수 있다.

서양식 고급 숙소, 호텔의 번성

경성에서는 개항기 이후 꾸준히 유입되는 일본인의 증가와 맞물려 일본식 여관 중심으로 숙소가 번성했다. 특히 러일전쟁 이후 거류 일본인의 증가세가 커지면서 자연스럽게 여관, 여인숙, 하숙 등이 늘어났다.[26]

1915년 경복궁에서 있었던 조선물산공진회[27]를 계기로 경성에서는 숙박업이 번성했는데 당시 이 행사는 100만 명 이상의 관람객이 다녀갔다. 그 가운데 서양에서 들어온 고급 숙박시설인 호텔도 있었는데, 주로 조선에 체류하는 구미인이나 여행객 상류층

25 — 1930년대에 숙박임대업 밀집 지역으로 관철정, 남대문통, 명치정, 본정, 청진정, 한강통, 황금정 등 10개 이상의 정·동·통이 있다. 이중에서도 고시정, 관철정, 욱정, 인사정, 적선정, 청진정, 한강통, 효자정은 1930년대 말 2배 이상 증가했고 상대적으로 남대문통, 남산정, 명치정, 본정은 감소했다.

26 — 京城府,《京城府史》제2권, 1936, 723쪽, 이채원,〈일제시기 경성지역 여관업의 변화와 성격〉,《역사민속학 (33)》, 2010, 332쪽에서 재인용: 손정목,《韓國開港期 都市社會經濟史硏究》, 일지사, 1982, 224~229쪽에 따르면 1903년 3,673명의 일본 거류인이 1905년 7,677명. 이듬해에는 10,000명을 넘어섰고, 1896년 8개의 숙박업이 1907년 47개의 여인숙과 39개의 하숙으로 증가했다.

27 — 조선물산공진회는 일제가 표면적으로는 산업과 문명의 근대화에 대한 성과를 보여주고자 했지만 궁극적으로는 지배의 정당성을 강화하고자 한 행사였다.

1 1914년 10월 10일 개업한 조선호텔의 엽서 이미지. 출처: 서울역사박물관

2 반도호텔, 1948년 8월 20일 촬영. 출처: 미국국립문서기록관리보관소

이 이용했다.[28] 일본인이 세운 인천의 다이부쓰호텔(大佛ホテル, 1888)과 최초의 서양식 관용 호텔이었던 손탁호텔(1902)이 대표적이었다.

조선총독부에서 각 도시에 지은 철도호텔 가운데 1914년 10월 10일 경성에 준공

28 — 최초의 근대식 호텔은 인천의 다이부쓰호텔이다. 이어 당시 한성 내 정동에 독일인이 세운 손탁호텔이 있는데, 손탁호텔은 대한제국의 관용 호텔로 25개의 객실과 연회장을 갖추었다. 국사편찬위원회, 〈경성의 숙박 시설과 관광 명소〉, 《여행과 관광으로 본 근대》, 두산동아, 2008, 136~137쪽

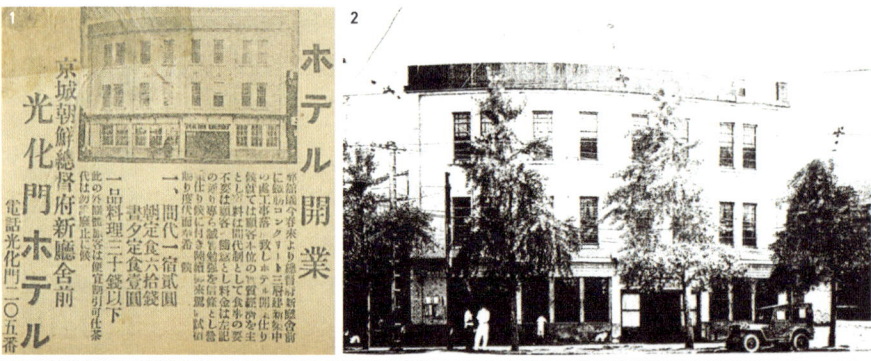

1 《조선일보》 1926년 11월 20일자 광화문호텔의 개업 광고
2 미국국립문서기록관리보관소에서 찾은 광화문호텔의 흐릿한 복사 이미지
3 총독부 신청사 맞은 편에 자리한 광화문호텔. 출처: 미국국립문서기록관리보관소
4 본정호텔. 출처: 《대경성도시대관》, 조선신문사, 1937. 서울역사박물관

한 순 서양식 호텔인 조선호텔(朝鮮ホテル)은 여러 차례 변화를 겪으면서 지금도 남아 있는데, 소공동 '웨스틴 조선호텔'이다. 조선호텔은 총 64개의 객실과 함께 대식당, 음악당, 연회실, 바 등의 부대복리시설 그리고 당시에 승객용과 수화물용 엘리베이터 등을 갖춘 4층 규모의 초호화 근대식 숙박시설이었다. 롯데호텔의 전신인 반도호텔(半島ホテル)

은 1938년 4월 1일 일본인 노구치 시타가우(野口遵)가 황금정 1정목에 8층 규모 건물을 짓고 영업한 호텔이다.[29] 양식과 일본식 객실 96개와 결혼식장을 갖추고 냉난방시설을 완비한 반도호텔은 인접한 조선호텔과 함께 근대 경성의 위용을 과시하는 명물이었다.

조선호텔과 반도호텔이 들어서기 중간 즈음인 1926년에는 당시 총독부 신청사 앞, 현 광화문 시민열린마당 자리에 철근콘크리트조 3층 높이의 호텔이 개업했다. 1926년 11월 20일자 《조선일보》에 실린 광화문호텔 개업 광고에는 '객실료와 식사비용을 나누어 고객이 식사 제공 여부를 선택할 수 있으며 경제적인 요금제를 적용'[30]한다고 되어 있다. 개업 4년 뒤인 1930년, 염상섭의 연재소설 〈광분〉에서도 당시의 광화문통 풍경 속에 광화문호텔을 어렴풋이 확인할 수 있다.

…그러나 총독부마즌편광화문호텔압까지와서 자동차부가눈에띠이자 택씨–를탈생각이 비롯낫다 사실전차는오고가는것마다듯듯득듯차고그넓은길에는 사람이깔이엇다. …[31]

1930년 전화번호부에 등장하는 영업장 명이 호텔이거나 업종을 호텔이라고 표기한 곳은 6곳이다. 1939년에는 조선호텔(朝鮮ホテル, 장곡천정)을 비롯해 해동호텔(海東ホテル, 관철정), 고려호텔(高麗ホテル, 광화문정), 명동호텔(明東ホテル, 다옥정), 본정호텔(本町ホテル, 본정), 반도호텔(半島ホテル, 황금정) 등 8개가 주로 광화문통과 남대문통에 있었다. 또한 다이죠호텔(大常ホテル) 그리고 오늘날 대방동이 된 번대방정에 법덕온천호텔(法德溫泉ホテル)처럼 여관이었다가 호텔로 업종 변경을 한 경우도 있었다. 1939년의 호텔은 모두 11개로 10여 년 동안 호텔의 숫자는 배 가까이 되었다. 반면에 킨파호텔(金波ホテル, 태평통)은 킨파여관으로 바뀌었고, 종로 4정목과 5정목 사이에 있던 미나토호텔(ミナトホテル)처럼 사

29 — 윤상인, 〈호텔과 제국주의: 우리 안의 반도호텔들에 대해〉, 《일본비평(6)》, 2012, 201~202쪽

30 — 《조선일보》 1926년 11월 20일자 "호텔개업 광고, 광화문호텔 개업 광고에서는 객실료가 1박에 2엔, 조식 정식이 60전, 점심은 1엔이고 단품 메뉴는 30전 이하이며 이 외에도 팁 지불 부담 없이 단체할인도 내세우며 상대적으로 근처의 조선호텔보다 경제적이라는 점을 부각하고 있다.

31 — 염상섭, 〈狂奔(광분)-89〉, 《조선일보》 1930년 1월 16일자

라진 경우도 있다. 주고객이 외국인과 일본인이었던 까닭에 고급 숙소인 호텔은 북촌보다는 남촌에 분포했고 광화문통, 태평통, 남대문통 등의 대로 또는 경성역 주변 등 접근이 용이한 번화가에 주로 자리했다. 다만 웅장하고 화려한 조선호텔이나 반도호텔과 다른 중소규모의 경제적인 호텔도 1930년대에 혼재했다는 점에서 호텔의 이용자층이 넓어졌음을 추정을 할 수 있다.

천차만별 우후죽순, 일본식 여관과 조선식 여관

개항 이후 확산되기 시작한 근대여관은 자본주의적 경제 체제가 형성되면서 철저하게 숙박료를 받고 영업이익을 챙기는 숙박시설로 자리잡기 시작했다. 여관업이 발달하면서 일제는 통제와 단속을 위한 규칙을 제정했다. 일례로 마산이사청의 '숙옥영업취체규칙'에서는 여인숙은 '1박 동안 정해진 숙박료를 받고 사람을 숙박'시켜야 하고 하숙은 '한 달 정액의 객실료 등을 받고 사람을 숙박'시킨다고 명시했다. 하룻밤 잠을 자는 '여인숙(또는 여관)'과 한 달 단위로 식비가 포함된 장기투숙시설인 '하숙'을 구분한 것이다.[32]

1910년대에 지어지고 1930년, 1939년 전화번호부에도 계속해서 명맥을 유지했던 여관으로는 천진루여관(天眞樓旅館), 우라오여관(浦尾旅館), 야마모토여관(山本旅館), 시라누이여관(不知火旅館) 등이 있다.[33] 대부분 연회를 열 수 있는 넓은 식당과 같은 부대시설을 갖춘 일본식과 서양식이 절충된 근대식 건물로 경성역과 가깝고 교통이 편리한 본정, 남산정 일대에 자리 잡고 있었다. 손님의 대부분은 은행원, 회사원, 실업가, 관리 등이었다. 그 중에서 시라누이여관의 경우 서양식 세면대와 탁상 전화기가 처음으로 설치된 숙박시설이었는데, 1920년 화재로 전소되어 이를 오히려 기회로 삼아 이듬해 난방장치를 완벽하게 구비해 신축하기도 했다.

32 — 《統監府公報》제57호, 1908년 6월 6일. 조성운, 〈개항기 근대여관의 형성과 확산〉, 《역사와 경계》 통권 92호, 2014, 135~172쪽에서 재인용

33 — 〈경성의 숙박 시설과 관광 명소〉, 《여행과 관광으로 본 근대》, 두산동아, 2008, 141쪽 표 '1910년대 경성의 일본인 경영 숙박 시설' 참조

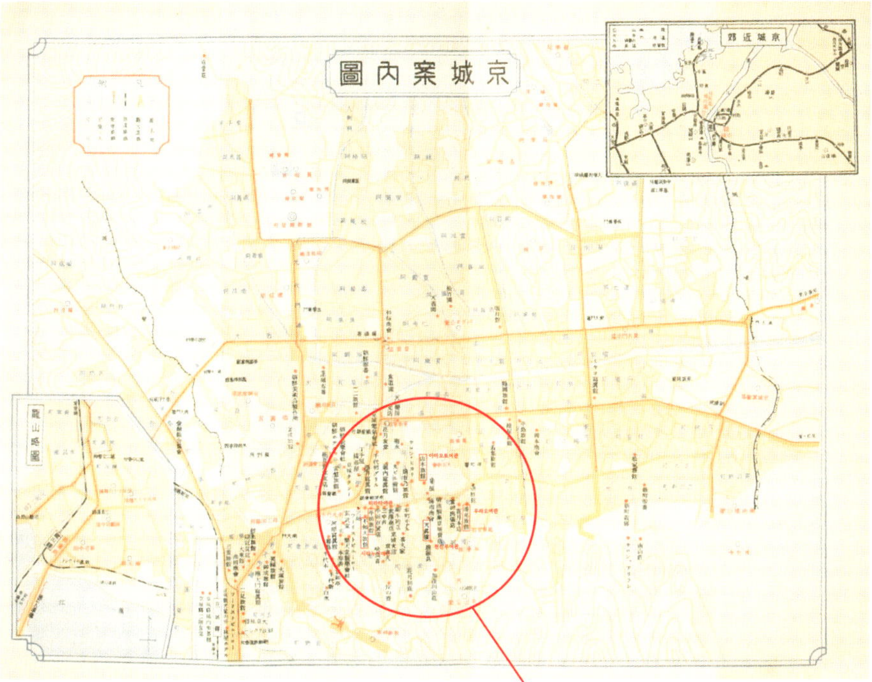

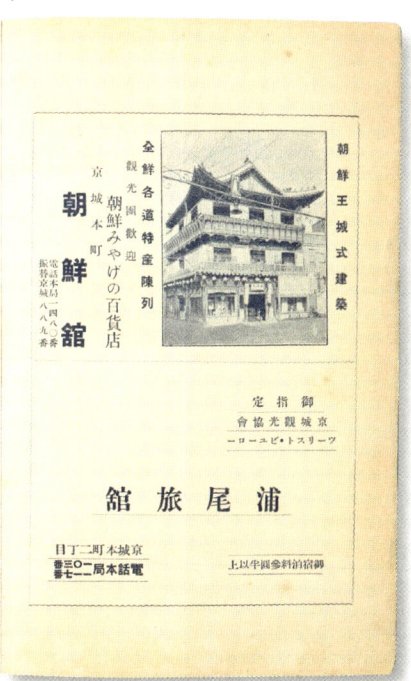

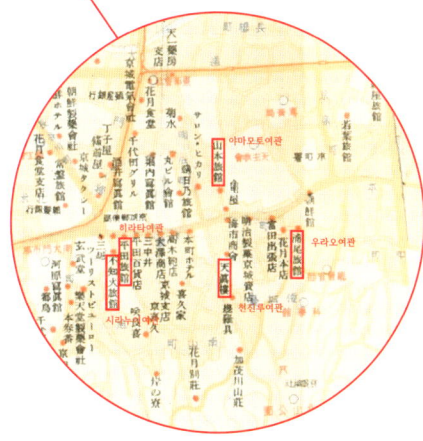

1 경성안내도에 표시한 1910년대에 지어진 후 1930년대까지 남아있는 여관. 출처:《경성안내》, 경성관광협회, 1934. 국립민속박물관

2 《경성안내》에 나오는 조선관과 우라오여관 광고. 우라오여관의 숙박료는 3원 50전 이상, 경성 본정 2정목이라는 주소와 전화번호가 표시되어 있다.

1929년에 간행된 조선식 여관과 일본식 여관 안내서[34]에 따르면 경성에 한옥 구조의 단층집인 조선식 여관이 345곳, 2~3층의 근대식 건물로 지어진 일본식 여관은 50여 곳이 있었다. 조선식 여관은 크게 5등급으로 나누고 다시 각 등급에 따라 세 분류로 나누고 일본식 여관은 특등부터 5등까지 6개의 등급으로 나누고 있다. 다만 분류 기준이 명시되어 있지 않아 식사에 따른 차등을 두면서 시설이나 서비스 수준에 따라 등급이 나뉘었을 것이라 짐작해본다. 주목할 점은 여관 또는 여인숙에서는 1박 2식을 기준으로 하고 있는 반면 일본식 여관에서는 숙박료와 주식료를 따로 받았다는 점이다. 또한 조선식 여관의 하숙옥 이외에 여인숙의 세부 분류를 보면 1박이 아닌 1개월에 대한 숙식을 제공하는 하숙을 여관에서도 겸하고 있다는 점은 흥미롭다.[35] 이처럼 1박을 기준으로 하는 여관에서도 장기 투숙객을 함께 받는 영업장을 따로 전화번호부에 '여관하숙', 또는 '하숙여관'이라고 업종표기를 했던 것으로 추측할 뿐이다.

　　1930년대 초반만 해도 여관은 청계천 이남, 일본인이 거주했던 남촌에 주로 분포해 있었다. 특히 남대문통을 따라 북미창정(北米倉町, 현 북창동)과 남대문통 5정목, 명치정 2정목, 욱정, 황금정 3정목 등에 밀집해 있긴 하지만 전반적으로 남촌에 고르게 분포해 있는 것을 볼 수 있다. 그런데 놀랍게도 1939년 전화번호부를 통해 확인한 여관의 주소는 북촌이 압도적으로 많았으며 종로를 따라 1930년대에 번성한 것을 알 수 있다. 청진정에는 10개, 길 건너 맞은편 관철정에만 18개의 여관이 오밀조밀 작은 필지에 모여 있었다. 종로 1정목에서 2정목 사이 구간에서 여관의 수는 비약적으로 증가했다. 137개의 여관 중 40개는 10년 가까이 지난 후에도 여전히 영업 중이고 주인이 바뀌어서인지 영업장 명칭을 변경한 경우가 7개, 주소를 옮긴 경우가 3개, 아예 업종을 다른 형태의 임대로 바꾼 경우가 4개이다. 1930년대 동안 새로 생긴 여관은 전화번호부에 등록한 업소에 한정해도 무려 83개에 달한다.

---

34 — 이채원, 〈일제시기 경성지역 여관업의 변화와 성격〉, 《역사민속학(33)》, 2010, 339-341쪽 재인용. 두 문헌 다 1929년에 간행된 안내서와 같은 자료로, 조선식 여관에 대한 자료는 《京城便覽》(白寬洙, 弘文社, 1929)를 참고하고 일본식 여관은 《大京城》(有信一郞, 朝鮮每日新聞社出版物, 1929)을 인용했다고 밝히고 있다.

35 — 이채원, 〈일제시기 경성지역 여관업의 변화와 성격〉, 《역사민속학(33)》, 2010, 340쪽 재인용. 조선식 여관의 숙박료는 《京城便覽》(白寬洙, 弘文社, 1929)를 참고하고 일본식 여관의 숙박료는 《大京城》(有信一郞, 朝鮮每日新聞社出版物, 1929)을 참고하여 표로 재작성했다.

도시 곳곳, 속속 늘어난 하숙과 대가

1930년 전화번호부에 하숙업으로 표기된 곳은 하숙 23곳, 하숙여관 2곳, 여관하숙이 4곳이다. 대부분 청계천 이남으로 남산정, 명치정, 본정, 앵정정, 약초정, 황금정 등지에 있었다. 상대적으로 북촌의 하숙에 대한 정보는 찾을 수 없었다. 국사편찬위원회가 발간한 《한민족독립운동사 자료집》에 등장하는 1919년 3.1운동 검거자들은 대부분 학생이었는데 이들의 수감기록에 명시된 검거장소는 주로 하숙집이었다. 따라서 조선인의 거류지였던 북촌에도 각급 학교 학생들이 지내던 많은 하숙집이 있었겠지만 전화기를 두지 않아 전화번호부에는 오르지 않았던 것으로 보인다. 북촌의 각급 학교 학생들의 거처였기 때문일 것으로 추정할 수 있다. 1939년 전화번호부에 기록된 하숙의 경우도 여전히 황금정 4정목 이남으로 앵정정, 약초정 등지에 모여 있는 것을 살펴볼 수 있다. 그나마 전화기를 갖추고 새로 등재된 여관은 청계천 북쪽으로 종로를 따라 증가했다.

1930년 전화기를 가지고 대가업을 시작한 23곳은 주로 하숙이 몰려있는 약초정과 앵정정 주변으로 본정 2~4정목, 남산정 2정목, 대화정 2정목 등지였다. 1930년대에 대가업도 꾸준히 증가하는데 주로 동사헌정까지 동쪽으로 퍼져나갔다. 또한 한강통을 따라 용산지역에도 드문드문 있었다. 1930년대 말 경성부민의 30% 정도가 대가와 같은 차가 생활을 하고 있었다고 한다면 하숙과 마찬가지로 대가의 숫자는 전화번호부에 기록된 것 외에 전화기를 두지 않고 영업한 곳이 훨씬 더 많았을 것으로 추정된다.

1930년 《경성·인천 전화번호부》와 1939년 《경성·영등포 전화번호부》를 통해서 전반적인 숙박임대 업태와 각각의 변화를 살펴볼 수 있었는데, 크게는 변동이 없는 경우 (22.8%)와 영업자, 영업장 위치 또는 영업의 업종을 변경한 경우(10.5%) 그리고 새롭게 등장한 경우(66.7%)를 나누어 살펴볼 수 있다. 그 중 업종을 변경한 경우는 대략 8개 사례가 있는데 먼저 태평에 있던 킨파호텔은 킨파여관이 된 반면 남대문통의 다이죠여관(大常旅館)은 다이죠호텔이 되었다. 삼판통에 있던 나루토칸(鳴門館)은 기존에 여관만 운영하던 것을 확장해 하숙도 겸하게 되었고, 약초정의 흐키마쓰칸(鳶松館)은 하숙업을 정리하고 여관만 운영했다. 하숙이었던 약초정의 미카와야(三河屋)나 이즈미야여관(いづみや旅館)은 1930년대 말에 장기투숙객보다는 단기투숙객을 받는 여관으로 업종을 바꾸었다.

아파트의 경우는 대부분 새롭게 등장한 것으로 전화번호부에서 쉽게 확인할 수 있는데 흥미롭게도 여관하숙이었던 황금정에 위치한 다가노장(多可野莊)은 황금아파트(黃金アパート)로 변신했다. 중일전쟁 이후 지대가임통제령이 실시되고부터 여관업자와 하숙

1930년 경성 도심의 임대 업태. 〈지번구획입대 경성정밀지도〉(1936, 서울역사박물관 소장) 에 표기

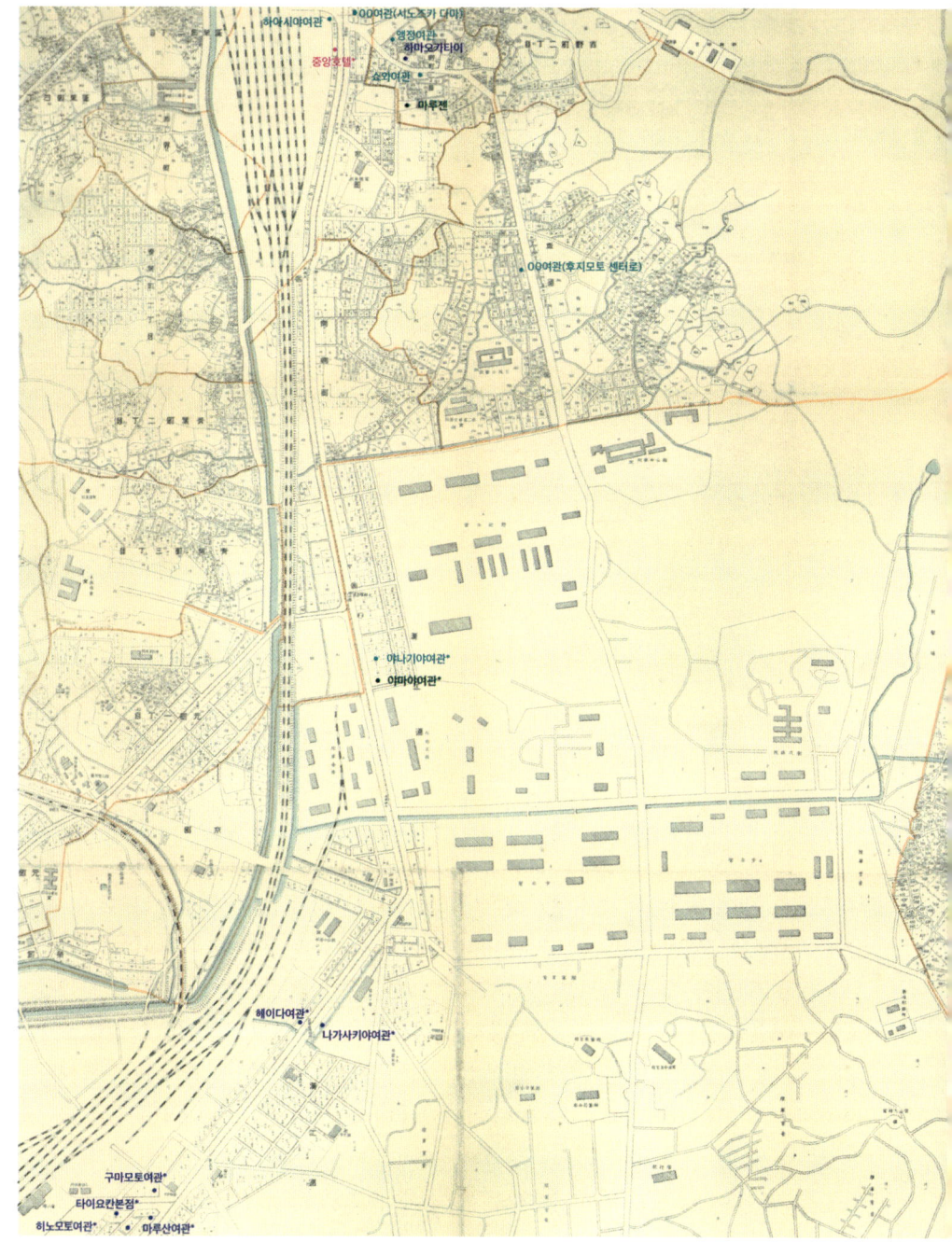

1930년 경성 용산의 임대 업태, 〈지번구획입대 경성정밀지도〉(1936, 서울역사박물관 소장)에 표기

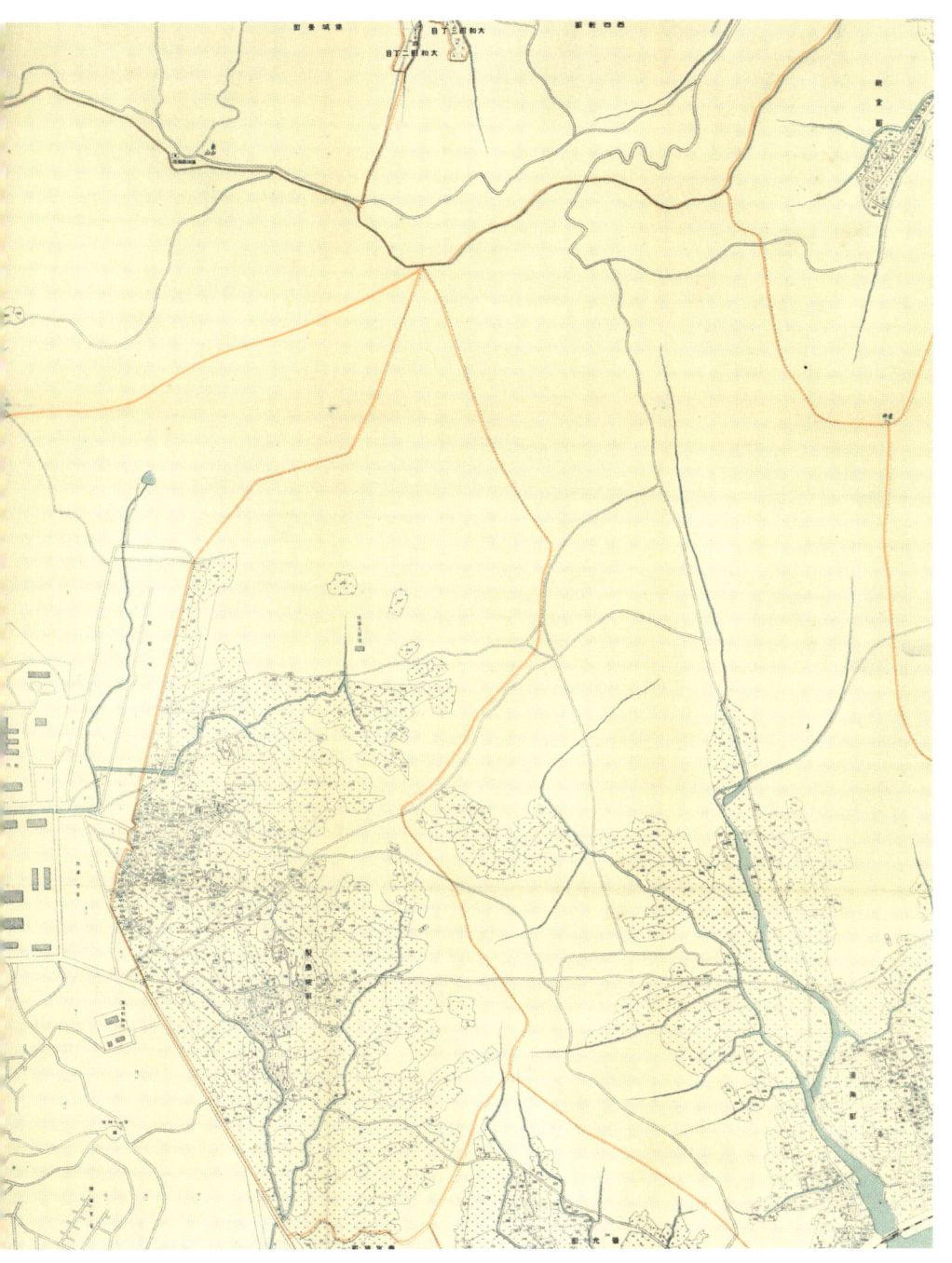

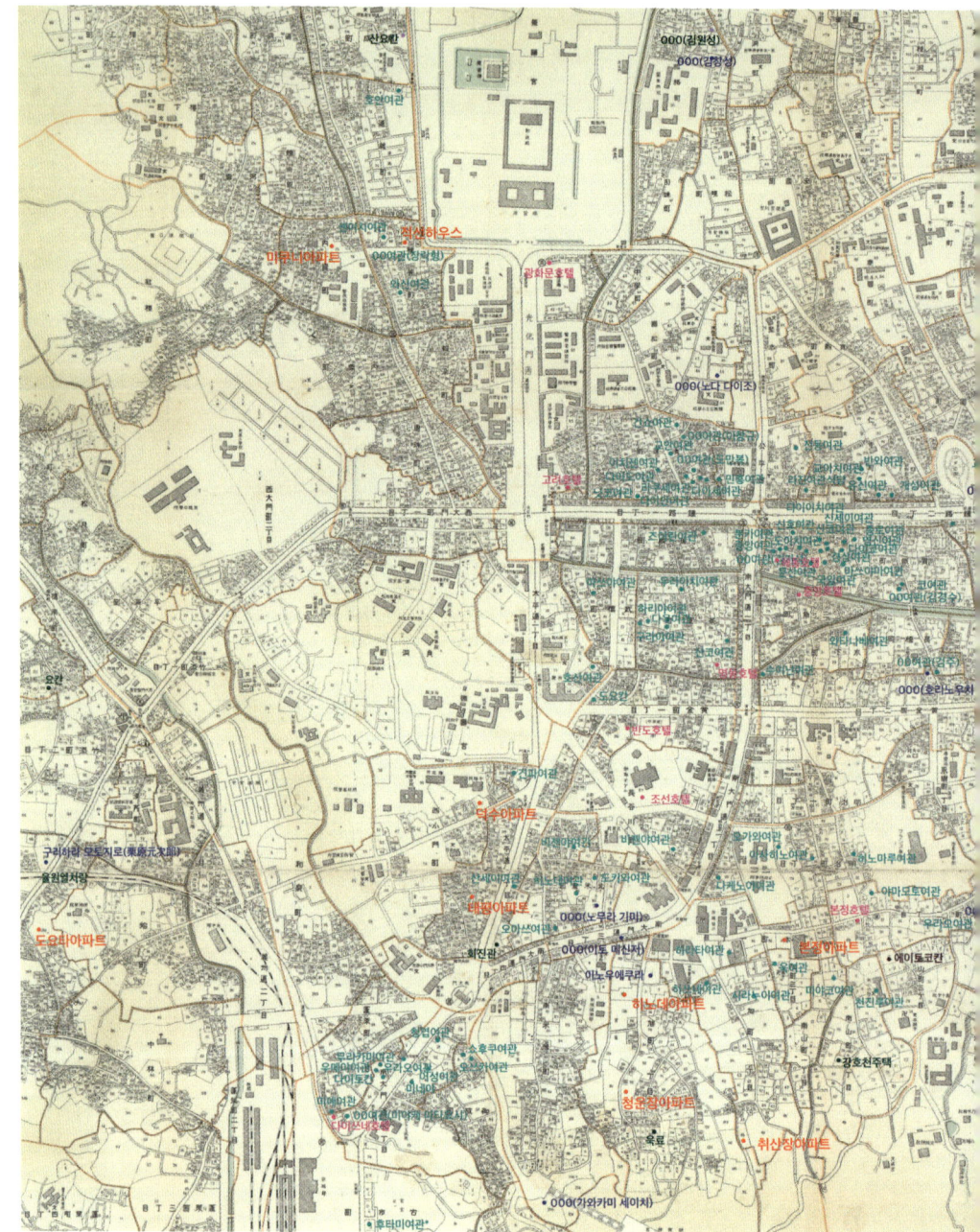

1939년 경성 도심의 임대 업태. 〈지번구획입대 경성정밀지도〉(1936, 서울역사박물관 소장)에 표기

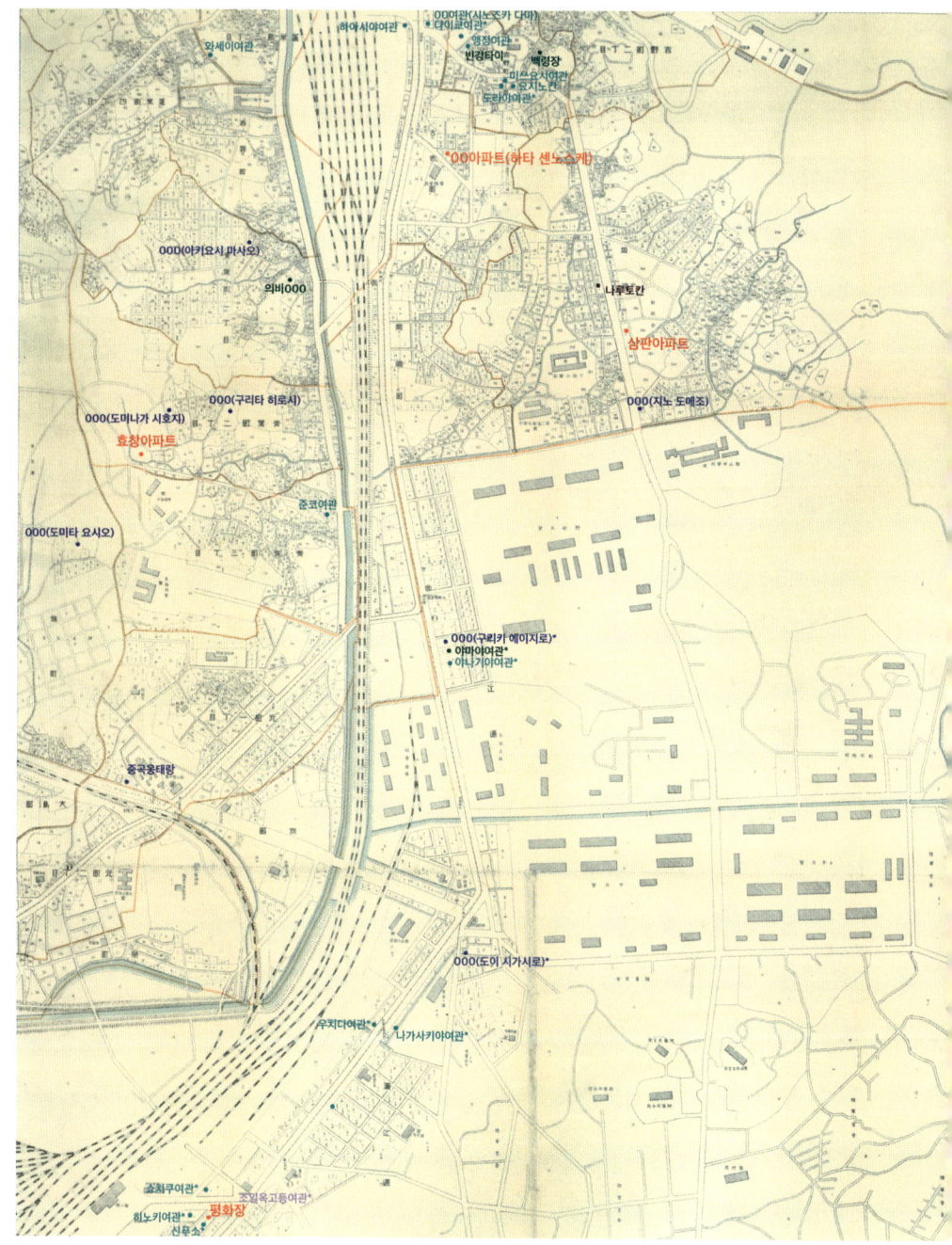

1939년 경성 용산의 임대 업태. 〈지번구획입대 경성정밀지도〉(1936, 서울역사박물관 소장) 표기

업자 그리고 아파트 경영자 간의 여러 가지 변화가 본격적으로 생기기 시작했음을 알려주는 대목이다. 아파트나 여관업자들이 호텔로 영업방침을 변경하고 하숙업자들이 여관업으로 바꾸는 현상은 특히나 쌀을 사기 힘들어 식사제공이 어렵게 되자 호텔처럼 방만 빌려주고 방세만 받는 것이 유리하게 되어 벌어진 현상으로 볼 수도 있다.[36]

전화번호부를 통해 살펴본 경성의 아파트

김남천의 단편소설인 〈경영〉의 배경이 되는 아파트는 영업활동을 위해 지금의 관리사무소 격인 작은 사무실에 전화기를 설치했다는 사실도 알려준다. 같은 소설에서는 사무실 이외에 숙박하는 사람들의 편의를 위한 전화기도 두었다는 사실도 넌지시 일러준다.

… 최무경이는 사무실을 나오려고 할 때에 다시 한번 자동차 영업소로 전화를 걸었다. 그러나 마침 말하는 중이었다. 다른 또 하나의 전화번호를 불러도 통화 중이었다. 수화기를 걸고 의자를 탄 채 바람벽에 걸린 시계를 쳐다보고, 캘린더를 무심히 스쳐보고, 그리고는 다시 수화기를 쥐었으나, 그때에 전화는 밖으로부터 걸려와서, 책상 밑에 달린 종이 요란스럽게 울었다.

"야마토 아파트 사무실이올시다."[37]

"전화 좀 빌려주십시오."
무경이는 아무 말 않고 전화통을 옮겨주었다. 그는 다시 전화번호 책을 찾아서 뒤적거리더니,
"여기서 가까이 대두구 쓰는 용달사가 없습니까?"
하고 묻는다.

36 — 〈호텔營業繼出 所管署서 內容調查〉, 《동아일보》 1940년 5월 10일자. 기사에 따르면 본정 3정목에 있던 모토야마(本山)아파트는 모토야마호텔이 되었고, 앵정정의 호죠(奉城)여관, 명치정의 명치여관, 황금정 2정목의 후쿠야(富久屋)여관 등은 하숙이었던 것이 여관이 되었다. 약초정에 약초여관은 철도국원의 합숙소로, 경성역전의 다이쿄(大京)여관은 조선운송주식회사원의 합숙소가 되었다. 이처럼 중일전쟁 발발후 1940년대에 접어들면서 경영난에 직면했던 숙박임대업들은 대부분 숙식을 함께 제공하던 영업방식을 바꿔 방세만 받는 형식으로 생존전략을 펼쳤다.

37 — 김남천,《경영-김남천 단편선》, 문학과 지성사, 2006, 223쪽

"있습니다."

그리고는 번호를 가르쳐준 대로 번호를 부르고 메신저 하나만 보내달라고 말하였다. 전화를 끊고는 메신저가 오는 동안 제 방에 올라가 있을 것인가 여기서 기다릴 것인가를 망설이는 듯이 잠깐 주춤하고 서 있었다.

"여기 앉으시오. 곧 올 겁니다. 그리구 전화는 삼층에두 하나 설비해놓았으니까 스위치를 돌리시구 인제부터 거기서 이용하시지요."[38]

전화기를 설치한 아파트는 1934년 《경성·인천 전화번호부》에 3곳이 등장하는데, 광희아파트(광희정 1정목 266번지), 중앙아파트멘토(고시정 43번지), 녹천장아파트(수정 19번지)이다. 아파트라는 업종명을 달고 있었지만 광희아파트는 하숙업으로 표기되어 있고, 중앙아파트멘트와 녹천장아파트는 업종명이 '아파트멘트(アパートメント)' 또는 '아파트(アパート)'로 되어 있을 뿐 별다른 업종 표기가 없다. 이후 1939년 《경성·영등포 전화번호부》를 살펴보면 광희아파트, 중앙아파트멘트와 녹천장아파트는 사라진다.

1939년 《경성·영등포 전화번호부》의 경우에는 광고를 제외하고 28곳의 아파트가 등장한다. 다만 업종 표기는 '아파트'이나 아파트 명과 주소가 동일한 사람 이름인 경우는 아파트를 운영하던 경영자로 추정할 수 있다. 예를 들어 한강통 16의 '야나기 효에(柳兵衛)'는 한강통 16번지 '평화장'의 경영자, 서소문정 21번지 '조옥현(趙玉顯)'은 서소문정 21의 '덕수아파트'의 경영자로 전화번호부에 중복 표기한 것이다. 또 내자정 미쿠니아파트의 경우에는 4개의 번호가 실려 있는데, 본관, 신관, 별관 그리고 매점과 식당 건물 네 곳에 각각의 전화기가 설치된 것을 알 수 있다. 따라서 중복 건수를 제하고 '아파트업'으로 표기된 채 아파트 명칭은 모르지만 경영자 이름이 기입된 3곳을 포함해 1939년 전화번호부에 기재된 아파트는 총 21건이다.

1945년 《경성·영등포 전화번호부》에는 1939년과 비교해 10곳의 아파트가 명맥을 유지하고 있었다. 이 가운데 취산아파트나 채운장아파트의 경우처럼 1939년과 같은 전화번호를 그대로 사용하는 경우와 번호가 바뀐 경우가 함께 등장한다. 이는 날로 격증하는 경성의 전화 수요로 전화가입구역의 재편과 신설 전화의 증설, 추가 회로 설치 등의 이유로 변경되었다고 볼 수 있다.[39] 혜화정의 동소문아파

---

38 — 김남천, 《맥-김남천 단편선》, 문학과 지성사, 2006, 314쪽

39 — 윤상길, 〈일제시기 京城전화 네트워크의 공간적 배치〉, 《서울학연구 (34)》, 2009, 145~153쪽 참조

1930년 이후 해방 직전까지 전화번호부에 등장하는 '경성의 아파트' 목록[40]

아파트 명칭	《경성·인천 전화번호부》 1934	《경성·영등포 전화번호부》 1939	《경성·영등포 전화번호부》 1945	소재지 / 전화번호 경영주 이름 / 특기사항
광희아파트 光熙アパート	●			광희정 1-266 / 본국 663
중앙아파트멘트 中央アパートメント	●			고시정 43 / 본국 2731 / 사사키 세이이치로(佐佐木淸一郎)
녹천장아파트 綠泉莊アパート	●			수정 19 / 본국 1808
광희아파트 光熙アパート[41]		●		광희정 1-226 / 본국 2-4317
삼판아파트 三坂アパート		●		삼판통 244 / 용산 4-878 / 도이 세이치(土井誠一) / 삼판호텔로 전환
적선하우스 積善ハウス		●		적선정 31 / 광화문 3-392 / 도이 세이치(土井誠一)
청운장아파트 靑雲莊アパート		●		욱정 1-99 / 본국 2-7721
덕수아파트 德壽アパート		●		서소문정 21 / 광화문 3-4052 / 조옥현(趙玉顯) / 동아호텔 별관으로 전환
도요타아파트 トヨタアパート		●		죽첨정 3-250 / 광화문 3-2706 / 도요타 타네마쓰(豊田種松) / 트레머호텔 및 코리아관광호텔로 전환
태평아파트 太平アパート		●		태평통 2-292 / 본국 2-6658 / 기우치 린타로(木內倫太郞)
평화장 平和莊		●		한강통 16 / 용산 4-1944 / 야나기 효에(柳兵衛)
○○○아파트		●		서사헌정 산13 / 본국 2-6967 / 가토 사다유키(加藤定之)
□□□아파트		●		황금정 6-18 / 본국 2-7329 / 아마미야 데루(雨宮てる) / 청운장호텔로 전환
△△△아파트		●		고시정 57 / 본국 2-0746 / 하타 센노스케(畑詮之助)
무학장아파트 舞鶴莊アパート		●	●	신당정 420 / 본국 2-5495→동 5-1481
미쿠니아파트 ミクニアパート		●	●	내자정 75 / 본관: 광화문 3-900 / 신관: 광화문 3-1429 / 별관: 광화문 3-1174 / 매점·식당: 광화문 3-1174→광화문 3-762 / 도이 세이치(土井誠一) / 내자호텔로 전환
본정아파트 本町アパート		●	●	본정 1-47 / 본국 2-2055 / 경성토지건물합자회사
앵구아파트 櫻ヶ丘アパート		●	●	신당정 321 / 본국 2-5713→동 5-1596
앵정아파트 櫻井アパート		●	●	앵정정 1-70 / 본국 2-4509
히노데 아파트 日ノ出アパート		●		욱정 1-195 / 본국 2-7016 / 기우치 린타로(木內倫太郞)
채운장아파트 彩雲莊アパート		●		동사헌정 38 / 본국 2-4724→동 5-0919 / 우에하라 나오이치(上原直一)
취산장아파트 翠山莊アパート		●		욱정 2-49 / 본국 2-1893→본국 2-0392 / 도이 세이치(土井誠一) / 취산호텔로 전환
황금아파트 黃金アパート		●	●	황금정 5-154 / 본국 2-7318→동 5-2095 / 도이 요시지로(土井義次郞)
효창아파트 孝昌アパート		●	●	청엽정 2-53 / 용산 4-1045
동소문아파트 東小門アパート			●	혜화정 53 / 동대문 5-3247

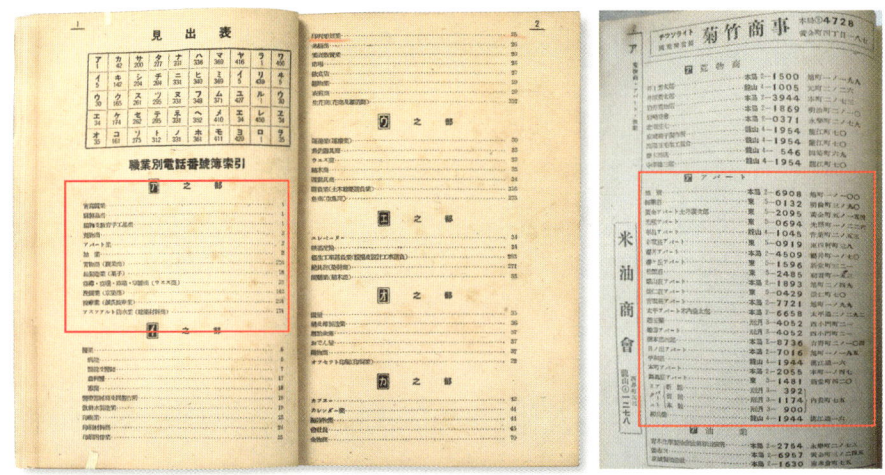

《사제 경성직업별전화번호부》에서 따로 구분한 '아파트 업(アパート業)' 차례 부분과 아파트 업 전화번호 부분

트(東小門アパート)가 새롭게 등장한 유일한 아파트이고 삼판아파트(三坂アパート)가 삼판호텔로 전환된 것처럼 일부 아파트는 업종이 변경되거나 자취를 감추게 된다.

전화번호부에 기재된 아파트는 어느 정도 규모와 시설을 갖추고 영업하던 곳이므로 지도에서 확인하면 1930년대 대부분의 아파트는 황금정 이남 일본인의 거류지였던 남촌에 분포되어 있는 것을 알 수 있다.

물론 북쪽으로 조선총독부 근처 내자정 미쿠니아파트와 적선정의 적선하우스가 있었고, 경성부 동남쪽으로 주거지개발과 맞물려 지금의 장충동 일대인 동사헌정과 신당동 쪽으로도 아파트가 들어섰다. 남쪽으로는 지금의 후암로인 삼판통을 따라 지어진 삼판아파트와 청엽정의 효창아파트 등 대경성의 확장과 맞물려 1930년대 말, 용산 일대로 아파트는 확산하고 있었다.

1942년 7월 15일 발간된 《사제 경성직업별전화번호부》는 의업(醫業), 의복업, 어상(魚

40 — 1930년 6월 30일 발행(1930년 5월 15일 기준) 《경성·인천전화번호부》에는 '아파트'를 명시적으로 드러낸 경우가 없다. 표에서 아파트 명칭을 확인할 수 없는 것은 전화번호부에 등재된 인명(人名) 하위에 '아파트 경영'을 언급한 경우로 이들이 경영한 아파트가 표의 다른 아파트와 중복될 개연성도 있다.

41 — 1934년 5월 26일 발행(1934년 4월 1일 기준)한 《경성·인천전화번호부》에 등장한 '광희아파트(光熙アパート)'의 주소지는 '광희정 1정목 266번지'이고 1939년 12월 11일 발행(1939년 10월 1일 기준)한 《경성·영등포전화번호부》에 나오는 광희아파트(光熙アパート)는 '광희정 1정목 226번지'로 다른 아파트임을 알 수 있다.

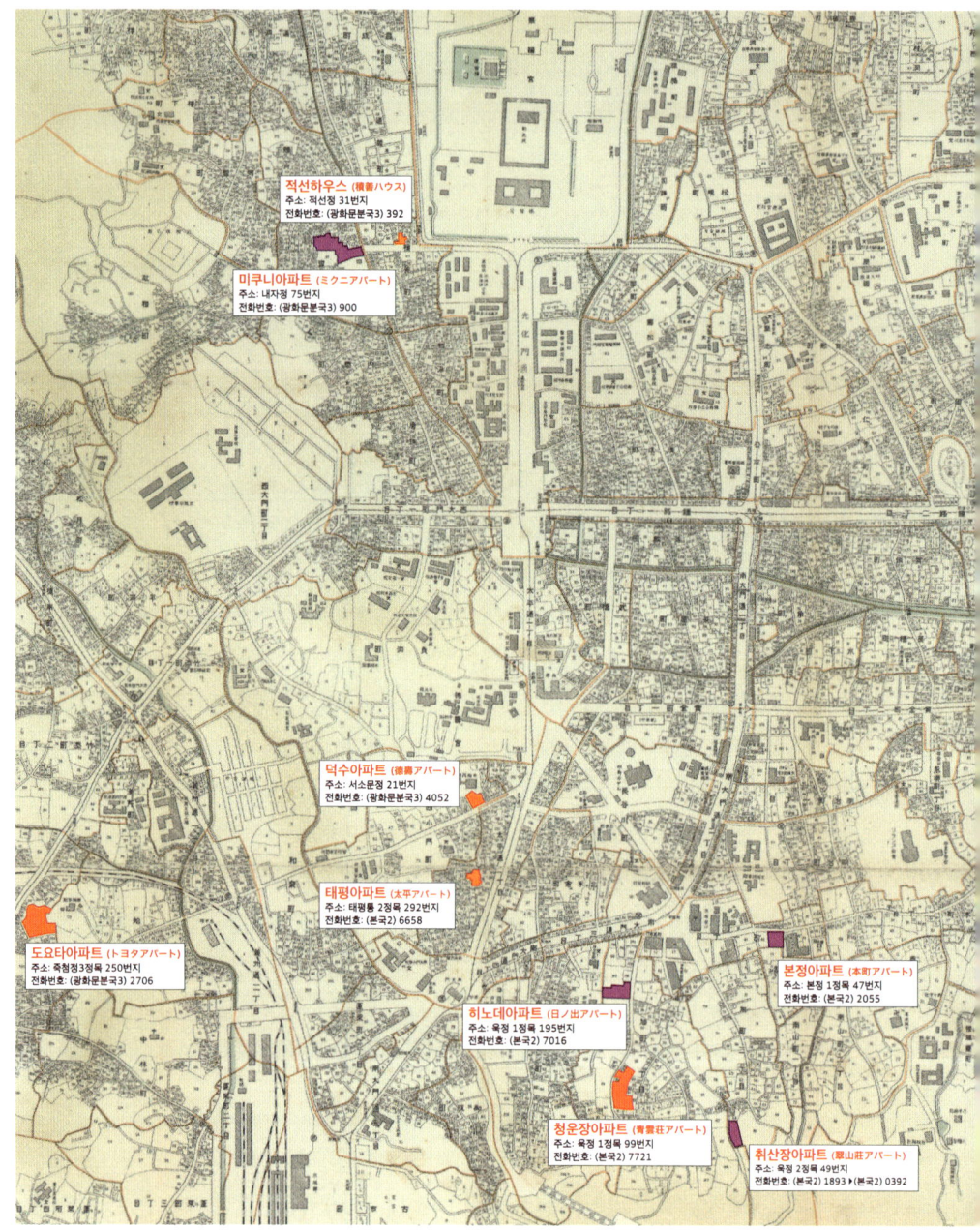

1930년 이후 해방 직전까지 전화번호부에 등장하는 경성 도심의 아파트. 〈지번구획입대 경성정밀지도〉 (1936, 서울역사박물관 소장)에 표기

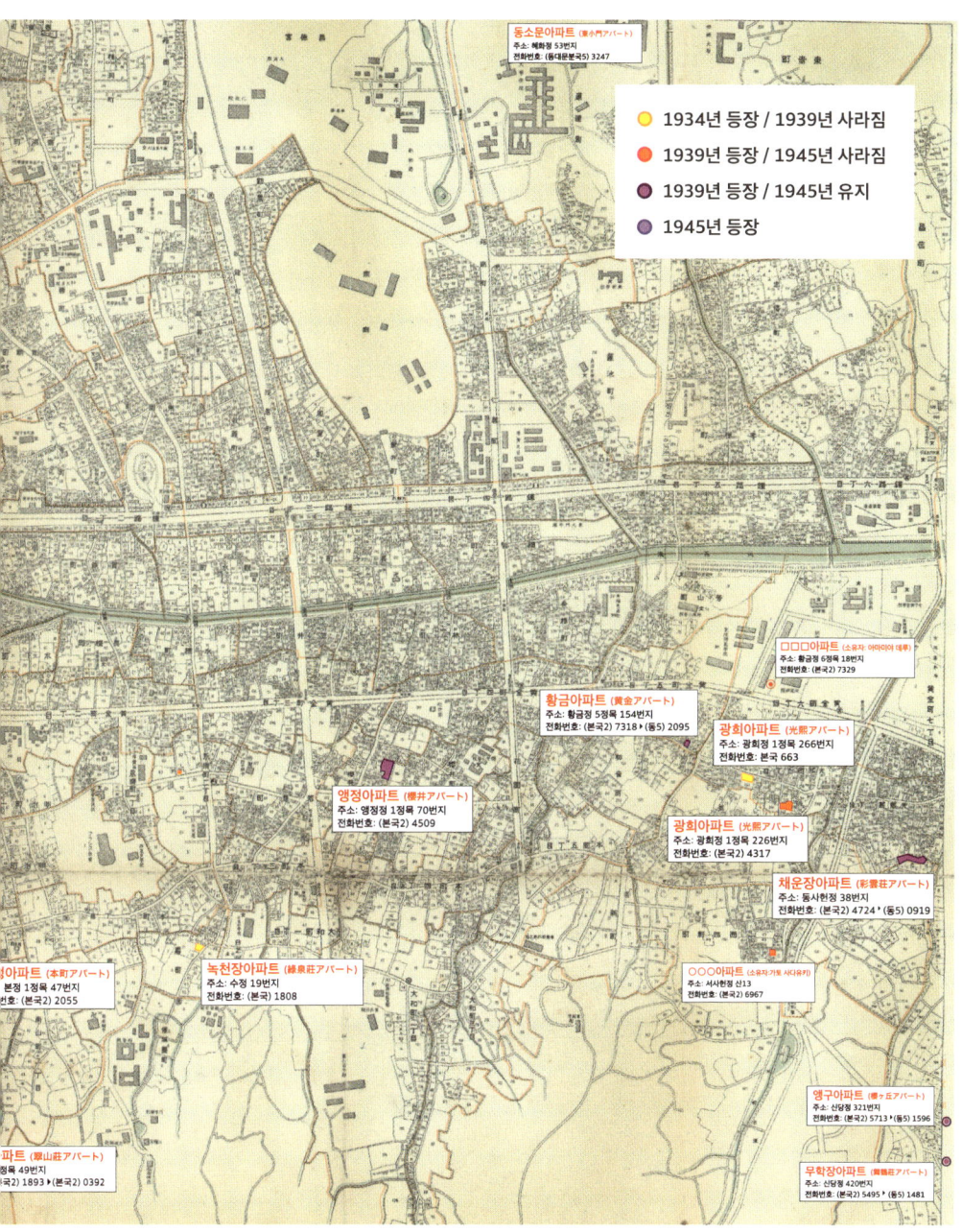

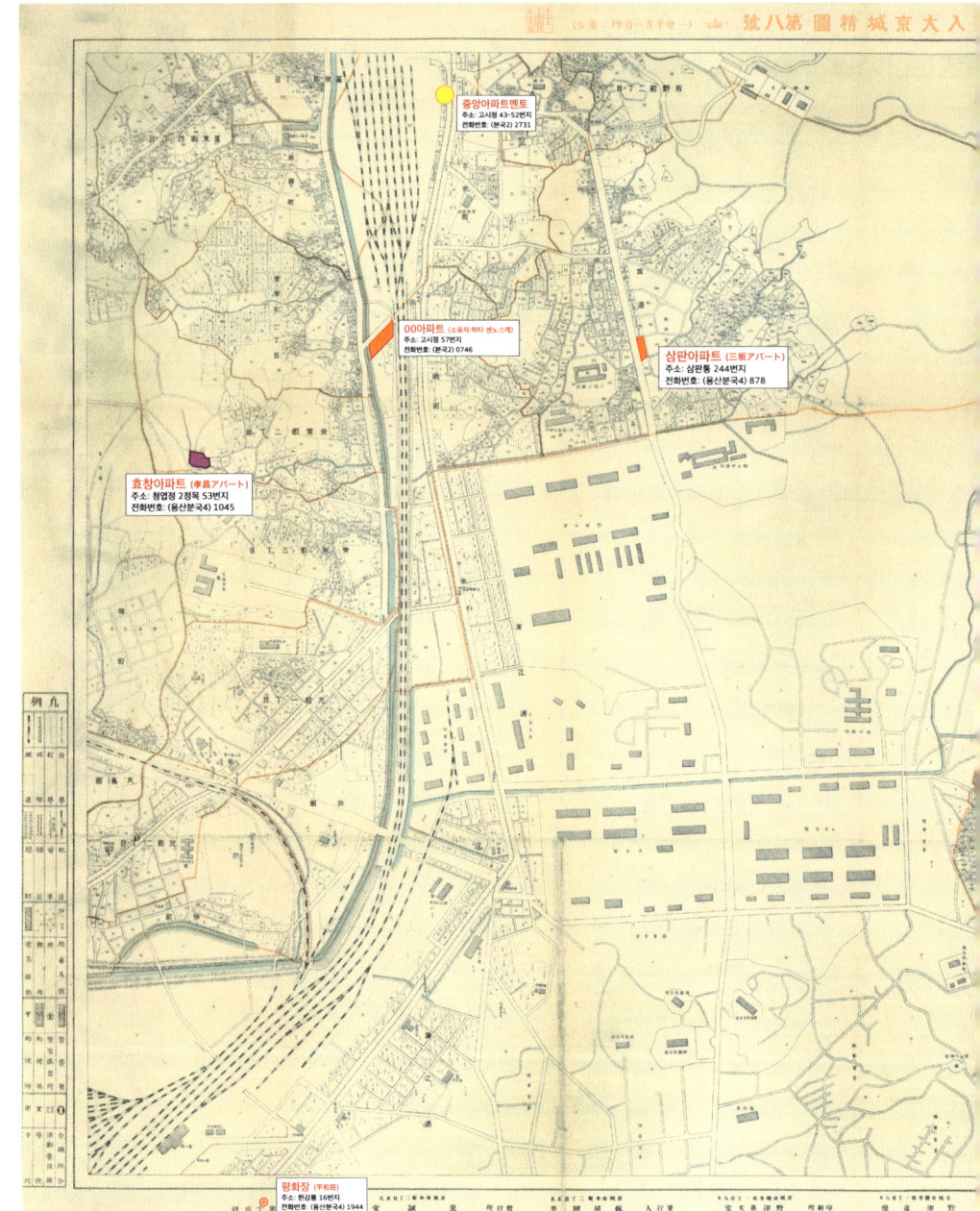

1930년 이후 해방 직전까지 전화번호부에 등장하는 경성 용산 일대의 아파트 〈지번구획입대 경성정밀지도〉
(1936, 서울역사박물관 소장)에 표기

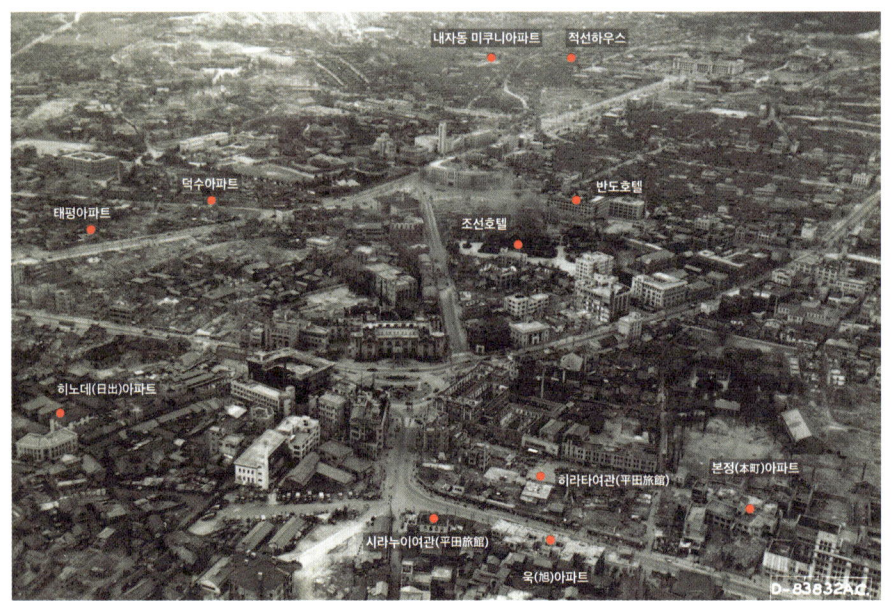

1953년 3월 29일 서울 폭격 후 미군이 촬영한 항공사진에서 볼 수 있는 1930년대에 지어진 아파트, 호텔, 여관.
출처: 미국국립문서기록관리보관소

商), 화구상, 직물상, 권번, 주상(酒商) 등으로 직업을 구분해 해당 업종들만 따로 추려 전화번호를 발행한 것이다. 이 책에서 주목할 부분은 '아파트 업(業)'을 따로 구분해 수록해 놓았다는 점이다. 1930년대에 확산된 아파트를 운영한다는 것은 엄연하게 따로 떼어서 분류할 만큼 하나의 업역이 되었다는 점이다. 의미를 두고 살필 수 있는 또 다른 하나는 아파트의 명칭에 경영자 이름이 올려진 경우와 '적선하우스'를 제외한다면 모두 '○○아파트(アパート)', '○○장(莊)' 또는 '○○장아파트(莊アパート)' 등의 표기 방식으로 '아파트'를 드러낸 경우가 절대 다수를 차지하고 있다는 점이다.

미국 국립문서기록관리보관소에서 제공하는 1953년 서울 폭격 후의 항공사진을 보면 가장 오른쪽으로 본정아파트(본정 1정목 47번지), 한 블록 왼쪽 옆으로 가면 고급여관으로 각 호실마다 전화기를 구비했던 히라타(平田)여관 자리(본정1정목 51번지), 길 건너 남쪽으로 욱아파트(욱정 1정목 6번지) 그리고 가장 왼쪽으로 자리 잡고 있던 히노데(日出)아파트(욱정 1정목 195번지)의 모습을 발견할 수 있다. 히노데아파트는 적어도 2010년대 초반까지 현존하고 있었는데 28호의 가구를 수용하고 공동 출입구와 함께 부엌과 세면실

1953년 3월 29일 서울 폭격 후 미국에서 촬영한 항공사진에서 볼 수 있는 1930년대에 지어진 아파트, 호텔, 여관.
출처: 미국국립문서기록관리보관소

히노데아파트 입면 일부와 조감 사진. 출처: 《남대문시장》, 서울역사박물관, 2013

그리고 화장실은 공동으로 사용했다는 기록이 있다.[42] 해방 이후에는 남대문 시장과 금융업의 중심지였던, 소위 '달러 골목'으로 불리던 지리적 특성으로 인해 큰 규모의 외환거래가 이루어지던 장소였다. 그래서 낡은 건물임에도 보안감시시스템을 설치해 많은 양의 현금 도난 방지책을 강구했다는 이야기도 있다. 흥미로운 점은 본정아파트는 미나카이(三中井)백화점 옆, 히노데아파트는 미쓰코시백화점 뒤 남대문시장 옆에 있었다는 점이다. 다른 각도에서 살펴본 또 다른 항공사진에서는 다시 한번 히노데아파트와 길을 따라 뒤편으로 청운장아파트(욱정 1정목 99번지), 시라누이여관(욱정 2정목 10번지)[43]과 벨기에 영사관 뒤로 저멀리 취산아파트(욱정 2정목 49번지)의 모습을 볼 수 있다. 욱아파트는 규모가 컸음에도 1939년 전화번호부에 오르지 못한 연유는 알 수가 없다. 당시에도 가장 번화했던 지금의 회현사거리는 확실히 1930년대 대규모의 고급여관을 비롯해 아파트가 집중적으로 들어섰던 곳으로 볼 수 있다.

해방이후 호텔로 변모한 경성의 아파트

1940년대에 들어서면서 경성의 여관업자나 하숙업자 또는 아파트 경영자들은 호텔영업을 선호하게 된다. 표면적으로는 "관광씨-즌을 앞두고 요사이 경성을 비롯하여 각 도시의 아파-트 경영자 가운데는 호텔이나 여관으로 방향전환을 하여 톡톡히 이익을 보려는 사람이 상당히 많다."[44]라고 하지만 본격적인 전시체제로 접어들면서 집세 올리는 것을 규율한 지대가임대통제령을 피하기 위한 교묘한 방법으로 합숙소 또는 호텔로의

42 — 《2013 서울생활문화자료조사 남대문시장: 모든 물건이 모이고 흩어지는 시장백화점》, 2013, 서울역사박물관, 252~257쪽

43 — 시라누이여관은 1922년 발간된 《조선공론(朝鮮公論)》(1월호, 통권 106호, 40쪽)에 따르면 1920년에 화재로 전소된 뒤 1922년 서양식으로 신축하여 25개의 객실을 구비한 것으로 보아 1920년 이전부터 있었던 숙박시설이다. 시라누이여관은 《경성·인천 전화번호부》(경성전화국, 1930년 6월, 270쪽)에 따르면 욱정 2정목 1번지에 위치하였고 《경성·영등포 전화번호부》(경성전화국, 1939년 10월, 159쪽)에서는 욱정 2정목 10번지로 표기되어 있다. 국사편찬위원회의 1933년에 발간된 한국근현대회사조합자료(朝鮮銀行會社組合要錄)에 따르면 시라누이여관은 여관업을 하는 합자회사로 1931년 4월 29일 등록되어 있다. 1953년 3월 29일 서울 폭격 후 미국에서 촬영한 항공사진(미국국립문서기록관리보관소)에서는 시라누이여관으로 추정되는 건물이 대경성정도에서 욱정 2정목 10번지에 남아있는 것을 확인할 수 있다.

44 — 〈아파-트 旅舘轉業〉, 《조선일보》 1940년 6월 1일자

1 도요타아파트를 마지막으로 아파트의 호텔 및 여관 전업을 불허한다는 《조선일보》 1940년 6월 1일자 기사
2 1958년 주요 호텔이 수록된 영문사 전화번호부 표지. 출처: 《1958 Foreign Community Directory》, Yungmoonsa, 1958. 이연경 제공

전업이 속출하게 된 것이다. 일례로 '모토야마(本山)호텔(본정 3정목)이나 청운장호텔(황금정 6정목)의 경우 아파트나 하숙업이 호텔로 변경되었고 호죠(奉城)여관(앵정정)이나 명치여관(명치정), 후쿠야(富久屋)여관(황금정 2정목) 등은 하숙을 하던 것이 여관이 되었으며 약초여관(약초정)이나 다이쿄(大京)여관(경성역 앞)은 합숙소가 된 것'이다.[45] 사실 몇 달치 방세를 받는 장기투숙보다는 하루 방값을 받는 호텔업이 이득을 챙기기엔 유용했을 것이며, 쌀값 등의 물가가 폭등하면서 식사는 제쳐두고 숙박만 제공하는 점도 영업자 입장에서는 이해를 따지지 않을 수 없었을 것이다.

조선총독부에서는 여관과 아파트 등이 호텔로 전환하는 비율이 심각할 정도로 늘어나 경성의 주택난을 부추길 것을 염려해 이를 강력하게 제한했다. 1940년 6월 1일자 《조선일보》에는 '죽첨정 3정목 도요타아파트에 대해 현재 거주민들에게 새로운 집을 지어주고 이사시키는 조건으로 호텔 허가를 내어준 것을 마지막으로 호텔로의 전업은 절대로 허가하지 않겠다.'는 기사가 나온다. 일제의 강제적인 전업 억제로 아파트를 호텔로 전환하는 비율은 주춤했을 테지만 해방 이후에는 이야기가 달라진다. 근대식 공동주택인 아파트가 미군정 숙소 예정지 물망에 오르면서 호텔 전환은 본격화됐다.

45 — 〈營業繼出 所管署서內容調査〉, 《동아일보》 1940년 5월 10일자

1958년 외국인을 위한 영문전화번호부[46]에는 반도호텔, 조선호텔을 비롯해 주요 호텔 29곳의 주소와 전화번호가 나오는데 이를 1939년 전화번호부와 비교해 보면 7곳이 여관 또는 아파트였음을 알 수 있다. '아파트'라는 명칭을 달고 있지만 실제는 하숙업을 하던 황금정 6정목의 청운장호텔(육정 1정목에 있는 청운장아파트와는 다르다), 서소문정 덕수아파트, 내자정 미쿠니아파트, 죽첨정 3정목 도요타아파트가 호텔로 변모했다. 명치정의 다케노야여관은 해방호텔로, 황금정 3정목의 나카지마여관과 후쿠야여관은 통합해 협동호텔로 바뀌었고, 덴토여관은 호텔보다는 요정으로 유명했던 옥류장으로 전향했다. 경성의 아파트 주변에도 호텔이 들어섰는데, 청운장아파트 인접해서 승리호텔과 신민호텔이, 남산정 미쿠니아파트 근처에는 국제호텔이 들어섰다.

본래는 하숙업이었다는 황금정 6정목의 청운장아파트는 이미 1940년에 호텔로 업종을 변경했고 해방 후에는 공무원회관[47]으로 사용되었다. 한때는 '경성운동장', '서울운동장'이라고 불리던 동대문운동장(지금의 동대문디자인플라자-동대문역사문화공원) 바로 인근에 있는 까닭에 1950년대부터 꾸준히 국내외 체육대회 준비를 위한 대표 숙소로 이용되었다. 또한 '장부통령저격사건'의 피고로 지목된 최훈이라는 인물이 투숙하던 곳으로 금수장호텔(지금의 앰버서더호텔의 전신), 청운장호텔, 동아호텔이 계속 언급되기도 했다.[48]

덕수아파트였던 동아호텔 별관은 해방 이후 한국을 점령한 제24군단 미군정사령부의 군인과 민간인을 위한 숙소로 사용되었다. 미군정은 호텔을 비롯해서 아파트를 미군 숙소로 선점했다. 당시 아파트는 교통이 편리하고 접근성이 좋으며 식당을 비롯해 다양한 부대서비스 시설을 갖추고 있을 뿐 아니라 새로 짓지 않고 수선만으로도 충분히 근대식 설비를 갖춘 주거로 전환하기 수월했기 때문이다. 대표적으로 내자아파트와 도요타아파트가 있는데, 내자아파트는 뒤에서 다루니 도요타아파트의 굴곡진 변모를 간략하게 살펴보자.

---

46 — 《1958 Foreign Community Directory》, Yungmoonsa, 1958

47 — 〈公務員會館開設〉,《조선일보》1953년 9월 10일자에는 '정부에서는 독신공무원의 유숙처와 지방에서 출장을 오는 공무원의 편의를 위해 공무원회관(호텔)을 개설하고 1953년 9월 1일부터 운영하고 있다.'는 기사가 나온다.

48 — 〈張勉博士 狙擊事件黑幕〉,《경향신문》1960년 7월 27일자, 1956년 9월 28일 민주당 전당대회장인 서울시립극장에서 연설하고 내려오던 장면 박사가 권총 저격을 받아 왼편 손등에 관통상을 입은 사건이다. 현장에서 저격수인 김상붕이 붙잡혔는데 김상붕의 배후가 최훈이었다. 최훈 역시 당시 성동경찰서 사찰주임인 이덕신의 지시를 받았으며, 이덕신은 서울시경 사찰과장의 지시를 받는 등 여러 명의 배후가 있었다. 1960년 4.19혁명 이후에 사건의 전모가 모두 밝혀졌다.

1958년 전화번호부에 수록된 주요 호텔 중 이전 용도가 아파트 또는 여관이었던 호텔

	호텔 이름	이전 명칭	주소	이전 용도
1	청운장호텔 (Chungwoonjang Hotel)	0000아파트 [경영자: 아마미야 테루(雨宮てる)]	을지로 6가 18-67	아파트(하숙업)
2	동아호텔(Dong-A Hotel) 별관	덕수아파트	서소문동 18	아파트
3	해방호텔(Haibang Hotel)	다케노야여관(竹の家旅館)	명동2가 98	여관
4	협동호텔(Hyupdong Hotel)	나카지마여관(中島旅館) + 후쿠야여관(福屋旅館)	을지로3가 291	여관
5	내자호텔(Naija Apartments)	내자동 미쿠니아파트	내자동 75	아파트
6	옥류장(Okryujang)	덴토여관(典東旅館)	공평동 25	여관
7	트레머호텔(Traymore Hotel)	도요타아파트	충정로 250	아파트

《동아일보》 1956년 10월 29일자에 게재된 동아호텔 광고. 덕수아파트가 동아호텔 별관으로 변모했다.

죽첨정 3정목 250번지에 일본인 도요타 타네마쓰(豊田種松)는 4층짜리 건물을 짓고 아파트로 운영하다가 1940년에 영업이 어려워지자 호텔로 업종 변경을 하게 된다. 하지만 호텔로 변경했음에도 적자를 면치 못해 오뎅술집으로 다시 바꾸었다. 해방 이후 귀국 동포들에 의해 점거되고 한국전쟁 이후에는 미군이 인수해 트레머호텔로 명명하고 미군 전용 호텔과 사무실로 사용했다. 5.16군사정변 이후 전쟁에서 전사한 6형제를 둔 김병조라는 인물이 공로를 인정받아 호텔을 불하받아 '코리아관광호텔'을 열었다.[49] 하지만 다섯 달 후 6형제의 참전 사실이 허위임이 밝혀져 구속되고 코리아관광호텔은 1962년 11월 23일자로 완전히 문을 닫고 사

---

49 — 〈「國民의아버지」에 5億臺建物 아들六兄弟滅共戰線에바쳐〉, 《동아일보》 1962년 4월 13일자

도로확장공사로 유림아파트
(도요타아파트)의 도로 쪽 19가구가 헐리게
되었다는 《조선일보》 1979년 2월 3일자 기사

세청(지금의 국세청)에서 몰수했다.[50] 그 후 몇 사람의 개인 소유자를 거치다가 은행에 저당 잡히기 전 입주자들에게 분양을 해주었는데 이때 주민자치위원회가 결성되었다. 이 복잡한 상황으로 인해 1979년 도시계획 도로확장공사 당시 새 건물을 짓지 못하고 일부가 헐리는 비운을 맞이하게 된다.[51] 그로 인해 아주 드물게 남아 있는 경성시대의 아파트가 되었다.

전화기는 도시에서 공공적 사회시설로 불특정 다수가 필요한 경우 사용할 수 있도록 제공되어야 하는 것임에도 본래의 공익성을 저버리고 투기적 매매 대상으로 상품화되었고, 관청이나 일본인의 주택지나 상가에 편재되어 주로 특권층 위주로 이용할 수 있었다. 그리고 전화기를 설치하고 영업을 했던 호텔과 일본식 여관 그리고 근대식 임대주택으로 출현한 아파트가 남촌에 치우쳐 분포해 있던 것을 전화번호부의 정확한 주소를 통해 다시 한번 확인할 수 있었다. 나아가 미처 자세히 들여다볼 생각을 하지 않았던 '전화번호부'에 담긴 많은 정보를 통해 경성의 아파트를 찾아내고 변모 과정을 추적할 수 있었다는 점에서 일상 기록물이 지닌 가치를 새삼 확인하는 계기가 되었다.

50 — 〈門(문)닫은「코리어·호텔」〉, 《경향신문》 1962년 11월 24일자

51 — 〈韓國 첫 아파트가 헐린다: 事緣많은 서울忠正路 儒林아파트〉, 《조선일보》 1979년 2월 3일자

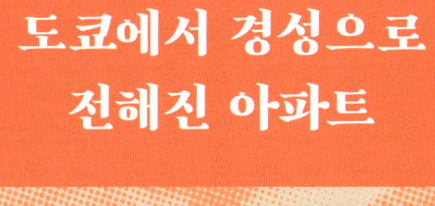

도쿄에서 경성으로
전해진 아파트

1930년대에 경성을 비롯한 도회지에 지어진 아파트는 대부분 조선에 체류하는 일본인에게 임대하는 것을 주된 목적으로 거의 모두 일본인에 의해 지어지고 운영되었다. 여기서 쉽게 질문할 수 있는 것은 우선 당시 일본인 특히 일제의 식민지 경영에 크게 도움을 준 민간인 사업가들이 아파트를 어떻게 이해하고 있었는가와 함께 일본 본토의 아파트에 대한 인식은 어떠했는가일 것이다.

    답을 찾는 여정에 나서기 전에 생각해야 할 것은 오늘날 우리나라와 일본의 주거문화가 여러 가지 측면에서 유사한 점이 있다 하더라도 '아파트라는 주거 형태와 건축양식'에 대한 인식 차이가 사뭇 크다는 사실이다. 한국에서 '아파트'는 대부분 철근콘크리트 구조로 지은 고층의 주거용 건축물을 의미하지만 일본에서는 여전히 목조나 철근콘크리트로 지어진 저층 공동주택으로, 대개 2~3층 정도에 불과한 주거용 건축물을 일컫는다. 우리나라의 아파트에 해당되는 건물은 일본에서는 '맨션'으로 따로 분류한다.[1]

    그렇다면 일본에서는 아파트라는 주거 형태가 언제 어떻게 생겨나고, 대중은 과연 어떤 방식으로 받아들였을까? 일본의 아파트에 대한 역사적인 흐름을 파악하는 것은 당연하게도 경성의 아파트를 이해하기 위한 출발점이다. 제국의 식민지 경성의 아파트 유행에 미친 그들의 영향력은 유일했을 뿐만 아니라 당연히 절대적이었기 때문이다.

아파트먼트

아파트먼트라는 외래어가 조선에 유입되기 전부터 일본에서는 여러 가지 번역어가 혼재했다. 최초 아파트먼트라는 명칭을 사용한 대상은 집합주택이 아니라 관영사업[2]을 불하받아 사업을 크게 확장한 미쓰이(三井)나 미쓰비시(三菱)와 같은 재벌기업이 폭증하는 사무 공간 수요에 대응하기 위해 임대용으로 신축하는 건축물을 뜻했다.

    1890년경에 이와사키 야타로(岩崎彌太郞)가 이끄는 미쓰비시합자회사는 정부로부터 토지를 불하받아 1894년에 벽돌조의 미쓰비시 1호관을 준공한 것을 시작으로 도쿄역을 중심으로 조성된 업무중심지이자 상업지구인 마루노우치(丸ノ内)에 많은 토지를 확보하고 건축물을 지었다. 이렇게 만들어진 서양풍 거리는 당시 작은 런던이라는 의미로 '잇초런던(一丁倫敦)'으로 불리기도 했다. 신축한 건축물은 대부분 사무용 임대건축물이었으며 1904년 준공한 6호관과 7호관은 벽돌로 이어진 일종의 칸막이 공동 장옥인 '무네와리 나가야(棟割長屋)' 형식이었다. 각 동에 6호씩 총 12호였던 나가

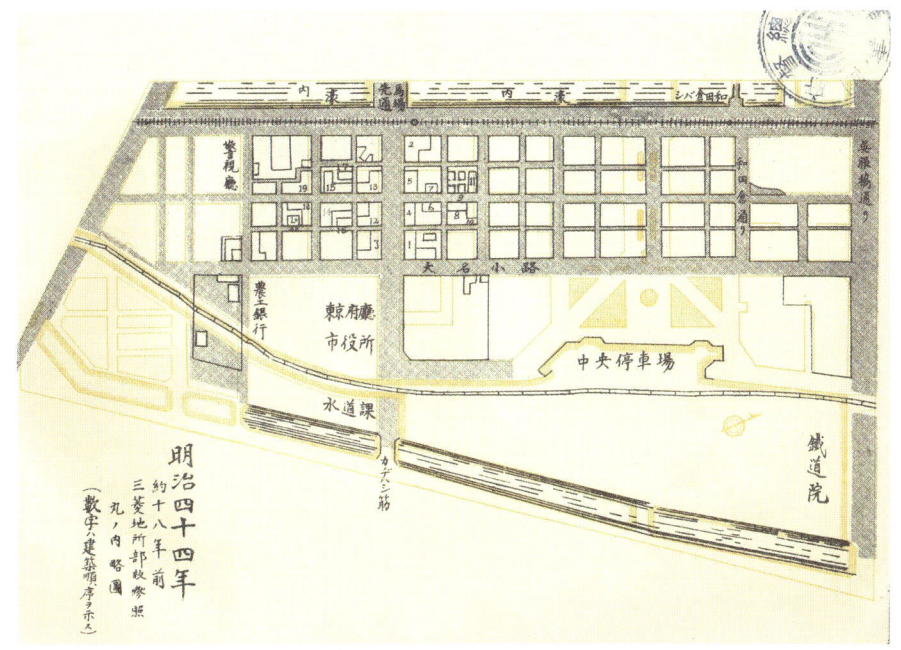

1911년의 도쿄 마루노우치 지구 약도. 6호관과 7호관이 마주 보고 지어졌고 지도에 나오는 숫자는 건축 순서를 나타낸다.
출처: 三菱合資會社地所, 《옛날 지도로 본 마루노우치(古圖より見たる丸ノ內)》, 1929

야에는 현관, 부엌, 욕실, 화장실 등이 갖춰져 있고 벽장이 붙어 있는 다다미방, 도코노마(床の間, 장식을 위해 바닥보다 조금 높게 올린 단)도 있었다. 당시 사람들은 건축물 한 채를 통째로 소유하려는 경향이 강했던 탓에 건축물의 일부를 빌린다는 소위 대실(貸室) 개념은 희박했다. 봉건도시였던 에도를 서양을 모델로 삼은 근대도시 도쿄로 개

1 — '맨션'은 우리나라와 일본에서만 통용되는 용어라 할 수 있다. 이런 점에서 1965년 외국인용 임대주택으로 지어진 서울의 '남산맨션'이나 1970년에 이른바 중산층용 아파트단지로 대한주택공사가 조성한 '한강맨션아파트'라는 명칭에 주목할 필요가 있다. 5.16 군사정변 직후 육군 중령의 현역 군인 신분으로 대한주택공사 초대 총재에 취임했던 장동운은 1963년 육군 준장으로 예편한 뒤 정치활동을 위해 잠시 물러났다가 1968년 6월 제4대 총재로 다시 대한주택공사에 복귀해 한강맨션아파트 건설을 주도했다. 후일담을 통해 그는 1953년 미군 공병학교 고등군사반 교육과정에 있을 때 봤던 잡지의 아파트 관련 기사와 함께 1968년 업무차 일본에 갔을 때 신문광고의 8할을 차지했던 맨션과 하이츠(heights) 주택 분양 광고가 '한강맨션아파트 탄생'의 동기가 됐다고 밝혔다. 장동운, 〈민간업체를 선도한 한강맨션아파트〉, 《대한주택공사 30년사》, 1992, 116~117쪽 및 2005년 한국방송공사(KBS)와의 대담 참조

2 — 메이지 정부가 주도한 신산업 육성정책으로 그 이전 막부시대의 광산사업이나 공장을 정부가 맡아 주도하며 운영한 사업

조하는 과정에서 직주분리의 생활방식이 아직 정착하지 않았기 때문에 이런 사무실을 임차하는 이들은 대부분 서양인이었다. 결국 사무공간 임대율을 높이기 위해 주거를 겸할 수 있는 대실을 만들었다는 것인데,[3] 이를 '아파트먼트'로 부른 것이다.

철근콘크리트 구조가 서양에서 일본으로 본격적으로 도입될 무렵인 1907년에 엔도 오토(遠藤於菟)가 설계한 '하라(原)합명회사 아파트'[4]가 준공되었다. 엔도 오토는 일본 최초의 철근콘크리트 사무용 건물인 미쓰이물산 요코하마 지점 설계를 사카이 유노스케(酒井裕之助)와 함께 담당한 건축가로 알려져 있다.[5] 하라합명회사 아파트는 2층 벽돌 건물로 구조체 일부에는 철근콘크리트를 사용했다.[6] 1층과 2층의 반 정도는 사무실과 상점으로 사용했고, 2층부터 다다미 6장 정도 크기의 임대용 방이 있었지만 기본적으로는 사무용 건축물이라 할 수 있다.

1910년에는 미쓰이씨족회(三井同族会)가 6층짜리 '미쓰이씨족아파트먼트(三井同族化アパートメント)'를 건설했다. 1911년에는 대일본 아파트먼트주식회사 사이토 다키조(斉藤瀧蔵)의 설계로 히비야(日比谷) 임대용사무소를 건설했는데, 완전한 임대용 건축물임에도 불구하고 '아파트먼트'라고 불렀다는 점에서 앞서 언급한 것처럼 아파트먼트를 주거용 건축물에 국한해 명명한 것은 아니었음을 알 수 있다.

따라서 1890년에서 1910년 사이에 일본에서 사용했던 아파트먼트라는 영어는 불연(不燃) 구조로 만들어진 몇 층 정도의 임대용 사무공간 건축물, 그러니까 대실이나 임대를 목적으로 하는 사무공간을 의미했으므로 주택에 국한해 사용하지 않았던 것으로 추측된다. 앞서 설명한 것처럼 당시 회사원들의 직주근접을 위한 일종의 부동산 기획으로 거주공간을 임대용 건축물에 부가시키는 것이었지만 러일전쟁 이후의 호경기로 사무실 수요가 급증하면서 임대용 사무공간에 주거공간을 넣는 경우는 점차 쇠퇴했다.

3 — 富山房, 《丸ノ内今と昔》, 富山房, 1941, 150쪽

4 — 하라합명회사는 일본 최대의 잠사 도매상으로 사업가 하라 도미타로(原富太郎)가 운영한 회사이다. 2015년 8월부터 2016년 3월까지 요코하마시 신청사 건설지에서 발굴조사가 실시되어 에도막부 말기부터 메이지·다이쇼 시기에 걸친 다양한 유구가 발굴됐다. 그 가운데 하라합명회사 아파트 건축 기초도 발굴됐다. 横浜市新市庁舎建設予定地埋蔵文化財発掘調査見学会 답사 자료

5 — 野村正晴, 〈RC造導入期における事務所建築の構造形式と建築計画〉, 《日本建築学会計画系論文集》 제83권 제749호, 2018년 7월, 1327쪽

6 — 野村正晴, 〈RC造導入期における事務所建築の構造形式と建築計画〉, 《日本建築学会計画系論文集》 제83권 제749호, 2018년 7월, 1328쪽

메이지유신[7]을 경계로 봉건제도에서 자본주의 체제로의 이행에 따른 사회 변화, 1894년 발발한 청일전쟁 종료 후부터 1897년 사이에 일본은 놀랄 정도의 호경기를 누렸고, 그 영향으로 산업혁명이 급속히 진행되었다. 철과 시멘트 공급량이 대폭 늘어나며 대도시에서는 역사, 관청, 학교 등을 대상으로 철근콘크리트 구조가 채택되어 본격 건설에 치중했다. 1916년에는 일본 최초의 철근콘크리트 구조의 7층짜리 공동주택이 나가사키현(長崎県) 하시마 섬(端島, 통칭 군함도)에 미쓰비시 탄광주택으로 지어졌다. 1919년에는 도시계획법과 시가지건축물법을 중심으로 근대도시에 대응하는 건축 행정 관련 법률이 제정되거나 정비되었다. 1921년에는 목조 연립주택지에 공영 공동주택으로는 처음인 철근 블록조의 요코하마시영 나카무라마치(中村町) 제1공동주택관이 준공되었다. 도쿄에서도 고토구(江東区), 당시는 후카가와구(深川区)의 후루이시바(古石場)에 철근 블록 구조의 3층 건물 4동이 집합주택으로 지어졌다. 1923년 도쿄시 사회국은 《공동주택 및 빌딩에 관한 조사 보고서》[8]를 발행했는데, 도쿄시영 후루이시바 공동주택과 우마미치(馬道) 공동주택에 대한 설명에서 아파트먼트라는 용어를 사용하고 있다. 이들

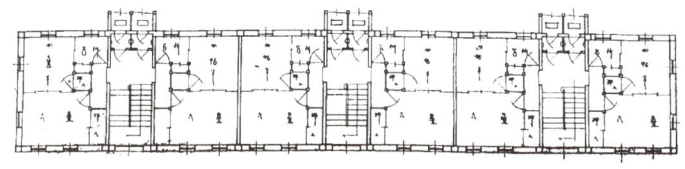

도쿄시영아파트 입면도 및 평면도. 출처: 東京市社會局編, 《共同住宅及びビルディングに関する調査》, 1923

7 — 에도시대(1603~1868) 막부 체제를 해체하고 왕정복고를 통한 중앙 통일 권력의 확립에 이르기까지의 광범위한 일본 국가체제의 변혁과정을 총칭

8 — 東京市社會局編, 《共同住宅及びビルディングに関する調査》, 1923, 39~41쪽

은 중산층 시민을 위해 지어졌는데 유럽에 있는 아파트멘트를 생각나게 하는 굉장히 현대적인 외관이었다.

아파트멘트하우스와 도시주택

일본에서는 19세기 말부터 20세기 초에 이르며 2층 이상의 건축물에 여러 가구가 모여 사는 형식의 구조물을 '아파트멘트하우스'라고 인식하기 시작했고, 1910년대 후반에 이르러 몇몇 문헌에서 과연 아파트멘트하우스를 개념적으로 어떻게 정의할 것인가에 대한 적극적인 논의가 진행되었다. 일본건축학회 기관지 《건축잡지(建築雜誌)》[9]는 아파트멘트하우스를 일종의 보고 형식으로 자주 소개했다. 1918년 《건축잡지》 379호(1918년 7월)에는 오노 다케오(小野武雄)의 〈아파트멘트를 논하다(アパートメントを論ず)〉가 실렸고, 1919년 건축학회대회에서는 이토 분시로(伊東文四郎)가 〈미국의 아파트멘트하우스(米国のアパートメントハウス)〉라는 제목으로 강연을 하기도 했다. 또한 사회사업 관련 잡지에서는 주택 문제와 관련해 해외 주택 정책을 예로 들면서 아파트멘트하우스를 소개하기도 했다.[10] 오사카에서 호텔 맨으로 활동한 경험이 있는 시모고 이치조(下郷市造)는 《(보급될) 아파트와 경영[(來るべき)アパートと其経営]》에 도쿄, 요코하마, 오사카, 나고야, 고베의 아파트를 소개하면서 아파트멘트가 근대적 형상을 갖춘 것은 급격히 팽창한 도시인구에 대한 지자체의 사회정책에 따른 영향이 크다고 주장했다.[11] 1922년에는 미술사가이자 평론가인 모리구치 다리(森口多里)와 고바야시 이토코(小林いと子)가 《문화적 주택의 연구(文化的住宅の研究)》를 통해 아파트멘트는 세이요켄(精養軒)호텔이나 데이고쿠(帝国)호텔 같은 고급호텔에 사는 것과 같은 것으로 비유하면서 서구에서는 상당히 근대적인 상류층의 거주유형이고, 물질적으로 저급한 생활이 연상되는 연립주택이 아니라고 강조하기도 했다.[12]

후일 도준카이(同潤会) 아파트 설계를 담당하게 되는 가와모토 료이치(川元良一)는

---

9 — 일본건축학회가 1887년 창간해 발행하는 전문잡지

10 — 水沼淑子, 〈横浜市営共同住宅館建設の背景: 建設の資金および組織と人〉, 《日本建築学会計画系論文報告集》 제389호, 1988년 7월, 155쪽

11 — 下郷市造, 《(來るべき)アパートと其経営》, 斗南書院, 1936, 50쪽

12 — 森口多里·林いと子, 《文化的住宅の研究》, アルス, 1922, 208쪽

1922년에 〈집합주택관과 그 위생 가치(集合住宅館と其の衛生価値)〉라는 논문을 발표했다. 그는 아파트먼트를 '공동주택관'으로 번역하면서 집합주택을 기능별로 유형화하기도 했다. 또한 아파트먼트의 장점으로 편리성과 위생성을, 결점으로는 가정 내 가족 구성원의 독립성 보장 결여와 풍기문란에 대한 염려 등을 들었다.[13]

제1차 세계대전 후 일본에서는 사회주의 운동과 민주주의, 여성과 어린이의 지위 향상 등 다양한 변혁이 일어났다. 당시 여론을 선도한 중산층의 관심은 낡은 가치관에서 벗어나기 위해 스스로 자유민주주의·민주주의 확대의 주역이 되어 새로운 요구에 부응하는 사회시스템을 구축한다는 것이었다. 건축계의 사정도 이와 다르지 않았다. 전쟁 이전까지 일부 정치적·경제적 엘리트의 대저택을 제외하면 공공건축물에 주목했던 것과 달리 다이쇼 시대(大正, 1912~1926)에는 중산층의 생활 기반인 일반 주택을 개량하려는 분위기가 팽배해 전기와 가스, 상하수도 등 도시 인프라의 정비와 함께 가사노동의 효율화에 대한 논의가 폭발적으로 늘며 생활개선운동도 적극적으로 전개되었다.

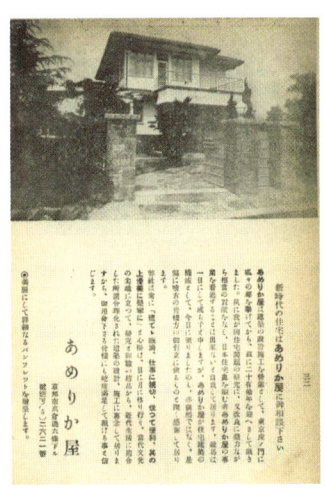

집을 짓는 사람들을 위한 안내서 성격의 책에 나오는 '아메리카야'. 근대생활에 적합하고 합리화된 건축의 설계 및 시공전문회사로 사람을 많이 받고 성장했다는 내용이다.
출처: 《家を建てる人の爲に: 及附錄》, 京都土木建築新聞社, 1932

이에 따라 개선이나 개량과 관련한 각종 사회운동이나 전문단체들도 많이 출현했는데, 그중에서도 1909년에 '아메리카야(あめりか屋)'의 하시구치 신스케(橋口信助)가 창립한 '주택개량회'는 주택개량 운동의 구심점 역할을 했다. '아메리카야'는 미국 주택을 수입해 판매했지만 나중에는 주택설계와 시공을 겸해 일본의 문화주택 보급에 큰 영향을 미친 회사로 각종 미국식 주택 유형이 문화주택의 전형으로 전환하는데 큰 영향을 미쳤다.

주택개량회에는 각계 유력자가 찬조회원이 되었으며 도쿄제국대학(현 도쿄대학) 교수인 사노 도시가타(佐野利器), 건축가 다케다 고이치(武田五一)와 사토 고이치(佐藤功一) 등이 고문으로 참여해 활동했다. 주택개량회가 발족하기 이전부터 발행된 '아메리카야'의 홍보지인 《주택》은 일본 최초의 주택 전문지

---

13 — 大月敏雄, 《集合住宅における経年的住環境運営に関する研究》, 東京大学博士論文, 1997, 103~104쪽

라고 할 수 있는데, 미국의 주택문화와 미국인들의 생활양식을 소개했다.[14] 1923년에는 사노 도시가타를 중심으로 '생활개선동맹회', 이듬해에는 법학 경제학 박사 모리모토 고키치(森本厚吉), 정치학자이자 사상가인 요시노 사쿠조(吉野作造) 등 문화인들을 중심으로 '문화생활연구회'가 잇따라 발족하며 아파트멘트하우스는 일본의 도시주택으로서 사회 각 방면에서 이목을 끌게 되었다.

'아파트의 날' 그리고 아파트멘트의 출현

1910년 우에노(上野)공원의 숲을 배경으로 서양풍 외관을 지닌 우에노구락부(上野俱楽部)가 5층 규모의 목조 공동주택으로 지어졌다. 이 건물은 불특정 다수를 대상으로 한 일본 최초의 시민용 임대아파트라는 평가를 받는다. 그런 까닭에 일본에서는 우에노구락부를 완공한 11월 6일을 '아파트의 날'로 정해 관련 행사를 치르기도 한다. 이 건축물은 총 243평에 80칸을 두고 63호를 수용했는데, 복도에는 리놀륨을 깔고 신발을 신은 채 출입했으며, 세면시설과 욕조, 전화를 공동으로 사용했다. 이곳에 입주한 이들은 주로 공무원과 회사원, 교사이고 학생도 상당수였는데 부부 위주여서 독신자는 적었다.[15]

1910, 1920년대 도쿄의 아파트멘트

구분	건설 연도	호수	층수	구조
우에노구락부	1910년	63	5	목조
사토별관(佐藤別館)	1910년경	12	3	목조
미카사하우스(三笠ハウス)	1915년	28	3	목조
우시고메예술구락부(牛込芸術俱楽部)	1919년	37	3	목조
오후카이아파트멘트하우스 (櫻風会アパートメント·ハウス)	1920년	42	3	목조
신주쿠아파트멘트하우스 (新宿アパートメント·ハウス)	1920년	21	3	목조

출처: 東京市社会局編, 《共同住宅及びビルディングに関する調査》, 1923

14 ─ 内田青蔵, 〈「住宅改良会」の沿革と事業内容について〉, 《日本建築学界計画系論文報告集》 제351호, 1985, 91쪽

15 ─ 東京市社会局編, 《共同住宅及びビルディングに関する調査》, 1923, 29~30쪽

사토별관은 원래 여배우 사토(佐藤) 아무개가 살았던 서양식 주택이었으나, 츠다 신타로(津田信太郎)라는 사람이 공동주택으로 개조한 것이다. 이 건축물이 지어질 당시에는 첨단을 달리는 아파트로 수세식 변소와 정화 장치까지 갖췄다고 한다. 큰 도로에 접한 미카사하우스는 1층에 점포가 있는 영화관으로 사용하던 건물을 공동주택으로 개조한 것이다. 우시고메예술구락부는 유명한 연출가 시마무라 호게쓰(島村抱月)가 여배우 마쓰이 수마코(松井須磨子)와 함께 근대극 발전을 위해 1913년에 창설한 예술좌(藝術座)의 거점이던 곳인데, 예술좌가 해산된 후 건물은 1915년에 완성되었지만 1919년에 개수해 공동주택으로 거듭났다. 마쓰이 수마코의 오빠인 고바야시 호조(小林放蔵)가 집주인이라 '고바야시아파트'로도 불렸다고 한다.

이처럼 새로운 수요와 유행에 맞춰서 기존의 건축물을 다른 용도로 바꿔 사용했다는 사실은 일본에서 아파트 범람의 시대라고 불린 1930년 중반에도 흔히 볼 수 있는 경우였는데 이는 나중에 따로 설명한다. 또한 오후카이아파트먼트하우스 역시 아파트먼트라는 이름을 달고 있지만 실제로는 도쿄 시내 직장에서 일하는 독신 여성을 위한 기숙사였으며, 일본여자대학 오후카이 소속원에게 제공하는 숙소였기 때문에 일반인은 입주 대상이 아니었다. 신주쿠아파트먼트하우스 역시 개인이 경영한 아파트가 아니라 유한책임 도쿄건축신용구매이용조합이라는 조합이 관리한 공동주택이었다.

지금까지 설명한 공동주택 외에도 주목해야 할 것으로는 '고등하숙'이 있다. 도시에 모이는 대학생, 독신자들을 위해 목조 공동주택이 대학가에 제법 지어졌는데 이를 통상적으로 '고등하숙'이라 불렀고, 대개는 3층이나 4층 규모였다. 1910년 일제의 조선 강제병합 이후인 1916년에 부산에서도 이미 '상인 숙소', '고등하숙' 광고가 신문에 등장하기도 했다.

1922년에는 도쿄 오차노미즈(御茶ノ水)에 서구의 모던 양식을 내건 아파트가 건설되었다. 오차노미즈분카아파트먼트(御茶ノ水文化アパートメント)는 앞서 언급한 '문화생활연구회'가 재단법인격을 갖춰 새롭게 만든 '문화보급협회' 주도로 미국인 건축가 윌리엄 머렐 보리스(William Merrell Vories)에게 설계를 의뢰해 지은 건물이다. '문화생활연구회'가 발행한 책자 《문화아파트먼트의 생활(文化アパートメントの生活)》[16]에는 이렇게 설명되어 있다.

16 — 〈1.日本初めてのアパートメント·ハウス〉,《東京文化学園: 文化アパートメントの生活》, 1929, 東京文化短期大学資料室

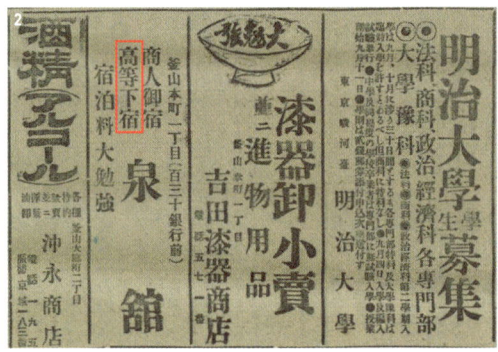

1   일본여자대학 오후카이 소속원에게 제공되었던 오후카이아파트먼트하우스의 2층 평면도. 출처: 東京市社会局編, 《共同住宅及びビルディングに関する調査》, 1923

2   《조선시보》 1916년 8월 23일자에 게재된 부산의 고등하숙 신문광고

3   오차노미즈분카아파트 전경과 1층, 3·4층 평면도. 출처: 復興建築の世界: 文化アパートメント https://tanken.com/tatemono/code-89/

거의 매일 일어나는 화재나 도난을 면할 수 있었다고 해도 불과 이삼십 년 만에 살 수 없게 되거나 이것저것 고치면서 살아야되는 일본의 재래식 주택은 비경제적인데 반해 비록 초기 건축비가 비싸더라도 현대적인 설비를 갖춘 영구적 건물인 아파트먼트하우스는 결국 가장 경제적인 것입니다. 그러나 일본에서 아파트먼트로 알려진 것은 대부분 테너먼트하우스(tenement house, 빈민가 연립주택)와 비슷한 것으로 진정한 아파트먼트하우스는 지금까지 알려지지 않습니다. 그래서 일본에서 처음 시도하는 분카아파트먼트가 바쁘게 사는 사람들을 위해 건설된 것입니다.

이처럼 오차노미즈분카아파트는 일본 서구 모던 양식 아파트먼트하우스로 소개되면서 안전하고 편리할 뿐만 아니라 생활의 능률과 더불어 건강에도 좋은 안정적이며 경제적인 생활이 가능한 주거공간 모델로 자리 잡으며 화제가 되었다.

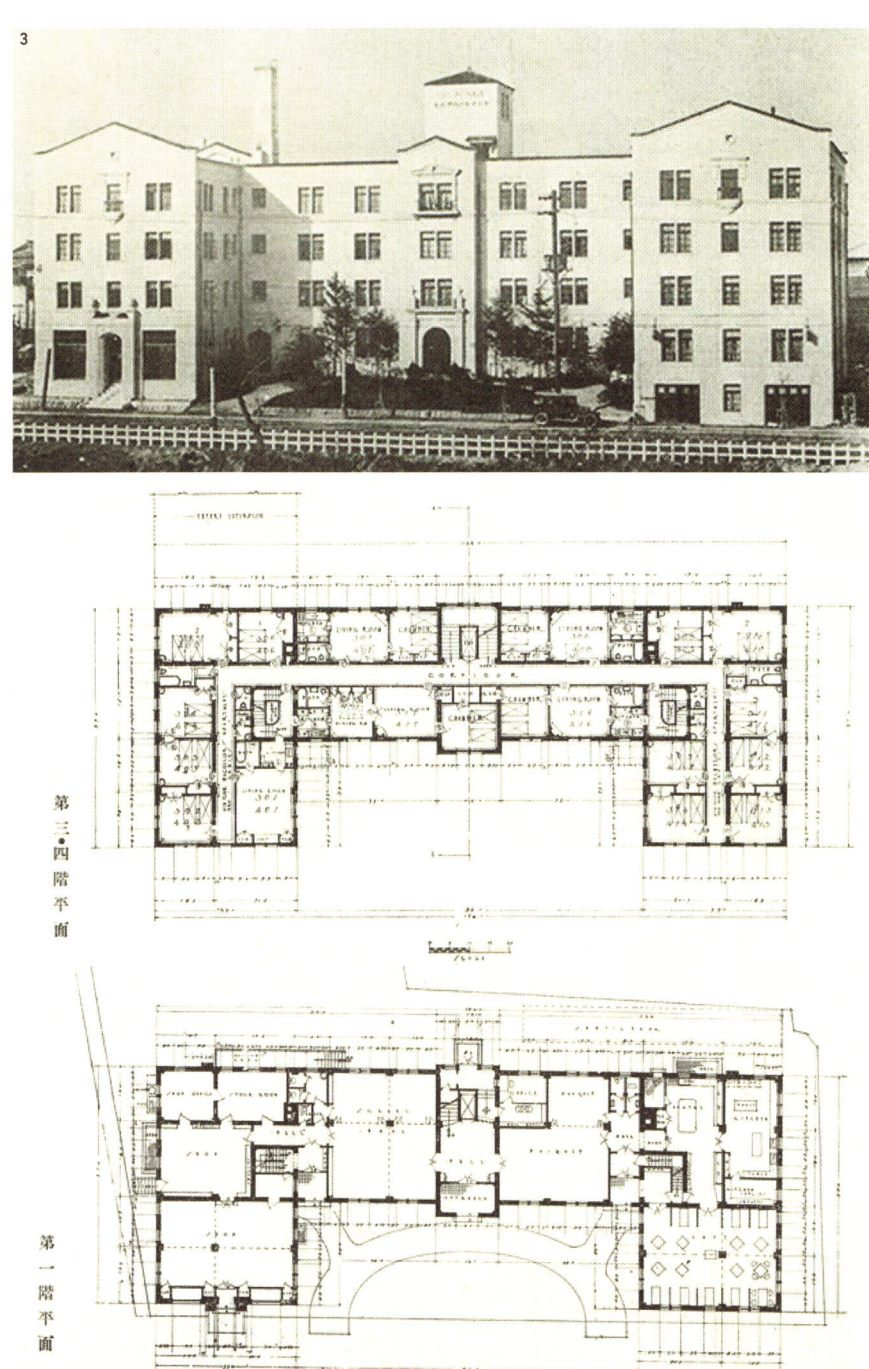

원래 계획은 1923년 12월부터 입주할 예정이었지만 간토(關東) 대지진[17]으로 개관이 늦었음에도 불구하고 모리모토 고키치가 사업을 적극적으로 추진해 1925년에 완공했다. 지하 1층, 지상 4층으로, 실내에는 가구가 설치되어 있으며, 생활개선운동을 실천할 수 있도록 공동 급탕과 난방시설이 완비되어 있고 1층에는 식당, 카페, 사교실과 점포가 들어섰다. 가사노동 절감과 주방 동선의 효율을 높인다는 취지에서 가정부가 청소하고 세탁을 도맡아 하는 등 미국 중산층의 아파트 생활방식을 도입한 주거였다. 실제로도 고소득 상류층이나 외국인들이 입주했다고 알려지고 있다.

간토 대지진과 도준카이아파트

중산층을 주요 대상으로 한 아파트는 1924년에 설립된 재단법인 도준카이의 활동을 통해 보급되었다고 할 수 있다. 도준카이는 간토 대지진의 부흥 지원정책에 따라 만들어진 내무성[18]의 외곽단체로 간토 대지진 이재민을 위한 가설주택(판잣집) 공급을 목적으로 설립한 재단법인이었다. 주택공급을 목적으로 한 도준카이에는 당시 일본 건축의 실질적 지도자였던 사노 도시가타, 도쿄제국대학 우치다 요시카즈(內田祥三) 교수가 이사와 평의원에 취임해 활동했다. 목조 가설주택사업부터 시작해 목조 보통주택 사업, 근로자 대상 분양주택 사업을 추진하면서 1925년부터는 도준카이의 가장 큰 업적이라고 할 수 있는 철근콘크리트 구조의 공동주택을 공급하기 시작했다. 간토 대지진의 심각한 피해로부터 얻은 값진 교훈이 도준카이에서 내진·내화구조의 철근콘크리트 건축물 건설을 촉진하게 된 계기가 되었다.

이후 도준카이는 1926년 나카노고아파트(中之鄕アパート)를 시작으로 1934년 준공된 에도가와아파트(江戶川アパート)에 이르기까지 도쿄와 요코하마 시내에 모두 16곳의 아파트를 건설했다. 이 가운데 15곳(2,501호)은 도시생활자를 대상으로 추진한 아파트멘트 사업이며, 1927년(제1기)과 1930년(제2기)에 준공한 도쿄 사루에우라마치(猿江裏町)공동주

---

17 — 1923년 9월에 발생한 대지진으로 사망자는 10만 명에 이르고, 이재민은 695,000세대로 57%가 도쿄에, 34%가 가나가와현에 집중되었다. 同潤会編,《同潤会十年史》, 1934, 4쪽

18 — 당시 내무대신은 조선총독부 정무총감을 역임했던 미즈노 렌타로(水野錬太郎)였다.

도쿄 아오야마아파트멘트하우스(青山アパートメント・ハウス) 전경.
출처: 建築寫眞類聚刊行會編,《建築寫眞類聚 初至13-16版 第6期 第6回》, 洪洋社, 1926

택은 불량주택 개량사업에 의한 것인데,[19] 이들은 모두 내진 및 내화 성능을 확보한 철근콘크리트 구조로서 규모는 2층부터 6층에 이르렀다.

  초기 도준카이의 주택설계는 우치다 요시카즈의 지휘아래 도쿄제국대학 건축학과에서 주로 이뤄졌지만 재단 설계부에는 도쿄고등공업학교(지금의 도쿄공업대학)의 출신자도 여럿 있었다. 건축가 기시다 히데토(岸田日出刀), 건축부장으로서 활약한 가와모토 료이치 등은 잘 알려진 인물이다.

  간토 대지진으로 집을 잃은 이재민을 위한 주택 보급에 주목했지만 도준카이가 지은 집합주택에는 수세식 화장실까지 갖춘 제법 선진적이라 할 수 있는 독신자 전용 주택도 있었으며, 1930년에 지은 오오쓰카여자아파트(大塚女子アパート) 같은 독신여성 전용 집합주택도 있었다. 이때 도준카이 설계부에서 근무한 건축가들은 해외의 건축잡지나 전문 서적을 살피면서 새로운 집합주택 연구에 활용했는데, 연구 성과를 바로 집합주택 건설 현장에 적용할 수 있는 환경에서 일할 수 있었다고 알려졌다.

19 — 도준카이에 의한 '불량주택 개량사업'은 슬럼으로 변한 낙후지역의 주거환경 개선을 위해 콘크리트 구조의 공동주택으로 주택을 전환 개발하는 것으로, 이 기간 동안 294호를 건설했다.

도준카이의 주택건설 사업은 도쿄시 시영주택 담당 부서의 아낌없는 협업이 배경이 되어 효과를 발휘할 수 있었다. 도쿄의 시영주택 건설 담당 부서는 고도의 기술집단으로서 구성원들은 도준카이 설계부와 마찬가지로 주로 도쿄제국대학과 도쿄고등공업학교 출신자들이어서 서구의 집합주택에 관한 연구에 집중했다. 도쿄시 기술자로서 여러 공공건축과 도시계획에 참여한 후쿠다 시게요시(福田重義)의 활약도 두드러졌는데, 그는 1923년에《공동주택 및 빌딩에 관한 조사》[20]를 통해 뉴욕의 테너먼트하우스를 비롯해 아파트멘트의 생활이며 유럽의 유명 공동주택을 소개하고 도쿄 시내의 공동주택(아파트멘트하우스)에 대해 의견을 내기도 했다. 이러한 연구 성과가 간토 대지진 이후 도쿄의 철근콘크리트 구조 집합주택 건설에 크게 활용된 것이다.

　도준카이 사업을 통해 아파트라는 서양의 공동주택 형식이 일본에 들어와 정착, 보급되었다고 해도 과언이 아니다. 공동시설의 설치와 수세식 화장실 완비, 콘크리트 건물에 다다미를 깐 일본식 방을 기본으로 하면서 문이나 창의 디자인 유형을 화양절충형으로 변화시킨 것, 충실한 사전 조사를 통해 거주자들의 요구사항을 먼저 파악하고 이를 기술적으로 어떻게 해결할 것인가 등에 대한 집중적이고 지속적인 연구는 이러한 활동의 바탕이 됐다. 또한 입주 후 주민실태조사를 통해 시행착오를 줄이면서 새로운 전략을 마련하는 설계 관행을 만들기도 했다. 이런 활동들이 도준카이아파트의 토대가 되었으며, 1920년대 후반부터 도쿄 지역의 민간 공동주택 건설물량이 증가하면서 1930년대의 아파트 붐으로 이어진 것이다.

　1937년 도쿄부 사회과가 실시한 '아파트멘트하우스에 관한 조사'[21]에 따르면 1933년을 기준으로 할 때 도쿄에는 철근콘크리트 건축물 158동과 목조 756동 합쳐 모두 914동의 아파트멘트하우스가 있었는데, 목조가 전체의 약 85%를 차지하지만 철근콘크리트 구조 건축물 가운데 도준카이아파트가 85동으로 절반 이상을 차지하고 있었다. 이듬해 10월 말에는 전체 아파트가 1,395동으로 증가했고, 1939년 9월 말에 이르면 2,013동으로 늘어[22] 거주자 숫자가 62,814명이라고 보고되었다. 이들 조사는 모두 1933년 6월에 공포한 아파트건축규칙 제1조 '대실수(貸室數)가 10이상인 것'으로서, 경시청(경찰청)에 신고한 아파트 가운데 계획 중이거나 허가 신청인 경우 및 건축 중인 것을

---

20 ― 東京市社会局編,《共同住宅及びビルディングに関する調査》, 1923, 9~12쪽

21 ― 東京府社会課,〈アパートメント・ハウスに関する調査〉,《社会調査資料》제26집, 1936년 6월

22 ― 内藤一郎,《アパート・ライフ》, 住宅問題研究社, 1937, 14쪽

제외한 1,105동을 대상으로 하고 있다. 여기서 특별히 주목할 것은 1930년대 도쿄의 아파트 붐 시절에 공식 조사대상으로 삼거나 실태조사의 범주에 든 아파트는 목조와 철근콘크리트 구조를 가리지 않았다는 사실과 함께 임대 가능한 방이 10개 이상인 곳으로 한정했다는 사실이다.

아파트 이미지의 차용

앞서 설명한 것처럼 일본의 아파트는 도준카이가 주도했고, 당연하게 그들이 선례로 삼았던 '서구의 고급주택'이 일본의 아파트 이미지로 굳어 대중에게 유포되었다. 아파트멘트하우스, 아파트멘트라는 단어는 철근이건 목조건 상관없이, 방의 개수나 구조, 설비의 구별 없이 사용되었지만 경시청령으로 정한 아파트건축규칙에서 '아파트로 정의한' '대실수 10개 이상의 것'과 1936년 9월 내무성령 제31호로 공포한 특수건축물취체규칙의 적용을 받는 '주택 혹은 주거용 건축물로서 바닥면적의 합이 150m² 이상의 공동주택'으로 자연스럽게 '아파트'의 의미가 정해졌다.

그럼에도 당시 도시계획 분야의 선도적 지위에 있던 히시다 고스케(菱田厚介)가 내무성령 공포 이후 있었던 '특수건축물 규칙에 대하여'라는 강연에서 "공동주택이란 무엇인가를 말하는 것은 매우 어려운 문제라고 할 수 있고, 특히 여인숙이나 하숙집, 기숙사와 구별 기준이 명확하지 않습니다. 이것을 구체적으로 어떤 기준으로 구별할 것인지는 사실 곤란한 상황"[23]이라고 말문을 연 뒤 공동주택에서 일본식 연립주택(나가야)은 제외하는 것으로 봐야 한다고 했던 것이나 150m²라는 건축 바닥면적에 복도나 계단 등은 포함하지 않기 때문에 소규모의 하숙집 같은 경우는 여기에 넣을 수 없다고 설명하기도 했다.

도준카이아파트 이후 셋방이나 하숙집을 운영하는 주인들이 아파트로 건물 용도를 변경하려는 움직임이 두드러졌다. 아파트 한 채를 지으면 기존 셋방 운영에 비해 높은 수익을 올릴 수 있다는 것과 서로 부대끼지 않는 생활을 지속할 수 있다는 점에서 아파트라는 주거 형태는 주인과 세입자 모두에게 이점이었기 때문이다. 결국 아파트가 지닌 경제적 합리성이라는 측면이 재래의 임대주택에서 아파트 임대업으로의 전환을

---

23 — 菱田厚介, 〈特殊建築物規則に就て〉, 《建築雜誌》, 1936년 10월호, 2쪽

촉진하는 동시에 소위 '현대적이고 명랑한 생활'을 동경하는 대중의 마음을 사로잡기 위해 아파트의 이미지를 사업자들이 영업에 활용한 것임을 추측할 수 있다. 실제로 민간에서 지은 임대주택의 대부분은 목조였고, 앞에서 설명한 조사에서처럼 여기에 아파트라는 이름이 붙었으니 목조아파트란 결국 저소득층을 위한 임대주택에 불과했다. 철근콘크리트 구조에 방 단위로 임대하고 냉난방 시설이며 엘리베이터까지 갖춘 근대식 아파트는 손에 꼽을 정도였기 때문이다.

이러한 움직임은 셋집이나 셋방이 아닌 전혀 다른 용도의 건축물을 아파트로 개조하는 움직임도 만들었다. 1937년에 실시된 '아파트먼트하우스에 관한 조사'에 따르면 처음부터 아파트로 지어진 건물은 전체 조사대상의 약 77%로, 850동이었다. 그러나 나머지는 본래 보통주택, 하숙여관, 공장, 점포, 음식점, 마켓, 클럽, 창고, 유곽, 학교, 기숙사, 임대사무소, 백화점이던 것을 아파트로 전용한 것이었다. 목재 창고나 자동차 창고, 댄스홀, 공연장 등을 아파트로 용도를 바꾼 경우도 있다. 조사 통계에서 알 수 있는 것은 전체의 4분의 1 정도에 해당하는 255동의 아파트가 다른 용도에서 아파트로 용도를 전환한 것이라는 사실이다.

특히 1929년 경제 대공황을 거치면서 콘크리트와 같은 건축자재의 폭락과 건축비 하락에 따라 건설 투자부문과 기업인들이 투기성 빌딩 경영에서 아파트 건설로 관심을

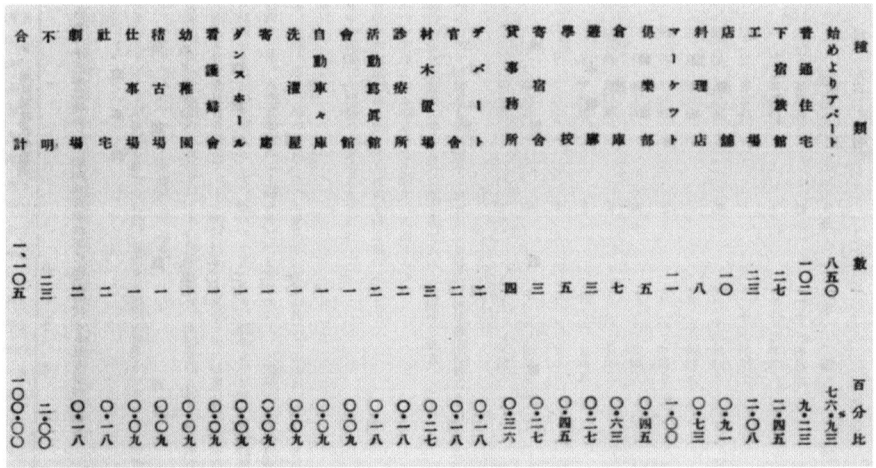

1937년 도쿄부 사회과에서 실시한 아파트 용도 조사 결과.
출처: 東京都學務部社會課, 〈アパートメント・ハウスに 関する調査〉, 《社會調査資料》 제26집, 1936년 6월

전환하게 된 것도 일본의 아파트 건설 열풍과 적지 않은 관련이 있다. 1932년에 신설된 도준카이 주택상담부는 단독주택 신축과 개축에 관한 상담 외에 아파트 건설과 관리도 상담했는데, 아파트를 짓고 싶다는 상담이 거의 매일 있었으며[24] 일본 북부 홋카이도부터 교토와 고베 등 관서지방은 물론 조선의 평양과 경성, 만주의 다롄(大連)과 펑톈(奉天, 현 선양), 신징(新京, 현 장춘)에 이르기까지 아파트 건축을 기획하고 있다는 보고가 접수되기도 했다.[25]

그러나 1937년 중일전쟁 발발로 전략적 물자동원을 위한 강력한 경제 규제가 시작되고, 같은 해 10월에는 '철강공작물축조허가규칙'이 공포되어 철근콘크리트 구조물은 원칙적으로 지을 수 없도록 했고, 전쟁이 격화되며 1941년에 군수 노무자용 주택을 공급하기 위한 특별기구로 일본주택영단이 발족하여 도준카이는 여기에 합병, 흡수되었다. 같은 해에 실시된 '대도시 주택조사'에 따르면 1941년 11월 현재 도쿄의 아파트는 7,154동, 107,329호로 전체 셋집 가구 수의 10.5%를 차지하고 주택 호수 총량의 8.1%에 달했다고 하지만 이듬해부터는 전황이 악화되면서 주택 공급 수가 급격하게 줄어들었다.[26]

경성의 아파트 건설 붐

식민지 조선에서 '아파트'라는 단어는 1921년경에 발행된 신문에 게재된 구미소설의 번역에서 찾을 수 있지만 '아파트멘트하우스'라는 단어를 문헌 기록에서 찾을 수 있는 것은 1923년 경성부가 조사보고서 형식으로 발행한 《근대도시와 주택》[27]에서이다. 물론 이 경우도 영국과 미국의 잡지 기사를 번역해 일부 해설을 더한 것에 불과하지만 "이 아파트멘트하우스는 미국식 연립주택이라고 할 수 있겠지만 나가야, 즉 일본식 연립주

---

24 — 〈三一年は将に大アパート時代 都会の魅力と経済的方面から企業家も乗り出す建築の相談で毎日繁昌 同潤会細木氏談〉, 《時事新報》, 1931년 1월 7일자

25 — 同潤会編, 《アパート居住者生計調査報告書》, 1936, 9쪽

26 — 太田秀也, 《民間賃貸住宅の供給·管理の実態分析と製作のあり方に関する研究:サブリース業など賃貸住宅供給·管理業の関与·役割を視角として》, 公益財団法人日本賃貸住宅管理協会, 2019, 7쪽

27 — 京城府, 《近代都市と住宅 京城府調査報告: 第1編》, 1923, 51쪽

택처럼 이웃의 소음이 너무 심하다거나 하는 그런 불편은 전혀 없다."라고 설명하고 있다. 그 기록 이외에도 같은 해에 조선건축회가 발행한 《조선과건축》 2권 1호의 〈회보: 선은사택견학단〉[28]에서 조선은행사택 견학단이 만들어져 1922년 12월 1일과 12월 2일에 각각 여성 견학단 82명, 남성 견학단 57명이 삼판통 조선은행 사택 갑호, 을호 및 아파트멘트하우스를 견학했다는 소식을 확인할 수가 있다.

당시 견학한 아파트먼트하우스가 '아파트'라는 명칭을 공식적으로 표방한 것인지 아니면 단독주택과 달리 공동숙사 형식을 아파트로 호칭한 것인지는 명확하게 단정할 수 없다. 그러나 1920년대 중반부터 조선에서도 이런 기사나 외국의 아파트 기사 그리고 일본인 건축가들이 이야기하는 주택 문제 등의 신문 기사를 통해 '아파트'라는 용어와 함께 주택 문제 해결의 방편으로서 아파트를 간헐적으로 거론했음을 알 수 있다.

1925년에는 《조선과건축》에서 오차노미즈분카아파트멘트[29]와 도준카이아파트[30] 건설 소식을 찾아볼 수 있다. 조선건축회는 1922년부터 1945년까지 활동한 건축전문단체로 조선에 체류하는 일본인 건축기술자를 중심으로 설립되었으며, 회원 상당수가 도쿄제국대학 출신인 조선총독부 영선과 소속 기술자였다. 명예회원으로 사노 도시가타, 경성역사 설계에 관여했던 쓰카모토 야스시(塚本靖), 조선신궁 조영의 고문이기도 했던 이토 추타(伊藤忠太)의 이름도 보인다.

조선 역시 일본의 경우와 유사하게 1920년대 후반부터 각지에서 도시화가 서서히 진행되어 근대사회로 이행하기 위한 도시 정비가 일제의 지배 아래 급속하게 전개되고 있었다. 대도시 경성은 경성역사 신축(1925)과 조선총독부 청사 건립(1926)에 이어 경성부 청사(1926) 등이 차례로 준공되면서 식민지 경영체제가 공고해졌고, 많은 관공서와 교육시설뿐 아니라 상업용 건물도 속속 들어섰다. 조선건축회가 창립 당시부터 근대적 도시계획, 생활개선, 주택개량을 목표로 내건 것은 대부분의 근대문화가 일본을 통해 들어와 그에 대응하기 위한 대도시 경성의 도시구조 변화 필요성 때문이었다. 가장 시급한 과제로는 조선의 기후와 풍토에 적응할 수 있는 일본인 주택의 보급을 꼽았고, 이에 주력했지만 1930년대에 들어서면서 극심해진 조선인 주택 문제에도 정책적 관심을 가질 수밖에 없던 것이 총독부의 입장이었다.

---

28 — 〈会報: 鮮銀舍宅見学団〉, 《朝鮮と建築》 第2卷 第1号, 朝鮮建築会, 1923년 1월, 69쪽

29 — 〈建築雜報: お茶の水河岸の大蜂窩〉, 《조선과건축》 제4권 제1호, 1925년 1월, 34쪽

30 — 〈建築雜報: 同潤会のアパートメント〉, 《조선과건축》 제4권 제9호, 1925년 9월, 44쪽

1931년 만주사변을 계기로 총독 우가키 가즈시게(宇垣一成)가 조선의 동화를 추진하는 내선융화운동을 제창하면서 위생 조건과 경제 상황의 개선을 '내선융화'의 주된 의제로 설정했다. 도시화로 인한 인구증가가 가중되면서 조선인의 상대적 빈곤화가 심각하게 진행되고 있었지만 '내선융화'를 한층 강화한 구호로서의 '내선일체'는 전혀 다른 방향으로 작동했다. 대륙병참기지로서 조선의 역할, 조선인 강제 동원, 황국신민화를 강화하는 것이었다. 일례로 조선총독부가 1941년에 설립한 조선주택영단은 "주택을 통하여 내선일체를 실현시킨다."는 목표를 내세웠지만 일본주택영단과 마찬가지로 급격히 증가하는 노동자 주택의 안정적 공급을 통해 군수물자 생산력을 확충하는 것이 영단 설립의 진짜 목적이었다.

일본의 경우 1923년 간토 대지진 이후 대규모 부흥사업을 통해 일정한 성과를 이뤘고, 1930년대에 들어서며 도쿄는 소위 '모던 도시'로서 모습이 크게 바뀌었다. 도쿄를 중심으로 일본 대도시에서 아파트 건설 붐이 일었고, 그 붐은 식민지 조선에까지 영향을 미쳐 경성을 필두로 평양과 부산, 대구 등에서도 건설 붐이 일었고, 아파트 시대를 부추겼다.

1930년 《조선과건축》 제9권 제12호에는 남산동 미쿠니아파트가 실렸으며, 도요타아파트와 채운장아파트, 부산에서는 청풍장과 소화장, 평양의 동아파트 등 크고 작은 근대적 설비를 갖춘 최첨단 아파트들이 여러 매체를 통해 소개되었다. 때론 합자회사 형식이거나 혹은 개인사업가가 운영하는 이러한 중산층용 아파트의 출현과 함께 1930년대 중반에서 1940년대 초에 걸쳐서 조선에서도 일본과 마찬가지로 아파트 유행에 편승해 아파트라는 간판으로 이름을 바꾸는 하숙집이나 셋집이 점점 늘어났고, 경우에 따라서는 여관이나 백화점 혹은 극장 등의 건물을 아파트로 전용하려는 움직임이 보이기 시작했다.[31]

일례로 경성역 부근에 있던 히토노미치(ひとのみち) 교단 경성지부 건물을 대지주인 다카무라 진이치(高村甚一)가 아파트로 바꾸겠다고 했다거나,[32] 조선의 다른 대도시 가운데 하나인 대구에서 1940년에 주택난 완화를 위해 요정으로 사용했던 키요노야(清乃

---

31 — 〈独身者に朗報 木浦にアパート出現〉, 《부산일보》 1940년 3월 10일자

32 — 〈히도노미찌 지부건물이 옮겨 아파트로 새로 데뷔〉, 《매일신보》 1937년 6월 26일자. 히토노미치 교단이 있던 토지는 원래 다카무라 진이치(高村甚一) 소유로 교단의 해산 후 헐값에 되샀는데, 그는 1940년 결성된 '경성대가조합' 위원장을 맡기도 했다.

히토노미치 교단 경성지부 건물 낙성. 내부에는 다다미 100장이라는 큰 공간이 있었다고 전해진다. 출처: 《조선신문》, 1935년 9월 25일자

家)와 영화관인 신고우칸(新興館), 백화점인 시라기야(しらぎや. 1층이 잡화부, 2층에 당구부를 제외하고는 빈 상태)를 개조해 아파트로 다시 활용할 계획을 추진 중이라는 기사가 등장하기도 했다.[33]

이와 반대로 밖으로는 '아파트'라는 이름을 내걸고 관리당국의 별다른 허가도 받지 않은 채 여관(호텔)업이나 음식업을 겸업하는 아파트 운영자도 점점 늘어 단속을 강화한다는 기사도 등장했다.[34] 물론 영업허가 없이 무작정 하숙집을 운영하는 초보자들이 많아 단속을 강화했지만 당국의 고충도 적지 않았다. 단속할 대상은 불량 아파트에 해당하는 경우인데 여인숙 같은 허술한 경우를 아파트라고 주장하는 경우도 단속대상에 포함시켜야 할지 여부에 대한 명확한 관련 법률이 없어 혼란스러운 경우가 있었다.[35] 비록 경성에 국한한 경우라고는 하지만 일본 도쿄의 경우와 마찬가지로 식민지 조선에서도 도준카이아파트를 본뜬 근대식 아파트로부터 셋방 두어 칸을 둔 허술한 목조주택에 이르기까지 많은 경우가 '아파트'라는 이름을 내걸고 영업에 분주했다. 그러니 제법 다양한 계층의 사람들이 다양한 모습과 형태를 가진 아파트에서 삶을 영위했다. 경성시대 아파트 풍경이었다.

33 — 〈住宅難緩和の一策 デッカイ空家を改造 府営アパートにしては如何〉,《매일신보》1940년 4월 17일자

34 — 〈チラホラ見える食はせるアパート無許可は取り締まり〉,《조선신문》1935년 3월 13일자

35 — 〈インチキ下宿屋に取締の手が伸びる アパートも油断は禁物〉,《경성일보》1936년 6월 25일자

《성대문학》과 《경성잡필》에 등장한 경성의 아파트

1930년대부터 해방에 이르는 동안 조선에서 발행된 다양한 신문과 잡지 등의 기사 내용을 살피면 아파트에 누가 어떤 모습으로 살았는지 조금은 짐작할 수 있다. '아파트 거주자'나 '아파트에서 벌어진 사건과 사고' 등을 통해 당시 아파트의 모습을 다시 그려보자. 특히 한글로 발행한 대중잡지인 《별건곤》, 《삼천리》, 《동광》, 《신동아》 등과 《동아일보》를 비롯한 각종 잡지와 신문 기사에서 '아파트'가 간헐적으로 언급되고 있어 일제강점기 '아파트'에 대한 대중의 이해와 인식을 어느 정도 파악할 수 있다. 여기서는 쉽게 접할 수 없는 조선 체류 일본인들이 본 경성의 아파트에 대한 내용을 간략하게 추려본다.

1937년 1월 30일, 명치정 2정목(지금의 명동 2가) 스즈키 히코이치(鈴木彦市) 소유의 스즈키아파트에서 화재가 발생해[36] 2층에 살고 있던 일문(日文)타자회사의 영업원 조기희와 그의 가족 3명을 포함해서 4명이 사망하고 13가구 50명이 대피를 한 사고가 발생했다. 아파트 주민인 고하타 데루(小畑テル)가 새벽 2시쯤에 귀가한 뒤 쉬다가 고타쓰(일본식 난방 테이블. 이불을 덮어서 사용한다)를 잘못 관리한 것이 화재 원인으로 추정되며, 데루도 크게 화상을 입어 며칠 후에 부민병원에서 사망했다고 한다. 이 화재에 대해 신카이(新海) 경성소방서장은 값싼 대실료에 현혹하지 말라는 말로 경성시민들에게 주의를 당부했다.

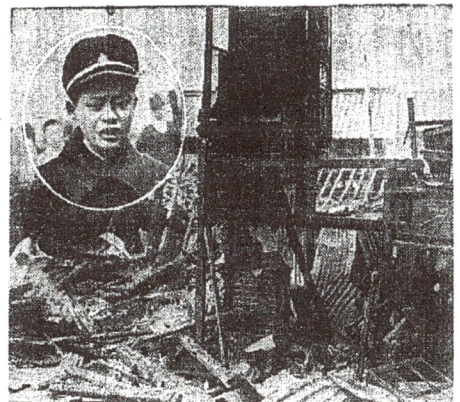

스즈키아파트 화재로 인한 인명 피해가 있었다는 《경성일보》 1937년 1월 31일자 기사

36 — 〈けさ明治町に火事 親子4人惨死す 炬燵の火が蒲団に燃え移り〉, 《경성일보》 1937년 1월 31일자

명치정 2정목 아파트 화재로 4명의 희생자가 발생했다는 것은 매우 유감입니다. 화재 발견과 신고가 늦어지는 바람에 소방차가 달려갔을 때에는 위층도 아래층도 이미 불바다가 되어 내부에 들어갈 수 없는 상황이었습니다. 아파트는 각각의 집들이 모인 집합체입니다. 그러니 아파트 거주자가 월세가 싸다고 해서 무작정 불량한 목조아파트에 거주하고 있다면 이번 화재처럼 스스로 죽음에 이르게 할지도 모를 일입니다. 지금이라도 불완전한 아파트의 가장 높은 층에 있는 사람은 만일의 경우 어떻게 피난할 것인지 평소에 연구해 둘 필요가 있습니다.

스즈키아파트 화재로 인한 희생자 이름으로 본다면 당시 그곳에는 조선인 가족이 살고 있었다고 추측할 수 있다. 신문 기사를 통해 아파트에는 라디오 판매상, 택시 기사, 목탄 판매상 등이 살고 있었다는 사실 그리고 명치정 골목에서 약간 들어간 작은 골목에 아파트가 위치했다는 것과 함께 프랑스교회(현 명동성당)나 명치좌(현 명동예술극장) 등이 상대적으로 고층건축이었다는 사실(고층건축물이 들어선 곳에 목조아파트가 위치해서 소방서 망루에서 쉽게 볼 수 없어 화재 발생을 쉽게 알 수 없어서 소방차 출동 역시 지연되었음을 의미)을 쉽게 추측할 수 있다.[37] 경성소방서장의 이러한 발언은 곧 아파트에 관한 관련 법령 정비가 필요하다는 사실과[38] 더불어 근대도시 경성에 몰려든 이들 가운데 대실료가 싸서 불량 아파트에 사는 사람들이 적지 않았음을 드러낸다.

경성의 불량 아파트 이미지란 어떤 것일까? 1933년 경성제국대학에 입학한 뒤 잡지 《성대문학(城大文學)》[39] 동인의 한 사람으로 활동했던 이시키 쓰요시(一色豪)가 발표한 단편소설 〈우기(雨季)〉에 비록 충분하지 않지만 불량 아파트를 짐작할 수 있게 하는 내용이 등장한다. 주인공은 조선의 아파트에 거주하는 일본인 청년으로 자신처럼 아파트에 거주하는 하층 일본인 생활을 그렸다. 물론 허구인 까닭에 소설의 배경이 경성의 어느 아파트라고 단정하기는 어렵다. 그렇지만 1930년대 들어 이 잡지에 일본인 학생이 조선에 대해서 쓴 작품이 늘어나고 있었는데 조선에 거주하는 일본인의 생각을 엿볼 수 있다. 이런 생각은 조선을 향한 일본 본토의 시선으로도 해석할 수 있다. 따라서 일

---

37 — 〈室料に迷はされるな アパート居住者への注意 新海消防署長談〉, 《경성일보》 1937년 1월 31일자

38 — 新海公, 〈高層建築及びデパート・アパート等の防火避難設備について〉, 《京城土木建築協会》 제2권 제5호, 1936년 5월, 21쪽

39 — 1935~1939년에 발행된 경성제국대학(서울대학의 전신인 대학교) 예과학우회의 동인지. 교수와 졸업생들도 기고했다.

본인이 식민지 도시풍경을 묘사하였다고 보는데 무리가 없을 것으로 보인다.[40] 소설 〈우기〉의 무대는 변두리에 납작한 집들이 다닥다닥 붙어있는 사이에 지어진 아파트다.

이 아파트에는 세라(瀨良)와 같은 학생은 거의 드물고, 대부분 부부 혹은 홀어머니나 과부이고 방 하나에 살림을 차렸다. 그것도 대개 가난한 집안으로 개중에는 행상인이나 노점상 같은 사람도 있었다. 말만 아파트지 근대적인 단어의 의미와 거리가 먼, 건물도 허접스럽고 덜컹거려 뒷골목 깊숙한 곳에 있었다. 주민들이 정신이 없이 살다보니 서로 말을 섞는 일도 거의 없었고….[41]

건물을 관리하는 일본인 지배인 노부부, 토목일꾼으로 모 관청에 근무하는 총각도 아파트 주민으로 등장한다. 어느 날 아침나절에 주인공 세라는 아파트에서 약 50m 정도 떨어진 강에서 자전거 바퀴가 빠져 탁류에 빠진 어떤 남자를 보게 되는데, 다음날 저녁신문을 보고 남자의 익사체가 사고 현장으로부터 좀 떨어진 곳에 위치한 전기회사 근처 다리의 보에 걸려 있는 것이 발견되었다는 기사를 읽게 된다.

소설 마지막에 이르면 토목일꾼 총각이 죽은 이를 추모하기 위해 택시를 불러 K강에 가려는 장면이 묘사되는데, 택시 기사가 도착해 길이 좁으니 큰길까지 나오라고 하지만 총각은 말을 안 듣고 아파트가 있는 골목까지 들어오라고 외치고, 별도리 없던 총각이 큰길로 향해 걷는 모습에 대한 묘사로 소설은 마무리된다. 당시에 발행된 여러 신문에는 타고 가던 자동차 바퀴가 빠지는 바람에 청계천으로 자동차가 추락하거나 자전거를 타고 가다가 마주 오는 사람을 피하거나 장마로 늘어난 수량으로 수위가 올라가 탁류에 휩쓸려 사망하는 사고가 더러 있었다는 것을 확인할 수 있다. 소설 속 아파트가 과연 실재했다면 어디쯤일까 추측조차 쉽지 않지만 경성의 1930년대 아파트 풍경 가운데 하나로 손색이 없다.

《경성잡필(京城雜筆)》은 1920년대 중반부터 조선에 체재한 일본인 엘리트가 즐겨 읽던 문예지로 의사, 은행가, 기자, 서양화가 등 다양한 직업의 전문직 일본인이 주로 기고했다. 단가(短歌)나 하이쿠(俳句), 센류(川柳) 등 일본의 전통 시가뿐만 아니라 다양한 양

---

40 — 尹大石, 〈京城帝国大学の学生文芸と在朝日本人文学〉, 《跨境: 日本語文学研究》, 高麗大学校 日本研究センター, 2014, 253쪽

41 — 一色豪, 〈雨季〉, 《城大文学》, 1935년 11월, 110~111쪽

식과 장르의 문예 작품들을 많이 게재했는데, 신정시(新情詩), 가가(街歌)라고 불리는 장르의 문예들이 1930년대에 등장하기 시작했다. 이런 시가들은 도시생활을 읽은 대중시라고 할 수 있는데 1936년 한 해 동안 기고에 적극적이었던 다카노 쇼토(高野宵灯)[42]라는 인물의 작품에 아파트라는 단어가 등장한다.

아파트에 들어왔는데
차가운 침대에서
밤에 일찍 자면 쓸쓸함을 느낀다
빗소리가 들리네[43]

이 시가를 통해 아파트 생활의 일부를 추정할 수 있다. 동사헌정에 있던 채운장아파트의 경우는 다다미 6장과 7장 크기의 방이 있었는데, 이 가운데 6장 방에는 접이식 침대가 있었다는 사실로 미뤄본다면[44] 비록 문학적 감수성은 다를지라도 도회지의 독신자아파트가 풍기는 쓸쓸함은 쉽게 짐작할 수도 있다. 물론 이외에도 여러 시가에서 레코드, 소다수, 하이킹, 다이빙, 스케이트 등과 같은 단어가 등장하기도 하는데 이는 일본 대중문예가 식민지에서도 수용되면서 일본인들이 즐기던 시가에 당시 모던 경성의 아파트며 풍물이 그대로 재현됐다는 사실을 일러준다.

1941년 3월에 발행된 《경성잡필》에도 경성의 아파트가 등장한다. 경기도 사회과장인 히노 슌키치(日野春吉)가 참석한 동네모임인 신정(新町, 현 쌍림동, 묵정동 일대)상회의 모습에 관한 리포트가 그것이다.

이 마을에는 여덟 채의 아파트가 있다고 하는데 아파트 주민들은 거의 출석하지 않는다고 들었다. 특히 나카이(仲居)라고 해서 호적상 별도 가구가 되어 주인집에 동거하는 사람들이 60여 명에 이르는데 이 사람들을 빼면 일단 이 마을 대부분의 호수가 출석한 셈이다. 나는 동네 대표에게 아파트 주민들은 따로 묶어서 반을 만드는 것이 어떠냐는 의견을

---

42 ─ 厳仁卿,〈日本伝統文芸とモダン京城の出会い〉,《跨境: 日本語文学研究第2号》, 高麗大学校日本研究センター, 2015, 88쪽

43 ─ 高野宵灯,〈触れ合ふ魂〉,《京城雑筆》, 1936년 3월, 22쪽

44 ─ 矢野干城·森川清人共編,《(新版)大京城案内》, 京城都市文化研究所, 1936, 141쪽

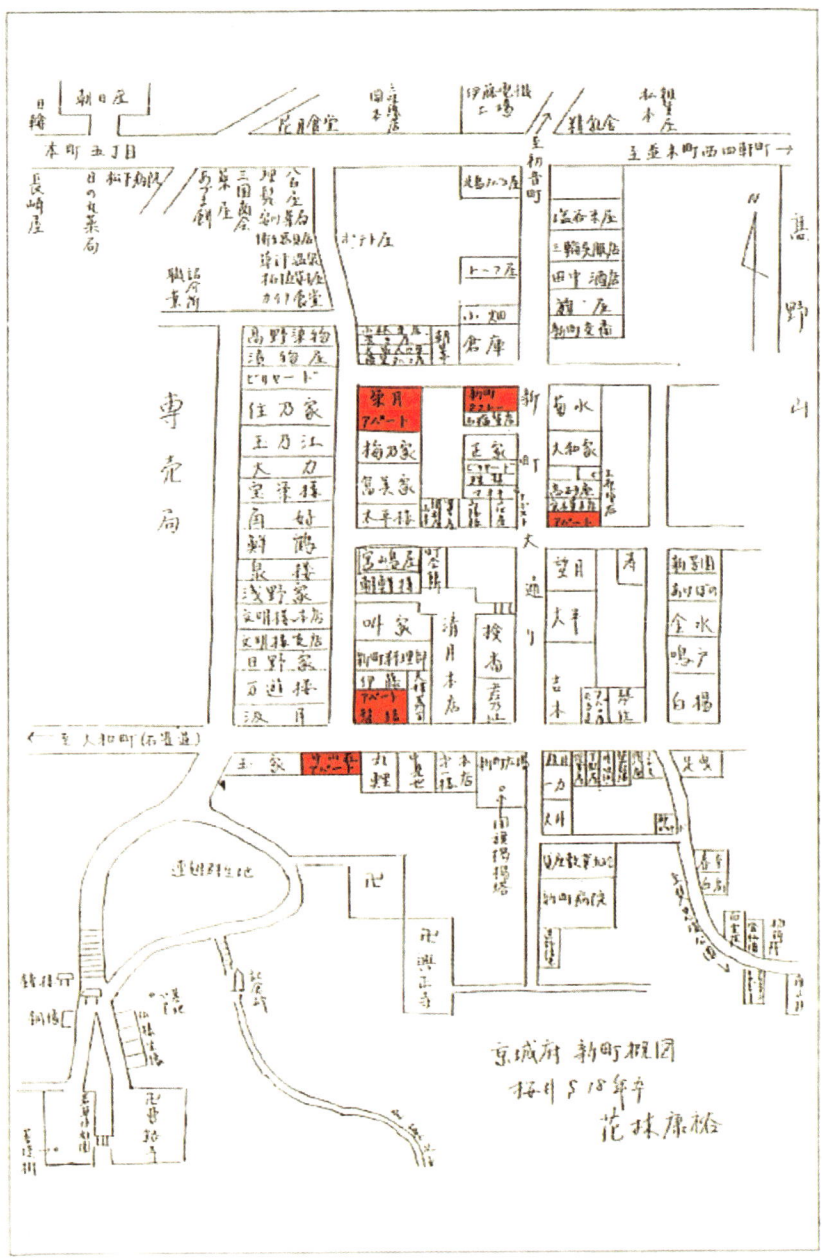

신정 일대 약도. 에이게쓰(栄月)아파트, 중산장(中山荘)아파트 등 5개의 아파트 표시가 있다. 모두 유곽 지대 안에 있다.
출처: 尾崎新二, 《もう僕は京城っ子(けいじょっこ)には戻れない: 朝鮮半島に残した愛と情けの物語》, 世界日報社, 1995

밝혀두었다.[45]

당시 신정은 유곽이 집중했던 곳으로 기생이나 카페의 여급이 많이 살았던 동네이다. 따라서 이곳 아파트 주민의 상당수가 기생이나 카페 여급이었을 가능성이 농후하다. 그런데 이들은 동네 모임에 나타나지도 출석하지도 않았다는 것이니 아파트에 거주하는 면면의 행태 역시 어느 정도는 짐작이 가능하다. 특히 《나는 경성 토박이로 돌아갈 수 없다: 한반도에 남긴 사랑과 인정의 이야기(もう僕は京城っ子(けいじょっこ)には戻れない: 朝鮮半島に残した愛と情けの物語)》의 저자가 자신의 기억을 바탕으로 그린 신정 일대의 약도에는 아파트 다섯 채가 등장한다. 리포트에 나오는 여덟 채의 아파트가 상황을 충분히 짐작하게 하듯 이런 아파트 대부분은 저층 목조아파트가 아니었을까 거칠게 추측해 본다.

당시 신문이 전한 외국의 아파트

'모던' 도시 경성에도 아파트가 많이 지어지면서 신문들은 연일 아파트 관련 기사를 내보냈다. 새로운 아파트 건설, 아파트에서 벌어지는 사건 사고 관련 기사와 함께 구미의 아파트를 소개했다. 때론 새로운 주거유형인 아파트에 대한 호기심이 담긴 기사로, 때론 아파트에 가 보거나 생활해 본 이의 경험담 형식으로 소개되었다. 1920년대 말까지만 해도 건축 전문지에 구미 선진도시의 유명 건축물 사례로 소개되던 것이 버젓이 대중이 읽는 신문의 지면을 차지하게 된 것이다.

여기서 눈여겨볼 점이 한 가지 있다. 1930년대가 되면서 신문들은 주로 독일, 오스트리아, 러시아, 남미 등지에 건설된 임대아파트나 노동자아파트를 소개했다는 사실이다. 왜 사회주의 체제 국가들의 아파트를 소개했을까.

1909년 7월 '신문지법'을 통해 일제는 사실상 신문 발행을 위해서는 통감부의 허가를 받아야 하고 신문 발행 전에는 관할관청에서 사전 검열을 받도록 했다. 당시 의병 활동이나 애국 논조의 기사는 모두 검열을 거치며 기사화되지 못했다. 1910년 강제병합 이후 《대한매일신보》, 《제국신문》, 《황성신문》 등 민간언론은 폐간되고 결국 조선총

---

45 — 日野春吉, 〈新町常会を観る〉, 《경성잡필》, 1941년 3월, 41쪽

독부의 기관지로 변경한 《매일신보》만 남게 되었다.[46]

민간 한글 신문 발간이 허용된 것은 3.1운동 이후 민족교육에 대한 활동이 활발해지면서였다. 민심을 회유하기 위해서 사이토 마코토(齋藤實)[47] 총독이 한글 신문의 발행을 허용한 것이다. 그에 따라 1920년에 창간한 《동아일보》, 《조선일보》를 비롯한 한글 신문은 발행 초기에는 민족주의와 사회주의에 기반한 기사를 자주 내보냈다. 그러나 정간, 압수, 삭제 등 일제의 통제와 탄압이 심해지면서 1920년 중반 이후로는 일제에 우호적이고 근대적인 문화를 소비하려는 경향이 짙어지고 상업적인 면모가 강화되었다. 중일전쟁을 전후한 1930년대 후반에 들어서면서 언론매체 역시 침략전쟁의 도구로 사용되었다. 1940년 일제는 《매일신보》를 제외한 《동아일보》와 《조선일보》와 같은 한글 신문 폐간을 단행한다.[48]

일제강점기 신문 기사들은 표면적으로는 근대사회를 내세웠지만 실제로는 일제의 식민지 지배와 대외 침략을 정당화하며 천황제 이데올로기를 주입하는 황국신민화, 내선일체 구현이라는 조선총독부의 선전을 목적으로 했다. 결국 신문들이 앞다투어 사회주의 국가들의 노동자아파트를 소개한 것은 노동자에게 최소 환경을 갖춘 일정한 거주공간을 제공함으로써 식민 통치에 필요한 인력을 원활하게 공급받고 식민통치를 받아 대중이 '명랑한' 생활을 영위하고 있음을 전시하려는 의도가 담긴 것으로 볼 수 있다. 결국 1930년대 후반 일제의 통치 방식이 전시체제로 전환하면서 집단적 공동체에 대한 효율적인 통제 시스템을 작동하기 위한 전략으로 사회주의국가의 공동주택을 소개한 것은 아니었을지 곱씹어보게 된다.

---

46 — 이준식, 《일제강점기 사회와 문화: '식민지'조선의 삶과 근대》, 역사비평사, 2014, 204~205쪽

47 — 사이토 마코토(齋藤實)는 조선총독부 제3대(1919년 8월 13일 ~ 1927년 12월 10일) 및 제5대 총독(1929년 8월 17일 ~ 1931년 6월 17일)으로 3.1운동 이후 무단통치에서 문화통치로 식민지 통치 방식의 전환을 통해 조선인들의 반발과 국제여론을 무마시키고자 민족신문 발행 허용, 교육 기회의 확대, 조선인의 행정 참여 독려 등을 내세웠다. 1920년에 《동아일보》, 《조선일보》, 《시사신문》 등을 비롯하여 《개벽》, 《신천지》, 《삼천리》 등의 잡지 발간이 활발하게 이루어졌다. 그러나 명목상의 유화정책이었고 실제로는 내부적인 통제는 심화되었다. 1920년 말의 경제 대공황과 1930년대 후반 태평양전쟁 이후로 민족말살정책으로 바뀌게 된다. 조선총독부 편찬, 박찬승 [외] 옮김, 《(국역) 조선총독부 30년사 (상)―시정25년사》, 민속원, 2018

48 — 이준식, 《일제강점기 사회와 문화: '식민지'조선의 삶과 근대》, 역사비평사, 2014, 206~215쪽

미국 유학생의 아파트 경험

《동아일보》에 근무하고 있던 장덕수[49]는 1923년에 미국 뉴욕으로 유학 가서 보고 경험한 것을 〈미국(米國)와서〉라는 제목의 칼럼으로 내보냈다. 1923년 12월 1일부터 다음 해 1월 14일까지 모두 43회 연재한 칼럼에는 미국의 아파트에 대한 이야기도 있다. 작게는 몇십 호에서 많게는 몇백 호의 세대가 함께 생활하고 5~6층이라는 건축 규모,[50] 각 집의 주인이 계속 바뀔 수 있는 임대라는 개념과 더불어 '하우스키핑'[51]과 같은 낯선 공동관리 시스템과 '카페테리아'[51]로 불리는 공동식당에서 똑같은 음식을 함께 취하는 풍경이 꽤 낯설었던 모양이다.

그 다음에 이상하게 생각한 것을 이야기하면 거주의 공동화와 음식의 공동화라고 하는 것입니다. 우리나라에서도 혹 한두 살림이 한집안에서 사는 것은 별로 이상한 것이 아니지만 몇십 호 몇백 호의 가정이 한집안에서 살림을 한다면 그것은 상상도 못해 볼 것이오. 더욱이 그런 「모듬살림」을 위하여 광대한 집을 지어놓고 그 집을 세 놓아서 일종의 영업을 한다면 그것은 꿈에도 생각할 수가 없을 것 같소이다. 그러나 이 속에서는 소위 「아파-트멘트」라는 5~6층의 굉장한 집이 여기저기 드문드문 성곽과 같이 서 있어서 그 안에서 몇십 호씩의 가정이 살림살이하는 예가 적지 아니하고 단층 혹 이층의 조그마한 집에서라도 특히 살림살이하는 사람을 위하여 방을 빌려주는 소위 「하우스키-핑, 룸스」의 문패를 붙인 집이 가득하였을 뿐 아니라 무슨 회사니 무슨 사무소니 하는 것같은 것은 으레 빌딩의 몇 방씩을 빌어서 설치하는 것이 보통이오 또 행셋거리랍니다. 그리고 음식으

---

49 — 1892년 황해도 재령 출신인 장덕수(張德秀)는 와세다대학 정치학과를 졸업하고 1920년 28세에 동아일보 주간으로 일하다가 1923년 미국 콜롬비아대학으로 유학 가서 철학박사 과정을 밟게 된다. 후일 민족운동가로서 해방 이후인 1947년에 한국민주당 정치부장과 황해회장을 역임했다. 국사편찬위원회 한국근현대인물자료 참조

50 — 〈米國와서 四十一〉,《동아일보》1924년 1월 12일자

51 — 하우스키핑(house keeping)은 대표적으로 호텔과 같은 숙박시설에서 이루어지는 청소를 비롯한 객실 관리 서비스로 거주하는 공간에 대한 도구, 자재, 시설 등의 살림살이를 돌보는 일로 확장해서 이해할 수 있다.

52 — 카페테리아(cafeteria)는 서구에서 여행 중에 잠깐 머무르면서 편리하게 자율배식으로 이루어진 식사를 할 수 있는 접대산업에서 시작한 식당이다. 주로 식판을 집어 일렬로 나열된 음식을 담아 공용 식탁에 앉아 식사하게 된다. 최소한의 운영직원으로 많은 사람에게 식사를 제공할 수 있는 카페테리아는 미국에서 20세기 초에 확산되었고 공동숙식을 하는 아파트, 병원, 대학교, 종교시설, 공장 등에 도입되었다.

로 말할지라도 다른 것은 말할 것이 없이 민중의 가장 표본이라고 할 만한「카페테리아」를 들어 말하면 그것은 마치 우리나라의 선술집 모양으로 된 것인데 곧 각색 음식을 눈앞에 벌려 놓고 누구든지 들어가서 자기의 마음대로 그 먹고 싶은 음식을 골라먹게 된 것입니다. … 사실상 아파-트멘트에서 살림을 하는 가정의 대부분은 이러한 카페테리아에서 식사를 하고 산다고 하여도 과언이 아닙니다. … 우리나라에서 이러한 현상을 보지 못하다가 이 나라에 와서 처음으로 이런 것을 보고서 나는 자본주의라는 것은 사업의 경영을 사회화할 뿐 아니라 거주와 음식까지도 공동화하게 되는 것이 사실이라고 생각하였소이다. 공산주의 공동식탁 가옥위원제의 공동관리와 같은 …[53]

주요섭 역시 미국 유학시절 경험을 바탕으로 1930년 2월부터 4월까지 《동아일보》에 〈유미외기(留米外記)〉 연재를 썼는데 이 연재에서 '미국아파트 이야기'를 통해 그가 투숙했던 아파트에 사는 사람들에 대해서 상세히 묘사한다. 24호부터 30호까지 아파트에 거주하는 사람들은 주로 홀아비, 늙은 부부, 미혼모, 미혼 여성, 독거노인 등 대부분 독신자로 각자 개인적인 생활을 영위하며 은연중에 고독감이 스며들어 있는 모습을 살펴볼 수 있다.[54] 비록 단편적이긴 하지만 1920년대에 신문을 통해 소개되는 세계 각국의 아파트에 관한 기사를 통해 당시에 생소한 주거 형태인 서구의 아파트가 경성에 사는 사람들에게 어떻게 비쳤을지 또 어떻게 인식하고 취했는가를 충분히 상상할 수 있다.

기이한 풍경으로 소개된 아파트

아무래도 경성 밖으로부터 전해지는 아파트의 모습은 기이한 광경, '기관(奇觀)'으로 다가올 수밖에 없었을 것이다. 《매일신보》 1931년 1월 31일자는 라이프치히의 아파트에 대해 "독일 어느 건축가가 처음으로 창안 설계한 이상한 「아파-트」 건축이 「라입치히」라는 데에 실현된다고 합니다. 20여를 높은 양옥이 삼중으로 동심원을 그린 듯이 벌여 건축되는 모양은 참으로 예외없는 가관"이라고 소개하고 있다. 어느 건축가란 허버

---

[53] 장덕수, 〈米國와서 四十一〉, 《동아일보》 1924년 1월 12일자. 의미 전달을 위해서 현대 맞춤법에 맞게 수정했다.

[54] 주요섭, 〈留米外記 (十六): 아파-트멘트(7)〉, 《동아일보》 1930년 3월 25일자

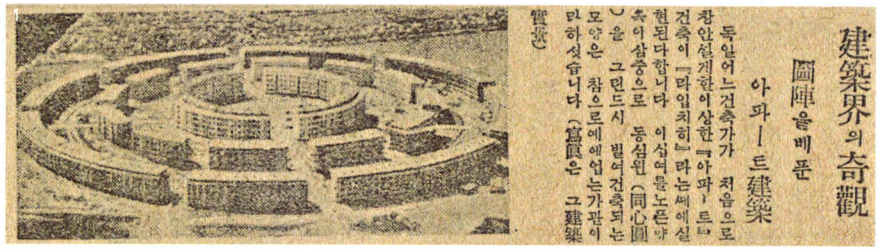

1 《매일신보》 1931년 1월 31일자에 사진과 함께 소개된 라이프치히의 아파트
2 룬트링의 최근 모습 ©Christoph Kaufmann: Fotoatelier Hermann Walter, Wikimedia Commons
3 동심원 형태로 배치된 룬트링은 도심 가로체계에 따라 지어진 따른 건물들과 대조적이다. ©Christoph Geisler, Wikimedia Commons

트 리터(Hubert Ritter)이고, '기관'이라 한 곳은 다름 아닌 룬트링(der Rundling) 주택단지이다. 〈건축계의 기관(奇觀) 도진(圖陣)을 베푼 아파-트 건축〉이라는 기사 제목에서 드러나듯이 "기이한 풍경으로 다가오는 아파트"라며 소개하고 있다.

허버트 리터는 1924년 라이프치히 시의회에서 도시건축가로 임명되자마자 도시 남쪽의 대규모 미개발지를 확보해 자신이 꿈꾸던 주택단지인 룬트링을 설계했다. 약간의 구릉지에 3개의 동심원 형태로 구조물을 배치했는데 바깥쪽은 반경 300m로 하고 가장 안쪽은 다른 것보다 한 층 더 높게 계획했다. 북향을 피해 최대한 빛이 많이 들 수 있게 총 624세대를 서로 다른 11개의 평면으로 구성했는데 전통적인 도심 가로체계에 따라 지어진 건물들과 달리 이러한 배치는 매우 파격적인 것이었다. 원의 중심에 아동용 물놀이장을 둠으로써 단지 주민들이 공동체를 이룬다는 것이 원형 설계의 주된 의도였다.

물론 제2차 세계대전 와중에 주택단지 일부가 파괴되고 이후 차고지로 사용되다가 1997년 원래 주거동의 모습으로 복원해 다시 주거지로 환원하는 과정에서 물놀이장은

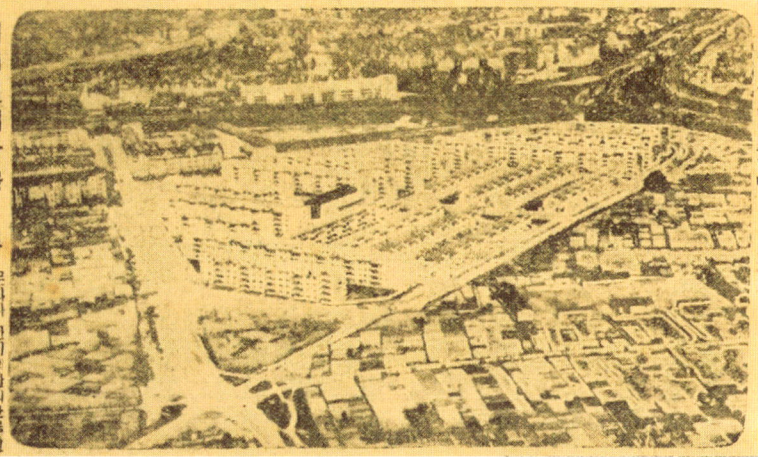
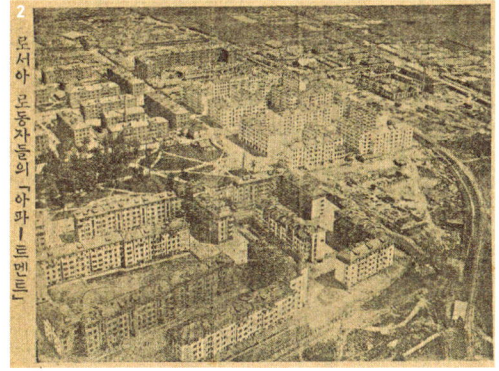

1 〈세게일의 아파-트〉, 《중앙일보》 1932년 12월 22일자
2 〈로서아 로동자들의 「아파-트멘트」〉, 《매일신보》 1931년 7월 25일자
3 〈백만불(百萬弗)을들여 세민주택건축(細民住宅建築)〉, 《동아일보》 1930년 9월 23일자

수풀이 무성한 곳으로 변했지만 90년이 지난 주택단지는 지금도 여전히 건재하다. 당시 원형으로 만들어진 주택의 형태도 기이하게 다가왔겠지만, 무엇보다 이 건물이 소개된 경성에서는 하나의 건물에 수십 명씩 사는 것 자체가 경악할 정도였을 것이다. 게다가 그런 건물이 수십 채가 모여 만든 규모에 다시 한번 놀랐을 것이 분명하다.

《동아일보》 1930년 9월 23일자에 미국의 부호 록펠러(John D. Rockefeller)의 아들이 등장한다. 기사에는 록펠러의 아들을 가리켜 "이전부터 로동자계급봉급생활자 기타 소시민에게 살기조흔 살림집을 주어서 생활을 개선시키자는 리상을 가지고잇든바 최근 「오하이오」주 「크리뿌란드」에 잇는 사백 「애-카」 토지에 팔십여호 주택과 「아파-트멘트」

를 건축하기 시작하얏다."[55]고 소개하고 있다. 그리고 이 사업은 1,000호 건립을 목적으로 총비용이 1억불 즉 당시로도 천문학적인 숫자로 다가왔을 2억원에 달한다고 전하고 있다. 록펠러는 1923년 아들(John D. Rockefeller Jr.)에게 미국 오하이오에 위치한 포레스트 힐(Forest Hill) 일대의 땅을 팔았고, 그 아들은 뉴욕의 건축가 앤드류 토마스(Andrew J. Thomas)와 함께 공동주택단지를 계획하였다. 제2차 세계대전의 발발과 대공황 등으로 인해 계획은 지연되고 이후 개발 주체가 바뀌었지만 최초의 계획이 반영되어 개발되었다.[56]

이듬해《매일신보》는〈로서아 로동자들의「아파-트멘트」〉[57]라는 제목으로 거대한 규모의 아파트단지 사진 한 장만 달랑 담긴 기사를 게재했다. 러시아에서는 1917년 10월 혁명 이후 사회주의 정권이 수립되어 1920년대에는 본격적으로 국가가 대규모 공동주택단지를 건설했다. 특히 노동자에게 저렴하면서도 효율적으로 주거를 제공하기 위해 아파트 형식을 택하였다.

1932년 12월 22일자《중앙일보》에는〈세계 제일의 아파-트〉라는 제목의 기사가 사진과 함께 등장했다. 사진은 거대한 단지를 이룬 아파트가 주변의 도시조직과는 확연하게 다른 모습을 보여준다. 기사 내용으로는 '콜론(쾰른)'에 위치하며 1926년에 건축되었고, 1,783세대가 살며 우편국, 예배당, 상점, 은행이 있다고 하니, 추정컨대 독일의 지들룽(Siedlung) 가운데 하나가 아닐까 추정된다. 지들룽은 제1차 세계대전 이후 1920년대부터 1930에 독일의 근대 건축가들이 노동자의 생활 향상과 국가 공동체 의식의 고양을 목적으로 지은 집단주택지이다.

1933년 2월《동아일보》가 해외 소식 화보로 꼽은 비엔나의 노동자아파트 전경은 놀랍게도 아파트보다는 나무 사이로 보이는 고전적인 로지아(loggia)와 1919년 오스트리아 사회민주당의 첫 번째 시장인 야코브로이만(JakobReumann) 흉상을 중심으로 잘 가꾸어진 연못과 정원 모습이다. 보통 노동자 주택이라 하면 으레 녹지는 고사하고 볕이 거의 들지 않고 많은 사람이 밀집한 주거공간을 떠올릴 법한데, 이 사진에서는 단 한 사람도 없이 여유로운 외부공간을 조망하고 있다. 기사에서도 언급한 '로이만호프'는 1926년에 지어진 오스트리아 비엔나의 시영아파트이다.

---

55 — 〈百萬弗을들여 細民住宅建築〉,《동아일보》1930년 9월 23일자

56 — 〈The Rockefellers and Forest Hill〉, http://www.fhho.org/rockefeller-and-forest-hill 참조

57 — 신문에 실린 원래의 기사 제목은 '세계일의 아파-트'인데, 사진 설명으로 볼 때 1,783호가 더불어 사는 최대 규모의 아파트임을 강조하기 위함이었던 것으로 보인다.

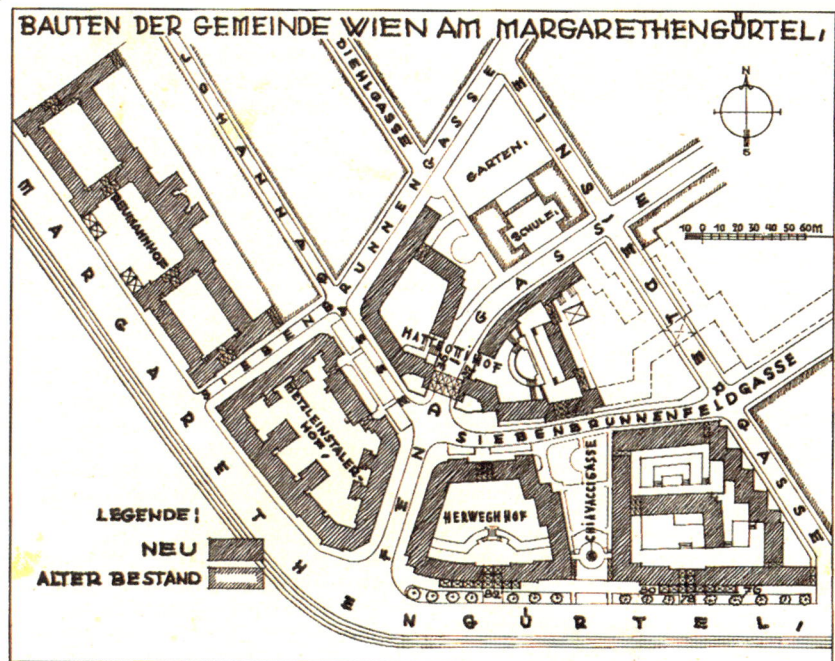

1 《동아일보》 1933년 2월 4일자 해외 소식 화보로 소개된 비엔나의 노동자아파트
2 로이만호프는 거리에 면해 상업시설을 배치했다. ©Hjanko, Wikimedia Commons
3 로이만호프가 있는 비엔나 5구. 인근에 로이만호프와 비슷한 성격을 가진 3개의 호프가 보인다. 1927년경. 출처: Wikimedia Commons

로이만호프 시영아파트는 오토 바그너(Otto Wagner)[58]의 제자인 후베르트 게스너(Hubert Gessener)가 설계했는데 노동자 계층을 위한 기념비적인 건물을 만들고자 주변의 건물보다 두 배 이상 높은 40m 높이로 지은 아파트이다. 485세대와 22개의 상점 그리고 유치원, 세탁소, 모임 장소 등의 공용시설을 구비했다. 지상 1층에는 가로에 면해 상점과 카페 등의 상업시설이 들어섰다.

당시 로이만 시장은 도시사회주의(municipal socialism)를 '붉은 비엔나(Red Vienna)'[59]에 구현하기 위한 건축 프로젝트로 190명의 건축가를 동원해 400채 이상의 시영주택인 게마인데호프(Gemeindehof)를 10년간 건설하게 된다. 게마인데호프는 기존의 노동자 공동주택[60]과 달리 아파트 건물 안의 복도를 없애고 가로 또는 중정과 면해 직접 채광이 들게 했다. 화장실, 수돗물, 가스와 전기뿐만 아니라 유치원, 도서관, 세탁소, 정원, 수영장 등의 사회문화적 시설들을 함께 공급한 블록형 주거공간이다. 게마인데호프는 중정형 슈퍼 블록을 형성해 대단히 큰 규모로 지어졌음에도 불구하고 도시의 격자형 가로 체계와 맞물려 공간구조를 변화시켜 나갔다. 건축가 카를 엔(Karl Ehn)이 설계한 카를 마르크스 호프(Karl Marx Hof, 1927~1930)는 1.2km 길이의 아파트 건물에 1,382세대, 5000명을 수용하면서 넓은 녹지의 중앙광장과 연결된 유치원, 병원, 목욕탕, 우체국, 도서관 등 50여 개에 달하는 공용시설과 상점들을 포괄하고 있다.[61]

58 — 오토 바그너(Otto Wagner, 1841~1918)는 오스트리아 태생의 건축가이자 도시계획가로 1920년대와 1930년대에 지어진 시영주택인 게마인데호프(Gemeindehof)를 지은 당대의 건축가들(Hubert Gessener, Karl Ehn, Heinrich Schmid, Hermann Aichinger 등)을 배출했다. Michael Minkenberg (ed), 《Chapter 6. A Captial Without A Nation: Red Vienna, Power and Spatial Politics Between the World Wars》, 《Power and Architecture: The Construction of Capitals and the Politics of Space》, 2014, New York and Oxford, Berghahn, pp.178~207 참조

59 — 붉은 비엔나(Red Vienna)란 제1차 세계대전 후 합스부르크 제국의 패전과 함께 열악한 도시환경과 경제난 속에서 1919년부터 집권한 오스트리아 사회민주당(social democrats)이 노동자를 위한 공동주택단지와 기반시설을 구축하기 위한 도시건축 및 사회운동이다. Eve Blau, 《The architecture of Red Vienna, 1919-1934》, 1999, Cambridge, MA, MIT Press, pp.336~338 참조

60 — 1917년에 비엔나에서는 소위 최하층의 소단위 아파트가 전체 아파트의 73.2%를 차지하고 있으며 이 '소단위 아파트'의 단위 세대(30m²)는 부엌이 딸린 방 한 개 또는 10m² 규모에서는 부엌조차 구비하지 않기도 하고 복도 끝에 공용화장실을 사용했다. 건축법에 의한 건폐율은 85%로 최소한의 채광만 허용할 뿐 녹지 또는 놀이터와 같은 공간은 전무했다. Manfred Blümel, 《Socialist Culture and Architecture in Twentieth-Century Vienna》, 1994, University of Minnesota, Center for Austrian Studies, p.6 참조

61 — Michael Minkenberg (ed), 《Chapter 6. A Captial Without A Nation: Red Vienna, Power and Spatial Politics Between the World Wars》, 《Power and Architecture: The Construction of Capitals and the Politics of Space》, 2014, New York and Oxford, Berghahn, pp.178~207 참조

길이가 1.2km나 되는 카를 마르크스 호프. ©Kasa Fue, Wikimedia Commons

명랑한 세계 도시민의 생활

《중앙일보》 1933년 4월 18일자에는 스톡홀름 시민들의 명랑한 생활을 도모하기 위한 시영아파트가 완공되어 '상쾌한 모던미'에 시민들이 열광했다는 기사가 등장했다. 당시 스웨덴에서는 사회민주당이 진보주의 영향을 받으며 양보다는 질에 초점을 맞춘 주택 정책과 도시계획의 질서를 강조하고 있었다. 1919년에서 1934년 사이 시에서 공급한 주택의 비율은 비엔나가 10%일 때 스톡홀름은 양적으로는 비엔나에 크게 미치지 못하는 2%에 불과했지만 비엔나의 시영주택이 훨씬 성공적이라는 말은 아니다. 비엔나의 시영 아파트 18%가 중앙난방 방식이라면 스톡홀름 아파트의 절반 이상이 중앙난방 방식을 택하고 있었다.[62] 또한 아파트 건물은 기능주의의 영향으로 소규모 단위 세대로 이루어 지고 다양한 공용시설이 압축적으로 계획되었다는 점에서도 그렇다. 예를 들어 지상부

---

62 — Mets Deland, 〈The Social City: Middle-way approaches to housing and sub-urban governmentality in southern Stockholm, 1900-1945〉, Stockholm, Stads-och kommunhistoriska institutet(Instituet of Urban History), 2001 참조

〈스톡홀름에 건설된 시영모던, 아파-트〉, 《중앙일보》 1933년 4월 18일자

의 식당에서 각 세대로 배달할 수 있는 음식 전용 엘리베이터(food elevator)라든지 세탁물 운반장치(laundry chute) 등이 고려되었다.

멀리 남미의 부에노스아이레스에서는 명랑하고 건강한 생활을 경제적으로 영위할 목적으로 아파트가 계속 증가하고 있다는 기사도 있다. 기사에서는 1930년대에 꾸준히 증가하는 부에노스아이레스의 아파트 건설이 "미국인의 간이하고 유쾌한 「아파-트」 생활양식"에 대한 동경으로부터 비롯해 도로가 확장되고 지하철도가 함께 놓이면서 공동으로 생활하는 주거의 경제성이 아파트 확산의 또 다른 배경이라고 전하고 있다. 1930년대 아르헨티나에는 120m 높이에 31개 층에 달하는 최고의 건축물이 들어섰는데, 이는 다름 아닌 초호화 아파트였다. 카바나(Kavanagh)라고 불리는 콘크리트 건물은 부에노스아이레스의 한복판에 있는 플라자 산 마르틴(Plaza San Martin) 공원 인근에 1909년에 개관한 프라자호텔(Hotel Plaza) 주변의 주택들을 철거한 곳에 카바나 가문의 투자로 지어졌다.

1920년대 초중반까지만 해도 식민지 조선에서 아파트는 전문잡지에서나 소개되었고 신문에서는 간간이 경험담으로 유학생의 칼럼에서 소개되는 정도였다. 그러나 1930년대로 접어들면서 조선의 주택 사정이 점점 심각해지자 조선총독부는 주택난에 따른 수급 문제에 대해 적극적인 태도를 취하기 시작했다. 평양에서 '세민아파트 계획'[63]

63 — 〈工費二百六十萬圓으로 大同江第二人道橋計劃〉, 《동아일보》 1934년 7월 27일자

1 부에노스아이레스의 아파트 확산을 언급한 《매일신보》 1935년 10월 23일자 기사
2 1936년 부에노스아이레스 도심 풍경. 왼쪽 아래 높은 건물이 카바나 아파트이다. 출처: Archivo General de la Nación. Wikimedia Commons
3 카바나 아파트, 1937 출처: Wikimedia Commons

을 발표하는가 하면, 청진에서는 관사를 아파트로 공급하려는 방침[64]도 세우게 된다. 그리고 주택난 완화를 표방하면서 광산이나 공장 등의 생산력 확충을 지원할 목적으로 노동자 공동주택계획도 장려하게 된다.[65] 경성부에서도 인구가 급증하는데 반해 부족한 주택에 대해 지속적으로 수급상황을 조사하며 주택난 대책을 수립하였는데 이 과정에서 아파트에 대한 조사도 이루어졌다.[66]

당시 총독부 입장에서는 서구에서 '아파트'로 명명한 새로운 도시주택 유형이 집단생활을 영위할 수밖에 없는 많은 세대를 효과적으로 통제할 수 있는 주거 형태라고 판단했을 수도 있으며, 다른 한편으로는 공영주택의 효과적 공급을 위한 대책 마련을 위한 방책으로 삼았을 수도 있다. 즉 1930년대 언론을 통해 대중에게 배포한 아파트에 대한 이상과 환상의 대상은 대부분 사회주의 공동주택이 실험되었던 독일, 오스트리아, 러시아 그리고 남미의 도시에 있는 것이었다. 사회주의라는 이데올로기에 주목한 것이라기보다는 대규모 공동주거와 효율적인 공동생활 시스템 그리고 조선총독부가 내건 식민지 '명랑화 운동'과 생산력 확충 그리고 국민총동원령 등을 위한 일종의 도구였다고 판단된다. 우연인지는 모르겠지만 이 나라들은 제2차 세계대전에서 일본과 동맹관계를 맺는 나라이기도 하다. 근대 위생에 대한 개념과 공동생활에 대한 편리함을 역설하면서도 1937년 중일전쟁 이후에는 전시체제로 사회를 재편하고 아파트를 다수의 사람들이 살고 있는 대상으로 여겨 연맹 또는 애국반을 조직하기도 했다는 사실[67]에 이르면 이러한 추정에 확신이 더해지기도 한다.

64 — 〈淸津에住宅難深刻〉, 《동아일보》 1940년 2월 19일자

65 — 〈鑛山工場勞働者의住宅 今年六千餘戶建築〉, 《동아일보》 1940년 4월 20일자. 이 기사에 따르면 '한가정을 수용하는 노동자의 주택이 6,000호이고 50명씩 독신 노동자를 수용하는 공동아파트가 200호 여기에 수용될 노동자가 그 가족을 합쳐서 공동주택에 1만명, 세대주택에 3만명으로 결국 4만명이 새로 주택을 가지게 되는 셈이다.'라고 기술하고 있으며 안정적인 노동자의 주거환경을 통해 생산력을 증대하기 위해 독신과 가정이 있는 노동자를 각각 고려하여 아파트에 수용하려는 전략을 살펴볼 수 있다.

66 — 〈住宅難對策樹立코저 各道需給狀況調査〉, 《동아일보》 1939년 4월 2일자

67 — 〈十戶民間單位로 細胞를 組織〉, 《동아일보》 1938년 7월 20일자

경성의 아파트는
어떤 모습이었을까

"「아파트」(세놋는집=줄행랑)"

불에 탄 건물은 아래층이 시장(市場)으로 되어 잇고 2,3층은 「아파트」(세놋는집=줄행랑)로 되어잇서 그곳에 조선인과 일본인이 오십칠가구에 이백칠십구명 이 살어 잇섯다…¹

1층은 시장이고 2층과 3층이 아파트인 목조 3층 건물에 불이 나 243평 건물이 전소했을 뿐 아니라 인근의 '줄행랑'까지 연소되었다고 한다. 당시 아파트에 대한 인식을 짐작할 수 있는 대목이 있다. 바로 "「아파트」(세놋는집=줄행랑)" 부분이다. '아파트'라는 단어만으로는 설명이 되지 않겠다고 생각했는지 괄호 안에 당시 사람들이 이해할 수 있는 단어인 '세놋는집', '줄행랑'이라는 설명을 덧붙였다. 요즘 사람들에게는 '줄행랑'이라는 단어가 낯설게 들릴 수도 있겠지만 기사를 쓴 기자는 당시 사람들에게 아파트를 설명하는 가장 적합한 단어라고 생각했던 것같다.² '줄행랑'은 건축물의 형태를 표현하는 말이다. 표준국어대사전은 행랑(行廊)을 "대문간에 붙어 있는 방으로 대문 안에 죽 벌여서 지어 주로 하인이 거처하던 방"이라고 설명한다. 복도를 따라서 방이 연달아 줄지어 있는 모습이 옛날에 하인들이 거처했던 행랑채의 행태와 유사하다고 생각하고 붙인 설명이다. '세놋는집'은 전체 건물을 한 개인 또는 어떤 회사가 소유하고 단기 또는 장기 임대 형식으로 각 방을 임대했다는 사용방식에 대한 표현이다.

줄행랑의 형태를 잘 보여주는 아파트로 식산은행 독신자아파트가 있다. 2층 평면도를 보면 복도를 중심으로 한쪽에 11호, 다른 한쪽에는 12호가 줄지어 있다. 1개 층에 23호의 유닛이 양쪽으로 배치되어 있다. 복도를 중심으로 양쪽으로 출입문이 있으니 중복도 배치이다. 복도의 폭은 약 1.7m, 길이는 37m정도로 계획³되었다.

비슷한 시기에 지어진 다른 아파트도 식산은행 독신자아파트처럼 중복도형의 줄행랑 형식이었을까. 안타깝게도 평면이 남아 있는 아파트가 많지 않아 '모두 그렇다'라고 단정적으로 말하기는 어렵다.

1 — 〈猛火에 愛兒燒死하자 發狂하는 朝鮮婦人〉, 《동아일보》 1932년 12월 24일자

2 — 아파트를 '줄행랑'이라 부른 경우는 박완서 의 소설 〈울음소리〉에서도 찾아볼 수 있다. 1932년 《동아일보》 기사와 동일하게 '줄행랑같은 셋집'이라고 한 것이다. 〈울음소리〉, 《그 가을의 사흘 동안》, 나남출판, 1997, 29~30쪽

3 — 평면도에 축척이 없어 정확한 도면의 치수를 알 수는 없지만, 방이 다다미로 구성되었기 때문에 그것을 단위로 도면의 치수를 가늠할 수 있다.

과연 어떤 모습이었을까

1930년대 경성에 있었던 것으로 추정한 아파트는 모두 70여 곳인데 규모에 대한 정보가 있는 것은 많지 않다.[4] 호수를 추정할 수 있는 아파트는 12곳이며, 층수를 알 수 있는 아파트는 21곳이다. 호수와 층수를 모두 파악할 수 있어 어느 정도 규모를 특정할 수 있는 아파트는 12곳에 불과하다. (서울)아파트(公平町, 현 종로구 공평동 일대), 남산동 미쿠니아파트, 채운장아파트, 내자동 미쿠니아파트 본관과 별관 및 신관, 취산아파트, 히노데아파트, 도요타아파트, 식산은행 독신자아파트, 경성대화숙 등 호수를 추정할 수 있거나 확인할 수 있는 12곳의 아파트이다.

아파트별 호수(연도순)

연도	아파트	호수	연도	아파트	호수
1930	(서울)아파트	10+	1936	취산아파트	46–
1930	남산동 미쿠니아파트	6	1937	도요타아파트	52
1934	채운장아파트	82	1937	덕수아파트	35+
1935	내자동 미쿠니아파트(본관)	59	1939	히노데아파트	28
1935	내자동 미쿠니아파트(별관)	10	1940	식산은행 독신자아파트	43
1936	내자동 미쿠니아파트(신관)	36–	1940	경성대화숙	71

가장 적은 규모인 6호 남산동 미쿠니아파트부터 82호나 되는 채운장아파트까지 규모는 다양했다. 12곳의 아파트 중에 호수에 '+' 또는 '–'를 표기한 것은 정확한 호수에 대한 정보는 없으나 여러 자료를 기준으로 특정 호수 이상이거나 이하일 가능성이 있어서 덧붙인 것이다. 내자동 미쿠니아파트의 경우는 본관과 별관이 분리되어 있기 때문에 별도로 표기하고, 나중에 지어진 신관 역시 구분해 따로 넣었다. 계획에 그쳐 포함

---

4 — 여러 기록물과 다양한 사료 및 매체를 통해 경성의 아파트는 모두 70여 곳을 발굴했으며, 각각의 아파트에 대한 제세한 정보는 "부록"에 따로 실었다. 본문에서는 편의상 '70여 곳'으로 언급한다.

시키지는 못했지만 경성부에서 추진했던 모던독신아파트도 있다.[5]

층수별 아파트 구분

층수	아파트 이름
5	청운장아파트
4	채운장아파트, 내자동 미쿠니아파트 본관, 내자동 미쿠니아파트 신관, 도요타아파트
3	욱아파트, 남산동 미쿠니아파트, 내자동 미쿠니아파트 별관, 삼판아파트, 취산아파트, 종연방적아파트, 적선하우스, 식산은행 독신자아파트, 창성정아파트
2	본정아파트, 황금아파트, 국수장아파트, 혜화아파트, 백령장, 히노데아파트
1	(서울)아파트

경성에 있던 70여 곳 가운데 층수를 알 수 있는 아파트는 21곳으로 이중 절반 이상인 14곳의 아파트가 3~5층에 집중되어 있음을 확인했다. 당시 경성에서 층수가 상대적으로 높았던 건축물은 경복궁의 조선총독부 청사(1926, 4층)와 부민관(1935, 3층) 등 관공서 건축물과 민간에서는 미쓰코시백화점(1930, 4층), 단성사(1935, 3층), 한청(韓靑)빌딩(1935, 4층),[6] 화신백화점(1937, 6층), 반도호텔(1938, 8층) 등이 있었다. 1927년까지도 3층 이상 건축물이 전체 건물의 0.29%밖에 되지 않아[7] 1930년대의 경성을 "고층 건물이 거의 없는 평면적 도시"[8]라고 부를 정도였다. 당시 사람들은 몇 층 건물을 고층 건물이라고 생각했을까에 대해서는 몇몇 신문 기사에서 단서를 찾을 수 있다. 1935년 7월 12일자 《동아일보》는 고층 건축물이 증가하고 있다는 기사에서 "도시건축물은 평가에서 이삼층

5 — 〈訓練院跡에 三層으로 모던 獨身아파트〉, 《매일신보》, 1937년 1월 21일자. "경성부에서 박급(薄給) 관공리 독신자를 위하여 훈련원 부근에 철근콘크리트로 3층집을 짓는 것은 이미 보도한 바와 같이 동 설계서를 보면 방수는 4조방이 54실 6조방이 56실로 각실 내 설비에는 양복장과 침상에 증기난방 장치가 있고, 3층이 모두 가스를 사용하도록 되어 있고 요금은 4조반 방에 8원 50전, 6조 방에 12원씩 세를 주기로 되어서 참말 모던적이고도 사용료가 싸서 이상적 아파트로 될 것."이라는 기사가 실렸지만 철재 값 폭등을 이유로 실현되지 않았다.

6 — 〈近日落成될 韓靑삘딩〉, 《동아일보》, 1935년 5월 22일자. "임대종목은 점포용, 사무실용"

7 — 《조선과건축》 6집 2호, 1927년 2월, 6~9쪽. 강상훈, 《일제강점기 근대시설의 모더니즘 수용-박람회, 보통학교, 아파트 건축을 중심으로》, 서울대학교 박사학위논문, 2004, 177쪽에서 재인용

8 — 권은, 《서강인문연구전간 55: 경성 모더니즘-식민지 도시 경성과 박태원 문학》, 일조각, 2018, 31쪽

집으로 완전히 평면도시에서 입체도시"⁹로 변하고 있다고 했다. 다른 기사에서는 초등학교 교사를 2층에서 3층으로 건설하기로 했다고 하며 이것을 "이층주의를 버리고 점차 고층건축물에 맹진"[10]하는 것이라고 했다. 이러한 내용으로 추정해 볼 때 3층 이상을 고층 건축물로 보았다고 조심스럽게 추정할 수 있다. 이 같은 시대적 인식 속에서 3~5층 규모였던 당시 아파트 또한 고층건축물 가운데 하나였음을 확인할 수 있다.

구조별 아파트 구분

구조	아파트
목구조	국수장아파트, 혜화아파트, 히노데아파트
시멘트블록조	채운장아파트
벽돌조	(서울)아파트, 황금아파트
벽돌조+목구조	식산은행 독신자아파트
벽돌조+철근콘크리트조	남산동 미쿠니아파트
철근콘크리트조	본정아파트, 내자동 미쿠니아파트 본관, 내자동 미쿠니아파트 별관, 삼판아파트, 취산아파트, 내자동 미쿠니아파트 신관, 도요타아파트, 욱아파트, 청운장아파트, 적선하우스
미상	종연방적아파트, 창성정아파트

구조 형식은 대부분 철근콘크리트 구조로 건축되었다. 이런 구조 덕분에 아파트는 다른 시설로 변용할 수 있거나 오래 남아 있을 수 있었다. 내자동 미쿠니아파트는 사무실과 호텔로 변경되어 쓰였고, 취산아파트의 경우는 호텔을 거쳐 지금도 사무실로 사용되고 있다.

70여 곳의 아파트 목록 중에서 구체적인 평면 정보를 알 수 있는 아파트는 아쉽게도 몇 개 되지 않는다. 평면도를 확인할 수 있는 경우는 단 7곳이다. 《조선과건축》에 게재된 남산동 미쿠니아파트, 내자동 미쿠니아파트 본관과 별관, 식산은행 독신자아파트와 국가기록원에 자료가 남아있는 취산아파트, 내자동 미쿠니아파트 신관이 있다. 또한 서울역사박물관에서 발간한 《남대문시장 생활문화조사서》에 히노데아파트의 평면

9 — 〈高層建物激增 昨年中高樓萬千餘〉, 《동아일보》, 1935년 7월 12일자

10 — 〈三層으론 嚆矢 船橋公普近近着工〉, 《조선일보》, 1936년 11월 6일자

이 실측 기록되어 있다.《조선과건축》은 관공서, 문화주택, 관사 등 당시 주목받던 건축물의 평면과 개요를 비롯한 상세내용을 소개했던 건축잡지이다. 이 잡지에 소개됐다는 것에서 이 4개의 아파트 역시 당시에 주목받던 건축물이었을 것으로 추정할 수 있다. 국가기록원에 남아있는 취산아파트 자료는 1957년 생산된 '미쿠니석탄공업주식회사 청산위원회 소속재산(취산장) 이양서류철'[11]이다. 사무실로 용도변경 공사하기에 앞서 실측한 평면도와 건축물 개요, 지적도, 감정 가격 등이 담겨 있다. 준공 당시 사진과 도면자료가 아니어서 조금 아쉽기는 하지만 취산아파트의 변화과정을 추적할 수 있는 귀중한 자료임은 분명하다. 생산 연도는 불확실하지만 '삼국아파트 수선 및 개조공사'라는 서류에 담긴 본관, 별관, 신관의 일부 평면도도 있다. 개조공사를 하기 위한 도면으로 추정된다.

이 가운데 비교적 구체적 자료가 남아있는 5곳 아파트의 면모를 자세히 살펴보자.

남산동 미쿠니아파트

위치	경성 남산정 1정목 16-23
설계	타다공무점(多田工務店)
시공	타다공무점
규모	지상 3층, 건축면적 35.37평, 연면적 106.11평
구조	벽: 벽돌조, 슬래브: 철근콘크리트조
호수	6호
주동타입	계단실형
설비	증기난방 설비, 수도 및 가스설비, 진사구(塵捨口, 쓰레기 투입구)
기공	1930년 10월
준공	1930년 12월

1930년에 준공된 남산동 미쿠니아파트는 남산정 1정목(현 남산동1가)에 있다. 착공은 1930년 10월, 준공은 그해 12월이다. 폐쇄건축물 대장에는 1931년 1월 26일에 등재된 것으로 기록되어 있다. 3개월이라는 공사기간을 생각하면 표기 오류가 아닐까 추측되

11 — 성업공사, 〈미쿠니 석탄공업주식회사 청산위원회소속재산(취산장) 이양서류철〉, 재무부관재국감정과, 1957년. 출처: 국가기록원

남산동 미쿠니아파트. 전경과 평면도.
출처: 《조선과건축》 9집 12호, 1930년 12월

지만 《조선과건축》 12월호에 외관 사진이 실린 것을 볼 때 12월에 건축물이 준공된 것은 분명해 보인다. 《조선과건축》의 건축개요에 건립 당시의 모습이 상세히 기록되어 있는데 지상 3층, 연면적 106평의 규모로 현재도 건립 당시의 모습을 그대로 유지한 채 공동주거로 사용되고 있다. 다다미 8+6장 규모로 2개의 방과 화장실, 부엌을 갖춘 유닛이 한 층에 2호씩 모두 6개 유닛으로 구성되어 있다. 미쿠니상회 직원들의 가족용 숙소였다고 알려져 있다.

1층 현관으로 들어서면 계단이 있고 양쪽으로 각 유닛의 출입문이 있다. 오른쪽 세대의 현관문을 열고 들어가면 왼쪽에 다다미 8장 규모의 방이, 오른쪽에 6장 규모의 방이 있다. 방과 현관 사이에는 약 30cm 정도 높이의 턱이 있는데 방이 높게 배치되어 있으며 현관 정면으로는 일본식 벽장인 오시이레(押入)가 설치되어 있다. 현관 바닥은 별도의 바닥재를 깔지 않은 토간(土間)으로 되어 있다. 다다미 6장 규모의 방을 거쳐서 부

억과 화장실이 있고 부엌과 방 사이에는 찬장이 있다. 부엌 바닥도 현관과 마찬가지로 토간으로 되어 있다. 부엌과 변소 사이에는 쓰레기 배출구가 있었다고 나오는데 어느 부분에 있었는지 확인할 수 없다. 변소에는 소변기와 화변기가 구분되어 설치되어 있다. 다다미 8장 크기 방에는 일본식 방의 중요한 장식공간인 도코노마(床の間)와 오시이레 수납장이 양쪽으로 배치되어 있고 각 방의 창문 하부에는 증기난방설비가 있다. 옥상에는 공동 세탁장과 건조장이 있다고 하고《조선과건축》에는 "내년에 공동 목욕탕을 건축하기로 되어 있다."라고 설명하고 있지만 설치 여부는 확인되지 않는다.

내자동 미쿠니아파트

구분	본관	별관
위치	경성 내자정 75	
설계	가사이 시게오(葛西重男)	
시공	시미즈구미(淸水組)	
규모	지상 4층, 연면적 647.45평 (1, 2, 3, 4층 각 159.68평, 옥탑 8.73평)	지하 1층, 지상 3층, 연면적 199.132평 (지하 1층 17.458평, 지상 1, 2, 3층 각 58.844평, 옥탑 5.142평)
구조	철근콘크리트, 평지붕(陸屋根)	철근콘크리트
호수	59호	10호
주동타입	중복도형	편복도형
설비	난방, 급배수, 가스 설비, 전기설비, 전령(전기로 작동하는 벨), 우물, 방화 셔터를 포함한 방화 및 피난 설비	
기공	1934년 8월	
준공	1935년 5월	

내자동 미쿠니아파트는 독신자와 가족 모두를 고려한 평면구성을 가진 아파트이다. 내자정 75번지에 있던 내자동 미쿠니아파트 본관과 별관은 1934년 8월에 착공해 다음해 5월에 준공하고 6월 1일에 낙성식을 했다. 본관 규모는 지상 4층, 연면적 647.45평이고, 별관은 지하 1층, 지상 3층, 연면적 199.132평이다.[12] 본관 옆에는 1936년 10월 26일에 등기부에 등재된 신관도 있다. 폐쇄건축물 대장에 따르면 신관은 지상 4층, 연면적 634평 규모였다. 국가기록원 자료의 평면도에 의하면 36호 이하로 추정된다.

12 — 〈ミクニアパート 新築工事槪要〉,《조선과건축》14집 6호, 1935년 6월, 22쪽

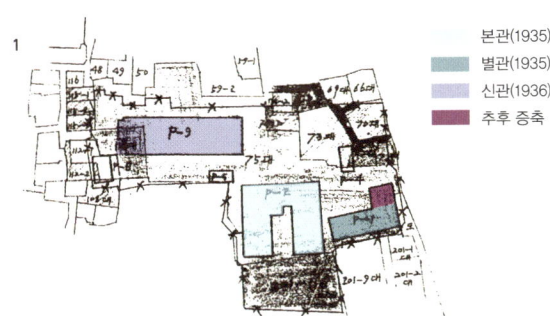

본관(1935)
별관(1935)
신관(1936)
추후 증축

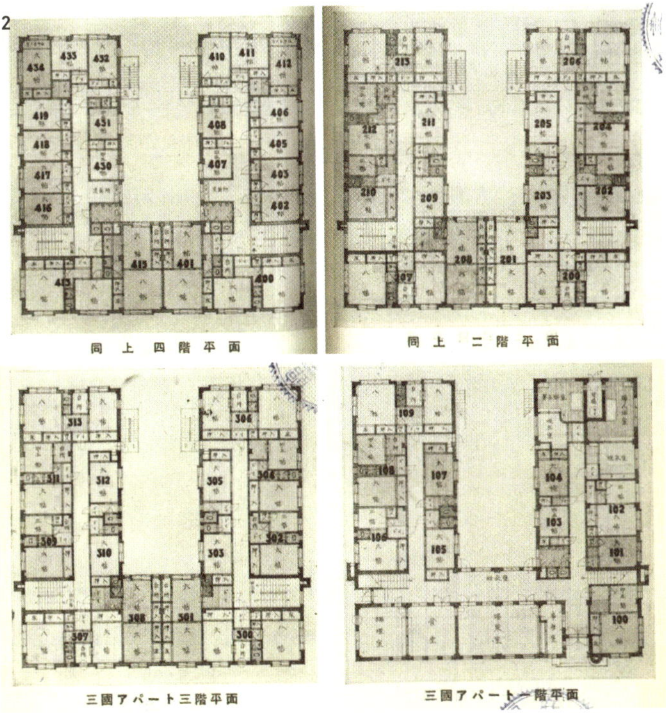

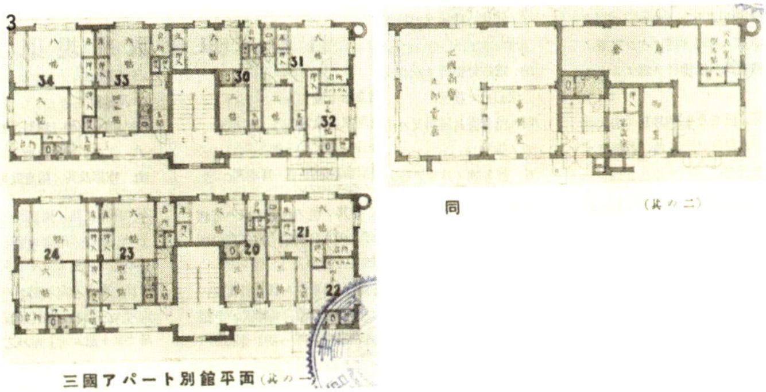

1 1976년 측량한 내자아파트 시설배치도에 표시한 동별 준공 연도.
  출처: 국가기록원
2 내자동 미쿠니아파트 본관 평면도.
  출처: 〈ミクニアパート 新築工事概要〉,
  《조선과건축》 14집 6호, 1935년 6월
3 내자동 미쿠니아파트 별관 평면도.
  출처: 〈ミクニアパート 新築工事概要〉,
  《조선과건축》 14집 6호, 1935년 6월

내자동 미쿠니아파트는 본관과 별관 평면을 위주로 살폈다. 신관도 일부 평면도가 있지만 건립 당시의 평면이 아니고 전체 평면을 확인하지 못했기 때문이다. 내자동 미쿠니아파트는 본관 59호, 별관 10호로 모두 69호로 구성되어 있다. 본관은 ㄷ자 형태의 건축물로 가운데 복도가 있고 복도 양쪽의 외기 쪽으로 유닛이 배치된 중복도 형태이며, 건물이 꺾이는 부분 2곳에 계단이 설치되어 있다. 층별로 살펴보면 본관은 1층에 9개의 유닛이 있고, 나머지 공간은 아파트 사용자를 위한 공용부대시설로 구성되어 있다. 사무실, 오락실, 식당, 조리실, 사교실, 공용화장실, 목욕탕이 그것이다. 2층과 3층에는 각각 14개의 유닛이 있는데 모두 가족용 유닛으로 내부에 화장실과 부엌이 있고 별도의 공용시설은 없다. 4층에는 독신자를 위한 유닛 22개와 공용화장실, 세면소가 있다. 본관이 59호로 규모가 있는 것에 반해 별관은 층수도 3층이고 유닛도 10호로 적은데 계단이 중심에 있고 양쪽으로 짧은 편복도가 있다. 1층에는 공용부대시설만 있고 유닛은 없다. 시설배치도에서 보는 바와 같이 별관의 오른쪽 면이 도로에 면해 있어, 1층에는 사무실, 미쿠니상회의 북부매점, 창고, 화부실, 화장실이 배치되었다. 2층과 3층에 각각 5개씩의 유닛이 자리하고 있다.

내자동 미쿠니아파트(본관, 별관)의 유닛 구성[13]

구분		유닛 구성(다다미 수)	호수	총 유닛 수	
본관	독신형	6장	26호	31호	59호
		4.5장	5호		
	가족형	6+3장	6호	28호	
		6+4.5장	5호		
		6+6장	4호		
		6+8장	13호		
별관	독신형	4.5장	2호	2호	10호
	가족형	6+3장	4호	8호	
		6+4.5장	2호		
		8+6장	2호		

13 — 《조선과 건축》 14집 6호의 미쿠니아파트 공사개요에는 1개의 방으로 구성된 호를 독신향(獨身向), 2개의 방으로 구성된 호를 가족향(家族向)으로 구분해 표기했다. 1936년 일본 내무성령으로 시행된 《특수건축물규칙(特殊建築物規則)》에서는 취사 설비와 화장실이 있는 2실 이상을 가족형인 주호(住戶)로, 급탕 설비를 갖춘 다다미 4.5장 이상의 1실형을 독신자형인 주실(住室)로 구분하기도 했다.

내자동 미쿠니아파트는 1개의 방으로 구성된 독신자를 위한 유닛과 2개의 방으로 구성된 가족을 위한 유닛이 같이 있다. 1개의 방으로 구성된 독신자를 위한 유닛은 본관에 31호와 별관에 2호가 있다. 이 33호 가운데 다다미 4.5장 크기는 7호, 6장 크기는 26호가 있다. 식산은행 독신자아파트의 4.5장보다 큰 6장 크기의 방이 더 많았던 셈이다. 2개의 방으로 구성된 가족을 위한 유닛은 본관에 28호, 별관에 8호가 있다. 가족을 위한 유닛은 3, 4, 4.5, 6, 8장 크기의 방이 2개씩 조합되어 있는데 가장 큰 유닛은 다다미 8+6장 규모이고, 작은 유닛은 다다미 6+3장 규모이다.

각 유닛은 방의 수에 따라서 독신자형과 가족형으로 구분되어 있어 독신자형은 내부에 화장실과 부엌이 없을 것 같지만, 내부에 화장실이 있는 경우도 각각 다다미 33호 가운데 10호에 이르고, 화장실과 부엌이 모두 있는 유닛도 2호나 된다. 화장실을 갖춘 독신자 유닛은 본관의 2층과 3층에 있다. 본관 2층과 3층은 공용화장실이 없는 층으로 28호 가운데 20호가 가족형이고 8호가 방 1개와 화장실, 부엌으로 구성된 독신자 유닛이다. 추정컨대 독신자형 가운데에서도 내부에 화장실과 부엌을 갖추고 있어 요금을 더 지불할 수 있는 고급형 유닛이거나 동거인이 함께 거주할 수도 있는 유닛이었을 것이다.

가족형 36호 가운데 내부에 화장실과 부엌이 없는 유닛은 1층에 102호로 표시된 다다미 6+3장 크기의 방으로 구성된 1호밖에 없다. 102호 아래 입구 쪽에는 다다미 8+4.5장 크기의 100호실이 있는데, 내부에 화장실과 부엌이 없다. 《조선과건축》 공사개요에는 세대 수가 69로 나와 있지만 평면도의 전체 호수를 세어보면 70호이다. 현관에 붙어 있는 100호실은 세대수에 계산되어 있지 않다. 진입부를 중심으로 사무실과 100호실이 마주 보고 있는 것으로 보아 본관 관리인의 거주공간이기 때문이었을 것으로 추정된다. 100호실이 관리인의 공간이었다면 102호는 어떤 이유에서 가족형이면서도 내부에 화장실과 부엌이 있지 않은걸까. 정확하지는 않지만 102호가 후면의 공용목욕탕과 붙어 있어 공용목욕탕을 관리하는 또 다른 관리인의 공간이거나 손님을 위한 응접실이지 않을까 추측된다. 전체 호수에는 산정되어 있으니 때에 따라서는 임대용 유닛으로 사용했을 것으로 추정할 뿐이다.

이 아파트에서 가장 큰 유닛은 2층의 213호이다. 이 유닛은 다다미 8+6장 크기의 방으로 구성된 가족형이다. 다다미 8+6장 크기의 유닛은 본관에 13호, 별관에 2호가 있는데, 213호와 동일한 구성의 유닛은 4개이다. 2층에 206, 213호, 3층에 306, 313호로 방 2개와 화장실과 부엌을 갖추고 있다. 문을 열고 들어가면 전실이 있고 양옆으로

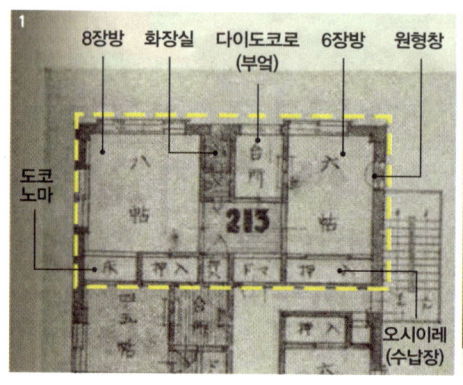 

1 가장 큰 유닛인 213호 평면도. 출처: 〈ミクニアパート 新築工事槪要〉, 《조선과건축》 14집 6호, 1935년 6월
2 가족형 유닛. 출처: 〈ミクニアパート 新築工事槪要〉, 《조선과건축》 14집 6호, 1935년 6월

방문인 미서기문이 있다. 전실에 연결된 위쪽으로 화장실과 '다이도코로(台所)'로 표기된 부엌 공간이 있다. 다다미 8장이 깔린 방에는 도코가 있고 두 방 모두 일본식 벽장인 오시이레 수납장이 있다.

《조선과건축》에 실린 실내 모습 사진은 추정컨대 213호의 모습으로 보인다. 복도에서 유닛의 현관을 열고 들어가서 바라본 모습으로 사진의 왼쪽에 보이는 부분이 부엌이고 오른쪽이 다다미 6장 규모의 방이다. 부엌과 방에는 미서기문이 달려 있고, 사진에서는 모두 열려 있는 상태인데 부엌과 방 사이에는 부엌에서 오른쪽 방으로 음식을 전달할 수 있는 작은 창이 보인다.

1940년 10월 발표한 김남천의 소설 〈경영〉을 통해 당시 아파트 독신자 유닛의 모습을 어렴풋하게나마 살펴볼 수 있다.

핸드백에서 열쇠를 꺼내 잠갔던 문을 여니까, 쌍끗한 꽃의 향기가 몸에 안기는 것 같아서, 그는 그것을 함뿍이 들이마시면서 눈을 감고 한참 동안 문지방에 선 채 움직이지 못했다. 서편 창으로부터 맞은 언덕을 넘어가는 낙조가 푸른 문장에 비치서 은은한 광선이 꽃병이 놓인 나지막한 서가를 비스듬히 비추고 있다. 서가에 두 칸대는 텅 비었으나, 가운데 칸대에는 신간과 새달의 종합 잡지들이 가지런히 꽂혀 있다. 그 가운데 경제 연보가 두 책. 하양 바람벽에는 흰 테두리 속에 들은 수채화가 한 폭. 흰 요를 깔아놓은 침대는 북쪽 바람벽에 붙어서 누워 있고, 침대 머리맡에 전기 스탠드, 그 밑에 철필과 잉크를 놓은 작은 탁자. 양복장과 취사장이 지금 무경이가 서 있는 옆으로 나란히 설비되어 있으나, 물론 그 안에는 아무것도 들어 있지 않았다. 훤하게 유리알이 발린 남쪽 창문을 옆으로 하고 간단한 응접 세트와 사무 탁자. 응접 테이블 위에는 화분이 하나. 무경이는 구두를 벗고 신장을 열어서, 거기에 들어가 있는 새 슬리퍼를 꺼내어 신고 방 안으로 들어선다. 이 커다란 건물 안에서 그중 좋은 방이거나, 제일 큰 방은 아니지만, 조촐하게 독신자가 들 수 있을 남향으로 된 아파트 한 칸이다. 침대 위에 놓인 옷 보통이를 한 옆으로 밀어놓고 그 옆에 털썩 걸쳐 앉아서, 그는 벌써 한 주일째나 하루 두세 번씩은 해보곤 하는 마음과 눈의 작은 절차를 오늘도 세 번째나 되풀이해본다.[14]

　이 소설에서 묘사하는 공간은 내자동 미쿠니아파트 독신자 유닛으로 추정된다. 지어질 당시 《조선과건축》의 평면도에는 다다미를 깐 일식 방이지만, 소설에서는 침대를 놓고 일부는 양식 방으로 바꿔 사용했을 것으로 묘사했다.
　내자동 미쿠니아파트에는 다음과 같은 공용부대시설이 갖추어져 있었다.

내자동 미쿠니아파트의 공용부대시설 구성(본관, 별관)

구분	본관	별관
1층	사무실, 오락실, 식당, 조리실, 사교실, 공용화장실, 공용목욕탕	사무실, 미쿠니상회 북부매점, 창고, 화부실, 화장실
2층	–	–
3층	–	–
4층	공용화장실, 세면소	–
옥상층	옥상정원	–

　본관의 현관을 들어서서 사무실을 지나면 왼쪽으로 '사교실(社交室)'이 있다. 사교실에는 3개의 테이블과 의자가 있었다. 아파트에 거주하는 사람들이 서로 만나는 사교 장소로 쓰이거나 외부에서 아파트에 거주하는 사람을 찾아온 사람이 아파트 내부로 들어가지 않고 이곳에서 만났을 것으로 추정된다. 사교실의 맞은편에는 오락실(娛樂室), 식당(食堂), 조리실(調理室)이 배치되어 있다. 사무실과 오락실은 서로 연결되어 있어 사무

---

14 — 김남천, 〈경영〉, 《맥-김남천 단편선》, 문학과 지성사, 2006, 227쪽

내자동 미쿠니아파트 사교실.
출처: 《조선과건축》 14집 6호, 1935년 6월

실에서 오락실을 직접 관리할 수 있는 구조이고, 식당과 조리실도 서로 내부에서 연결되어 있다. 내자동 미쿠니아파트의 69호 중 내부에 부엌이 없는 유닛은 약 절반인 32실로 이곳을 거처로 삼았던 이들은 1층에 마련된 식당을 빈번하게 이용했을 것이다.

'삼국아파트 수선 및 개조공사 설계도'[15]를 통해 내자동 미쿠니아파트의 평면이 변경된 것을 확인할 수 있다. 특히 본관과 별관의 공용부대시설 부분이 많이 변경되었다. 본관 1층의 오락실, 식당 부분이 다다미 6장 크기 방 1호실과 4.5장 크기 3호실로 변경되면서 별관 1층의 미쿠니상회 북부매점과 창고가 식당으로 변경되고 2층의 다다미 4.5장 크기 방이 샤워실로 바뀌었다. 미군과 주한미대사관 관계자들을 위한 공간 개조 과정의 결과로 추정된다.

전체 69개의 유닛 중 내부에 화장실이 있는 유닛은 47호이고 내부에 화장실이 없는 22호는 공용화장실을 사용하게 되어 있다. 2층과 3층의 실은 모두 내부에 화장실이

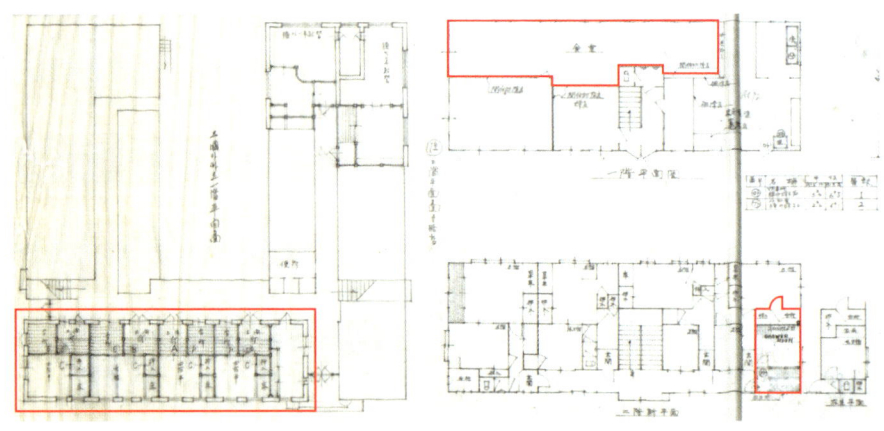

미쿠니아파트 수선 및 개조 공사 설계도 제1호관(별관1층). 출처: 국가기록원

15 — 삼국아파트 수선 및 개조공사 설계도. 출처: 국가기록원

있어 공용화장실이 없고, 내부 화장실을 갖추지 않은 1층과 4층에 공용화장실이 배치되어 있다. 1층 화장실은 출입문 근처에 위치한 한 곳으로 내부에 화변기 2개, 소변기 4개, 세면대 1개가 있다. 1층 화장실은 남녀구분은 없다. 4층의 공용화장실은 2개소이다. 그러나 ㄷ자의 건물은 방화구획을 이유로 2개로 완전하게 분리되어 있어 각 영역에 1개의 공용화장실을 가지고 있다. 내부 구성은 1층과 동일하다.

내자동 미쿠니아파트의 경우 공용목욕탕은 다른 부대시설과 함께 1층에 있다. 공용목욕탕에는 남녀 탈의실과 욕실이 별도로 마련되어 있고, 그 가운데 물을 덥히는 가마(カマ)[16]가 있는 실이 있다. 공용목욕탕이 남녀로 분리된 것과 다르게 공용화장실은 남녀구분이 없다. 어떻게 사용했을지 궁금하다. 당시 독신자형 아파트의 거주자는 대부분 남성이었기 때문인지 남녀공용 화장실로 사용한 것인지 확인할 수 없다.

1964년에 지어진 이화아파트 도면을 보면 개별 방에는 화장실이 없고 소변기 4개와 대변기 2개가 있는 공용화장실이 있음을 확인할 수 있다. 남녀구분은 없는 것으로 보인다. 공용화장실을 찾아볼 수 있는 또 다른 사례로 1969년, 1970년 사이에 지은 서울시 시민아파트가 있다. 당시 평면을 보면 각 층에 공용화장실이 있고, 세대 내부에는 화장실이 없는 것을 확인할 수 있다. 지금의 시선으로 보면 아파트에 공용화장실이 있는 것이 낯선 모습이지만 1930년대에 지어진 아파트에서도 같은 구조를 확인할 수 있다.

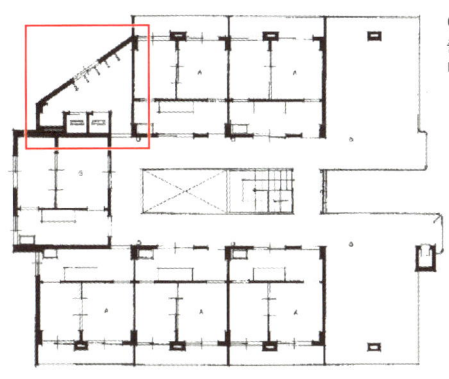

이화동아파트 평면도 위 공용화장실 표기.
출처: 《주택단지총람 1954~1970》, 대한주택공사, 1979

16 — 박철수, 《박철수의 거주 박물지》, 도서출판 집, 2017, 173, 175쪽. "욕실 안쪽에는 둥근 쇠가마 모양의 커다란 장치가 놓여 있다. 이것은 일제강점기에 일본인들이 목욕을 위해 사용한 '고에몬부로(五石衛門風呂)'다."

취산아파트

위치	경성 욱정 2정목 49		폐쇄건축물대장	
설계	–		소유주	삼국상회주식회사
시공	타다공무점		용도	여관업
규모	지하 1층, 지상 3층, 연면적 2,690m², 46호 이하, 주동타입(중복도형) (지하 1층 304m², 지상 1,2층 786m², 지상 3층 817m²)		건평	지하 1층 92평 1층 238평 2층 이상 484평
구조	철근콘크리트		구조	철근콘크리트
설비	–		종별	갑
기공	–		등재일	1936년 11월 25일
준공	1936년 11월 25일		–	–

취산아파트는 내자동 미쿠니아파트 신관이 지어진 1936년에 미쿠니상회가 지은 아파트로 지금도 회현동2가에 남아있다. 현재는 지상 5층 규모로 증축되어 임대용 사무실 건물로 사용되고 있다. 아파트는 긴 장방형의 중복도 형태로 양쪽에 유닛이 배치되어 있었다. 계단은 중앙에 1개소, 양쪽 끝에 2개소가 있었다. 건립 당시의 평면도 자료는 없으나 유닛의 구분구획 정도를 확인할 수 있는 자료를 국가기록원이 소장하고 있다. 이 자료는 1957년에 생산된 것으로 아파트, 기숙사, 호텔로 사용되던 취산아파트가 해방과 전쟁의 파고를 넘어 사무실로 변경되기 전에 만들어졌다. 적산을 거쳐 미군정 당국이 사용하다가 대한민국 정부로 이양한 뒤 한동안 사용하지 않고 버려져 있던 것을 수리하기 위해 실측하고 평면을 새로 그린 것이다. 아파트로 사용되던 시절의 자세한 평면구성을 확인할 순 없지만 사무실로 전용하기 위한 평면 실측이었기 때문에 유닛별 구획만 실측된 것으로 추정된다. 이 실측도면을 내자동 미쿠니아파트의 평면과 비교해 보면 취산아파트로 사용되던 시절 실 구성이 어땠을지 유추할 수 있다. 두 아파트 모두 건립 주체가 미쿠니상회로 같고 지어진 시기도 1년 안팎으로 차이가 크지 않아 층수와 건립 규모 면에서 두 가지 사례의 계획 상관관계가 매우 높았을 것이기 때문이다.

내자동 미쿠니아파트의 유닛 구성인 다다미 8+6장, 6+6장 크기 등을 유닛별 구획만 되어 있는 평면도에 대입해 보면 정확하게 실의 크기가 일치하는 것을 알 수 있다. 이를 바탕으로 내자동 미쿠니아파트의 다다미 8+6장 유닛을 3층 평면도에 대입해 보았고, 같은 방식으로 전체 46개 구획을 하나하나 대입해보면 다다미 8+6장이 9호, 6+6장이 3호, 6+4.5장이 31호, 6+3장이 3호로 구성되었음을 확인할 수 있다.

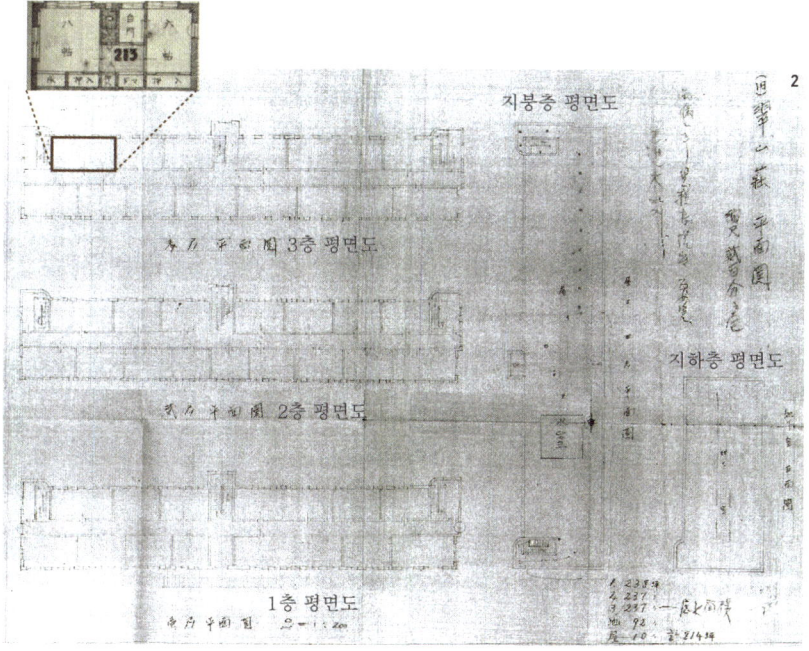

1 1948년 8월 20일 취산호텔로 사용할 당시 촬영한 모습. 출처: 미국국립문서기록관리보관소
2 취산아파트 평면도 위에 대입해 본 내자동 미쿠니아파트 유닛. 출처: 성업공사, 〈미쿠니석탄공업 주식회사 청산위원회 소속재산(취산장) 이양서류철〉, 재무부 관재국 감정과. 1957년. 국가기록원

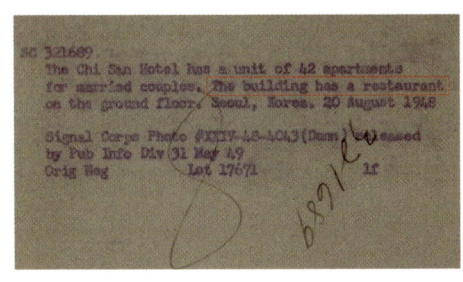

1948년 8월 20일 취산호텔로 사용할 당시 촬영한 사진의 뒷면 메모. 출처: 미국국립문서기록관리보관소

내자동 미쿠니아파트에는 독신자를 위한 1개의 방으로 구성된 유닛이 있지만, 취산아파트에는 모두 2개의 방으로 구성된 유닛만 있고, 실의 크기로 보았을 때 실 내부에 화장실과 부엌이 있는 평면으로 추정된다. 46실 모두 2개의 방으로 구성되어 있어 전체가 가족형이었을 것으로 추정할 수 있다.

그러나 다른 아파트들과 같이 공용시설이 있었던 점을 고려하면 실제 호수는 46호보다 적었을 것이다. 이러한 추정을 사실로 뒷받침하는 기록이 있다. 1948년 8월 20일자의 '취산(Chi San)호텔' 사진 뒷면에 있는 기록이다. 미군정 숙소로 사용될 당시 촬영한 인화 사진 뒷면에 설명하고 있는데, '기혼자용 실이 42개' 있으며 '지상층에 식당'이 있다고 되어 있다. 따라서 전체 호수는 42호로 추정할 수 있으며, 나머지 실은 식당 등 공용시설로 사용되었을 것으로 추측할 수 있다.

식산은행 독신자아파트

위치	경성 죽첨정 3정목 189
설계	식산은행 서무과영선계(庶務課營繕係)
시공	야마다구미(山田組)
규모	지상 3층, 연면적 383.94평(1층 90.22평, 2층 157.78평, 3층 135.94평)
구조	1층: 조적(煉瓦 2枚積), 2·3층: 목조, 지붕(屋根): 기와(夫婦瓦葺)
호수	43호
주동타입	중복도형
설비	증기난방설비
기공	1940년 5월 10일
준공	1940년 11월 30일

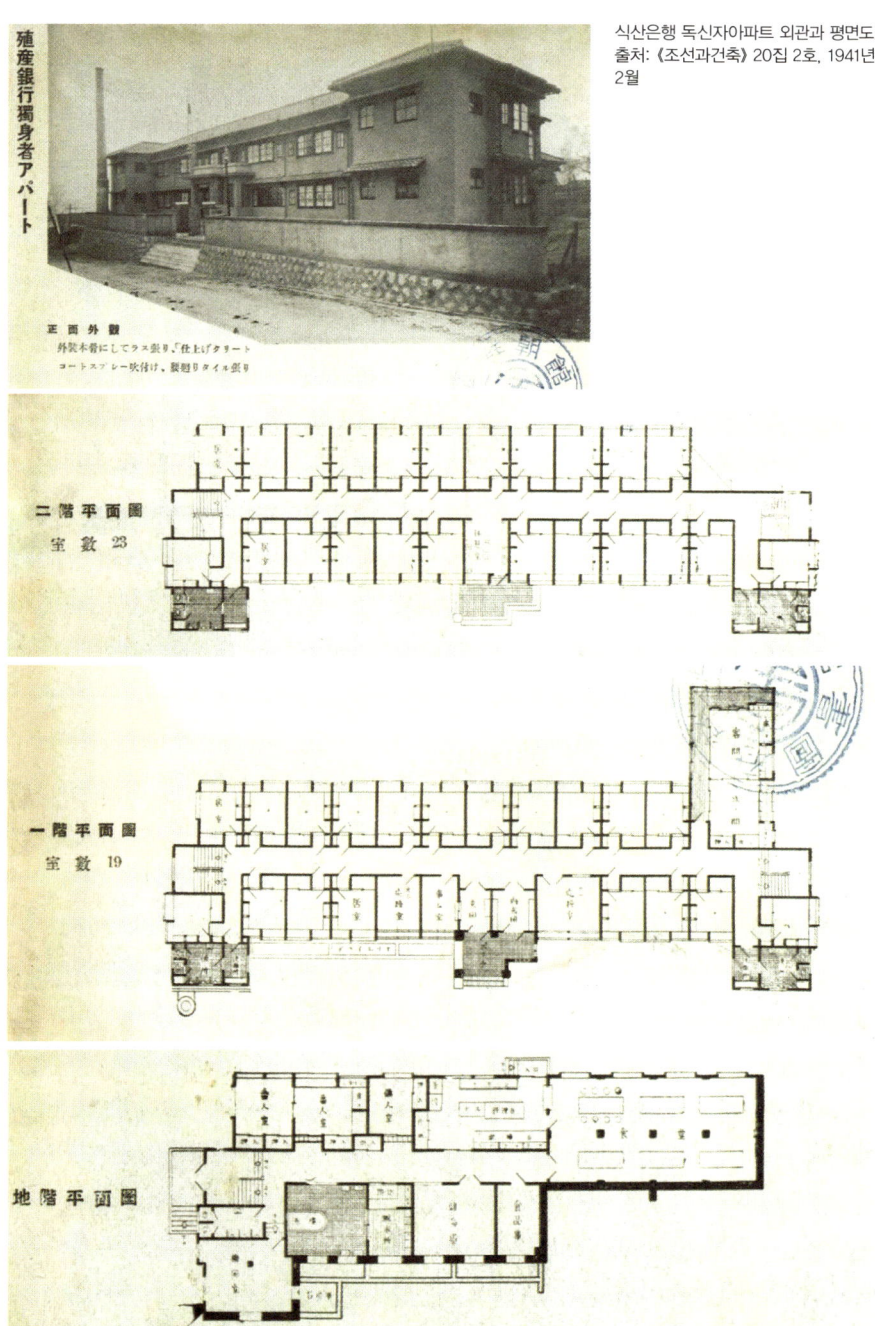

식산은행 독신자아파트 외관과 평면도.
출처: 《조선과건축》 20집 2호, 1941년 2월

식산은행 독신자아파트 거실 평면도와 사진. 출처:《조선과건축》 20집 2호, 1941년 2월

　식산은행 독신자아파트는 죽첨정 3정목(현 충정로3가 일대) 189번지에 1940년 11월 30일에 준공한 아파트인데, 연면적 383평으로 지하 1층, 지상 2층 규모이다. 기록에 따라 층수 표기가 서로 다른데 지상 1층, 2층, 3층으로 언급한 경우도 있지만 《조선과건축》에 실린 도면 설명에는 지하 1층, 지상 1층, 지상 2층으로 표기되어 있다. 기록에 차이가 있지만 결국 3개 층의 건축물로 외관 사진을 보면 정면 출입구에서는 2개 층 건축물로 보이고, 경사지에 있어서 반대쪽의 지하 1층이 1층인 것처럼 외기에 면해 있어 표기에 차이가 생긴 것으로 추정된다. 폐쇄토지대장 기록에 의하면 해당 토지는 1920년부터 해방이후까지 조선식산은행 소유였다. 이름에서 알 수 있듯이 조선식산은행이 독신자 직원을 위해 사택 형식으로 지었을 것으로 추정된다. 단지 조선총독부는 공공기관과 민간기업으로 하여금 사택은 아파트로 지을 것을 강력 권고하던 때였다.

　구조는 1층이 조적, 2·3층은 목조이고, 지붕에는 기와를 얹었다. 절반이 땅속에 묻힌 지상 1층은 조적으로 짓고, 상부는 목조로 한 것이다. 평면은 긴 장방형으로 내부에 복도가 있고 양쪽으로 유닛이 배치된 중복도 형태이다. 중간에 현관이 있고, 양쪽 끝에 계단이 배치되어 있다.

　각 실은 다다미 4.5장 크기의 방 1개로 구성되어 있고, 방 내부에 화장실과 부엌은 없는 구성이다. 전체 건물이 42호로 구성되어 있으며 1층에 19호, 2층에 23호가 있었다.

식산은행 독신자아파트 현관. 출처: 《조선과건축》 20집 2호, 1941년 2월

1층 오른쪽 끝 후면에 일본식 응접실로 쓰는 손님방인 갸쿠마(客間)가 있고 이것을 포함하면 43호가 될 수도 있다.

아파트 1호의 평면도를 살펴보자. 출입문을 열고 들어가면 신발을 벗어 놓는 곳인 하족(下足) 공간이 있고 또 하나의 문을 열고 들어가면 방이다. 방의 한쪽 벽면에는 일본식 방의 중요한 장식공간인 도코노마와 수납을 위한 선반인 다나(タナ), 옷걸이 공간인 양복(洋服) 공간이 배치되어 있다. 안쪽 벽면에는 일본식 벽장인 오시이레가 있다. 도코노마는 사진에서 보이는 것처럼 바닥을 조금 높이고 그림이나 족자 등을 걸어두는 공간으로 일본 전통 가옥에서 볼 수 있는 손님을 접대하는 실내공간이다. 사진 옆에는 방의 구조에 대한 간단한 설명이 있다. 4.5장의 다다미방(疊四疊半敷), 벽은 회벽칠(眞壁床廻り榮壁), 천장은 텍스[17] 위 수성도료로 마감(天井テックス水性塗料塗)했다. 또한 창 아래에 증기난방설비(窓下地袋內に蒸汽煖房設備)를 갖추었다.

---

17 — 천장·벽에 붙이는, 펄프를 압착해 만든 널빤지를 말한다. 서울역사박물관에서 출간한 서울생활문화자료조사집에는 "남만관업이 개발한 벽 마감재(左官材), 습식재와 섬유판같은 건식재가 있다."고 나온다. 서울역사박물관, 《2015서울생활문화자료조사 후암동》, 143쪽

이 아파트에는 다음과 같은 공용부대시설이 갖추어져 있었다. 각 층별 구성을 표로 정리하면 아래와 같다.

식산은행 독신자아파트의 공용부대시설 구성

층수	시설
1층	식당(1개소), 주방(1개소), 공용목욕탕(1개소), 관리인실(3개소), 계단실(1개소)
2층	현관·내현관, 서양식 응접실(2개소), 일본식 응접실(1개소), 사무실(1개소), 계단실(2개소), 공용화장실(2개소)
3층	휴게소(1개소), 계단실(2개소), 공용화장실(2개소)

식산은행 독신자아파트의 정면 현관 사진[18]을 보면 몇 개의 계단이 있고, 작은 포치가 있어 걸어서 도착한 사람들이 비바람을 피하고 아파트 내부로 들어갈 수 있게 구성되어 있다. 1층 가운데 정문으로 들어가면 현관(玄關)과 내현관(內玄關) 2개의 출입구가 있다. 현관은 사무실과 개구부로 연결되어 출입자를 확인할 수 있게 되어 있다. 내현관과 다른 점이다. 아파트 입구로 들어서면 1층 주현관으로 진입하자마자 바로 사무실이 있다. 아파트를 드나드는 사람들을 관리하거나 입주민들의 부탁을 대신해주는 등의 업무를 했던 것으로 보인다. 1층 사무실의 모습을 잘 보여주는 영화의 한 장면이 있다.

영화 〈어화〉의 1층 로비 사무실의 데스크 장면이다. 외부 모습이 조금 달라 정확하게 어느 아파트인지 명시하기는 어렵지만 내자동 미쿠니아파트로 추정된다. 그래도 아파트의 로비 사무실 장면은 분명하다. 김남천의 단편소설 〈맥〉에서도 아파트 1층 사무실 풍경을 접할 수 있는데 아파트 거주자의 부탁으로 택시를 불러주는 아파트 사무원의 모습을 묘사한 부분이다.

1938년의 영화 〈어화〉에 나오는 아파트의 1층 로비 사무실 모습.
출처: 한국영상자료원

18 — 바닥에 모자이크 타일 마감, 벽면 하단은 타일, 상단은 회반죽, 천정은 회반죽 마감(正面玄關, 床モザイクタイル張, 腰長手タイル張, 壁漆喰, 天井漆喰一部バンキボカシ)

식산은행 독신자아파트 식당. 출처: 《조선과건축》 20집 2호, 1941년 2월

사무실과 복도가 창문이 있는 개구부로 연결되어 사무실에서 현관으로 출입하는 사람들을 확인하거나 아파트 거주자가 출입하면서 사무실에 부탁을 하는 등의 행위를 할 수 있게 사무실이 현관 옆에 위치했다. 지금 호텔의 프런트데스크나 아파트 공용 현관에 위치한 경비실의 역할과 유사하다고 볼 수 있다.

사무실, 응접실과 더불어 이 아파트의 주된 공용부대시설로 식당, 공용목욕탕, 공용화장실이 있다. 식당은 동시에 여러 명이 식사할 수 있는 규모이다. 《조선과건축》에는 식당 사진과 함께 식당의 모습을 묘사한 글이 있다. "바닥에는 모자이크 타일을 깔았고, 벽은 허리 높이까지 타일로 시공했으며 벽 상단과 천장은 페인트와 텍스 및 목재로 마감"했다는 내용이다.

각 세대 내부에는 세면실 또는 화장실이 없다. 각 층의 복도 양끝 계단실에 인접해 있는 2개의 공용화장실을 이용해야 한다. 공용화장실에는 화변기 2개, 소변기 3개가 놓여 있다. 남녀공용인지, 따로 사용하는 것인지는 확인하지 못했는데 공용이었을 것으로 추정된다. 화장실 앞에는 '세면소(洗面所)'로 표기된 세면실 공간이 별도로 있다. 이처럼 세대 내부에 화장실을 두지 않고 공용화장실을 이용하게 한 것은 독신자형 아파트의 특성이기도 하다. 공용목욕탕은 지하 1층에 있는데 남자용과 여자용이 구분되어 있는 내자동 미쿠니아파트와 달리 단일공간으로 구성되어 있다.

경성의 아파트에는 누가 살았을까

삼화원주택지 광고에 등장한 '아빠트' 광고

교통으로는 총독부와 안국동 4가에서 도보 5분간 되는 지척일뿐더러 목하 삼청동 하천의 매립 작로공사(作路工事, 도로개설을 위한 하천복개공사)를 착수한 바 경성전기 버스와 전차가 문 앞에 정류할 차제요, 안국동에서 출발한 자동차 선로는 당지국내(當地局內)에 개통되었고, 당지에서 공원으로 통행하는 자동차 도로를 통행으로 시설하여 당 주택지 가가호호의 문 앞에 자동차가 도착되는 특색입니다. 이 교통을 이용하고 공원 나들이객을 위하여 찻집, 식당, 아빠트 사업 등 영업이 유망합니다. 북에 북악산, 서에 인왕산이 가까이 있어 장풍향양(藏風向陽, 바람을 감추면서 볕이 드는 남향) 주택지입니다. 교육으로는 유치원은 본 주택지 내에서 건설할 계획이요, 초등은 사범부속, 재동, 교동, 수송동, 매동, 청운동, 종로, 삼흥(三興), 동덕여보 각 보교(普校), 중등 및 전문은 제1, 제2, 중앙, 휘문, 배재, 이화, 배화, 중동, 도상(道商), 대동상업, 협실(協實), 실업전수, 법전, 의전, 고공(高工), 고상(高商), 숙명, 진명, 여고, 여상, 여사(여자사범), 계화 등 모든 학교가 당지 부근에 옹위하여 통학에 크게 편리한 지대의 특색입니다. 따라서 집집마다 학생 기숙에 편의를 주는 공익사업 가능성이 있습니다.[1]

일제로부터 자작 칭호를 받았고 가문의 부귀가 극에 달했다고 알려진 민영휘의 손자이자 동일은행 취두 민대식의 아들인 민병수는 휘문의숙을 졸업한 뒤 미국 유학에서 돌아와 조선견직주식회사 대표에 취임했다.[2] 대표 취임 이후 그는 자신의 집 설계를 건축가 박길룡에게 의뢰했다. 시공은 시미즈구미가 맡았다.[3] 그렇게 지어진 청운동 주택이 경복궁 서북 방향 인왕산 남사면 자락에 막 준공될 즈음 등장한 문화주택지 분양광고 가운데 일부다. 인왕산과 북악산 일대의 남쪽 경사지가 문화주택이며 정세권이 이끄는 건양사의 도시한옥으로 가득 채워질 무렵이었으니 이제 막 경성 호경기가 입에서 입으로 오르내릴 즈음이었다.

1 — 1936년 1월 26일 삼화원주택분양사무소(이계준, 구정회)가 제작한 〈삼화원주택지분양도〉 설명문 일부

2 — 朝鮮新聞社 朝鮮人事興信錄編集部, 《朝鮮人事興信錄》, 朝鮮新聞社, 1935, 392쪽

3 — 清水組編, 《工事年鑑》, 1937, 167쪽

삼화원주택지로 분양할 당시
삼청동과 화동 일대, 1936.
출처:〈지번구획입대 경성정도〉
제2호, 서울역사박물관

1936년에 준공된 청운동 민병수 주택.
출처: 清水組編, 《工事年鑑》, 1937

경복궁 동쪽 경사지는 매우 수려한 녹지대로 오래전부터 한양 사람들에게 잘 알려진 바위고갯길(孟峴, 맹현)이었는데 이 일대를 다이너마이트로 발파하고 문화주택지로 조성한다고 했던 곳이 바로 삼화원주택지이다. 이곳에서는 택지를 조성한 개발업자와 지역 주민들 사이에 한동안 격렬한 갈등이 있었다.[4] 삼청동과 화동 일대를 아우르는 곳이어서 두 동리의 이름 앞글자를 하나씩 따오고, 여기에 '신심정양(身心靜養)'을 위한 문화촌'이라는 의미의 원(園)을 보태 '삼화원(三花園)'으로 부른 주택지는 북으로 삼청공원에 잇닿아 있고, 남으로는 경성제일고보(현 정독도서관)에 면해 남북방향으로 길게 자리한 미개발 지역이었다. 이곳을 격자형 가로체계에 따라 작게는 34평에서 큰 경우는 50여 평에 이르는 개별 택지로 분할하되 매수자의 필요에 따라서는 더 큰 대지로 합병해 분양할 수도 있다고 밝힌 광고에는 흥미롭게도 '아빠트 영업'에도 최적지라는 내용이 담겨 있다.

요즘이라면 어림도 없을 얘기지만 1930년대 중반을 바로 넘긴 시점에서 당시 경성 사람들이 아파트라는 새로운 도시건축 유형을 어떻게 이해하고 있었는가를 추정할 수 있는 매우 귀중한 단서이다. 당시의 아파트 사업은 개인 혹은 몇몇이 별도의 법인을 꾸려 실(室) 단위로 임대하는 영업에 해당하는 것으로 일본인이 주로 운영하던 사업유형 가운데 하나였다. 따라서 대중교통의 용이한 이용은 택지개발을 위한 입지 선택의 중요한 전제조건이었으니 경성전기 버스와 전차로 언제든 오갈 수 있는 곳이어야 했다. 또한 보통학교와 고등교육기관이 밀집한 곳이어야 했다. 근대적 교육을 받으려고 경성으

---

4 — 삼화원주택지를 둘러싼 개발업자와 주민의 갈등에 대해서는 이경아, 《경성의 주택지: 인구 폭증 시대 경성의 주택지 개발》, 도서출판 집, 2019, 109~115 참조

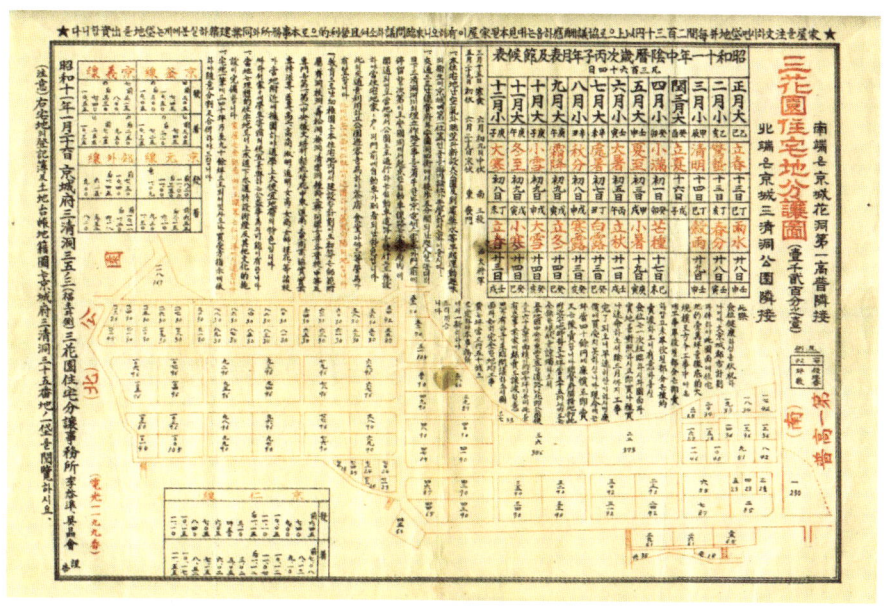

삼화원주택지 분양도. 출처: 삼화원주택지 분양사무소, 〈삼화원주택지분양도〉, 1936. 출처: 토지주택박물관

로 유학한 지방 유지의 자녀들은 당연하게도 학교 근처에서 임대주택을 얻어야 했으므로 '집집마다 학생 기숙에 편의를 주는 공익사업'이라는 광고가 따라 붙었다. 게다가 당시엔 이미 평양이나 경성에 제법 많은 수의 크고 작은 아파트가 곳곳에 들어섰다. 아파트 안에서는 아파트 임대영업은 물론 찻집이며 식당을 운영하고 있었으니 아파트 사업에는 삼화원주택지가 더할 나위가 없다는 말로도 해석 가능하다. 물론 살림집이라는 언급은 없었으니 아직은 살림집으로 아파트를 받아들이는 경우는 매우 희박했다.

　　삼화원주택지 분양 광고가 세상에 나왔을 무렵 일종의 여관, 하숙으로 대개 독신 샐러리맨이 생활하는 곳[5]이라는 잡지의 신조어 풀이를 삼화원주택지 분양 광고 내용과 견주면 어렵지 않게 당시 정황을 이해할 수 있다.

　　1936년 6월 11일자 《동아일보》가 독자의 질문을 가려 뽑아 이를 〈응접실〉이란 코너에 따로 풀이한 내용은 다른 의미에서 매우 흥미롭다. '호텔, 여관, 여인숙, 아파-트, 하숙옥, 여사(旅舍), 호-ㄹ을 구분해 달라'는 질문에 대해 '호텔은 여관이라는 뜻의 영어

[5] — 〈모던語點考〉, 《신동아》, 통권18호, 1933년 5월, 19쪽

1 광희아파트를 기숙사인 '요(寮)'와 구분해 '시대의 요구'로 선전한 《조선신문》 1932년 11월 5일자 광고
2 '고등하숙'이라 이름 붙여 신문에 광고한 취산장(翠山莊). 출처: 《조선신문》 1934년 5월 22일자

로 고급 여관을 의미하는 것이 보통이며 여관이나 여인숙은 같은 여관이지만 등급의 차이가 있는 듯하고, 하숙옥은 학생이나 회사원처럼 비교적 장기간 기숙하는 곳인데 아파트는 공동주택(共同住宅)이라고나 할까'라며 끝을 흐렸다. 독자의 질문에 대한 학예부 기자의 답에서 '홀을 광간(廣間)이나 강당(講堂)'으로 풀이했던 것처럼 아파트는 아직 뾰족한 풀이에 나설 처지에 이르지 않았음을 알 수 있다. 고급 여관인 호텔과는 조금 달라 보이지만 그렇다고 학생이나 회사원처럼 장기간 거처를 빌려 식사와 잠자리를 해결하는 통상의 하숙도 아닌 그 무엇이 바로 아파트였던 셈이다. 그러니 무언가 딱히 규정하기는 어렵지만 '시대의 요구'인 것만은 분명해서 '고등하숙' 정도로 명명하면 누구나 쉽게 이해할 수 있지 않았을까 했던 것이 당시의 아파트였다.

아파트멘트 잡담

이보다 앞선 1928년 조선건축회의 기관지 《조선과건축》 제7권 제11호는 〈아파­트멘트 잡담〉[6]이라는 제목 아래 짧은 내용을 담았다. '한때는 교외주택이 유행이더니 최근 들어 그 움직임이 아파트멘트로 바뀌면서 곳곳에서 아파트멘트가 지어진다.'는 것인데 경

6 — 藏田周忠(東京高等工藝學校 講師), 〈アパートメント雜談〉, 《조선과건축》 제7권 제11호, 1928년 11월, 81쪽

성의 경우가 아니라 일본 도쿄의 상황을 언급한 것이다. '아파-트멘트'가 영어지만 미국에서 크게 발달한 것으로 일본에서는 이를 줄여 '아파트'라고 했다는 점을 먼저 떠올리고, 일본의 식민지였던 당시 조선에는 아파트가 일본의 번안을 통해 유입했으리라는 당연한 가정을 전제한다면 전문잡지에 실린 이 글은 적어도 아파트에 대한 대중의 보편적 이해 이전에 전문가들끼리 나눈 의견 교류 정도에 해당한다고 할 수 있다.

계속된 글에서, 교외에 집 한 채를 빌려 산다면 수고스러움이 한두 가지가 아니어서 잠깐 외출이라도 할라치면 문단속을 해야 할 뿐만 아니라 불안감도 가지기 마련인데 아파트는 그런 불편이 없기도 하거니와 식당이며 욕실 등 필요한 설비를 갖추고 있으며 식당에서 제공하는 음식이 좋고 가격도 괜찮다면 더할 나위가 없다고도 했다. 게다가 거처에 부속한 매점까지 있다면 주부의 수고를 덜 수 있고, 밥을 지을 때마다 사용해야 하는 연료비도 크게 줄일 수 있어 좋고, 설거지할 필요도 없다면서 여러 가지로 이로울 것이 많다고 소개했다. 따라서 소단위 가족(단순핵가족)에 부합하는 것인데 교외 전원주택과 아파트의 조건을 두루 갖춘 경우가 곧 출현할 것으로 보이지만 아파트 생활에 대한 문화와 교양 정도가 아직은 충분할 정도가 아니라는 점이 안타깝다고도 했다. 채광이나 비위생 등에 대한 문제를 먼저 생각한다면 세탁장과 건조실 등의 설비가 구비되어야 할 것이므로 여전히 관건은 아파트 거주자들의 문화 정도가 아닐까 한다는 의견이었다.

그런 이유에서인지 그로부터 3년여가 지난 1931년 《조선과건축》 제10권 제12호 〈건축잡보(建築雜報)〉[7]엔 건축 경기 위축으로 건설회사의 영업실적이 부진에 빠졌지만 그 돌파구 가운데 하나가 아파트 신축이라며, 사업 규모가 제법 큰 회사의 사원용 아파트 건축이 여러 면에서 유망한 것으로 진단했다. 즉 기존의 사택건축에서 회사가 직접 경영하는 아파트로 전환한다면 경기 부진과는 관계없이 건축비 회수가 가능하다는 것이었다. 또한 사원들의 사생활 보호에도 좋다는 점에서 다소 높은 이자율을 감안하더라도 사원들에게 문화적 설비를 제대로 갖춘 아파트를 공급한다면 비록 임대주택이지만 거주 안전성도 높아진다는 점에서 불경기로 건축비가 낮아진 이때야말로 회사원을 위한 아파트를 지어 임대하는 것이 아주 좋은 기회라고 했던 것이다.

츠다(津田) 사장이 참석한 가운데 천여 명 가까운 사람이 운집해 1936년 11월 15일 성대한 준공식을 치렀다는 종연방적(鍾淵紡績)주식회사 영등포공장에 함께 들어선 남녀

7 — 〈會社員のアパート建築〉, 《조선과건축》 제10권 제12호, 1931년 12월, 31쪽

1 종연방적(주) 영등포공장 준공 기사에 담긴 '여공기숙사'. 출처:《매일신보》1936년 11월 17일자
2 《조선과건축》제16권 제1호(1937년 1월)에 '아파트'로 소개된 종연방적(주) 영등포공장 '(남자)기숙사'

기숙사 가운데 남자사원 기숙사를 조선건축계에서 특별히 '아파트'로 부른 까닭이 여기에 있다. 1937년에 발행한《조선과건축》제16권 제1호를 통해 소개한 종연방적주식회사 영등포공장의 신축 건물 가운데 남자 사원들의 숙소로 보이는 신축 건축물에 대해서는 여자기숙사로 소개한 경우와 달리 '종연방적주식회사 영등포공장 아파트'라고 설명한 것이었으니, 역시 당시 상황을 잘 드러내는 좋은 사례임은 분명하다.

    1930년에 준공한 남산동 미쿠니아파트의 경우도 1930년에 발행한《조선과건축》제9권 제12호 사진 설명에는 그저 '미쿠니상회아파트'라는 이름을 붙여 외관과 각층

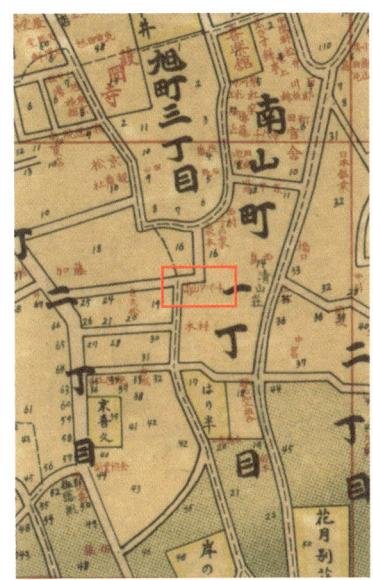

1933년 4월 삼중출판사 경성지점에서 제작,
발행한 《경성정밀지도》에 표기된 '남산아파트
(南山アパート)'

평면을 소개하고 있는데, 이 역시 종연방적 남자기숙사와 마찬가지로 미쿠니상회 사원 숙소로 추정할 수 있다면 앞서 언급한 1931년 발행《조선과건축》제10권 제12호에 실린〈건축잡보〉의 건축계 움직임과 그 맥락을 함께 하고 있는 것으로 추론할 수 있다.

남산동 미쿠니아파트의 건립 당시 주소지는 경성부 남산정(南山町, 현 남산동) 1정목 16-23으로 지금의 남산동 1가 16번지인데 여전히 그 자리에 남아있다. 이 아파트의 준공 일자는 1930년 12월(건축물대장 등재일은 1931년 1월 26일)로 기록되어 있고, 준공 당시 건축주(납세의무자)는 개인회사였던 미쿠니상회의 소유자이자 주식회사로의 법인 전환 이후에도 대표이사 사장이자 대주주였던 도이 세이치와 같은 성씨를 쓰는 도이 사다코(土井貞子)였다. 이후 해당 건축물의 소유권은 미쿠니상회가 주식회사로 전환함과 동시에 부동산 임대업으로 법인 사업 종목을 확대하며 1935년 7월 2일 남대문로에 본사를 둔 주식회사 미쿠니상회로 이전됐다. 이 시점은 미쿠니상회㈜가 내자동 75번지에 미쿠니아파트를 준공해 입주자를 모집하기 시작한 때와 일치한다.[8] 따라서 남산동 미쿠니아파트 신축 당시에는 임대업을 목적으로 하는 법인의 부동산 임대용 자산이 아니라 단순히 '주택'으로 구분되어 있었으므로 이는 당시 불특정 다수를 상대로 임대했던 거처로서의 아파트가 아니라 미쿠니상회 직원 숙소로 봄이 타당하다. 이는 도이 세이치와 함께 미쿠니상회㈜ 경영에 깊숙이 개입했던 하시모토 다쿠미(橋本內匠)의 회고록을 통해서도 충분히 유추할 수 있다.[9]

따라서 1930년대 경성에서 '아파트'로 불렸던 곳에선 제법 규모가 있는 회사의 사원이며 노동자가 살았고, 삼화원주택지 분양 광고에서 암시하듯 적지 않은 학생이 거

8 — 내자동 미쿠니아파트는 1935년 6월 1일 신축아파트 옥상전망대에서 낙성식을 치렀다. 〈ミクニアパート落成式〉,《조선신문》 1935년 6월 1일자 기사 참조

9 — 橋本內匠,《思い出すまま−わが青春の軌跡−終戦まで−》, 文教図書, 1982, 196~197쪽

주했는데, 고향을 떠나 대도시 경성으로 몰려든 학생들이 아파트에 기거했다는 사실은 당시의 많은 글이 전하고 있다. "가정을 떠나 부모들의 슬하를 멀리하고 하숙생활「아빠트」생활을 하는 남학생 또는 여학생들이 서로 방문을 하고 찾아다니는 것이 쉬운 까닭에 그 접촉이 비교적 가정에 붙들려있는데 비하여 용이할 것이다. 더구나 전문학교 대학생들은 거의 순결치 못하다. 그래서 결국은 최후의 일선을 넘어서는 것이 자명의 리(理)다. 이 실정을 모르는 교육자나 부모들은 「아무렇게나 그러려고」 부정으로 기울어져 버린다마는 예를 들고 있는 자는 그것이 너무나 많은데 아니 놀랄 수 없는 터"[10]라고 했다. 아파트의 학생들을 콕 집어 풍기문란의 주체로 지적했던 이 글에서도 학생들은 경성의 아파트에 거처했던 주된 부류였음을 짐작할 수 있다.

난방 위생설비를 완비하고 순양식 침실로 꾸몄다는 덕수아파트 광고.
출처: 《경성일보》 1937년 9월 25일자

1930년대의 끄트머리에 해당하는 1939년 10월 김영석이 《동아일보》에 연재한 단편소설 〈춘엽부인(春葉夫人)〉에는 1930년대 경성의 아파트 시대에 크고 작은 회사의 사원이나 공장 노동자, 학생 이외에 과연 어떤 사람들이 아파트에 거처를 두었는가를 넌지시 일러준다. "아파트라야 뭐 큰 양옥에 양실이라든가 문화주택이 늘어선 것이 아니다. 결코 높거나 성하지 못한 조선가옥에다 화양식을 조금씩 섞은 그저 대여섯 칸 정도의, 꼭 남의 사랑채 비슷한 집들인 것이다. 여기 들어있는 사람들은 월급쟁이도 있으나 기생이나 카페 여급들이 파트너를 잡아가지고는 잠시 가정을 이루고 있는 축이 태반이었다."[11]고 했다. 입성을 제대로 갖추고 번듯한 회사에 다니는 이들과 제법 큰 합자회사나 합명회사에 근무하는 이들만 아니라 기생이며, 카페 여급, 그리고 집을 떠나 학교에 다니며 하숙생활을 하는 이들까지 아파트에 거처를 두고 동거했다는 말이니 굳이 당시 아파트 거주자를 특정할 필요조차 없다.

다만 〈춘엽부인〉에서 '잠시 가정을 이루는 축이 태반'이라 했듯 대부분의 아파트는 통상적인 가정집이나 살림살이를 하는 곳은 아니었다. 임시 거처라는 점에서는 하숙집

10 — 〈女學生行狀報告書〉, 《삼천리》 제8권 제11호, 1936년 11월, 198쪽
11 — 김영석 작, 홍독순 그림, 단편소설 〈춘엽부인〉, 《동아일보》 1939년 10월 24일자

과 크게 차이를 둘 것은 없었으나 문화적(근대적) 설비를 갖춰 거주 안정성을 높이는 동시에 대경성의 바쁜 일상을 사회생활이라는 이름으로 살아갈 수밖에 없는 부류들을 위한 임대용 방(貸室)이었던 것이다. 당연하게도 자본도시요 소비도시에 본격 편입한 대경성에서 시장의 질서와 특성이 반영될 수밖에 없었기에 월정 임대료의 높낮이에 따라 방의 크기며 설비의 질적 수준 역시 나뉜 것이라 보아야 옳다. 그러니 기생이며 여급부터 학생과 공장 노동자, 회사원이나 은행원에 이르기까지 특정 사회경제 계층으로 한정해 단정할 것이 아님은 분명하다. 그럼에도 불구하고 '아파트멘트'를 불러 풀이하되 '1실 1방, 1인 또는 수인(數人)이 살고 있는 집'이라고 정의하고, '할대간(割貸間)'이라고 했던 당시의 외래어 사전 내용은[12] 아파트 거주자가 과연 누구였을까를 유추하는데 중요한 판단 준거가 된다. '할대간'이란 넓은 공간을 칸칸으로 나눠 최소한의 바닥면적을 임대하는 집으로 봐 크게 틀릴 것이 없기 때문이다.

가족아파트 등장

그러니 1930년대 후반부터 해방 무렵까지 '가족아파트'[13]라는 용어가 본격 유포되고, 중일전쟁 격화와 태평양전쟁으로의 확전 조짐으로 인한 조선의 주택난 해소를 위해 1941년 7월 설립된 조선주택영단이 그해 가을까지 '평양에 180가구가 들어갈 수 있는 가장 문화적이고 이상적인 큰 아파트를 지어 심각한 주택난을 겪고 있는 30만 부민에게 명랑한 소식'을 전하게 됐다는 기사[14]가 등장하게 된 배경은 당연하게도 그때까지 적

---

12 — 이종극, 《모던 조선 외래어 사전》, 한성도서주식회사, 1936, 340쪽

13 — 1941년 7월 12일자 《매일신보》 〈소식통〉 코너에는 후생성 사회국에서 대가조합(貸家組合)과 대실조합(貸室組合)에 이어 아이를 둔 가정을 전문으로 들이는 아파트를 건축하기로 했다고 소식을 전하면서, 그동안 아이가 있는 가정은 아파트에 전혀 들이지 않았는데 아파트의 편의성이 높음을 고려해 아파트를 널리 일반 가정으로 확산하기 위한 조치라 언급하며 이를 '자복(子福)가정아파-트'로 불렀다.

14 — 〈한〉"울"안에 180가족─평양에 "대 아파─트" 주택영단이 건설〉, 《매일신보》 1941년 7월 14일자; 조선주택영단은 조선총독이 법률을 대신해 발포한 명령인 제령(制令) 제23호 〈朝鮮住宅營團令〉에 따라 설립된 특수법인으로 '노무자 또는 중류 이하에 속하는 봉급생활자와 급료생활자를 위해 중소주택(中小住宅)을 건설, 공급해 국민생활 안정과 생산력 증강을 도모'할 목적으로 1941년 7월 1일 설립됐는데, 법인 설립 당시 사무소 소재지는 경성부 종로구 광화문통 84번지 조선총독부 전매국 4층이었으나 1941년 9월 27일 중구 장곡천정(長谷川町, 소공동) 45번지에 신축한 건물을 매입해 이전했다. 《朝鮮住宅營團の槪要》, 朝鮮住宅營團, 1943, 3~5쪽 참조

어도 아파트를 통상의 살림집으로 여기지 않았음을 반증하는 것이기도 하다. 평양의 주택난이 심각해지자 조선주택영단 이사 나가사토 에이지(長鄕衛二)[15]가 평양을 방문해 아파트 건립 예정부지를 시찰했는데 이에 맞춰 총독부 기관지인 《매일신보》는 60가구를 수용할 아파트 3동을 1941년 11월까지 평양에 완공할 것이라고 전한 것이다. 실현 여부와는 상관없이 조선의 심각한 주택난으로 인한 민심 불안을 잠재우기 위한 수습대책의 하나로 봐도 무방하고, 때론 아파트 점유집단의 구체적 변화 동기로 파악할 수도 있다.

살림집으로서의 '가족아파트' 출현 소식과 실질적 아파트 건설 움직임은 중일전쟁과 직접적인 관련을 맺고 있다. 사실상 '조선총독부가 주택정책이라 불릴 만한 내용을 궁리한 것은 1936년부터인데, 이때부터 각 지방자치단체로 하여금 토지구획정리사업뿐만 아니라 직접 택지조성사업도 벌이도록 해 사업을 통해 조성한 택지를 주택건설 희망자들에게 공급했으나 이미 자금난에 더해 전쟁의 암운으로 인해 자재난까지 겹친 상황이어서 주택건설업자나 시민들의 자가 건설호수는 급증하는 수요를 따르지 못했다.'[16]는 주장은 이를 반증한다.

게다가 1937년에 발발한 중일전쟁의 확전으로 인해 1939년 10월 18일에 조선총독부는 칙령 제704호를 통해 '지대가임통제령'을 공포, 총독부령 제184호에 의거해 같은 달 27일 지대가임통제령 시행규칙을 발포했다. 이 조치에 따라 지주나 주택 소유자 등

한 울타리 안에 180가족이 수용될 평양의 아파트 공급에 관한 《매일신보》 1941년 7월 14일자 기사

---

15 — 그는 조선주택영단 설립 이전부터 설립 준비 사무를 맡았으며 곧이어 설립위원으로, 다시 1941년 6월 26일에는 조선주택영단 이사에 임명됐는데 이사 임명 직전 그의 직급은 같은 날 이사장으로 임명된 야마다 추지(山田忠次)보다 한 등급 아래인 종4위훈4등(從四位勳四等)이었다.

16 — 손정목, 〈제10장 시민생활 중 제1절 주택〉, 《서울육백년사》 제4권, 서울특별시사편찬위원회, 1995, 1180쪽 내용을 축약 정리

1 조선에 일찍이 없었던 경성부영(京城府營) '가족아파트' 공급 계획 기사. 출처: 《동아일보》 1939년 6월 20일자
2 경성부의 아파트가 호텔로 전업하는 바람에 주택난이 가중되고 있다는 기사. 출처: 《매일신보》 1940년 4월 15일자

부동산임대사업을 벌인 이들은 시행규칙 공포일로부터 거의 한 해 전인 1938년 12월 31일을 기준으로 삼은 임대료를 초과할 수 없도록 했고, 그보다 높은 경우는 이를 즉시 인하하도록 강제했다. 물가 상승에 따른 토지와 주택임대료 상승분을 1년 전의 수준으로 낮추도록 한 것인데, 이 조치를 관리하고 지원한다는 명목으로 조선총독부는 1939년 7월 12일 주택대책위원회를 설치했다. 이 위원회는 주택난 완화방안을 다룬다는 명목으로 구성한 기구였지만 당연하게도 조선총독부의 직접적 통제를 받았으며 가장 구체적 활동 결과가 1940년의 주택난 완화대책 의결이었는데, 주택대책위원회 의결 후 1년쯤 뒤에 조선주택영단의 설치로 이어졌다.[17]

시국 관계로 건축용 자재 획득이 매우 어렵고, 이에 따라 건축비가 오를 수밖에 없어서 주요 도시의 주택공급은 더욱 감소되고 그로 인한 심각한 주택난은 대륙전진 병참기지인 조선의 인적 자원 유지·함양에 지장을 초래한다. 뿐만 아니라 군수산업, 생산력 확충 계획 산업 기타 중요산업 수행에 필수적인 기술자, 노동자, 기타 종업원 등 노무자에 대한 주택공급을 원활하게 하지 못해 산업의 확장발전을 저해하는 일이 많으므로 신속히 주택공급의 방도를 강구해야 할 것이다. 그러므로 물자 통제계획을 고려하여 ① 주택공급 장려, ②

17 — 조선주택영단령이 제정되기 전인 1941년 5월 31일 조선총독부는 제령에 의해 설립될 영단의 설립준비에 착수하고 정무총감을 설립위원장으로 하고 내무, 재무, 식산, 농림, 경무국장 등을 위원으로 임명하고 이사장, 내정자 등 다수의 인물을 준비위원으로 위촉했다. 《朝鮮住宅營團の概要》, 朝鮮住宅營團, 1943, 3~5쪽

주택건설 조성, ③ 시급한 경우를 제외하고는 건축자재 수급 상황 완화를 위해 건축 금지나 건축 제한을 실시한다.[18]

이 의결 역시 1940년 2월 29일 조선총독부 주택대책위원회에서 이뤄졌다. 물론 이 결의는 총독부 내무국 원안 내용을 50여 명으로 구성된 주택대책위원회가 아무런 비판 없이 수용한 것에 불과했지만 아직 조선주택영단이 설립되지 않았을 때이다. 이즈음에 등장한 것이 바로 '가족아파트'였다.

결국 1930년대 후반 중일전쟁 발발 전후를 중심으로 '조선인'과 더불어 '아파트'와 '가족'에 주목해 조선총독부가 특별히 강조한 것은 한반도의 대륙전진 병참기지화에 따른 군수산업 생산력 확충에 필수적인 조선인 노무자와 노동자를 위한 주택공급 필요성 때문이었다. 이를 위해 궁리한 공급대상 주택의 유형은 그동안 통상적 사택(舍宅)으로 간주했던 단독주택이 아니라 통제가 용이하고 간선시설 비용이 적을 뿐만 아니라 집단생활에 필요한 '아파트'였다. 또한 지대가임통제령에 따라 민간사업자가 임대료 소급 적용을 피하기 위해 이미 독신자를 위해 임대하던 아파트를 호텔로 전업하는 일이 빈번해지면서 전반적인 주택 수급이 심각한 위기에 봉착했기 때문에 호텔로 전업을 강력 통제하는 동시에 대도시에서 가족 단위를 대상으로 부(府)에서 직접 경영하는 부영아파트를 적극 공급하도록 한 것이다. 이런 강력한 통제와 조치의 구체적 실현 여부와는 상관없이 아파트가 독신남녀의 주된 임시 거처에서 가족 단위의 살림집으로 급격하게 인식 전환을 이룬 때가 바로 1930년대 후반이었다.

경성 최고 상류층인 경성골프구락부 회원의 거처

전문학교 학생과 기생이며 카페 여급 혹은 회사원에 이르기까지 경성의 근대도시 가속화 과정에서 등장한 새로운 직업군에 속하는 독신남녀와 한반도의 대륙전진 병참기지화에 따른 노동자와 노무자 가족의 거처로서만 당시의 아파트가 기능했을까. 그동안 일제강점기의 아파트에는 대개 이들이 주로 기거했다는 것이 통설이었다. 사실상 거

---

18 — 《동아일보》 1940년 3월 1일자 〈주택난 완화책〉 관련 기사 중 주요 내용을 맞춤법에 따라 일부 수정하고 축약 정리했다.

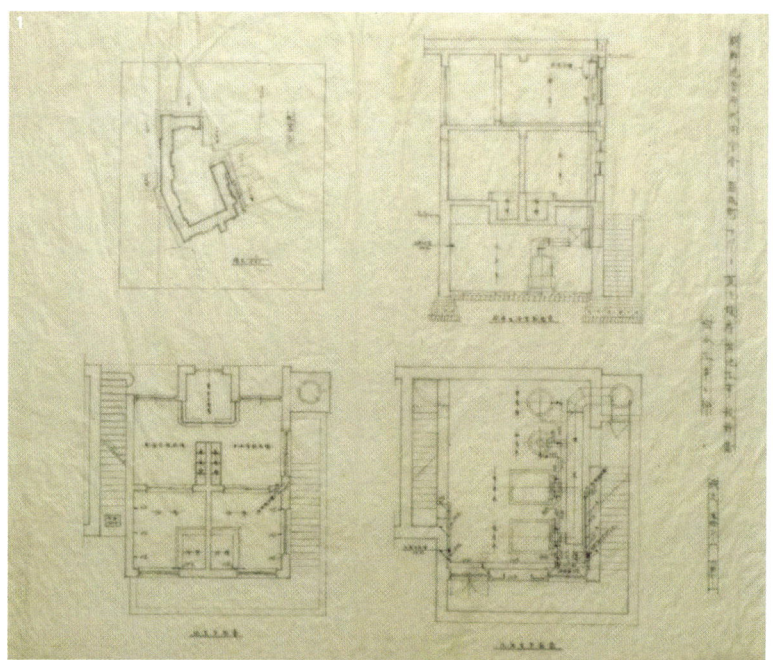

1 정확한 건축연대가 밝혀지지 않은 경성부 창성정아파트 공사설계도. 출처: 국가기록원
2 1945년 9월 9일 미해군사진센터(U.S. Naval Photographic Center)에서 촬영한 중앙청 일대 사진. 창성정아파트를 확인할 수 있다. 출처: 미국국립문서기록관리보관소

의 맞는 말이기도 하지만 정확한 사실은 아니다. 당시 경성을 쥐락펴락하던 인사들 역시 아파트를 일상 거처로 삼은 경우가 많았기 때문이다. 해방 이후 대한민국 제헌의회 의원 가운데 지방에 근거지를 둔 인사들의 서울 살림집이 마땅치 않아 일제강점기에 지어진 창성정(昌成町, 현 창성동) 아파트나 삼청동 국회아파트[19]에 거처를 둔 경우가 임시 조치였다면 1930년대 경성의 아파트는 무시할 수 없을 정도의 경성 상류층 인사들의 실질적인 거처였다.

일제강점기 조선인이라면 누구나 두려워했을 조선총독부 경무총감부 고등경찰과 기밀계 촉탁이었던 기사누키 우시노스케(木佐貫牛之助)라는 인물은 1933년에 경성부 고시정(古市町, 현 동자동과 도동 1, 2가 일대)에 있었던 중앙아파트에 주소를 두었다.[20] 그는 일제의 조선 강제병합 이전부터 경상남도에 순사로 임용됐고, 1910년 조선총독부 경무총감부 고등경찰과 기밀계의 경부(警部)였으며, 1915년에는 하얼빈총영사관 경찰서장을 맡는 등 조선뿐만 아니라 만주까지 오가며 서슬퍼런 경무국 직원으로 일했던 인물이다. 1921년 도쿄고등상업학교 졸업 후 조선으로 건너와 경성고등상업학교 교수로 일했던 시바야마 노보루(柴山昇)라는 인물 역시 1935년에 미쿠니상회 대표인 도이 세이치가 1930년에 지은 미쿠니상회아파트로 추정되는 남산동 미쿠니아파트에서 거주했다고 기록되어 있다.[21]

물론 이런 경우보다 더욱 흥미로운 사실도 발견할 수 있다. 바로 1939년 4월 1일 기

1933년에 중앙아파트 거주자였던 키사누키 우시노스케.
출처: 淵上福之助, 《朝鮮と三州人》, 鹿兒島新聞京城支局, 1933.

---

19 — 기록에 의하면 삼청동 국회아파트는 서울 종로구 삼청동 1–3에 있었다. 건국기념사업회, 《대한민국건국10년지》, 대한민국건국10년지간행회, 1956. 당시 삼청동 국회아파트에는 민의원이자 자유당원이었던 최병권이 주소지를 두었음을 알 수 있다.

20 — 淵上福之助 著, 《躍進朝鮮と三州人》, 鹿兒島新聞京城支局, 1933, 326쪽.

21 — 朝鮮新聞社 朝鮮人事興信錄編集部 《朝鮮人事興信錄》, 朝鮮新聞社, 1935, 225쪽.

1. 경성골프구락부가 주최한 정무총감 환영 골프 경기에 참석한 이마이타(今井田) 정무총감. 출처: 《매일신보》 1931년 7월 27일자

2. 경성골프구락부 회원명부 가운데 이토 히사타로 관련 항목. 출처: 사단법인 경성골프구락부, 〈경성골프구락부 회원 명부〉, 1939년 4월

준으로 작성된 경성골프구락부 회원들의 주소지 가운데 일부가 경성 곳곳에 위용을 드러냈던 아파트였다는 사실이다.[22] 일제 강점 당시 '구락부는 조선인 주민들을 동화시키는 장소로 인정된 공공공간 가운데 하나로 식민지 주민들로부터 공덕심(公德心)을 이끌어내는 가장 효과적인 방법이라 여겼고, 일본인들은 고급 공연장과 구락부 그리고 신토(神道) 신사를 통해 도시의 취향을 개선할 것을 요구'[23]하기도 했다. 이런 점에서 경성

22 — 〈사업상황보고의건〉, 1939년 4월 28일, 사단법인 경성골프구락부, 국가기록원. 당시 사단법인은 조선총독에게 매년 사업상황을 보고하도록 했는데, 이 의무에 따라 1939년 4월 경성골프구락부가 보고한 문건인데 1939년 4월 1일 기준 회원명부가 첨부 자료로 따로 붙어 있어 이를 통해 당시 골프구락부 회원들의 거처를 확인할 수 있다.

23 — 토드 A. 헨리 지음, 김백영·정준영·이향아·이연경 옮김, 《서울, 권력도시》, 산처럼, 2020, 90쪽

골프구락부는 당시 승마구락부, 귀족회관과 더불어 경성 최고 상류층의 공덕심 앙양을 도모하기 위한 전시장이자 강력했던 식민권력의 경찰력이 거의 작동하지 않도록 기획된 최고급 사교장이었는데, 명예회원 가운데 한 명이 정무총감이었고 명예총재는 왕실의 이은[李垠, 1939년 회원명부에는 '창덕궁 이왕은전하(昌德宮 李王垠殿下)'로 기록]이 맡았다.[24]

경성골프구락부 회원 499명 가운데 경성에 주소를 둔 경우를 특별히 재성(在城) 회원으로 분류했는데, 그 인원이 363명에 달했다. 명예회원은 9명이었는데 정무총감 오노 로쿠이치로(大野綠一郎)와 이왕직 장관인 시노다 하루사쿠(篠田治策), 조선식산은행장 아리가 미쓰토요 등인데 이 가운데 정무총감과 이왕직 장관의 주소는 경성의 총감관저와 명치정 관사였고, 나머지 7명은 모두 일본에 주소지를 두었다. 이밖에 127명이 지방회원이라는 이름으로 경성골프구락부 회원명부에 올랐다. 흥미로운 점은 명부에 오른 지방회원은 평양이나 신의주, 부산, 청진, 진남포, 대구, 수원 등 한반도 곳곳 도시에 거주하는 사람들에 그치지 않고 도쿄며 오사카, 나고야 등 일본 대도시 거주자뿐만 아니라 방콕이며 베이징과 타이완에 거주하는 이들까지 포함하고 있으며 만주의 신징에서 사업을 하거나 관료로 일하는 일본인과 조선인 그리고 그 밖의 외국인까지 망라했다.

재성 회원 363명 가운데 1939년 4월 1일 현재 자신의 주소지를 '아파트'로 명기한 경우는 모두 7명이다. 이 가운데 조선직물(朝鮮織物)주식회사의 상무와 전무를 지낸 이토 히사타로(伊藤久太郎), 건설회사인 시미즈구미주식회사 경성지점장 요시카와 세이치(吉川淸一), 동양제사주식회사와 청진에 본점을 둔 북선산업(北鮮産業)의 회장과 조선석유주식회사 상무이사, 조선잠사통제(朝鮮蠶絲統制)주식회사의 감사이자 대주주였던 이케부치 쇼지로(池淵祥次郎) 등 3명은 내자정 75번지 미쿠니아파트에 거주했는데, 이 가운데 이토 히사타로는 내자정 미쿠니아파트 신관으로 거주지를 올렸다.[25] 그러나 다른 기록물을 통해 확인할 수 있는 경우도 없지 않다. 역시 경성골프구락부 회원이기도 한 주식

24 — 1938년 1월 1일 발행한 《삼천리》 제10권 제1호에는 〈서울의 상류사회, 입회금만 삼백 원 드는 골프장〉이라는 글이 실렸는데, 이 기사에 따르면 경성골프구락부는 회원 2인 이상 추천을 통해 200원의 입회비를 내면 가입이 가능하지만 매년 60원의 연회비와 매월 20~30원의 비용을 추가해야 하는 것이어서 언제나 시간을 낼 수 있으며 경제적으로 풍족한 경우만 가능했다. 그런 이유로 경성골프구락부는 당시 고급 사교구락부 가운데서도 으뜸으로 꼽힌 상류층의 놀이터였다.

25 — 이하 일제강점기 경성골프구락부 회원들의 간략한 이력에 대해서는 동아경제시보사(東亞經濟時報社)의 각년판 《朝鮮銀行會社組合要錄》을 참조했다. 내자동 미쿠니아파트 신관은 당시 1935년에 지어진 본관, 별관과는 달리 정확한 건립연대를 확인하기 어려웠는데 1939년에 발행된 《경성·영등포 전화번호부》에 신관이 별도로 등장하는 것으로 보아 1939년 이전에 지어졌음을 추정했고, 폐쇄건축물대장과 폐쇄지적대장을 통해 1936년에 준공했음을 확인했다.

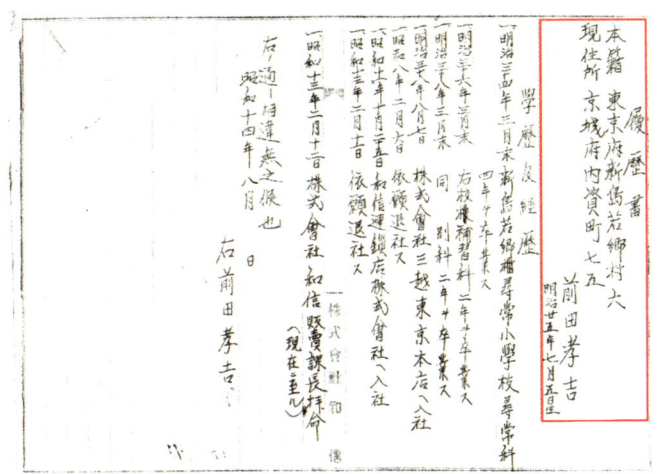

주식회사 화신의 청년훈련소 설립인가 신청서에 붙인 지도원 마에다 코오키치의 주소. 1939년 8월 작성. 출처: 국가기록원

회사 화신 사장인 박흥식이 1939년 8월에 조선총독부에 인가신청을 했던 청년훈련소 인가신청에 대해 조선총독부는 10월 31일 설립을 인가했는데, 인가신청서에 담긴 청년 지도원 가운데 한 명인 마에다 코오키치(前田孝吉)[26]의 이력서에 1939년 8월 현재 '내자정 75번지'에 거주한다는 사실을 밝히고 있다. 내자정 75번지는 거대 필지로 미쿠니아파트가 들어섰던 곳이니 구체적으로 아파트 명칭을 밝히지 않았을 뿐 그 역시 미쿠니아파트에 거주했다는 사실을 알 수 있다.[27]

욱정(旭町) 1정목 99번지에 자리한 청운장(靑雲莊)아파트를 주소지로 둔 경성골프구락부 회원은 2명으로, 1940년 7월 15일자로 남북면업(南北棉業)주식회사 대표이사를 맡은[28] 뒤 해방에 이르기까지 섬유 관련 기업에서 중역을 맡았던 키타무라 에이키치(北村英吉)와 정동 1번지 조선방송협회 일을 맡았던 미즈타니 켄조(水谷健藏)가 바로 그들이다.

26 — 그는 1933년 2월 6일 미쓰코시백화점 도쿄 본점 퇴사 후 1936년 10월 화신연쇄점주식회사에 입사해 1938년 2월 12일부터는 주식회사 화신 판매과장을 맡았는데, 청년훈련소가 설립되면 접객학(接客學)을 지도할 것이라 인가 신청서에 기록된 인물이다.

27 — 조선총독부, 〈사립 청년훈련소 설립인가의 건〉, 1939년 10월 31일, 국가기록원. 이외에도 《조선과건축》 제14집 제12호, 1935년 12월, 11쪽에 실린 회원명부에서도 경성전기주식회사 영업과장인 나가오 준이치로(長嶋駿一郎)의 주소 역시 내자정 미쿠니아파트로 기록하고 있다. 내자정 75번지 일대의 토지병합과정에 대해서는 유순선, 〈1930년대 삼국상회의 내자동 삼국아파트에 관한 연구〉, 《대한건축학회 논문집》 제37권 제1호, 2021년 1월, 117~124쪽 참조.

28 — 〈人事〉, 《조선시보》 1940년 7월 16일자

1 경성골프구락부 회원명부 가운데 미즈타니 켄조 관련 항목. 출처: 사단법인 경성골프구락부, 〈경성골프구락부 회원명부〉, 1939년 4월

2 부관연락선(釜關連絡船)을 타고 조선에 당도한 인물을 알린 《조선시보》 1936년 11월 30일자 기사

특히 키타무라는 조선에서 조면(繰綿, 목화씨를 이용해 솜을 만드는 일) 분야의 거상이자 관련 기업의 대표로서 자주 언론에 오르내렸던 인물로[29] 그의 일거수일투족이 뉴스거리였을 정도였다. 일례로 1936년 11월 29일 부산항에 도착한 부관연락선(釜關連絡船) 덕수호에 그가 승선해 조선 땅을 밟았다는 사실까지도 신문에 실릴 정도의 유명인사였는데 그보다 하루 전에 김활란이 창경호를 타고 역시 조선에 당도했음을 알린 내용과 나란히 신문에 실리기도 했다.

이밖에도 동사헌정 채운장아파트와 욱정 2정목 49의 취산아파트에 각각 한 명의 경성골프구락부 회원이 주소를 두고 있었다. 각각 스미토모 본사 경성판매점(住友本社京城販賣店)에 적을 두었던 요코다 사다히코(橫田貞彥)와 '물품판매업, 위탁업, 운송업, 대리

29 — 예를 들면 1938년 2월 19일자 《매일신보》에서는 연천군 면화 작황이 좋아 장래에도 기대되는 바가 커 남북면업주식회사 대표이사인 키타무라 에이키치와 조치원 공장장이 함께 연천으로 와 현지를 시찰하던 뒤 극비리에 4천여 평에 대한 매수 계획을 마무리한 뒤 경성으로 돌아갔다는 기사가 제법 크게 실렸다.

업, 제재업, 조선업, 계선(繫船) 등에 관한 일과 그 부대 업무'를 목적으로 설립한 미쓰이 물산주식회사 경성지점에 근무했던 마에다 요시오(前田義夫)라는 인물이다.[30]

참고로 경성골프구락부 회원명부에 이름을 올린 미쿠니상회주식회사 도이 세이치 대표의 주소지가 경성부 남산정 1정목 16번지로, 1930년 12월 준공한 남산정아파트 주소와 동일하다는 점에서 그 역시 남산동 미쿠니아파트에서 일정 기간 거주했을 개연성도 없지 않다. 만약 이 추정이 사실에 부합한다면 그 역시 당시 경성의 아파트에 거주했던 경우로 포함할 수도 있어 모두 8명의 경성골프구락부 회원이 5곳의 아파트에 거주했다고 할 수도 있다. 남산동 미쿠니아파트, 내자동 미쿠니아파트, 청운장아파트, 채운장아파트, 취산아파트 등 5곳인데, 이들 아파트 대부분이 해방 이후 미군의 숙소로 사용되었다는 점도 주목할 만하다. 취산아파트와 남산동 미쿠니아파트, 청운장아파트는 지금도 여전히 그 자리에 남아 경성의 아파트 시대를 증언하고 있다.

1 채운장아파트 거주자 요코г 사다히코의 명부 내용. 출처: 사단법인 경성골프구락부, 〈경성골프구락부 회원 명부〉, 1939년 4월

2 취산장아파트 거주자 마에다 요시오의 명부 내용 출처: 사단법인 경성골프구락부, 〈경성골프구락부 회원 명부〉, 1939년 4월

3 도이 세이치의 경성골프구락부 회원 명부 내용. 출처: 사단법인 경성골프구락부, 〈경성골프구락부 회원 명부〉, 1939년 4월

30 — 이밖에도 《조선과건축》 제16집 제4호, 1937년 4월, 36쪽에 실린 조선건축회 정회원 가운데 다카시마야(高島屋) 경성출장소에 근무하는 마스이 유에이(增井雄英)이라는 인물이 취산아파트 7호에 주소지를 두고 있다고 밝히고 있다. 또한 1944년 9월 1일을 기준으로 작성해 채운장아파트에 모두 6명의 전화번호가 올라있어 이들이 그곳에 머물렀음을 확인할 수 있다.

화가 김환기, 법학자 황산덕과 도요타아파트

수화 김환기(樹話 金煥基). 전라남도 신안군 안좌면 읍동리에서 태어나 지금의 일본대학에서 조선인 유학생 신분으로 그림을 공부하던 시절인 1934년에 아방가르드 양화(洋畫) 연구소 활동에 가입해 추상미술 운동에 참여했다는 조선인 화가. 귀국 이후에도 줄곧 일본의 자유미술가협회 전람회와 1940년 경성전람회부터 미술창작가협회로 개칭한 회원 전람회에 그림을 출품하면서 전위미술(前衛美術)운동에 가담했던 그가 죽첨정(竹添町, 현 충정로) 도요타아파트에 잠시 기거했었을 수도 있다는 사실을 아는 이는 극히 드물다.

슬하에 딸 셋을 두었던 그는 이혼 후 이상(李箱, 본명 김해경)의 부인이었던 김향안[31]과 1944년 재혼했고, 해방 이후인 1946년에서 1949년까지 서울대학교 미술대학 교수로 재직했으며 1952년부터는 홍익대학교 교수로 미술대학장을 맡기도 했다. 이후 1950년대 중반에는 부인과 함께 프랑스 파리에 머물면서 서구의 미술사조와 경향을 3년 정도 체험하고 귀국했는데, 1963년에 상파울루 비엔날레(São Paulo Biennale) 커미셔너 역할을 맡기 위해 출국한 이후에는 주로 미국에 정착해 뉴욕을 중심으로 작품 활동을 계속했다.[32]

그가 해방 전 도요타아파트를 거처로 삼았을 개연성은 1940년 5월 22일부터 열흘간 도쿄의 우에노공원(上野公園) 일본미술협회에서 열린 "제4회 자유미술전(自由美術展)"의 목록을 통해 추론할 수 있다.[33] 이 목록에는 흥미롭게도 화가의 출품작 번호, 작품명과 더불어 주소가 실려 있다. 김환기는 〈창(窓)〉과 함께 〈섬 이야기(島の話)〉라는 제목의 작품을 출품했고, 자신의 주소를 '경성부 죽첨정 도요타아파트'로 올렸다. 마침 그해 10월에는 경성 부민관에서 "제1회 미술창작가협회 경성전(京城展)"도 열릴 예정이었으니 1940년에는 비록 일정 기간이었겠지만 자신의 거처로 줄곧 삼았던 '전라남도 기좌도(箕佐島)를 떠나 경성에 머물렀을 것'이라 추정할 수 있다.[34] 물론 경성 유력자의 주소를 빌려 사용했

---

31 — 김향안의 본명은 변동림이었는데 그리 유명하지 않았던 화가 김환기를 소개받아 결혼에 이르렀지만 집안의 반대로 가족들과 인연을 끊겠다는 뜻에서 남편의 성을 따라 김향안으로 개명한 것으로 알려져 있다. 이경성(1997), 〈김환기(金煥基)〉, 《한국민족문화대백과사전》 www.encykorea.aks.ac.kr

32 — 이경성(1997), 〈김환기(金煥基)〉, 《한국민족문화대백과사전》 www.encykorea.aks.ac.kr

33 — 이 전람회에는 김환기 이외에도 안기풍, 문학수, 조우식, 유영국, 이중섭 등의 조선인 화가가 출품했다.

34 — 青木 茂 監修, 東京大文化財研究所 編纂, 《近代日本 アート・カタログ・コレクション》 073, ゆまに書房, 2004, 97·107쪽. 그밖에 앞서 언급한 김환기 관련 기록의 해석과 활동 등에 대해서는 総合研究大学院 大学 文化科学 研究科 地域文化学 과정의 마쓰오카 토모코(松岡とも子)의 의견을 추가한 것임.

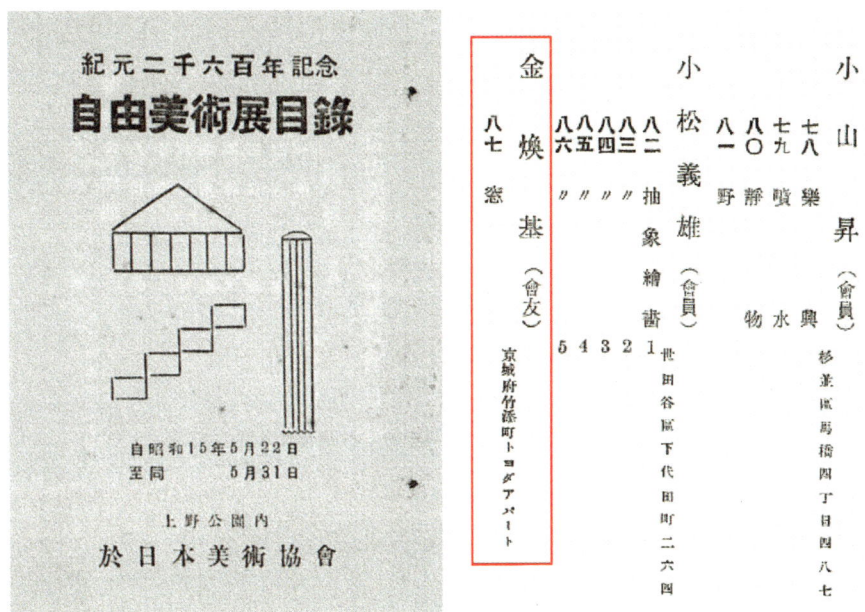

1940년 5월 도쿄 우에노공원에서 열린 제2회 자유미술전목록 표지와 출품작가 김환기 정보

을 수도 있겠지만 다른 기록물을 살펴볼 때 그가 머물렀을 개연성은 높다고 할 수 있다.

《문장(文章)》 1940년 4월호에 실린 김환기의 수필이 그것이다.[35] '섬 생활이 울적하고 지루해서 소풍도 되고 그러다가 무슨 방도라도 생기면 서울에 주저앉아 보겠다는 생각에서 서울에 왔다.'고 시작한 글에서 그는 무료함이 지나쳐 '종일 여관방에 드러누워 지내면서 영화나 한 편 만들거나 자비로 시집 200부 정도를 낸다거나 혹은 그림 100점 정도를 내건 개인전을 장곡천정(長谷川町, 현 소공로)에서 열거나 그것도 아니라면 조지야 지하에 비어홀을 열고 본정에 40평 정도의 댄스홀을 만들어본다면 돈벌이도 되고 재미도 있을 것 같다.'는 생각에 이르기도 한다고 고백했다. 그것은 하찮은 생각이라 여겨질 때면 거울을 들여다보면서 자화상을 그려보기도 하지만 별로 신통할 것이 없다고 하면서 '나중에는 여관비를 치르고 나갈 일이 은근히 걱정'이라 했다. 이어 '초인종을 눌러 (머슴아이를 불러) 담배 다섯 갑을 사오라고 한 뒤 기지개를 쭈욱 펴봤다.'며 글을 맺었다.

35 — 김환기, 〈군담〉, 《문장》, 1940년 4월호, 17~19쪽

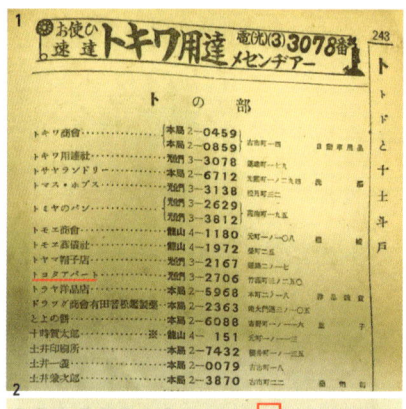

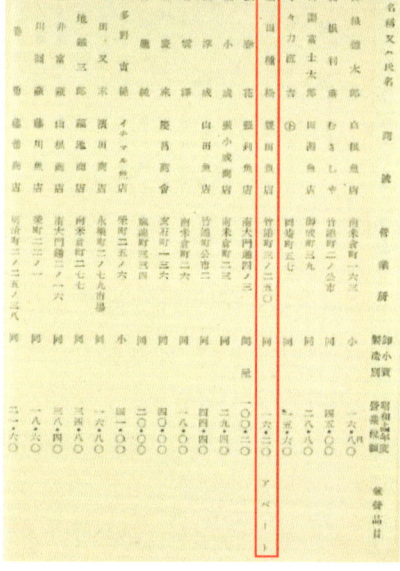

1 1939년 12월 경성중앙전화국이 발행한
《경성·영등포전화번호부》의 도요타아파트 전화번호

2 도요타아파트 1층의 도요타 생선가게(豊田魚店) 정보.
출처: 京城商工會議所, 《京城商工名錄》, 1939

　　이 수필은 1940년 4월호 잡지에 실렸으니 화가는 그보다 조금 먼저 기좌도에서 경성으로 올라와 도요타아파트를 거처로 삼았을 성싶다. 물론 그의 수필이 정확하게 '도요타아파트'라 특정하지 않고, '여관'이라고 했다는 점에서 앞서 전제한 것처럼 다른 이의 주소를 출품자 목록에 올리고 화가는 다른 여관에 거처를 마련했을지도 모를 일이다. 그렇지만 당시 경성 사람들이 '여관'과 '아파트'를 엄격하게 구별해 사용하지 않았다는 사실에서 1층에 생선가게를 둔 도요타아파트의 임대용 방 한 칸에 머물며 관리실에 설치된 전화를 이용해 알고 지내는 이들과 교류했을 가능성이 높다 하겠다. 당시 조선호텔이나 반도호텔과 같이 경성을 대표하는 호텔이나 시라누이여관 정도를 제외하고는 여러 대의 전화를 두고 사용하는 곳은 매우 드물었다. 내자동 미쿠니아파트가 본관, 별관, 신관에 각각 한 대의 전화기를 두었던 것처럼 도요타아파트 역시 전화기 한 대를 둔 관리실에 누군가를 찾는 전화가 온다면 객실에 머무는 이에게 '초인종을 눌러' 전화가 왔음을 알렸을 것이기 때문이다.[36] 물론 김환기의 수필에서 알 수 있듯 제법 큰 여관이나 아파트마다 일하는 아이를 따로 두고 투숙객들의 잔심부름도 맡겼던 것은 사실이다.

　　최근의 연구에 따르면 도요타아파트는 도요타 타네마쓰가 해당 필지를 구입한

36 ─ 1939년 10월 1일을 기준으로 경성과 영등포의 전화번호를 수록한 《경성·영등포전화번호부》(1939년 12월, 243쪽)에는 도요타아파트가 광화문 3-2706의 전화를 사용한 것으로 기록되어 있다.

뒤 1937년 8월 29일 새롭게 준공한 4층 규모의 철근콘크리트 구조의 아파트[37]였고, 1939년의 기록에 따르면 아파트 주인인 도요타는 이 아파트 1층에 도요타 생선가게(豊田魚店)라는 간판을 내건 상점을 운영했다.[38] 그러니 화가 김환기가 이곳에 묵었다면 당시는 아파트 준공 후 3년여 정도가 지난 시점이었고, 길거리를 오가는 많은 사람이 1층에서 물건을 흥정하거나 가벼운 식사를 하던 시절이었을 것이다. 시기적으로는 김향안과 재혼 이전이었으니 그는 충정로 도요타아파트에 독신으로 머물렀을 것이고, 엄살일지는 모르겠으나 경성에서의 볼일을 마친 뒤 거처를 옮길 때 치러야 할 숙박료를 걱정하던 처지였다.

중일전쟁 이후로는 아파트의 호텔 전업이 빈번했다. 신문이 전한 바 있는 그대로의 사실로 받아들일 수는 없겠지만 도요타아파트가 1940년 상반기에 서대문경찰서로부터 호텔 전업 허가를 얻었다는 사실과 그 이후부터 아파트와 여관의 호텔 전업을 허가하지 않겠다는 것이 총독부 사회과 방침이라고 신문은 전한다.[39] 만약 이 방침이 그대로 시행됐다면 서양화가 김환기는 도요타아파트가 호텔로 전업하기 직전 아파트 입주자였을 수도 있겠다.

물론 그보다 앞서 이곳을 거처로 삼았던 다른 조선인도 있었다. 법무부장관과 문교부장관을 역임한 황산덕(黃山德)이 바로 그이다. 그는 1917년 평안남도 양덕에서 태어나 평양고등보통학교를 졸업하고 1941년 경성제국대학 법문학부 법학과를 마친 뒤 1943년 일본고등문관시험 행정과와 사법과에 합격해 경북도청에 근무하다가[40] 해방을 맞는다. 한국전쟁 와중이던 1952년 1월에는 서울대학교 법과대학 조교수로 임용됐고, 1954년에는 작가 정비석과 소설 《자유부인》을 놓고 논쟁을 벌이기도 했다. 1963년에는 이른바 정치교수로 낙인 찍혀 서울대학교 교수직에서 파면된 뒤 변호사 개업을 했다. 그러다가 1966년 12월에 성균관대학교 법정대학장으로 취임했고, 이후에는 법무부장

---

37 — 이연경·박진희·남용협, 〈근대도시주거로서 충정아파트의 특징 및 가치〉, 《도시연구: 역사·사회·문화》 20호, 2018.10, 21쪽

38 — 京城商工會議所, 《京城商工名錄》, 1939, 34쪽. 당시 '어점(魚店)'은 주로 생선을 팔았지만 가벼운 식사를 할 수 있는 공간을 따로 마련해 운영하는 경우도 적지 않았다.

39 — 〈아파-트旅館轉業 今後는絶對不許方針〉, 《조선일보》 1940년 6월 1일

40 — 고등문관시험에 합격하고 판사로 임용되지 않은 이유로는 그의 부친인 황경환(黃慶煥)이 3·1 만세운동에 연루되어 1년 6개월의 실형을 선고받은 사상범이었기 때문이라고 전한다. 그런 이유로 그는 행정공무원으로 일했다고 한다.

1 자신이 도요타아파트에 거주했다고 밝힌 황산덕의 회고록 표지

2 도요타아파트 침실 모습. 2002년에 촬영한 것으로 현재 충정아파트로 불린다. ⓒ정다은

관을 거쳐 다시 문교부장관을 역임했는데,[41] 1960년에 받은 법학박사 학위가 우리나라에서 최초의 법학박사 학위였다고 알려져 있다.[42]

  아무튼 그가 도요타아파트에 거주했다는 사실은 비매품으로 발간한 회고록에서 확인할 수 있다.[43] 책에 담은 내용에 따르면 그는 '대학 예과를 수료할 무렵에 그보다 1년 선배로 먼저 본과 법학과에 다니고 있는 홍진기의 집에서 하숙하고 있었는데, 법학과 본과가 동숭동에 있었으므로 본과 시험 합격 후 도요타아파트에 방을 얻어 살며 매일 명동에서 방황하며 한 학기를 보냈다.'[44]는 것이다. 그러니 그가 도요타아파트에 세든 시점은 1938년이 되는 셈인데, 그해 늦가을 몇 번의 데이트를 한 여성과 도요타아파트 319호실에서 살림을 시작했고, 법학과 2학년을 마친 뒤 평양을 거쳐 도쿄로 유학을 떠나기 전까지 그곳에 계속 머물렀다고 했다. 그러므로 황산덕은 1938년에 도요타아파트 319호를 얻어 혼자 살다가 짝을 만나 그 방에서 동거 신방을 차린 것이니 도요타아파트에 그가

41 — 최종고(1996), 황산덕(黃山德), 《한국민족문화대백과사전》 www.encykorea.aks.ac.kr

42 — 블로그 "양승국 변호사의 세상 이야기" https://blog.naver.com/yangaram1/221191065613

43 — 황산덕, 《石隅 黃山德 회고록》, 한동문화사, 2017, 102~103쪽.

44 — 황산덕, 《石隅 黃山德 회고록》, 한동문화사, 2017, 101~103쪽. 황산덕이 경성제국대학에 입학한 것은 1935년인데, 그동안 2년 과정이었던 예과가 1934년부터 일본과 동일하게 3년으로 변경되었으므로 회고록에서 밝힌 '3년 동안의 청량리 생활'은 청량리역 맞은편에 있던 경성제국대학 예과 시절을 말하는 것이다.

머물렀던 시기는 아파트 준공 후 채 1년도 지나지 않은 1938년부터 1939년에 이르는 기간이었을 것이다. 이러한 추측이 사실에 부합한다면 법학자 황산덕이 도요타아파트에서 떠날 무렵 전후로 서양화가 김환기가 새로운 세입자로 같은 아파트에 든 셈이다. 경제적으로 부유했다고 알려진 이 두 사람이 충정로 도요타아파트에 머물렀다는 사실은 당시 도요타아파트의 시설이며 설비 수준을 간접적으로 일러주는 실마리가 된다.

마침 흥미로운 기록도 발견할 수 있다.[45] 일본 수학국(數學局)에서 1938년 11월을 기준으로 각급학교 재학생의 생활 형편을 조사한 것이 그것인데, 당시 경성제국대학 재학생 가운데 '아파트 생활'을 했던 경우는 모두 14명으로 이들이 월평균 지출한 주거비용은 60.88엔으로 오사카보다는 조금 낮았지만 도쿄나 타이페이의 제국대학 학생들의 아파트 임차 비용과 거의 유사했다. 또한 이는 도호쿠(東北), 큐슈(九州), 홋카이도(北海道) 등 다른 지역 제국대학 학생들의 아파트 임차비보다 월 7엔 정도 많이 부담하는 것이었다. 이 조사에서 경성제국대학 학생 중 아파트에 거주하는 경우, 가장 낮은 월 임차료가 40~45엔이었으므로 황산덕의 경우만 하더라도 상당히 높은 월 임차료를 부담하면서 도요타아파트에 거주했던 셈이라 하겠다.

물론 허구일지라도 이에 부합하는 내용이 담긴 소설도 찾아볼 수 있다. 한국전쟁 중 미군의 서울 수복 후 '트레머호텔'로 이름을 바꿔 유엔군 시설로 활용할 당시 도요타아파트를 인민군 출신으로 카투사 중위가 된 소설의 주인공 '승현'이 이곳에 방을 배정받는 장면이다. "오후에는 그를 따라 나가 장교숙소로 사용하고 있는 '트레머호텔(현재 충정아파트)'로 들어가 방을 배정받았다. 배정받은 방은 네 사람이 쓰도록 꾸며져 있었는데, 야전생활을 했던 인민군 시절에 비하면 천국이나 다름없었다. 폭신한 침대와 샤워실, 그리고 서양식 화장실은 물론 전화기와 라디오, 맥주와 사이다가 꽉 들어찬 냉장고는 눈으로 보고도 믿기지가 않았다."[46] 실제로 1961년 2월 미국 육군부가 〈리빙 앤 워킹 인 코리아(Living and Working in Korea)〉라는 제목의 팸플릿을 만들어 서울에 주둔하는 미군 중 숙소 비용을 개인이 부담할 수 있는 영외 여성 근무자라면 이런 곳에서도 살 수 있다고 광고한 트레머호텔의 독신자 숙소 풍경이 연상되는 대목이다.

---

45 — 數學局 編, 《學生生徒生活調査(下)》, 數學局, 1939, 104~105쪽

46 — 류문선, 《귀로》, (주) 마이디팟과 저자의 전자출판계약에 따라 2012년부터 2017년 8월까지 인터넷을 통해 판매한 소설로 작가가 운영하는 "NovelBank"라는 이름의 블로그를 통해 살펴볼 수 있다. 인용 부분은 류문선, "NovelBank" 〈귀로〉 "4–2장"

평양의 대표적 아파트였던 동아아파트와 관련해 매우 흥미로운 사실도 있다.《조선일보》1937년 5월 18일자 〈김종찬화백 작품전람회(金宗燦畵伯 作品展覽會)〉 기사가 그것이다. 어렸을 때부터 이미 신진 천재화가로 추켜세워졌던 평양 근처 강동군 출신 화가 김종찬이 조선일보 평양지국 후원으로 그해 6월 12일부터 15일까지 평양 미나카이백화점 갤러리에서 작품전람회를 개최할 것이라는 내용이다. 기사 끄트머리에 '그가 평양 전람회 준비를 위해 1937년 5월 평양에서 최고 수준의 시설을 자랑하고 있는 동아아파트에 머물며 작업에 몰두하고 있다.'는 내용이 있다. 추상화가 김환기의 도요타아파트 거주 내용과 견준다면 제법 흥미로운 내용이 아닐 수 없다. 당시 천재화가로 불렸던 김종찬은 중일전쟁 이후 조선 최초의 종군화가로 변절했고 해방 이후 행적은 알려지지 않고 있다.[47]

과연 경성의 아파트엔 누가 살았을까

이제 일제강점기 경성의 아파트에 누가 살았는가에 대한 대답에 나설 차례다. 어떤가. 지금까지의 내용으로 미뤄 판단한다면 누구라도 살았다 하는 것이 옳은 대답일게다. 일본인과 조선인을 구분해 어느 한쪽이 주로 거주했다고 하기도 쉽지 않을뿐더러 카페 여급부터 식민지 조선을 마음대로 주무를 수 있었던 고관대작에 이르기까지 거의 모든 부류와 계층에 속한 사람들이 삶을 의탁했던 곳이다. 다만 당시의 아파트란 예외 없이 임대주택사업 대상이었기에 결국 임대료의 차이가 물리적 공간의 시설 수준이며 거주자의 계층을 구별하는 기준으로 작용했을 것이 분명하다. 1930년대 경성은 이미 자본주의 도시화의 세례를 흠뻑 받았기 때문이다.

미쿠니상회가 1930년대 중반 이후 식민도시 경성에서 부동산 임대업으로 사업을 크게 확장하는 과정에서 디딤판 역할을 했던 내자동 미쿠니아파트의 경우만 보더라도 앞에서 살핀 것처럼 조선 최상류층에 속한다 할 수 있는 경성골프구락부 회원들 가운데 일부가 살았으며, 한때 댄스홀까지 부설해 경성 물랑루즈를 만들 생각으로 일본인 우에하라 나오이치(上原直一)가 직접 건축했던 채운장아파트와[48] 해방 직후 미군 요

---

47 — 〈半島最初 從軍畵家〉,《매일신보》1938년 4월 10일자

48 — 〈築きあげる彼と人生(13): 彩雲莊アパートの主 上原直一氏〉,《조선신문》, 1937년 2월 24일자

1 현재의 모습으로 바뀌기 직전의
   취산아파트, 1965년 촬영
   ⓒStephen Dreher

2 1970년대 초까지 건축 당시 자리를
   지키고 있었던 채운장아파트,
   1962년 4월 촬영. 출처: 국가기록원

3 한국전쟁 이후 트레머호텔이었다가
   다시 코리아호텔 등으로 이름을
   바꾸며 미군 전용 호텔과 사무실로
   사용됐던 충정로 도요타아파트.
   출처: Veritas vol.9 no.1, 2013

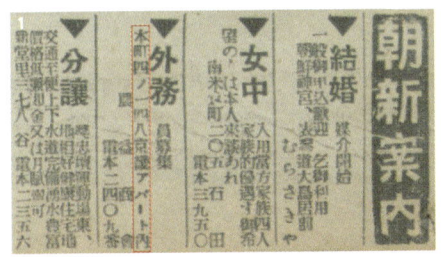

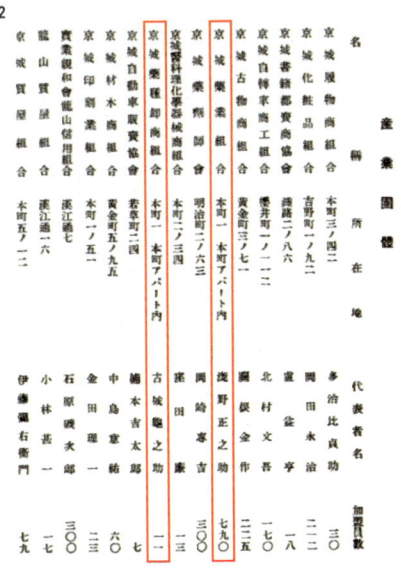

1 경기아파트에 사무실을 두었던 농익상회의 외판원 모집
   광고. 출처: 《조선신문》 1932년 7월 2일자
2 1937년판 《경성상공명록》에서 확인할 수 있는 본정아파트
   내 산업단체. 출처: 국립중앙도서관

원들의 숙소로 오랜 시간 전용된[49] 취산 아파트에도 누구나 고개를 주억거릴 정도의 당대 상류층 인사들이 거주했다. 따라서 도시 독신 샐러리맨들의 안식소라거나 풍기문란한 청춘남녀의 거처 혹은 기생이나 카페 여급 등이 주로 살았다는 당대 아파트 풍경에 대한 묘사는 앞서 언급한 상류층 아파트보다는 상대적으로 임대료가 낮고, 근대적인 문화시설이며 설비를 제대로 갖추지 못한 경우를 특별하게 지목해 언급한 것이다. 한때 경성에 거주했던 이가 1943년 무렵의 신정 일대를 회고하며 그린 약도에도 '아파트'라 불렀다는 곳을 자그마한 동리에 5곳이나 표기했는데 이런 아파트에 살았던 이들이 바로 여러 층위의 독신자였을 것이 분명하니 경성의 아파트 거주자가 누구였는가에 대한 절대적 판단은 쉽사리 단정할 일은 아니다.

게다가 경성의 아파트는 개인이나 가족의 거처로서뿐 아니라 때론 사무용 공간으로 사용하기도 했다. 《조선신문》에 실린 구인 광고로 미뤄볼 때 1932년 7월 이전에 준공한 것으로 추정할 수 있는 본정(本町, 현 충무로) 4정목 148번지의 경기(京畿)아파트에는 농익상회(農益商會)가 입주했고, 그곳에서 외판원을 모집한다고 신문을 통해 알린 것이다. 경성상공회의소가 발행한 《경성상공명록(京城商工名錄)》 1937년판 내용을 살펴보면 본정 1정목에 자리한 본정아파트

49 ― 일제강점기에 근대적 재료와 각종 최신 설비를 갖췄던 아파트들은 해방 이후 거의 대부분이 미군정 요원들의 숙소로 이용됐는데, 내자동 미쿠니아파트의 경우 내자호텔로 오랜 기간 동안 사용됐으며, 1937년 준공한 충정로 도요타아파트의 경우만 하더라도 한국전쟁 이후에는 트레머호텔이었다가 다시 코리아호텔 등으로 이름을 바꾸며 미군의 전용 호텔과 사무실로 사용됐다.

1939년 경성골프구락부 회원들이 살았던 청운장아파트, 취산아파트, 남산 미쿠니아파트, 1976년 촬영.
출처: 서울특별시 항공사진서비스

에 단체의 사무실이 입주했음을 확인할 수 있다. 경성약업조합(京城藥業組合)과 경성약종상조합(京城藥種御商組合)이 그것인데, 각각 카쇼노 쇼노스케(淺野正之助)와 후루시로 카메노스케(古城龜之助)가 750개 업체와 11개 상점을 회원으로 거느린 직능단체 대표로서 본정아파트에 해당 조합의 사무실을 운영했던 것이다. 이는 내자동 미쿠니아파트에 미쿠니상회 북부 매점이며 사무공간을 두었던 것과 다르지 않으며, 경우마다 다르겠지만 당시 경성의 아파트 1층에 임대용 사무공간을 두고 있었음을 드러내는 중요한 근거이기도 하다.[50]

그러므로 중요한 사실은 경성시대의 아파트는 적어도 통상적인 살림집으로서의 가족아파트와는 다소 거리가 있었다는 점이다. 1930년대 중반 각각 평양과 경성을 대표하는 아파트로 꼽아 손색이 없을 평양 동정의 동아파트와 경성부 내자정 미쿠니아파트의 준공 소식에 담긴 일부 내용을 다시 살펴보자.

평양 동아파트의 경우만 하더라도 '임대실의 구조는 바닥면적 기준으로 다다미

---

[50] ─ 〈大邱府營住宅及アパート新營費起債の件〉, 1941년 10월 28일, 국가기록원. 기록물에 붙은 대구부영아파트 평면도는 1층 16.8평을 임대용 사무공간임을 명시하고 있다.

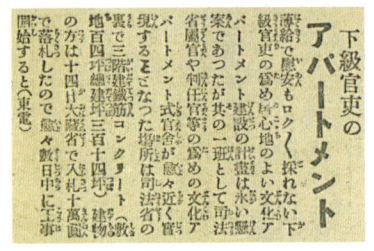

《조선신문》 1926년 8월 16일자에 게재된
'하급 관리를 위한 아파트' 건설 기사

4.5장과 6장으로 각각 구성된 개실과 이 두 가지를 합해 사용하는 경우가 있는데,[51] 당연하게도 '임대실'이라 함은 곧 독립 생활이 가능하도록 구획한 공간(室)을 임대하는 것이었고, 임대 기간은 통상 월 단위였으며 식사는 따로 마련된 식당에서 이용했다. 그런데 여러 사정으로 인해 가족과 함께 머물러야 하는 경우도 있을 수 있다는 점에서 다다미 4.5장의 방과 6장의 방을 연결해 사용할 수 있도록 했는데, 이는 비교적 예외적인 경우에 속했다. 내자동 미쿠니아파트의 경우도 '아파트는 임대용 방이 69실 있는데 입주 신청자가 벌써 150명을 넘어 그 할당에 고심하는 상황'[52]이라고 했으니 평양의 경우와 다를 것이 없다.

그런데 부산에서 1940년 봄에 착공해 1년 만에 준공에 이르게 된 소화대로(昭和大路)의 청풍장(淸風莊)아파트 전람회 소식은 앞의 경우와는 제법 다른 내용을 담았다. '가정적인 따뜻한 분위기를 즐길 수 있는 것을 모티브로 해 18가구가 살 수 있는 구조로 했고, 수도와 가스, 전등 그 외의 설비가 모두 독립적 살림을 세대 내에서 할 수 있도록 한 것으로 식모나 다른 고용인을 둘 필요가 없는 간이생활을 모토로 했다'[53]는 것이다. 1930년대 중반 평양과 경성을 대표할 수 있는 아파트와 1940년 초 부산의 아파트 사이에 앞서 살폈던 '가족아파트'가 놓인다는 사실은 충분히 많은 것을 알려준다.

이러한 사실은 일제강점기에 한반도에 아파트를 전한 일본의 경우도 다르지 않았다. 도쿄발 소식을 다룬 1924년의 《조선신문》에서 이르길 '부지 104평에 3층 철근콘크리트로 314평의 건축면적을 확보하는 문화아파트를 사법성(司法省) 건물 뒤편에 지어 소속 판임관 등 박봉에 시달리는 하급 관리의 안식처를 마련'한다는 것이다. 그런데 중앙행정기관 판임관들이 과연 경제 계층으로 볼 때 저소득층이라 단정할 수는 없다. 그러므로 일제강점기 조선에 들어온 아파트가 결코 낮은 계층의 거처였다는 단언에는 무리가 있다고 하지 않을 수 없다.[54]

51 — 〈平壤市街の偉觀 東アパート出現, 近代建築の粹〉,《조선신문》 1934년 11월 2일자
52 — 〈ミクニアパート落成式〉,《조선신문》 1935년 6월 1일자자
53 — 〈あす釜山で初めてのアパート展示會〉,《부산일보》 1941년 4월 5일자
54 — '아파트에서 벌어진 사건과 사고'(343쪽)에서는 다양한 군상의 사람들이 경성 시절 아파트에 거주했다는 사실을 이야기한다.

경성의 아파트 집세

일본인과 조선인의 생활상

지금도 시행되고 있는 인구주택총조사는 식민지 조선에서 각종 세금과 공과금을 부과하고 학령아동이나 징병대상자를 파악하는 데 활용할 수 있는 매우 유용한 자료였다. 경성부 세무과에서 조사해 발표한 1934년 《호구조서》는 내지인, 조선인, 외국인으로 분류해 정·동·별로 직업 통계를 제시했다. 당시 전국 인구에 대한 일본인의 비율은 2.7%였다. 이들 가운데 행정과 경제의 중심지였던 경성에 거주하는 일본인 비율은 전국을 대상으로 하는 경우보다 무려 10배 이상이나 되는 28% 정도이고[1] 이들은 대부분 공무,자유업과 상업 및 공업에 종사했다. 당시 대도시 경성의 산업 비중을 보면 상업 및 교통업이 32.8%, 공무·자유업이 21%, 공업이 13.5%였다. 조선인은 주로 상업과 교통업에 종사했지만 무직과 직업을 신고하지 않은 경우가 대부분이었다.[2] 1935년 직접세 부담액을 살펴보면 조선인이 호당 7,261엔, 1인당 1,433엔이었고 일본인이 호당 98,281엔, 1인당 22,743엔이었다. 일본인의 수입은 조선인보다 13~15배가량 월등히 높았다.[3]

1930년대에 조선인은 일자리를 찾거나 근대교육 학습을 위해 지방에서 경성으로 끊임없이 몰려들었다. 살림살이를 안정적으로 유지할 수 있는 집 또는 방 한 칸 구하는 것은 점점 힘들어졌고, 월세 또는 전세살이를 해야 했다. 집세를 낼 형편조차 안 되는 이들은 하숙, 여관, 기숙사를 전전하거나 토막민으로 생활할 수밖에 없었다. 1943년에 이루어진 중류 이상 급여 생활자의 주거 유형과 집세 조사[4]에 따르면 당시 일본인 평균 월수입은 약 127엔이었고, 셋방살이를 하는 일본인의 평균 월수입은 86엔 정도였다. 반면 조선인 평균 월수입은 61엔이었는데, 셋방살이를 하는 조선인의 경우 평균 월수입은 47엔 정도로 일본인과 소득 격차가 컸다. 조선인은 일본인보다 더 많은 식구와 함께 열악한 주거환경에서 궁핍하게 지냈음을 알 수 있다.

당시는 '이상적인 신랑감'으로 일정한 수입을 벌어들이는 '사라리맨(샐러리맨)'을 선호

---

1 — 서울역사박물관, 《각정동직업별호구조사서》, 서울역사박물관소장유물자료집 8, 2017, 26~27쪽

2 — 서울역사박물관, 《각정동직업별호구조사서》, 서울역사박물관소장유물자료집 8, 2017, 36~37쪽

3 — 矢野干城·森川清人 共編, 《(新版)大京城案內》, 京城都市文化研究所, 1936, 78쪽

4 — 이승일, 〈1930~40년대 경성 거주 급여 생활자의 주거 생활〉, 《한국민족문화》 58, 2016, 370쪽에서 재인용. 朝鮮厚生協會, 《朝鮮に於ける人口に關する諸統計》, 1943, 34~35쪽

한다고 나올 만큼[5] 정기적인 수입원이 있어 안정된 생활을 영위할 수 있다는 것이 선망의 대상이었다. 전문학교나 대학을 나와서 근무를 하는 은행원이나 회사원은 최소 월 50~60원의 수입이 있었고 관청, 동양척식과 같은 '고급 월급쟁이'는 월 60~70원 정도 받았다.[6] 1936년 《삼천리》 신년호에 실린 〈현대 샐러리맨 수입조사〉의 월 소득을 살펴보면 의사가 100원, 신문기자는 60~70원, 여점원은 25원(하루 약 1원)이었다. 월수입이 아닌 하루단위로 벌이를 하는 직종도 많았는데 이발사나 재봉공은 70전~1원, 전화 교환수가 보통 60~70전에서 최고 1원, 카페 여급은 3~4원, '버스껄'이 하루 10시간 일하고 75전을 받았고, 담배공장 직공은 27전, 여직공은 45전에 불과했다. 경성의 하층민을 이루는 자유노동자로 운반 인부, 청소 인부, 건축 보고(補雇) 등이 있었는데, 하루에 인력거는 50전, 건축 인부가 약 85전, 석축 인부는 70전, 흙 운반 인부는 80전 정도를 벌었다.[7] 이들은 자신의 수입으로 경성에서 쪽방 한 칸은 고사하고 하룻밤을 무사히 지내기에도 힘들어 토막민 생활로 내몰리기 일쑤였다.

경성의 셋방살이 비용

1930년대 말 경성부 도시계획과를 중심으로 살핀 주택난 실정에 대한 통계 조사에 따르면 '집이 없어 여관, 아빠-트 등 고가의 셋방을 빌리어 거주하는 세대가 385세대에 달하고 집세 비싸기는 본정, 욱정, 종로 1정목과 2정목이 가장 비싸 건평당 4원 26전이고 남대문통 1정목에서 3정목에 이르는 구간은 건평당 3원'으로 집계되었다.[8] 경성부 영업세액 증가에 증권대부업과 물품판매업에 이어 여인숙업이 기여했다고 하니, 수요도 많았고 그에 따라 숙박임대업들이 지속적으로 확산했음을 알 수 있다.[9]

5 — 〈내가 理想하는 新郎候條件. 서울 某 女子高普卒業班 閨秀 提案〉, 《삼천리》 7권 1호, 1935년 1월, 131~135쪽

6 — 최병택·예지숙, 〈'사라리맨'의 일상, 반도에 분 '바람'〉, 《경성 리포트: 식민지 일상에서 오늘의 우리를 보다》, 시공사, 2009, 19쪽

7 — 채숙향·이선윤·신주혜, 《조선 속 일본인의 에로경성 조감도: 공간편》, 문, 2012, 230쪽; 〈職業別로 본 그 生活相(1)〉, 《동아일보》 1931년 1월 1일자

8 — 〈집없이도사는 京城人!〉, 《동아일보》 1939년 4월 21일자

9 — 〈營業稅額上으로본 大京城府의 膨脹〉, 《매일신보》, 1930년 5월 2일자

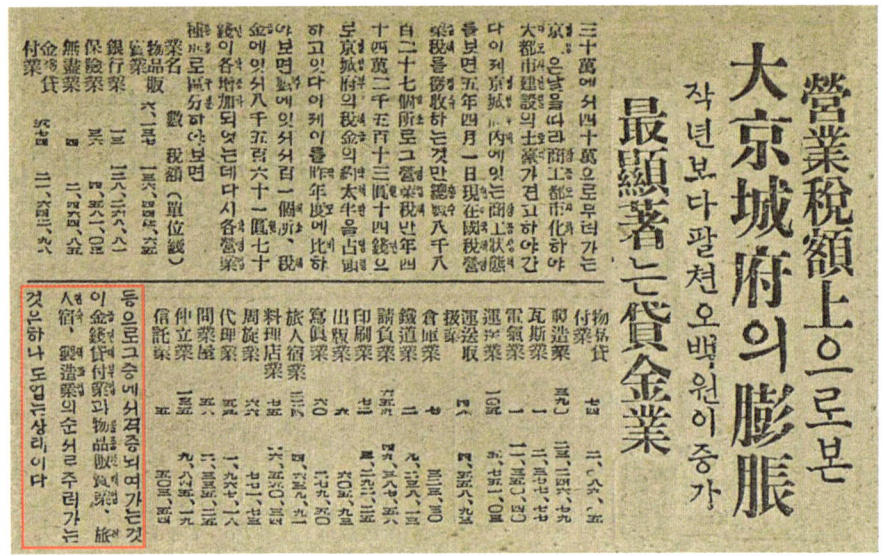

〈영업세액상으로 본 대경성부의 팽창〉, 《매일신보》, 1930년 5월 2일자

    1930년대 경성의 불특정 다수를 대상으로 영업을 했던 주거임대 업태별 이용료를 살펴보면 경성에서 주택을 마련할 능력이 없는 이들의 셋방살이 비용을 대략 가늠해 볼 수 있다. 경성 시내 변변치 못한 조선식 집의 온돌 한 칸에 매월 2원에서 8원,[10] 공장 기숙사비가 월 9원, 신문기자의 경우 하숙비가 월 20원 정도였다.[11] 일제강점기 숙박 관련 자료[12]에서 일본인이 경영하는 일류 여관은 1박 2식에 6~7원 정도이고 그보다 낮은 급은 4~5원이었다.[13] 본정호텔의 숙박료는 하룻밤에 2엔 50전에서 7엔 사이였고 황금정의 미도리요여관(みどりょ旅館)은 3엔을 받았다. 나름 유명하다는 조선 여관인 남산정의 천진루(天眞樓)의 경우 1박에 3~5원 정도 숙박요금을 요구했고, 서울역 부근의 미에여

10 — 〈每間八圓의 月貰〉, 《동아일보》 1922년 6월 8일자. 기사에는 이미 1920년대 초의 높은 사글세에 대해 각 경찰서에서 집세에 관한 조사를 착수한 결과 종로 일대 월세는 온돌 한 칸에 3원부터 8원 10전까지, 서대문 일대는 2원에서 8원, 동대문 일대는 3원에서 7원, 본정 일대는 2원 20전에서 6원까지 받는다고 보고되었다.

11 — 三千里機密室, 〈現代 쌀라리맨 收入調〉, 《삼천리》, 8권 1호, 1936년 1월

12 — 〈朝鮮旅行案內記〉, 朝鮮總督府鐵道局, 1934, 국사편찬위원회, 〈관광 명소의 탄생과 숙박 시설〉, 《여행과 관광으로 본 근대》, 두산동아, 2008, 142쪽 재인용

13 — 국사편찬위원회, 〈관광 명소의 탄생과 숙박 시설〉, 《여행과 관광으로 본 근대》, 두산동아, 2008, 141쪽 표 "1910년대 경성의 일본인 경영 숙박 시설" 재인용

관(三重旅館)에서는 1.5~1.9엔 정도의 숙박료를 받았다.[14] 조선인이 경영하는 여관은 일본인이 경영하는 곳에 비해 위생과 시설 측면에서 훨씬 수준이 낮았다.

가장 고급의 숙박업 형태인 호텔은 주로 총독부 철도국이 경성, 평양, 부산, 신의주 등지에서 운영했는데, 대표적으로 경성부 장곡천정(長谷川町, 현 소공동)에 1914년 준공한 조선호텔이 있다. 서양식 설비를 도입하고 다양한 부대시설과 함께 총 54개의 객실에 100명 정도 투숙할 수 있는 웅장한 규모로 지어진 만큼 숙박료는 아주 비쌌기 때문에 외국인이나 상류층이 주로 이용했다. 숙박비만 해도 객실 대여와 함께 식사가 제공되는 미식(美式)[15]을 이용할 경우 하룻밤에 9원이었고 따로 식사라도 하려고 하면 추가로 1원 70전에서 2원 50전을 지불해야 했는데 끼닛값만으로도 일류 여관급의 숙박료와 맞먹게 된다.

호텔은 대부분 하룻밤 요금을 받았고 여관은 단기 및 장기 투숙객이 혼용되어 있어 1박 요금과 월 요금이 천차만별로 책정되어 있었던 것으로 짐작된다. 반면 하숙이나 대가의 경우는 장기적인 셋방살이로 볼 수 있어 월 요금을 납부했다. 《(신판)대경성안내》에 따르면 집을 온통 빌리는 대가의 경우 4.5장과 3장 다다미방을 합쳐 매달 14~15엔, 4.5장 다다미방 두 개에 17~18엔, 6장에 4.5장을 더한 방은 22~23엔, 6장 2개 방에 4.5장 방과 2장 방을 합친 곳은 30~34엔이다.[16] 새집 월세의 경우 다다미 한 장당 3엔, 4~5년 정도 된 집이라면 2~2.5엔 정도 받는 것이 표준화되어 있었는데, 여기에는 수도세와 함께 종이로 된 미닫이문의 연 1회 교체비가 포함되어 있지만 전기세는 추가로 내야 했다.[17] 방에는 현관과 부엌, 빨래봉이 있어 가족 단위로 지내는 경우가 많았다. 반면 하숙의 경우 주로 학생들이 많이 이용하던 임대 업태였는데, 학생 하숙료가 한 달에 15원 이상[18]이었다.

---

14 ― 矢野干城·森川清人 共編, 《(新版)大京城案內》, 京城都市文化硏究所, 1936, 197쪽. 당시 화폐단위는 일본인이나 조선이 모두 같았지만 일본인은 '엔'으로, 조선인은 '원'으로 불러 사용했다.

15 ― 조선호텔, 평양철도호텔, 부산정거장호텔 등 일제강점기 호텔에서는 유럽식으로 객실만 제공하는 구식(歐式)과 미국식으로 객실과 함께 식사도 제공되는 미식(美式) 객실로 분류하고 요금도 차등적으로 받았다. 龜岡榮吉, 《四季の朝鮮》, 朝鮮拓殖資料調査會, 1926. 국사편찬위원회, 〈관광 명소의 탄생과 숙박 시설〉, 《여행과 관광으로 본 근대》, 두산동아, 2008, 140쪽 표 "주요 호텔 이용료" 재인용

16 ― 矢野干城·森川清人 共編, 《(新版)大京城案內》, 京城都市文化硏究所, 1936, 141쪽

17 ― 矢野干城·森川清人 共編, 《(新版)大京城案內》, 京城都市文化硏究所, 1936, 141쪽

18 ― 여인숙조합에서 물가 하락에 따라 하숙료와 숙박비를 감하해야 한다는 목소리에 경성학생회가 요구한 13원은 수용하지 못하고 15원으로 감하할 것이라는 내용이 있다. 〈旅館下宿費 一割을 感下〉, 《동아일보》 1930년 10월 31일자

집 없이도 사는 경성인!

경성의 전기, 수도, 가스, 집세 등과 같은 생활 물가는 일본의 도시보다 높았다. 특히 집세가 비싼 원인은 일본인 집주인이 폭리를 취하거나 일본인 대다수가 정해진 봉급 외에 일정한 액수를 덧붙여 주는 가봉(加俸)과 사택료 등을 받음에 따라 집세도 비싸게 책정되기 때문이라고 《동아일보》 1929년 11월 18일자 기사는 전한다.[19] 특히 1930년대 접어들면서 경성부 주민의 6할은 차가인(借家人)으로 일본인들은 주로 고가의 가임을 내는 주택에서 임대로 생활하는 반면 조선인들은 5~10원 가임을 내는 저렴한 주택에 세를 들어 살거나 아예 부외(府外)로 내몰리게 된다.[20] 주로 일본인은 가주가 되었고, 조선인은 주택을 가지지 못하고 차가 생활을 했는데, 그 수요가 계속 증가함에도 일본인 가주들이 고액의 가임을 요구하거나 언제든지 차가인을 내쫓을 수 있어서 그 고통은 배가되었다.

당시 신문들은 연일 대경성의 주택난을 해결할 방책으로 물가 억제, 차가법 제정과 주택조합령 등을 실시하라고 목소리를 높였다.[21] 결국 1937년 중일전쟁 이후 통화는 많아졌고 물자는 부족해 물가가 계속 오르면서, 더 이상 손 놓고 있을 수 없게 되자 1939년에서야 경성부 사회과에서 부내 실정을 조사하고 대책을 세우기 위해 약 3개월 동안 5만여 호의 부내 주택의 월세를 대대적으로 조사하게 된다.[22] 본격적인 조사에 앞서 1월에 경성부 사회과 직원들이 일본식 주택에 거주하는 비용에 대해 먼저 살펴보기도 했다. 대체로 집세가 비싼 곳의 월세(다다미 한 장 평균 비용)는 욱정 2원 33전, 효자정 2원 8전, 통의정 2원 4전, 누상정 2원, 서계정 1원 93전, 종로 1원 90전, 남산정 1원 84전, 북미창정 1원 81전이었다.[23] 경복궁을 파헤치고 총독부 청사를 건립하면서 총독부 직원들은 남촌뿐만 아니라 지금의 서촌 지역에 방을 얻어 거주하는 비율이 높아졌다는 것도 알 수 있다.

19 — 〈日本의各都市보담 物價비싼大京城〉, 《동아일보》, 1929년 11월 18일자

20 — 〈住宅難의大京城 借家가三千餘戶〉, 《조선일보》, 1931년 9월 21일자; 〈京城市內에借家人 朝鮮人만三萬餘戶〉, 《조선일보》, 1929년 12월 1일자 기사에서는 차가인을 "제집간조차업서서 남의삭월세집을 어더가지고 그달그달을겨우 지내가는 차가인(借家人)의 수효가날로달로 늘어가고잇다"고 설명하고 있다. 세 놓는 집이 가장 많은 곳은 종로, 광화문통, 낙원동, 돈의동, 예지동, 냉동이며 오래된 집일지라도 15~16원의 월세를 받았다.

21 — 〈都市生活과 住宅難〉, 《조선일보》, 1932년 7월 14일자

22 — 〈府內住宅의月貰調査〉, 《조선일보》, 1939년 2월 10일자

23 — 〈府內住宅의月貰調査〉, 《조선일보》, 1939년 2월 10일자

〈집없이도 사는 경성인!!〉,
《동아일보》, 1939년 4월 21일자

경성부의 대대적인 월세 조사에 대한 통계는 그해 6월에 발표되는데, 일본인의 가옥 수는 전체 2만여 동 중 셋집은 9,525동이고 조선인 가옥은 62만 5천여 동 중 셋집은 6천여 동으로 집계되었다. 일본인과 조선인 주택을 크기별로 나눠서 최고와 최저 월세도 살폈는데, 일본인 주택에서는 10평 이상 20평 미만 크기의 가옥 월세가 가장 비싸고, 조선인 주택에서는 가장 협소한 10평 미만의 가옥 월세가 가장 비싼 것으로 나왔다.[24] 부영주택의 집세가 평당 평균 72전 또는 다다미 한 장 평균 1원 6전이었던 것과

24 — 〈月貰로가장비싼것은 十間未滿의家屋〉,《조선일보》, 1939년 6월 10일자

비교해[25] 일본식 주택의 집세는 엄청나게 비싼 편이었고, 조선식 주택도 부영주택에 못지않게 비용의 장벽이 높았다. 조사는 했으나, 사실상 매년 5만여 명의 인구 증가로 인해 7~8천호가 부족한 것으로 조사결과가 나타나고 여기에 물자난과 자금난이 보태지면서 '공동주택인 아파트식 주택'의 필요성은 더욱 절실해졌다.[26]

1939년 경성부 주택 월세 조사

가옥규모	일본인 가옥				
	일본인 호수(동)	일본인 셋집(동)	최고(평당)	최저(평당)	평균 월세
5평 이상 10평 미만	4,836	2,232	5원 21전	25전	1원 67전
10평 이상 20평 미만	12,480	5,724	5원 67전	40전	1원 79전
20평 이상 30평 미만	2,886	1,284	4원 78전	55전	1원 63전
30평 이상 50평 미만	503	249	3원 30전	69전	1원 52전
50평 이상	156	36	2원 98전	52전	1원 38전

가옥규모	조선인 가옥				
	조선인 호수(동)	조선인 셋집(동)	최고(평당)	최저(평당)	평균 월세
5평 이상 10평 미만	119,344	3,072	4원	41전	1원 37전
10평 이상 20평 미만	33,681	2,044	3원 30전	42전	1원 40전
20평 이상 30평 미만	7,652	815	2원 69전	49전	1원 30전
30평 이상 50평 미만	1,426	47	2원 51전	77전	1원 50전
50평 이상	478	12	2원 13전	48전	91전

출처: 〈월세로 가장 비싼 것은 열 칸미만의 가옥〉, 《조선일보》, 1939년 6월 10일자

25 — 〈府內住宅의月貰調査〉, 《조선일보》, 1939년 2월 10일자
26 — 〈現下緊急한社會施設!〉, 《동아일보》, 1940년 1월 4일자

1930년대 일본 아파트 집세

간토 대지진 이후 내무성 산하 재단법인 도준카이에서는 동경의 주택 부족 문제에 대응하기 위해 도시에서 월급 생활을 하는 봉급자들을 대상으로 공동주택인 '아파트먼트'를 적극적으로 건설하기 시작했다. 도준카이아파트의 집세는 균일하지 않지만 대개 벌어들이는 수입의 20% 이내가 되는 정도가 되어야 입주할 수 있었고, 2개월치 보증금을 내야 했다. 고급 아파트의 경우 독신용이 매월 45~50엔, 가족용이 100~200엔이었다. 보통 집세의 기준은 다다미 8장 방이 11.5~15.5엔, 6+4.5장 방이 16~24엔 그리고 8+4.5+3장 방이 23~35엔 정도였다.[27] 도쿄시에서 경영하는 숙박소 형태의 시영아파트의 경우 150명을 수용할 수 있는 4층 철근콘크리트 건물에 탁아소, 전당포, 공중식당 등을 구비해 놓고 일인당 하루 30전을 받았다.[28]

일본에서 1930년대 당시 아파트에서 생활하는 사람들은 주로 화이트칼라로 대표되는 봉급자와 블루칼라인 노동자 계층이었으며, 이들의 평균 월수입에서 집세가 차지하는 비율이 도쿄에서는 약 21~22% 정도, 오사카에서는 13~19%로 도쿄의 아파트에서 사는 것이 상대적으로 비싸게 느껴졌을 것으로 보인다. 일본의 한 문건에 따르면 경성의 방값이 일본과 비교하면 비싼 편인데, 예를 들어 일본에서 방값이 20엔인 집이 있다면 경성에서는 25~30엔 정도 내야 하는데 수입이 일본보다 경성이 높아 큰 문제가 없다고 언급하고 있다.[29] 앞서 언급한 일본인의 경우에 노동시장에서마저도 일본에서 일당 2원 받을 것을 경성에서 일본인 목수라면 하루에 4원을 받을 정도로 일본인 대다수가 가봉제의 특혜를 받고 있어 경성의 높은 물가를 감당할 수 있었을 것이라 추정된다.[30]

---

27 — コンマーシャルガイド社, 《コンマーシャルガイド》, 1930년 5월, 164쪽

28 — コンマーシャルガイド社, 《コンマーシャルガイド》, 1930년 5월, 164~165쪽

29 — 矢野干城·森川淸人 共編, 《(新版)大京城案內》, 京城都市文化硏究所, 1936, 140쪽. 경성의 생활 정도가 일본보다 높다고 나오는데, 일례로 일본에서 50엔을 받는 공무원이 경성에서는 80엔 이상 받을 수 있었기 때문이다.

30 — 〈日本의各都市보담 物價비싼大京城〉, 《동아일보》, 1929년 11월 18일자

경성의 아파트 집세는 얼마였을까

그렇다면 경성의 아파트에 묵으려면 얼마나 내야 할까? 지금과 비슷하겠지만 어디에 위치하는지, 규모가 어느 정도인지, 근대적 설비가 얼마나 잘 구비되어 있는지, 식사를 제공하는지 여부에 따라 아파트에서 거주하기 위해 내는 비용은 천차만별이었을 것이다. 《조선일보》 1937년 1월 21일자에 따르면 경성부윤의 발의로 생활이 어려운 독신자들의 주택문제를 해결하기 위해 훈련원터(현재 훈련원공원)에 아파트 건설을 준비하며 매달 요금은 다다미 4.5장 방은 8원 50전, 6장 방은 12원을 받을 예정이라고 소개하고 있다.[31] 이후 두 달 뒤에 철재를 비롯한 공사재료 가격의 폭등으로 초기 계획시 5만원으로 시작해 9만원으로 증대된 공사비 예산이 결국 14만원이 되면서 독신자아파트 건설은 중지되었다. 그러나 계획을 살펴보면 3층 높이의 철근 콘크리트로 지어지는 이 아파트는 다다미 4.5장 방 54개와 6장 방 46개로 총 100세대 규모이며 방마다 양복장과 침대, 스팀을 설비하고 가스도 부설한다고 했다.[32] 지어졌다면 1932년 동사헌정에 지어진 82호의 채운장아파트보다 대규모 아파트가 들어서지 않았을까? 당시 경성의 아파트에 머무르는 기간에 따른 요금과 관련하여 명확하게 정리된 자료는 없었지만 소설 속에서 나오는 아파트 방세에 관한 내용과 경성의 아파트 4곳에 대한 집세를 표기한 문서 그리고 몇몇의 기사를 통해 대략적으로 추정해볼 수 있다.

짐을 대충 실어놓고 회사원은 아내와 함께 사무실로 들어왔다.
　"부금(敷金)[33] 일백오 원 중에서 이번 달 치가 오늘까지 이십팔 원, 그것을 제하고 칠십칠 원이올시다."
　미리 준비해두었던 지폐를 손금고에서 꺼내어 최무경이는 그것을 회사원에게로 건네었다. 회사원은 한 손으로 받아서 약간 치켜들듯 하여 사의를 표하고 그것을 그대로 주머니에 넣으려고 한다.
　"세어보세요."

---

31 — 〈名物·獨身 "아파트"〉, 《조선일보》 1937년 1월 21일자

32 — 〈名工事材料暴騰으로 獨身者아파트中止〉, 《조선일보》 1937년 3월 9일자

33 — 부금은 오늘날로 말하자면 보증금으로 이해할 수 있는데, 당시 활발한 상업도시로 부상한 경성에서 임대숙박시설에 대한 보증금이 있었다는 것을 엿볼 수 있다.

그러한 말에 회사원은 무어 세어보나마나 하는 표정을 지어보였으나 다시 어떻게 생각하였는지 넣으려던 지폐를 꺼내서 불빛에다 대고 손가락에 침도 묻히지 않으면서 한 장 두 장 세어보고 있다.

"꼭 맞습니다."

하고 낯을 들었을 때 무경이는 펜과 영수증을 놓으면서,

"영수증이올시다. 사인하고 조당 쳐주십시오. 수입 인지는 아파트 쪽에서 한턱내었습니다."

하고는 회사원의 아내를 바라보며 웃었다. 젊은 아내는 무경이의 웃음에 따라서 흰 이를 내놓고 웃었다.[34]

"대학의 강사 선생님이시라구요? 네 그럼 친히 오셔서 방을 보시지요. 방세는 삼십오 원. 정지 가격이올시다. 부금을 석 달 치 전불하기로 되었습니다. 그럼 들러주십시오. 네에. 네, 고맙습니다."

대학 강사로 논문 쓸 것이 있어서 임시로 몇 달 동안 방을 구한다고 한다. 전화를 건 분은 대학 강사의 무엇이 되는 여자인가.[35]

"방이 마음에 듭니다. 오늘 밤으로 이사해두 괜찮겠지요?"

한다.

"그러시지요. 원체는 한두 달 계실 손님에겐 방을 거절하라는 것이 아파트의 정칙인데…"

하고 열적은 소리기는 하지만 한마디 끼어보지 않고는 태평할 수가 없었다.

"논문 쓰는 동안이라군 하지만 또 오랫동안 빌려놓구 이용하실는지두 모르지 않어요. 도쿄 같은 데선 소설 쓰는 사람들이 자기 주택 외에 모두 아파트 한 칸씩을 빌려갖구 있다던데요."[36]

34 — 김남천, 〈맥〉, 《맥–김남천 단편선》, 문학과지성사, 2006, 280쪽
35 — 김남천, 〈맥〉, 《맥–김남천 단편선》, 문학과지성사, 2006, 284쪽
36 — 김남천, 〈맥〉, 《맥–김남천 단편선》, 문학과지성사, 2006, 298쪽

김남천의 소설 〈맥〉에서는 아파트 투숙이 하루 단위 또는 연간 단위가 아닌 월 단위로 이루어지고 있다. 또한 보증금으로 석달치 부금을 내야 한다는 것, 1940년 전후로 투숙하기 위한 비용이 한 달에 35원 정도 한다는 것을 어렴풋이 참고해볼 수 있다. 물론 소설 속 이 아파트는 아파트 사무실에 관리인 두 명과 엘리베이터, 그리고 3층 건물의 규모를 감안했을 때 근대식 설비가 어느 정도 갖추어진 고급숙소라고 추정해 35원이라는 적지 않은 금액을 한달치 숙박료로 내는 것이라는 점도 전제해야 할 것이다. 아파트에 사는 사람은 단연 샐러리맨이나 독신자가 많겠지만, 논문이나 책을 쓰기 위해서 임시로 머무는 이, 대학강사나 전문학교 학생, 시인과 같이 고등교육을 받은 근대적 직업인도 있었고, 이들의 경우와 달리 무직이나 하급의 직업층이 아파트에 사는 모습도 눈여겨볼 만하다. 물론 도쿄를 언급했다는 것에서 이미 일본에서는 아파트를 임시숙소로 빌려 작품활동을 하는 작업 공간으로 사용하고 있으며 그 영향이 경성에도 상당 정도 미쳤음을 쉽게 추측할 수 있다.

　　경성에 거주하는 봉급 생활자들은 형편이 넉넉지 않은 한 차가(借家) 또는 간차(間借)[37] 형태로 거주하게 되는데, 여기서도 일본인과 조선인의 거주 상황은 큰 차이가 있다. 상대적으로 수입이 높았던 일본인 세대는 셋방살이가 아닌 단독으로 주택을 빌려 생활하는 경우가 대다수였고, 빈부격차가 컸던 조선인은 세대원이 더 많음에도 협소한 공간에서 주로 셋방살이로 거주하는 실정이었다.[38] 대개 일본인이 머무르던 일본식 가옥은 다다미 1장 단위를 집세 산정의 기준으로 삼았던 반면 조선식 주택의 기본 공간 단위면적은 1간(間)으로 대략 다다미 1장의 두 배 반 정도로 가늠하면 된다.[39] 차가, 간차뿐 아니라 아파트 임대료 산정에도 일식주택의 임대료 산정기준인 다다미 1장을 기준으로 삼았다. 일본식 주택에서 아파트는 상대적으로 미미한 점유율을 보이지만 아파트가 단독 거주하는 주거 유형이라는 점과 더불어 다다미 1장에 대한 임대료가 4엔 정도로 차가나 간차에 비해 높다는 사실을 확인할 수 있다. 다다미 4.5장의 아파트 방세

---

37 ― 〈住宅組合 令의制定〉, 《동아일보》 1938년 12월 7일자에 따르면 경성부내 주택난은 계속 심화되고 있으며 부민 70% 이상이 땅이나 집을 빌리는 차지차가(借地借家) 상황에 처해 있다. 이처럼 1930년대에는 주로 남의 집을 빌려 집세를 지불하는 차가(借家) 또는 방 한두 칸을 빌리는 셋방살이인 간차(間借)로 거주했다.

38 ― 이승일, 〈1930~40년대 경성 거주 급여 생활자의 주거 생활〉, 《한국민족문화》 58, 2016, 377~378쪽.

39 ― 1장(疊) 즉 다다미 1장의 크기는 1,820x910mm로 약 1.65m²이고, 온돌 1칸은 현재 '칸'으로 불리고 있는 넓이 단위로 1902년 일본식 도량형 제도가 도입된 후 1칸의 길이를 10척(약 2m)으로 통일했다. 칸(간, 間), 한국민족문화대백과사전 http://encykorea.aks.ac.kr

는 18엔 정도, 6장 크기의 방은 27엔 정도로 볼 수 있다.

1942년 일본식 주택과 조선식 주택의 면적당 임대료[40]

구분	일본식 주택		아파트	조선식 주택	
종별	차가	간차	–	차가	간차
세대수	589	59	17	95	32
임대료(엔)	1.58	2.35	4.07	2.76	3.76

*임대료는 일본식 주택의 경우 다다미 1장당 기준이며 조선식 주택은 온돌 1칸을 기본 단위로 하고 있다.

《조선신문》 1936년 9월 11자에는 〈최근 유행하는 아파트 생활(近頃流行のアパート生活)〉이라는 기사가 나온다. 아파트에 사는 100세대를 대상으로 한 아파트 거주자들의 소비경제 양상을 살핀 설문조사이다. 설문에 답한 이들은 대부분 아이 한둘이 있는 청장년층으로 이들의 평균 수입은 70엔에서 120엔 사이이다. 설문조사를 토대로 기자는 아이 하나를 둔 월수입 100엔 정도인 가상의 부부를 산정하고 지출 내역을 분석했다. 이들이 지불하는 아파트 주거비는 집세, 수도, 가스, 전등 등과 같은 부가요금을 포함해 19엔 정도이다. 다다미 4.5장 규모의 아파트 거주 비용과 비슷하다. 아파트 거주 비용 이외에 피복비 10엔, 식비 32엔, 남편 용돈 15엔, 주부 용돈 3엔, 교통비 6엔, 수선 및 오락비 8엔, 저금 7엔 정도를 지출한다. 기자는 도회지에서 봉급생활자가 체면을 유지할 수 있는 최소한의 주거비용이라고 분석했다. 취미와 오락에 드는 비용과 식비의 비중이 큰 것은 취미와 생활의 즐거움, 취사가 불편해 어쩔 수 없이 음식을 배달해 먹거나 양식당을 이용하는 경우가 많기 때문인데 이것이 아파트 생활의 특징이라고 하면서 경제적인 측면에서 보면 아파트의 간이생활에 대해 검토할 문제가 많다고 봤다. 피복비 10엔 가운데 60% 정도는 남자의 양복 비용이고, 식비의 20% 정도는 남자가 근무지에서 사 먹는 도시락 비용이며, 남편 용돈은 대부분 사교비인데 밖으로 나다닐 수밖에 없는 형편을 고려하면 어쩔 수 없는 비용이라는 것이다. 식비 지출이 다른 지출에 비해 큰 것은 취사가 어려운 아파트에서 식당을 이용하는 경우가 많아 불가피한 것으로 보았다.

40 — 이승일, 〈1930~40년대 경성 거주 급여 생활자의 주거 생활〉, 《한국민족문화》 58, 2016, 377쪽의 일본식 주택과 조선식 주택에 대한 차가, 간차별 임대료 표를 재구성. 岩佐政利, 〈収入額より見た京城在住俸給料生活者の借家賃に就いて〉, 《朝鮮社會事業》 20, 朝鮮社會事業研究會, 1942년 3월, 13쪽

다양한 임대 업태들과 신문 기사, 소설 속 아파트를 대상으로 임대료에 대한 추정을 하던 중 《(신판)대경성안내》[41] 문건을 통해 경성의 대표적인 아파트 4곳에 거주하는 비용을 보다 정확하게 파악할 수 있었다. 4곳의 아파트는 바로 내자동 미쿠니아파트, 고시정 중앙아파트, 광희문 밖 채운장아파트, 삼판아파트이다. 먼저 소설에서 언급된 것처럼 당시 대부분의 아파트는 들어가기 위해서 한달치 정도의 월세를 보증금으로 미리 내야 했다. 내자동 미쿠니아파트의 월세가 다른 3곳보다 상대적으로 약간 비쌌고, 고시정 중앙아파트의 경우에는 요금이 33엔 정도로 비싸지만 가족용으로도 넉넉한 10장 다다미방도 보유하고 있었다. 이 네 곳의 아파트들은 대체로 다다미 4.5장 방은 15엔 이하, 6장 방은 15~20엔 정도, 7.5장에서 8장 방은 20~25엔 정도의 방세가 매달 들었다. 대부분의 아파트가 공동부엌을 운영하고 있었으며 각 아파트마다 전기세, 난방비, 수도세 부담 여부가 서로 달랐다. 경성부 내자동 미쿠니아파트보다 한 해 앞서 지어진 평양의 동아파트 또한 규모나 근대설비 그리고 부대복리시설 측면에서 위용을 뽐냈는데, 다다미 4.5장 방의 임대료는 12~15원, 6장 방은 17~20원, 그리고 4.5+6장 방은 23~25원으로 책정되었다.[42] 물론 준공되기 전부터 매월 내야 하는 요금은 방세와 함께 식사비용 이외의 잡비를 합해 20원 정도로 산정하기도 했다.[43]

앞서 일본식 주택에서 아파트의 임대료가 1942년 기준으로 매월 장당 4엔 정도였던 것을 감안했을 때, 6년 정도의 시간적 간극이 있지만 1936년 기준으로 작성된 《(신판)대경성안내》에 나오는 아파트와 평양 동아파트의 임대료는 장당 3엔 정도로 볼 수 있다. 당시 물가를 고려한다면 굳이 임대를 하지 않아도 되는 상류층을 제외하고 샐러리맨이나 카페 여급 정도가 아파트에 거주할 여건이 될 수 있었고, 중간 계층의 조선인 평균 급여가 40~60엔 정도인 형편[44]에서는 월 수입의 30%에서 50%를 주거비로 다달이 낸다는 것은 현실적으로 불가능에 가깝다고 볼 수 있다.

---

41 — 矢野干城·森川清人 共編, 《(新版)大京城案內》, 京城都市文化研究所, 1936, 141쪽

42 — 〈平壤市街の偉觀 東アパート出現, 近代建築の粹〉, 《조선신문》 1934년 11월 2일자

43 — 〈平壤最初のアパート建築〉, 《조선신문》 1932년 5월 29일자

44 — 이승일, 〈1930~40년대 경성 거주 급여 생활자의 주거 생활〉, 《한국민족문화》 58, 2016, 370쪽 표 내용을 참조. 朝鮮厚生協會, 〈朝鮮に於ける人口に關する諸統計〉, 《朝鮮厚生協會》, 1943, 34~35쪽

《(신판)대경성안내》에 나오는 4곳의 아파트 방 규모별 집세

	방 규모별 집세	비고
내자동 미쿠니아파트	4.5장 다다미방: 15~16엔	• 월세 두 달 치를 보증금으로 미리 냄 • 공동부엌 있음 • 전기세, 난방비, 수도세는 별도 지불 • 독신자용, 가족용 방 있음
고시정 중앙아파트	6장 다다미방: 19~21엔 6장 다다미방: 15엔부터 8장 다다미방: 24~25엔 10장 다다미방: 32~33엔	• 공동부엌 있음 • 전기세, 수도세는 포함 • 난방시설을 사용하면 난방비를 따로 지불
채운장아파트	6장 다다미방: 17엔 7.5장 다다미방: 20엔	• 6장 다다미방에는 접이식 침대가 있고 취사 공간이 없음 • 7.5장 다다미방에는 침대가 없는 대신 취사 공간이 있음 • 수도세는 포함이며 욕실 이용료는 무료 • 전기세와 난방비는 따로 부담
삼판아파트	–	• 공동부엌 있음 • 전등은 40w당 80전으로 정액제 (추가 요금 발생) • 난방비는 4~6엔 • 수도세는 무료

  방금 살펴본 4곳의 아파트와 평양의 동아파트는 민간자본에 의해 설립되고 운영되었다. 그렇다면 공공에서 제공하는 아파트의 집세는 어떠했을까? 하층민의 주택난 완화를 위해 1920년대부터 부영세민주택이 등장하고, 1940년대에 들어 극심한 사회문제가 된 주택 부족은 더이상 개인의 힘으로는 해결할 수 없었던 탓에 총독부는 사회시설로서 부영 "가족아파트" 설계안을 발표하고 일부는 지어지거나 구상 중에 있었다.[45] 국가기록원의 대구 부영아파트 신축계획안을 살펴보면 사무실과 함께 다다미 6장 규모의 방이 있고 월 임대료는 17원 정도였다.[46] 대구 부영아파트계획이 수립될 무렵 목포에서는 민간에 의해 독신자용 아파트계획이 추진되고 있었는데 기본 월 임대료 10원에 식사비용까지 합해 18원 정도였다.[47] 대구 부영아파트와 크게 차이가 나지 않거나 오히려 기본 집세는 민간아파트가 더 저렴하다. 민간아파트의 경우는 규모나 시설 등의 차이로 월세가 꽤 높은 고급숙소부터 샐러리맨이나 독신자들이 감당할 수 있을 정도의 다

45 — 〈住宅難의 大京城에 府營 "家族아파트"建設〉,《동아일보》1939년 6월 20일자

46 — 〈대구 부영주택 및 아파트 신영비기채의 건〉, 1941년 10월 28일, 국가기록원

47 — 〈獨身者에 朗報 木浦에アパート出現〉,《부산일보》1940년 3월 10일자

양한 종류가 있었음을 알 수 있다. 공영아파트의 경우에도 저렴하게 제공하겠다는 의도와 달리 어느 정도 일정하게 소득이 있는 도시생활자들을 수용할 만큼의 요금이 책정된 것으로 보인다.

교활하게 올려받는 아파트 집세

《조선일보》 1939년 12월 5일자 기사에 따르면 '학생층과 샐러리맨들의 하숙난 문제는 더욱 심해졌고 이들이 거주하고 있는 아파트들은 계속 포화상태여서 방을 얻기가 매우 어려웠다.'고 한다. 1939년 10월에 '지대가임통제령 시행규칙'이 발포되어 아파트 경영자들은 방세를 올릴 수 없게 되었다. 대신 석탄을 비롯한 연료값이 올랐다는 이유를 내세워 연료비를 4~5할씩 올리는 방식으로 요금을 인상하여 아파트 유숙인들은 연일 각 해당 경찰서에 투서를 넣고 결국 부정한 방법으로 아파트 집세를 인상한 경영자들은 당국에서 처벌할 방침이라고 밝히고 있다. 이처럼 교묘하게 다른 요금을 더 받는 경우가 있는가 하면 몰래 방세를 올려 요구하는 경우도 허다했다. 《매일신보》 1940년 7월 3일자에는 남대문통 3정목 28번지에 사는 기우치 린타로(木內倫太郎)가 경영하는 욱정 1정목 195번지에 있는 히노데아파트의 집세는 1938년 12월 31일 현재 값 이상 받지 못하게 했음에도 타카야마 아무개(高山某) 외 3명에게 지난해 10월부터 올해 6월까지 한 사람당 50전 내지 1원의 방세를 올려 32원 85전의 부당 이득을 올린 사실이 드러나 마침내 2일 본정서 경제계에 적발되었다고 한다.[48] 는 기사가 나온다. 방세 인상이 금지되었음에도 히노데아파트의 경영자가 8개월간 아파트에 묵고 있던 4명에게 방세를 올려 받아 32원 85전의 부당이익을 취해 적발당했다는 것이다. 이후 히노데아파트는 경영상의 어려움으로 인해 다른 아파트들과 마찬가지로 임대 업태를 호텔로 변경하는 과정을 겪게 된다.

일제강점기 공업을 비롯한 산업의 발전에 따른 인구집중, 토지가격의 앙등과 치솟는 물가, 그에 따른 심각한 주택 부족과 임차료의 폭등으로 인해 경성에서 살아가는 하루하루가 녹록지 않았다. 도시생활자들의 대부분이 차가인인 것을 감안할 때 그들의 생활비 가운데 가장 큰 부담은 집세였다. 1929년 12월 15일자 《동아일보》에서는 총수입의

---

48 ─ 〈日之出아파트 집세 올리고 警察에〉, 《매일신보》 1940년 7월 3일

1　히노데아파트의 부당한 방세 인상을 고발한 《매일신보》 1940년 7월 3일자 기사

2　아파트에서 교활하게 연료비를 인상했다는 《조선일보》 1939년 12월 5일자 기사

3　문제 많은 셋집에 대한 《동아일보》 1929년 12월 15일자 기사

1/7 정도를 적절한 주거 비용으로 보고 있는데 즉 수입이 200원이라면 30원을 내는 정도가 형편에 맞는 세를 부담한다는 것이다.[49] 총수입에서 주거비용이 차지하는 비율은 일본인이 평균적으로 18%, 조선인은 20%, 그리고 소득이 적을수록 주거 부담률이 높아지는데, 이는 경성의 높은 가임과 함께 저렴한 임대주택의 공급이 부족한 실정을 잘

49 — 〈문제만흔셋집〉, 《동아일보》 1929년 12월 15일

보여준다.[50]

　따라서 이를 근거로 삼자면 대표적인 경성의 근대숙소로 아파트 4곳인 내자동 미쿠니아파트, 고시정 중앙아파트, 채운장아파트, 삼판아파트의 부금을 제외한 월세가 15엔에서 30엔 사이였던 것이었으니 적어도 100에서 200엔 정도의 수입이 있었던 계층에서 아파트 거주가 가능했을 것이고, 그 정도 수입을 벌어들이는 계층은 중류층 이상이었을 것이다. 근대식 설비와 생활편의시설을 갖춰 중류층 이상의 도시생활자를 위해 등장한 아파트라는 거주공간은 해방 이후 효율적인 건설방법과 운영 체계를 만들어가며 많은 사람을 수용할 수 있는 공동주택으로 확산되었다.

50 ─ 이승일, 〈1930~40년대 경성 거주 급여 생활자의 주거 생활〉, 《한국민족문화》 58, 2016, 375~376쪽

아파트 임대사업 경영자, 건축청부업

아파트를 경영한 일본인들

조선인사흥신소에서 1942년 7월에 발행한 《사제 경성직업별전화번호부》 표지.
출처: 국립민속박물관

1930년대 중반부터 대도시를 중심으로 급격한 인구 증가 현상이 나타나고 봉급을 받는 도시생활자의 수가 늘어남에 따라 경제적 합리성을 가진 새로운 임대주택 형태인 아파트가 주목받기 시작했다. 그렇다고 해도 아직 아파트는 일본인의 전유물이었다. 조선에 진출한 크고 작은 일본기업과 개인은 자산을 늘릴 수 있는 유망한 사업으로 아파트 경영에 큰 관심을 보였다. 1930~40년대에 발행된 잡지, 신문, 전화번호부 등에서 '아파트'라는 명칭 및 아파트로 추정되는 건물 70여 곳을 찾아냈다. 1930년 5월 15일 기준으로 경성중앙전화국에서 발행한 《경성·인천 전화번호부》에서는 상호 및 임대사업으로서의 '아파트'라는 단어를 찾아볼 수 없었지만, 1939년 10월 기준 《경성·영등포 전화번호부》에는 주소 다음에 업종별 색인이 있고, '아파트'라는 단어가 등장한다. 그로부터 3년 뒤인 1942년에 조선인사흥신소에서 발행한 《사제 경성직업별전화번호부》[1]에는 히라가나 순(가나다 순) 직업별 색인이 정리되어 있는데 2쪽에서 '아파트업(アパート業)'이라는 단어를 확인할 수 있다.

이와 함께 당시 '아파트업'에 종사하고 있는 법인 및 개인은 대부분 일본인이었다는 점도 확인할 수 있다. 그러나 한계는 있다. 전화번호부에 나온 아파트는 대부분 규모가 크다는 것이다. 목조아파트처럼 경영 규모가 작은 경우는 전화번호부는 물론 남아있는 자료가 별로 없어서 당시 아파트 경영자의 경제적·사회적 성격을 종합적으로 분석하기는 어렵다. 어떤 경영자가 있었는지 정도만 확인할 수 있을 뿐이다.

여기서는 대표적 아파트 임대사업 경영자의 면면을 살피고자 한다. 크게 네 가지 유형으로 나누어볼 수 있다. 첫 번째는 스스로 재산을 모은 사업가로 도이 세이치, 두 번째 유형은 마치 거미줄처럼 빼곡한 인맥을 바탕으로 각종 특전을 교묘하게 이용한 경우로, 사이토 히사타로(斎藤久太郎)를 살폈다. 세 번째는 부모의 기업을 이어 받아 넉넉한

---

1 — 조선인사흥신소, 《사제 경성직업별전화번호부》, 1942, 2쪽

자금력을 가진 우에하라 나오이치와 모리 타쓰오(森辰男), 마지막으로는 회사를 경영하면서 정계에도 진출한 요시무라 겐지(吉村源治)와 아오키 마사루(青木勝)가 있다. 이와 더불어 아파트가 지어지기 시작한 1930년대에 토목건축 청부업 상황도 짧게나마 들여다본다. 아파트는 근대적 건축기술과 상하수도, 난방 등과 같은 근대적 설비기술을 갖춘 것이기에 청부업자도 적은 자본과 기술을 가진 조선사람들보다는 일본인들이 대부분을 차지했을 것이며, 아파트 경영자와 더불어 건축청부업자도 상대적으로 많은 이득을 취할 수 있는 집단이었다는 점을 부각하려는 의도 때문이다.

호쾌하게 놀며 사업을 전개한 사업가, 미쿠니상회 대표이사 도이 세이치

만주와 일본에서 석탄을 수입해 판매하는 미쿠니상회의 대표이사인 도이 세이치는 1887년 야마구치현(山口県) 호후초(防府町) 도이야구치(問屋口)의 유력자 집안에서 태어났다. 일본에서 다섯 번째로 설치된 상업학교인 시모노세키상업학교(현 시모노세키상업고등학교)를 졸업하고 도쿄의 대학으로 진학하려고 했지만 장남이어서 지방에 남아 일을 시작했다고 한다.[2] 미쿠니상회는 1908년 3월 남만주철도주식회사(南滿洲鐵道株式會社) 광업과에 입사한 도이 요시스케(土井芳輔)가 1912년 5월부터 경성출장소 소장을 맡게 되면서 세운 만철 무순탄 판매 특약점이었다.[3] 1882년생인 도이 요시스케는 도이 세이치와 같은 야마구치현 호후초 출신이고 성도 같은 점을 보면 둘은 친족관계였을 가능성도 있지 않을까 싶다. 도이 세이치가 언제 조선에 건너왔는지는 알 수 없고 1914년부터 미쿠니상점의 경영에 관여했다는 기록만 있다.[4] 그는 1920년대 초에 이미 부동산에 투자했는데 이것을 알려 주는 기사가 있다.《경성일보》1924년 4월 26일자[5]로 '도이가 욱정 1정목 196번지의 토지 소유자인데 생각보다 토짓값이 오르지 않자 터무니없이 임대료를 올려 거기서 오랫동안 장사하던 임차인들이 경찰서에 그의 부당함을 신고해 조사에

---

2 — 도이 세이치의 아들인 도이 세이치로(土井誠一朗) 씨와 전화 인터뷰, 2020년 6월에 진행
3 — 〈朝鮮の工業と撫順炭の好評〉,《조선공론》1919년 7월호, 104쪽
4 — 〈三國商会增資: 三倍인三百万円으로多角経營에着手〉,《매일신보》1940년 8월 27일자
5 — 〈強欲な家主法外な要求をして借家人を苦しめる, 本町署で内偵中〉,《경성일보》1924년 4월 26일자

1 1915년 조산물산공진회에 맞춰 경성의 교통, 전기 등의 사정을 소개한 《경성번창기》에 석탄 판매점으로 소개된 미쿠니상점. 출처: 《경성번창기(京城繁昌記)》, 博文社, 1915. 서울역사박물관
2 《조선신문》의 '상점 소개 릴레이' 연재에 소개된 미쿠니상회 직원 사진. 오른쪽에서 3번째가 하시모토. 출처: 〈商店對抗 リレ―前記 昔鳴らした 剛強を誇る 三國商會의 출현 榮冠을 目指して練習〉, 《조선신문》 1930년 4월 1일자

들어간다.'는 내용이다.

미쿠니상점의 저탄소는 서대문역[6]과 용산 만철저탄장에 있었으며 조선철도 연선 10여 곳에 본점 및 지점[7]을 두었다.

도이가 어떤 사람이었는지 그리고 미쿠니상회[8]가 어떤 회사였는지는 미쿠니상회 부산지점장이었고 나중에 미쿠니상회의 임원이 되어 회사 경영에 중요한 역할을 맡게 된 하시모토 다쿠미(橋本内匠)의 자서전에 나온다.

미쿠니상회는 개인사업이라고는 하지만 많은 사업을 적극적으로 추진 중이었다. 주력 사업이 석탄 수입과 연탄 제조 판매였다. 도이 사장님은 당시 마흔 살이었고 용맹스럽게 생긴 분이셨다.

...

6 — 1900년 경인선이 연장 개통할 때 설치된 역이고 개업 당시 경성정거장이라고 불렸다. 1919년에 폐지되었다.

7 — 1942년 9월 시점에서 경성부에 본점, 용산, 왕십리지점이 있었고 부산, 마산, 대전, 군산, 개성, 원산, 함흥, 청진, 인천에 지점이 있었다. 中村資良, 《朝鮮銀行會社組合要錄》, 東亞經濟時報社, 1942 참조

8 — 〈商店對抗, リレ―前記, 昔鳴らした 剛強を誇る, 三國商會의 출현, 榮冠을 目指して練習〉, 《조선신문》 1930년 4월 1일자

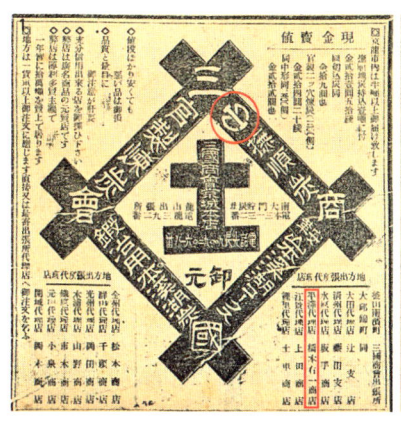 

1 《조선신문》 1925년 1월 12일자에 실린 남만주철도의 휘장이 함께 들어간 미쿠니상회 광고. 평택대리점을 하시모토의 삼촌인 하시모토 유이치(橋本右一)가 운영했음을 알 수 있다.
2 《조선신문》 1930년 8월 3일자에 소개된 도이 세이치의 어묵집 하마긴의 개업 소식을 알리는 기사. 석탄 사업으로 탄탄한 사업 기반을 마련하고 목욕탕, 임대업, 어업 등 다양한 분야의 사업가로 도이 세이치를 소개하고 있다.

사장님은 '어느 정도 자금이 모이면, 그 자금을 투자하고 더 많은 사업을 할 것이다.'라는 방침도 있어, 경성의 내자정(조선 총독부의 옆)에 '미쿠니아파트'나 '선적 하우스(옮긴이 주: 적선 하우스)'를, 욱정에는 '취산아파트'를 삼판정에 '삼판호텔'을 건설 중이고 다각 경영에 나서고 있었다. 사장님은 이러한 부동산을 경영하는데 능력이 아주 뛰어나며…'

하시모토는 도이와 마찬가지로 야마구치현 출신이다. 게다가 도이와 같은 학교인 시모노세키상업학교를 졸업했다. 나이 차이는 있지만 도이와 하시모토는 동향이자 동문 선·후배 관계로 도이는 하시모토의 능력을 인정하고 많은 사업을 그에게 맡기다시피 했다. 하시모토 외에도 미쿠니상회에는 시모노세키상업학교 졸업생이 몇 명 더 있었는데 도이는 일본에서 조선으로 공부하러 온 학생들에게 경제적 지원을 아끼지 않았다고 한다.

하시모토에게는 삼촌이 두 명 있었는데 한 명은 전라북도 이리(현 익산)에서 석탄을 취급하는 잡화점인 미쿠니상회 대리점을 하고, 또 한 명은 경기도 평택에서 미쿠니상회 평택대리점과 목장을 운영했다. 하시모토는 사업 실패로 형편이 어려워진 부모를 위해

9 — 橋本内匠, 《思い出すまま―わが青春の軌跡―終戰まで―(생각나는 대로 나의 청춘의 궤적―종전까지)》, 文教圖書, 1982, 67·197쪽

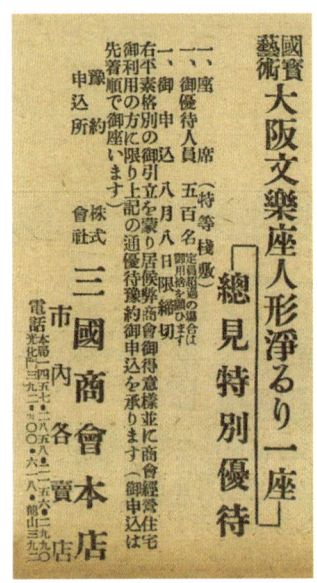

《조선신문》 1935년 8월 4일자에 나오는 오사카 분라쿠좌 일본 전통 인형극 공연 특별초대 광고. 미쿠니상회 단골 및 상회 경영주택(商会経営住宅) 이용자만 예약신청 가능하다는 내용이고 모집인원이 500명이나 된다.

조선에 건너와 평택에서 삼촌의 일을 도와주면서 지내다가 삼촌의 권고에 따라 경성의 미쿠니상회로 간다. 18세의 하시모토는 그렇게 1926년 7월 하순 경성에 도착했다.

당시 도이는 석탄 사업에 주력하면서 목욕탕, 부동산업, 어업 등 여러 분야에 걸쳐 사업을 하고 있었다. 도이는 적극적인 홍보를 하며 사업을 확장해 나갔다. 예를 들면 욱정에 있던 '히노데유(日出湯)'[10]라는 목욕탕은 미쿠니상회의 '관제 알탄 염가판매' 관련 신문광고를 보여주면 무료입장할 수 있고, 관제 알탄을 구입하고 영수증을 가져오면 온천여행에 초대하거나 어묵을 증정한다는 광고를 여러 번 신문에 냈다. 1930년 도이는 자신의 고향에서 어묵 장인을 데려와 본정 5정목 아사히자(朝日座) 극장 건너에 하마긴(濱金)이라는 어묵집[11]을 열었다. 관제 알탄 구입 영수증을 들고 하마긴에 가면 '특제어묵' 2개를 증정한다는 것이다. 어묵 재료 및 판매용 해산물도 도이가 원산에서 운영하는 회사에서 직접 가져온 것이라고 한다. 또한 도이는 일본 전통 예능인 분라쿠(文楽)를 좋아하고 오사카에 있는 분라쿠 전용 극장인 분라쿠좌(文楽座) 공연단을 경성에 불러 미쿠니상회 단골이나 미쿠니아파트 거주민들을 초대하기도 했다.

하시모토는 미쿠니상회 본사 4층에서 생활하며 경성역 저탄장에서 근무한 뒤 얼마 지나지 않아 삼각지 용산지점의 회계를 맡게 되었다. 그 후에 지방의 여러 지점으로 파견되어 열심히 일해 도이의 신뢰와 인정을 받는다. 그리고 1931년 6월, 23세라는 젊은 나이에 미쿠니상회 부산지점 지점장이 되었다. 미쿠니상회 부산지점은 남빈정(南濱町, 현 남포동1~3가)에 있었는데 근처에는 유곽이 많았다. 고위직 관료들을 데리고 부산으로 가끔 접대 여행을 하는 도이가 선정한 위치일 것이다. 도이가 부산에 내려오면 하시모

---

10 — 〈三国商会で需要者大優待〉,《조선신문》 1931년 1월 13일자

11 — 〈土井氏の濱金〉,《조선신문》 1930년 8월 3일자

토 역시 도이와 동행하곤 했다고 한다. "도이 사장님은 풍류와 멋을 잘 아는 분이고 게이샤(일본의 전통적인 기생)들에게 인기가 많고 … 사장님이 '하시모토군, 자네가 골프 상대해 주지 않을래?'라며 나에게 골프를 배우라고 하셨다. 사장님의 명에 따라 골프 세트를 준비했다."고 하시모토는 자서전에 썼다. 도이는 잡지에 나올 정도의 골프광이었다. 1939년 경성골프구락부의 회원명부에서도 정회원으로 그의 이름을 확인할 수 있는데 하시모토도 1936년 5월 부산골프구락부 회원명부에 이름을 올리게 된다.

1930년대 미쿠니상회의 사업은 눈부신 성장세를 보였다. 그때 하시모토를 질투한 몇몇 간부들이 도이에게 하시모토가 부정을 저지르고 있다는 거짓 보고를 한다. 억울한 누명을 쓴 하시모토는 미쿠니상회를 퇴사하려고 했으나 오해가 풀려 경성본사로 복귀한다. 이후 1940년에 도이는 총무와 건설 및 부동산 관련, 하시모토는 영업과 석탄 운반을 위한 선박 관련 업무를 통솔하게 되었다. 1941년 11월에는 회사명을 미쿠니상회에서 미쿠니석탄공업주식회사로 변경하고 석탄 판매 사업뿐만 아니라 석탄화학 관련 사업에 집중하면서 코크스 공장 건설과 연탄공장 확장공사를 추진했다. 1920년 초부터 부동산 투자에 관심을 보였던 도이는 충분히 확보된 자금을 투자해서 기업형 주택 임대업을 본격적으로 시작했다. 도쿄의 도준카이 아파트를 보고 매우 감동받았다는 도이는 경성에서 아파트 임대업의 성공을 확신했을 것이다. 1930년에 직원들을 위해 남산정에 철근콘크리트조의 3층 규모 사택인 미쿠니상회아파트를 지었는데 이 아파트가 경성 최초의 철근콘크리트조 아파트로 알려져 있다. 하지만 애매한 면이 있다. 슬래브만 철근콘크리트조이고 벽은 벽돌조이기 때문이다. 미쿠니상회는 이후 1935년에 조선총독부 인근의 내자정, 삼판통(三坂通, 현 후암동), 1936년에 욱정 2정목, 1939년 무렵에 적선정에 잇달아 아파트를 지었다.

사업을 다각화하고 기업 규모가 급속히 확대되면서 미쿠니상회(미쿠니석탄공업주식회사)는 석탄 화학공장을 건설하기 위해 1944년에 평양 대동강 근처에 광대한 토지를 구입했지만 공장이 들어서기 전에 일본은 패전하고 말았다. 1945년 가을 무렵에 도이는 중요한 섭외를 하러 일본으로 가야 한다고 하시모토한테 말하고 떠났지만 나중에 알고 보니 조선은행에서 거액의 수표를 발급받아 회사 사람들 몰래 고향으로 먼저 떠난 것이었다. 하시모토는 도이가 회사일 때문에 일본으로 갔다고 믿었으나 사실은 전혀 달라 회사에 혼자 남게 되어 조선인 직원들과 회사 업무처리와 인수인계를 하느라 매우 고생했다고 한다. 자서전에 도이한테 느낀 아쉬운 마음을 토로하기도 했다.

호기심, 실행력, 자금력을 가진 도이는 고향에 돌아간 후에도 야마구치현 호후시내

1956년 미타지리여자고등학교 창립 30주년 기념사진. 앞줄 왼쪽 끝에 있는 사람이 도이 세이치다. 출처: 三田尻女子高等学校契同窓会編, 《三田尻女子高等学校創立90周年記念誌, 写真でたどる三田尻女子高等学校の歩み》, 2015

의 미타지리(三田尻) 역(현 호후역) 근처에 산요(三陽)석탄공장, 산요회관(영화관, 호텔, 식당 등 복합시설)을 만들어 고향에서도 폭넓게 사업을 전개했다고 한다. 일본에 돌아가서도 오사카에서 분라쿠 공연단을 불러 회관에서 공연도 하고 지방의 어려운 어린이들을 위해 해외 영화를 무료로 보여주었다고도 한다.[12] 1955년부터 1959년까지 호후시 미타지리여자고등학교(三田尻女子高等学校) 후원회 회장을 지냈다.[13] 후회원 회장을 지낸 인연 덕인지 도이의 아들 슌(舜)은 1978년부터 1991년까지는 미타지리여고의 사무원으로 일했다. 조카인 이토 신코(伊藤新子)는 미타지리여고 출신으로 2000년까지 가수로 활동했는데 미타지리여고 창립 75주년 기념회에서 노래를 불렀다고 한다. 1959년 도이는 아내 이쿠코(郁子), 아들 세이치로와 딸 하나를 데리고 도쿄로 이주하면서 학교에 거액의 기부를 했다. 이 기부금으로 '도이교육진흥회'를 발족하고 그 자금에서 발생하는 이자로 호후시에 있는 학교에 도서기금을 나누어주기도 했다. 참고로 도이는 미쿠니상회를 운영하면서 도이육영회를 만들어 일본에서 경성으로 유학온 일본인 학생 지원사업을 벌

---

12 ─ 도이 세이치의 아들인 도이 세이치로와 전화 인터뷰, 2020년 6월에 진행

13 ─ 三田尻女子高等学校契同窓会編, 《至誠一貫三田尻女子高等学校創立75周年記念誌, 写真でたどる三田尻女子高等学校の歩み》, 2002, 222~223, 579쪽; 防府高等学校編, 《山口県立防府高等学校百年史》, 1979, 336~337쪽. 미타지리여자고등학교는 2003년 남녀공학으로 전환하면서 학교 이름을 세이에이고등학교(誠英高等学校)로 바꾸었다.

이기도 했다.[14]

1970년 9월 생을 마친 도이는 어머니 키누(キヌ)와 함께 호후시에 있는 안요지(安養寺)에 묻혔다. 아들 세이치로의 증언에 따르면 도이는 조선에서 사업하던 당시의 이야기는 거의 하지 않았고 호후시 명예시민으로 여러 번 추천 받았으나 거절했다고 한다. 참고로 하시모토는 출신지인 히카리시(光市)의 명예시민이 되었으며 히카리시 문화회관에는 그의 얼굴을 새긴 기념비가 있다.

"조선 재계(財界)를 등에 업고 일어나는 일은 나말고는 누구도 못한다." 사업가 사이토 히사타로

사이토 히사타로(斎藤久太郎)는 1874년 나가사키현(長崎県) 이키군(壱岐市) 이시다마을(石田村)에서 태어났다. "전력왕"이라고 불린 사업가 마쓰나가 야수자에몬(松永安左ェ門)이나 전라북도에서 농장경영을 하여 막대한 부를 축적한 구카모토 리헤이(熊本利平)도 같은 마을 출신으로 어린 시절을 함께 보냈다고 한다. 1894년 20살 때 조선에 건너와 평양에서 통역 및 무역업을 시작해 진남포·평양·경성을 근거로 농업, 광산, 고무, 제분, 정미, 주조, 미곡, 비료, 면사, 임대업, 식당으로 사업을 넓히고 크게 성공한 인물이다. 특히 곡물상조합연합회의 회장으로서 그 실권을 장악해 제분, 제미, 양조업 등 가공식품업으로 자본을 축적했다. 1922년에 사이토합명회사(斎藤合名會社)를 설립해 본점을 경성으로 옮기면서 경성과 평양에 각종 공장을 세우는 동시에 남대문통 4정목에 굉장히 규모가 큰 사이토빌딩(斎藤ビルヂング)이나 경성긴치요가이칸(京城金千代會館), 평양 황금정에 긴치요가이칸(金千代會館), 수정(寿町)에 극장 긴치요자(金千代座) 등을 짓고 운영하기도 했다.

《경성일보》 1924년 11월 25일자에 소개된 사이토빌딩

14 ─ 中村資良, 《朝鮮銀行會社組合要錄》, 東亞經濟時報社, 1942. 미쿠니상회(주)의 대주주로 22,390주를 가진 도이 세이치, 4,000주의 이와무라 나가이치(岩村長市), 미쿠니상회의 이사 가운데 한 명이자 2,500주를 가진 후지히라타이라(富士平平)와 함께 2,000주를 가진 것으로 도이육영회를 포함한 3명의 이름이 등장한다.

1930년대 후반부터 선박, 제과, 창고업도 시작하고 평안남북도, 황해도, 전라남도, 충청남도 등 각지의 농장을 소유하기도 했으나 토지 소유는 자본형성의 주요 기반이 아니었다. 그는 가공 농산물의 수출 증대 및 일본에 산업진출을 중시했다. 한국어도 유창하게 하고 말솜씨도 좋고 일솜씨도 좋은 사나이로 알려져 "나는 모든 사업을 하고 있지만, 손톱만큼도 관청에 폐를 끼치지 않는다."[15]라고 조선총독부를 비롯한 주요 관료에게 기대지 않는다는 것을 자랑으로 여겼다.

사이토는 토지가옥사업도 했는데[16] 1936년 5월 《조선신문》에는 평양에서 사이토아파트(齋藤アパート) 지진제가 진행되었다는 소식이 실려 있다.[17] 사이토와 함께 지진제의 주관자를 맡은 가나마루 나오토시(金丸直利)는 사이토와 같은 이키군에서 명가로 알려진 지방의 장남으로 태어나 교토제국대학을 졸업한 뒤 조선으로 건너와 사이토가 경영하는 태평양조주식회사(太平釀造株式会社)의 지배인으로 일하기 시작했다. 1928년 12월에 사이토의 장녀인 히사코(久子)와 결혼을 했는데[18] 이때 사아토는 54세이고 가나마루는 29세였다. 신문기사에 따르면 평양 대화정(大和町) 일각에 신축중인 사이토아파트는 근대식 3층 건물이고 1층에는 식료품시장이 들어올 예정이고, 2층부터 임대주택으로 일반에 개방할 것이라는데 완공된 모습은 확인하지 못했다.

전당포 사장 우에하라 나오이치와 모리 타쓰오

2세대 아파트 임대사업자는 부모를 따라 조선으로 건너와 가업을 물려받은 사업가로 막대한 자금력을 바탕으로 부동산 시장에 뛰어든 이들이다. 채운장아파트의 우에하라 나오이치와 본정아파트의 모리 타쓰오. 둘 다 전당포 사장이라는 점이 흥미롭다.

우에하라 나오이치는 1888년 오카야마현(岡山県) 카쓰타군(勝田郡)에서 태어났다. 오사카의 메이세이(明星)상업고등학교를 졸업했는데 이 학교는 오사카의 유일한 남자 미션스쿨로 어학과 야구로 유명했다. 1909년에 아버지 우에하라 유타로(上原友太郎)와 함께

---

15 — 阿部薰編, 《朝鮮功勞者銘鑑》, 民衆時論社 1935, 77쪽

16 — 〈精米と繰棉 山サの商号で好評天下に高し齋藤合名会社支店〉, 《경성일보》 1928년 9월 9일자

17 — 〈三階建の齋藤アパート地鎭祭擧行〉, 《조선신문》 1936년 5월 24일자

18 — 〈齋藤久太郎氏 令嬢のおめでた〉, 《조선신문》 1928년 12월 7일자

조선으로 건너왔다. 사업을 하기 위해 조선어 습득의 필요성을 느껴 조선에 들어오자마자 동양협회전문학교 경성분교[19]에서 조선어를 공부했다. 아버지는 원정(元町, 현 효창동)에서 전당포를 열었다. 1919년에는 신정에 지점을 냈는데[20] 자료에 따르면 우에하라는 신정 지점에서 일했다. 황해도 산주군 봉일천(현 경기도 파주시)에서 미곡과 잡화를 취급하는 사업을 했다는 기록도 있다.[21] 그의 집은 본정 5정목 25에 있던 것으로 추정되는데[22] 이 집은 그가 1921년경에 직접 설계를 해서 지었고 주변에 있는 소유지에도 4년 동안 스스로 설계 감독을 맡아 6채의 셋집을 지었다고 한다.[23]

건축을 원래 좋아하고 아파트라는 새로운 주거 형태와 경영에 관심이 많았던 우에하라는 한때 조선에서 하던 사업을 그만두고 일본에 가서 도쿄에 있는 도준카이아파트에 살기 시작했는데, 거기서 아파트에 관한 잡지를 읽고 독학으로 건축을 공부한 다음 1927년부터 다시 경성의 소화원(昭和園)이라는 택지의 일부를 구입해 설계 및 시공도 직접 해 채운장아파트를 완공시켰다. 혼자 하다보니 7년이라는 긴 시간이 걸렸는데 채운장아파트는 4층 규모로 82호를 갖추었다.

1930년 11월 17일부터 30일까지 10회에 걸쳐《경성일보》는 경성의 주택지를 소개하는〈주택점경(住宅点景)〉[24]이라는 연재를 내보냈는데 1930년 11월 19일의 세 번째 편이 채운장아파트였다. "로마의 투우장 꼭 닮은 대아파트 광희문 측에 우뚝"이라는 제목의 기사는 1927년 봄부터 1933년 봄까지 꽤 오랜 시간을 들여 아파트를 신축한다는 내용과 함께 위치, 주변 여건, 건물의 규모 등을 자세히 소개하고 있다. 1920년대 중반부터 민간사업자에 의한 교외 주택지 개발이 시작되고 경성 동부의 확장이 늘고 있었는데, 채운장아파트 주변에 있는 경성그라운드(동대문운동장) 북쪽에 조선산업무역회사 사장 코카 사다치카(古我貞周)가 소유했던 것을 아키바상회(秋葉商會)가 개발한 고동원(古東

---

19 — 도쿄에 있는 타쿠쇼쿠(拓殖)대학의 전신이다. 대만의 식민지배를 위한 인재 양성을 위해 1900년에 가쓰라 다로(桂太郞)가 세운 대만협회학교가 시초이다. 1907년 동양협회전문학교로 개칭하면서 동양협회전문학교 경성분교를 설립했다.

20 — 《경성·인천 전화번호부》(1930)에는 우에하라 전당포의 주소가 신정(新町) 17번지로 올라 있다.

21 — 宮本信治,《京城府町內之人物と事業案內》, 京城新聞社, 1921

22 — 〈古井戸中から嬰児の屍體, 本町五で発見さる〉,《조선신문》1932년 6월 28일자

23 — 〈せっせと築く風変りなアパート, 五年がかりで竣工の見込み, 上原さんのお道楽〉,《경성일보》1929년 12월 21일자

24 — 금화장(金華莊, 1928, 1930, 1934), 미도리가오카주택(緑ケ丘住宅, 1925), 소화원(昭和園, 1927), 마이즈루주택(舞鶴町住宅, 1930, 1931, 1932) 등이 소개되었다.

園)주택지로 그리고 동쪽에 주식매매업자 이누시마 신사쿠(犬島新作)가 개발한 청계대(淸溪臺)주택지, 광희문 정류장 옆 광장에 6채의 대가(貸家)가 들어설 예정이라는 내용도 기사에 함께 등장한다.

이 가운데 눈여겨볼 만한 인물이 대가 소유자인 오카야마현(岡山県) 우시마도(牛窓)의 부자인 핫도리 와이치로(服部和一郞)[25]이다. 핫도리는 1894년생으로 오카야마현에 있는 쓰야마(津山)중학교를 졸업했다. 1918년부터 조선에서 토지경영을 한 인물로 1940년 11월 설립된 경성대가조합의 고문이었다. 우에하라의 부인 하쓰코(初子)는 1893년생으로, 쓰야마고등여학교 출신이고 다도와 꽃꽂이가 취미라고 자료에 나온다. 핫도리와 하쓰코가 특별한 문제없이 진학했다면 거의 같은 시기에 오카야마현의 같은 부지에 있는 학교에 다녔을 것으로 추정할 수 있다.

1930년대에는 경성에 거주하는 재조일본인들의 향우회 활동이 활발했다. 오카야마현인회(岡山縣人会) 역시 정기적으로 장충단공원에서 운동회나 야유회를 하고 황금정 2정목의 일식집인 화월식당에서 회식을 했다고 한다. 조선과 만주에서 활동 중인 오카야마현 출신 인물을 소개하기 위해 1936년에 발행한 자료집《〈조선 및 만주에서〉 활약하는 오카야마현인》에서 우에하라의 소개 글을 확인 할 수 있다.[26] 어쩌면 향우회 활동을 통해 오카야마 출신의 세 사람이 얼굴을 마주했을 가능성도 없지 않다. 우에하라와 핫도리를 연결시키는 이유는 일본의 식민지였던 조선에서 내지의 일본인들에게 조선은 유망한 사업을 벌일 수 있는 기회의 땅이었고, 인맥을 이용해 조선에 진출하는 사업가가 적지 않았는데 그 가운데 하나가 우에하라와 동향이었던 핫도리라는 인물이 있었음을 예시하기 위한 것이 중요하다고 판단했기 때문이다.

모리 타쓰오는 1905년 경성에서 태어났다. 호적은 후쿠오카(福岡)현 오무타

《조선신문》 1935년 5월 7일자에 게재된 오카야마현인회가 장충단공원에서 운동회를 한다는 알림 기사

25 — 조선복부합자회사나 경성복부합자회사·조영토지주식회사를 설립했다. 일본에서도 토지나 염전의 경영을 추진해 유큐농사주식회사(邑久農事株式會社), 시카다염전(鹿田塩田), 센리야마에이라쿠엔주택토지합자회사((千里山永楽園住宅土地合資會社) 등을 설립했다.

26 — 笠原敏二,《〈朝鮮及滿洲に〉活躍する岡山縣人》, 朝鮮及滿洲に活躍する岡山縣人發行所, 1936, 368~369쪽

경성을 비롯한 8개 도시의 일본인 거류지 풍경을 담은 사진집인 《경성부지권》에 실린 모리 타쓰오의 아버지 모리 가쓰지와 그의 남산저택. 출처: 相澤斗郎 著, 《京城府之卷》, 京城府, 19쪽

(大牟田)시로 되어 있다. 선린상업학교를 중퇴한 후 가정교사를 두고 공부했으며 건강을 생각해 경성 승마구락부에서 승마도 배웠다. 아버지 모리 가쓰지(森勝次)는 1883년 7월에 인천을 통해 조선으로 건너와 토목 청부업에 종사했다. 1885년 경성으로 터전을 옮겨 잡화상을 열고 1년 반 동안 운영했는데 화재로 모든 것을 잃었다. 이후 모모타(百田) 모씨의 도움으로 1889년에 전당포를 시작했는데, 1894년에 청일전쟁으로 땅값이 폭등해 큰돈을 벌었고, 1903년 러일전쟁의 계기가 된 용암포 사건이 발생했을 때 토지 매입에 주력한 덕분에 막대한 부를 축적할 수 있게 되었다. 그로 인해 일본인이 많이 사는 남산정에서 백만장자로 유명하고 경성 거류민회와 경성상업회의소 의원이 되기도 했다.[27] 모리 가쓰지가 1926년 경에 사망하자[28] 부인인 우메코(梅子)와 모리 타쓰오 사이에 재산권 분쟁이 일어났는데 장남인 모리 타쓰오가 거의 모든 재산을 가지게 되었다. 모

27 ─ 森勝次, 한국근현대인물자료, 한국사 데이터베이스; 高橋刀川, 《在韓成功九州人》, 虎與號書店, 1908, 53~69쪽 참조.

28 ─ 〈八十萬圓を左右する法律上面白い斷案, 故人の手續が飽く迄生きて, 森勝未亡人敗訴す〉, 《조선신문》 1926년 3월 14일자

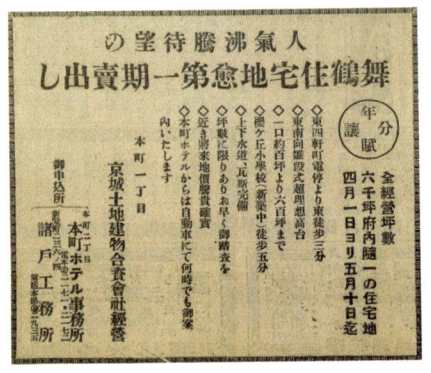

《조선신문》 1937년 4월 1일자에 나온 무학주택지 판매 광고

리 타쓰오는 이 막대한 자금을 바탕으로 1933년 9월에 경성토지건물합자회사의 대표가 되어 부동산 경영업을 시작했는데, 아직 20대였던 1934년 봄에 본정아파트를 짓고 같은 해 가을에는 본정호텔을 준공한다.

호텔은 본정 2정목 100번지에 4층 규모로 자리했다. 아파트는 본정 1정목 47에 있는 철근콘크리트조 3층 규모로 가와사와 나오마사(川澤直正)가 설계했고 경성토지건물합자회사의 사무실도 아파트에 주소를 두고 있었다.[29] 아파트와 호텔 모두 시공한 회사는 일본에 본점을 둔 하자마구미(間組)이다. 1939년에 발행된 《경성·영등포 전화번호부》와 1941년에 발행된 《사제 경성직업별전화번호부》에서 아파트의 주소와 전화번호는 확인이 가능하다. 타쓰오는 1937년에 시마 도쿠조(島德蔵)가 경영하던 무학정(舞鶴町, 현 신당동) 주택지 6000평을 매수해 분양했다. 분양 접수는 본정호텔 사무실 혹은 신당정(新堂町, 현 신당동)에 있는 모로토(諸戸)공무소에서 했다. 광고에는 호텔에서 주택지까지 픽업서비스도 제공한다는 내용이 나와 눈길을 끈다.

정계 진출과 부동산 회사의 경영자, 요시무라 겐지와 아오키 마사루

평양의 동아파트는 1934년 11월 1일 준공된 평양 최초의 아파트라고 알려져 있다. 내자동 미쿠니아파트보다 7개월 앞선다. 평양무진회사가 평양부 동정에 세운 것으로 4층 규모의 철근콘크리트조 건물이다. 95호, 매점과 이발소, 오락실, 목욕탕 등의 시설도 완비돼 있으며 지하에는 20개 점포가 있었다고 한다. 동아파트의 운영 주체는 동아파트주식회사로 평양부 동정 6-31에 있다. 대표는 요시무라 겐지, 이사는 이토 사시치(伊藤佐七), 오하시 츠네조(大橋恒蔵)이다. 모두 평양부의 지역 유력자였다. 요시무라는 여

---

29 — 京城土地建物(合資), 한국근현대인물자료, 한국사 데이터베이스

러 회사의 임원으로 활동하면서 부동산 투자를 적극적으로 했던 사람이다. 요시무라는 1889년 생으로 나라(奈良)현 출신이다.[30] 평양역 인근에서 신문판매대리점을 경영하면서[31] 1920년 설립된 금융회사인 평양흥업주식회사(平壤興業株式會社)의 감사, 평양무진주식회사(平壤無盡會社)의 대주주, 동아파트주식회사의 대표를 지내고 후에 모리타약방의 감사로 일했다. 1941년경에는 평양권번주식회사의 이사 및 대주주가 되었다. 경성에도 진출해 조선무진회사(朝鮮無盡會社)의 대주주, 이토 사시치가 대표인 평양매일신문주식회사(平壤每日新聞株式會社)의 감사도 겸했다. 1920년부터 1930년대 중반에 걸쳐 평양상공회의소 평의원과 평양부회 의원(1931년도 선거 당선)도 맡아 정치 활동도 병행했다.

요시무라의 사업 방식을 볼 수 있는 사례가 《동아일보》에 게재되었다. 아파트가 완공된 지 7개월이 지난 1935년 6월, 평양부 황금정에 있는 요시무라 겐지의 땅을 빌려서 점포를 경영하는 세입자들은 요시무라의 무리한 요구에 '차지 불매 결의'를 하고 진정서를 정무총감에게 보냈다는 기사이다. 요시무라는 조선식산은행으로부터 평당 30여 원에 2000여 평의 땅을 매입해 40여 호의 상점과 주택용지로 임대해주었다. 그런데 몇 년 지나지 않아 인구급증에 따른 땅값 상승을 핑계로 요시무라는 세입자들에게 원래 매입액의 2.5배인 평당 80~100여 원에 사지 않으면 점포를 철거하겠다고 협박했다는 것이다. 정치적 입장을 이용해 토지 매매를 유리한 쪽으로 끌고 가려는 요시무라의 모습이 짐작된다.[32]

요시무라처럼 정치적 입지를 이용해 이익을 취하려고 했던 또 한 사람이 있다. 대구를 중심으로 경상북도에서 사업한 아오키 마사루이다. 경상북도 포항의 한문양행(韓文洋行)자동차주식회사나 영덕군 해륙물산의 제조와 무역 및 운반회사인 동해산업주식회사(東海産業株式會社) 중역을 하다가 1928년 6월 경북에서 출자를 받고 두 회사를 합병시킨 형태로 창립된 공영자동차주식회사(共榮自動車株式會社)[33]의 전무로 일했다. 그는 공영자동차에서 경상북도의 운수망을 구축하는데 일조해 자동차운송회사로서 위상을 확장시켜 나갔다. 동시에 1931년 대구상공회의소 의원에 당선되었다. 1933년에는 공영자동차주식회사의 대주주가 되기도 했다. 대구조선주양조주식회사(大邱朝鮮酒釀造株式會

---

30 — 《朝鮮人名錄》, 京城日報社, 1939, 199쪽

31 — 《第36回 商工資産信用錄》, 商業興信所, 1935, 52쪽

32 — 〈無理한 地主要求에 借地不買決意〉, 《동아일보》 1935년 6월 14일자

33 — 共榮自動車(株), 회사기업가연표, 한국사 데이터베이스

아오키 마사루가 같은 공직자인
오노 겐타에게 고소당했다는 기사.
출처: 〈오천원 때문에 생긴 공직자 동료
갈등(五千圓을 繞 つて公職者同志葛藤)〉,
《조선신문》 1932년 9월 1일자

社), 부산진매축주식회사(釜山鎭埋築株式會社), 영덕전기주식회사(盈德電氣株式會社) 등 여러 회사의 임원을 맡으면서 자산을 불린 것으로 추정된다.[34]

 1936년 신문기사에서도 그의 이름을 볼 수 있다. 대구의 번화가인 동성정 1정목(東城町1丁目,현 동성동 1가)에 영화관과 호텔, 아파트를 결합한 복합시설이 들어설 예정인데 복합시설을 운영할 회사의 주주가 될 것이라는 내용이다. 그 복합건물이 실제로 지어졌는지 확인되지는 않는다. 신문기사가 등장한 같은 해인 1936년에 아오키는 식산상사주식회사(殖産商事株式會社)[35]의 대표가 되었는데 식산상사는 부동산 매매, 자금 융통, 물품 구입 및 판매를 목적으로 한 회사이다. 식산상사주식회사가 신문에 소개된 호텔, 아파트에 관련된 회사인지 판단은 어렵지만, 개연성이 전혀 없는 일은 아닐 것으로 추측할 수 있다.

 그가 공직자로서 사업가로서 승승장구했지만 부정에 관여했다는 기록도 남아있다. 1932년 부의원이자 공영자동차주식회사의 이사인 나카다이라 고로(中平五郞)의 토지 매매를 둘러싼 부정에 도움을 주었다고 해서 부의원이자 대구무진회사 사장인 오노 겐타(小野元太)에게 고소당한 사건이다.

---

34 — 青木勝, 한국근현대인물자료, 한국사 데이터베이스

35 — 회사는 大邱府南龍岡町46-5에 위치. 殖産商事(株), 회사기업가연표, 한국사 데이터베이스

1930년대 일본인 토목건축 청부업자

일본인 청부업자의 한국 진출은 1878년 일본제일은행(日本第一銀行) 부산지점의 신축공사를 계기로 부산, 인천, 원산 등의 개항장을 중심으로 소규모 토목·건축업부터 시작되었다. 1894년 청일전쟁 이후에 청부업자가 증가하고 조합이나 협회의 조직화가 활발해졌다. 1907년 경에 경성토목건축조합이 결성된 후 1945년 8월 해방 직전에 활동한 조선토목건축업통제회까지 8개의 주요 청부업자 단체가 결성되었는데, 특히 1918년 조선토목건축협회가 설립된 이후 이런 단체를 통해 유력 업체들이 이익을 추구하고 담합하는 방식으로 식민지의 토목건축공사를 독점했다.[36]

1920년대 이후 조선총독부에서 철도, 치수, 토지개량 사업을 추진하면서 토목공사를 맡은 업자들의 활동이 활발해졌다. 특히 철도 부설공사를 위해 초기에 일본에서 건너온 공사 청부업자들은 일본 정부 및 정계, 총독부와 긴밀하게 관계를 맺으며 성장했다. 그러나 1930년 중반에 대규모 토목담합사건인 경성 토목담합사건이 발생해 이에 대한 책임을 지고 조선토목건축협회는 1934년 3월에 해산되었다. 1936년 7월 20일 하자마구미 대표인 마에노 사다노부(前野定喜) 외 3명을 중심으로 경성토목건축협회가 설립되었다. 회원은 38개 업자였는데 이름만 바뀌었을 뿐 기존 조선토목건축협회와 별반 다르지 않았다. 이들은 여전히 유력한 업자들이 국익이라는 명분 아래 조선총독부와 유대하며 이익을 확장해 나갔다. 지방에도 토목건축 청부업자 조합이 있었는데, 대부분 일본인 업자들의 조직이었다.[37] 아마 기업 규모에 따라 업자 사이에서도 서열이 존재했을 것으로 추정된다.

경성토목건축협회는 1937년부터 1942년까지 회보를 발행했다. 아파트와 관련해 눈여겨볼 만한 것은 1937년 5월에 발행된 제2권 제5호의 법규 페이지에 백화점건축규칙(1933년 6월 29일 경시청령 제20호), 아파트건축규칙(1933년 6월 29일 경시청령 제21호), 일반 고층건축물 방화 및 피난설비(1933년 6월 29일 경시청고시 제213호)에 관한 내용이 실려 있다는 것이다. 같은 호에 기고된 경성소방서 서장의 〈고층건축 및 백화점 아파트 등의 방화 피난

---

36 — 이금도·서치상, 〈일제강점기 건설청부업단체의 담합에 관한 연구〉, 《건축역사연구》, 통권 49호, 2006년 12월, 22쪽.

37 — 최병택, 〈일제하 조선(경성)토목건축협회의 활동과 그 성격의 변화〉, 《한국학연구》 제39집, 2015년 11월, 417~420쪽.

설비에 대하여〉의 참고 자료로 공유한 것이다. 경성소방서 서장은 "조선에는 아직 발포되지 않았지만"이라고 전제하면서 규칙의 내용을 설명한다. "금년 1월 30일의 명치정(明治町) 화재로 인한 4명의 소사자 발생" 사건을 예로 들면서 아파트 등의 방화 대피 설비를 규정한 법령 정비의 필요성을 강조한다. 여기서 말한 화재 사건은 명치정 2정목 스즈키 히코이치 소유의 스즈키아파트 화재 사건이다.[38]

1930년대 조선인 청부업자

일본인 토목건축 업자가 공사 수주를 독점한 상황이었지만 조선인 청부업자도 있었다. 그 수는 얼마나 되었고 어떤 입장이었을까.

1930년《경성상공명록(京城商工名錄)》을 보면 토목건축청부란의 172명 가운데 조선인은 1명으로 정세권(鄭世權)이었다. 1933년《경성상공명록》에는 토목청부 4명 가운데 조선인 1명으로 조창윤(曺昌潤), 건축청부 21명 가운데 조선인은 3명으로 정세권, 손덕현(孫德鉉), 소영기(邵永基), 토목건축청부 137명 가운데 조선인은 3명으로 장세철(張世喆), 김경규(金慶圭), 김타(金陀)가 그들이다.[39]

　　1936년《경성상공명록》에는 정세권, 손덕현, 소영기 외에 오병섭(吳炳燮), 신남선(辛南善), 차경환(車慶煥)이 추가됐고, 1943년에 발간된《대중인사록(大衆人事錄)》에는 여기에 다시 이기진(李基璡)이 보태졌다. 그 밖에도 토목건축청부업자를 더해도 조선청부업자는 19명에 불과했다. 당시 일본인 청부업자의 규모에 비한다면 절대적으로 적은 숫자인데, 이마저도 비교적 규모가 큰 경우에 해당한다는 점에서 당시 아파트 건축은 절대다수가 일본인 건축청부업자에 의해 지어진 것이라 해도 전혀 틀리지 않다.
　　조선인 청부업자 수가 적은 탓인지 영세한 탓인지 광고를 내는 청부업자는 거의 없었다해도 과언이 아니다. 그나마 눈에 띄는 것이《매일신보》1938년 5월 5일자에 게재된 "토목건축 청부업 주식회사 경성건축사(株式會社 京城建築社)" 광고이다. 이기진 사장

---

38 ― 〈室料に迷はされるな アパート居住者への注意 新海消防署長談〉,《경성일보》1937년 1월 31일자

39 ― 도리우미 유타카(鳥海豊) 지음,《일본학자가 본 식민지 근대화론》, ㈜지식산업사, 2019, 124쪽

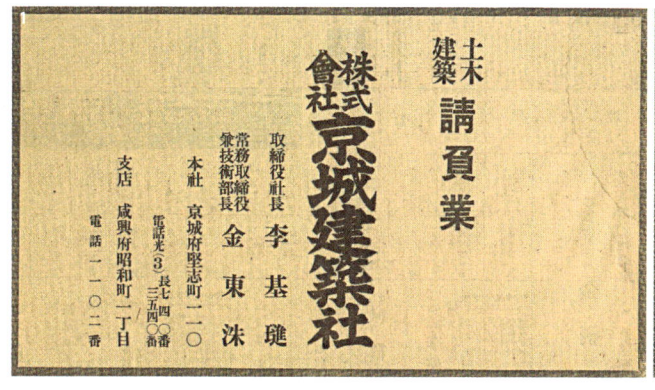 

1 《매일신보》 1938년 5월 5일자에 게재된 조선인 토목건축 청부업 주식회사 경성건축사 광고
2 《국민신보》 1939년 7월 9일자에 게재된 조선인 토목건축 청부업회사 애국건축사 및 경성주택사 광고

과 상무 겸 기술과장으로 김동수 부장 이름을 내고 견지정(堅志町, 현 견지동) 본사 주소와 전화번호, 함흥부의 지점 주소와 전화번호를 내보냈다. 눈에 띄는 다른 광고는 "애국건축사(愛國建築社)"라는 광고이다. 정우택(鄭禹澤) 사주와 정신택(鄭信澤) 설계감독 이름을 냈는데 본사 주소가 '죽첨정 3정목 도요타아파트 옆'으로 되어 있다. 도요타아파트가 죽첨정의 대표 건축물로 상징되는 랜드마크였음을 알려주는 광고이기도 하다.

1931년 6월 3일 발간한 《조선회사표(朝鮮會社表)》[40]를 살펴보니 1931년 1월 1일을 기준으로 '건축 및 토목 전문청부업' 회사는 조선 전체에 131개가 있었다. 이 가운데 125개는 조선에 본사를 둔 업체이고, 나머지 6곳이 일본에 본사를 두고 조선에 지점을 낸 곳이다. 조선 사람이 대표인 경우는 겨우 10%인 13곳에 불과하다. 수리사업, 인부알선, 제언축조(堤堰築造) 업자는 빼고 6곳에 대한 자세한 내용은 표와 같다.

1936년 12월 말을 기준으로 1937년 10월 28일에 발간한 《조선회사표》에는 건축 및 토목 전문청부업을 하는 주식회사는 15개, 합자회사는 238개, 합명회사는 25개로 모두 278개 업체로 늘었다. 일본에 본사를 두고 조선에 지점을 낸 12곳을 보태면 모두 290개 업체이다. 이 가운데 조선인 대표는 44명으로 1931년에 비해 늘어 비율로는 15.8% 정도를 점했다.

1938년 12월 말일 기준으로 1939년 11월 29일에 발간한 《조선회사표》에는 304개

40 — 경성상공회의소가 농업, 상업, 공업 등 각 업종별 회사명, 규모, 자본금 등을 총정리한 책이고 1922년부터 1944년까지 거의 매년 발행되었다.

의 건축 및 토목청부업 본사와 20개의 지점을 합한 324개 업체가 조선에서 사업을 벌이고 있는 것으로 나온다. 이 가운데 조선인이 업체의 대표를 맡은 곳은 37곳으로, 전체 점유비가 11.4% 정도로 다시 줄어들었다.

1931년 당시 조선인이 대표인 청부업체 목록

회사명	업종	소재지	설립 연월	대표	자본금(엔)	납입자본금(엔)
평원합자회사	토목건축청부 및 목재 판매	황해도 봉산군 사리원읍 서리	1930년 9월	김정호	21,000	21,000
합자회사 동신사	토목목재청부 및 곡물 잡화 무역 판매	함경남도 함흥부 풍서리42	1930년 2월	김규진	40,000	40,000
합자회사 송영사	분묘지보토 및 인부 배급, 장의 청부 등	경기도 경성부 황금정4정목 45	1925년 8월	김영호	25,300	25,300
합명회사 삼남공무소	수리 측량 토목설계 철공 건축	전라남도 광주군 광주읍 누문리 3	1929년 10월	최종구	5,000	5,000
합자회사 삼화조	운송인부 공급청부 및 그 부대 업무	평안남도 진남포부 용정리 117	1930년 6월	강준식	20,000	20,000
북조토목건축 합명회사	토목건축 청부업	함경북도 경흥군 웅기읍 웅기동	1922년 5월	신봉만	1,000	1,000

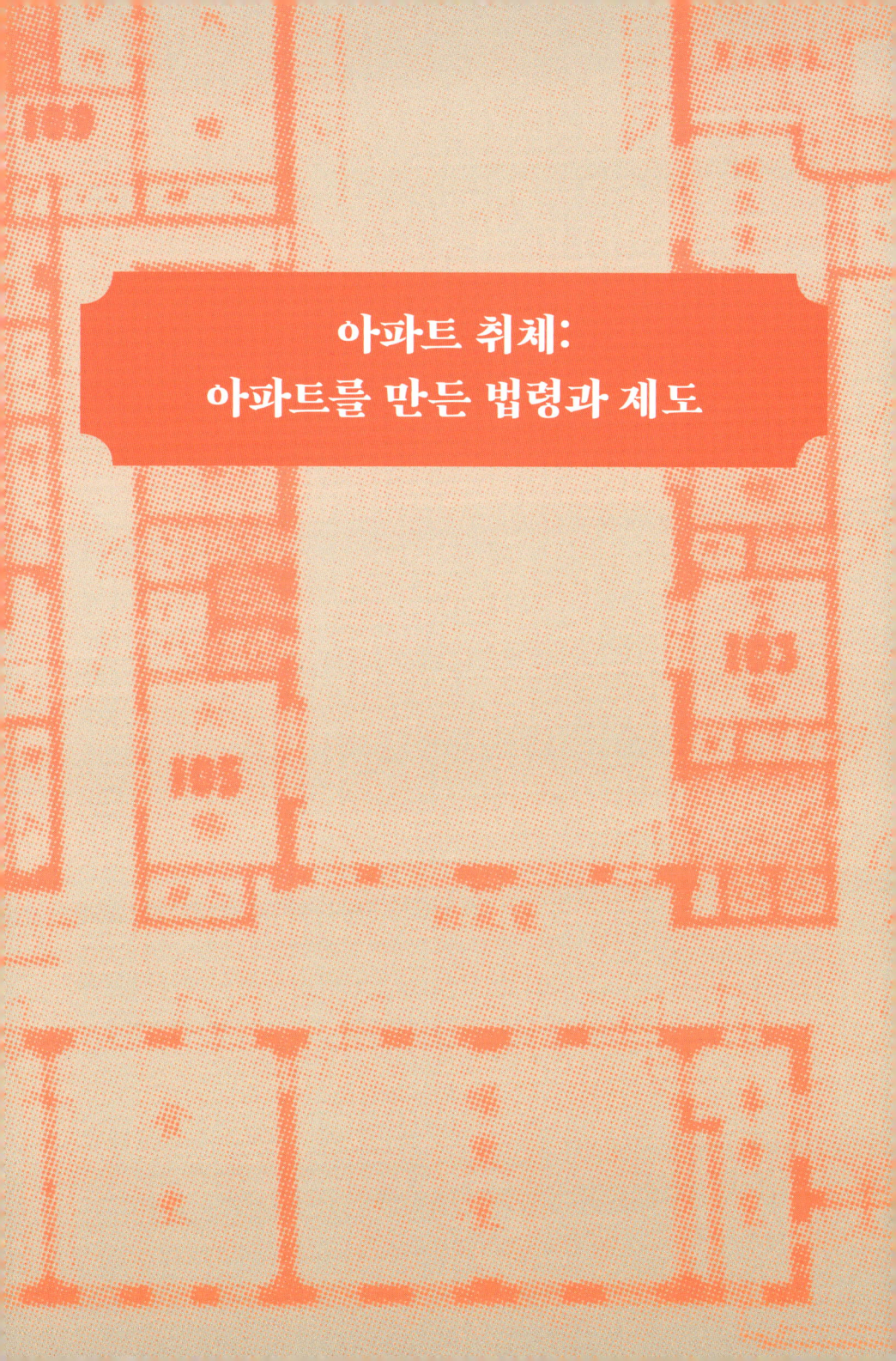

아파트 취체:
아파트를 만든 법령과 제도

경성의 건축 법령

현재 우리나라에서 지어지고 있는 건축물은 여러 가지 법령의 규제를 받는다. 대표적으로 '국토의 계획 및 이용에 관한 법률(도시계획법)'과 '건축법'이 있다. '건축법'은 1962년 제정되었다. 이전에는 1913년의 '시가지건축취체규칙'과 1934년에 제정된 '조선시가지계획령'이 있었다. 1961년 12월 31일까지 '구법 정리에 관한 특별조치법'이 발효되면서 이전 시기의 '조선시가지계획령'은 폐지되었다. 이에 따라 도시 관련 항목은 '도시계획법'으로, 건축 관련은 '건축법'으로 분리되었다. 현재는 도시와 건축 관련 법이 상당히 정확하게 건축물의 형상을 규정하고 있지만, 1960년대까지만 해도 어떤 법령에 근거해 건축물이 지어졌는지 상관관계를 밝히기 어려운 부분이 적지 않다. 우리나라 최초 아파트단지로 호명되는 1962년과 1964년 두 차례에 걸쳐 준공한 마포아파트조차 어떠한 법령에 근거해 지어졌는지 규명하기 어렵다. 관련 연구 또한 찾아보기 어렵다. 법령의 연혁에 대한 충실한 연구가 필요한 실정이다.

경성의 아파트와 법령의 상관관계를 알아보기 위해 도시와 건축에 관한 법령을 시대순으로 찾아 올라가보았다. 우선 1913년 2월 25일에 총독부령 제11조로 발포된 '시가지건축취체규칙'이 있다. 이는 "주거, 공장, 창고, 기타 건축물과 우물, 공동도로에 면한 문호(門戶), 담벽 등 공작물의 건축행위와 관련된 규칙"[1]으로 경찰이 단속, 관할하도록 규정한 총 9개의 조문으로 구성되어 있다. 이 조문 가운데 건축물의 규모와 형상을 규정하는 법령은 건축선과 건폐율 규정이다. 1913년 2월 25일자 《조선총독부 관보》(제169호)에 법령의 원문이 나온다. 서울 도시계획의 변천과정 및 주요 내용을 기록한 《서울도시계획연혁 1991》[2]에도 그 내용이 실려 있다.

다음으로 살펴볼 법령은 1934년 6월 20일 제정하고 6월 28일 시행한 '조선시가지계획령'이다. 이 법령은 도시와 건축의 지침을 담은 법령으로 1장은 도시계획, 2장은 지역지구와 건축기준, 3장은 토지구획정리사업에 관한 내용이다. '조선시가지계획령'의 하위 법령으로 1934년 7월 27일 조선총독부령 제78호로 제정된 '조선시가지계획령 시

1 — 《조선총독부 관보》 제169호, 1913년 2월 25일

2 — 서울특별시, 《서울도시계획연혁 1991》, 서울특별시, 1991, 97~99쪽. 《서울도시계획연혁》은 1977, 1991, 2001, 2017년 4차례에 걸쳐 약 10년 단위로 발간된 자료로 도시계획의 변천 과정과 주요 내용을 담고 있다.

행규칙'과 1936년 4월 22일 경기도 도령 제877호로 제정된 '조선시가지계획령 시행세칙(준칙)'이 있다. 특히 지역지구와 건축기준에 관한 법령으로 구성된 2장의 시행규칙을 보면 건축물의 부지 및 높이, 건축물의 구조와 설비, 지역 및 지구 내에 있는 건축물 등의 행위제한에 관한 내용이 담겨 있다. 시행세칙은 시행규칙보다 훨씬 자세한 내용을 담고 있는데, 제2장 건축선 및 벽면의 위치(5~6조), 제3장 건축물의 부지 및 높이(7~9조), 제4장 건축물의 구조, 설비(10~13조)와 같은 조항이다.[3]

'조선시가지계획령' 관련 우리말본은 '조선시가지계획령 시행규칙'을 우리말로 옮겨 소개한 손정목의 《일제강점기 도시계획연구》[4]와 국가법령정보센터에서 한글로 번역한 '조선시가지계획령'이 있다. 또한 한국영상자료원에서 온라인으로 공개한 《일본어 잡지로 본 조선영화 8》도 함께 살필 수 있는 자료에 해당한다. 《조선과건축》 1935년 1월호부터 1937년 1월호에서 영화 상영공간 관련 기사를 추려 번역한 《일본어 잡지로 본 조선영화 8》에서는 《조선과건축》 1936년 7월호(제15집 7호)의 〈조선건축잡보〉란에 실린 경기도 보안과장 조종춘(趙鐘春)의 "건축취체에 대하여[경성일보 게재]"를 상세하게 번역해 놓았다.[5] 조종춘은 1934년에 조선시가지계획령과 시행규칙이 발포되고, 다음 해에 건축취체에 관한 조장(條章)이 추가되어 4월부터 실시되고 있는데, 법령이 새롭고 복잡해 착오가 발생하고 일이 지체되어 유감스럽다며 '조선시가지계획령'의 건축 관련 주요 내용을 풀이해 전달했다.

마지막으로 살펴볼 법령은 1933년 일본에서 제정된 '아파트건축규칙'이다. 일본 동경에서 1932년말 시로키야(白木屋)백화점 화재[6]로 70여 명의 사상자가, 비슷한 시기에 다이후(大富)시장아파트의 화재[7]로 90여 명의 사상자가 발생했다. 연달아 발생한 큰 재해에

---

[3] — 이문보, 〈건축법은 어떻게 변천하여왔는가 1962-1978〉, 《건축사》 통권 제112권 6호, 1978년 6월, 대한건축사협회, 5~10쪽

[4] — 손정목, 《일제강점기 도시계획연구》, 일지사, 1996, 406~431쪽

[5] — 경기도 보안과장 조종춘(趙鐘春), "건축취체에 대하여[경성일보 게재]", 〈조선건축잡보(6월중)〉, 《조선과건축》 15집 7호, 1936년 7월, 58~68쪽. 한국영상자료원 엮음, 《일본어 잡지로 본 조선영화 8》, 한국영상자료원, 2018, 125~148쪽에서 재인용

[6] — '도쿄의 시로키야(白木屋)백화점 본점에서 16일 아침 9시 24분경 출화, 부상자는 약 70명, 사자 7명이 나왔다.' 〈東京白木屋大火 死傷者七十七名〉, 《동아일보》 1932년 12월 17일자

[7] — '23일 오전, 다이후(大富)시장의 2층으로부터 불, 시장은 2,3층은 아파트로서 조선인과 일본인 54가구 270명이 거주, 불타죽은 사람이 40명, 중경상자가 18명, 행방불명이 32명', 〈死傷, 去處不明 六十四名의多數〉, 《동아일보》 1932년 12월 24일자

피난, 방화설비를 서둘러야 한다는 취지로 발령된 법령이다. 이때 아파트건축규칙과 백화점건축규칙이 발령되었다. 일본의 화재 사건 이후 경성에서도 건축물의 방화설비와 피난장치가 등한시되고 있다며 시가지건축취체규정의 개정 필요성이 제기되었다.[8] 이후 조선에서도 법 개정이 있었을 것으로 추정되지만 자세하게 밝혀진 게 없다.

일본에서 '아파트건축규칙'이 발효된 것은 '조선시가지계획령'이 제정되기 1년 전으로 1933년 6월 29에 일본 경시청령 21호로 제정되었다. 이 규칙은 14조로 구성되어 있으며, 구조방식에 따라 철근콘크리트조와 목조를 구분해 피난 및 방화에 관한 규정을 다루고 있다. 법령 내용의 출처는 1933년 7월 5일 키타자와 고로(北澤五郎)의 강연 자료를 기본으로 했다.[9] 강연 제목은 〈백화점, 아파트 건축규칙과 고층건축물의 방화피난설비에 관한 법규의 제정에 대하여〉이다. 강연 내용 가운데 '아파트건축규칙'을 중심으로 살폈다. 일본에서 제정, 효력을 갖춘 아파트 관련 조항이 식민지였던 조선에도 거의 그대로 적용되었는지 여부를 더불어 살펴보기 위함이다.

건폐율, 건축선, 건축물의 높이, 도로사선

먼저 경성의 아파트를 이해하는 데 도움이 될 만한 시가지건축취체규칙과 조선시가지계획령의 건폐율, 건축선, 건축물의 높이, 도로사선의 규정을 살펴보자. 여기에 1962년 직전의 '조선시가지계획령'을 그대로 옮긴 건축법도 함께 들여다보았다. 직전의 법령만 들여다본 것은 1934년 '조선시가지계획령'이 발령된 이후 1962년까지 몇 차례 개정됐을 것으로 보이지만 개정 기록이 구체적으로 남아있지 않기 때문이다.

건폐율을 먼저 보자. '시가지건축취체규칙'의 건폐율은 "건물의 면적은 대지면적의 8/10을 초과할 수 없다."[10]이다. 건폐율을 80%이하로 해야 한다는 규정으로 건폐율의 개념을 법령 문구에서 잘 설명하고 있다. '조선시가지계획령'에서는 70%를 기본으로 하고,

8 — 〈高層建築物의 防火裝置調查 京畿道保安課長 談〉, 《조선일보》, 1932년 12월 23일자

9 — 北澤五郎, 〈講演: 百貨店, アパート建築規則及高層建築物の防火避難設備に關する 法規の制定に就いて(昭和8年7月5日講演)〉, 《建築雜誌》 1933년 8월, 13~17쪽

10 — "시가지건축취체규칙 3조 1항", 《조선총독부 관보》 제169호, 1913년 2월 25일

11 — 경기도 보안과장 조종춘(趙鐘春), "건축취체에 대하여 [경성일보 게재]", 〈조선건축집보(6월중)〉, 《조선과건축》 15집 7호, 1936년 7월, 58~68쪽. 한국영상자료원 엮음, 《일본어 잡지로 본 조선영화 8》, 한국영상자료원, 2018, 137쪽에서 재인용

주거지역은 60%, 상업지역은 80%로 규정[11]했다. 시행규칙[12]에서 건축면적을 어떻게 산정하는지와 예외 사항을 상세하게 규정하고 있으며, 지역에 따라서 차이가 있다는 규정도 있다.[13] 1962년 건축법에서는 상업지역은 70%이고 나머지 지역은 60%로 규정했다.

시가지건축취체규칙의 건축선은 "건물의 기초는 공동도로의 경계선으로부터 1척 5촌 이상의 거리를 유지하여 축조하여야 한다."[14]로 규정되었다. 1척 5촌은 지금의 단위로 환산하면 약 45cm 정도로, 도로에서 그 정도 간격을 두고 건축물을 건축하라는 지침이다. 조선시가지계획령에서는 "건축선은 시가지계획구역 안에서의 도로폭의 경계선으로 한다. 다만 특별한 사유가 있는 때에는 행정관청은 시가지계획구역 안에서 별도의 건축선을 지정할 수 있다."[15]로 되어 있다. 이전 시가지건축취체규칙의 1척 5촌의 거리 규정은 사라지고, 도로폭의 경계선을 건축선으로 지정한 것이다. 추가로 가로경관이 손상될 우려가 있을 경우 건축선을 특별 지정할 수 있도록 했다.[16] 1962년에 제정된 건

12 — "조선시가지계획령 시행규칙 2장 1절 31조 1항". 손정목, 《일제강점기 도시계획연구》, 일지사, 1990, 411쪽에서 재인용. "건축면적(建築面積)이라 함은 건축물(建築物)의 수평단면(水平斷面)에 있어서 외벽(外壁)의, 또는 이에 대신할 기둥의 중심선내(中心線內)의 면적중 가장 큰 것을 말한다. 다만 지층(地層)으로서 그 외벽(外壁)의 높이가 지반면상(地盤面上) 2m이하의 부분의 면적은 이를 건축면적으로 보지 않는다. 처마(軒), 차양(庇) 서까래(桔出緣)의 유(類)가 전항의 중심선에서 1m를 초과하여 돌출(突出)하는 경우에 있어서는 그 외벽에서 1m를 후퇴하는 선으로서 전항의 중심선이라고 본다." 이에 따라 앞서 살핀 식산은행 독신자아파트가 경우에 따라 지상2층 혹은 지상 3층으로 불린 것이다.

13 — "조선시가지계획령 시행규칙 2장 2절 48조". 손정목, 《일제강점기 도시계획연구》, 일지사, 1990, 415쪽에서 재인용. "건축물(建築物)의 건축면적(建築面積)은 건축물의 부지(敷地)의 면적에 대하여 10분의 7의 비율을 초과할 수 없다. 다만 도지사가 지정하는 각지(角地) 기타의 지구(地區)에 있어서의 건축물 및 도지사가 지장이 없다고 인정하는 건축물에 대해서는 차한(此限)에 부재(不在)하다."

14 — "시가지건축취체규칙 3조 2항", 《조선총독부 관보》 제169호, 1913년 2월 25일

15 — 조선시가지계획령 27조

16 — 조종춘, "건축취체에 대하여 [경성일보 게재]", 〈조선건축잡보(6월중)〉, 《조선과건축》 15집 7호, 1936년 7월, 58~68쪽. 한국영상자료원 엮음, 《일본어 잡지로 본 조선영화 8》, 한국영상자료원, 2018, 126~127쪽에서 재인용. "건축선이란, 건물이 (더 이상) 돌출할 수 없는 한계를 정한 선이라 할 수 있음. 그렇다면 이 건축선은 어디에 정해져 있는가. 시가지계획구역 내 각 도로 폭의 경계선을 그것(건축선)으로 보며, 나아가 도지사는 기타별도의 건축선을 지정할 수 있음. 이전 시가지건축취체규칙이 시행 되던 때에는 도로 경계로부터 1척 5촌 후퇴한 선을 모두 건축선으로 취급했으나, 새 법에서는 도지사의 특별 지정이 없는 한 도로 폭의 경계선을 건축선으로 정함. 이처럼 경성부내는 종래(건물) 모두를 1척 5촌 후퇴시킨 관계상, 향후에 건축물이 도로 폭 경계선까지 돌출하는 것을 인정한다면 거리의 체재(體裁)가 상당히 손상될 우려가 있음. 그뿐 아니라 이는 상업 번영의 측면에서 보더라도 이익이 되지 못함. 따라서 필요한 장소에 한해 별도로 건축선을 지정하고 건축물의 위치를 정돈할 예정임[가까운시일 내에 지정될 전망]."

축법[17]에서도 건축선 규정은 변함없이 도로 경계선을 건축선으로 적용하고 있는 것을 볼 때 조선시가지계획령이 건축법으로 넘어가기 직전까지도 변화가 없었다는 것을 확인할 수 있다.

세 번째는 건축물의 높이 규정이다. 시가지건축취체규칙에는 높이에 대한 규정이 존재하지 않았다. 조선시가지계획령에서는 건축물의 높이를 지역에 따른 높이 제한과 건축물 구조에 따라 구분했다. 주거지역은 20m, 그 외 지역은 31m를 초과할 수 없고,[18] 벽돌 및 목조건축물은 13m, 목골조는 8m를 초과할 수 없다. 철근콘크리트구조는 제한이 없지만 지역과 도로사선에 의해서 제한을 받아 높이가 규제되었다.[19] 1962년 건축법에는 40조(높이의 한도)[20] 규정으로 높이를 규제했다.

도로사선 높이 규정 역시 시가지건축취체규칙에서는 없고, 조선시가지계획령에 최초로 등장하는 내용으로 건축물의 높이를 전면도로의 폭에 따라서 규제하는 것이었

17 — 제30조 (건축선의 지정) ①건축선은 도시계획구역내에 있어서는 도로의 폭의 경계선으로 한다. 단, 시장, 군수는 시가지내에 있어서 건축물의 위치를 정비하거나 그 환경을 정리하기 위하여 필요하다고 인정할 때에는 건축선을 따로 지정할 수 있다.

18 — "조선시가지계획령 시행규칙 2장 3절 103조". 손정목, 《일제강점기 도시계획연구》, 일지사, 1990, 425쪽에서 재인용. "건축물의 높이는 주거지역내에 있어서는 20m를, 주거지역 외에 있어서는 31m를 초과할 수 없다. 다만 건축물의 주위에 광활한 공원, 광장, 도로 기타의 공지(空地)가 있는 경우에 있어서 도지사가 교통상, 위생상, 보안상 지장이 없다고 인정하여 허가한 때에는 차한(此限)에 부재하다."

19 — 조종춘, "건축취체에 대하여 [경성일보 게재]", 《조선건축집보(6월중)》, 《조선과건축》 15집 7호, 1936년 7월, 58~68쪽. 한국영상자료원 엮음, 《일본어 잡지로 본 조선영화 8》, 한국영상자료원, 2018, 139쪽에서 재인용. "정. 높이에 관한 제한. 1. 벽돌 및 목조 건축물은 높이 13m[43척]에 처마 높이 9m[30척], 목골건축물은 높이 8m에 처마높이 5m를 넘을 수 없음. 따라서 고층 건축은 철근콘크리트 구조에 기반해야 하는바, 허가 한도 이내라도 전면 도로선의 높이가 맞지 않으면 건축할 수 없음. 즉, 건축물 각 부분의 높이는 그 부분부터 전면도로까지 수평거리의 1.5배를 넘을 수 없으며, 전면도로 폭의 1.5배에 8m를 더한 것을 최고 한도로 함. 2. 또한 도지사의 특별허가가 없는 한 지역에 따른 높이 제한도 존재함. 즉, 주거지역 내는 20m, 기타 지역은 30m를 넘을 수 없음."

20 — 1962년 1월 20일 건축법 40조(높이의 한도) 건축물의 높이는 주거지역에 있어서는 20미터, 기타의 지역에 있어서는 35미터를 초과하여서는 아니된다. 단, 다음 각호의 1에 해당하는 경우에 시장, 군수의 허가를 얻은 때에는 예외로 한다.
1. 건축물의 주위에 공원, 광장, 도로 기타의 공지가 있어서 통행, 방화 및 위생상 지장이 없다고 인정될 때
2. 공업용의 건축물 기타의 건축물로서 그 용도상 부득이하다고 인정될 때

다. 전면도로 폭의 1.5배까지 건축물의 높이를 올릴 수 있다고 규정하고 있다.[21] 1962년 '건축법'에서는 '제41조 (통로 폭에 의한 건축물의 높이의 제한) 항목'으로 변경되었다.

1913년의 시가지건축취체규칙, 1934년의 조선시가지계획령, 1962년의 건축법을 건폐율, 건축선, 건축물의 높이, 도로사선 규정을 비교 정리하면 표와 같다.

건축 관련 법령의 변천

구분	시가지건축취체규칙 1913년 2월 25일	조선시가지계획령(건축취체규정) 1934년 6월 20일	건축법 1962년 1월 20일
건폐율	8/10	일반(기준): 7/10 주거지역: 6/10 상업지역: 8/10	주거, 공업, 기타지역: 60% 상업지역: 70%
건축선	경계선으로부터 1척 5촌 이상 이격	도로 폭의 경계선으로 함	도로 폭의 경계선으로 함
건축물의 높이	규정 없음	주거지역은 20m 그 외는 31m (벽돌조·목조: 13m, 목골조: 8m, 철근콘크리트: 지역제한에 따름)	주거지역 20m 기타지역 35m
도로 사선	규정 없음	건축물의 각 부분의 높이는 그 부분부터 전면도로까지 수평거리의 1.5배를 넘을 수 없다. 전면도로 폭의 1.5배에 8m를 더한 것을 최고 한도로 함.	건축물의 각 부분의 높이는 그 부분으로부터 전면도로의 반대 측 경계선까지의 수평거리의 1.5배, 도로 폭의 1.25배에 8m를 가한 높이를 초과할 수 없다(단, 상업지역은 1.25배를 1.5배로 적용한다).

---

21 ─ 조종춘, "건축취체에 대하여 [경성일보 게재]", 〈조선건축잡보(6월중)〉, 《조선과건축》 15집 7호, 1936년 7월, 58~68쪽. 한국영상자료원 엮음, 《일본어 잡지로 본 조선영화 8》, 한국영상자료원, 2018, 139쪽에서 재인용. "허가 한도 이내라도 전면 도로선의 높이가 맞지 않으면 건축할 수 없음. 즉 건축물 각 부분의 높이는 그 부분부터 전면도로까지 수평거리의 1.5배를 넘을 수 없으며, 전면 도로 폭의 1.5배에 8m를 더한 것을 최고 한도로 함."; 조선시가지계획령 시행규칙. 손정목, 《일제강점기 도시계획연구》, 일지사, 1990, 417쪽에서 재인용. "2장 2절 제69조 건축물의 각 부분의 높이는 그 부분으로부터 건축물의 부지의 전면도로폭의 대측(對側) 경계선까지의 수평거리의 1배 2분의 1을 넘지 않고 또 그 전면도로 폭원의 1배 2분의 1에 8m를 가(加)한 것을 한도(限度)로 한다."

아파트 규모를 결정하는 법령

그렇다면 이 규정들은 아파트의 규모를 결정하는 데 얼마나 영향을 미쳤을까.

우선 건폐율은 1913년 80%에서 1934년에는 지역별로 60~80%로 세분화되었다. 남산동 미쿠니아파트(1930)와 취산아파트(1936), 청운장아파트(1938)에도 이 건폐율 규정이 적용되었을까.[22] 남산동 미쿠니아파트의 경우 대지면적이 140.6m²이고 건축면적이 122.31m²[23]로 건폐율은 83.15%이다. 이 아파트는 시가지건축취체규칙의 80%를 적용받아 건립되었을 것이나 현재의 건폐율은 80%를 약간 초과하고 있다. 취산아파트는 대지면적 1,414.9m², 건축면적 858.22m²로 건폐율은 60.65%이고, 청운장아파트는 대지면적 419.3m², 건축면적 198.35m²로 건폐율은 47.30%이다. 취산아파트와 청운장아파트는 1934년 이후에 지어졌기 때문에 조선시가지계획령의 건폐율을 적용받았을 것이다. 이 아파트들은 주거지역인 욱정에 속해 있으니 법령의 건폐율은 60%로 취산아파트는 60%를 조금 초과하였고, 청운장은 기준 이하에 해당한다.

두 번째는 건축선인데, 건축선을 정확하게 파악하기 위해서는 당시 대지경계선과 1층 또는 배치도의 건축물의 형상을 파악해야 한다. 하지만 1층 평면도만 있고 건물과 대지경계의 관계를 보여주는 도면인 배치도 및 기타 유사 자료가 충분하지 않아 건축선의 적용 여부를 파악하는 것은 불가능하다.

세 번째는 건축물의 높이이다. 건축물의 높이 제한 규정을 알기 위해서는 경성의 지역 구분을 먼저 확인할 필요가 있다. 다행히 1930년대 경성의 지역 구분을 확인할 수 있는 자료가 있다. 바로 1939년 '경성시가지계획 지역도'이다. 지도는 주거, 상업, 공업, 미지정지역을 구분해 표기하고 있다. 상업지역은 북으로는 종로1~6정목에서부터 남으로는 명치정 일대까지와 서쪽 남대문에서부터 동쪽으로 동대문 못미치는 구역까지이다. 주거지역은 상업지역과 청량리와 영등포 지역의 공업지역을 제외하고 대부분의 나머지 지역이다.

1934년 법령의 건축물 높이 규정을 보면 주거지역은 20m(벽돌조 13m), 그 외 지역은 31m이다. 1913년 법령에는 높이 기준이 없다. 한 층의 층고를 약 3m 전후로 보았을 때

---

[22] — 건폐율을 계산하기 위해서는 대지면적 대비 건축면적의 비율을 계산해야 하나, 현재 남아 있는 건축물의 건축면적 정보는 정확하지 않아 1층 면적을 건축면적으로 산정했다.

[23] — 〈三國商會アパート 建築工事概要〉,《조선과건축》 9집 12호, 1930년 12월, 7쪽. 건축면적 35.37평, 연면적 106.11평. 122.31m²는 현재 건축물대장의 1층 면적이다.

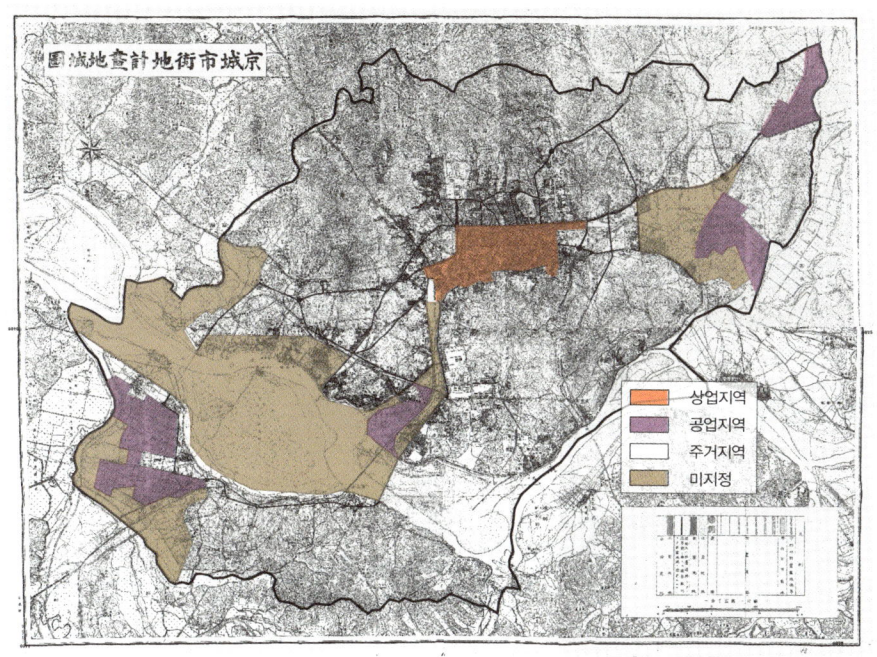

1939년 경성시가지계획 지역도 위 지역구분 표기. 출처: 〈1939년 경성시가지계획지역결정에관한 건〉, 국가기록원

주거지역은 6~7층(벽돌조 4~5층), 그 외 지역은 10층 이하가 가능했을 것이다.

당시 아파트는 상업지역과 주거지역 모두에 있었다. 상업지역에 있던 아파트는 관수정의 히카리(光)아파트, 명치정의 이시미츠(石光), 스즈키(鈴木), 히마루(日丸), 타치바나료(橘寮)아파트, 임정의 미도리(ミドリ)아파트, 앵정정의 앵정(櫻井), 오지마(尾島), 국수장(菊水莊)아파트이다. 이 가운데 현재 남아 있고 규모를 알 수 있는 아파트는 국수장아파트가 유일하다. 국수장아파트는 2층 규모로 건축물의 높이는 6m 전후로 주거지역 이외 지역의 건축물 높이 규정이었던 31m에 훨씬 미치지 않는다. 주거지역에 있던 아파트 역시 법령이 정한 높이 기준보다 훨씬 낮다. 현재 철근콘크리트조 5층 규모로 남아 있는 취산아파트는 건립 당시에는 3층으로 총 높이가 9m이니 법령기준의 20m에 미치지 않는다. 또한 현존하는 5층 규모의 청운장아파트 역시 15m로 법령기준 이하이다. 조선시가지계획령 공포 이전에 지어진 벽돌조 3층 규모로 지금도 남아 있는 남산동 미쿠니아파트도 있다. 한 층을 약 3m를 산정해도 전체 높이는 9m이다. 하지만 어떤 법령의 규제를 받았는지, 법령과 상관관계를 정확하게 파악할 수는 없다.

법령 적용 여부

	건폐율	건축선	건축물의 높이	도로사선
남산동 미쿠니아파트(1930)	83.15%(기준 80%)	확인 불가	9m(기준없음)	확인 불가
취산아파트(1936)	60.65%(기준 60%)	확인 불가	9m(기준 20m)	확인 불가
청운장아파트(1938)	47.30%(기준 60%)	확인 불가	15m(기준 20m)	확인 불가

법령의 적용 여부를 확인할 수 없는 규정이 도로사선이다. 당시 건축물 전면도로의 너비와 필지에 건축물이 어떻게 놓여 있었는지 정확하게 파악하기 어렵다. 또한 시구개정에 의해서 끊임없이 도로가 개설되고 있는 상황이었기 때문에 도로의 개설 시기와 건축물 준공시기의 관계를 파악하는 데 어려움이 있어 적용여부를 파악할 수 없다.

아파트의 규모를 결정하는 법령은 건폐율, 건축선, 건축물의 높이, 도로사선이나 이중 거칠게라도 확인할 수 있는 것은 건폐율과 건축물의 높이이다. 건폐율의 경우 2곳은 법령기준에서 약간 초과했고, 1개소는 법령기준 이하였다. 건축물 높이의 경우 남산동 미쿠니아파트의 경우 법령기준이 없는 상태였고, 취산아파트와 청운장아파트의 경우는 법령기준 이하로 건립된 것을 확인할 수 있다.

일본에서 제정된 아파트건축규칙

앞서 살펴본 4가지 법령이 아파트의 외형을 결정하는 법령이었다면 아파트건축규칙은 피난 및 안전 관련법령으로 아파트의 내부 평면을 규정하는 규칙이다. 이 규칙에서 강조된 중요한 규정은 방화규정이다. 방화구획, 1층 출입구, 피난계단, 복도 폭, 방화문 설치 등을 규정하고 있다. 방화규정과 더불어 아파트의 계획에 적용되는 법령을 정리하면 표와 같다.[24] 이 규칙은 구조에 따라서 철근콘크리트의 경우와 목조의 경우를 나누어서 규정하고 있는데, 다음 내용은 철근콘크리트구조 아파트의 경우를 정리한 것이다. 일본과 달리 경성의 아파트는 대부분 근대적 시설로 인식되어 철근콘크리트 구조였고, 일부 벽돌조와 철근콘크리트의 조합이었기 때문에 목조의 경우는 따로 정리하지 않았

---

[24] 北澤五郎, 〈講演: 百貨店, アパート建築規則及高層建築物の防火避難設備に關する 法規の制定に就いて(昭和8年7月5日講演)〉, 《建築雜誌》 1933년 8월호, 13~17쪽

다. 1933년에 일본에서 제정된 아파트건축규칙이 경성에서 어떤 명칭으로 언제 법령으로 제정되었는지 찾는데 어려움이 있다. 당시 조선은 일본의 식민지배를 받던 때였고 대부분의 아파트를 일본인이 건설하고 운영했다는 점을 고려하면 경성에서 별도로 제정되지 않았더라도 일본에서 제정된 아파트건축규칙에 따라서 아파트가 지어졌을 수 있으리라 가정할 수 있다.

아파트건축규칙 3조[25] 주요 내용(요약 정리)

규칙	
1호	500m² 이내 마다 방화구획
2호	1층에서 도로 또는 통로로 나가는 출입구 2개소 이상 설치 (방화구획마다)
3호	2층 이상은 피난상 유효하다고 인정되는 실내 또는 옥외 피난계단 2개소 이상 설치
	계단 출입구에 방화문(적당한 방화 효력을 가진 차단장치로 대체 가능) 설치
4호	옥외피난계단은 철근콘크리트 또는 철골구조 가능(창이 없는 벽면에 설치 가능, 출입구에는 방화문 설치)
5호	지하층에는 임대용 주호 불가
6호	임대용 주호는 다다미 4.5장 이상 (2실 이상의 경우 3장 방 가능)
7호	복도는 편복도 1.2m, 중복도 1.5m 이상의 복도 폭 설치

1935년에 준공된 내자동 미쿠니아파트 본관에 적용해 살폈다.

첫 번째 살펴볼 것은 규칙 3조 1호에 의한 방화구획이다. 법령에는 500m²마다 구획을 하게 되어 있어 기준층 면적이 527.87m²인 이 건축물은 층마다 방화구획선으로 구분된 2개의 방화구획 공간으로 계획했다. 2~4층이 모두 2개의 방화구획 공간으로 분리되어 서로 연결되지 않는다. 방화구획 규정은 조선시가지계획령에서도 찾아볼 수 있다. 조선시가지계획령 시행규칙 83조[26]에는 660m²마다 방화벽을 설치하라고 규정했다. 내자동 미쿠니아파트 준공시점인 1935년보다 먼저 발표된 것이니 이 규정에 따라

---

25 — 아파트건축규칙은 14조로 구성되어 있는데, 1조에서 적용범위로 "주호 수 10호 이상의 아파트에 적용"을 규정하고 있고, 2조와 4조는 구조가 목조인 경우를 설명하고 있으며, 5조 이후는 소화기구 등 기타사항을 규정하고 있다.

26 — "조선시가지계획령 시행규칙". 손정목, 《일제강점기 도시계획연구》, 일지사, 1990, 419쪽에서 재인용. "2장 2절 83조 건축면적 660m² 이상의 건물에는 건축면적 660m² 이내 마다 방화벽(防火壁)을 설치할 것.

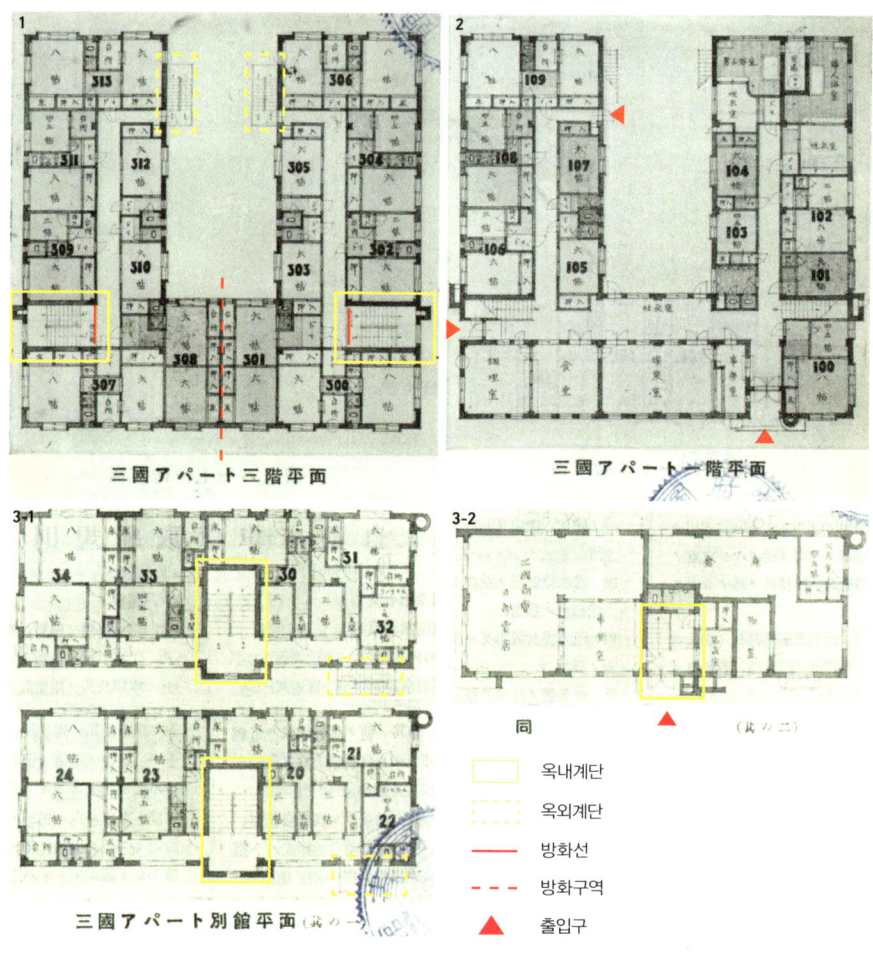

서 방화구획을 했다면 1개의 공간으로 했을텐데 잘 들어맞지 않는다. 1962년의 건축법에는 1,500m²[27]마다, 현재 법령에서는 1,000m²[28]마다 방화구획을 설정하도록 규정하고 있다. 내자동 미쿠니아파트에 2개의 방화구획을 계획한 것이 방화구획 규정 때문인지

27 — 1962년 건축법 시행령 98조 (방화구획) 주요구조부가 내화구조 또는 불연재료로 만들어진 건축물로서 연면적이 1,500m² 넘는 것은 연면적 1,500m² 이내마다 내화구조의 바닥이나 벽 또는 갑종 방화문으로 구획하여야 한다.

28 — 현재 건축법 시행령 46조 (방화구획 등의 설치) 주요구조부가 내화구조 또는 불연재료로 된 건축물로서 연면적이 1,000m²를 넘는 것은 국토교통부령으로 정하는 기준에 따라 내화구조로 된 바닥·벽 및 제64조에 따른 갑종 방화문으로 구획하여야 한다.

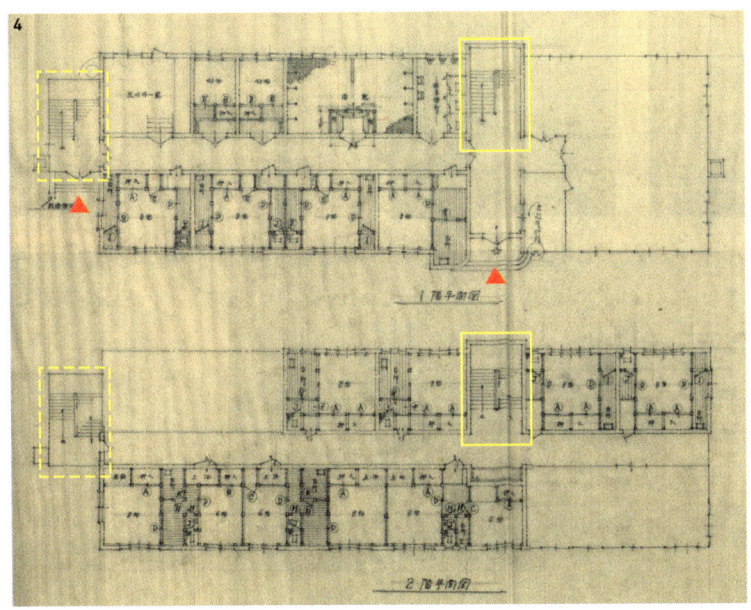

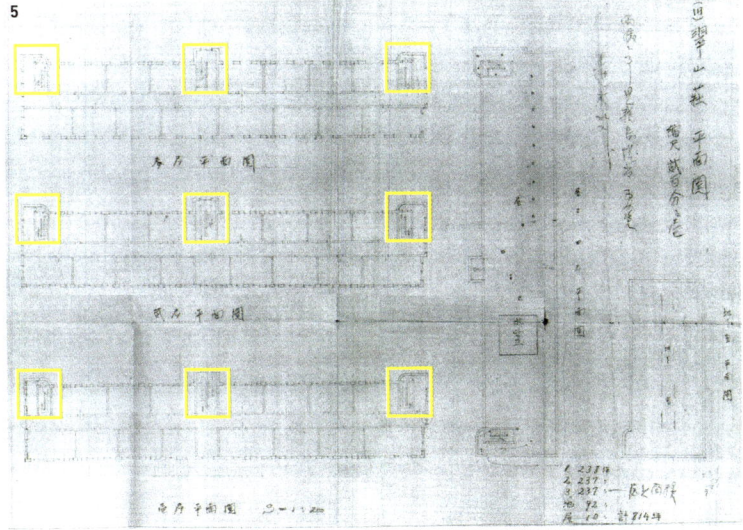

1 내자동 미쿠니아파트 본관 3층의 계단실과 방화구획. 출처: 《조선과건축》 14집 6호, 1935년 6월
2 내자동 미쿠니아파트 1층의 출구 위치. 출처: 《조선과건축》 14집 6호, 1935년 6월
3 내자동 미쿠니아파트 별관의 계단실 위치. 출처: 《조선과건축》 14집 6호, 1935년 6월
4 삼국아파트(내자동 미쿠니아파트) 수선 및 개조 공사 설계도 신관(3호관) 1층 및 2층의 계단실.
   출처: 국가기록원
5 미쿠니석탄공업주식회사 청산위원회 소속재산(취산장) 이양서류철 평면에 계단실(부속실) 위치 표기.
   1957년 실측. 출처: 국가기록원

미처 파악하지 못한 다른 규정 때문인지는 확정할 수 없다.

두 번째는 규칙 2호에 의한 1층에서 도로 등 밖으로의 출구 계획이다. 현재의 건축 법령에도 '건축물 바깥쪽으로의 출구설치'[29] 항목에는 법령에 정해진 건축물에 한해 외부로 나가는 출구를 설치하게 되어 있고 1962년 건축법 시행령에도 110조(옥외로의 출구)[30] 조항에 바깥쪽으로의 출구 설치에 대한 법령이 규정되어 있다. 내자동 미쿠니아파트 1층 평면도를 보면 총 3개의 출구가 있다. 2개의 출입구가 도로 등 밖으로 나가는 출구이고, 1개는 'ㄷ'자의 안쪽 마당으로 나가는 문이다. 도로로 나가는 출구를 2개 둔 것은 법령을 따른 것으로 충분히 추정할 수 있다.

세 번째는 규칙 3, 4호에 의한 계단이다. 이 건축물에는 총 4개의 계단이 있는데, 2개는 실내계단이고 2개는 옥외 철골구조 계단이다. 1개의 방화구획마다 실내계단과 옥외계단이 각각 1개소씩 계획되었다. 법령에 의하면 계단에는 방화문 따위의 차단구조를 갖추어야 한다. 실제 실내계단에 지금과 같은 방화셔터가 설치된 것을 확인할 수 있다. 평면도에 "방화선(防火線)" 글자와 선이 정확하게 표기되어 있다. 그러나 정확한 시스템을 확인할 수는 없지만, 내자동 미쿠니아파트의 공사개요에 '방화셔터(防火シャッター)'[31] 가 표기되어 있어 계단에 방화셔터가 설치되었던 것을 확인할 수 있다. 옥외계단 부분에는 실내에서 계단으로 나가는 문이 표현되어 있으므로 법령에 의해 방화문을 설치한 것으로 추정된다. 법령 강제요건처럼 옥외계단은 철골구조로 계획되어 있다. 별관에도 옥내계단 1개소와 옥외계단 1개소가 있다. 역시 2층 이상은 2개의 계단을 설치하라는 규정을 반영한 것이다. 계단 관련 규정은 1962년 건축법에서 400m^2[32] 마다 2개 이상의 직통계단을 설치하는 것으로 변경되었고, 현재 법령에는 규정된 시설에 따라서 계단을 2개소 이상 설치[33] 해야 한다고 되어 있어 계단 관련 규정은 큰 변화없이 지속되고

---

29 — 현재 건축법 49조1항 (건축물의 피난시설 및 용도제한 등); 1962년 건축법 시행령 39조 (건축물 바깥쪽으로의 출구 설치)

30 — 1962년 건축법 시행령 110조 (옥외로의 출구) 피난층에 있어서는 계단부터 옥외로의 출구의 일에 이르는 보행거리는 제105조에 규정하는 수치 이하로 한다.

31 — 〈ミクニアパート 新築工事概要〉, 《조선과건축》 14집 6호, 1935년 6월, 22쪽

32 — 1962년 건축법 시행령 106조 (직통계단의 설치 및 구조) 건축물의 피난층 이외의 층이 다음 각호의 1에 해당하는 경우에는 그 층부터 피난층에 통하는 2 이상의 직통계단을 설치하여야 한다.

33 — 현재 건축법 시행령 34조 (직통계단의 설치) ② 법 제49조 제1항에 따라 피난층 외의 층이 다음 각호의 어느 하나에 해당하는 용도 및 규모의 건축물에는 국토교통부령으로 정하는 기준에 따라 피난층 또는 지상으로 통하는 직통계단을 2개소 이상 설치하여야 한다.

있음을 확인할 수 있다.

추가로 지하에 임대 유닛을 두지 못하는 것과 1개의 유닛을 다다미 4.5장 이상으로 해야 한다는 것, 복도 폭을 규정한 것 등은 모두 내자동 미쿠니아파트의 평면계획과 일치하는 것을 확인할 수 있다.

일본의 아파트 화재 발생으로 발령된 아파트건축규칙을 기준으로 내자동 미쿠니아파트 본관 평면을 분석해 규칙과 평면과의 정합성을 거칠게 확인했다. 아파트건축규칙의 3조 1호부터 7호까지의 항목을 내자동 미쿠니아파트의 본관과 별관(1935) 및 신관(1936), 취산아파트(1936)에 어떻게 적용되었는지를 분석해 표로 정리했다.

법령의 적용사례 분석

규칙	구분		내자동 미쿠니아파트 (본관, 1935)	내자동 미쿠니아파트 (별관, 1935)	내자동 미쿠니아파트 (신관, 1936)	취산 아파트 (1936)
1호	방화구획		2개 방화구획 (2~4층)	없음	없음	없음
2호	출구		3	1	2	3
3호	피난 계단	옥내	2	1	1	3
		옥외	2	1	1	3
	계단실 방화장치		옥외계단: 방화문 실내계단: 방화셔터	없음	옥외계단: 방화문	계단전실(부속실)
4호	피난계단(옥외)		2 (철골구조)	없음	1 (철골구조)	없음
5호	지하층 세대		없음	없음	없음	없음
6호	실크기(다다미 수)		8+6 / 8+4.5 / 6+6 / 6+4.5 / 6+3 / 6 / 4.5	8+6 / 6+4.5 / 6+3/ 4.5	8+8 / 8+6 / 8 / 4.5	8+6 / 6+6 / 6+4.5 / 6+3
7호	복도		중복도 1.5m	편복도 1.2m	중복도 1.8m	중복도 2m
규모	층수(지하/지상)		0/4	1/3	0/4	1/3
	기준층면적(m²)		525.62	194.52	515.70	783
	연면적(m²)		2,140.34	658.29	2,095.87	2,690

내자동 미쿠니아파트 본관과 별관 및 신관의 몇 가지 항목에서 아파트건축규칙을 따랐음을 평면에서 확인할 수 있다. 취산아파트는 몇 가지 항목은 적용되었지만, 방화구획은 적용하지 않았다. 1개 층의 면적이 500m²가 넘는 783m²임에도 방화구획이 1개에 불과하기 때문이다. '조선시가지계획령 시행규칙'의 660m² 이내 마다 방화벽을 설치

해야 한다는 규정에도 맞지 않다. 평면의 중간에 방화구획이 있는데, 도면이 명확하지 않아 확인을 못한 것일 수도 있다. 경성에서 도지사의 특별한 허가[34]가 있었을 가능성과 별도의 지침이 있어 1개의 방화구획으로 계획되었을 수도 있다. 다만 1962년 건축법에는 1,000m²마다 방화구획을 하라고 개정되어 있어 1934년과 1962년 사이에 개정되었을 가능성도 있다. 또한 1개층의 면적이 515m²인 신관은 방화구획 없이 하나의 공간으로 되어 있어 상세한 법령의 변화를 살펴볼 필요가 있다.

방화구획과 함께 계단의 형상에 다른 점이 있다. 내자동은 방화셔터가 있는 옥내계단과 철골 옥외계단이 있는데, 취산아파트에는 3개의 계단이 있다. 1개의 계단은 중앙에 자리해 평면상으로는 개방되어 있고, 나머지 2개의 계단은 양쪽 끝에 있는데, 도면상으로는 지금의 특별피난계단 구조의 부속실이 구성되어 있는 것을 발견할 수 있다. 지금까지 확인한 1934년의 조선시가지계획령과 1933년의 아파트건축규칙에서 특별피난계단의 부속실 등에 관한 규정을 확인할 수는 없었지만, 1962년 건축법 시행령 108조(피난계단과 특별피난계단의 구조) 3항에 특별피난계단의 구조를 설명하는 법령이 있다. 추측이지만 방화구획과 더불어 피난을 위한 계단 규정도 1934년과 1962년 사이에 변경되어 계단실 구조가 만들어졌을 것으로 보인다. 또한 현재 확보된 도면은 1957년 도면이기 때문에 법령의 변경 시기와 적용 시기 등을 정확하게 파악하기에는 어려움이 있다. 그저 경성 시절 아파트 관련 법령의 적용 여부에 대한 자연스러운 궁금증을 해소하기 위한 작업으로 살폈을 뿐이다.

---

34 — 조선시가지계획령 시행규칙. 손정목, 《일제강점기 도시계획연구》, 일지사, 1990, 419쪽에서 재인용. "83조 건축면적 660m²이상의 건물에는 건축면적 660m² 이내 마다 방화벽을 설치할 것. 다만 외벽, 바닥, 지붕, 기둥 및 계단이 내화구조(耐火構造)일 때는 혹은 불연재료(不燃材料)로써 축조(築造)되었을 때 또는 특별한 사유에 의하여 도지사의 허가를 받았을 때에는 차한(此限)에 부재(不在)하다." 당시 경성도 오늘날의 경우와 달리 경기도 산하의 부(府)급 행정단위였다.

지대가임통제령과 부영아파트

식민지의 나른함 뒤에 도사린 중일전쟁과 국가총동원법

미쓰하시 경무국장(三橋 警務局長) 각하여

우리들은 이제 서울에 딴스홀을 허하여 줍시사고 연명으로 각하에게 청하옵나이다. 만일 서울에 두기가 곤란한 점이 있거든 마치 오사카(大阪)에서 시내에는 안 되지만 부외(府外)에 허하듯이, 서울 근접한 한강건너 저 영등포나 동대문 밖 청량리 같은 곳에 두어 줍시사고 청하나이다. 우리들은 대개 도쿄도 다녀왔고 상하이, 하얼빈도 다녀왔고, 개중에는 서양까지 돌아본 사람들이 있습니다. 일본 내지의 도쿄, 고베, 요코하마 등지를 돌아보거나 상하이, 난징, 베이징으로 돌아보거나 가까이 다롄, 펑텐, 신징을 돌아보거나 거기에는 모두 「딴스홀」이 있어 건전한 오락이 성하고 있는 것을 보고 우리들은 부럽기를 마지아니하여 합니다. 일본제국의 온갖 지역과 아시아의 문명도시에는 어느 곳이든 다 있는 딴스홀이 유독 우리 조선에만, 우리 서울에만 허락되지 않는다 함은 심히 통한할 일로 이제 각하에게 이 글을 드리는 본의도 오직 여기 있나이다.[1]

대일본 레코드회사 문예부장 이서구(李瑞求), 끽다점(喫茶店) 「비-너스」 마담 복혜숙(卜惠淑), 조선권번 기생 오은희(吳銀姬), 한성권번 기생 최옥진(崔玉眞), 종로권번 기생 박금도(朴錦桃), 바-「멕시코」 여급 김은희(金銀姬), 영화배우 오도실(吳桃實), 동양극장 배우 최선화(崔仙花) 등이 조선총독부 경무국장에게 공개적으로 청원한 글의 앞부분이다. 댄스홀이 식민지 조선의 '명랑화'에 역행해 '풍기문란'을 야기하는 것이라 여긴 조선총독부의 절대 '금지'에 저항한 일부 인사들이 '청원'이라는 형식으로 자신들의 주장을 공개적으로 편 것이다. 하지만 대중잡지를 통해 이를 공개했다는 사실로 미루어 본다면 일반 대중을 향한 선동에 가깝다고 할 수도 있다. 또한 달리 생각하자면 식민지 조선의 나른

---

1 — 〈서울에 딴스홀을 허하라〉, 《삼천리》 제9권 제1호, 1937년 1월, 163쪽. 잡지에 게재된 내용을 그대로 옮기되 읽기 곤란하거나 우리말과 한자를 섞어 쓴 경우를 읽기 쉽도록 다시 표기했다. 이 청원서로 보아 당시 일본에서는 조선에서의 경우와 달리 댄스홀이 정상 영업을 했던 모양이다. 이와 관련해 당시 보도내용을 살피면, 도쿄의 경우에는 1940년 7월 31일을 기준해 영업장 폐쇄 최후통첩을 발령해 10월 31일까지 자진 폐쇄하도록 했다. 조선의 경우에는 〈閉鎖되는 「딴스홀」〉, 《매일신보》 1940년 8월 8일자 기사 참조.

1 '이동무도회 엄단'을 머리기사로 삼아 당시 댄스 붐에 대한 여러 내용을 게재한 《조선중앙일보》 1936년 2월 2일자 기사

2 채운장아파트에서 신청한 댄스홀 허가에 대한 언론 반응. 출처: 《조선일보》 1935년 1월 1일자

한 당대 풍경 가운데 하나이기도 했다.[2]

 소위 조선에서의 '댄스 붐'은 이미 그 이전부터 조선총독부의 관심 대상이었다. 1920년대 후반부터 교회 등을 중심으로 번지기 시작한 댄스 열기는 1930년대 중반에 접어들며 심해졌고, 조선총독부는 경무국을 중심으로 '비밀'이나 '도색(桃色)' 등의 부정적 어휘를 댄스에 보태 '풍기문란'의 구체적 대상으로 구분했으니 댄스홀을 허가하라는 청원 내용이 잡지에 실리기 전부터 댄스는 이미 식민 당국의 주된 관찰 대상이었던 것이다. 댄스홀 허가 청원이 잡지에 실리기 1년 전에도 이미 '이동식 도색무도회'에 대한 경찰의 강력한 단속이 있었고, 이에 가담했던 주요 인물들에 대한 검거 선풍으로 인해 유명배우였던 스물여덟 살의 김연실(金蓮實)이 다롄으로 서둘러 도피하는 일도 있었다. 물론 그 와중에서도 몇몇 인사들은 '댄스에 대한 욕구는 근대인의 요구 가운데 하나'

2 — 앞의 청원보다 거의 8년이나 이른 1929년 3월 11일자 《조선일보》는 매우 흥미로운 기사를 실었다. 〈京城에 댄스홀 허가원을 제출〉이라는 제목의 기사에는 '경성 명치정(明治町)에 사는 마쓰다(松田 壽雄)라는 인물이 본정 경찰서에 댄스홀 허가를 신청했는데, 댄스홀(무도장) 허가 여부는 상부와 협의할 일이어서 당장은 허가할 수 없다.'는 내용이다. 당시 허가신청서에는 명치정의 건물 25평을 임대해 댄스강사 6명을 두고 영업할 것이며, 명칭은 '소셜클럽'으로 하고 성인 남자를 회원으로 받아 사교댄스를 할 것이라고 했다. 회원클럽으로 입회비 15원에 월회비는 5원인데, 이미 회사중역 등이 회원으로 참가할 것이라고 했다.

라는 점을 들어 사교 행위로서 댄스를 옹호하기도 했다.³

이를 경성의 아파트와 관련지으면 우선 두 가지를 생각해볼 수 있다. 하나는 1930년대 중후반에 붐을 이룬 댄스 열풍 역시 아파트 1층 오락실을 이용해 많은 이들이 즐겼던 비슷한 시기의 당구 붐과 마찬가지로 풍기문란의 원흉이라는 오명을 뒤집어썼다는 것이다. 1936년 9월 당구장을 아지트 삼아 유한계급 자제들과 기생이었거나 기생 일을 하고 있는 여성, 그리고 소실(小室)들이 어울려 도색유희를 즐겼다는, 소위 '유탕남녀군 도색향락(遊蕩男女群桃色享樂) 사건'⁴과 마찬가지로 댄스에도 '이동식 도색무도회(移動式 桃色舞蹈會)'라는 프레임을 씌워 적극적 통제 대상으로 삼았다는 사실이다.

다른 하나는 '쇼와의 변종(昭和の變種)'이라는 별명으로 불리기도 했던 인물 우에하라 나오이치가 경성 소화원 주택지 일각을 구입해 1927년에 공사를 시작해 1934년 봄에 준공한 이후 본격 사업을 전개했다는 채운장아파트와 관련한 것이다. 즉 우에하라가 쇼와의 변종이라는 자신의 별명처럼 채운장아파트에 댄스홀을 두어 프랑스 파리의 '무랑루주'처럼 운영하겠다며 당국에 허가 신청을 한 것인데, 이를 당국에서 허가한다면 댄스홀과 당구장을 갖춘 아파트야말로 '탕남음녀(蕩男淫女)의 마굴'이 될 것이라는 걱정을 신년특집 기사에 올렸던 내용과도 견줘볼 수 있다.⁵

댄스홀을 허가하라거나 댄스는 근대인의 욕구 가운데 하나인 것이 분명하니 건전한 사교로 봐야 한다느니 하는 점잖은 지도편달로부터 특히 여학생이 변장하며 드나들거나 댄스파티 주동자 검거를 피해 만주로 배우가 도피했다는 등의 얘기들은 모두 식민체제의 공고함 속에 배양된 일종의 나른한 식민지 풍경이겠지만 그마저도 6개월을 채 넘기지 못했고, 조선은 전혀 다른 분위기와 풍경으로 돌변했다. 1937년 7월 7일 일본이 일으킨 중일전쟁 때문이다.

3 — 〈一定한組織가진 移動舞蹈會嚴斷〉,《조선중앙일보》1936년 2월 2일자는 신문 한 면 폭 전체에 네 칸에 이르는 기사를 작성해 댄스붐이며 경찰의 입장, 배우의 도피, 댄스에 대한 옹호 발언 등을 함께 실었다. 《삼천리》에 〈서울에 딴스홀을 허하라〉는 청원서가 실리기 거의 1년 전쯤이다.

4 — 이 말은 관련 사건을 자세하게 보도한《매일신보》의 기사에서 따왔다. 이 사건에 앞서 이미 1932년 8월 30일자《동아일보》〈휴지통〉에서는 "오락과 행락에는 놀아서 못 따라가는 조선에 요새의 서울에는 기생아씨들의 「빌리아드」가 한창 유행. 「빌리아드」는 일본말로 「다마스키」, 조선말로는 「알치기」"라는 내용을 실어 경성 기생들 사이의 당구 유행을 알렸다. 이를 풍기문란의 대표적 사건으로 언급한 것은《매일신보》1936년 9월 27일자이다.

5 — "새서울의 「푸로필」, 기관고층(奇觀高層)아파트",〈특집: 대경성(大京城)의새얼골〉,《조선일보》1935년 1월 1일자 및〈築きあげる彼と人生(13): 彩雲莊アパートの主 上原直一氏〉,《조선신문》1937년 2월 24일자 참조

1 1925년 조선총독부가 건립한 남산의 거대 기념공간인 조선신궁의 1930년 모습. 출처: 미국국립문서기록관리보관소
2 1918년 경성의 니혼빌딩 앞에서 진행된 일본 고유의 신토(神道) 행렬. 출처: 미국국립문서기록관리보관소

물론 중일전쟁 이전부터 조선 상황은 점점 나락으로 빠져들었다. 댄스홀 허가에 대한 공개적인 청원과 교사며 학생들까지 춤 열풍에 휩싸인 것은 사실 조선총독과 정무총감의 동시 경질에 따른 정치적 분위기가 한몫했다. 새로 부임하는 총독이나 정무총감에 대한 일종의 길들이기 행위였기 때문이다. 아무튼 식민지 조선의 통치를 위한 일제의 인사이동에 따라 1936년 8월 5일 조선총독으로 부임한 미나미 지로(南次郎)는[6] 중일전쟁 발발과 함께 군대 중심의 확전 구상과 전쟁수행전략에 따라 식민지 조선과 지배국 일본이 결코 다르지 않은 하나의 국가라는 얼토당토않은 주장을 앞세워 내선일체(內鮮一體)[7]를 강력한 정치적 선전구호로 내세웠다.

조선인도 일왕의 신민임이 분명하므로 의무를 다해야 한다면서 조선 부임 후 채 두 달이 지나기 전, 중일전쟁 발발 후 딱 석 달 만에 '황국신민의 서사'를 모든 공공기관과 학교에서 낭송할 것을 강요했고 심지어는 결혼식에서도 낭송해야 할 정도로 조선의

---

6 — 같은 날짜로 오노 로쿠이치로(大野綠一郎)가 조선의 신임 정무총감으로 부임했다. 그는 1942년 5월 29일까지 그 자리에 있었으며, 육군대장이었던 미나미 지로 역시 같은 기간 조선총독으로 자리를 지켰다. 일제강점기 조선총독은 1919년 만세운동을 계기로 문관도 임명할 수 있도록 바뀌었지만 해방에 이를 때까지 해군대장이나 육군대장만 조선총독을 맡았다. 당시 조선총독부는 일왕에 직속하는 체제로서 일본 제국 내각의 통제를 전혀 받지 않았고, 조선총독을 역임하고 내각총리대신에 취임하거나 내각총리를 거쳐 조선총독에 임명된 일이 잦았다.

7 — 중일전쟁이 격화되면 조선총독부는 1938년에 시국대책조사위원회를 두고 각 분과를 운영했는데, 제1분과위원회를 통해 다룬 가장 시급한 문제가 바로 '내선일체 강화와 철저한 시행'이었다. 당시 제1분과위원회 위원에는 중추원(中樞院) 고문인 윤덕영을 비롯해 중추원 참의(參議)였던 박중량, 이기찬, 이승우, 박영철, 한상룡, 현준호 등 조선인들도 대거 참여했다. 《朝鮮総督府 時局対策調査会会議録》, 朝鮮総督府, 1938; 三ツ井崇, 〈揺らぐ内鮮一体像―日中戦争と朝鮮植民地支配―〉, 《現代中國研究》 제33호, 中国現代史研究会, 2013, 38~40쪽 도표 내용 재정리

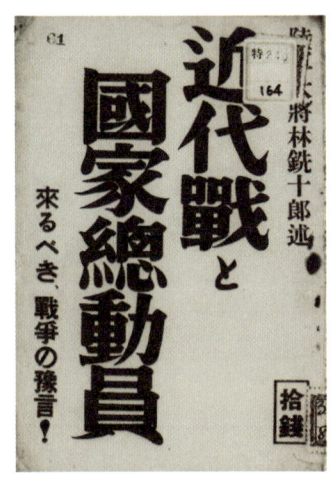

중일전쟁 직후인 1937년 10월
육군대장 하야시 센주로(林銑十郎)가
도쿄팸플릿사(東京パンフレット社)를 통해
발간한 국민총동원과 정신무장 교육서인
《근대전과 국가총동원》 표지

상황은 변모했다. 영화와 라디오에도, 신문과 학습 자료 맨 앞자리에도 당연하다는 듯 이를 인쇄해 넣었으며, '궁성요배(宮城遙拜)-국기게양(國旗揭揚)-국가봉창(國歌奉唱)'으로 이어지는 의례형식의 강화와 더불어 '식민지 주체들의 종교적(정신적) 소속감 강화를 위한 동화전략'[8]을 더욱 강화했다. 1936년에 새로운 신사 규정이 공포되면서 일제가 경성에 새롭게 만든 경성신사(京城神社)가 일제의 공식적 신사 위계와 서열 시스템에 공식 편입되어 조선인들도 일본인들과 동일한 종족공동체에 편입, 동화한다는 방침이 시행된 것도 같은 맥락이라 할 수 있다.[9] 일제의 조선 강제병합 전 오로지 그들 신앙의 제전이었던 신토 행렬이 1930년대 이후 조선식과 혼합된 양상으로 변모하는 것도 실은 고도로 기획된 동화전략의 하나였다.

일제는 중일전쟁 발발 후 9개월 정도 지났을 즈음인 1938년 4월 1일 일본 전역을 대상으로 하는 '국가총동원법'을 제정, 공포했다. 이 법률은 칙령 제316호를 통해 같은 해 5월 5일부터 조선과 대만, 사할린(樺太)에도 그대로 적용됐다.[10] 이 법률 제1조에서 '국가총동원이란 전시(전쟁에 준하는 사변의 경우를 포함)에 국방 목적 달성을 위해 국가의 전력을 가장 유효하게 발휘하도록 인적·물적 자원을 통제 운용하는 것'이라 규정하고, 제4조에서는 '일본이 전쟁 수행의 주체가 될 경우 정부는 제국 신민을 징용하여 총동원 업무에 종사할 수 있도록 규정'하고 있다. 이에 따라 일제는 1939년 7월 7일 '국민징용령'을 제정하고 10월 1일부터 조선 등 식민지에도 전격 시행했다. 이어 1939년 11월에는

---

8 — 특히, 서울 남산의 신사와 제전(祭典)을 중심으로 하는 일제의 '정신적 동화'전략에 대해서는 토드 A. 헨리 지음, 김백영·정준영·이향아·이연경 옮김, 《서울, 권력도시》, 산처럼, 2020, 122~174쪽 참조

9 — 토드 A. 헨리 지음, 김백영·정준영·이향아·이연경 옮김, 《서울, 권력도시》, 산처럼, 2020, 125쪽

10 — 법률 제55호로 제정된 '국가총동원법'은 《조선총독부관보》 제3391호를 통해 1938년 5월 10일 공포했으며, 법률로 정한 바에 따라 별도의 관련 칙령을 제정하는 근거로 삼았다. 물론 이 법률의 제정은 단순히 중일전쟁으로 인해 후속된 것이라기보다는 이미 19세기 말, 20세기 초에 걸쳐 군부를 포함한 일본 조야에서 논의를 계속했던 국가총동원 체제의 제도적 뒷받침이었다.

'조선민사령(朝鮮民事令)'을 개정해 이듬해 2월부터 이를 시행토록 강제했는데, 이 법령의 핵심이 바로 '창씨개명(創氏改名)'이다. 이들 제도와 법령은 일제의 철저하고도 야만적인 피식민지 백성의 전쟁동원과 폭압적인 강제 수탈의 허울들이었다.

지대가임통제령 발동 전후의 움직임

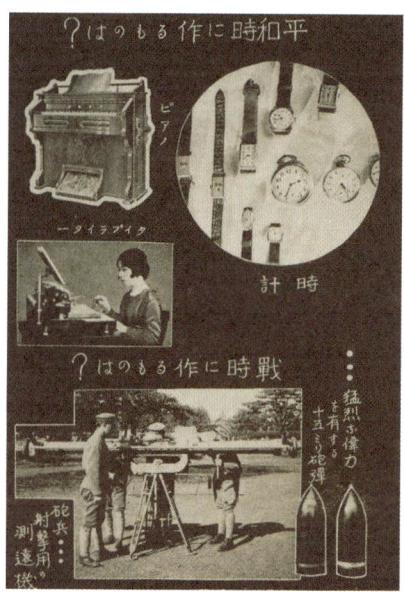

1932년에 도쿄에서 발간된 《국방공업독본(國防工業読本)》에는 평시에 사용하는 각종 일상용품이 전쟁 기간에 어떻게 쓰이는가를 훈육하는 화보가 담겨 있다. 출처: 工業之日本社 編, 《國防工業読本》, 工業之日本社, 1932

근대도시에 불현듯 등장한 새로운 도시건축 유형으로서의 아파트와 관련해 가장 주목해야 할 것은 바로 국가총동원법에 기대고 있는 지대가임통제령이다. 지대가임통제령은 1939년 10월 18일 칙령 제704호를 통해 공포하고, 조선총독부령 제184호에 의해 시행규칙을 10월 27일 발표했다. 이 규정은 전시(戰時)에 국방목적에 긴요한 각 부문의 구체적 통제 내용을 칙령으로 따로 정하도록 한 1938년의 국가총동원법 제19조에 법률적 근거를 둔 것[11]으로 가격 통제에 주목한 내용이다. 이와 달리 앞서 언급한 국민징용령은 주로 '노동'에 관한 통제와 관리를 규정한 것이다. 이처럼 일제는 국가총동원법을 빌미로 조선의 물자, 산업, 인원, 단체, 노동, 생산, 유통, 출판, 문

11 — 〈住宅對策委員會審議 하로밧비 實施할터〉, 《매일신보》 1939년 8월 3일자에 실린 조선총독부 주택대책위원회 관련기사는 일본에서 곧 칙령으로 공포해 9월부터 실시될 지대가임통제령을 언급하고 있는데 조선에서도 실시하는 문제에 관해 담당 사무관의 설명을 다루고 있다. 이에 따르면 지대가임통제령은 국가총동원법 제19조에 따른 것이라는 총독부 주택대책위원회 간사의 의견과 함께 '그 성질에 비추어 조선에서도 응당 실시될 법령'이라 언급했다. 일본의 경우에는 통제를 위한 표준액 설정 기준을 1938년 8월 4일로 하고 있지만 조선에서는 1938년 12월 말을 기준으로 최고표준액으로 삼을 것을 이미 각 시도에 통첩했다는 내용으로 미뤄볼 때, 10월 18일 칙령 공포 이전 이미 조선에서의 시행을 위한 만반의 준비를 마쳤음을 알 수 있다.

화, 교육에 이르는 전 분야를 강제적이고 본격적인 전쟁 수행의 수탈 대상으로 삼았다.

지대가임통제령이 근거로 삼은 법률과 조항인 국가총동원법 제19조는 '정부가 전시에 국가 총동원에 필요한 경우라 판단하면 칙령이 정하는 바에 따라 가격·운송료·보험료·임대료 또는 가공비에 관하여 필요한 명령'을 할 수 있다는 것이다. 물론 제19조에만 국한한 것은 아니다. 이 규정에 따른 명령을 위반할 경우에는 '3년 이하의 징역 또는 5천원 이하의 벌금'에 처하도록 한 같은 법률 제33조 역시 지대가임통제령의 행정적 집행력을 강화하는 법률적 근거로 철저하게 활용했다. 결국 일제의 가임지대통제령 혹은 조선의 지대가임통제령에 따라 총독부는 지대와 가임을 빈틈없이 통제하게 된 것이다. 조선에서는 소작료를 받는 지주나 대실료(貸室料) 혹은 임대료를 받는 주택소유자는 칙령 제정 한 해 전인 1938년 12월 31일의 지대와 가임을 초과해 받을 수 없도록 강제했고, 이를 초과해 받고 있었다면 즉시 이를 인하하도록 했다.

이는 전쟁 수행으로 인해 날로 살림이 궁핍해진 일반 서민과 전쟁물자 동원으로 인한 그들의 피로감을 완화한다는 일종의 전시성 정책으로 조선에서는 식민권력 주체들이 이미 가졌던 불안감 증폭도 이유가 됐을 것이다. 공출과 기근으로 먹을 것도 입을 것도 없는데다 몸을 의탁할 거처마저 여의치 않다면 필시 발생할지도 모를 일제에 대한 조선인들의 극렬한 저항을 두려워했던 것이다.

이미 지대가임통제령 발포 2년 전인 1937년 10월 20일부터 '철강공작물축조허가규칙'[12]이 시행되고 있어 철근콘크리트 구조와 철골철근콘크리트 구조, 철골조, 철강을 이용하는 공작물 등은 반드시 지방장관의 허가를 받도록 했고, 백화점, 영화관, 유기장뿐만 아니라 주택, 사무소, 기숙사, 하숙옥, 여관, 숙박소, 아파트, 구락부 등이 이러한 구조를 채택할 경우는 허가하지 않음을 원칙으로 했다. 당연하게도 이 시기를 변곡점으로 근대적 구조를 채택해 방화, 내진성능을 갖춘 아파트 공급과 상대적으로 규모가 큰 각종 건축물의 건설은 주춤했다. 중일전쟁 발발 직후였으므로 총력 동원체제와 전쟁물자 수급불안정을 완화하려는 조치였는데, 그 부정적 여파는 오히려 식민지의 심각한 주택수급 불안정으로 이어졌다.

그런 이유에서 중일전쟁 발발 후 2년 정도가 지난 1939년 7월에 이르면 조선의 주택문제는 매우 심각한 상황에 봉착하게 된다. 물론 그보다 한 달 전인 1939년 6월에 조선총

---

12 — 이에 대한 자세한 내용은 《鐵鋼工作物築造許可規則》, 《동아일보》 1937년 10월 14일자 참조

독부는 '주택대책위원회'를 먼저 꾸려[13] 심각한 주택난 타개책 마련에 나섰지만 달리 뾰족한 대안을 마련하지 못했다.[14] 경성부에서도 1939년 9월부터 '일찍이 조선에 없던 가족「아파트」70여 호를 부민회장(府民會場) 귀퉁이에 건설'[15]하겠다는 포부를 밝히는 등 서둘러 수습에 나섰지만 대부분 공염불에 불과했다.

경성부가 속한 경기도청에 근무하는 600명을 대상으로 조사한 결과, 이미 '수입의 반액이 집세'[16]라는 볼멘소리가 대부분이었고, 공공이며 민간을 불문하고 자금지원이 없으면 집을 지을 수 없으니 이를 해결해달라는 알선 신청이 총독부로 쇄도[17]하기도 했다. 결국 지대가임통제령 발포 이후 4개월 정도가 경과한 1940년 2월 29일 총독부 제1회의실에서 제대로 모양을 갖춘 '주택대책위원회'가 열려 논란이 무성하던 주택난 완화대책을 총독부가 마련한 원안 그대로 의결했고, 《동아일보》는 1940년 3월 1일자 기사로 이를 자세하게 보도했다.

주택대책위원회는 2월 29일 오전 11시부터 총독부 제1회의실에서 위원, 임시위원, 간사 등 50여 명이 출석한 가운데 오타케(大竹) 내무국장의 사회로 회의를 개최해 ①주택난 완화의 방책, ②경성부의 주택난 완화책, ③노무자주택 대책 등 의안을 상정하고 간사회의

---

13 — 그러나 '주택대책위원회'가 제대로 모양을 갖춰 발족한 것은 1939년 7월 12일이다.

14 — 1939년 6월 만들어진 '주택대책위원회'는 8월 2일 처음으로 간사위원회를 열어 전체위원회 상정안건을 만들었는데 매우 소극적일뿐더러 신축 주택의 물자공급에 대한 대안 마련이 마땅치 않다는 이유로 전체 회의는 유회됐다. 당시 간사회의 주택부족 예측 물량은 23,200호 정도로 경성에만 5,200호에 달해 우선 경성을 중심으로 5천호를 공급한다는 것이었다. 하지만 이렇게 하더라도 각 지방의 주택문제 해결에는 방법이 없고, 경성의 주택난과 더불어 지방도 해결해야 한다는 것이 유회의 이유였다. 이에 따라 간사회의에서는 3~5개년 계획을 세워 물자동원계획과 마찬가지로 1차 년도는 경성, 2차 년도는 은진 산업도시(殷賑産業都市, 국가의 기간을 이루는 재화를 생산하는 민간업체들이 집중적으로 들어선 도시들로서 전시에는 전쟁 물자의 생산과 이동을 지원하는 등의 기본 인프라를 갖춘 도시를 말한다. 주로 공업도시로 보아 크게 다르지 않다), 3차년도는 지방 각지를 대상으로 하는 주택난 완화에 집중하는 새로운 구상을 가다듬기로 했다는 것이다. 〈먼저京城 다음에地方 年次로 住宅難 緩和〉, 《매일신보》 1939년 8월 8일자 기사 참조

15 — 〈住宅難의 大京城에 府營 "家族아파트" 建設〉, 《동아일보》 1939년 6월 20일자

16 — 〈住宅難問題에 대한 課題 收入의 半額이「집세」〉, 《매일신보》 1939년 7월 26일자

17 — 〈"집을 못 짓겠으니 解決해 주시오"〉, 《매일신보》 1939년 7월 17일자 기사에 따르면, 1939년 7월 15일자로 청진부 12동 24호, 홍남읍 15동 20호를 비롯해 나진만철사택 19동 72호, 조선도시경영주식회사 분양주택 7동 7호, 도쿄건물분양 및 차가(借家) 214동 256호 등 모두 273동 340호의 주택공급 신청을 총독부에 접수했는데 주택대책위원회를 통해 물자와 자금 등에 대한 검토를 거쳐 이를 판단할 것이라 언급했다.

1940년 2월 29일에 '주택대책위원회' 전원위원회가 열릴 것이라는 소식과 회의 주요 안건을 소개한 《매일신보》 1940년 2월 28일자

에서 마련한 협의 원안을 그대로 의결했다. 의결 내용은 니시오카(西岡) 기획부장이 수일 내로 도쿄에 체류하고 있는 오노(大野) 정무총감에게 보고한 후 시행할 것인 바, 경성을 중심으로 하는 중요 도시의 심각한 주택난이 다소 완화될 것으로 기대한다.[18]

이와 같은 논의 안건, 의결 과정과 향후 추진 과정을 기사화했다. 전시체제 아래서 물자동원계획과 연동하면서 적정 주택을 공급하되 전쟁동원 물자의 생산량 확대를 위해 '노무자의 집'과 '종업원 주택'을 우선적으로 적극 장려한다는 것과 노무자주택은 공공을 중심으로, 종업원 주택은 민간기업이 스스로 공급하도록 한다는 것이 사실상의 골자였다.

이러한 대책은 1931년 《조선과건축》〈건축잡보〉[19]를 통해 위축된 건축경기 타개책으로 사원용 아파트를 지어 임대하라는 글을 낸 것과 사뭇 다른 것이었다. 다시 말해 총독부의 간섭 없이 회사 운영자 스스로 선택지를 가질 수 있는 경우였지만 중일전쟁 발발 후 상황이 급반전한 것이었다.

결국 조선에서의 지대가임통제령이란 곧 '대륙전진 병참기지인 조선의 인적 자원을 일상적 상태로 유지하거나 증진하기 위한 방도로써 군수산업, 생산력확충계획산업, 기타 중요산업 수행에 필요한 기술자, 노동자, 기타 종업원 등 노무자에 대한 집중적 주택공급'에 주목한 것이다. 또한 이를 위해 대규모 민간기업과 공공기관, 각급 행정부서가 적극적으로 나서서 각자에게 부여된 역할을 나누어 책임지고 감당한다는 것이니 일제의 총력동원체제 가운데 주택 부문의 구체적 대안이었다.

'주택공급 장려'라는 우선 목적 달성을 위한 역할 분담 원칙은 모두 여섯 가지로, ①군수산업, 생산력확충계획산업, 기타 중요산업을 경영하는 사업자(기업자)는 자신이 운영하는 회사의 종업원 모두를 수용한다는 목표를 설정해 종업원주택 건설에 적극 나서야 한다는 것, ②상대적으로 규모가 큰 대규모 회사와 대규모 공장 역시 가능한 최대

18 — 〈경성 중심의 중요도시 주택난 완화책을 성안〉, 《동아일보》 1940년 3월 1일자

19 — 〈會社員のアパート建築〉, 《조선과건축》 제10권 제12호, 1931년 12월, 31쪽

부·읍에는 공영주택 건설 대책을 강구하고 경성, 평양, 대구, 부산 등과 같은 도시에서는 '아파트' 건축을 고려한다는 《동아일보》 1939년 6월 6일자 기사

숫자의 종업원주택을 건설할 것, ③교통관련 사업자는 사업의 특성상 주택경영에 적합하기 때문에 가능한 범위에서 중소주택 건설공급을 도모할 것, ④관공서는 직원 공제단체 구성원에 대한 주택 건설을 도모할 것, ⑤주택회사는 가능한 한 소규모 주택공급에 주목할 것, ⑥각 부(附)와 읍(邑) 단위에서는 공영주택 건설공급을 도모하여 주택난 완화에 기여할 것 등이었다.

이러한 원칙과 분담 역할에 따라 주택건설을 독려하기 위해서는 ①군수산업, 생산력확충계획산업, 기타 중요산업처럼 전쟁 수행에 필수적인 기업 경영자가 주택건설자금이 부족할 경우는 정부의 저리자금 융통을 알선하고, ②공공단체가 공채를 발행하기 위해 총독부의 허가를 받아야 하는 기채인가(起債認可) 및 관련 사항에 대해서는 자금조정법을 염두에 두고 특별하게 고려할 것, ③주택지가 거의 없거나 땅값이 많이 올라 주택건설이 곤란한 지방을 대상으로 공공단체가 시가지계획사업으로 일단의 주택지 조성에 나서고, ④어느 경우에나 필수적인 건축자재 소요량 확보를 위해 물자동원계획 수립에 이를 반영한다는 것이었다. 전시체제라는 특수한 상황으로 인해 자재수급이 원활하지 않기 때문에 긴급하지 않은 건축은 금지하거나 특별히 제한함으로써 주택공급 물자확보에 나서도록 한 것이다.

주택 유형과 건설 물량, 세대별 규모 등에 대해서도 매우 자세한 계획을 수립했다. 민간기업의 경우도 공공부문과 마찬가지로 소주택(小住宅)을 원칙으로 하고, 일단 청년이나 한부모 가정 등 단출한 가구구성원을 위한 맞춤형 협소주택(世帶向住宅) 5,000호와 공동숙사 2,000동을 건설목표로 삼았다. 단독주택의 경우에는 갑, 을, 병형으로 정해 각각의 건평을 15평, 11평, 8평으로 규정했으며, 공동숙사의 경우는 건평을 150평으로 정했다. 특히, 주택의 설계과정에서는 자재 절약에 목표를 둔다는 점에서 집약집중 배치 방법을 택하도록 한 것이 골자다.

조선총독부 주택대책위원회는 설립 취지를 통해 "주거양식이 국민생활에 끼치는 영향이 지대하므로 실생활에서의 내선일체의 구체화를 꾀하는 가장 유효한 방법으로 재

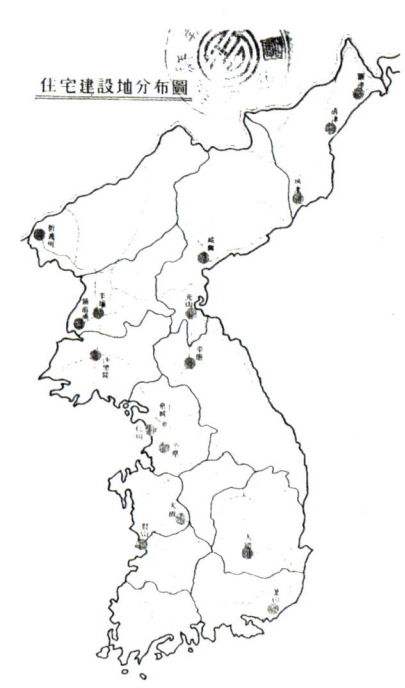

조선주택영단의 주택건설지 분포도. 출처: 《조선주택영단의 개요》, 조선주택영단, 1943년 7월 1일

래 조선식 주택양식의 개량방책을 장려하기 위한 것"[20]을 우선 과제로 삼았다. 이는 곧 식민지 경영책의 하나로 주택 부문에서는 표준주택이 기획, 장려됐음을 의미하는 것인데, 대만을 먼저 식민지로 복속시킨 일제가 1941년에 이르러 조선주택영단과 함께 대만주택영단도 설립했다는 점에서 더욱 그러하다.[21]

즉 일제는 '건강한 국민의 육성을 위해 영단을 설립하고 이 법인으로 하여금 규격평면을 만들어 공급하게 하는 동시에 전쟁을 지속하기 위한 방어 전략의 하나로 전시주택지(戰時住宅地)'[22]를 자신들의 식민지에 적극 조성하고자 했던 것인데, 이를 위해 설립한 조선주택영단의 등장은 중일전쟁 수행과 지대가임통제령 발동에 이은 주택대책위원회의 방침이 예상했던 만큼의 실효를 거두지 못했기 때문이다. 조선주택영단 설립 후 2년이 지난 1943년 7월 1일을 기준할 때 영단에서 표준형으로 만들어 공급한 소규모 주택이 밀집한 곳을 살펴보면 경성, 평양, 부산, 대구 등 주택대책위원회가 특정했던 대도시와 함께 이미 상당한 재화와 생산토대를 제법 갖추고 있었던 나진, 청진, 함흥, 원산과 신의주, 진남포, 인천 등 소위 신흥산업도시라는 사실을 쉽게 알아차릴 수 있다.

---

20 — 강영환, 《한국 주거문화의 역사》, 기문당, 1991, 176쪽. 조선주택영단은 1941년 5월 일본에서 설립된 일본주택영단을 본떠 설립한 것으로 이때부터 비로소 공공에 의한 주택공급이 시작되었다고 할 수 있다. 조선주택영단은 1941년 7월 설립과 동시에 2만호 주택건설4개년계획을 추진해 1945년 해방을 맞을 때까지 북한지역을 포함한 한반도 전역에 12,184호의 주택을 건설했다. 공동주택연구회, 〈조선주택영단의 설립과 주택건설〉, 《한국공동주택계획의 역사》, 세진사, 1999, 32~33쪽 참조

21 — 강인호·한필원, 《주거의 문화적 의미》, 세진사, 2000, 233쪽 참조

22 — 佐藤 滋, 《集合住宅團地の變遷》, 鹿島出版社, 1998, 119~127쪽 참조

주택대책위원회의 경성부 주택 대책과
기존 아파트의 호텔 전업

주택대책위원회에서도 경성부를 대상으로 하는 주택 대책은 초미의 관심사였다. 전체 회의가 열리기 전 간사회의를 통해 언급한 것도 주로 경성부 대책이었는데, 당시 마련한 대강의 안이 한층 구체적으로 만들어졌다. 이에 따라 경성부를 대상으로 하는 주택 공급량은 당분간 약 5,000호(105,000평)로 상정했는데, 우선은 급한 불을 끈다는 것이었다. 전국을 대상으로 한 것과 마찬가지로 경성부 역시 소주택을 건설, 공급할 것을 원칙으로 삼았다.

또한 전국을 대상으로 주택공급 역할을 나누었던 것처럼 경성부 역시 주택건설 호수를 같은 방법으로 할당했다. 이를 살피면, ①민간부문 기업가는 종업원 거주시설 역시 자신이 경영하는 사업체 설비라는 점을 전제로 부담 능력을 고려해 경성부 안에 있는 주요 은행과 회사, 공장 가운데 군수산업이나 전쟁물자 생산 기업은 사원의 40%, 직공의 80%를 수용할 수 있도록 하고 다른 기업은 사원의 15%, 직공의 50%를 수용할 수 있도록 주택건설을 장려하고, 공급호수는 약 2,000호를 상정했다. 이와 달리 공공부문에서는 ②관사(官舍)와 공사(公舍) 증설을 목표삼아 공제단체를 사업주체로 하는 주택공급에 주목해 목표 공급호수를 약 1천호로 잡았다. 교통사업회사인 ③경성전기회사, 경춘철도회사, 기타 경성의 주요 교통사업 회사는 주택경영에 적합한 기관이라는 점에서 공익성을 견지하는 주택건설을 권장하되 해당 주택공급 호수는 약 1,000호로 했으며,[23] ④기타 경성부가 운영하는 부영주택은 경성부 내의 토지경영회사, 주택분양회사 등과 더불어 공급해 약 1,000호를 목표로 잡고, 경성부가 시가지계획사업에 의한 일단의 주택지경영을 통해 민간부문 주택 건설자에게 토지를 실비로 분양하는 주택기지(住宅基地) 공급에 주목함으로써 주택공급사업에 막대한 지장을 초래하는 주택지에 대한 투기열을 억제할 것을 대책으로 정했다.

또한 각종 시국산업을 경영하는 기업자가 종업원주택을 건설하는 과정에서 자금이 부족할 경우에는 총독부가 나서서 저리의 자금을 융통함으로써 편의를 봐줄 것과

---

23 — 일례로 경춘철도에서 경성 전농정(典農町)을 대상으로 주택지경영사업을 벌여 시범적으로 일본식 주택(호당 대지면적 67평에 건평 20평 내외) 6호를 지어 1940년 내에 분양한 경우를 꼽을 수 있다. 〈京春鐵道서 住宅地經營〉, 《매일신보》 1940년 8월 27일자

함께 주택건설에 필요한 자재 역시 경성부가 민간부문의 요구 자재를 취합해 총독부 당국의 협조를 받도록 하는 방침도 확정했다. 또한 주택부족과 지대(地代) 문제가 사회 문제로 비화하는 것을 막기 위해 경성부유지(京城府有地)를 불하받아 주택을 지을 경우에는 분양가격과 임대료에 대해 경성부윤의 승인을 받을 것을 요청했다.

물론 이런 계획과 목표가 원만히 달성될 리가 없었다. 전쟁 격화가 확전 조짐으로 번지면서 신규 주택공급보다도 기존 주택에 가해진 총독부의 시장 간섭행위는 아파트 임대사업자들에게 파란을 일으켰다. 대지나 주택을 소유한 이들에게 가장 급한 문제로 다가온 것은 주택대책위원회의 대책보다 지대가임통제령에서 정한 '가격 통제'였다. 통제령 발동 직전 해인 1938년 12월 31일 기준에 맞춰 이미 올렸던 임대료를 낮춰야 했을 뿐만 아니라 전쟁에 따른 주택공급 부족이 야기한 인상 요인조차 자신들의 분양주택이나 임대료에 반영할 수 없게 되었기 때문이다.

당연하게도 조선에서 아파트 임대사업을 했던 일본인 대다수가 이러한 조치에 순순히 따랐을 리 없다. 토드 A. 헨리의 저서 《서울, 권력도시》에서 충분하고 깊게 살핀 것처럼 식민시기 일제의 동화주의 프로젝트와 황국신민화 과정에서 식민 지배가 관철되었던 범위에 확실히 한계가 있었음이 드러나게 된 것이다. 따라서 일제가 제국의 충량한 신민들이라 굳게 믿었던 조선 체재 일본인들과 조선인들이 다양한 방식으로 곳곳에서 일제의 동원권력에 저항했던 것이다. 일본인이 주를 이뤘던 아파트 임대업자들 일부가 총독부의 통제령을 회피할 목적으로 상대적으로 시설 수준이 우수한 임대용 아파트를 호텔로 전업한 것이 그 좋은 사례로[24] 일정 규모 이상의 아파트 상당수가 호텔로 전업했다. 이에 조용하게 대응할 수 없었던 조선총독부는 주택부족 문제 심화에 따른 사회불안 조성이라는 명목으로 이를 강력 응징하면서 단속에 나섰다. 지대가임통제령이 법적 근거로 삼았던 국가총동원법에는 법령을 어길 경우 징역형이나 벌금형에 처할 수 있도록 규정하고 있었기 때문이다.

---

24 ─ 〈府內各"아파-트" "호텔" 轉向繪出〉,《매일신보》1940년 4월 15일자. '지대가임 억압에 따라 시내에 있는 아파트가 점점 전업을 해 가뜩이나 심한 주택난을 가중시킨다고 전제한 뒤 아파트 경영으로는 셈이 맞질 않아 규모가 큰 아파트들은 합동자본(合同資本)으로 경영할 수 있는 호텔로 전업하고 있는데, 경성부의 23개 아파트의 숙박정원으로 계산하면 약 2천명이 머물 수 있으며, 이를 세대수로 환산하면 579호에 해당한다고 했다. 아파트의 경우 한 칸이나 두 칸을 임대하는 것이 통상인데, 큰 한 칸 임대료가 매월 최저 13원에 달한다. 이는 주택난으로 인한 셋방이 늘었기 때문인데 사업주 입장에서는 지대가임통제령에 따라 1938년 말 기준 이상으로 임대료를 받을 수 없으므로 호텔로 전향하는 것이 많다면서 경성부에서 총독부와 의논해 대책을 강구중'이라고 했다.

1   1935년 12월 9일 개관한 삼판통 244-5의 삼판아파트. 출처: 《조선신문》 1935년 12월 10일자
2   1946년 5월 10일 미군이 촬영한 삼판호텔(sampan hotel). 출처: 미국국립문서기록관리보관소

 최초에 조선은행 소유지였다가 조선농림주식회사를 거친 뒤 다시 두어 차례의 소유권 이전을 통해 1935년 5월 17일 남대문통 1정목 25번지에 위치한 ㈜미쿠니상회가 소유하게 된 삼판통 244-5는 미쿠니상회에 의해 1935년 12월 19일 삼판아파트가 들어선 곳이다. 물론 지대가임통제령 발포 이전인 1937년에 발행한 《대경성사진첩(大京城寫眞帖)》[25]에도 여전히 '삼판아파트'라는 이름과 함께 사진이 실려 있다.

25 ― 《大京城寫眞帖》, 中央情報鮮滿支社, 1937, 33쪽

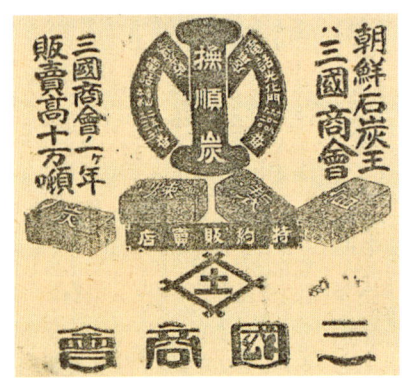

만주철도 휘장과 사장 이름의 첫 글자인 '土'를 이용한
미쿠니상회 마크를 중앙에 크게 사용한 무순탄
(撫順炭) 특약대리점 신문광고. 출처:《조선신문》
1924년 1월 16일자

해방 이후 삼판아파트의 변모 과정은 어렴풋하게 확인할 수 있다. 1959년 7월 용산세무서가 이곳에서 옮겨와 1976년 5월까지 청사로 사용했음을 용산세무서 운영지원팀 조사관을 통해 확인했다.[26] 그러나 이곳은 이미 일제강점기에 호텔로 용도가 바뀌었고, 해방 직후에는 '일본인 연락소'로도 잠시 사용했다는 것이 후암동 토박이 박길성의 증언이다.[27] 따라서 추정컨대 해방 직후인 1946년 5월 10일 미군이 촬영한 삼판호텔 사진은 해방 전부터 이미 아파트를 호텔로 전용한 것을 그대로 사용했다고 추정하는 것이 합리적이다.[28] 그러므로 'Sampan Hotel'이라는 간판이 건축물 전면 입구에 붙었고, 3층 창을 통해 밖을 내다보는 이의 바로 아래쪽 외벽면에 ㈜미쿠니상회의 사장이자 삼판아파트 주인이었던 도이 세이치의 이름 첫 글자 '土'가 마름모 문양 안에 들어간 ㈜미쿠니상회의 회사마크 역시 해방 이전부터 부착해 사용했던 것으로 볼 수 있다. 이는 1935년 6월 1일 미쿠니상회주식회사가 준공한 내자동 미쿠니아파트 본관 계단실에 붙어 있는 마크와 동일한 것이기도 하다.

미국국립문서기록관리소에서 소장하고 있는 삼판호텔 사진에는 '미국 시민들을 위한 호텔'이라는 설명이 붙어 있다. 해방이후 미국의 예상과 달리 주한미군의 장기체류가 이어지며 이미 호텔로 사용하던 곳을 계속 사용하기 위해 미군정 당국에서 수리 및 수선이 필요했다고 판단했기 때문으로 보인다. 1946년 8월 4일에 '삼판호텔 수선공

26 — 이는 국세청 홈페이지를 통해 정보공개 요청을 해 받은 용산세무서의 민원 회신(2020년 3월 20일) 내용이다.

27 — 후암동 토박이 박길성 증언, 《서울생활문화 조사자료: 후암동》, 서울역사박물관, 2015, 344~345쪽에 따르면, 이곳은 해방 이전에 일본인 호텔로 삼판(三坂通)호텔이었으며, 해방 후 국유재산이 된 뒤 용산세무소로 쓰이다가 국민은행으로 바뀐 것이라는 내용이다.

28 — 삼판호텔이 담긴 자료는 사료군 대분류 목록 'Record Group 111: Records of the Office of the Chief Signal Officer, 1860~1985' 가운데 2차 세계대전 후 미군활동을 담은 사진첩(part3)에 담겨 있다. 삼판통 일대에 대한 각종 증언과 일제강점 당시의 여러 정황에 대해서는 京城三坂小學校 記念文集 編輯委員會 編,《鐵石と千草》, 三坂會事務局 참조

사 입찰'에 오공무소(吳工務所)가 낙찰받았다는 소소한 기록[29]도 삼판아파트의 호텔 전용과정에서 확인할 수 있다.

이와 유사한 또 다른 사례도 발견할 수 있다. 폐쇄건축물 대장에는 1936년 11월 25일 준공한 것으로 나와 있고[30] 1936년 8월 1일 제작한《대경성부대관》에도 제법 분명한 모습으로 그려진 '취산아파트(翠山アパート)'가 그것이다. 《대경성부대관》은 제작 이전에 촬영한 항공사진과 정밀지도를 대상으로 조감도 형식으로 제작된 지도라는 점에서 폐쇄건축물 대장에 등재된 것보다 앞서 준공한 아파트로 판단하는 것이 합리적이라 할 수 있는 경우라 할 수 있는데 이 건축물 역시 해방 후 미군이 촬영한 사진 설명에는 호텔로 명기하고 있다.

앞서 설명한 삼판호텔 촬영 시기보다 조금 늦은 1948년 8월 20일 미군이 촬영한 취산아파트 흑백사진 뒷면에는 군정 소속 기혼자 42명의 숙소로 사용하고 있다는 내용이 기록되어 있다. 전형적인 1930년대 경성의 통상적 아파트들처럼 1층에 식당을 구비했고, 해방 이후 미군정에서 직원 숙소용 호텔로 사용하고 있었다는 것이다.[31]

취산아파트는 삼판아파트와 달리 여러 차례의 증축과 개축, 수선을 거쳐 당시 모습을 찾아보기 쉽지 않지만 아직도 그 자리에 남아 당시를 증언하고 있다는 점에서 주목할 만한 경우에 해당한다. 1930년대 경성의 아파트 모습을 일부 추측할 수 있는 흐릿한 도면과 복사한 사진만 기록으로 남아 있을 뿐이다. 그나마도 대부분 1957년 대대적인 수리과정에서 생산된 것이다.[32] 삼판아파트와 유사한 궤적을 걸었다면 취산아파트

29 — 〈工事〉, 《수산경제신문》 1946년 8월 4일자

30 — 이 아파트는 '취산장(翠山莊)', '취산장아파트' 혹은 '취산아파트' 등으로 불렸는데, 1932년 7월과 1934년 5월 《조선신문》의 〈朝新案內〉에 등장하는 '고등하숙 취산장'과는 다른 것이다. 경성부 본정 4정목 148번지에 주소를 둔 '고등하숙 취산장'과 달리 '아파트로서의 취산장'은 1936년 11월 25일 준공했다. 따라서 中村資良, 《朝鮮銀行會社組合要錄》, 東亞經濟時報社, 1935년판 1934년 4월 16일 이시바시다케(石橋ダケ)를 대표로 하는 합자회사 '취산장' 설립은 '하숙옥업'을 목적으로 했고, 본점 주소가 본정 4정목 148번지인 점으로 보아 '고등하숙 취산장' 운영법인인 것으로 볼 수 있다. 앞서 언급한 신문광고로 미뤄볼 때 '고등하숙 취산장'은 1932년 7월 이전에 준공한 것으로 욱정에 위치한 취산아파트와는 다른 것이라 할 수 있다.

31 — 한국을 점령한 미 제24군단의 자료에 따르면 해방직후 그들이 접수해 군정당국 요원 숙소로 사용한 27곳의 건축물 가운데 하나로 취산아파트는 반도호텔, 도요타아파트, 친일파 윤덕영 자작이 지었다는 벽수산장 등과 더불어 접수했다고 기록하고 있다.

32 — 해당 사진과 도면자료는 국가기록원에서 소장한 〈미쿠니석탄공업주식회사 청산위원회 소속재산(취산장) 이양서류철〉 등을 통해 일부 내용을 확인할 수 있다. 1930년대 경성의 아파트 가운데 여전히 그 자리에 남아있는 남산동 미쿠니아파트와 취산아파트 등은 별도로 자세하게 다시 다룬다.

1 수리하기 전인 1957년에 촬영한 취산아파트 측면. 출처: 국가기록원
2 1975년 10월 19일 남산에서 촬영한 케이블카 탑승장 왼편의 취산아파트. 출처: 서울성장50년 영상자료

역시 일제강점기에 이미 호텔로 전용한 것은 아닐까 추정해 볼 수도 있다.

    삼판호텔과 취산호텔이 처음에는 아파트였다는 사실은 비교적 명백하게 확인할 수 있었으나 어느 시점에 호텔로 전환됐는가에 대해서는 정확한 기록을 확인할 수 없다. 다만 앞서 언급한 것처럼 지대가임통제령 발포 후 당시 신문에서 연일 전한 것처럼 총독부의 강력한 임대료 상승 억제대책을 피하기 위해 호텔로 용도를 변경한 것으로 추론할 수는 있다. 미군이 촬영한 해방 이후 사진들은 한반도 남측 지역을 접수, 점령한 미군정 당국의 필요에 따라 그들 스스로 호텔로 용도 전환을 꾀한 것으로 판단하기는 곤란하기 때문이다. 물론 그런 가능성을 전혀 배제할 수는 없지만 두 곳의 아파트가 모두 ㈜미쿠니상회라는 합동자본이 운영주체였고, 상대적으로 규모가 컸다는 사실에 당대 증언기록을 보태 판단한다면 지대가임통제령 이후 전반적인 사회 분위기에 따라 이들 역시 아파트에서 호텔로 전환했다고 보는 것이 합리적일 뿐만 아니라 가능성도 꽤 높아 보이기 때문이다.

    특히 규모가 컸다는 사실은 미군이 촬영한 사진 뒷면에 쓰인 설명을 통해 알 수 있듯이 식당이나 오락실 혹은 목욕탕과 같은 공동이용시설이 구비되어 있었고, 이들 시설공간과 설비환경의 유지를 위한 근대적 운용시스템을 갖췄다는 것이기에 해방 후 한반도 남측 주둔 미군과 군정관계자들의 거처가 될 수 있었다는 의미가 되기도 한다. 나아가 1938년 12월 31일 기준으로 월정 임대료를 하향 조정해 매월 단위로 징수하는 것보다는 짧게 하루나 이틀, 길게는 보름 정도 머무는 사람들을 위해 하루 단위로 방값을 받는 것이 시설 운영자 입장에서는 더 나은 돈벌이가 됐을 것이 분명하달 수 있어 아파트를 호텔로 전업하는 일은 당시로서는 누구나 생각해봄직한 대안이었을 것이다. 당시 아파트는 대가(貸家)가 아닌 대실(貸室)이었다는 사실 역시 다시 주목할 필요가 있다. 집 전체를 임대하는 대가와 그저 방 한 칸 정도를 임대의 대상으로 삼았던 대실은 절대적으로 다른 사업 개념이었기 때문이다.[33]

33 — 1939년 12월 경성중앙전화국에서 발행한 《경성·영등포 전화번호부》에는 황금정(현 을지로) 6-18에 아마미야 데루(雨宮てる)가 운영하는 '아파트'가 본국 7329 전화를 두고 영업한 것으로 기록되어 있다. 그런데 1944년 9월 1일 기준 내용으로 1945년 3월 발행한 전화번호부에는 동일한 지번에서 같은 인물이 '청운장호텔'을 운영하고 있음을 알 수 있어, 이 역시 아파트가 해방 이전 호텔로 전업한 경우라 할 수 있다.

식민지배 권력의 아파트 인식, 경성과 평양

본격적인 전시체제 강화시기에 접어들며 일왕에 대한 충성심 고양과 동원체제의 공고화가 필요해진 일제는 식민지 조선인도 국민으로 묶어 총동원체제를 강화하는 과정에 본격 돌입했다. 식민권력 주체의 주장에 따르면 그들의 조선강점 30년이 되는 1940년은 마침 황기(皇紀) 2600년을 맞는 때였으니, 일본국 탄생 2600주년이 되는 해를 대대적으로 기념한다는 취지에서 다양한 제전과 축하 이벤트를 국민동원기획으로 궁리해 냈다. 이벤트는 '조선인들을 고취시켜 이들 대다수가 후방에 남아 있을 때조차도 태평양전쟁의 적극적인 참여자가 되라고 독려'하는 기획 장치로 성화 봉송이나 대경성박람회 같은 프로그램을 고안했고, 이러한 행사에 동원된 사람들로 하여금 대동아 신민이라는 상상을 갖도록 함으로써 전시제국의 제의로 삼은 것이었다.[34]

경성부 역시 예외가 아니어서 이미 1938년 초부터 황기 2600년 기념사업 구상에 나섰는데, 대공원 조성과 부영아파트 건설, 세민구제(細民救濟)사업 실시, 기념회관 건립을 경성부 4대 중점사업으로 삼고 조사위원회를 설치한 뒤 본격적 준비에 나설 것이라고 밝혔다.[35] 경성의 부영아파트 건립사업은 황국신민화 과정의 유효한 전략이자 정치적 활동의 일환이었다는 해석에 의미를 보탠다면 경성에서 '부영아파트' 논의가 본격화했다는 사실이다. 여기서는 부제(府制) 시행 후 1920년대부터 경성부민이라면 누구나 익히 들어왔을 '부영주택'이라는 말 대신에 '부영아파트'라는 이름이 등장했음에 주목할 필요가 있다.

물론 이보다 앞서 1930년 1월에 발간된 잡지 《별건곤》에서는 '부영아파-트 삼층에는 공동생활자로 방방이 꼭꼭 들어찼다. 아파트 출입구는 벌통 아가리에 날고 드는 벌떼와 같이 사람이 끊일 새 없이 드나든

황기 2600년 기념사업 가운데 하나로 부영아파트 건설을 내세운 경성부가 입안 준비에 착수했다는 《매일신보》 1938년 4월 22일자 기사

---

34 — 토드 A. 헨리 지음, 김백영·정준영·이향아·이연경 옮김, 《서울, 권력도시》, 산처럼, 2020, 57~58쪽 등 참조

35 — 〈紀元 二千六百年祝賀 記念大事業을計劃〉, 《매일신보》 1938년 4월 22일자

다.'[36]고 했지만 그곳이 어디였는지, 실재했던 것인지는 알 도리가 없다. 물론 그들의 표현대로 황기 2600년 기념 4대 사업 가운데 하나로 추진하겠다던 경성 부영아파트가 과연 그들의 기획대로 지어져 사람들이 입주해 살았는지 역시 확인할 수 없지만 건축자재의 앙등 등 다양한 이유로 무산되었을 것으로 추측한다. 물론 지대가임통제령 발동으로 추론할 수 있는 1939년 6월 경성부 사회과의 주택난 완화대책 발표에서 그 내용의 연속성을 추정할 수 있으나 이 역시 논거가 부족하기는 마찬가지다.

경성부가 밝힌 주택난 완화대책은 '주택난 완화가 개인의 힘으로 해결할 수 없는 문제인 만큼 경성부가 주도'한다는 것으로 쉽게 읽히지만 매우 중요한 또 다른 의미를 함축하고 있다. 즉 경성부의 "부영 '가족'아파트 건설" 계획은 그동안 주로 '독신' 샐러리맨을 대상으로 삼았던 아파트 수요자의 범주를 '가족'으로 전환했다는 의미와 더불어 이때의 '가족'이란 곧 혼인을 통해 이룬 혈연공동체로서의 가족뿐만 아니라 '신민으로서의 공동체 구성원'을 뜻하는 것으로 확대 해석할 수도 있기 때문이다.

다시 말해 민간자본을 활용해 식민지 지배층인 일본인들을 위한 도심 임대용 주택으로 자리매김한 아파트를 이제는 공적 자금을 동원해 조선인들까지 그 대상으로 포용하는 방향으로 전환했다고 읽을 수도 있다. 이는 경성부에만 국한한 것이 아니라 한반도 전역을 대상으로 했다는 점에서 식민지배 권력의 또 다른 동화 기획에 해당하기도 하지만 경성부의 발표에 앞서 정무총감이 밝힌 주택난 완화대책 가운데 '경성, 평양, 대구, 부산 등지의 도시에는 「아파-트」 건축에 대해 고구(考究, 자세히 살피고 궁리함)'[37]하라는 통첩 내용을 따른 것으로서 궁극적으로는 전시체제 아래 국민동원을 위한 전략이기도 했다.

아무튼 이미 구체적 설계가 완성되었다고 전한 부영아파트 건립계획 내용은 '부내 황금정 6정목 부민회장[38] 일각의 대지 450평에 3층 연와(煉瓦) 철근콘크리트 건물로, 건

---

36 — 朴露兒, 〈十年後 流行〉, 《별건곤》 제25호, 1930년 1월, 102쪽

37 — 〈府, 邑에는 公營住宅 社宅建築에 資金을 調整해 주라〉, 《동아일보》 1939년 6월 6일자

38 — 당시 경성부 부민회장은 원래 '훈련원터'로 알려진 곳인데 '부민회장'으로 바꿔 불렀던 곳이다. 그런데 경성부는 1940년 4월 11일부터 '경성부 훈련회장'으로 다시 명칭을 일부 환원하고 사용료도 20원에서 10원으로 인하하는 조치를 시행했다. 이유는 경성부민들이 '부민회장'이라는 곳에 대해 그 위치를 잘 모를뿐더러 공간 사용법에 대해서도 잘 알지 못하기 때문이었는데, 원래의 이름으로 돌리고 환송식, 음악회, 영화상영, 야외극, 음반청취모임 등을 위해 적극적으로 사용하도록 한 것이다. 회장 전체와 확성기 등을 이용할 경우 사용료는 10원이고, 넓은 공터만 쓸 때는 두 시간에 1원을 징수했지만 여기에 확성기를 보태 사용하면 5원을 비용으로 징수했다. 시설관리 책임은 경성부청 사회과에서 맡았고, 회장 사용 신청은 인근의 경성운동장(경성그라운드) 사무실에서 하도록 했다. 이와 관련해서는 〈府民會場의 料金 引下〉, 《매일신보》 1940년 4월 12일자 기사 참조

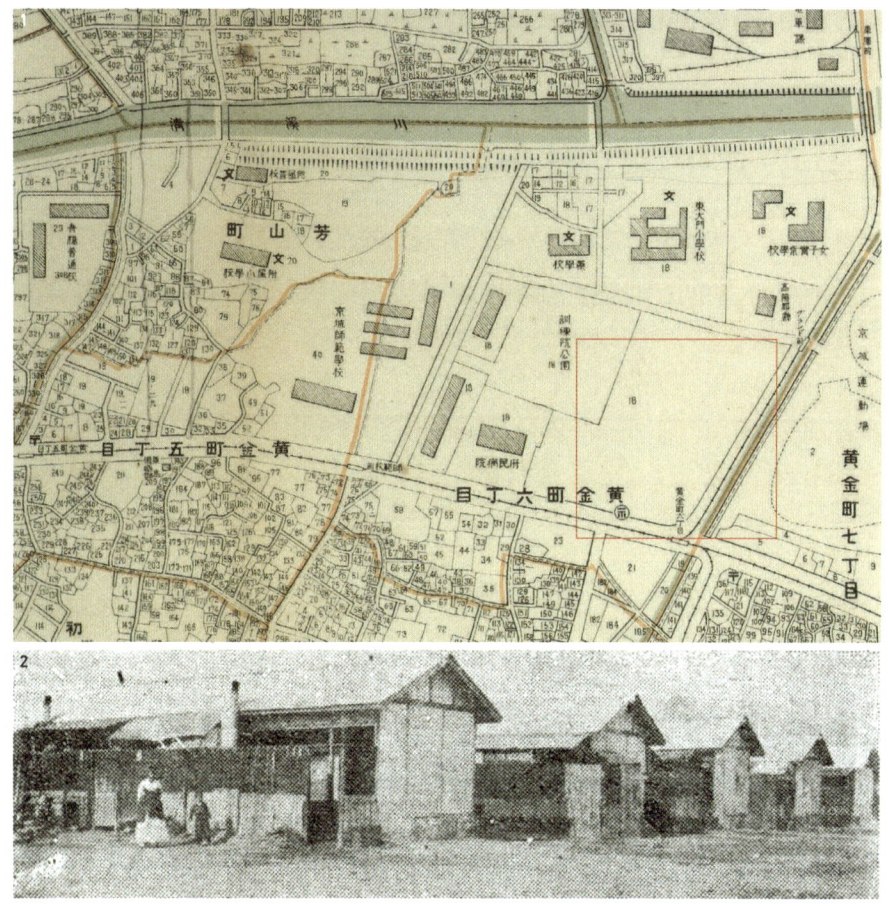

1 1936년 8월 발간한 〈지번구획입대경성정도(地番區劃入大京城精圖)〉의 부민회장 부분. 출처: 서울역사박물관
2 1921년 12월 24일 훈련원터에 지어진 경성 부영장옥의 1923년 12월 모습. 출처: 《동아일보》 1923년 12월 11일자

축바닥면적은 800평에 71세대를 수용'한다는 것이었다. '내부 구조는 선진 도시의 아파트를 참고해 위생, 보건과 채광을 충분히 하고 수도, 가스 설비는 물론 공동오락실과 세탁장을 두어 집 없는 샐러리맨에게 자기 집과 같은 느낌을 갖도록 하는 것'이었다. 이렇게 설계된 부영가족아파트가 완성된다면 조선에서는 부(府)에서 공급하는 '최초의 부영아파트'가 되는 것이라며 좋은 선물이 될 것이라는 너스레를 보냈다.[39] 조선총독부 정

39 — 〈住宅難의 大京城에 府營"家族아파트"建設〉, 《동아일보》 1939년 6월 20일자

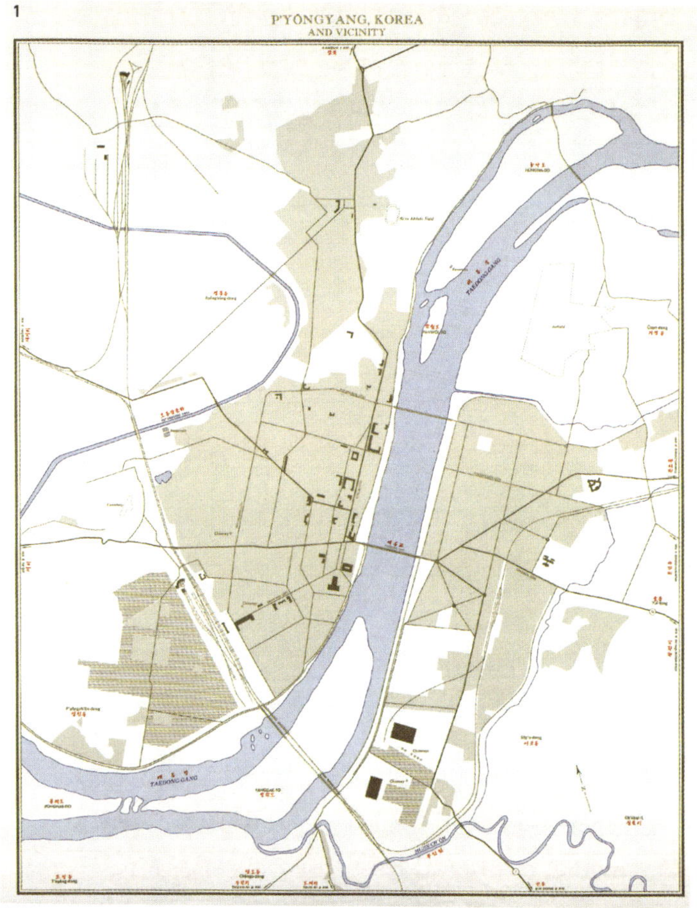

1 1950년 평양 개괄 지도 ⓒUniversity of Texas Austin
2 위치나 명칭을 확인할 수 없는 일제강점기 평양의 아파트, 1948년 9월 촬영. 출처: 미국국립문서기록관리보관소
3 아파트 건설을 포함해 조선주택영단의 평양 제1기 주택건설사업 소식을 전한 《매일신보》 1941년 11월 14일자 기사

무총감의 주택난 완화대책 통촉에 대한 경성부의 구체적 대응이었는데, 경성과 마찬가지로 평양, 대구, 청진 등 부급(府級) 대도시에서는 전쟁 와중에 내린 정무총감의 통첩을 적극 수용하기 위한 궁리에 본격 착수했다.

확인하지는 못했지만 경성부영아파트 개괄을 전한 내용 가운데 다시 한 번 눈여겨보아야 할 대목은 '공동오락실'과 '세탁장'을 설치하겠다는 것이다. '명랑'과 '연성(鍊成)'이 강조되던 시기, 명랑은 불온이나 풍기문란 혹은 비(非)위생이나 야만에 맞선 식민권력의 통치 어휘였고, 연성은 황국신민화 교육 내용의 골자였다는 사실을 상기한다면 공동오락장이나 세탁장 역시 명랑과 연성을 함양하고, 연마할 수 있는 교묘하고도 구체적인 장치 가운데 하나였다. 대도시 경성은 이제 자본주의 도시에서 점차 조선총독부의 과잉권력을 전시, 작동시키는 장치로 본격 전환하는 시기를 맞은 것인데, 이 과정에서 조선총독부와 경성부가 인식한 부영아파트의 실체 역시 당시 평양이나 부산 등을 대표하는 아파트와 크게 다르지 않았다는 점은 매우 의미심장하다.

경성부가 밝힌 부영 가족아파트 건설 부지는 '부내 6정목 부민회장 일각'이라 했으니 이미 1921년 12월에 경성부가 조선에서는 처음으로 조선인을 위한 부영장옥(府營長屋)[40]을 지었던 황금정 6정목이기도 하지만 일본이 진주만 공격을 앞두고 조선인들에게도 상무정신(尙武精神)을 고양해야 한다는 목적으로 1941년 6월 중순에 엿새에 걸쳐 700여 명의 선수들을 동원해 공식 스모 경기를 열었던 곳이기도 하다. 물론 경성부민병원과 훈련원공원이 이미 들어선 뒤 남아있던 훈련원터의 일부를 부영아파트 건설 대상지로 삼았으니 그런 생각을 먼저 했을 리가 없겠지만 최초의 조선인용 부영주택이 들어섰던 곳에 다시 최초의 조선인용 부영가족아파트가 보태질 상황이었으니 그 터가 지닌 내력이 기구하기도 하다. 하지만 신문을 통해 공사 착공 일정까지 자세하게 알렸던 경성부의 부영아파트 건설 구상이 불발에 그쳤을 것으로 추정된다. 당시 신문이 전한 내용에 따르면 물가앙등과 건축자재 폭등으로 취소되었다는 사실을 확인할 수 있기 때문이다.

평양이라고 크게 다를 것이 없었다. 평양역과 서(西)평양역 사이를 잇는 철로 주변 따라 수많은 토막민(土幕民) 주택이 꽉 들어차 평양의 아름다운 풍광에 큰 오점이라 지적하면서 1936년부터 100세대 정도를 수용할 수 있는 세민(細民)아파트 건설을 계획해

---

40 ─ 당시 경성부가 공급한 조선인을 위한 부영장옥은 '황금정 공동장옥'이나 '훈련원 공동장옥'으로도 불렸는데, 일본인을 위한 공공주택에는 '보통주택'이라는 명칭을 부여했다는 점과 비교하면 피식민지 사람들에 대한 일제의 차별의식을 새삼 확인할 수 있는 대목이다. 당시 일본에서 '장옥'은 미개한 거처로서 개인의 프라이버시를 지킬 수 없는 전근대 공간으로 이해하고 있었기 때문이다.

이곳의 토막민 일부를 수용한다는 것이 당시 일제의 구상이었다. 철로 주변 미화와 함께 부지 800평 정도에 주택건축면적 500평을 궁리중이라는 내용으로 1935년 1월 신문기사에 등장했다.[41] 이를 위해 평안남도에서는 전체 소요 비용의 절반 정도를 국고에서 보조해 줄 것을 신청했는데 1936년이나 되어봐야 이에 대한 회답을 얻을 것이 예상되는 바, 만약 이 일이 생각대로 진행된다면 이 아파트는 조선 전체를 통틀어 최초로 시도되는 '모던 세민아파트'가 될 것이 분명하다고도 했다.

마치 시혜를 베풀 듯 1930년대 중후반이 되어서야 조선의 대표적 도회지인 경성이나 평양에서 '조선 최초의 부영가족아파트'나 '조선 전체를 통틀어 최초로 시도되는 모던 세민아파트'를 외쳤으니 그들이 외친 '동화'며 '일체'라는 구호와는 달리 일제의 잔혹한 식민지 수탈과 배제가 어느 정도였는지를 가히 짐작하고 남음이 있다. 경성의 경우와 마찬가지로 평양의 부영 세민아파트가 식민지 조선 반도의 사회사업시설에 이채를 띨 것이라고 알려졌다고 했지만 그 과정 역시 더 이상 확인하지 못했다.

물론 1938년 말에 이르러도 경성과 평양을 위시한 대도시에서의 부영아파트 신축에 대한 언급은 거의 발견할 수 없다. 다만 중일전쟁으로 인해 경성을 비롯한 대도시 주택난 심화에 따라 민간부문에서 적게는 2호부터 많게는 50호에 이르는 대규모의 아파트가 속속 지어지고 있어 비상시국에 따라 간편 생활을 꾸리는 사람들에게 보건위생과 풍기 차원에서 위협 요소가 된다는 조선총독부 경무국의 우려가 여러 차례 신문을 통해 언급된다. 또한 조선총독부 시가지계획계가 나서서 건축취체규칙을 검토해 개정이나 제정이 필요하다 판단되는 규칙은 1939년 1분기에 해당 조항을 공포해 문제가 되고 있는 아파트에 대해 점차적으로 명랑화가 이뤄질 것이라는 정도의 보도만이 잇따랐다.[42]

《매일신보》 1941년 7월 17일자에 평양 부영아파트 부지가 거의 결정되었다는 기사가 등장한 이후 네 달 정도가 경과한 1941년 11월 15일 오후에는 7월 1일 설립된 조선주택영단 수뇌부가 평양을 방문해 280호의 주택이 지어질 율리(栗里) 현장에서 평양영단주택 제1기 건설사업 지진제(地鎭祭, 건축공사에 앞서 행하는 고사)를 집행할 것이며, 당상리(堂上里)에 지어질 250호와 함께 1942년 봄에 모두 완공할 예정이라는 소식을 전했다. 기사 끄트머리에는 이들 영단주택과 함께 이미 결정된 '80여 가족을 수용할 대(大)아파트'도 머지않아 착공하고 여기에 1942년도 주택공급 계획호수 1,000호 정도를 더하면

---

41 — 〈土幕民收容のアパート〉, 《조선매일신문》 1935년 1월 22일자

42 — 〈住宅拂底から殖えるアパート〉, 《부산일보》 1938년 11월 6일자

평양의 주택난 완화에 크게 기여할 것이라 전망[43]했지만 해당 사업들이 어떻게 실현됐는가에 대해서도 역시 그 실체를 확인하지 못했다.

도면을 통해 확인한 부영아파트, 청진과 대구

경성이나 평양 등 대도시에서 건축자금 마련을 위한 공채 발행(起債, 기채) 계획이 구체적으로 수립된 것은 1939년경이었다.[44] 현재 국가기록원 홈페이지를 통해 공개하고 있는 자료를 중심으로 확인하면 1939년과 1941년에 각각 추진했던 청진과 대구의 부영아파트 신영비기채(新營費起債, 아파트 신축 비용 마련을 위한 공채 발행) 관련 문건이 일부 도면을 포함하고 있어 경성이나 평양에 비해 보다 자세한 사업구상이며 계획을 확인할 수 있다.[45] 청진은 원산, 함흥, 진남포 등과 더불어 전략적 항구를 가진 공업도시였고, 대구는 수원 등과 더불어 내륙 행정중심 기능을 수행하면서 각각 함경북도와 경상북도의 핵심 소비도시로 성장해 산업규모와 인구 모두에서 권역별 대도시급에 속했기 때문에 주택문제 역시 다른 도회지에 비해 심각했기 때문이다. 이들 지역은 조선총독부의 행정구역 개편에 따라 순차적으로 부급(府級) 도시라는 위상을 가졌던 곳이다.

총독부의 주택난 완화대책에 따른 부(府) 단위 부영아파트 건설사업은 구체적 실현 여부와 상관없이 당시의 부영아파트를 파악할 수 있는 매우 유용한 자료임은 분명하다. 피식민지에서 '국가'라는 합법을 가장한 절대 권력이 '아파트'라는 새로운 유형의 도시건축을 당시에 어떻게 이해하고 실천하려 했는가를 추론할 수 있기 때문이다. 이는 넓게 본다면 일본을 경유해 한반도에 출현한 아파트의 유전적 속성을 살피는 작업에 해당하는 일이지만 다른 한편으로는 1930년대 초 공공에 앞서 민간이 근대도시에

---

43 — 《住宅營團事業達着手, 大아파ー트도 建設》, 《매일신보》 1941년 11월 14일자

44 — 그러나 공채 발행과 아파트 건설이 계획대로 시행된 예는 적다. 전시체제에서 민간자본을 공공사업에 끌어들이는 것 자체가 쉽지 않았기 때문인데 국가기록원의 문건에 따르면 많은 사업들이 취소됐음을 확인할 수 있다. 1940년 2월 20일자 《부산일보》 관련 기사에 따르면, '대구부가 6만 원의 기채를 발행하여 1941년 신축하려던 부영아파트가 자재난과 함께 부지 매입의 어려움이 겹쳐 보류됐다'며 타개 방안을 모색하는 중이라고 언급한 것이 그 예다.

45 — 이에 해당하는 문건은 《청진부부영아파트신영비기채의건》(1939년 2월 2일, 국가기록원 소장), 《대구 부영주택및아파트신영비기채의건》(같은 제목을 가지나 서로 다른 부영아파트를 각각 담고 있는 2건 존재한다. 1941년 10월 27일 국가기록원 소장) 등이 있다.

서의 새로운 유망사업으로 수입 적극 번안했던 주택임대 형식과 내용을 공공이 어떻게 수용했는가와 더불어 해방 이후 그것들이 이 땅에서 어떠한 변이를 거쳐 전승되었는가에 대한 내용적 실체를 구체적으로 살필 수 있는 유용한 실마리로 삼을 수도 있다.

먼저 살필 사례는 1939년 2월 2일 생산된 〈청진부부영아파트신영비기채의건〉[46]이라는 제목을 붙인 문건에 부속된 각종 아파트 관련 도면이다. 위치도를 통해 그것이 어떤 곳에 어떤 방식으로 자리하고 있는가를 확인할 수 있는데, 제1종 광장으로 향하는, 청진시가지에서 가장 넓어 보이는 도로와 그보다 폭이 다소 좁은 도로에 건축물의 두 면이 직접 면하는 방식으로 건축물이 들어서도록 구상했다.

입지에 따른 배치는 평양이나 경성을 대표했던 동아파트나 내자동 미쿠니아파트와 유사하게 도시 주요 간선도로에 직접 면했으며 평양 동아파트와 마찬가지로 도시의 핵심지역인 중앙역과 매우 가까운 곳에 자리했다. 청진시가지를 조금 넓게 살핀 지도를 통해 다시 한 번 위치를 살피자면, 청진역 북동방향 모서리 부분의 주요 도로에 면해 위치하면서 청진시가지와 다른 도시를 연결할 수 있는 주요 간선에 자리하고 있음을 확인할 수 있다. 이는 도시 활동의 중심부에 아파트가 자리하면서 간선도로로부터 직접 출입할 수 있는 연도형(沿道型) 도시건축 유형이라는 사실을 새삼 일깨워준다. 당연하게도 입주자가 아니더라도 길거리를 오가는 누구나 자유롭게 아파트에 마련된 각종 편의시설이며 서비스시설을 이용할 수 있음을 뜻하기도 한다. 시설이용에 따른 비용을 지불하면 그만인 것이었기 때문이다.

지하층에는 보일러실, 석탄저장고와 함께 보일러를 관리하는 화부(火夫)가 이용하는 다다미 4장 반 규모의 화부실만 두었으며, 1층 현관에 들어서면 마주하는 계단 우측에 카운터(受付, 접수대 혹은 안내 코너)가 있다. 입주자들이라면 이곳에서 누군가가 출입을 확인했을 테고, 방문객이라면 식당을 이용하거나 이곳에 거주하는 이를 만나기 위해 담화실(談話室)에 머물며 아파트에 거주하는 지인이 나타나길 기다렸을 것이다. 따라서 1층 평면은 현관을 중심으로 오른편에는 관리인실과 식당 및 담화실 등 서비스 공간을 두고 왼편에는 거주공간을 두어 공간을 명확하게 구분했다. 1층엔 다다미 4.5장, 6장, 8장으로 각각 넓이가 다른 3가지 임대용 방이 모두 14개 들어섰는데 중복도를 중심으로 서로 마주하는 방식이지만 욕실과 세면대, 변소 등 공동이용시설은 모두 중정

---

46 — 같은 제목의 문건은 여러 건 발견된다. 1939년 2월 2일과 1940년 1월 16일, 1940년 2월 2일에 생산된 경우들이 그것인데 이들 문건에 부속된 부영아파트 도면 자료는 동일하다.

1 〈청진부부영아파트신영비기채의건〉(1940년 2월)에 포함되어 있는 청진부 부영아파트 위치도. 출처: 국가기록원
2 청진부 관내도(제작일자 미상) 일부에 청진 부영아파트 위치 표기. 출처: 국립중앙박물관
3 1946년 미육군지도서비스에서 제작한 청진 지도에 표기한 청진 부영아파트 위치. ©University of Texas at Austin
4 1950년 8월 B29의 청진 폭격 직전 촬영한 항공사진 위에 청진 부영아파트 위치 표기. 출처: 미국국립문서기록관리보관소

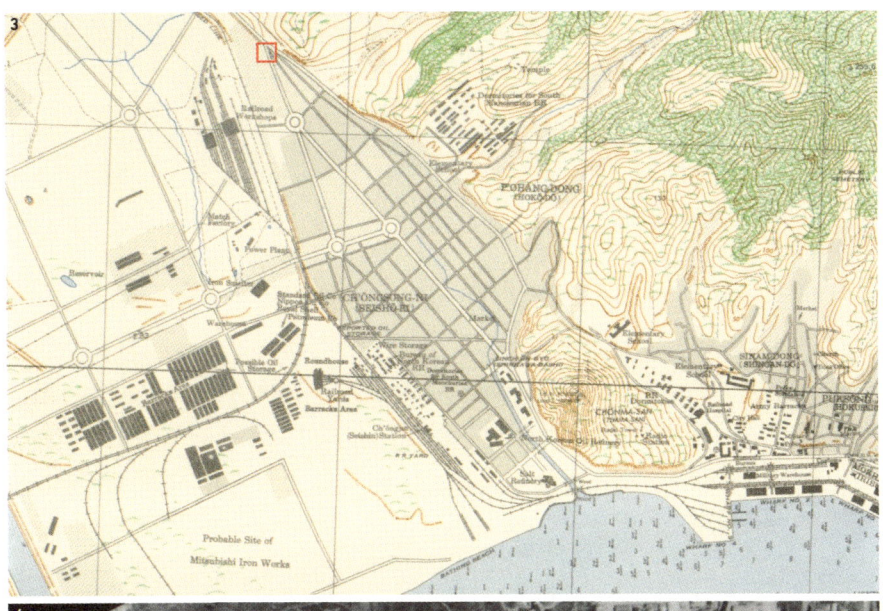

에서도 직접 들여다보이지 않는 위치를 차지해 도로를 면하는 각 실과는 다른 공간구성을 꾀하고 있다. 상대적으로 향이 좋은 남동쪽에 넓은 실이 자리한 것도 특징이다. 현관을 이용해 실내로 진입하는 방법과 함께 인접 도로로부터 중정으로 진입하는 외부공간으로의 진입은 쪽문 두 곳을 이용하도록 했으며, 정화조를 중정 한 곳에 매립하는 것이었으니 보일러와 함께 근대적이고 문화적이라 불렸던 하수처리시설까지도 두루 갖춘 것이었다.

따라서 직사각형에 가까운 부지의 한 귀퉁이를 비워 거주자들에게 상대적으로 폐쇄적이며 정온한 공지를 제공해 이곳을 정원이나 산책마당으로 활용하도록 했으니 가로경관과 진입, 외부공간의 위치 부여 등 거의 모든 점에서 일본이나 경성 혹은 평양에서 먼저 출현했던 도시형 임대주택으로서의 아파트 위치 선정과 배치 원칙을 그대로 따랐다고 할 수 있다. 평양의 동아파트와 경성 내자동의 미쿠니아파트의 경우와 유사한 것이기 때문이다.

2층과 3층은 1층과 달리 모두 임대용 방들로만 구성했지만 당시 관련법규에 따라 실내와 실외 모두 별도의 피난계단을 두었으며, 1층의 서비스 및 편의시설 공간에도 서로 다른 크기의 방을 배치했다. 흥미로운 점은 2층의 경우에는 중앙 계단참을 이용해 넓은 발코니를 이용할 수 있도록 했고, 이곳에서 정온한 중정을 바라볼 수 있도록 했으니 일종의 전망대나 옥상정원과 다를 것이 없었다. 3층 평면은 2층과 동일해 1~3층에 모두 56개의 임대용 방을 두는 것이었다. 56개의 방은 모두 방 하나에 최소한의 수납공간만 둔 것이었으며 화장실이며 독립적인 부엌은 따로 갖추지 않았다.

따라서 청진 부영아파트는 모두 독신자를 상정했다고 할 수 있고, 민간인이 운영했던 평양의 동아파트나 경성 내자동의 미쿠니아파트와 달리 오락실이나 매점 등은 따로 염두에 두지 않았다. 이는 청진부라는 공공주체가 심각한 주택난 완화를 위해 기채를 통해 대지매수와 건축비용을 충당해야 한다는 절박함과 함께 비상시국인 전시에 행한 간편생활을 위한 최소한의 노동자주택 공급사업이라는 측면에서 살펴야 할 대목이다. 민간에 의한 임대아파트와는 차별을 둘 수밖에 없었다는 것이며 동시에 전시체제에 생산성 증진을 위한 노동인력 거주의 안정화에 더욱 주목했던 탓이다. 청진의 주택난이 특별히 심각했다는 당시 신문기사가 이를 잘 설명한다. 이 기사에는 '전반적인 주택난의 해결이 쉽지 않은 청진부 당국의 고민이 깊어 경성 등에서 실시하고 있는 아파트 건설도 고심하는 모양'이라고 했다는 점에서 경성 부영아파트에서 많은 내용을 가져온 것이라 할 수도 있으니, 청진 부영아파트는 오히려 경성 부영아파트의 대강을 추론할 수

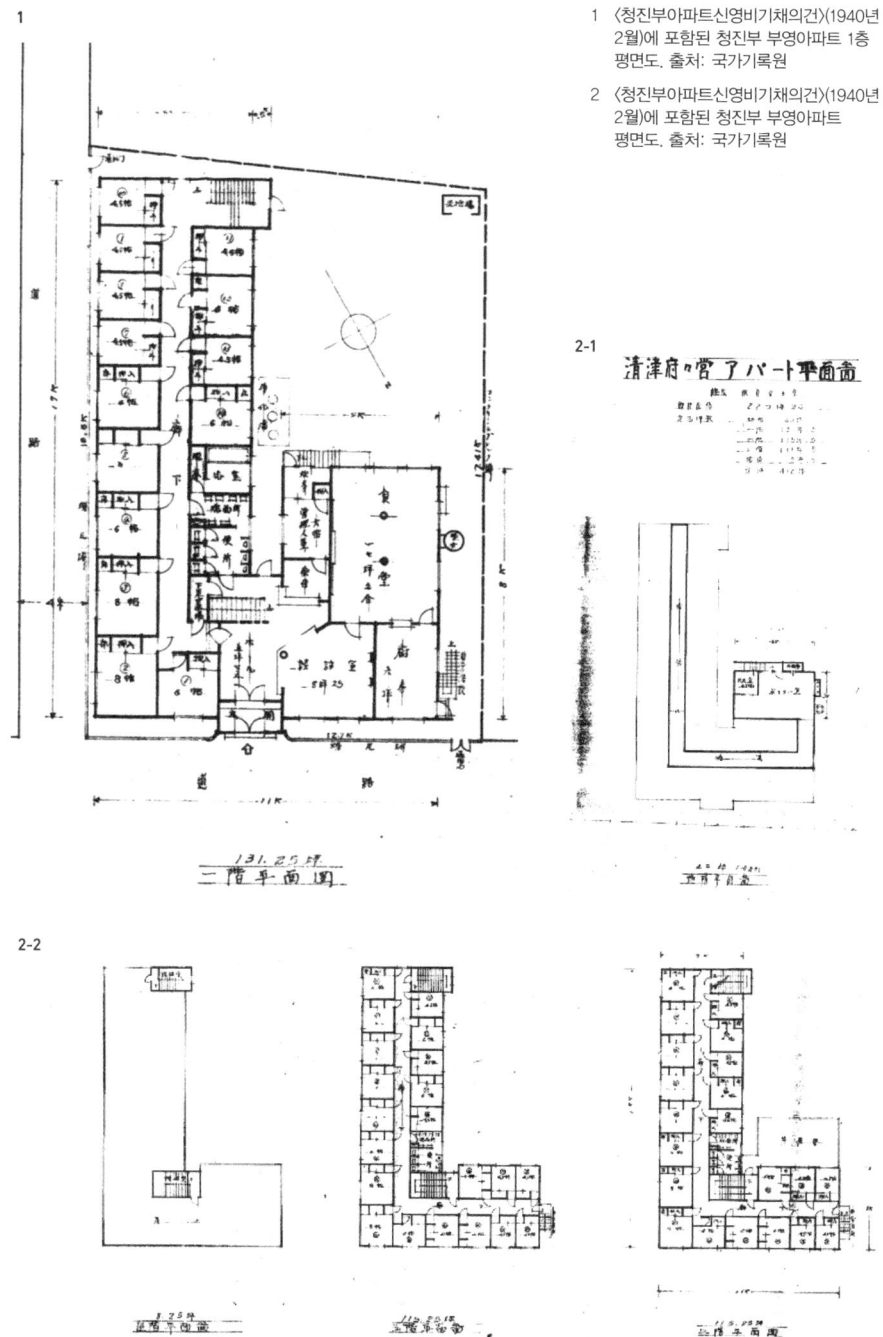

1 〈청진부아파트신영비기채의건〉(1940년 2월)에 포함된 청진부 부영아파트 1층 평면도. 출처: 국가기록원

2 〈청진부아파트신영비기채의건〉(1940년 2월)에 포함된 청진부 부영아파트 평면도. 출처: 국가기록원

청진의 주택난을 언급한
《동아일보》 1940년 2월
19일자 기사

있는 의미를 가지기도 한다.

 1940년 4월 《부산일보》는 '대구의 독신자가 수난시대'를 맞았다는 자극적 제목과 함께 전시의 극심한 주택부족 문제에 철도국 종업원의 급증과 사범학교 상급생들의 외박까지 허용되면서 주택임대료가 급격하게 올라 독신생활자가 비명을 지를 정도에 이르러 부영아파트 공급이 시급하고도 필수적이라는 내용의 기사를 실었다. 이러한 주택난 심화가 직접적인 동기가 되었는지 아니면 여기에 보태 지대가임통제령과 총독부의 전시 주택난 완화대책 마련 요구에 대한 부담이 컸기 때문인지 대구부 역시 부영아파트 신축을 위한 공채 발행 계획을 수립했다.

 청진 부영아파트가 날짜를 달리하는 같은 제목의 문건에 동일한 도면이 실린 것과는 달리 대구 부영아파트의 경우는 같은 날짜에 생산된 하나의 문건에 위치와 규모, 평면이 서로 다른 두 건의 아파트 도면이 함께 들어 있다. 1941년 10월 28일 총독부가 기채 발행을 인가한 문건이 그것이다.[47]

 부영아파트A가 들어선 곳은 평양이나 청진의 경우와 마찬가지로, 대구역 광장에서 남측으로 뻗는 2개의 주요 도로 가운데 하나가 서문로와 만나는 가각부(街角部, 도로와 도로가 직각으로 만나며 생기는 모서리)인데, 개략적인 위치도만 들어있어서 구체적인 배치 상황은 파악할 수 없다. 다만 관련 기록물에 담긴 부영아파트A 신축예정지 표기 지점과

---

47 — 〈大邱府營住宅及アパート新營費起債ノ件〉 指令案, 1941년 10월 28일, 조선총독부 발송. 출처: 국가기록원. 이 문건에 담긴 두 건의 아파트 신축안 가운데 비교적 상세한 도면으로 작성된 것을 A, 이에 비해 상대적으로 간략하게 작성된 아파트의 경우는 편의상 B로 구분했다.

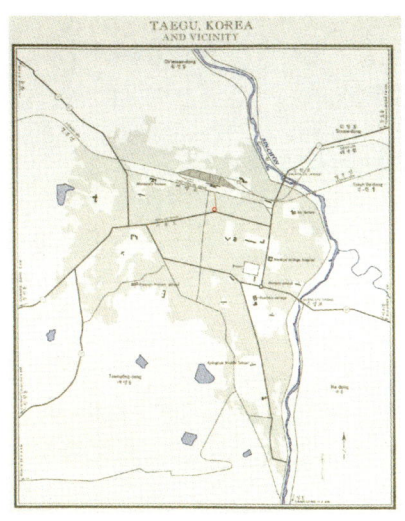

대구 부영아파트A 위치를 미육군지도서비스에서 작성한
대구 개괄도에 표기 ©University of Texas at Austin

미육군지도서비스에서 한국전쟁 수행을 위해 1950년에 작성한 개괄적인 대구 지도를 비교해 살펴보면 차량통행이며 인구이동이 빈번한 주요 간선도로변을 입지로 선택했음은 분명해 보인다. 지상 4층으로 계획된 대구 부영아파트A는 간선도로 두 곳의 교차점을 아파트 현관으로 이용하는 코너 진입방식을 택함으로써 다른 어떤 사례와 비교해도 가장 적극적인 가로(街路) 대응 방식을 취한 것으로 볼 수 있다.

이러한 입지 조건과 배치방식에 따라 1층에는 임대용 방을 전혀 두지 않는 대신에 가로와 직접 대면해야 공간 쓰임새가 더욱 유용한 식당과 더불어 특이하게도 16.8평에 달하는 임대사무실을 두었다.[48] 잘린 모서리의 현관을 통해 아파트에 진입하면 오른편으로는 응접실과 내부에 카운터와 변소를 따로 갖춘 식당과 조리실이 자리하고, 계단을 이용하는 사람들을 살피는 사무실이 중앙에 놓였으며 그 왼편으로는 임대용 사무실과 해당 사무실의 숙직실이 자리 잡고 있다. 응접실은 식당으로 통하는 문이 설치돼 거주자와 방문객이 만나 식사를 하거나 담소를 나눌 수 있도록 했던 것인데, 청진 부영아파트와 마찬가지로 이는 임대용 방 모두를 철저한 사적 공간으로 인식하고 있음을 드러내는 징표라 할 수 있다.

2층과 3층의 각 실 가운데 현관 상층부에 위치하는 경우는 조금 더 세심한 주의를 기울였다. 두 개의 가로가 만나는 모서리를 둥글게 처리하기 위해 다다미 6장짜리 방과 6+4.5장으로 구성되는 실의 바깥쪽 마루가 깔린 부분 역시 둥근 형상을 취함으로써 도로 교차 지점에서 아파트가 가지게 되는 경관 효과를 극대화하는 당대 유행을 따랐기 때문이다. 공간 활용 측면에서는 전혀 유리할 것이 없지만 1층 현관에서 비를 피할 수 있는 최소한의 여분 공간을 확보하면서 1층 캐노피의 둥근 호형(弧型) 수직벽이

---

48 — 이는 이미 경성의 한복판인 본정과 욱정에 지어진 몇몇의 당시 아파트에 각종 조합과 회사 등이 입주해 조합사무실로 사용하거나 영업활동을 위한 사무실로 사용한 경우와 유사하게 쓰였을 것을 추론하게 한다.

〈대구부영주택 및 아파트신영비기채의건〉
(1941년 10월 28일)에 포함된 대구 부영아파트A
신축 위치도. 출처: 국가기록원

그대로 2~3층으로 이어지면서 건축물의 모서리만 둥근 형태를 구현할 수 있기 때문이다. 그러므로 이는 당연하게도 위치 조건에 의해 선택된 결과로 봐야 하기 때문에 적어도 도심활동이 빈번한 곳에 부영아파트A가 들어섰음을 다시 한 번 확인할 수 있는 내용인 동시에 공공에 의해 추진된 부영아파트임에도 불구하고 위치 조건을 십분 활용하기 위한 적극적 공간 구현 태도로 판단할 수 있다.

또한 대구 부영아파트A의 특성은 2층부터 3층까지 별도 구획된 변소와 개방된 공용공간에 마련한 공동취사장뿐 아니라 응접실을 각 층마다 따로 구비하고 있다는 점이다. 특히 응접실은 1층에도 있지만 2, 3층에도 따로 갖추고 있어 식사를 하지 않는 방문객과 거주자의 만남이 이곳을 통해 이뤄질 것을 가정한 것이다. 따라서 전체적인 평면 구성은 청진 부영아파트나 대구 부영아파트B와 달리 유려한 곡선을 일부 활용하면서 매우 다채롭고 다양한 실내 공간 구획을 보여준다는 점에서 매우 정교한 짜임새가 돋보인다고 할 수 있다.

4층의 경우는 또 다른데, 평면의 모서리 두 곳에 상당한 넓이의 발코니(露臺, 노대)를 두었다는 사실이 매우 독특하다. 아쉽게도 옥상 평면은 관련 문건에 담고 있지 않아 구체적 내용을 확인할 수 없지만 대도시 대구라 하더라도 옥상까지 갖춘 4층의 구조물이라면 공공건축물을 제외하고는 상당한 높이여서 아파트 옥상에서 대구역이며 시내 전체를 조망할 수 있을 정도였을 것으로 추측할 수 있다.

경성 내자동의 미쿠니아파트와 동일한 층수였고, 그곳 옥상전망대에서는 멀리 남

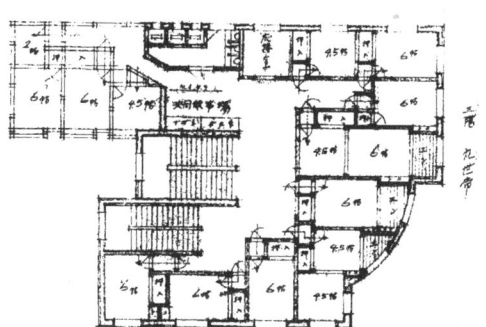

1 〈대구부영주택 및 아파트신영비기채의건〉
 (1941년 10월 28일)에 포함된 대구 부영아파트A
 1층, 2·3층, 4층 평면도.
 출처: 국가기록원

2 〈대구부영주택 및 아파트신영비기채의건〉
 (1941년 10월 28일)에 포함된 대구 부영아파트B
 1, 2층 평면도.
 출처: 국가기록원

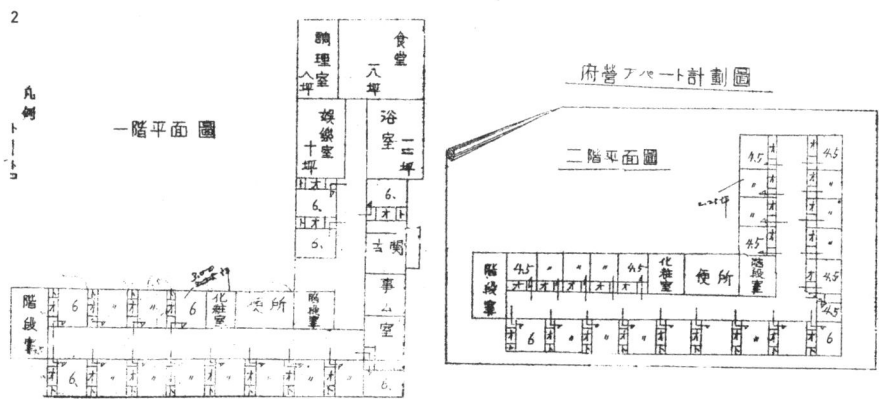

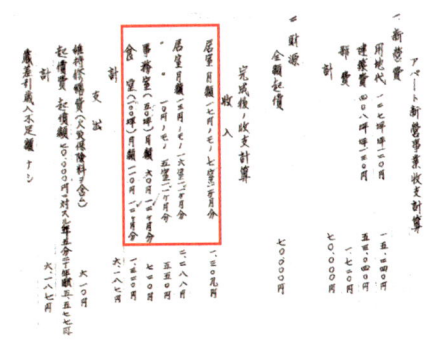

〈대구부영주택 및 아파트신영비기채의건〉(1941년 10월 28일)에 포함된 대구 부영아파트B 신영사업 수지계획.
출처: 국가기록원

월)과 다다미 6+4.5장으로 이루어진 2실형(임대료 17원/월)이 다채롭게 구성된 사례지만 각 실 안에는 독립적인 변소나 부엌이 전혀 없었다는 점에서 앞서 언급한 것처럼 독신형이자 도심형의 고밀도 부영아파트라 할 수 있다. 2실형의 경우에는 일부 일본인 관리의 관사기능을 수행했을 가능성도 배제할 수 없다.

이와 달리 상대적으로 거칠 뿐 아니라 간략하기도 한 도면으로 작성한 대구 부영아파트B는[49] 얼핏 판단하기엔 청진 부영아파트와 형태와 배치, 공간구성 방식 등에서 매우 유사하지만 자세히 살펴보면 경성 내자동 미쿠니아파트와 더욱 유사하다. 다만 1층 현관 진입 후 우측으로 식당, 조리실, 오락실, 욕실을 집중 배치하고 있고, 왼편으로는 대구 부영아파트A와 같이 사무실을 따로 두고 있다. 이 사무공간은 부영아파트의 수지를 맞추는 매우 중요한 수단이 된다는 점에서 상대적으로 높은 임대료를 책정한 공간이었으리라 전제한다면 대구 부영아파트B 역시 시민들의 왕래가 빈번한 주요 간선도로에 접해 있었을 것이라는 추론이 가능하다.[50] 1층의 임대용 실은 모두 다다미 6장 넓이로 상정했고, 변소와 화장실을 따로 집중 배치한 점으로 미뤄본다면 각 유닛에는 이들 설비를 따로 설치하지 않았음이 분명하다. 청진 부영아파트와 같이 중복도를 중심

49 — 〈대구 부영주택 및 아파트 신영비 기채의 건〉, 1941년 10월 28일, 국가기록원 소장 자료에 의하면 기와지붕의 벽돌조 2층 단일동으로 전체 건축바닥면적은 307평이다.

50 — 실제로 대구부가 계산한 내용에 의하면 사무실 50평에 대한 월 임대료는 60원으로 가정했으며, 식당은 100평에 월 임대료 110원으로 추정했다. 이에 따라 대구 부영아파트B의 수지계획에서 각 실 임대료를 포함한 월 수입총액 6,187원에서 이들 두 공간의 임대수익이 차지하는 비율은 대략 33%에 달한다. 〈대구 부영주택 및 아파트 신영비 기채의 건〉, 1941년 10월 28일, 국가기록원

으로 유닛이 마주 놓이는 방식을 취했다.

  2층의 경우는 1층과 조금 달라 현관이 위치한 날개 부분과 변소와 화장실, 계단실에 연속으로 늘어선 방은 다다미 4.5장 크기의 방이 들어가고 나머지는 1층과 마찬가지로 다다미 6장으로 꾸민 방 9개가 중복도의 귀퉁이에 죽 늘어서는 방식으로 공간을 구성했다. 따라서 1층 화장실로부터 이어지는 곳에 다다미 6장 크기의 방이 4개였던 것에 비해 2층에서는 같은 길이를 이용해 다다미 4.5장 넓이의 방을 5개 넣는 것이었다. 그러므로 공간구성이나 구획방식으로 본다면 대구 부영아파트B는 부영아파트A에 비해 단순한 공간구획과 평면 구성을 취했다고 할 수 있다. 물론 대구 부영아파트B 신영을 위한 기채 발행 회의록에는 이 역시 경성부와 마찬가지로 황기 2600주년 기념사업으로 추진한다는 내용이 담겨 있다는 사실도 주목할 만하다.

  비록 부영아파트에 해당하지는 않지만 목포에서는 오쿠다이라 큐이치(奧平九一)라는 사람이 아파트 인가신청을 했는데, 1층은 상점으로 임대하고 2층에는 독신자용 아파트 11개가 들어서는 것이었다. 아파트 임대료는 월 10원이지만 하루 세 끼 비용까지 합하면 매월 18원에 독신자아파트에 세 들어 살 수 있다는 내용으로 알려졌다. 사실 여부는 확인하기 어렵지만 기사 내용으로는 이것이 목포에 출현하는 최초의 아파트라고도 했다.[51] 대구 부영아파트B에 대한 대구부의 수지계획에서 1개월을 임대기간으로 하는 방의 월 임대료가 17원 정도였다는 점에서 목포와 단순 비교한다면 민간부문에서 당시 아파트 임대사업에 나설 경우에는 비록 공급주택수가 많지는 않았지만 부영아파트와 경쟁해야 했고, 이를 통해 중일전쟁 이후 앙등한 임대료를 낮추겠다는 것이 총독부 주택대책위원회의 의도였으니 이들 사업이 실현됐다면 목표한 것처럼 일정한 주택공급 효과는 볼 수 있었으리라 짐작할 뿐이다.

  부영아파트 신축계획을 통해 볼 때 조선총독부의 아파트에 대한 이해와 인식은 민간부문의 상업용 도시건축으로서의 아파트와 크게 다를 것이 없었다고 할 수 있다. 그들은 여전히 아파트가 '살림하는 곳이 아니라 그저 잠만 자는 곳' 정도로 이해했으며, '도시로 몰려든 근로 계층의 단기 거처용 임대주택'으로 인식했다. 그러므로 근대도시의 상업용 임대주택이자 유망한 사업유형이었던 민간 주도의 대도시 아파트와 마찬가지로 경제활동이며 모든 것이 상대적으로 활발한 '도심에 아파트가 위치'해야 한다는 사실을 마치 당연한 규범처럼 여겼으며, 가로활동과 밀접하게 대응하는 건축유형이라는 관

---

51 — 〈獨身者に朗報 木浦にアパート出現〉, 《부산일보》 1940년 3월 10일자

행도 그대로 준수했다.

　경성부 내자동의 미쿠니아파트나 평양부 동아파트가 취한 '가족용 아파트에 대한 최소한의 고려'조차 부영아파트에서는 선언에 그친 것이 태반이어서 기획단계를 통해 살핀 부영아파트 건축의 실상은 대부분 '독신용아파트'였고, 여기에 임대용 사무공간이 보태진 것이었다. 결국 일제는 혈연 중심의 가족 대신 상상의 공동체인 국가의 충량한 신민으로 그 개념을 왜곡한 상상의 공동체를 지향하는 수단으로 부영아파트를 활용했다. 따라서 이러한 인식에 기초한 부영아파트 또한 국민총동원에 필수적일 뿐만 아니라 전쟁수행을 위한 구체적 노동력 수탈의 대상인 노동자와 근로계층의 주택난 해결 수단으로 간주했다고 할 수 있다.

경성과 평양, 그리고 부산의 아파트
낙성식과 전람회

식민지 조선의 7대 도시

지구상의 인지 세계를 5대양 6대주라 구분한 것에서 연유한 것인지는 모르겠으나 일제강점기 일본에서는 도쿄를 포함해 세계적으로 규모가 큰 도시 6곳을 추려 세계 6대 도시로 부르고,[1] 같은 방법으로 일본의 여러 도시 가운데 상주인구가 많은 곳을 순서대로 나열해 다시 그들 나름의 6대 도시로 구분하는 일이 잦았다. 일제의 식민지 지배체제가 공고해질 무렵인 1930년 당시 일본의 6대 도시로는 오사카, 도쿄, 나고야, 고베, 교토, 요코하마를 꼽았는데 6개 도시의 인구를 모두 더하면 대략 757만 8천 명에 달해 일본 전체 인구의 12% 정도를 차지했다. 흥미로운 사실은 오사카가 도쿄보다 인구가 약 40만 정도 많아 당시만 하더라도 일본 제1의 도시였다는 점인데, 도쿄의 인구는 205만 명을 조금 상회하는 정도였다.

그로부터 8년 정도가 지난 뒤 일본 6대 도시에서 1위와 2위의 순위가 바뀌었다. 도쿄가 오사카 인구의 약 2배가 되면서 일본 제1의 도시가 된 것이다. 오사카의 경우는 321만 5천 명인데 비해 도쿄는 627만 8천 명에 달했다.[2] 이때 식민지 조선을 대표했던 경성은 60만 6천 명 정도로 일본의 6대 도시 가운데 끄트머리에 있는 요코하마보다 16만 정도가 적은 규모였다. 정확한 통계자료에 기초한 것인지는 확인할 수 없으나 경성의 뒤를 이어 일본의 히로시마와 후쿠오카가 자리했다. 그들의 표현대로라면 일본의 7대 도시에 경성이 포함된 것인데 경성이 면적으로 보면 6위에 해당하지만 인구수로 볼 때 바로 앞자리를 차지한 요코하마에 비해 예산책정 규모는 1/3에 불과했다. 당연하게 도시경영에 필요한 재정 여력이 상대적으로 취약했으며, 자국 도시와 식민도시에 대한 일제의 태도를 보여주는 단면이기도 하다.

그럼에도 불구하고 1934년의 조선시가지계획령 발령 이후 경성은 인구 100만을 예상하는 대경성 계획수립에 분주했다. 이미 30만을 넘어선 평양과 부산, 나진과 함께 대구와 인천은 20만, 청진은 13만 명의 상주인구를 가진 도시가 됐다. 조선에서는 이렇게 인구 10만 이상의 도시를 가리켜 따로 7대 도시라 불렀는데, 이때가 1935년이었다.[3]

---

1 — 《중앙일보》 1933년 1월 1일자에 따르면 1930년대 초 일제가 꼽은 세계 6대 도시는 뉴욕, 도쿄, 런던, 베를린, 시카고, 파리였고, 당시 뉴욕의 인구가 693만여 명을 기록한 반면 파리는 287만여 명 정도였는데 도쿄의 경우는 뉴욕의 뒤를 이어 497만여 명에 이르러 두 번째 도시였다.

2 — 〈京城府勢 實力打診〉, 《매일신보》 1938년 6월 18일자

3 — 〈주요한 7대 도시 확장계획을 진행〉, 《매일신보》 1935년 12월 15일자 기사 참조

1. 인구 10만 이상의 7대 도시 중 100만을 목표하는 경성의 근대도시계획 움직임을 전한 《조선중앙일보》 1935년 12월 15일자 기사
2. 일본의 대도시와 비교해 경성의 위상을 전한 《매일신보》 1938년 6월 18일자

실제로 1940년대에 경성은 인구 100만에 육박하는 도시로 성장했는데, 이는 30년 동안 인구가 5배 이상 늘어난 결과였다.[4] 1935년 경성의 실제 총인구는 40만 4,202명이었고, 이 가운데 28% 정도는 일본인이었다.[5] 경성은 유럽의 다른 식민지 도시에 비해 월등히 많은 식민 지배국 인구가 유입된 도시로, 그들의 소비와 유행을 지탱해주는 소비도시이자 근대도시로 탈바꿈할 수밖에 없었다. 아파트 신축과 새로운 대실사업(貸室事業)인 아파트 경영도 그로 인한 변화였다.

경성: 요란했던 옥상전망대 낙성식, 내자동 미쿠니아파트

1935년 6월 1일 경성부 내자동에서는 두 시간에 걸쳐 꽤 요란했던 아파트 낙성식이 열렸다. 당일 풍경을 사진과 함께 내보낸 《조선신문》은 이렇게 전했다.

미쿠니상회가 경영하는 미쿠니아파트 관리사무소에서는 부내(府內) 내자동에 건설 중인 미쿠니아파트 낙성에 즈음하여 1일 오후 4시부터 같은 장소 옥상전망대(屋上展望臺)에서 낙성식을 거행했다. 낙성식에 참석한 내빈은 관계 방면의 유력자 약 300명에 이르며, 미쿠니상회 사주(社主)인 도이 세이치 씨가 먼저 감사 인사를 했다. 내빈 대표로 마츠이(松井) 미창(米倉)사장이 축사를 했으며, 기생들의 여흥행사(餘興数番)가 이어져 성황리에 주객(主客)이

---

4 — 손정목, 《일제강점기 도시화과정 연구》, 일지사, 1996, 364쪽
5 — 조던 샌드 지음, 박삼헌·조영희·김현영 옮김, 《제국일본의 생활공간》, 소명출판, 2017, 24쪽

내자동 미쿠니아파트 낙성 기사와 함께 실린 낙성식 풍경. 출처: 《조선신문》 1935년 6월 1일자

기쁨을 만끽하고 오후 6시에 산회했다. 여기 얘기를 보태보면, 이 아파트는 임대용 방이 69실 있는데 입주 신청자가 벌써 150명을 넘어 이를 어떻게 배정할까를 고심하는 상황이며, 경성시가지 전체를 내려다볼 수 있는 조망이 더 없이 좋은 아파트라고 한다.[6]

  국사편찬위원회가 제공하는 《조선은행회사조합요록(朝鮮銀行會社組合要錄)》의 각 연도 내용을 중심으로 살펴보면, 도이 세이치 개인회사였던 미쿠니상회가 주식회사 형태로 법인격을 전환하고, 회사 설립 목적을 '석탄 기타의 연료 금속 여러 광물의 판매 및 그에 부대하는 업무 일체 및 부동산에 관련한 일체의 사업경영'으로 삼은 것은 1934년

6 — 〈ミクニアパート落成式〉,《조선신문》 1935년 6월 1일자. 당시 미쿠니아파트가 지어진 곳의 행정구역 명칭을 내자정(內資町)이었지만 신문이 전한 아파트 낙성식 소식에는 조선인들에게 익숙한 '내자동'이라 적었다.

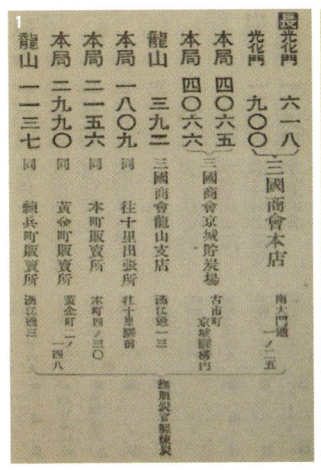 

1   1930년 미쿠니상회 본점과 지점의 전화번호와 주소. 출처: 경성중앙전화국, 《경성·인천 전화번호부》, 1930년 5월 15일 기준 1930년 6월 30일 발행
2   1935년 준공한 미쿠니상회 부산지점. 출처: 淸水組 編, 《工事年鑑》, 淸水組, 1936

6월 7일이었음을 확인할 수 있다. 회사 소재지는 경성부 남대문통(南大門通, 현 남대문로) 1정목 25였으며, 13명의 주주 가운데 아파트 낙성식에서 감사 인사를 전한 사주 도이 세이치는 4,430주를 보유한 제1주주였다. 따라서 신문에서 전한 것처럼 내자동 미쿠니아파트의 실질적 운영 주체는 최대 주주 도이 세이치가 대표이사 사장이었던 미쿠니상회(주)였고, 내빈을 대표해 축사를 한 이는 조선 쌀의 대일 반출과 조선의 양곡 통제 체제를 실질적으로 운영했던 미곡창고 대표였던 마쓰이 후사지로(松井房治郎)[7]가 맡았다는 것이다.

여기서 주목할 것은 미쿠니상회의 법인격이 1934년 6월에 주식회사로 바뀌며 회사 설립 목적이 기존의 '석탄 및 기타 연료와 광물의 판매 및 부대업무'에서 '부동산과 관련한 일체의 사업경영'으로 확장됐다는 사실과 함께 회사 소재지가 1942년 9월 1일을 기준으로 할 때 기존의 남대문통에서 '경성부 내자정 75'로 옮겨 미쿠니아파트와 동

7 — 마쓰이 후사지로는 사업차 도쿄에 머물던 중 협심증으로 1937년 12월 급서했다. 장례절차에 따라 화장과 다비를 겸한 영결식에는 사이토 전 조선총독 미망인과 조선총독부 오노 정무총감 부부, 총독부의 재무국장, 식산국장, 철도국장 등 그가 사망할 당시 도쿄에 머물던 이들이 대거 참석했는데, 유력 인사만 450명에 달했다고 전한다. 그의 유골은 1937년 12월 15일 오후 경성으로 옮겨졌다. 〈故松井米倉社長 葬儀盛大執行〉, 《매일신보》 1937년 12월 14일자

일한 주소지가 됐다는 사실이다. 이는 일제강점기 조선에서 석탄 등을 판매하는 대표적 업체가 내자동 미쿠니아파트 준공을 계기로 법인격을 주식회사로 전환하고, 사업 종목에 부동산 경영을 추가하면서 본격적인 부동산 개발과 아파트 운영 주체로 사업을 확장했음을 뜻한다.[8] 따라서 1930년에 남산정에 먼저 지은 미쿠니아파트의 경우와 달리 내자동 아파트를 준공하면서 아파트 임대사업에 미쿠니상회(주)가 본격 참여했다는 사실로 이해할 수 있다. 도화선이 된 것이 바로 임대용 69실을 갖춘 내자동 미쿠니아파트였던 것이다.[9]

내자동 미쿠니아파트 낙성식이 요란했다는 것은 유명인사가 대거 참석했다는 사실 외에도 옥상전망대에서 꾸려진 낙성식 행사가 기생들의 여흥까지 보태져 두 시간 동안 진행됐기 때문이다. 본관 옥상에서의 낙성식에 참석한 인사들은 지척에 자리한 조선총독부와 남쪽으로 멀리 바라보이는 경성신사와 조선신사 풍경을 낙조와 함께 만끽하면서 질펀하게 즐겼을 것이다. 물론 그들만의 잔치였을 것이 분명하니 식민지 대도시의 슬픈 풍경이었으리라. 경성의 각 권번에 속한 기생들은 '은방울타령'이나 '경기민요', '서도민요' 등 식민지 노랫가락을 장단에 맞춰 불렀을 것이니 비록 비용을 받고 제일을 한 것이라고 추측할 수도 있겠지만 지금 생각하면 슬프고도 가련한 식민지 대도

8 — 동아경제시보사(東亞經濟時報社)가 발행한 《조선은행회사조합요록》(1942년판)은 1942년 9월 1일을 기준하고 있는데, 여기 실린 미쿠니상회(주)의 회사설립 목적은 '석탄 기타의 연료 금속 제 광물 판매 및 연탄 해탄(骸炭, 코크스) 및 기타의 화학 공업품의 제조 판매, 해운업, 부동산에 관한 일체의 사업, 위 각 항 부대 업무 일체'이다. 주식회사로 전환한 뒤 미쿠니상회(주)는 1934년 12월 제1미쿠니마루(三國丸)호를 부산지사를 통해 진수했고(《第一, 三國丸披露宴》, 《조선시보》 1934년 12월 15일자). 태평양전쟁이 한창이던 1943년 봄에는 황해도 해주항에서 제7미쿠니마루호를 진수하는 등 해운 분야 사업도 확장을 거듭했다(《바다의 勇士 第七三國丸》, 《매일신보》 1943년 3월 30일자). 함경도와 만주지역의 탄광을 개발해 이를 조선과 일본으로 판매하기 위함인데, 이를 위해 운반선을 운영했기 때문에 해운업이 추가된 것이다. 따라서 해방에 이를 때까지 미쿠니상회(주)는 연료, 광물, 금속, 화학공업품, 해운, 부동산 등으로 사업영역을 계속 확장했던 것이다. 미쿠니상회(주)의 대표이사 사장인 도이 세이치는 1938년 만주비료주식회사에서 출발해 1941년에 상호를 만선상사주식회사로 변경한 법인의 대주주이기도 했으며, 엄청난 골프광으로 알려져 경성골프구락부 회원으로 활동하기도 했다.

9 — 물론 미쿠니상회는 내자동 미쿠니아파트 건립 이전부터 일본인 거주지역인 삼판통 일대에 미쿠니아파트라는 이름을 내걸고 적극적으로 아파트 임대사업을 전개했다. 일제가 조선강제병합 25주년을 기념한다는 취지에서 《조선신문사》를 통해 1936년 8월 발행한 조감도 형식의 지도인 〈대경성부대관(大京城府大觀)〉에는 '아파트'를 단 두 곳 표기했는데, 남산 북사면에 자리한 취산(翠山)아파트와 삼판통 미쿠니아파트가 그것이다. 〈대경성부대관(大京城府大觀)〉은 인천 일부를 포함해 경성 전체를 고도 500미터 상공에서 동-서로 3코스, 남-북으로는 7코스에 걸쳐 촬영한 항공사진을 바탕으로 제작한 것으로, 지도 제작 시점 이후에 지어진 건축물은 지도에 표기할 수 없었다는 사실에서 당시 경성의 여러 모습을 살필 수 있다.

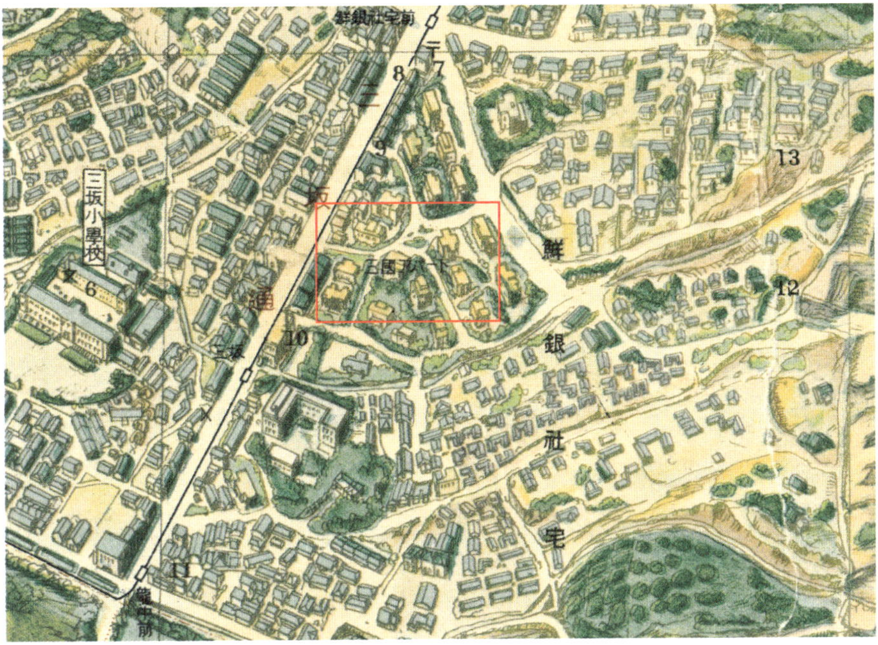

〈대경성부대관〉에 표기된 삼판통 일대의 미쿠니아파트. 출처: 《대경성부대관》, 1936, 서울역사박물관

미쿠니상회가 운영한 내자동 미쿠니아파트와 1939년 준공한 것으로 추정되는 적선(積善)하우스. 출처: 국가기록원, 1969년 7월 4일 촬영

시 경성의 저녁 풍경이 아닐 수 없다.[10]

두 동을 먼저 준공한 내자동 미쿠니아파트

내자동 미쿠니아파트는 최초 준공 당시에는 두 동이 지어져 각각 본관과 별관으로 불렸고, 준공 후 이듬해인 1936년에 상당한 규모의 신관을 추가로 신축했다.[11] 《조선신문》이 전한 낙성식 사진의 오른편 아래 수직으로 잘게 나뉜 창을 가진 건물은 번지수가 다른 필지로 내자동 미쿠니아파트와는 관련이 없는 것인데, 낙성식을 위해 따로 도움을 얻을 수 있어서인지 만국기를 달고 있는 끈 하나가 그 건물의 굴뚝 정도에 묶인 것으로 보인다. 신문에 등장한 사진은 다시 이 건축물의 시공을 담당했던 시미즈구미가 매년 발행했던 《공사연감》[12]에도 비슷한 각도에서 촬영한 사진으로 등장한다. 이들 사진은 별관 장변 모서리 부분을 비스듬한 정면으로 두고 중정을 향해 ㄷ자형으로 만들어진 본관의 동쪽 외벽을 향해 촬영한 것이다. 설계는 가사이 시게오(葛西重男)[13]가 맡았다.

10 ─ 내자동 미쿠니아파트 준공 시점인 1930년대 중반에는 1927년 2월 16일 개국한 경성방송국 라디오 프로그램에 많은 기생들이 출연해 가야금 병창이며 단가, 서도민요 등을 녹음, 방송했다. 정오에 기상통보를 시작으로 헨델의 메시아, 보통학교 학생들의 합창 등을 방송했으며 저녁 6시에 시작하는 야간부 프로그램에는 하모니카 독주와 드보르작의 신세계, 강연, 뉴스 등에 이어 저녁 7시 30분부터 두 시간 가량은 춘향가며 아리랑, 은방울타령 등 경기민요를 방송했다. 당시 조목단, 김연옥, 이죽업 등의 노래를 방송했으며, 개성권번이나 야명권번에 소속된 기생들이 가야금병창과 단가, 서도민요 등을 불렀다. 당시 유명세가 대단했던 박월선의 장구가락에 맞춰 김화중월이며 민옥향 등 사람들에게 널리 알려진 기생들이 개성난봉가와 염불 등도 더불어 녹음해 방송했다.

11 ─ 본관과 별관이 지어진 후 사직공원 방향으로 제법 규모가 큰 一자형 아파트가 지어져 신관으로 불렸다. 1939년 10월 1일자 경성과 영등포의 전화번호를 모두 실었던 《경성·영등포 전화번호부》를 통해 신관에 별도의 전화를 개설해 영업했음을 알 수 있다. 따라서 본관과 별관이 지어진 1935년 이후 상당한 규모의 신관을 추가로 신축했음을 알 수 있다. 폐쇄건물대장에는 1936년 10월 26일 등기에 의해 등재되었다고 기록하고 있다. 신관은 본관에 버금가는 규모로, 1층은 515.70m², 2층은 512.40m², 3층 이상은 1,067.77m²로 바닥면적의 합계는 2,095.87m²에 이른다.

12 ─ 건설회사인 시미즈구미에서 발행했던 《공사연감》은 매년 말 기준으로 한 해 전에 준공한 자사의 건설 내용을 도면이나 사진 등으로 담아 출판했는데, 미쿠니아파트는 1936년 12월 23일 발행한 연감에 실렸다.

13 ─ 가사이 시게오는 1927년 도쿄제국대학 건축과를 졸업하고, 1932년에 경성고등공업학교 교수 부임을 계기로 조선으로 와 경성에 영주한다는 생각이었으나 해방으로 인해 13년의 조선 생활을 마치고 일본으로 돌아갈 수밖에 없었다고 회고했다. 그는 1975년 9월 대한건축학회 창립 30주년 기념식에 일본건축학회 이사 자격으로 참석해 〈일본의 건축〉을 주제로 강연했다.

1 1935년 《조선과건축》 제14권 제6호에 실린 내자동 미쿠니아파트 외관
2 1936년 12월 발행한 시미즈구미 《공사연감》에 게재된 내자동 미쿠니아파트 외관 ©시미즈건설주식회사

    비교적 많이 알려진 내자동 미쿠니아파트 모습으로는 앞서 언급한 시미즈구미의 1936년판 《공사연감》에 실린 사진과 《조선과건축》 제14권 제6호(1935년 6월)에 실린 전경이다. 물론 1935년 아파트 준공 즈음에 촬영한 것으로 보이는 사진이 앞선 것이고 1936년 《공사연감》에 담긴 사진은 아파트 경영 개시 이후 촬영한 것이다.[14] 둘 사이의 가장 커다란 차이가 있다면 다른 곳에서 이곳이 어떤 곳인지를 쉽게 알 수 있도록 높은 굴뚝에 세로쓰기로 '미쿠니아파트(ミクニアパート)'라 표기한 것이며, 본관 옥상 계단실 외벽에 미쿠니상회(주) 대표이사인 도이 세이치의 성씨 한 글자인 '土'를 따서 마름모에 넣은 상호 표기가 잘 드러나는가의 여부일 수도 있다. 물론 별관 모서리 부분에서 시작된 낮은 담장의 유무일 수도 있겠지만 더 중요한 차이는 별관 2층 모서리 창문에 등장한 어린아이 모습에서 찾을 수 있는데, 이는 이곳의 일부가 가족형아파트(살림집)로 쓰였다는 사실을 반증하기 때문이다. 별관 1층 기둥에 붙은 안내간판이며 자그마한 우체통도 새로 설치했다.

    입주 이후 촬영한 사진에서 알 수 있듯 어린아이가 창문틀에 올라 밖을 내다본 그곳은 별관에서 2층과 3층 귀퉁이에 들어선 가장 넓은 실 가운데 하나로, 각각 다다미 8장과 6장 넓이의 방 2개와 부엌이며 별도의 화장실까지 갖춘 경우이다. 당시 아파트란

---

14 — 〈十一日豫防注射〉, 《조선신문》 1936년 4월 11일자 기사에 따르면 당일 오전 9시부터 오후 6시까지 경성부민들에 대한 장티푸스 예방접종이 실시되는데 통의정, 적선정, 체부정, 창성정 주민들은 내자동 미쿠니아파트에서 접종이 실시된다는 것이다. 준공 후 채 1년이 지나지 않았지만 이미 내자동 미쿠니아파트는 지역의 랜드마크였던 셈이다.

내자아파트 입구에서 벌어진 미군 철수 반대와
군사원조 증강 요구 시위. 출처: 국가기록원,
1956년 5월 10일 촬영

대체적으로 독신 샐러리맨을 위한 것이기는 하지만 이처럼 살림을 하는 이도 있었다는 것이며, 이는 1930년대 후반 조선의 아파트 대부분이 일종의 규범처럼 채택한 공간구성 방식에 해당한다.

일제강점기 조선 최고 상류층에 해당한다 할 수 있는 경성골프구락부 회원 가운데 내자동 미쿠니아파트를 거주지로 등재한 회원은 3명이다. 조선직물주식회사 상무와 전무를 지낸 이토 히사타로, 시미즈구미 경성지점장 요시카와 세이치, 청진에 본점을 둔 북선산업과 동양제사주식회사의 회장과 조선석유주식회사 상무이사이면서 조선잠사통제주식회사 감사이자 대주주였던 이케부치 쇼타로이다. 특히 이토 히사타로의 주소는 내자동 미쿠니아파트 신관으로 되어 있다.[15] 그러므로 무리하게 억측해 보자면 신관 거주자를 제외한 나머지 인물 가운데 누군가가 별관 24호나 34호에 거주했을 것이며, 내자동 미쿠니아파트 준공과 함께 24호에 입주해 그곳에 살았다면 사진에 등장한 어린아이는 이들의 자녀일 수도 있다. 물론 당시 아파트의 상황을 설명하기 위한 근거 없는 억측일 뿐이다.

또 하나 주목할 것은 별관 모서리에서 시작한 담장이 길에 면한 별관을 감싸지 않았다는 사실과 더불어 비록 담장을 쌓았더라도 길거리를 지나는 누구나가 담장 안쪽의 외부공간을 들여다볼 수 있을 정도로 낮았다는 점이다. 담장이 단순히 사적 공간과 공적 공간을 구분하기 위한 소유권 구분의 수단에 그쳤음을 뜻하는 것으로, 입주민 이외의 방문객이나 산책자를 배제하거나 공간구획의 견고함을 물리적으로 드러내려는 의미가 아니었음을 짐작할 수 있다.

별관 1층에는 미쿠니상회 북부매점이 있었고, 내부에는 사무실이 있었다는 사실로 미뤄볼 때 북부매점은 길거리를 오가는 누구나 쉽게 이용할 수 있는 점포로, 당시 이러한 점포들은 대게 '마켓'으로 불렸다. 게다가 낮은 담장에 마련된 출입문은 늘 열려

---

15 ― 《경성골프구락부 회원 명부》, 사단법인 경성골프구락부, 1939. 일제강점기 경성골프구락부 회원들의 간략한 이력에 대해서는 동아경제시보사가 발행한 각 년도 《조선은행회사조합요록》을 참고했다.

있었을 것이다. 그래야 방문객이 본관 1층에 마련한 식당이나 오락실을 이용할 수 있었고, 이곳에 거주하는 지인을 찾아와 사교실에서 정담을 나눌 수 있기 때문이다. 따라서 이 사진들은 당시 아파트가 취한 가로와의 대응방식 해석에 중요한 실마리를 제공한다.

사진으로 읽는 내자동 미쿠니아파트

국방부 시설국 관재과에서 생산한 국가기록원의 〈내자아파트측량〉[16] 자료를 중심으로 내자동 미쿠니아파트의 대강을 파악해보자. 해당 문건 가운데 1976년에 생산된 〈내자호텔 명세표〉에 등장하는 시설배치도는 내자동 미쿠니아파트와 관련해 찾아볼 수 있는 많은 사진자료를 살피는데 도움이 된다. 무엇보다 중요한 사실은 해방 이후인 1950~60년대에 촬영한 미쿠니아파트가 담긴 몇 장의 항공사진에서 알 수 있듯이 내자동 미쿠니아파트 역시 당시 경성의 다른 아파트들과 다를 것이 없이 가로로부터 직접 진입하는 방식으로 배치되었다는 사실이며, 이는 경성의 아파트를 읽는 중요한 키워드라는 점이다.

1935년 《조선과건축》 제14권 제6호에 실린 사진 가운데 미쿠니아파트 본관 북서측 모서리 방향에서 촬영한 경우는 2건인데, 하나는 현관이라는 문패가 드러나도록 가까이 다가가 촬영한 것이며 다른 하나는 같은 방향에서 조금 떨어진 지점을 택해 촬영함으로써 본관 전면의 전반적인 분위기를 알 수 있도록 촬영한 것이다(시설배치도의 ①과 ②). 낮은 담장 안쪽의 외부공간을 가늠할 수 있는 것으로, 시설배치도를 살펴보면 1층에 위치한 사무실, 당구장으로 추정할 수 있는 오락실, 식당 등과 직접 면하는 외부공간을 확인할 수 있으며, 다다미 8+6장, 6+6장 등으로 구성된, 상대적으로 넓은 2~4층의 각 실의 입면을 확인할 수 있다. 2~3층 입면과 4층 입면에서도 미세한 차이를 발견할 수 있다. 2~3층에 원형창과 좁고 긴 창 내부는 각각 부엌과 변소가 자리한 반면 4층은 변소만 외부에 면하도록 작은 변형을 꾀했기 때문이다. 당연하게도 1층은 2~4층과 달리 현관 왼편의 다중이용시설과 오른편의 100호실이 서로 다른 용도를 갖는 공간이기 때

---

16 — 2020년 3월 현재 국가기록원이 공개하는 〈내자아파트측량〉 자료는 모두 3건으로 각각 SAC-36-1, SAC-36-2, SAC-36-3으로 구분하고 있으며 3건 모두 1976년 생산한 것으로 표기하고 있다. 해당 자료들은 공개대상이긴 하나 온라인 원문서비스를 제공하지 않아 사본열람 신청을 통해 그 내용을 확인할 수 있다.

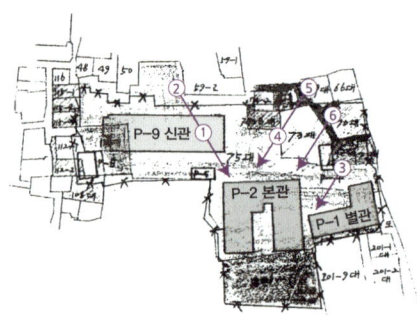

280

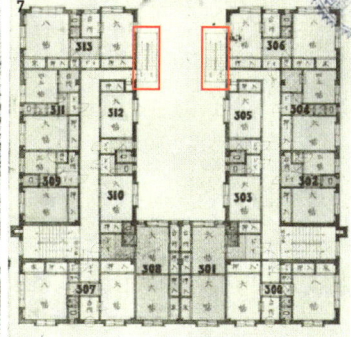

1   내자동 미쿠니아파트 본관 남서측 근경. 출처: 《조선과 건축》 제14권 제6호, 1935년 6월
2   내자동 미쿠니아파트 본관 남서측 전경. 출처: 《조선과 건축》 제14권 제6호, 1935년 6월
3-1 내자동 미쿠니아파트 별관 측면에 설치된 옥외 피난계단과 입면 구성.
    출처: 《조선과 건축》 제14권 제6호, 1935년 6월
3-2 1961년 개봉한 유현목 감독의 영화 〈오발탄〉에 등장한 내자동 미쿠니아파트 피난계단
4   내자호텔로 영업하던 시절인 1972년 본관 현관 부분. 출처: blog.naver.com/s5we
5   1973년 내자호텔 외부에서 본관 방향을 촬영한 사진 출처: blog.naver.com/s5we
6   미군 가족용 호텔로 사용하고 있다고 전한 1987년 2월 25일 《경향신문》 사진
7   준공 당시 내자동 미쿠니아파트 3층 평면도. 옥외 피난계단은 중정 방향으로 2곳만 있었다.
    출처: 《조선과 건축》 제14권 제6호, 1935년 6월

문에 입면 표현이 다른 경우와는 전혀 다르다는 것을 확인할 수 있다.

본관뿐만 아니라 별관에도 비상용 외부 피난계단을 설치했다(시설배치도의 ③). 당시 건축 관련 규정은 방재와 방화뿐 아니라 방공 역시 중요한 고려사항이었고, 일정 규모 이상의 건축물에서는 당연하게도 방화구획이며 불연재 사용 등을 법적으로 강력하게 규정했다. 따라서 이 비상계단은 1961년에 개봉한 영화 〈오발탄〉에 등장하는 장면처럼 각 층으로의 이동을 위한 수단으로 쓰이기도 했지만 원칙적으로는 방화 및 방공기능을 수행하기 위한 장치였다. 별관의 비상용 옥외피난계단이 탁 트인 외부공간으로 이어지는 것과 달리 본관의 비상용 피난계단은 두 곳에 설치했는데 모두 좁고 깊은 중정으로 이어지도록 함으로써 ㄷ자형 건축물의 입면 구성에 방해가 되지 않도록 했다는 차이를 발견할 수도 있다.

내자동 미쿠니아파트 북동측 모서리 방향에서 촬영한 사진은 모두 1970년대 이후에 촬영한 것으로 원래의 모습이나 풍경에 많은 변형이 가해진 것이다. 해방 이후에도 제법 오래도록 미군정 관계자와 주한 미국대사관 외교관이나 경제고문관 등의 숙소로

사용했거나 일부는 미국 정부 관계자가 한국을 찾을 때 정부 고위관료들과 쉽게 만나 현안을 의논할 수 있는 호텔 등으로 쓰이며 그들의 필요에 따라 갖은 변경이 가해졌기 때문인데, 최초에는 없었던 높은 담장이 만들어져 쉽사리 내부공간을 볼 수도 없도록 했던 것이 그렇다.(시설배치도의 ④, ⑤). 특히, 본관 동측 외벽에 3층까지 연결할 수 있도록 덧붙여진 옥외 피난계단은(시설배치도 ⑥) 내자동 미쿠니아파트 준공 당시에는 전혀 없었던 것으로서 1935년《조선과건축》에 실린 도면을 통해서도 이를 쉽게 확인할 수 있다. 이런 사실로 미뤄볼 때 해방 이후 미군정이 접수해 사용한 뒤에는 그들의 필요에 따라 상당한 변형이 가해졌으리라 추측할 수 있다. 물론 지금은 그 모습을 찾을 수 없고, 서울지방경찰청이 자리하고 있어 적산(敵産)의 국유재산화 흔적이라는 사실만을 어렴풋하게 짐작할 수 있다.

국가기록원이 소장하고 있는 '삼국아빠-트 수선 및 개조공사 설계도'는 앞서 언급한 연도형 도시건축 유형으로서의 미쿠니아파트를 잘 설명하고 있다. 시미즈건설주식회사가 보유하고 있는 낮은 담장으로 둘러싸인 아파트 준공 사진에 등장하는 문패가 달린 부분이 3동으로 구성된 미쿠니아파트 건물군의 내외부 공간으로 진입하는 정문이었음을 드러내고 있기 때문이다. 특히 넓은 도로로부터 직접 진입하게 만든 정문 왼편의 별관(미쿠니상회 북부매점)은 직접 도로에 면한 건축물이고, 나지막한 담장 또한 굳이 누군가를 배제하기 위한 장치가 아니라 단순히 소유와 관리영역의 구분을 위한 일종의 금긋기 정도에 불과한 것임을 쉽게 짐작할 수 있다. 경복궁 방향으로의 도로 사선방향 건너편에 미쿠니상회가 운영한 또 다른 아파트인 '적선(積善)하우스'가 여전히 제자리를 지키고 있다는 사실을 알고 있는 이도 극히 드물다.

비록 실제 모습을 촬영한 사진은 아닐지라도 1936년 8월에 제작한 〈대경성부대관〉에서도 내자동 미쿠니아파트의 압도적인 건축물 규모는 능히 알아차릴 수 있다. 아직 신관이 지어지기 전으로 보이는 조감도 형식의 이 지도에서 '경무과분실'이라는 글자에 가려진 모습으로 등장한 미쿠니아파트는 적선정 전차정거장에서 제법 넓은 길을 따라 들어오거나 통의동 관사밀집지역에서 남측으로 조금만 내려오면 쉽게 만날 수 있는 곳이었다. 별관을 왼편에 둔 채 길에서 직접 진입하면 본관의 동측 면을 마주하는 정온한 외부공간으로 들어올 수 있는 위치였다. 큰길에 면한 도시건축 유형임에 틀림없다.

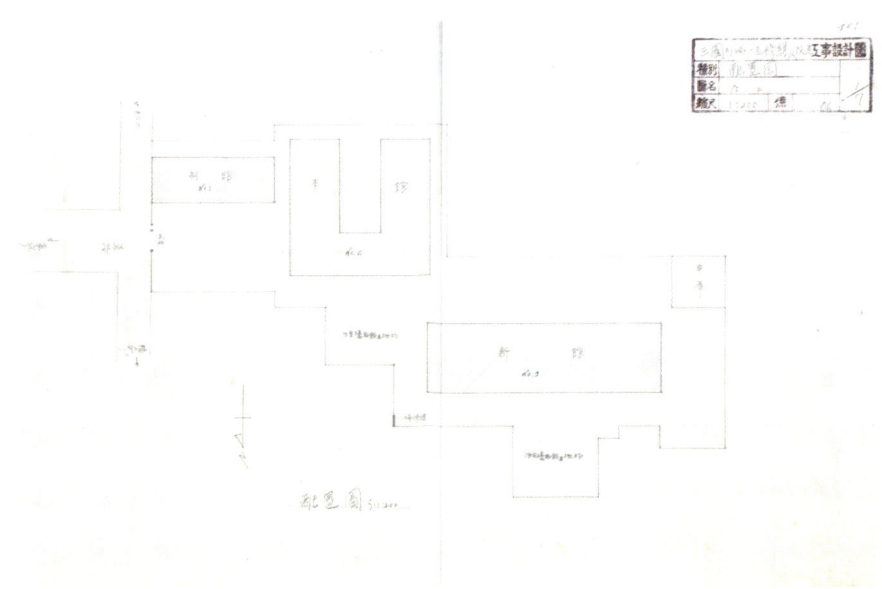

미쿠니아파트 수선 및 개조공사 설계도. 출처: 국가기록원

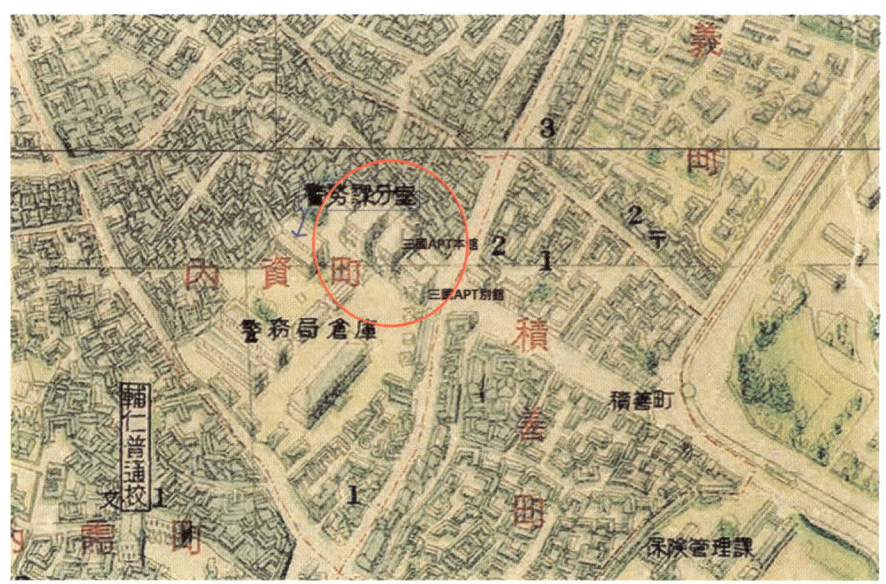

〈대경성부대관〉에서도 확인할 수 있는 내자동 미쿠니아파트. 출처: 서울역사박물관

경성의 아파트 공사장 중계와 상량식 전파

조선어로 발행했던 신문의 경우와 달리 일본어로 간행한 신문에서는 아파트 공사 현장 소식이며 상량식을 전한 기사가 제법 눈에 띈다. 아직 아파트로 일컬어지는 명확한 대상이 경성에 등장하지 않았다고 할 수 있는 1920년대 말 《조선신문》에서는 우에하라가 광희문 밖 소화원 주택지에서 직접 설계와 시공을 담당한 채운장아파트 공사 현장 소식을 전했다.[17] 1927년부터 시작한 아파트 건설사업은 느리게 진행되고 있지만 정작 우에하라는 이에 아랑곳하지 않고 태평이라면서 나름 즐기면서 짓는 일이라고 했다. 또한 우에하라가 언젠가는 다 지어져 소화원 주택지 일대의 풍경을 크게 바꿀 것이라 자신하고 있다면서 긴 설명과 함께 공사 현장 사진을 실었다. 물론 겨울에는 공사를 하지 않고 쉰 뒤 1930년 봄 해빙기가 지나면 다시 공사를 시작할 것이라는 채운장아파트 주인인 우에하라의 여유 넘치는 태도도 담았다.

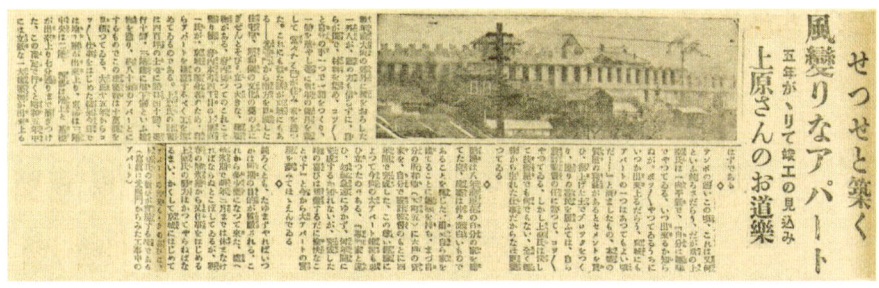

《조선신문》 1929년 12월 21일자에 소개된 광희문 인근 아파트 공사 현장 소식

1936년 1월 《조선신문》은 다시 채운장아파트 완공 소식을 전했다.[18] 경성에서의 아파트 사업에 관심을 갖고 1927년부터 아파트 건설에 나섰다는 1929년 12월의 기사를 떠올린다면 만 9년 만에 준공에 이른 것이다. '부내 동사헌정 소화원의 높은 대지에 우에하라 나오이치 씨가 경영하는 채운장아파트가 경성에서 첫 손가락에 꼽는 규모의 아

---

17 — 〈風變りなアパート 上原さんのお道樂〉, 《조선신문》 1929년 12월 21일자. 다른 자료와 달리 1926년부터 공사를 시작한 것으로 언급하고 있으나 1927년으로 보는 것이 다수 기록물의 내용이어서 여기서는 이를 따랐다.

18 — 〈彩雲莊アパート完成〉, 《조선신문》 1936년 1월 27일자. 그러나 채운장아파트 준공 일자는 전하는 기록마다 다소의 차이가 있다.

파트로 완성되어 기대를 모으고 있는데, 공사 착공 후 5년을 훌쩍 넘기며 증축 공사가 이루어져 마침내 준공에 이르게 됐는데 최상의 주택지에 들어선 이상적 아파트라는 평판이 자자하다. 객실은 80여 호에 이르고, 난방장치 등의 설비를 갖추고 있어 크게 자랑할 만한 아파트'라고 옮겼다.

당연하게도 일본어로 발행하는 신문의 독자를 겨냥한 기사다. 식민도시 경성에서 돈벌이가 될 사업으로 아파트 경영을 꼽은 것이고, 부친의 전당업을 이어 운영하다가 화려한 소비도시로 변모하고 있는 경성의 변화에 착안해 아파트 경영으로 사업 영역을 확장한 우에하라의 사업 수완을 사례로 들어가며 그 과정을 꼼꼼하게 추적한 것이니, 1930년대 후반 경성이며 평양의 아파트 지진제와 상량식을 잇따라 전한 배경과 다르지 않다.

평양의 경우는 지금껏 잘 알려지지 않은 사이토아파트(齋藤アパート) 지진제 소식을 1936년 5월 《조선신문》이 실었다.[19] 평양 중심지를 관통하는 대화정(大和町) 일각에 신축중인 사이토아파트 지진제를 5월 22일 오전 11시 평양신사 마쓰오 신관(松尾神官)을 초청해 치렀다는 내용이다. 가네마루사이토(金丸齋藤)합명회사 지배인이 지진제의 주관자를 맡았고, 건축공사 관계자와 지역 유지 다수가 참석한 가운데 진행했는데 아파트의 총 건축면적은 750평이며, 3층의 근대식 건물에 1층에는 상점을 두어 식료품 시장으로 사용하며 2층부터 임대주택으로 일반에 개방할 예정이라고 했다.

경성에서의 상량식 소식 역시 일본어로 발행한 《조선신문》이 전했다. 〈대경성부대관〉에도 등장하는 취산아파트와 내자동 미쿠니아파트 신관 상량식 소식이 1936년 7월과 8월에 연이어 실린 것이다.[20] 욱정 2정목에 자리한 취산아파트는 약 800평에 이르는 4층 철근콘크리트(混凝土) 건축물로 공사비는 15만 5천원이 들었는데 1936년 10월 준공을 하면 최신식 문화시설을 완비한 100실을 임대할 수 있다는 것이다. 특히 이곳은 45가족을 수용하는 모던아파트가 될 것인데 남으로는 빼곡한 소나무밭을 배경으로 두고 북으로는 대경성을 아래로 굽어볼 수 있어 가히 선경지(仙境地) 별장이 될 것이라고도 했다. 타다공무소에서 시공했다는 것도 확인할 수 있다.

내자동 미쿠니아파트 상량식은 본관과 별관에 이어 신축한 신관에 대한 소식을 다

---

19 — 〈三階建の齋藤アパート地鎭祭擧行〉,《조선신문》1936년 5월 24일자

20 — 〈アパート翠山莊上棟式〉,《조선신문》1936년 7월 14일자; 〈ミクニアパート新館上棟式〉,《조선신문》1936년 8월 30일자

《조선신문》 1936년 7월 14일자에 소개된 취산아파트 상량식

《조선신문》 1936년 8월 30일자에 소개된 내자동 미쿠니아파트 신관 상량식

뒀다. 본관에 바로 인접해 이시다구미(石田組)가 공사를 맡아 신축중인 신관의 상량식이 1936년 8월 29일 오후 5시 30분 관계자 여럿이 참석한 가운데 성대하게 진행됐는데, 신관의 규모는 건평 800여 평에 4층 규모로 공사비 10여만 원을 들여 10월 중순에 준공할 예정이라는 것이다. 이곳에는 화양(和洋) 100실에 오락실을 둘 것인데 일반에게 임대할 방의 유형은 가족형과 독신형뿐만 아니라 학생전용실 등을 따로 갖출 것이라 전했다.

흥미롭게도 경성의 아파트 상량식을 다룬 대상은 모두 미쿠니상회 주인인 도이 세이치가 경영한 아파트였으니 그의 사업 수완을 짐작할 수 있는 대목이기도 하다. 일제가 조선 강점 25주년을 기념해 만들었다는 조감도 형식의 지도 〈대경성부관〉에 '아파트'라는 단어가 들어간 단 2건도 모두 미쿠니상회가 경영하는 아파트였다는 사실도 이를 간접 증명한다. 당시 우리말로 발행된 총독부 기관지인 《매일신보》나 1920년에 창간한 《동아일보》와 《조선일보》 등 신문에는 (경성 시절의) '아파트 상량식'을 거의 다루지 않았던 반면 일본어로 발행된 《조선신문》과 《경성일보》 등에만 실렸다는 사실은 아파트 임대업이 일본인들의 이익 창출과 직결되었음을 정확하게 시사하는 대목이라 하겠다.

평양: 순수하고 아름다운 근대건축의 정수,
동정의 동아파트

1935년 6월 1일 경성 내자동 미쿠니아파트 낙성식을 전한 《조선신문》[21]은 그보다 7개월 앞서 1934년 11월 1일 평양 동정의 동아파트 준공 소식도 자세하게 다뤘다. 일본어로 발행한 《조선신문》이 이처럼 대도시의 굵직한 건축물 준공 소식을 자세하게 다룬 이유는 한반도에서 활동하는 일본인 사업가들에게 다양한 사업정보를 제공하기 위함이다. 아파트 임대업 역시 다른 사업과 크게 다르지 않아 거의 모든 아파트를 일본인 사업가들이 경영했기 때문이다. '근대건축의 순수한 아름다움'이라는 헌사까지 보탠 준공식 기사는 '평양 시가지를 훌륭하고 장엄하게 꾸밀 동아파트가 창공에 우뚝 선 모습으로 출현'했다는 제목을 달고 준공식 소식을 아주 자세하게 전했다.

평양부 동정의 동아파트 준공 소식을 게재한 《조선신문》 1934년 11월 2일자

21 — 《조선신문》은 1908년부터 1942년까지 한국에서 일본인이 발행한 일본어 일간 신문으로, 《경성일보》, 《부산일보》와 더불어 당시 한국에서 발행한 일본어 3대 신문의 하나로 꼽힌다. 1908년 11월 20일 발행 인가를 얻어 12월 1일 발행을 시작했는데 인천에서 발행되던 《조선신보》와 《조선타임즈》를 합병한 것이다. 한국에서 발행하는 일본어 신문으로서는 꾸준히 지위를 유지했는데, 1926년 통계에 따르면 발행 부수는 25,428부로, 《경성일보》의 24,919부, 《부산일보》의 14,352호보다 많았다. 당시 한국어 신문인 《동아일보》는 29,901부를 발행했다. 1930년대 후반에 발행인이 몇 차례 변경됐고, 1937년 11월 새로운 대표취체역 사장에 친일기업가 문명기(文明琦)가 취임해 1938년 5월까지 재임했고, 그해 9월 친일갑부 김갑순(金甲淳)이 조선신문사를 인수해 사장에 취임했다. 1942년 조선총독부의 언론 통제 정책에 따라 《경성일보》에 흡수되면서 1942년 2월 폐간했다. 국립중앙도서관 〈신문해제〉 중 《조선신문》 해제 내용(이명숙 감수) 발췌 요약

금년(1934년) 4월 7일 지진제(地鎭祭, 건축공사에 앞서 행하는 고사)를 지낸 이래 희대의 우기(雨期)를 겪으면서도 밤낮으로 쉬지 않고 공사에 정성을 쏟은 지 반년 만에 드디어 평양부(平壤府) 건축물 가운데 손꼽히는 걸작으로 준공된 동아파트는 동정의 한 모서리에 4층 철근 콘크리트 구조의 대중적인 모습으로, 마치 불을 밝히듯 가을 하늘에 의연하게 우뚝 섰다.

아파트 내부에는 95개의 임대용 방, 매점 1개소, 이발소 1개소, 당구장 1개소, 전화실 3개소, 응접실 3개소, 욕장(浴場) 2개소, 변소 6개소, 세면소와 화장실 6개소 등이 자리하고 있으며, 지하실에 마켓 20곳을 설치했다.[22] 옥상은 발코니로 쓰이도록 해 여름밤의 시원함을 누리거나 산책이나 놀이를 위한 유보장(遊步場)으로 이용할 수 있다.

임대실의 구조는 각각 다다미 4.5장과 6장을 갖는 개실(個室)이 있을 뿐만 아니라 이들 두 방을 연결해 사용할 수 있는 경우가 있는데, 임대료는 4.5장 크기의 방은 12~15원, 6장 크기는 17~20원, 두 개를 연결해 합한 경우는 23~25원으로 되어 있다. 게다가 월 식대는 12원으로 저렴하여 실질본위를 취지로 한 점이 특징이다.

난방장치와 오락실, 그 외 설비는 모두 더할 나위 없어 '아파트 맨(apart man)'을 위한 것으로 그들에게는 진정으로 다시 없을 즐거운 환경이 될 것이다. 아파트는 부내 천정(泉町)의 이토 요시카즈(伊藤義一) 씨가 실제 공사를 맡아 중요한 역할을 했고, 앵정(櫻町)의 무라카미 고이치(村上五一) 씨가 총 공사비 15만원을 부담해 근대건축의 정수를 보인 우아하고 화려한 것이다.

또한 이 아파트는 평양 유지의 주식조직(株式組織, 주식회사 형태를 띤 부담금 배분 방식)에 의해 지어진 것으로[23] 유지들은 모두 일류의 쟁쟁한 명사인데 대표이사인 사장은 이사 요시무라 겐지 씨, 중역은 이토 사시치 씨와 오하시 츠네조 씨 두 사람, 감사에 덴 토라노스케(田虎之助), 모리타 오사무(森田奈良治) 씨가 거론되고 있다. 또한 실제 운영은 모리 히데오(森秀雄) 씨가 지배인을 맡을 것으로, 그의 원만한 인격은 틀림없이 거주자들에게도 매우 만족을 줄 것이다.[24]

---

22 — 1930년 8월 4일 미국 뉴욕에서 마이클 컬레이라는 인물이 킹컬렌(King Kullen)이란 이름의 수퍼마켓을 열며 '높이 쌓아두고 싸게 판매한다'는 구호를 내걸은 것이 세계 최초의 수퍼마켓으로 기록되고 있으니 1934년 11월 1일 평양에서 준공한 동아파트 지하에 '마켓'이란 이름으로 20간의 점포를 개점한 것도 제법 흥미로운 사실이다.

23 — 실제로 동아파트 준공 10일 전 즈음인 1934년 10월 19일 평양부 동정 6-31에 본점 주소를 둔 '동아파트(株)'가 설립되었다. 동아경제시보사, 《조선은행회사조합요록》, 1935년판

24 — 〈平壤市街の偉觀 東アパート出現, 近代建築の粹〉, 《조선신문》 1934년 11월 2일자. 일본어 기사를 우리말로 옮겼다.

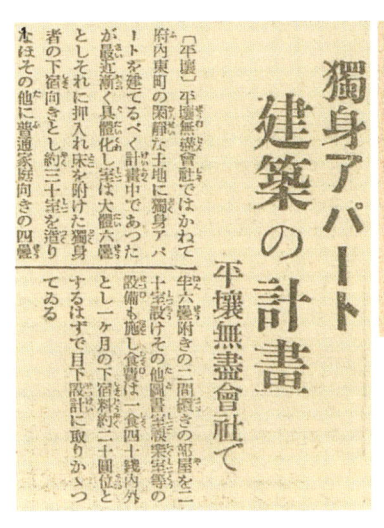

1 평양무진회사가 평양부 동정에 아파트 건설을 계획중이라고 알리는 《조선신문》 1932년 5월 29일자 기사
2 동아파트 건설사업을 "평양 최초의 아파트 건축"으로 명명한 《조선신문》 1933년 8월 11일자 기사

기사와 함께 높은 굴뚝과 건축물이 햇빛을 받아 빛나는 아파트 사진을 실었다.

동아파트와 관련한 소식이 《조선신문》에 등장한 것은 준공식을 알리기 훨씬 이전부터였다. 이 가운데 각별히 주목할 내용 가운데 하나는 1932년 5월 29일자 기사로, 평양무진회사(平壤無盡會社)[25]가 평양부 동정의 한적한 토지에 독신자아파트 건설을 계획 중인데 사업 내용이 구체적으로 만들어졌다는 언급이다. 구체적 내용으로는 '다다미 6장 크기의 방에 작은 수납공간을 둔 독신자 하숙용 30실과 다다미 6장과 4.5장 크기의 방 2개를 모두 사용할 수 있는 일반 살림집(普通家庭)[26] 형식의 20실을 마련해 도서실, 오락실 등의 설비를 구비하는 한편 한 끼에 40전 안팎의 가격으로 식비를 포함해 한 달 하숙료를 대략 20원 정도로 책정하는 것을 염두에 두고 설계가 진행 중'이라고도 했다. 그로부터 2년 뒤 준공식을 전한 기사와 비교하면 규모가 조금 늘었을 뿐 전체적

---

[25] — '무진회사'란 상호신용을 바탕으로 하는 일종의 계모임 성격의 금융조직으로 일제강점기에 크게 번창했던 사업인데 우후죽순으로 설립된 무진회사들로 인해 사회적 문제가 빈번하게 발생하는 바람에 1930년대 후반에는 조선총독부가 직접 나서 각 도마다 하나씩의 무진회사만 두는 소위 '1도1사 무진통제방침'을 시행하기도 했다.

[26] — 당시 보통 가정이라 함은 부부를 중심으로 혈연관계에 있는 사람들이 사회적 규약에 따라 함께 살고 있는 집단을 일컫는 말인데, 특히 '보통'이란 단어는 다양한 영역에서 자주 사용된 일종의 사회문화적 어휘로, '보통 주택'이 부부와 자녀가 함께 사는 안정적인 구조체로서의 집을 의미하는 것도 마찬가지로 해석할 수 있다. 1921년 경성부가 부영주택을 건설했는데, 조선인이 입주할 부영주택에는 '공동장옥(共同長屋)'이라 언급한 반면 일본인을 위한 부영주택은 '보통주택'으로 불렀다.

인 아파트 구상과 계획의 골격은 그대로 유지된 것으로 보인다.

이 계획이 조금 더 구체적으로 알려진 것은 그로부터 다시 1년여가 지난 1933년 8월이다. "평양 최초의 아파트 건축"이라는 자극적인 제목을 앞세워 '2층은 가족용, 3층은 독신자용으로 구분하고 지하에는 다양한 점포(마켓)를 두기로 했다'는 것이다. 이번에는 아파트 건설사업의 주체가 언급된다. '평양부 동정에 이토 요시카즈와 요시무라 겐지 두 사람이 3층의 아파트 건축 계획에 대한 모든 준비를 마무리해 머지않아 평양 최초의 아파트가 출현할 것이 예상되며 이용자가 크게 늘 것으로 보이는데, 현재 설계 내용을 보자면 1층과 2층을 각각 가족아파트와 독신아파트로 구분하고, 지하에는 각종 일용품을 구매할 수 있는 마켓을 둔다는 것'이라고 해 평양의 동아파트 구상이 구체화 과정을 넘어 본격적인 실천과정에 돌입했음을 알렸다. 그리고 다음 해인 1934년 4월 7일 지진제를 거쳐 11월 1일 준공에 이른 것이다.

평양흥업(주)과 평양무진(주) 그리고 동아파트(주)

이토 요시카즈를 대표이사 사장으로 선임해 1925년 8월 8일 설립한 평양무진(주)은 주식 2,000주를 20명의 주주가 지분에 따라 나눠 보유했다. 이토 요시카즈가 330주, 오하시 츠네조가 200주, 요시무라 겐지가 150주, 모리타 오사무가 100주를 가진 대주주였고, 이들은 모두《조선신문》이 전한 동아파트 준공 기사에 평양 유력 인사로 등장했다. 이들 4명은 1934년 10월 19일 설립한 동아파트(주)의 대주주로 재차 등장한다.[27] 따라서 평양의 동아파트 건립을 위한 구상과 기획과정에서는 평양무진(주)이 나섰고, 건설사업이 본격적인 궤도에 오르며 임대사업 착수 준비를 위해 별도의 '대실업(貸室業) 및 부대업무 일체'를 관장하는 동아파트(주)를 법인격으로 설립한 것이니 사실상 평양무진(주)와 동아파트(주)는 법인체만 다를 뿐 같은 회사로 볼 수 있다. 그들은 평양무진(주)라는 금융신탁사업을 통해 아파트 건설자금을 충당할 수도 있었으니 1932년 5월 29일《조선신문》이 전한 '평양무진회사가 평양부 동정에 독신아파트 건립을 계획 중'이라는 내용이 갖는 의미가 그것이다.

27 — 평양 유력 인사들의 법인설립과 주식 보유 내용은 동아경제시보사,《조선은행회사조합요록》1935년판 참조

이보다 앞서 1920년 5월 2일 설립한 '부동산 임대와 매매중개 및 토지가옥의 경영 등'을 위한 평양흥업(주)의 대주주 일부가 동아파트(주)와 평양무진(주)의 대주주였다는 사실을 통해 동아파트 경영의 핵심 인사였던 요시무라 겐지를 포함한 일본인 사업가들은 문어발처럼 복잡한 상호출자와 끈끈한 인맥을 다지며 평양을 포함한 평안남도 일대의 토지 및 가옥 경영과 부동산 임대, 매매 중개 등에 적극 개입함으로써 지역 상권과 권력을 장악하고 있었음을 알 수 있다.[28]

1937년 4월 1일을 기준해 살펴보면 기존의 동아파트(주)의 주주 일부에 변동이 생겼는데 대표이사 사장인 요시무라 겐지의 주식 일부가 줄어들며 이토 코이치(伊藤孝一)라는 인물이 새롭게 300주를 소유하게 되는데, 이 인물은 평양무진의 대표이사 사장인 이토 사시치의 혈족으로 이미 평양흥업(주)의 대주주 가운데 하나였다. 따라서 이들은 재력과 인맥을 바탕으로 식민권력과 긴밀한 관계를 맺으면서 다양한 사업을 벌이는 동시에 이를 통해 얻은 부를 상속과 증여 등을 통해 확대하는 방식으로 자신들의 지위를 한층 강화했음을 쉽사리 짐작할 수 있다.

예를 들어 요시무라 겐지는 1937년 10월 31일 설립한 모리타약방(森田藥房)주식회사 감사역을 맡았는데 이 회사의 사장인 모리타 오사무는 벌써부터 평양무진(주)과 동아파트(주)의 대주주였다. 결국 동아파트 사업의 핵심 인물이자 사장이었던 요시무라 겐지는 평양무진(주)에는 대주주로, 모리타약방(주)과 평양흥업(주)에는 회사 중역으로 간여했고, 조선총독부의 '1도 1사 무진정책'에 따라 설립된 평남무진주식회사(平南無盡株式會社)에서는 197명의 주주 가운데 두 번째로 많은 주식을 보유한 대주주이자 감사로 참여했다.

이들의 활동은 평안남도와 평양에 그치지 않아 1937년 8월 경성에 설립한 조선무진주식회사(朝鮮無盡株式會社)에도 대주주로 참여했고, 평양흥업(주)과 평남무진(주)의 대표이사 사장인 이토 사시치와 동아파트(주) 대표인 요시무라 겐지는 경성에 소재지를 둔 금융신탁업무회사에 대주주로 다시 참여했다. 특히 평양에서 요시무라 겐지와 함께 모든 사업 분야에 적극 참여한 이토 사시치는 1941년 4월 설립한 평양매일신문사(平

---

28 ─ 일례로 요시무라 겐지는 동아파트 준공 시점보다 조금 앞선 1933년 11월 추계군사훈련 참가부대의 숙식요금을 나서서 대납하는 등 국방헌금을 기탁했고, 11월 20일에는 평양 헌병대를 방문해 국방비를 헌금하는 등 일제에 적극적 협력을 아끼지 않았으며(〈國防費に獻金 若松町吉村氏が〉, 《조선신문》 1933년 11월 23일자), 이미 1920년대 중반부터 평양상업회의소 평의원에 출마해 당선하는 등 폭넓은 사업수완을 발휘했다(〈當選御禮〉, 《조선신문》 1925년 12월 3일자).

壤每日新聞社)에도 다시 대주주로 참여했고, 요시무라 겐지는 1941년까지 주식회사 형태의 평양권번(平壤券番) 중역이었지만 다음 해부터는 이사 겸 대주주로 경영에 직접 참여하는 등 평양과 경성에 걸쳐 정계, 재계, 언론계뿐 아니라 화류계로 불렸던 영역에 이르기까지 돈이 될 법한 모든 곳에 촉수를 뻗치지 않은 영역이 거의 없었다고 해도 과언이 아니다.[29]

정리하자면 동아파트 준공(1934년 11월 1일)과 함께 대표이사 사장역을 맡았던 요시무라 겐지는 동아파트(주)가 설립(1934년 10월 9일)될 즈음에 이미 '부동산 중개와 매매, 토지가옥 임대 등을 담당'하는 주식회사로 1920년 설립한 금융회사인 평양흥업(주)의 감사와 평양무진(주)의 대주주였으며, 동아파트(주) 대표 이후 모리타약방(주)의 감사 등을 역임했고, 1941년 무렵에는 평양권번(주)의 이사와 대주주, 경성에 본점을 둔 조선무진(주) 대주주, 평양매일신문(주) 감사 등을 겸직했다. 다양한 사업 참여 형태 가운데 각종 화학제품 유통업에는 주로 감사 등의 직책을 맡아 경영감사 활동을 했으나 부동산이나 금융업에 주목한 사업에는 적극적 대주주로 참여하는 등 부동산 분야에서의 돈벌이에는 적극 가담했던 인물이었으며, 이러한 행태는 자신의 사업 본거지인 평양에 국한하지 않아 경성에 본점을 둔 조선무진(주)에도 평양흥업(주) 대표와 더불어 대주주로 참여했던 것이다.

여기서 흥미로운 사실은 이들 가운데 일부는 1920년대부터 1930년대 중반에 이르는 동안 각종 단체의 위원이거나 평양부회 회원에 출마해 당선하는 등 일종의 정치적 활동에도 특별히 관심을 두고 참여했다는 사실이다. 그런 이유에서인지 요시무라 겐지는 1942년 무렵에 평양매일신문의 감사직을 맡았으며, 1942년에는 그동안 이사직에 국한해 참여했던 평양권번(주)에도 대주주로 참여했는데, 당시 경성과 평양의 권번은 단순 권번업과 더불어 자금 융통 및 토지건물의 경영과 이에 관련한 부대사업을 업종으로 포함했다는 점에서 각종 사회단체 활동과 정치참여를 바탕으로 부동산 임대업 및 토지와 건물의 경영 확대에 온갖 수완을 발휘했던 인물임에 틀림없다.

---

29 — 이상의 내용은 국사편찬위원회가 제공하는 《조선은행회사조합요록》 가운데 1935년판부터 1942년판에 담긴 법인설립 내용과 주식이동 상황 및 회사에 참여한 인물들의 지위, 직책 등을 중심으로 분석한 것임.

추적, 동아파트

평양에 건설된 동아파트는 그 위치를 특정하는 일이 쉽지 않았다. 동아파트 소식을 여러 차례 다룬 《조선신문》을 통해 확보할 수 있는 단서라야 고작 평양부 동정이라는 내용이 전부이기 때문이다. 매우 중요한 실마리는 의외로 《조선은행회사조합요록》 1939년판, 1941년판, 1942년판에서 찾을 수 있는데, 자료에 등장하는 동아파트(주)의 소재지가 모두 '평양부 동정 6-31'로 변함이 없다는 사실이다. 물론 이는 대표이사 사장인 요시무라 겐지의 실제 거주지인 약송정(若松町, 현 평양역 앞 역전거리와 영광거리에 둘러싸인 곳)과 인접한 곳이기는 하지만 전혀 다른 위치였고, 경성부 내자동의 미쿠니아파트와 마찬가지로 일정 규모 이상의 실을 임대하는 사업은 당시로서는 제법 규모가 있는 경우에 속한다는 점을 전제할 때 대부분의 법인 소재지는 사업대상지와 같았다는 추정을 전제한 것이다. 그러므로 운영주체 소재지와 사업대상지가 일치한다는 가정과 함께 1920년대의 일본 대도시에 등장한 아파트와 1930년대 본격적으로 조선의 대도시에 출현한 아파트는 예외 없이 주요 상업가로에 면한 근대적 도시건축이라는 점을 중요한 실마리로 삼아 이를 추적할 수 있다.

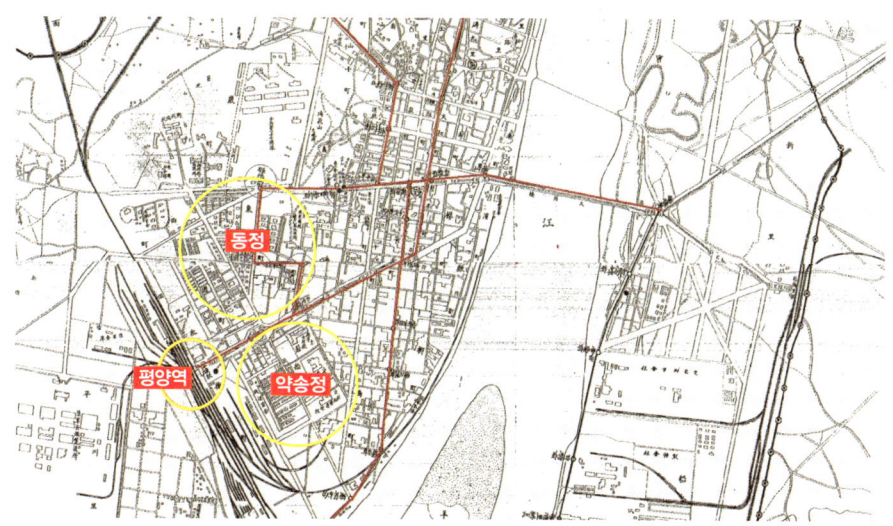

평양역, 동정과 약송정 및 평양부영승합차 운행노선과 정류장을 1934년 조선총독부 도면 위에 표기.
출처: 〈평양부영승합자동차창업지기채인가의건〉, 1934, 국가기록원

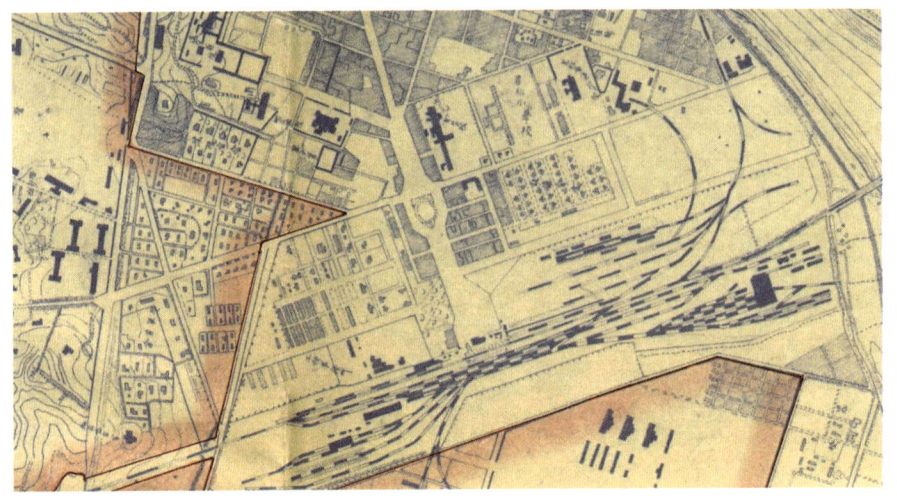

평양역 앞 동정 일대의 철도관사와 법원관사 및 도립의원과 지구병원, 과자점이 표기된 청사진 지도. 출처: 국립중앙박물관

평양역을 중심으로 북동 방향으로 뻗은 대로의 좌우측이 각각 동정과 약송정인데, 동정에는 주로 육군관사와 공회당, 학교, 평양병원과 법원 및 법원관사 등 공공시설이 집중적으로 위치하고 있는 반면에 대로 건너편 약송정에는 철도노동자 주택지와 철도관사 및 각급 학교가 위치했다. 동아파트가 지어질 당시 조선총독부 내무국에서는 평양부영승합차 운행을 위한 공채 발행 신청을 인가했고, 부영승합차 예정 노선 역시 이들 주요 시설을 경유하는 방식으로 짜였으니 이제 동아파트의 위치 추적 범위가 한층 좁아진 셈이다.

여기에 해방 직후 미군지도서비스(US Army Map Service)에서 제작한 평양지도에서 동정과 약송정 일대를 주목해 살펴보면 아주 세밀하지는 않지만 일대 주요 건축물 윤곽의 대강을 파악할 수 있다. 대량보급을 위해 채택한 표준설계에 의해 지어진 관사와 나가야(長屋) 형식을 가진 노동자주택 등이 이에 해당해 이들을 제외하고, 학교와 공회당, 법원이며 병원과 시장 등 상대적으로 넓은 부지를 필요로 하는 건축물들을 추가로 제외하되 95개의 임대용 방을 가졌다는 동아파트 준공 기사를 다시 떠올리면 의외로 몇 군데로 그 위치를 좁혀 판단할 수 있다. 물론 경성의 경우처럼 동정명(洞町名) 구획과 필지별로 번지수가 명확하게 드러나는 당시 지도[30] 가운데 평양지도를 확인하지 못했기

---

30 ─ 경성의 경우 1933년에 발행한 〈경성정밀지도〉와 1936년 8월에 제작한 〈지번구획입대경성정밀도〉 등을 꼽을 수 있다.

1 《조선신문》 1934년 11월 2일자에 실린 평양 동정의 동아파트 원경
2 평양 동아파트 위치 추정. 출처: US Army Map Service, 〈Pyongyang(Heijo)〉, 1946 ⓒUniversity of Texas at Austin

에 벌어진 일이기는 하지만 제한적인 자료에서 추적하는 방법으로 실마리가 될 법한 내용들을 추려가면서 추적 범위를 좁혀 찾아가는 방업 이외에는 별 도리가 없다.

여기에 작성 시기를 알 수 없지만 평양역 앞 동정 일대의 각종 건축물의 배치와 용도 등을 비교적 명확하게 담고 있는 청사진 도면을 보태 추정하면 의외로 어렵지 않게 그 위치를 추적, 특정할 수 있다. 물론 가장 중요한 위치 추적의 근거로는 1934년 11월 2일자 《조선신문》에 실린 동아파트를 멀리서 본 사진이다. 마치 서로 다른 2개의 건축물이 평행하게 배치된 것처럼 보이는 동아파트는 건축물의 한쪽 끄트머리에 서로 높이가 조금은 다르게 보이는 굴뚝이 인상적인데, 입면의 표정이나 형식으로 보아 동일한 방식으로 설계한 것임을 알 수 있다.

준공 기사에는 이 건축물이 2개의 동(棟)으로 이루어졌다는 내용은 찾아볼 수 없다. 당연하게 하나의 구조물이라 전제한다면 적어도 굴뚝 반대편 부분에서 이들이 연결되어야 마땅하다. 제일 쉽게 상정할 수 있는 가능성은 ㄷ자 모양으로 구성되었다는 것인데, 경성의 내자동 미쿠니아파트 본관과 동일한 방식이다. 그래야 비록 한 곳이 트이기는 했지만 비교적 정온한 외부공간을 가질 수 있는 건축물이 될 수 있고, 나머지 3면의 건축 바닥면적을 이용해 상대적으로 용적률을 높일 수 있기 때문이다. 동정과 약송정 일대를 확대한 도면에서 이런 가정에 부합하는 경우는 단 하나의 건축물에 불과하다. 다행스럽게도 공공시설이나 종교시설 혹은 각종 후생시설에 속하지 않는 민간 건축물임에도 불구하고 지도에 그 대강의 윤곽을 표기했는데, 이는 상대적으로 규모의 거대함 때문이었으리라 추측할 뿐이다.

육군관사지대와 마주하는 넓은 길에 ㄷ자형으로 앉아 중정을 정온한 공간으로 확보하고 있으며, 법원관사와 지구병원, 과자점이 아파트를 둘러싼 형국이다. 평양역에서는 쉽게 도보로 이동 가능한 거리에 전차와 부영승합자동차 정류장이 지척이니 대실업(貸室業) 장소로 제격인 셈이다. 다양한 상업 활동이 벌어지는 대도시 평양의 한복판이고, 전차가 지나는 평양역 앞 타원형의 교통광장에도 인접한 곳이니 이 풍경을 경성에 비유하자면 조선은행과 중앙우체국 그리고 백화점이 즐비했던 지금의 한국은행 앞 로터리 일대라 해도 크게 다를 것이 없다. 근대도시, 소비도시로의 탈바꿈에 따라 왕래발착이 빈번한 곳에 새롭게 등장한 도심형 건축물, 임대를 목적으로 하는 번잡한 상업가로변에 들어설 수 있는

1 미국 공군의 평양 중앙역 일대 전략 폭격 후 사진으로 확인한 동아파트, 1950년 10월 25일 촬영. 출처: 미국국립문서기록관리보관소

2 미군의 평양 폭격 이후 평양 시가지 항공사진을 통해 확인한 동아파트, 1951년 10월 10일 촬영. 출처: 미국국립문서기록관리보관소

3 한국전쟁 중 촬영한 것으로 추정하는 평양역 일대의 항공사진에 보이는 동아파트. 출처: 국토지리정보원

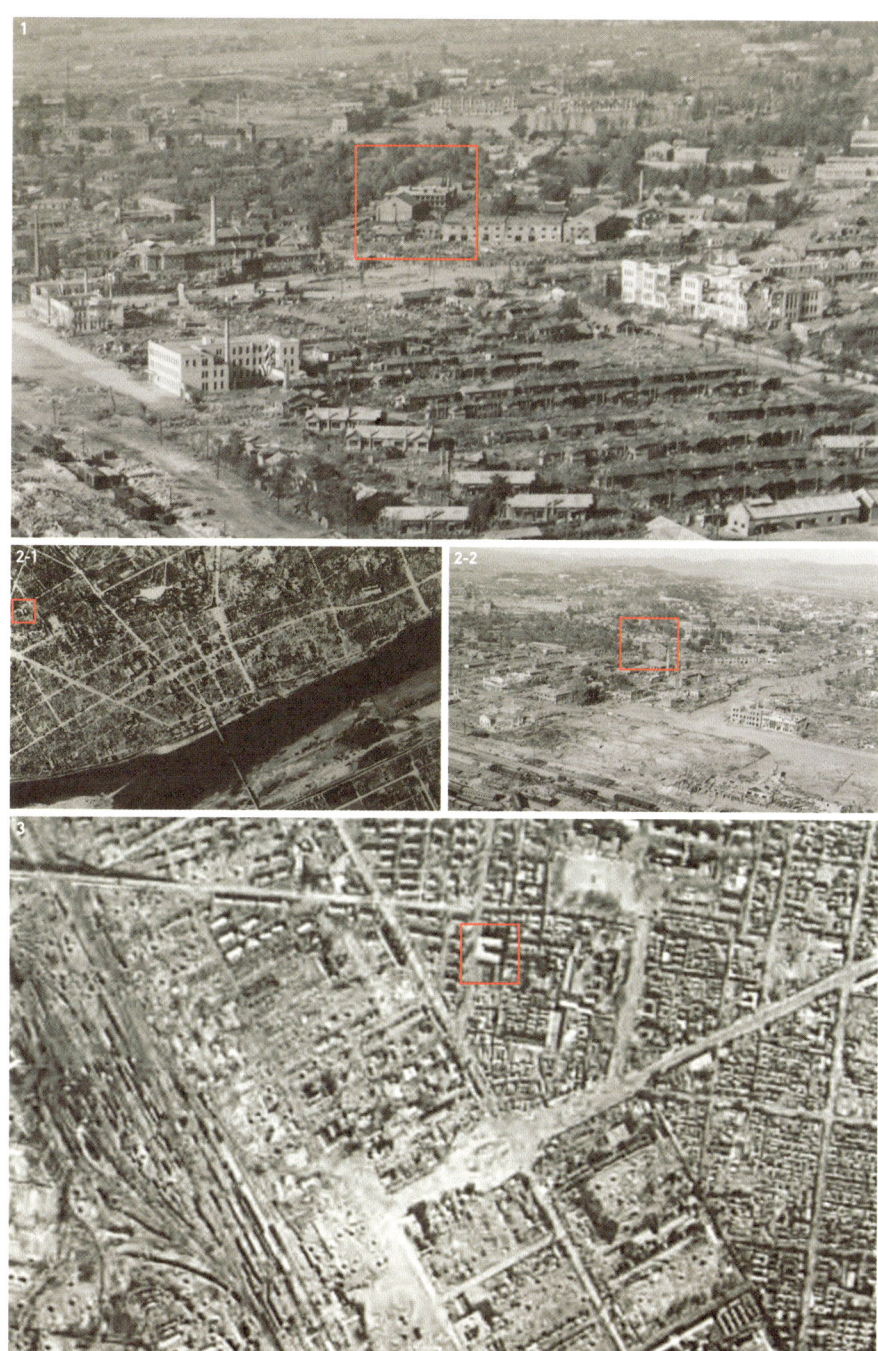

아파트 최적지였던 셈이다.

    안타깝게도 동아파트 평면도나 기록 혹은 이를 대상으로 하는 조사 자료나 연구 기록은 찾을 수 없었지만 한국전쟁 중 1951년에 실시된 미군의 대대적인 평양 폭격 이후에도 동아파트가 여전히 제자리를 지키고 있음을 다양한 경로로 확인할 수 있었다. 기록사진은 다른 자료를 조금 더 추적할 수 있는 빌미가 되었고, 그 결과 미국국립문서기록관리보관소가 소장하고 있는 한국전쟁 관련 사진 2장을 추가로 확보해 앞서 추정한 위치가 옳다는 사실을 재차 확인했다.

    한국전쟁 발발 후 4일이 지난 1950년 6월 29일 미국 극동군 산하 제3폭격전대의 평양비행장 폭격에 이은 미군의 반복적 평양 폭격은 전쟁 후 평양 시가지의 75% 이상을 완전 파괴한 것으로 알려졌는데, 이 과정에서 미군이 폭격 결과를 검증하기 위해 촬영한 항공사진에서 동아파트의 모습을 찾아볼 수 있다. 이 가운데 하나는 《조선신문》이 아파트 준공날짜에 맞춰 촬영해 신문에 올린 사진과 같은 방향 상공에서 촬영한 것으로, 처절할 정도로 파괴된 평양역 일대의 철도노동자 밀집 숙소 너머로 온전한 모습의 동아파트를 발견할 수 있다. 제법 규모가 컸던 주요 건축물 가운데 하나였음은 우뚝 솟은 굴뚝과 ㄷ자 모양의 단아한 건축물 형태를 통해 새삼스럽게 확인할 수 있다.

    다른 하나는 평양역 상공에서 촬영한 사진인데, 역사 앞 광장에서 전차가 다니던 타원형의 교통광장 좌측으로 박공 형태의 구조물 너머로 동아파트가 보인다. 동아파트 왼편으로 보이는 마치 공원과도 같은 숲속에는 단독주택으로 이루어진 법원관사가, 오른편 수평 방향으로는 대학병원과 공회당 등이 자리하고 있다. 전쟁 중에 촬영한 사진이지만 동아파트가 지어졌을 1930년대 중반 평양이라는 식민지 도시의 면모를 그대로 확인할 수 있으며, 도시 중앙역 일대를 중심으로 도심을 형성했던 당시의 풍경을 소환한다면 동아파트의 입지는 도심 한복판에 속한다. 지금도 여전히 평양의 중심가로 손꼽히는 창광대로변에 동아파트가 지어졌기 때문이다.

    이와 비슷한 시기에 촬영한 것으로 보이는 또 다른 항공사진은 동아파트의 상대적 규모를 능히 짐작하게 한다. 국토지리정보원에서 제공하는 오래 전 항공사진인데 평양역 일대의 공공기관 대부분이 폭격을 받은 상황에서도 동아파트는 훼손되지 않고 주변의 오밀조밀한 규모의 건축물 가운데 또렷한 모습을 거대하게 드러내고 있다.

부산: 두 곳의 청풍장아파트와 전람회

아직 부영아파트가 본격적으로 언급되기 전인 1930년대 중반에 이르면 경성과 평양의 경우처럼 조선의 대도시 여러 곳에서는 제각기 아파트 논의가 활발했다. 대구에서는 '호텔과 아파트를 겸한 5층 건축물에 영화관을 설치할 계획'이 일간신문을 통해 전해졌다. 대중 오락기관인 상설 영화관 개선에 대한 여론이 확산되면서 대구부 동성정(東城町, 현 동성로) 1정목에 5층 건축물을 지어 호텔 및 아파트와 복합하는 영화관을 마련할 것을 지주인 아오키 마사루(青木勝) 씨가 적극적인 검토에 착수했는데, 자신의 토지에 인접한 쇼부(生部) 씨의 토지까지 합하면 그 넓이가

대구에 5층의 복합건축물을 지어 호텔과 아파트, 상설 영화관을 검토중이라는 《부산일보》 1936년 7월 28일자 기사

400평에 이르게 되므로 17~18칸 정도 폭을 갖는 건축물을 지을 수 있으며, 3방향에서 도로에 접해 극장 설립에 아주 좋은 조건이 된다는 것이었다. 5층 규모의 건축물을 지을 것을 가정한다면 최상부의 호텔과 중간부의 아파트를 두고 그 아래로 영화관을 꾸미며 이들 사이를 엘리베이터로 이동하는 것이 편리하다는 의견에서부터 아파트와 호텔은 역 부근의 조용한 곳을 택하는 것이 좋겠다는 의견에 이르기까지 다양한 논의들이 오가고 있다는 상황을 《부산일보》가 전한 것이다. 1936년 7월의 일이니 평양의 동아파트와 경성 내자동 미쿠니아파트가 준공해 한창 영업에 열을 올리고 있을 때였다.

그렇다면 항도 부산은 어땠을까? 흔히 부산 최초의 아파트로 '청풍장(淸風莊)아파트와 소화장(昭和莊)아파트'를 꼽곤 한다. 매우 구체적인 1차 사료에 바탕을 둔 경우라 하더라도 '최초'라는 명제는 시빗거리가 되기 십상이고, 경우에 따라서는 반복 수정이 따른다는 점에서 쉽사리 단정할 수 없다는[31] 점을 전제한다면 지금도 제자리를 지키고 있

---

[31] — 일례로 그동안 일본인 도요타 타네마쓰(豊田種松)에 의해 1930년 건립돼 '한국(남한) 최초의 아파트'로 언론과 대중에게 널리 알려진 바 있는 서울시 서대문구 충정로 3가 250-6번지의 충정아파트만 하더라도 이는 오류로 좁게 판단하면 1937년 8월 29일 이전, 넓게 봐도 1937년에 준공했음이 타당하다는 설득력을 갖춘 연구 결과가 제시되었다. 이연경·박진희·남용협, 〈근대도시주거로서 충정아파트의 특징 및 가치-충정로 3가 일대의 도시 변화와 연계하여〉, 《도시연구: 역사·사회·문화》 제20호, 도시사학회, 2018년 10월, 7~52쪽 참고

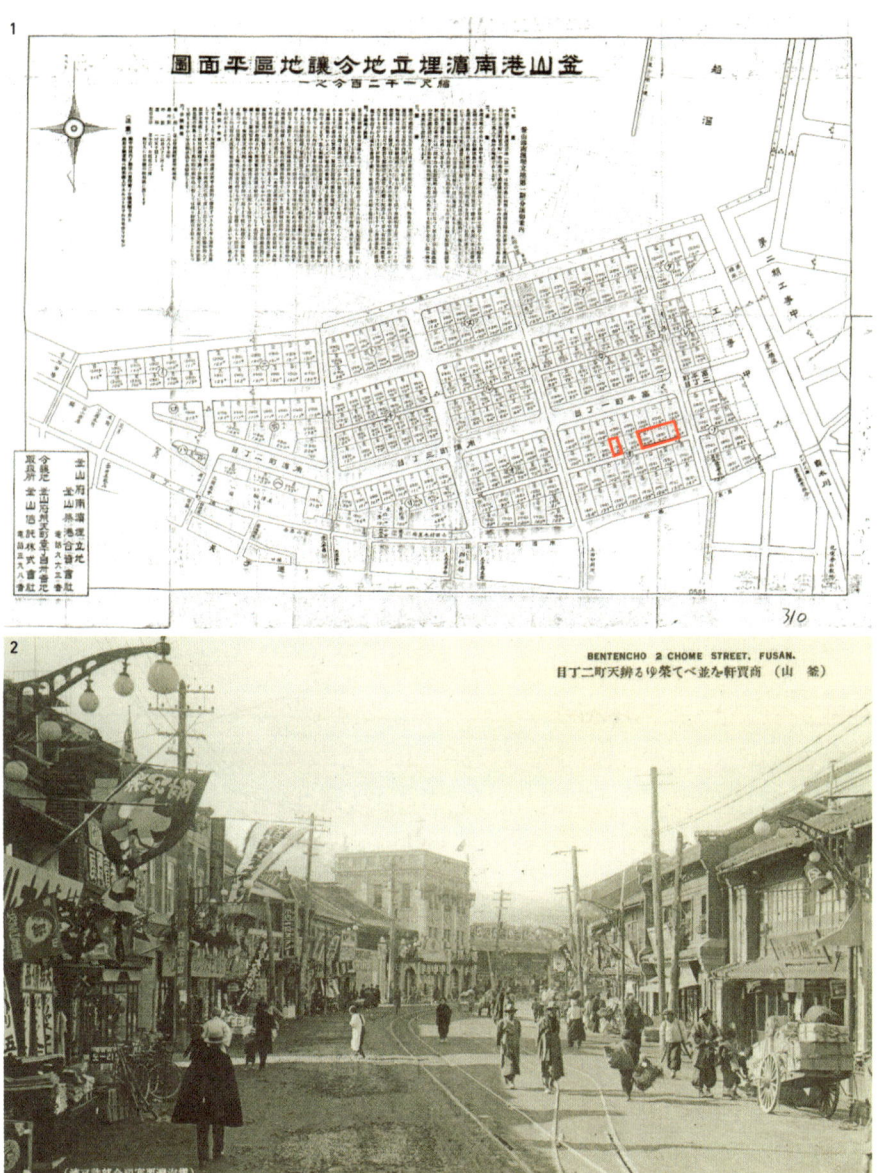

1 〈부산항남빈매립지 분양지구 평면도〉(1933)에 표기한 소화장아파트(좌)와 청풍장아파트(우) 대략 위치. 출처: 국가기록원
2 부평정 방향으로 촬영한 변천정(辨天町, 현 광복동) 2정목 번화가. 출처: East Asia Image Collection, Lafayette
3 기존 1930년으로 알려졌던 준공 시점이 1937년이 타당하다는 새로운 연구 결과가 나온 서울 서대문구 충정로 3가의 도요타아파트 ⓒ김영준, 2016년 10월 촬영

는 이 아파트들은 모두 '부산항남빈매립지(釜山港南濱埋立地)'에 지어진 것이다. 오늘날의 부산광역시 중구 남포동 6가 69 및 72~73번지(청풍장), 남포동 6가 77-1 외 7개 필지(소화장)로 부산의 대표적 번화가에 해당하는 곳이다. 이들 두 곳은 건축물대장 등을 통해 확인하면 각각 남빈(南濱)매립사업을 완료한 뒤인 1941년 4월 8일과 1944년 6월 15일에 모두 조선도시경영(朝鮮都市經營)주식회사 부산지점이 신축한 것이다.

그런데 아직 부산항 남빈(南濱, 남항일대 매립지로 현재의 남포동) 매립이 마무리는커녕 본격적으로 사업이 진행되기도 전인 1934년 10월 23일 《부산일보》는 "보수정(寶水町, 현 보수동) 강변(河畔)에 만반의 설비를 갖춘 스마트한 「청풍장(淸風莊)」 독신 샐러리맨의 아파트"가 출현했음을 알렸는데, 기사와 함께 실린 제1호관 및 제2호관의 사진으로 추측하자면 그 규모가 상당했음을 알 수 있다. 아파트가 들어선 곳이 보수정 강변이라 했으니 당연하게도 보수천(寶水川) 인근으로 부평정(富平町, 현 부평동)에 해당하는 곳인데, 이곳은 1932년에 이미 노면전차가 바삐 오가던 부산의 중심가였다.

아파트 준공 소식을 비교적 자세하게 소개한 신문 기사 내용을 요약하면 다음과 같다.

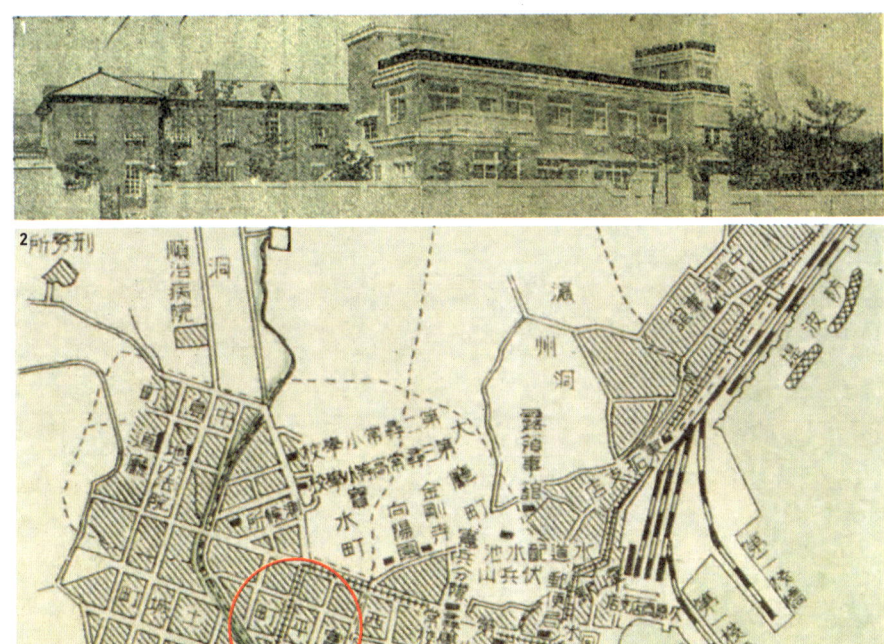

1   《부산일보》1934년 10월 23일자에 청풍장아파트 개업 소식과 함께 실린 아파트 1호관 및 2호관 모습
2   1930년 무렵 부산부전도(釜山府全圖) 중 부평정 부분 확대 표기. 출처: 朝鮮總督府, 《朝鮮の都邑》, 1932

날로 번창하는 새로운 시대를 맞아 부산에 반드시 필요한 아파트가 독신 샐러리맨들의 경제적 이익을 위해 보수천 강변에 그 모습을 드러냈다. 이 아파트는 조용한 교외에 자리 했던 다카하시병원(高橋病院) 전체를 전면적으로 대폭 개조한 것으로, 병원으로 쓰일 때부터 갖추고 있던 라디오 설비, 전화, 옥상정원 등의 공동시설을 아파트 거주자들에게 맞도록 새로 꾸몄다. 1934년도에 샐러리맨들의 요구에 맞춰 새롭게 단장을 마친 청풍장아파트는 제1호관과 제2호관으로 2층짜리 2동으로 나뉜 것인데, 크고 작은 30여 실마다 전용 출입문을 두어 사용자가 외출하거나 출장을 떠나도 절대적으로 안전하도록 만들었으며, 임대료는 한 달에 8원부터 15원(단, 1실에 2명 이상이 사용할 경우에는 1명이 늘 때마다 매 2원씩 추가)

이다. 초(超)모던의 청풍장식당도 갖추고 있는데 앞으로 사업이 자리를 잡아가면서 높은 품질의 식사를 제공할 것이며, 전표 제도를 채택해 출장이나 외출로 인해 식사를 못할 경우에는 당연하게도 식비를 받는 일이 없도록 했다. 또한 최선의 경제적 효과를 도모하기 위해 경영자와 거주자의 합의제를 채택해 식사 개선에 나설 것이며, 신문이며 잡지, 바둑이나 장기 등의 이용도 1개월에 50전만 받는 할인으로 서비스를 즐길 수 있도록 했다. 그러므로 이 아파트야말로 실제 첨단 경영방식을 택한 것인 바, 제1호관과 제2호관을 10월 23일 개업하는데 이미 제1호관은 임대가 마감됐고, 제2호관의 경우는 현재 입주자를 모집 중인데 독신 샐러리맨들의 신청이 쇄도해 2~3실 정도만 남아 있는 초만원 상태이다.

부평정 청풍장아파트

울트라 모던한 청풍장식당, 라디오[32] 청취 장비와 전화설비 게다가 옥상정원까지 갖춘 강변의 아파트에서 바둑과 장기를 두거나 첨단 유행을 전하는 잡지와 식민지 조선의 모든 것을 시시콜콜 전해주는 일본어 신문을 읽을 수 있는 독신 샐러리맨은, 물론 일부 예외도 있겠지만 당연하게도 대부분 일본인이었을 것이다. 식민지 경영을 위해 혹은 사업이나 식민지 땅에서의 일확천금을 위해 조선으로 건너온 이들이 출장을 다녔다면 조선의 7대 도시나 금광을 오가거나 아니면 만주나 일본을 향했을 것이다. 또한 철도연결의 시작점이자 경복궁, 덕수궁, 창경궁에서 이름을 따와 각각 경복환(景福丸), 덕수환(德壽丸), 창경환(昌慶丸)이라 불렸던 부관(釜關) 페리 부두가 부산항이었으니 이곳 중심지 강가의 청풍장아파트야말로 이들에게 최적의 거처였을 것이다. 게다가 병원으로 이미 쓰이던 곳을 대폭 개조한 곳이니 각종 문화 설비며 외부공간 또한 다른 어느 곳에 비해 밀릴 것이 없었을 터였다. 이런 이유로 보수천 강변의 청풍장을 '스마트한 아파트'로 불렀

32 — 당시 라디오 청취는 통상 비용을 내고 등록을 해야 가능했다. 세계 최초로 라디오 방송을 시작한 곳은 공식적으로 1920년 11월에 방송을 송출한 미국인데 그 뒤 급격한 기술발전을 통해 전 세계적으로 빠르게 퍼져나가 식민지 조선에서도 1927년 2월 16일 송출부호 JODK로 정동1번지 경성방송국을 통해 송출을 시작했다. 당시는 일제가 조선을 식민지로 두었던 때여서 송출부호 앞에 붙은 JO는 일본 호출부였다. 경성방송국 송출부호는 도쿄(JOAK), 오사카(JOBK), 나고야(JOCK)에 이은 네 번째 라디오방송이라는 의미로 'D'가 들어가 JODK가 부여됐다. 《매일신보》 1925년 6월 30일자 참조; "경성방송국이 문을 연 1927년에 전국에 등록된 라디오 수가 1,440대에 이르고, 조선어 방송을 시작한 1933년에는 29,320대로 늘었으며 1937년에는 10만 대가 되었다." 김정미, 《한국사 영화관─근현대편》, 메멘토, 2019, 63쪽

을 것이라 짐작한다.

　신문 기사로는 위치를 가늠하기가 쉽지 않다. 다만, '다카하시병원으로 사용하던 곳을 대폭 개조'했다는 것과 '청풍장식당' 정도가 힌트라면 힌트에 해당하는 정보인데, 안타깝게도 청풍장식당에 대한 정보는 오리무중인 반면 다카하시병원에서 나름의 실마리를 찾을 수 있다. 국사편찬위원회의 신문아카이브를 통해 확인한 결과 1921년부터 1935년까지 해당 병원 광고와 병원장인 다카하시 겐지(高橋憲司)의 동정이《조선시보》,《부산일보》,《매일신보》등에 제법 실렸다. 그러나 광고와 기사를 통해 확인할 수 있는 것은 다카하시병원이 부산 부평정 2정목이라는 사실뿐이었고, 1933년 3월 5일자《조선시보》광고 안내를 통해 '격리병동을 완비한 고교병원이 부평정 4정목으로 병원을 새로 지어 이전'했다는 단편적인 사실만을 확인할 수 있었다.

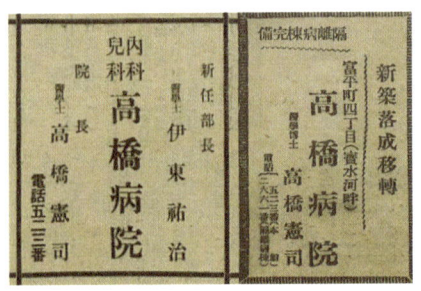

《조선시보》 1925년 5월과 1933년 3월의 다카하시병원 신문광고. 주소가 부평정 2정목에서 4정목으로 변경된 것을 확인할 수 있다.

　《조선시보》광고를 중심으로 살펴보면 부산부 부평정 2정목의 다카하시병원은 1931년 9월 30일까지 전화번호 523번을 두고 부평정 2정목에서 계속 진료했으며, 1933년 3월 5일 다카하시병원 신축 낙성으로 이전을 알리며 기존의 부평정 2정목에서 부평정 4정목으로 이전, 격리병동을 따로 갖춘 병원에 기존의 전화번호 이외에 2661번의 격리병동 전용 전화선을 개설한 것을 확인할 수 있다. 바로 이 시기를 전후해 다카하시병원이 아파트 사업자 누군가에게 매각됐고, 그 자리는 대수선을 거쳐 샐러리맨을 위한 아파트로 바뀌었다고 추측할 수 있을 뿐이다. 누가 기존 병원을 매입해 독신 샐러리맨을 위한 아파트로 개조했는지는 확인하지 못한 채 부평동 2정목에서 환자를 보는 도중에 부평정 4정목의 병원을 신축했고, 신축병원 낙성 이후 1933년 3월에 부평정 4정목으로 이전했다는 정도만 추측할 수 있을 정도다.

　해답은 예상 밖의 문헌자료를 통해 얻을 수 있었다. 일본 도쿄에 주소를 둔 코묘샤(光明社)에서 거의 해마다 편찬하는《최근조사 대일본의사명부(最近調査 大日本醫師名簿)》[33]

---

33 ─ 光明社 編,《最近調査 大日本醫師名簿》, 光明社, 1931, 575쪽

1 1931년 5월 기준 다카하시병원장 주소지. 출처: 光明社編, 《最近調査 大日本醫師名簿》, 1931
2 1933년 11월 기준 다카하시병원장 주소지. 출처: 梅澤彦太郎編, 《日本醫師名簿 附·改正醫事法規解說》, 日本醫事新報社, 1933

1931년판과 일본의학신보사에서 1933년 11월에 발행한《일본의사명부(日本醫師名簿)》[34]를 통해 격리병동을 갖춘 병원 신축 전후의 다카하시 병원장의 주소지가 변경됐음을 확인한 것이다. 다시 말해 부평정 2정목 다카하시병원에서 환자를 볼 당시 병원장 주소지는 '부산부 부평정 2정목 24번지'였던 것이 신축 병원으로 이전한 후에는 병원은 부

34 — 梅澤彦太郎編, 《日本醫師名簿 附·改正醫事法規解說》, 日本醫事新報社, 1933, 131쪽

1 1934년 10월 23일 개업한 보수천 강변의 청풍장아파트 위치 추정. 출처: 부산광역시립중앙도서관, 〈부산부시가도-NO.25_남부〉, 《부산 근대지도 모음집》, 2012
2 잔교식당(桟橋食堂)에서 발행한 부산 서부시가 사진엽서 위 청풍장아파트 추정 위치 표기, 날짜미상. 출처: PNU 로컬리티 아카이브
3 1946년 작성한 부산 지도 위에 일제강점기 부산의 대표적 아파트 3곳 위치 표기 ⓒUniversity of Texas at Austin

평정 4정목에 있었지만 원장의 집 주소는 '부산부 부평정 2정목 23번지'로 병원 신축 이전과 번지수가 하나만 달라진 것이다. 1호관과 2호관으로 구성된 보수천 강변의 청풍장아파트 위치를 추적함에 중요한 단서가 될 정보임엔 틀림이 없다.

흥미롭게도 부산부 부평정 2정목 23번지와 24번지는 두 필지가 모여 정사각형에 가까운 블록(街區) 하나를 온전히 이루고 있었다. 앞에서 설명한 것처럼 이곳은 남빈 매립 이전에 이미 중심 시가지에 해당하는 곳이었고, 부산 서부의 핵심지로 격자형 도로망에 노면전차 운행구간으로 둘러싸인 곳으로서 당시 발행된 사진엽서에도 부산 서부 시가로 자주 소개된 곳이기도 하다.《부산일보》가 전한 1934년 10월 23일 사진과 기사로 판단한다면 제1호관과 제2호관의 규모로 추정할 때 24번지에 병원이 들어섰고, 병원장인 다카하시 겐지의 집은 병원이 자리한 블록의 귀퉁이인 23번지에 마치 관사처럼 자리했을 것으로 추정하는 것이 합리적이다. 격리병동을 갖춘 부평정 4정목으로 이전하기 전에는 병원과 원장 거처 구분이 별다른 의미가 없었지만 주택을 제외한 병원을 매각하고 신축 병원으로 진료업무를 이전한 이후에는 원장인 다카하시 겐지의 거주지는 당연하게도 23번지로 한정해야 옳다는 점은 객관적인 설득력을 가진다.

그러나 안타깝게도 청풍장아파트로 개조하기 이전 다카하시병원의 대강을 파악할 수 있는 사진 자료나 매각을 통한 개조 후 아파트로 바뀐 건축물의 평면이나 입면 구성이며 그 구체성을 확인할 수 있는 기록 문헌이나 사진 자료 등은 여전히 발견하지 못했다. 다만 조선도시경영㈜에 의해 1941년 4월 소화대로(昭和大路)에 지어진 또 다른 청풍장아파트보다 거의 7년이나 앞선 1934년 10월에 부산 부평정 2정목 24번지에 또 다른 청풍장아파트가 있었음을 확인했다는 것에 만족할 수밖에 없다. 더불어 1941년 4월에 소화대로변에 지어진 아파트 명칭이 부평정 2정목과 같은 '청풍장아파트'였다는 사실에서 비약해 유추하자면 다카하시병원의 개조를 통해 아파트로 바꿔 임대한 주체 역시 조선도시경영주식회사였을 개연성도 충분하다 하겠다.

남빈 청풍장아파트

1941년 4월 1일《부산일보》는 '조선도시경영주식회사가 남빈에 건축중인 청풍장아파트의 5월 준공을 앞두고 관계자들을 초청해 4월 6일 전람회를 열 예정인데, 이 아파트는 3층 규모로 18세대를 수용하되 임대료는 매월 60원, 55원, 42원 세 종류'라는 기사와 함께 준공을 앞둔 남빈 청풍장아파트 사진을 게재했다.

전람회 개최 하루 전인 1941년 4월 5일에도《부산일보》는 조선도시경영주식회사 아시타카(芦高) 부산지점장의 설명까지 인용해 다음 날 열릴 '부산 최초의 아파트 전시회' 소개 기사를 다시 실었다. 아마도 전람회 개최 하루 전 신문기자와 관계자를 위한 사전 관람과 설명회가 있었던 모양인데, '산뜻한 외관과 보건위생에 특별히 역점을 둔

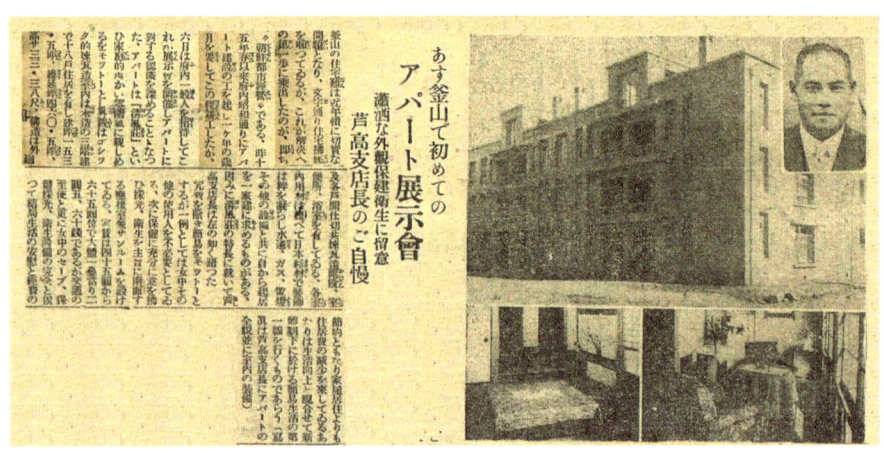

《부산일보》 1941년 4월 5일자에 실린 청풍장아파트 전시회 소개 기사

것이 청풍장아파트'라는 조선도시경영 부산지점장의 홍보성 자랑을 그의 사진과 아파트 전경 그리고 두 장의 아파트 실내 사진과 함께 다뤘다.

부산의 주택난은 최근 들어 절실한 문제로 비화하는 바람에 글자 그대로 주택 부족을 한탄하기에 이르렀는데 이를 해결하기 위해 앞장선 곳이 바로 '조선도시경영'[35]이다. 1940년(소화15) 봄부터 부산부 소화대로에 아파트 건설을 시작해 이제 1년을 넘겨 준공에 이르렀는데, 4월 6일에는 부내 일반인을 초대하는 전시회를 개최해 아파트에 대한 인식 증진을 도모할 예정이다.

아파트는「청풍장(淸風莊)」이라는 이름을 붙여 '가정적인 따뜻한 분위기를 즐길 수 있는 곳'을 모티브로 했다. 외관은 고딕풍 벽돌이고 실내는 목조로 구성된 3층 건물로, 18가구를 수용하는 건평 153.5평, 총 연면적 460.5평이며, 높이는 33.38척에 이른다. 구조는 외벽이며 각 세대 간 칸막이를 모두 벽돌로 했고, 계단과 실내 화장실, 욕실을 구비했다. 각 실의 내장 마감은 일본산 삼나무로 장식했으며, 수도, 가스, 전등과 그 외의 설비를 제공해 세대마다 내부에서 독립적 살림을 영위할 수 있도록 했다.

35 ― 조선도시경영주식회사는 1931년 동양척식주식회사의 방계회사로 설립했는데 토지와 건물의 건설과 매매 및 관리처분 등 일체의 부동산사업을 주요 종목으로 하는 회사로 경성의 유명 문화주택지 상당수를 조성했으며, 각 지점을 운영했다. 부산지점은 1939년 7월 개설했다.

「청풍장」 특징에 대해 아시타카 지점장은 '낭비를 없앤 간이(簡易)를 모토로 해 식모나 다른 고용인을 둘 필요가 없도록 했다. 그리고 보건을 충분히 고려해 채광과 위생에 주의해 남측으로 응접실 겸 선룸(sun-room)을 설치했다. 월 임대료는 45~65원으로 대체적으로 다다미 한 장당 2원 50전~2원 60전이지만 교통이 편리하고 식모를 두지 않으며, 보건을 위한 채광과 위생설비의 완벽함을 기대할 수 있어 결국 생활의 안위, 경비 절약과 함께 가옥거주(家屋居住, 기존의 통상적인 단독주택)보다 주거비를 절약할 수 있다는 점이 분명할뿐더러 생활 향상과 더불어 새로운 체제(戰時體制) 아래 간이생활의 제1선을 가는 것이다.[36]

이 기사에서 언급한 소화대로란 부산 남항 매립지 복판의 간선도로로, 해안선에 따라 보수천을 가로질러 부민정(富民町, 현 부민동)으로 이르는 큰길이었으니 당연하게도 전람회가 열린 청풍장아파트는 남빈 매립 이후에 지어진 것이고, 5월 준공을[37] 앞두고 전람회를 연 것은 준공에 앞서 입주자를 사전 확보하기 위함이었으니 요즘과는 달리 실제로 현장에 지은 견본주택 개관 행사와 다를 것이 없다. 신문이 전한 내용 가운데 특별하달 수 있는 내용은 '세대마다 내부에서 독립적 살림을 영위할 수 있어 가정적인 따뜻한 분위기를 즐길 수 있으며, 단독주택보다 주거비를 절약할 수 있어 전시체제 아래 적합한 간이주택'으로 남빈 청풍장아파트를 건설했다는 것이다. 이는 당연하게도 중일전쟁 이후 살림집의 절대적 부족에 일제가 대응하기 위한 조치의 결과였던 셈이다.

이런 이유로 중일전쟁 발발 이전이자 부민정 청풍장아파트보다 7년 정도 앞선 1934년 10월 23일 기존의 병원을 개조해 아파트 임대 영업을 시작한 부평정 청풍장아파트에서 특별히 강조했던 '독신 샐러리맨을 위한 아파트'라는 언급을 남빈 청풍장아파트 전람회 소개 기사에서는 전혀 찾아볼 수 없다. 당시 상황은 1937년의 중일전쟁이 태평양전쟁으로 확전하는 분위기에서 국민총동원 체제가 강화됐고, 따라서 일상생활에서의 절약과 함께 모든 분야에서 치레를 제거한 '간이(簡易)'가 강조되던 때였다. 이에 따라 단독주택 중심으로 지어지던 관사도 집합주택 형식으로 바뀌거나 민간자본을 활용한 대용관사(代用官舍)가 활발해지던 시기였을 뿐만 아니라 조선총독부가 나서서 부급(府級) 대도시는 단독주택 형식의 부영주택 대신에 모든 면에서 경제적인 아파트로 지

---

36 — 〈あす釜山で初めてのアパート展示會〉, 《부산일보》 1941년 4월 5일자

37 — 폐쇄건축물대장에 의하면 1941년 4월 8일 준공된 것으로 기록되어 있으며, 1947년과 1965년에 증축됐음을 알 수 있다.

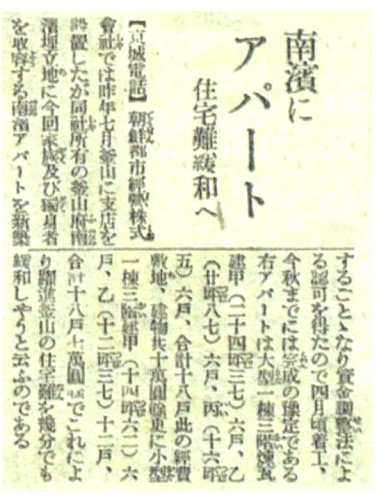

부산항 매립지 남빈에 조선도시경영이 가족 아파트와 독신 아파트를 건설한다는 《부산일보》 1940년 3월 2일자 기사

을 것을 강력 권고하던 때였으니 '살림집으로서의 아파트 건설'에 동양척식주식회사의 산하기관인 조선도시경영이 팔을 걷어붙이고 나선 것이다.

그러나 이와 관련해 보태 해석할 만한 기사도 발견할 수 있다. 《부산일보》 1940년 3월 2일자 〈남빈에 아파트〉라는 제목이 붙은 기사가 그것인데, 남빈매립지구 1차 사업 후 필지 일부를 획득한 조선도시경영주식회사가 1939년 7월 부산지점 개설과 동시에 회사 소유 토지를 대상으로 '가족과 독신자를 대상으로 하는 남빈아파트' 건설을 구상했고, 1940년 4월 즈음 착공해 가을에 준공할 계획이라는 내용이다. 조선도시경영주식회사 부산지점의 계획은 새로 지을 아파트는 대형 1동과 소형 1동으로 구분해 각각 18호를 수용한다는 것이었다. 이 가운데 대형은 24.37평의 갑형 6호, 20.87평의 을형 6호, 16.5평의 병형 6호를 수용하고, 소형은 14.62평의 갑형 6호와 12.37평의 을형 12호를 넣어 대형과 마찬가지로 18호를 갖도록 한다는 것이었다.[38]

따라서 가족아파트와 독신자아파트를 서로 다른 동으로 구분해 매립지에 확보한 부지에 건설한다는 조선도시경영주식회사 부산지점의 계획이 실천으로 이어져 1940년 4월 16일 건축 허가를 얻었으며, 5월부터 착공에 돌입해 준공을 목전에 둔 1941년 4월 6일에 현장에서 전람회를 개최한 것이다. 바로 그 전람회가 가족 아파트를 염두에 둔 대형 아파트인 남빈 청풍장아파트였고, 연이어 독신용으로 준공한 것이 소화장아파트인 것이다. 따라서 남빈 청풍장아파트는 당연하게도 보다 시급했던 살림집으로서의 아파트 공급을 강조하기 위해 기획한 전시성 행사였던 것이다.

다만 '아직 본격적인 공사에 돌입하지 않았

1 남빈 청풍장아파트와 소화장아파트, 부평정 청풍장아파트 위치 표기. 출처: 부산광역시립중앙도서관, 《부산부시가도-NO.25 남부》, 《부산 근대지도 모음집》, 2012

2 드론으로 촬영한 남빈 청풍장아파트(왼쪽)와 남빈 소화장아파트(오른쪽) ⓒ유재우

3 남빈 청풍장아파트 ⓒ유재우

4 남빈 소화장아파트 ⓒ유재우

38 — 〈南濱にアパート 住宅難緩和へ〉, 《부산일보》 1940년 3월 2일자 기사 축약 정리

음에도 불구하고 모두 35호에 대한 예약신청이 쇄도하고 있어 가을이면 근대도시 부산에도 대망의 문화아파트가 산뜻하고 경쾌한 모습으로 출현할 것'[39]이라는 내용으로 미뤄볼 때 건축 허가 후 바로 가족 아파트와 독신자 아파트 모두 임대인을 모집하는 '입주자 선모방식(先募方式)'을 택했음을 알 수 있다. 그럼에도 불구하고 준공을 앞둔 전람회 소개 기사에서도 보건과 위생을 먼저 고려한 가족 아파트의 장점을 에둘러 설명하고 주거비 절약과 간이생활의 최적지로 혹은 다양한 문화설비 등이 강조된 곳이라는 점을 지사장이 나서 강조했다는 사실은 여전히 가족 아파트 임대가 여의치 않았음을 반증하는 것이기도 하거니와 중일전쟁 후 민간인 주택 수급 문제가 심각해지자 총독부가 나서서 공공기관으로 하여금 가족형 주택공급을 적극 독려했다는 사실도 배경으로 삼을 수 있다.

　남빈 청풍장아파트 역시 일제강점기에 지어진 다른 아파트와 마찬가지로 해방 이후 많은 전재민의 거처로 쓰였다. 그들은 해방된 조국으로 돌아온 귀환동포였거나 국민동원령에 따라 이역만리에서 강제노역에 시달렸다가 귀국한 이들이었다. 집도 절도 없는 이들에게는 일본기업이나 일본인이 남기고 간 집이며 요정이나 여관 등에 임시로 몸을 의탁할 수밖에 없었지만 언제 쫓겨날지 몰라 늘 두렵고 불안한 형편이었다. 남빈 청풍장아파트에 들었던 88세대의 전재민들은 미주둔군 6사단이 청풍장아파트를 사용할 것이라는 흉흉한 소문으로 인해 불안에 떨었고, 1947년 7월 17일 질레트 미군정 경상남도 장관의 기자회견에서도 이에 대한 질의가 있었지만 미군정의 대답은 간단했다. '그런 소문이 있다는 사실을 듣고 조사를 명령했으며, 실지 조사를 했으니 초조하게 여길 필요가 없다. 만약 그들에 대한 퇴거를 실시하더라도 완전주택을 알선할 것이니 안심하기 바란다.'[40]는 것이었다. 군정청에서 약속했던 완전주택 알선은 과연 이루어졌을까.

---

39 ― 〈南濱埋立地に 瀟洒なアパート〉, 《부산일보》 1940년 4월 23일자. 같은 신문 1940년 3월 2일자 기사에서는 대형과 소형아파트가 각각 18호씩을 수용한다고 언급하고 있다.

40 ― 〈빈동(貧同)의 부두퇴거령에는 주택알선〉, 《부산일보》 1947년 7월 18일자

옥상정원과 아파트

경성의 내자동 미쿠니아파트, 이보다 7개월 정도 이른 1934년 11월에 문을 연 평양 동정의 동아파트 그리고 부산에서 가장 오래됐다고 알려진 남빈의 청풍장보다도 7년이나 앞서 1934년 10월 부산 부평정에서 영업을 개시했던 같은 이름의 또 다른 청풍장아파트는 일제강점기 조선의 대도시에 등장한 대표적 아파트라 할 수 있다. 물론 그런 이유에서 일본어로 발행한 《조선신문》이며 《부산일보》 등이 이들 아파트 소개에 넓은 지면을 소개했다. 마치 식민지 조선에서 이런 사업이 유망하니 재력을 갖춘 일본인 사업가들이라면 서둘러 아파트 건설과 영업에 나서라고 채근하는 느낌으로 당시 기사를 읽을 수 있기 때문이다.

아주 흥미로운 사실 가운데 하나는 당시 이들 아파트를 소개한 신문 기사에 '옥상정원'[41]이 빠짐없이 언급됐다는 점이다. '옥상전망대에서의 낙성식', '옥상 발코니나 유보장'이나 '공동시설로서의 옥상정원'[42] 등으로 쓰임새는 서로 다를지라도 '옥상'을 많은 사람이 이용하거나 즐길 수 있는 공간으로 상정했음은 쉽게 알아차릴 수 있다.

일본에서도 간토 대지진 이후 사단법인 도준카이 주도로 지어진 근대적 가족 아파트의 특징을 "①구조형식과 재료의 측면에서는 내진내화 성능을 갖춘 철근콘크리트 구조나 콘크리트블록 혹은 벽돌 등을 사용, ②층수는 3층 정도 이상, ③한 층에 거실, 침실, 주방, 변소 등을 갖춘 독립적 생활 보장, ④외양은 소위 모던한 디자인으로 20세기 서양의 건축 사조를 반영, ④독신자뿐만 아니라 가족 세대 등의 다양한 계층에게 임대를 원칙으로 하는 도시형 공동주택, ⑤평면구성의 다양성 확보, ⑥수도, 전기, 가스, 수세식 변소 등이나 더스트 슈트 등과 같은 다양한 근대적인 설비와 편의시설의 선택적 설치, ⑦세탁의 경우는 공동세탁장이나 옥상의 공동 건조장 확보, ⑧근대적인 가로체계에 대응하는 연도형(沿道型) 배치 등"[43]으로 설명할 수 있다는 점에서 일본인 사업가들에 의해 일제강점기 조선에 출현하게 된 아파트는 이런 특징의 상당 부분을 수용하

---

41 — 물론 내자동 미쿠니아파트와 평양의 동아파트 준공을 모두 알린 《조선신문》 기사에는 각각 '옥상전망대'와 '옥상 발코니'라 언급했고, 《부산일보》를 통해 부평정 청풍장아파트 영업 개시를 알린 글에서는 '옥상정원'이라 표기하고 있지만 여기서는 이들을 따로 구분하지 않고 모두 '옥상정원'으로 부른다.

42 — 1930년 12월에 준공한 경성부 남산정 미쿠니아파트의 경우만 하더라도 옥상에 공동세탁장과 건조대를 설치할 예정이라고 나온다. 〈공사설명〉, 《조선과건축》 제9권 제12호, 1930년 12월, 7쪽

43 — 박철수, 〈해방 전후 우리나라 최초의 아파트에 관한 연구-서울지역 7개 아파트에 대한 논란을 중심으로〉, 《서울학연구》 34, 서울시립대학교 서울학연구소, 2009, 185쪽

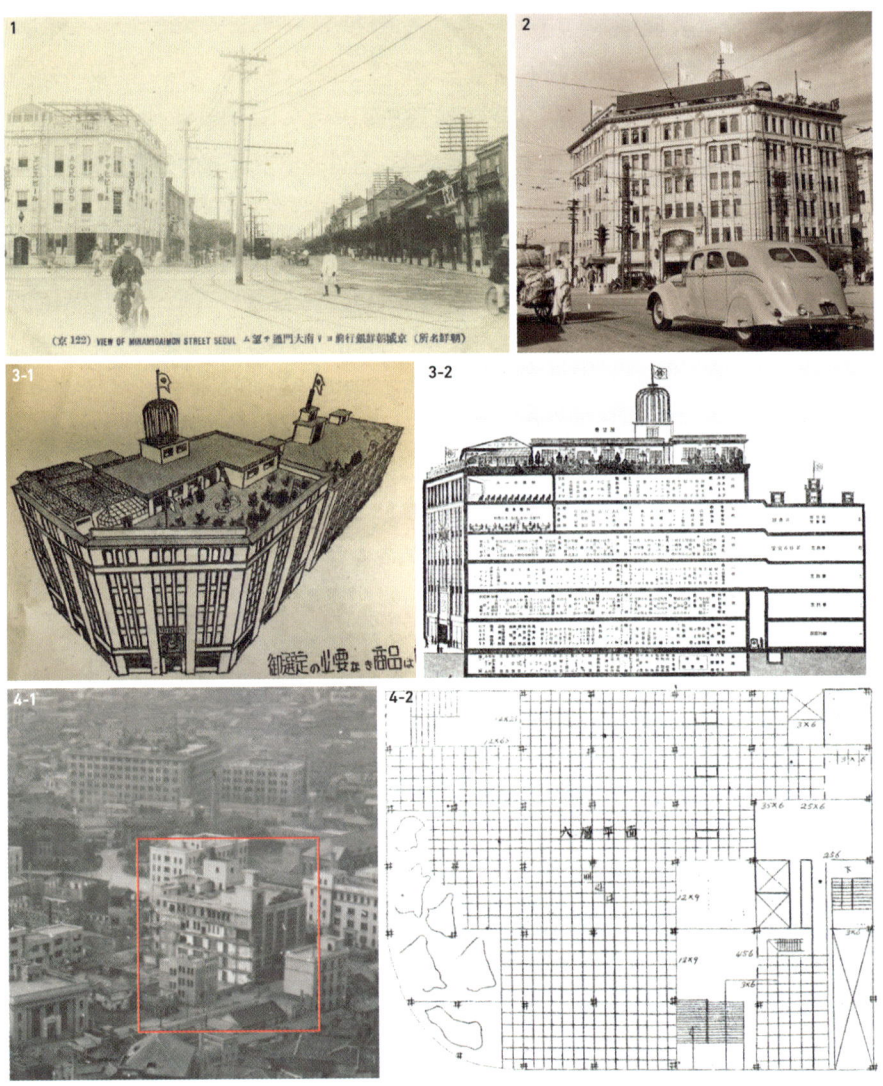

1 1914년 6월 조선은행 건너편 남대문통 3정목 11번지에 개장한 아오키도(靑木堂) 전경과 옥상정원, 촬영 일자 미상.
　출처: East Asia Image Collection, Lafayette
2 1943년 이후 해방 전 촬영한 것으로 추측할 수 있는 화신백화점 모습과 옥상정원. 출처: 미국국립문서기록관리보관소
3 화신백화점 옥상정원과 단면도. 출처: 경성중앙전화국, 《경성·영등포 전화번호부》, 1939
4 1953년 3월 촬영한 조지야백화점 일대 항공사진과 당시 옥상정원 평면도. 출처:미국국립문서기록관리보관소, 국가기록원

고 있었던 것이라 할 수 있다.[44]

딱히 아파트라는 건축형식이 아니더라도 이미 1910년 초엽부터 일제에 의해 지어지기 시작한 공공건축물에서도 옥상정원은 중요한 공간으로 인식하고 있었으며,[45] 경성을 중심으로 아파트가 본격적으로 확산되던 1930년대 초반부터 중반에 이르면 각종 백화점이나 각급 회사의 사옥 등에도 옥상정원이 본격 조성됐다. 1930년대 중반에 이르면 우리말로 발행하던 《조선중앙일보》와 《매일신보》에 연재한 소설에서도 옥상정원이 자주 등장한다.[46] 근대도시, 소비도시로의 본격적 재편 과정에서 고층의 상업건축물이 속속 등장하며 매우 제한적이었던 권력의 시선이 누구나 품을 수 있는 통상 풍속으로 변모한 것이다. 권력층만이 누릴 수 있었던 문화주택의 그림자 속에 조선 세궁민의 거처인 빈민굴이 잠겨 보이지 않았던 것처럼 옥상정원에서 보이는 것들이란 화려한 소비도시의 현란함과 식민지 통치를 위한 장치들 뿐이었다.

대중잡지 《조광》 1937년 9월호에는 홍윤식의 글 〈근대건축예술사상의 동향〉이 실렸다. 전체의 문맥으로 볼 때 이 글은 당시 조선건축계를 나름 평가하기 위한 것이었지만 그에 앞서 르코르뷔지에의 건축론을 언급하고 있다.[47] 즉 그의 건축론은 "소주택에서 대건축에 이르기까지 모든 건축에 대한 정당한 요제(要提)로써 건축에 대한 주안을 다음의 5항에 두었던 것이다. (1)기항(基杭, 필로티), (2)옥상정원, (3)자유로운 평면, (4)수평

---

44 — 실제로 1927년에 경성 소화원 주택지 일부를 구입해 7년에 걸쳐 직접 설계와 시공을 수행해 1934년 봄에 준공을 했다고 알려진 채운장아파트 주인인 우에하라 나오이치의 경우도 도쿄 대지진 이후 주택난과 간이생활과 관련해 유럽의 영화와 사진을 통해 알게 된 아파트에 대해 큰 흥미를 갖고, 당시 도쿄 이외에는 아파트가 없었다는 사실에 주목해 스스로 도쿄의 도준카이아파트에 머물면서 조사연구를 거듭한 뒤 경성으로 옮겨 와 아파트사업에 참여한 것으로 알려지고 있다. 〈築きあげる彼と人生(13): 彩雲莊アパートの主 上原直一氏〉, 《조선신문》 1937년 2월 24일자

45 — 대표적인 경우로는 부산역사 신축과정에 옥상정원이 적극 도입돼 '60평 규모의 정원에 푸른 소나무를 심어 천연공원과 흡사하게 만들었으며, 당구대까지 갖추고 있어 누상(樓上)호텔'인 셈인데 1912년 8월 1일부터 개장한다는 소식이 1912년 6월 16일자 《매일신보》에 〈釜山驛の屋上庭園〉이라는 제목의 기사로 실리기도 했다.

46 — 박태원 작, 노수현 화, 〈청춘송(靑春頌)〉(45), 《조선중앙일보》, 1935년 4월 13일자에는 '옥상의 철책 앞에 서서 멀리 조선신궁을 바라보고 있는 사람'에 대한 묘사가 등장하며, 역시 박태원이 쓰고 윤희순이 삽화를 그린 연재소설 〈여인성장(女人盛裝)〉(115)에도 조지야백화점 옥상정원과 갤러리가 묘사된 바 있다(《매일신보》 1941년 11월 29일자). 여기 언급한 연재소설 두 곳 모두엔 서울구경에 나선 시골사람과 옥상정원에 익숙한 모던보이, 서울사람이긴 하나 옥상정원이 익숙하지 않은 조선여성과 그 반대로 늘 이곳을 찾는 듯 보이는 조선여성 등이 자연스럽게 등장한다. 당대 옥상정원의 익숙한 풍경으로 봐도 무방하다.

47 — 홍윤식, 〈근대건축예술사상의 동향〉, 《조광》 1937년 9월호, 349~351쪽

으로 된 창, (5)자유로운 표면 등이다. 씨의 건축 작품과 논고와 저서 등은 모두 현대 세계 건축계에 일대 파문을 일으켰으니 씨의 건축에 대한 형식주의적, 구성주의적 건축 작품은 현대 세계 건축계에 「아름다운 형태의 건축 작품」을 교시(教示)하는 것"이라며 추켜세운 바 있다. 당시 우리의 지식이란 것이 제국 일본을 경유하거나 번안될 수밖에 없었다는 점에서 일본 건축계의 옥상정원에 대한 시선을 엿볼 수 있는 대목이다. 경성의 아파트 대부분도 그들의 생각과 태도로 생산됐다는 점을 전제한다면 자본주의 도시를 향해 달음박질하는 조선의 대도시에 들어선 새로운 도시건축 유형으로서의 아파트란 그들에게는 새로운 세계적 건축 사조를 반영할 수 있는 아주 좋은 시험대였다.

아파트 생산 주체와 상황 변동

경성의 내자동 미쿠니아파트는 주식회사 형태로 법인격을 전환한 미쿠니상회가 주도한 것이며, 평양의 동아파트는 각종 사업에 능숙하고 끈끈한 인맥까지 갖춘 평양의 재력가들이 평양무진(㈜)이라는 일종의 신탁회사를 통해 아파트 건설사업에 착수하고, 아파트 준공 즈음에는 임대업 운영을 위해 동아파트(㈜)를 설립해 적극적 아파트 임대사업에 나선 경우다. 이와 달리 부산 남빈 청풍장아파트는 동양척식주식회사의 방계회사인 조선도시경영주식회사 부산지점이 직접 사업 주체가 되어 아파트를 건축한 경우에 해당한다.

여기서 언급한 단 몇 건의 사례를 통해 전체를 해석하는 일은 불가능한 일일뿐더러 설득력을 가질 수도 없다. 그럼에도 불구하고 억측이나 비약이 될지는 모르나 1930년대 초중반의 아파트와 1940년 즈음의 경우를 조금 더 세심하게 나눠 상황을 추론해볼 수는 있다. 이를테면 민간이 주도한 대도시 아파트는 기본적으로 독신자 아파트를 절대 우선시하는 입장을 견지하면서 '주택 부족'이라는 사회적 문제도 결코 무시할 것은 아니라는 태도를 가졌던 것으로 보인다. 1937년 중일전쟁 발발과 태평양전쟁으로의 확전 과정에 봉착하면서부터 일제는 민간 주택시장도 적극적 통제의 대상으로 삼으면서 스스로 경제적 이유와 사회적 상황을 해결한다는 차원에서 아파트라는 새로운 주택형식에 주목하게 됐다는 것이다.

〈주택난의 대경성에 부영 '가족아파트' 건설〉을 알린 《동아일보》의 1939년 6월 기사는 그런 뜻에서 많은 점을 시사한다. 소위 부영아파트를 1939년에 경성에서 '급히 착

조선도시경영주식회사가
주택건설을 중심으로 신시가지
건설에 집중한다는 《조선신문》
1931년 10월 14일자 기사

수'한 까닭이 있을 것이며, 가족 아파트를 선창한 이유가 있을 것인데 추론하자면 이는 모두 전쟁과 관련된 일이다. 지대(地代)와 가임(家賃)을 통제했기에 주택 부족 문제는 한층 악화했고, 그런 배경에 따라 '집 없는 샐러리맨들에게 자기 집과 같은 분위기를 느낄 수 있도록 설계'하겠다는 것이 당시 경성부의 입장이었다. 또한 자기 소유의 집이 아니라 임대용 주택으로 만든다는 것인데 당연하게도 '독신'을 겨냥한 것이 아니라 전쟁물자 동원과 군수품 생산에 차질이 없는 노동력 확보를 위해 노동자와 그들의 피붙이를 대상으로 한 가족 아파트를 구상한 것이다.

동양척식주식회사의 방계회사인 조선도시경영주식회사 부산지점이 1941년에 준공한 부산 남빈의 청풍장아파트는 바로 이런 입장에 충실했던 것이다. 그리고 조선총독부의 이 같은 태도는 부(府)에 해당하는 식민지 조선의 대부분에서 부영아파트 건설을 위한 공채 발행 구상으로 이어졌다. 민간부문에서의 아파트 건설이 시들해지고, 기존에 지어진 아파트마저 대부분 호텔로 전업하는 분위기에 놀란 총독부가 이를 강력 단속하면서 다른 한편으로는 서둘러 부영아파트 건설에 박차를 가한 것이다. 그러나 자재 수급 불안정과 국민총동원 체제 아래서 공적 자금을 아파트 건설에 투입하기란 여간 어려운 일이 아님은 불을 보듯 뻔한 것이니 대도시를 포함해 읍 단위에 이르기까지 부영아파트와 읍영주택 신축을 위한 공채 발행 움직임이 당시 급증한 이유다. 물론 그것이 여의치 않았다는 사실 역시 쉽게 납득할 수 있다. 지방정부가 알아서 건설자금을 마련하느라 애썼지만 대부분의 공채 발행 움직임이 실패를 거듭했고, 부영아파트의 상당수는 터파기도 하지 못한 채 중단되고 말았다. 건축자재의 앙등으로 불가능하다는 판단에 이른 것이지만 그럼에도 불구하고 몇몇 주요 도시의 아파트 구상이며 계획안은 남아 전해지고 있어 당시 공공주체가 생각했던 아파트 건축의 일면은 어느 정도 알아차릴 수 있다.

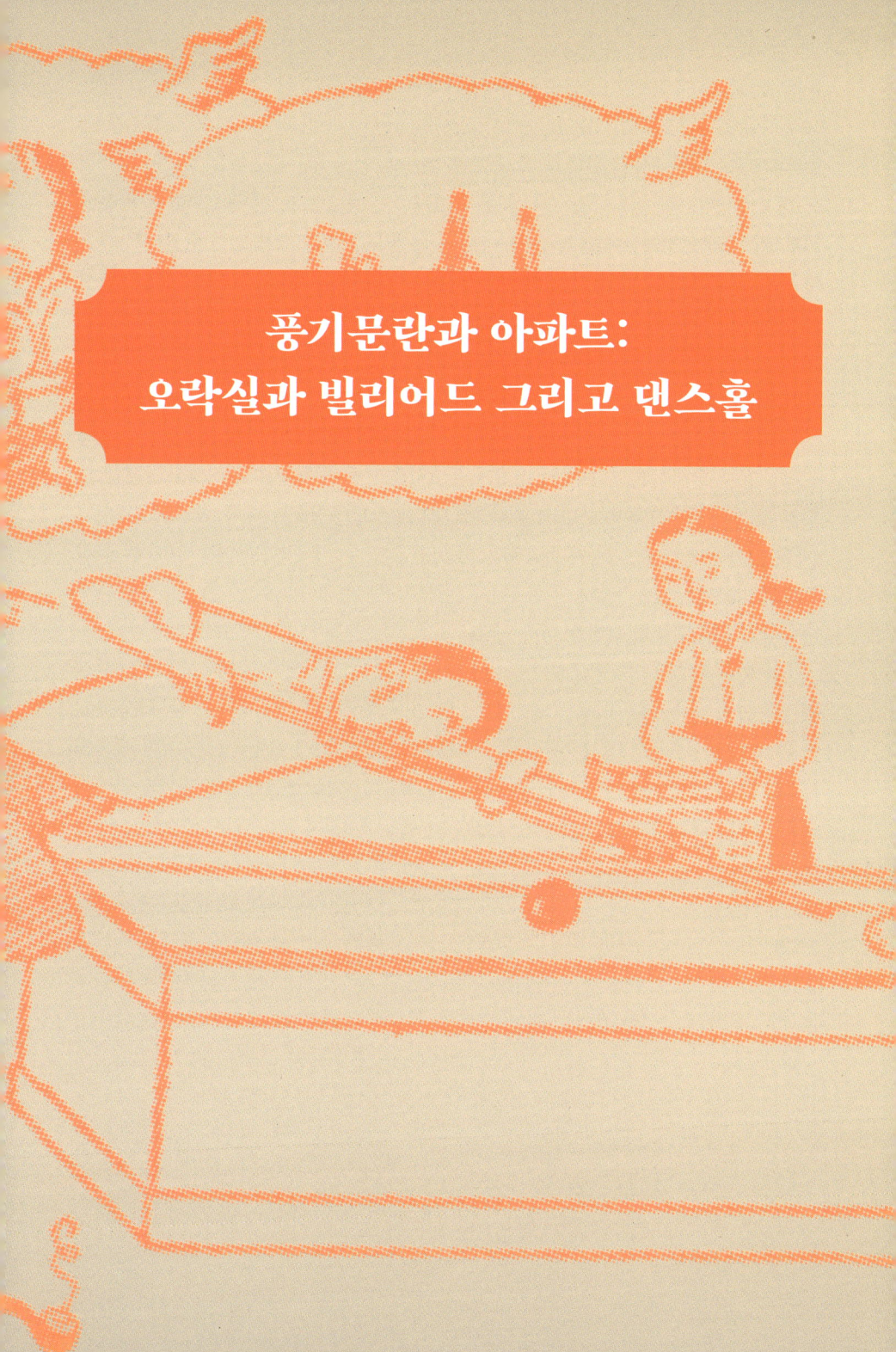

풍기문란과 아파트: 오락실과 빌리어드 그리고 댄스홀

몰락한 왕실과 순종 임금의 당구대

일본에 의해 대한제국이 무너진 뒤 순종은 황제의 위치에서 왕으로 강등되며 창덕궁에 머물게 됐고, 일본은 그를 가벼이 여겨 그저 이왕(李王)으로 칭했다. 폐위된 순종은 이후 16년 동안 창덕궁에서 지내다가 1926년 4월 25일에 53세를 일기로 영욕의 삶을 마쳤는데, 인산 행렬은 덕수궁을 거쳐 남대문로를 지나 을지로 2가에 이른 뒤 동측으로 방향을 바꿔 유릉(裕陵)이 있는 금곡으로 향했다. 경성신문사 안에 설치된 조선박문사가 1926년에 펴낸 《순종국장록(純宗國葬錄)》은 순종의 국장 진행 과정과 조선 왕실의 일상을 여러 장의 사진으로 담고 역대 임금의 간략한 치적도 함께 실었다.

이왕으로 격하된 뒤 순종은 일본 도쿄에 주문해 구입한 두 대의 당구대를 창덕궁 인정전 동행각에 들이고, 매주 월요일과 목요일을 당구하는 날로 정해 이를 즐겼는데 점점 당구에 재미를 붙여 스스로 정한 날 이외에도 당구장으로 나와 오락을 즐겼다고 《매일신보》는 전했다.[1] 그렇게 소일하던 순종 임금이 세상을 떠나고 열흘 정도 후, 아직 국장은 치러지지 않은 1926년 5월 4일자 신문에서는 순종 임금이 즐겼다는 궁궐 내부 당구장 모습과 당구대 사진을 다시 내보내면서 짧은 글을 사진 옆에 보탰다.[2]

'순종황제께서는 구중궁궐에 깊이 계시면서 세상일을 억지로 잊으시고 적막하실 때에는 근친, 종척(宗戚, 종친과 외척)과 함께, 또 어떤 때에는 대비 전하와도 같이 「옥돌(玉突, 당구)」을 치심으로써 일시의 소견(消遣, 소일)으로 삼으셨는데 이제는 모든 것이 애통을 새롭게 할 옛일이 되어 누구라도 인정전 안의 옥돌대(玉突臺, 당구대) 사진을 보면 감회가 깊을 것이다.'라는 내용이 그것이다. 글 옆에는 "애용하시던 옥돌대"라는 제목을 달아 인

---

1 — 〈李王殿下玉突〉, 《매일신보》 1912년 3월 7일. 당시 당구는 대개 '옥돌(玉突)'로 불렸는데, 경우에 따라서는 '삘리야드'나 '빌리어드'처럼 영어 발음을 그대로 우리말로 바꿔 부르기도 했다.

2 — 순종 임금이 일본 도쿄에서 당구대 2대를 구입해 창덕궁 인정전 동행각에 들인 것은 1912년 3월이고 그의 부친인 고종 임금은 이보다 1년 5개월 뒤인 1913년 8월에 덕수궁 덕홍전(德弘殿)에 당구대를 들여왔다. 이 주장을 근거로 조선에서 기록상 처음으로 당구를 일종의 오락으로 즐긴 이는 순종과 고종이라고 알려졌다. 〈당구130년史: 당구를 접한 최초의 조선 사람들 3〉, 《빌리어즈》 http://www.thebilliards.kr. 또한 이 글에서는 1884년 9월 20일 의료선교사 호러스 알렌이 처음 조선에 들어오면서 인천(당시 제물포)의 한 오두막 호텔에 설치된 당구대 위에서 새우잠을 잤다는 일화를 들어 이때를 한국 당구의 기원으로 삼고 있다. 그러나 '옥돌장으로도 불린 당구장은 1920년대부터 본격 보급되기 시작하여 점차 보편적인 오락시설로 자리 잡았고, 1930년대 후반에 이르면서 당구장은 영화와 연극에 이어 세 번째로 이용객이 많은 오락시설로 자리 잡았다.'는 것이 통설이다. 소래섭, 《불온한 경성은 명랑하라》, 웅진지식하우스, 2011, 83쪽 참조

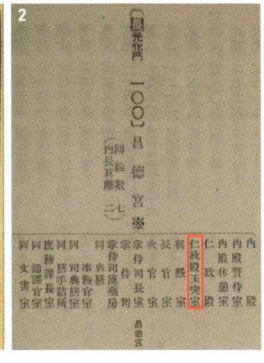

1 〈(순종 임금께서) 애용하시든 옥돌대〉, 《매일신보》 1926년 5월 4일자

2 1930년 6월에 발간된 《경성·인천 전화번호부》에 나온 창덕궁 인정전 옥돌실 전화번호

3 연회장 설비를 갖춘 식당부와 별도로 전화기를 두고 당구장 영업을 했던 이리역 앞 아오키도 광고. 출처: 《조선신문》 1925년 11월 28일자

정전에 마련했던 당구대를 사진으로 담았다.[3] 순종 임금이 애용했다는 당구대는 도쿄 닛쇼테이(日勝亭)에 주문해 설치한 것인데, 닛쇼테이는 당시 외국 당구대와 관련 장비를 수입해 판매 대행하거나 직접 제작한 것을 판매한 일본 최대의 당구 재료 판매상 가운데 하나였다. 조선 임금이 직접 사용할 당구대를 조선에 납품했던 까닭에 니츠쇼테이는 당구가 큰 인기를 누리게 된 1930년에는 경성부 본정 2정목 39번지에 주식회사 닛쇼테이 조선총대리점(日勝亭代理店, 전화 본국 1258)[4]을 두고 당구대와 각종 기구를 판매했다.

아무튼 그 전부터 인천 개항장 등을 통해 조선에 들어온 당구는 1920년대 말을

---

3 — 《매일신보》 1926년 5월 4일자에 실린 순종 임금의 당구장 사진은 《純宗國葬錄》, 京城新聞社 內 朝鮮博文社, 1926, 18쪽에도 실렸다.

4 — 경성중앙전화국 발행, 《경성·인천 전화번호부》, 1930년 6월, 195쪽. 이 전화번호부는 1930년 5월 15일을 기준으로 작성된 것으로서 창덕궁 인정전 옥돌실(玉突室)은 광화문 전화국 100번을 이용해 교환 전화로 연결될 수 있음을 알려준다.

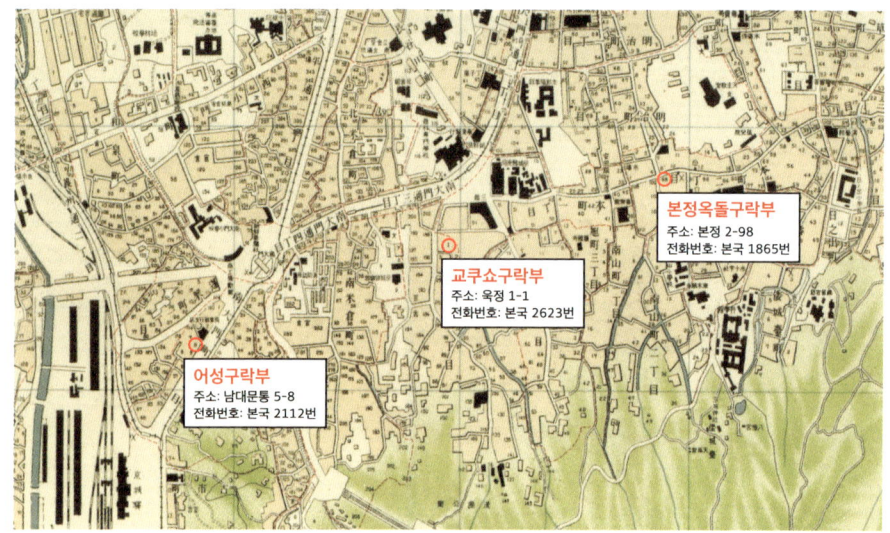

인천박물관이 소장한 1930년 5월 15일 기준 《경성·인천 전화번호부》가운데 주요 당구장을 따로 추려 서울역사박물관이 소장한 〈경성시가도(1933)〉 위에 표기했다.

거치며 대중에게 널리 퍼졌고,[5] 1930년대에 접어들면 대도시 경성의 복판인 종로뿐만 아니라 도성 안의 다른 지역으로 널리 확산되면서 지방으로까지 전파됐다고는 하지만 순종 임금의 당구대가 설치될 무렵부터 당구는 이미 조선에 널리 알려졌다.[6] 1913년 10월 초 《매일신보》가 전한 기사는 이러한 사실을 충분히 짐작하게 한다.

'평안남도 도청에서 일하는 사람들은 평양에 재미를 즐길 만한 이렇다 할 오락기관이 없다는 사실을 유감스럽게 생각한 끝에 공제회를 조직해 기존의 구락부를 매입한 뒤 사무실로 사용하기로 하고, 우선 내부 수선공사를 실시하고 있는데 공사를 마치는 즉시 위기(圍碁, 바둑), 궁술장, 옥돌장 등을 설치해 일반 도청 직원들의 오락기관으로 사

5 — 《조선신문》 1925년 11월 28일자에는 이리역 앞에 대연회장과 오락실, '릴리'라는 이름을 가진 카페 등을 갖춘 아오키도(青木堂) 광고가 실렸는데 이곳에는 식당부와 별도로 따로 전화번호를 가진 당구부(撞球部)가 있었고, 이곳에서는 축음기를 통해 음악을 들으며 오락을 즐길 수 있다고 알리고 있다. 이보다 훨씬 앞서 《매일신보》 1912년 6월 16일자에는 〈부산역 옥상정원〉이라는 제목의 기사가 실렸는데, 60평 규모의 정원에 푸른 소나무를 심어 천연공원과 흡사하게 만들었으며, 당구대(玉突臺)까지 갖춰 누상(樓上)호텔이라 이른 뒤 1912년 8월 1일부터 개장한다는 기사가 실리기도 했다.

6 — 경성중앙전화국이 1930년 5월 15일을 기준으로 다양한 업종의 전화번호를 수록한 《경성·인천 전화번호부》에 따르면, 경성의 경우에는 본정 2정목 98번지에 본정옥돌구락부(本町玉突俱樂部), 남대문통 5정목 8번지에 어성구락부(御成俱樂部), 욱정 1정목 1번지에 교쿠쇼구락부(旭勝俱樂部)가 각각 본국 회선의 전화번호를 두고 당구장 영업을 했음을 알 수 있다.

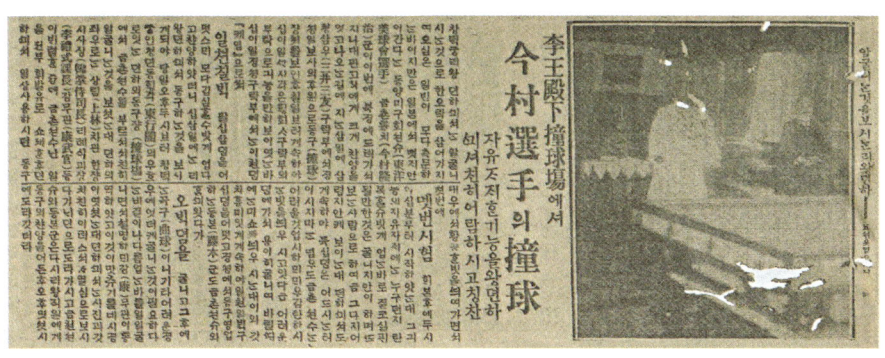

〈이왕전하 당구장에서 이마무라 선수의 당구〉, 《매일신보》 1921년 12월 15일자

용하려 한다.'[7]는 것이었다.

　이와 비슷한 시기에 《매일신보》는 다시 '왕비께서도 더위를 물리치기 위한 방편으로 매일 오전 10시에 내인들을 대동해 인정전에서 옥돌로 소요하시다가 오후 5시가 되면 돌아가셨다.'[8]는 소식을 전했다. 당시 일본에서는 이미 당구가 일정한 계급이나 집단 구성원의 사교를 위한 오락이자 근대적 스포츠로 널리 퍼졌고, 오락실을 따로 마련해 당구대를 두는 것은 정부 기관이나 군대 등과 같은 지배 집단이 사용하는 곳이라면 마땅히 갖춰야 할 일종의 서구식 교양 공간으로 인식하고 있을 때였다.

　창덕궁 이왕 전하께서는 알 굴리시는 것으로 오락을 삼아 오셨음은 일반인들이 이미 들어서 알고 있는 바지만 일본에서 몇 손가락 안에 든다는 동양미구회(東洋美球會) 선수 이마무라 타카하루(今村隆治) 군이 이번에 북경에 들어가서 중국의 고관대작들에게 큰 칭찬을 받고 돌아오는 길에 미쓰이미토모(三井三友) 구락부에서 경성일보사의 후원으로 7일부터 12일까지 각 은행회사 구락부의 부탁으로 묘기를 많이 선보였는데, 12일에는 경성구락부에서 2천 점을 내는 게임을 해 1,783점을 얻으며 모두로부터 큰 환영을 받았다. 13일 오후 두 시부터는 이왕 전하께서 창덕궁 안 정전의 동행각으로 이마무라 선수와 그의 동행인 후지모토(藤本) 군을 불러 알 굴리는 모습을 친히 보셨는데, 전하의 좌우로 간바야시(上林) 차관, 한 장시사장(韓掌侍司長), 이 예식과장(李禮式課長), 강 무관(康武官) 등이 배열한 가운데

---

7 — 〈娛樂機關의 設備〉, 《매일신보》 1913년 10월 3일자

8 — 〈李王妃玉案消遺〉, 《매일신보》 1914년 7월 4일자

이마무라 선수는 알을 전부 휘발유로 깨끗이 닦아낸 후 전하께서 늘 사용하시는 당구대 위에서 황공한 태도로 몇 차례 연습을 한 뒤 두시 십 분부터 경기에 임했는데 그 기능의 자유자재에 누구든지 탄복할 수밖에 없었다. … 강 무관의 통역으로 게임을 마친 것은 네 시경이었는데 전하께서는 친히 이마무라 군이 당구를 치는 모습을 보시다가 내전으로 돌아가셨고, 이마무라 선수와 후지모토 군은 다시 직원들의 칭찬과 찬사를 듣고 오후 여섯 시경에 돌아갔다.[9]

1921년 12월의 일이었다.

유행병처럼 번진 오락, 당구

기세등등했던 일제와 구중궁궐에 갇힌 몰락한 왕가의 모습을 보는 것 같아 씁쓸한 기분이 들지만 이 기사를 통해 몇 가지 사실을 더 유추해볼 수 있다. 당구가 당시에는 비교적 건전한 오락이었고, 그때만 하더라도 일본이나 중국, 조선 모두에서 일반인들과 다른 계층에서 주로 즐겼던 스포츠였다는 사실이다. 이런 까닭에 은행이며 회사와 같은 근대적 직업인들을 통해 운영되는 대부분의 조직이나 공공기관에서는 당연하게도

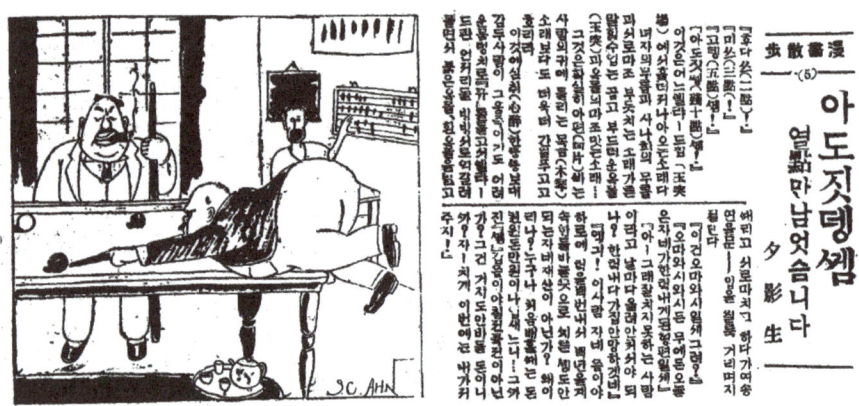

경성의 부자들이 당구 즐기는 모습을 풍자한 안석영의 만문만화. 출처:《조선일보》 1928년 10월 17일자

9 — 〈今村 選手의 撞球〉,《매일신보》 1921년 12월 15일자

서둘러 권장하는 운동이자 오락이었다.

일례로 1918년 8월부터 1922년 5월까지 조선총독부 정무총감을 지낸 미즈노 렌타로(水野鍊太郎)와 그의 부인은 조선에서 임기를 마치고 일본으로 돌아가면서 이를 기념하기 위해 경성부의원(京城府醫院)에 탁구대며 당구대까지 갖춘 오락실을 기부했고, 1922년 11월 18일 이를 준공했다. 이 오락실은 간호사와 환자 모두의 위안을 위한 맞춤 공간이라는 말이 보태졌을 정도였는데, 이를 근거 삼는다면 1920년대 후반에는 이미 당구가 유행병처럼 번져 누구나 즐길 수 있는 오락으로 크게 유행했다는 말과 다르지 않다.[10]

그런 까닭에 1927년 4월 30일 신축 사옥 준공 당일 동아일보사가 1면 기사로 소개한 〈사옥건축 개설(槪說)〉에서 3층 도서실에 인접해 '구락부'가 있다고 했던 것은 당연하게도 당구장이었다. 이는 같은 신문의 다른 기사를 통해 확인할 수 있는데, 사옥 준공에 앞서 새로 지어질 신문사 건물의 곳곳을 찾아 독자들에게 알린다는 취지에서 만들어진 〈신축된 본사 사옥 순관기(巡觀記)〉[11]에서 사옥 3층을 소개하며 "(이곳은) 장기, 바둑이며 「쌜리야드」판이 놓인 곳인데, 제각기 사무를 마친 사원들이 와서 노는 곳"이라며 자랑스럽게 밝힌 것은 매우 자연스런 일이었다. 그로부터 10년이 지난 1937년 7월 27일 준공한 태평로1가의 조선체신사업회관 역시 동아일보사와 다르지 않아 4층에 '당구실'을 별도로 두었다.[12]

1 3층에 당구장이 마련된 동아일보 사옥. 1927년 4월 30일 준공. 출처:《동아일보》 1927년 4월 30일자
2 4층에 당구장을 설치한 조선체신사업회관. 1937년 7월 27일 준공. 출처: 국립중앙박물관, 《유리원판목록집Ⅳ》, 조선총독부박물관 유리건판

10 ─ 1928년 10월 16일에 용산 1정목 전찻길 옆에 용산 유일의 고급당구장이 개설됐는데 명칭은 가즈토시구락부(和壽俱樂部)로 아주 이상적인 당구설비를 갖춰 많은 사람의 기대를 받고 있다고 《조선신문》 1928년 10월 17일자가 전했다.

11 ─ 〈新築된 本社舍屋巡觀記 (三)〉,《동아일보》 1926년 12월 15일자.

12 ─ 〈遞信事務會館 落成코 一般에 公開〉,《동아일보》 1937년 7월 28일자. 현재 이 건축물은 철거되고, 서울특별시 도시건축전시관이 들어섰다.

태평로 1가 조선체신사업회관은 1935년 12월 기공하여 1937년 7월 27일 준공되었다. 이 회관은 4층의 철근콘크리트 근세 양식으로 1층은 체신박물관 이외에 간이 보험 건강상담소로 일반에게 공개하여 봉사하리라 한다. 28일 낙성식을 거행할 예정이었으나 시국관계로 낙성식 비용을 국방헌금에 충당하고 낙성식은 폐지한다는데 2층은 각종 협회사무실로, 조선전기협회, 조선우편소청사협회, 조선체신협회, 조선해운연맹, 조선방송협회 등 각 단체로 충당되었으며 … 중요한 배치는 다음과 같다. … 4층 도서열람실, 당구장, 오락실, 집회실, 화실(和室) 숙박실, 서양식 숙박실 …[13]

이처럼 당구장은 일제강점기를 거치며 1930년대 후반에는 영화와 연극에 이어 세 번째로 많은 이용객을 기록하는 대중오락시설로 급부상했는데[14] 흥미롭게도 경성의 아파트가 본격 등장했던 때와 시기가 겹치기도 한다. 그러니 당시 아파트 평면을 살펴보면 딱히 유행이던 마작장이나 당구장이라 언급하지는 않은 경우라도 대부분 당구장으로 쓰였던 것이 분명한 오락실을 1층에 따로 두었다. 아파트 임대업자 입장에서는 당시 유행이던 마작장이나 당구장을 설치해 아파트 거주자를 대상으로 한 대실(貸室) 수입과 더불어 근처를 오가거나 아파트를 방문하는 뜨내기 손님들로부터 당구장 이용료라는 별도 수익을 취할 수 있었던 것이다. 일제강점기 경성의 아파트 풍경을 짐작할 수 있는 대목이다. 평양에 웅장한 모습으로 출현한 동정의 동아파트를 통해 이를 확인할 수 있다.[15]

내자동 미쿠니아파트 오락실

미쿠니상회가 경성부 내자동에 미쿠니아파트를 준공한 것은 당구가 조선에서 한창 유행하던 1935년 5월이었다. 낙성식 모습을 전한 《조선신문》은 오후 4시부터 옥상전망대에서 시작한 낙성식이 기생들의 여흥 행사까지 보태지면서 오후 6시에 겨우 마칠 수 있

---

13 ― 〈遞信事務會館 落成코 一般에 公開〉, 《동아일보》 1937년 7월 28일자

14 ― 〈娛樂의 首位는 映畫와 撞球〉, 《조선일보》 1939년 2월 3일자. 관련 기사는 중일전쟁 발발 3년째임에도 불구하고 인천부의 11만 부민이 인천의 극장 세 곳에 도합 39,4281명이 다녀갔다며 인천의 경우만 보면 영화와 연극이 수위를 차지하고 그 다음이 당구장인데, 이는 흥행세를 기준으로 한 것으로 전년도에 비해 30% 정도가 늘어난 것이라 보도했다.

15 ― 평양 동아파트 준공 소식을 전한 《조선신문》 1934년 11월 2일자 기사는 당구장 1개소가 있음을 언급한다.

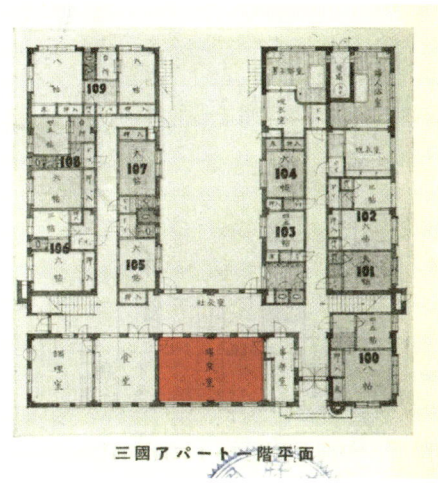

내자동 미쿠니아파트 1층 평면도.
출처: 《조선과건축》 제14집 제6호, 1935년 6월

었다고 했다.[16] 흥미로운 것은 아파트 준공과 거의 동시에 《조선과건축》에 실린 내자동 미쿠니아파트 1층 평면도인데, 현관에 들어서자마자 왼편으로 사교실로도 사용하는 넓은 복도에 면해 가장 넓은 공간을 오락실로 할애하고 있다는 사실이다.

식당의 2배 정도나 되는 면적을 차지하고 있는 내자동 미쿠니아파트 오락실을 당구장으로 사용했다는 사실은 확인할 수 없었다. 그럼에도 불구하고 당시의 아파트란 지금의 경우와 사뭇 달라 누구나 자유롭게 드나들 수 있는 건축물이며, 특히 1층에 마련된 다양한 상업용 시설공간이며 임대사무용 공간 등은 누구라도 비용을 지불한다면 서비스를 받을 수 있는 영업공간이자 휴게시설이었다. 대부분의 아파트는 당연하게도 도시 가로에 면한 연도형(沿道型) 건축물이었다는 점을 고려한다면 매우 조심스럽지만 내자동 미쿠니아파트 오락실 역시 당구장으로 사용했으리라 추측할 수 있다. 1930년대 후반 한 신문 기사[17]를 보면 마치 내자동에 지어진 미쿠니아파트를 지칭하는 것으로도 생각할 수 있다. 다양한 용도를 복합적으로 구비한 아파트라는 새로운 도시건축 유형이 출현하면서 미처 관련 제도가 이를 따르지 못하고 있음을 지적한 것이니, 대도시 경성의 당대 모습을 유추할 수 있는 대목이지만 아파트라는 건축유형의 돌발적 등장을 알리는 징표이기도 하다.

16 — 〈ミクニアパート落成式〉, 《조선신문》 1935년 6월 1일자

17 — 〈아파-트 취체 강화-건물, 음식, 오락 등에 대한 개별 취체를 종합 취체로〉, 《동아일보》 1938년 5월 6일자. 이 기사에는 대경성에 매일 늘어가는 아파트에는 식당은 물론 '빨리야드' 등의 오락기관을 주어 영리를 도모하고 있어 이에 대한 세밀한 관리방안이 마련되어야 한다고 지적했다. 한편 이 기사에 등장하는 '대경성'은 이미 1920년대부터 경성의 확장과 관련해 조선총독부에 의해 끊임없이 논의된 개념이자 실행 전략으로서 1938년 1월 6일 조선총독부 기관지인 《매일신보》는 이를 구체화한 교통망 확장계획을 《경인 메트로폴리스 환상곡》이라는 특집으로 게재하기도 했다.

이미 1930년대 초부터 마작이며 당구, 나아가 '베이비 골프'[18] 등에 이르기까지 각종 오락을 통해 일제의 식민지 조선은 총독부가 기획한 모범적 식민지인 만들기 세례에 흠뻑 젖을 수밖에 없었으며, 여기에 식민지의 우울과 비탄이 보태지면서 당구는 더욱 세차게 유행을 주도했다.[19] 각종 취미 단체가 나서서 버젓이 당구며 마작 모임을 일

1 1931년 1월 31일 (조선)토목건축협회원이 모여 친선당구대회를 개최했다는 기사와 사진. 출처: 《조선신문》 1931년 2월 4일자

2 신문에 나란히 실린 당구 경기 개최 안내와 마작 모임 안내. 출처: 《조선신문》 1931년 2월 21일자

18 — 베이비골프란 1930년대에 등장한 새로운 오락물의 한 가지로 도심에서 멀리 떨어진 교외에 위치한 18홀의 정식 골프코스 대신 도심 공터를 이용해 축소판으로 꾸민 18홀을 도는 게임인데, 1932년 7월 9일 종로구 관훈동에 처음 문을 연 뒤 1935년 4월에는 경성전기회사가 본정에도 만들어 운영했다. 소설가 채만식은 1933년 10월 8일자 《조선일보》 특간(特刊) 문예란의 〈모던라이프: 베비-꼴프〉에서 이르길, '베이비 골프라고 누가 이름을 지었는지 꽤 그럴듯하기는 하지만 나더러 이름을 지으라고 했으면 「소꼽질 골프」라고 했을 것'이라며 '훤하고 넓은 잔디 벌판에서 딱 힘 있게 골프를 치는 것을 흉내내어 손바닥만 한 마당에 서로 다른 18개의 코스를 만들어놓고 조그마한 공채로 조그마한 공을 쳐서 구멍으로 넣는 얄궂은 장난'이라고 했다.

19 — 이와 관련해 소래섭, 《불온한 경성은 명랑하라》(웅진 지식하우스, 2011, 8쪽)에서는 '1930년대에 갑작스럽게 명랑이라는 말이 광범위하게 유통됐고, 이는 조선인들의 신체와 두뇌를 총독부가 통제해 식민지 체제에 맞게 하려는 기획의 결과라는 점과 함께 1930년대 들어 뚜렷하게 모습을 드러낸 자본주의적 감정 관리가 총독부의 명랑화(明朗化) 작업과 맞물리게 된 점을 우선적 이유로 들었다. 또한 이런 배경에서 유통된 명랑이라는 말 자체도 다양한 의미의 층위를 가지게 되었다.'는 사실을 언급했다. 따라서 당시 오락이거나 근대 스포츠로 여겼던 당구는 이러한 시각에서 다채로운 명랑화 추구 방식의 하나로 이해할 수 있다.

간신문을 통해 알렸고, 때론 매우 건전한 사회기풍을 진작하는 것으로 선전하기도 했다.[20] 일례로 일본에서는 세계적인 당구 선수로 추켜세운 스즈키 가메키치(鈴木龜吉)가 지었다는 《당구 기술의 비결》이라는 책을 조선총독부 〈관보〉 제2051호에 버젓이 광고하기도 했다. 1933년 10월 31일의 일이다.

1932년 12월 19일자 총독부 기관지 《매일신보》는 〈모던 풍문록〉이라는 제목아래 '1932년부터 엽기적으로 유행하는 것이 당구(옥돌)와 베이비 골프라며, 이들이 오락물의 총아가 됐다'는 머리기사를 올린 뒤 '명랑을 찾는 신인의 감각'이라는 작은 제목을 보탰다. 이어 '1923년부터 수입되어 새로운 오락으로 비상한 관심을 받았던 마작(麻雀)은 이제 망국의 오락으로 인텔리 계급으로부터 저주까지 받는 형편이 되어버려 신시대인의 오락물이라 할 수 없지만 1932년에 들어 명랑을 요구하는 신시대의 젊은 사람들은 당구와 베이비 골프를 통해 명쾌한 기분을 갖게 된다.'고도 했다. 바야흐로 마작의 시대가 가고 명랑에 편승한 당구와 베이비 골프의 시대가 한반도를 급습한 것이다.

퇴폐와 중독의 온상으로 변한 마작과 당구

그런데 다시 1930년대 중반에 이르자 별안간 마작에 이어 당구에 대한 혹평이 대거 등장하기 시작했다. '현대 물질문명의 부산물이라 할 수 있는 각양각색의 오락기관이 전 세계를 풍미하고 있다는 사실에 편승해 조선에서도 경향을 막론하고 오락병에 도취해 한가하게 세월을 보내고 있는 청소년들이 허다한 것은 누구나 알고 있는 현상'이라 전제한 뒤 '주간에는 마작장(麻雀場)으로, 다시 야간에는 옥돌장(玉突場, 당구장)을 찾아 침식을 잊고 오락을 직분으로 알고 헛된 나날을 보내고 있는데, 삶이 고달플수록 오락은 필요한 것이나 미래의 주인공이 될 청소년들이 오락에 빠져 허송세월을 보내고 있는 것은 통탄할 일'이라며 짐짓 점잖음을 가장한 혹독한 충고에 이르렀다.[21]

20 — 조동성은 〈남기고 싶은 당구 이야기〉를 통해 '1920년대 말을 고비로 급격하게 불어난 대중 당구장이 1930년대에 접어들며 한국의 당구 역사에서 가장 모범적인 시대를 이끌었다.'고 했는데, 그 이유로 '스포츠로서 본연의 당구정신이 충만했으며, 지도급 당구인들도 선도자로서 사명감을 다했던 시기였다.'는 점을 꼽았다. 당시 건전한 사회기풍 조성에 당구가 부합한다는 것은 사실 총독부의 기획인데, 식민지의 명랑화를 추구하려는 전략과 당구가 맞닿아있었기 때문이다. http://www.thebilliards.kr

21 — 김형담, 〈惡夢을 깨라〉, 《동아일보》 1936년 8월 19일자

한심하고 넋 빠진 일로 마작중독을 비난한 이갑기 만화 〈작금의 사회상 3. 마작중독〉, 《동아일보》 1931년 1월 13일자

이러한 분위기에 기름을 끼얹는 돌발 사건이 발생했는데, 1936년 당구장을 아지트 삼아 '도색유희'를 즐기던 유한계급 자제들과 기생이었거나 기생 일을 하는 여성, 그리고 소실들이 어울려 벌인 소위 '유탕남녀군 도색향락(遊蕩男女群桃色享樂)'[22] 사건이 그것이다. 당구 유행이 전국적으로 번지며 곳곳에 개설한 당구장 이용객이 대폭 늘었고 당연한 결과로도 보이는 불미스러운 사건들이 점점 늘기 시작했는데, 그 정점을 찍은 사건이 바로 '유탕남녀군 도색향락사건'이었다.

"힌알 붉은알이 옥판 우에서부듸치는 소리와 아울너 옥(玉)을 깨치는 소리와가치 간지러진 우슴으로 추파가오고가는 사이에 젊은이들의 얼크러진 붉은사랑이 매저지며 푸른등 붉은등불밋헤서향락에 저저잇는 유한 「마담」과 「모던보이」들-그들에게도철퇴가나리게될날이 머지아니하엿스니 그 도색굴을 들추어보자!"[23]로 시작해 그 자세한 내

22 ─ 이 말은 관련 사건을 자세하게 보도한 《매일신보》의 기사에서 따왔다. 이 사건에 앞서 이미 《동아일보》 1932년 8월 30일자 〈휴지통〉에서는 "오락과 행락에는 놀아서 못 따라가는 조선에 요새의 서울에는 기생아씨들의 「빌리아드」가 한창 유행. 「빌리아드」는 일본말로 「다마스키」, 조선말로는 「알치기」"라는 내용을 실어 경성 기생들 사이의 당구 유행을 알렸다.

23 ─ 〈靑燈紅燈明滅하는 密室안에 遊蕩男女群桃色享樂〉, 《매일신보》 1936년 9월 27일자

용에 대해 대중의 궁금증을 자아내게 하는 이 기사는 당시 경성 사람들을 아연실색하게 했다. 종로의 어느 당구장에서 유한마담과 불량 청년들이 매일 밤낮으로 모여 해괴한 짓으로 풍기를 문란하게 한다는 소식을 접한 종로경찰서에서 여러 차례 주의를 주고 경고를 했음에도 불구하고 유한계급에 속하는 청년, 부호의 자제, 과거 기생이었거나 혹은 당시 기생인 이들과 남의 소실 등이 매일 밤 모여 도색유희를 계속하는 바람에 문화도시 중심지인 종로의 풍기가 용인할 수 없을 정도에 이르렀고, 종로1가 파출소에서 종로경찰서로 보고된 까닭에 이들에게 경찰서 출두 명령이 내려졌다는 것이 기사가 전한 대강의 내용이었다.

내기 당구를 위해 거금을 횡령하는 점원도 생겼고, 푼돈을 모아 미래를 대비하려고 준비했던 돈을 내기 당구로 날리는 바람에 자살한 사람도 있었다. 1932년 12월 23일 일본 도쿄 후카가와구 대화재[24]를 계기로 커다란 인명 손실이 발생했던 사건은 경성에서도 우려를 부추겨 나날이 늘어가는 경성의 제법 규모가 큰 아파트를 걱정하던 조선총독부 입장에서 본다면 당구장에서의 불미스러운 사건은 그야말로 엎친 데 덮친 격이었다. 경성부 소방서의 조사에 따르면, 아파트 형식을 갖춘 경성 내 39곳을 조사한 결과 거의 모두가 소화전 따위의 시설을 갖추고 있지 않아 1,035명이나 거주하는 경성의 아파트에 대한 소방과 위생 문제가 심각하다는 보도까지 여기에 보태졌다.[25]

개성 남문상가에 위치한 당구장에서는 표면만 당구장일 뿐 내부는 이미 도박장으로 바뀐지 오래됐고, 일정한 직업이 없는 룸펜과 청소년, 상점 수금원, 농촌 청소년들로 당구장에는 늘 백여 명에 가까운 사람들이 사행심 때문에 모여든다는 소식도 전해졌

---

24 — 1932년 12월 23일 도쿄 후카가와구에서 발생한 대화재는 1층은 시장, 2~3층은 아파트로 구성된 목조건축물에서 발생한 사건으로 무수한 희생자가 발생했는데 사망자 가운데 조선인이 특히 많았고, 그 가운데 어린아이가 다수 포함된 참혹한 사건이었다. 이 사건을 계기로 일본은 백화점과 아파트를 주요 대상으로 하는 '특수건축물 규칙요강'을 내무성령으로 제정하기로 결정했다. 〈百貨店アパートの特殊取締規則〉, 《時事新報》, 1933년 6월 7일자

25 — 〈風紀紊亂한「아파트」取締法規를 制定〉, 《매일신보》 1938년 11월 6일자: 물론 식민지 도시에서 '위생'은 도시 노동력을 건강하게 유지하려는 경제적 동기와 더불어 인종 분리를 정당화하기 위한 방법으로도 활용했다. 특히, 서구 유럽의 식민지들은 '식민지 엘리트들이 지배하는 화이트타운과 토착적인 블랙타운이라는 이중적 방식으로 광범위하게 계획·개발되었다'고 한다면 일제강점기 경성을 북촌과 남촌으로 구분하도록 한 조치 역시 이에 해당할 수도 있다. 리브커 야퍼·아나욱 더코닝 지음, 박지환·정헌목 옮김, 《도시인류학》, 일조각, 2020, 240~243쪽 참조. 그러나 이와 관련해 흥미로운 사실은 1934년 6월 20일 조선총독부제령 제18호로 제정되어 같은 해 6월 28일 시행한 조선시가지계획령 제24조에 이미 풍기지구 지정과 필요에 따라 행위제한을 할 수 있는 규정을 두고 있었다는 사실인데, 제24조를 통해 '조선총독은 시가지계획구역 안에서 풍기지구를 지정하여 그 지구 안에서의 건축물 또는 영업에 관하여 풍기상 필요한 규정을 둘 수 있다.'고 규정했다.

1 풍기문란한 아파트, 취체 법규를 제정해야 한다는 《매일신보》 1938년 11월 6일자 기사

2 1932년 일본의 당구장 풍경. 출처: https://shihlun.tumblr.com/image/174411714319

다.[26] 이 시기가 바로 중일전쟁이 격화하던 때였으니 이제 아파트는 위생 문제와 더불어 사회 안녕에 걸림돌이 되는 다양한 문제를 야기하는 온상이자 그곳에 부설된 명랑오락실이었던 당구장은 일제의 모범적 식민을 육성하기 위한 명랑화 정책에 걸림돌이 되는 퇴폐와 향락의 근거지가 된 것이다.[27] 당구장에 대한 부정적 이미지는 사회정치적 사건이 겹치면서 이렇듯 완벽하리만치 굳어졌고, 스포츠이자 오락이라던 당구는 어느 날

26 — 〈懸賞은 表面뿐 內實은 賭博場化〉, 《조선일보》 1937년 11월 4일자.

27 — 식민지 시기 건축물의 위생 문제는 새롭고 근대적인 경외감을 불러일으키는 주제지만 보다 의미를 부여할 것은 단순한 공중보건에 대한 식민권력의 관심이라기보다는 도시의 노동력을 건강하게 유지할 식민통치자들의 필요를 반영한 것이었다. 리브커 야커·아나욱 더코닝 지음, 박지환·정헌목 옮김, 《도시인류학》, 일조각, 2020, 65~67쪽 참조.

갑자기 퇴폐와 풍기문란의 대명사가 됐다.[28]

물론 일제강점기의 풍기문란은 조선총독부의 생각에 따라 다양한 층위에서 정의됐고,[29] 식민지 통치 정책의 변화에 따라 이곳저곳에 쉽게 가져다 쓰는 일종의 만병통치약처럼 사용됐지만 일상과 오락에 풍기문란이 강한 통제의 도구로 본격 동원된 것은 중일전쟁 이후다. 1940년 2월 '불량학생 청소공작'이라는 이름으로 당구장, 영화관, 카페, 바에 출입하는 중학생들을 엄중하게 조사하고 불량학생을 엄격하게 관리한다는 취지에 따라 고등계와 보안계 형사들이 나서서 학생들의 출입을 허용하는 업주에게는 영업정지 통보를 하는 등 강력 단속에 나섰던 인천경찰서의 조치[30]는 이런 사회적 배경과 정치적 이유에서 연유한 것이며, 여성을 포함한 사회적 약자층인 학생은 늘 강압과 계도의 대상이었다.[31]

28 — 사실상 '풍기문란'이란 일제가 1910년대부터 책정한 식민지 통치 정책 가운데 하나인 '풍기진숙(風氣振肅)'에 대한 통제 방편의 어휘라고 할 수 있다. 특히 3.1운동 이후 조선인에 대한 교화사업을 위해 공공오락의 확대를 꾀하는 과정에서 마작이며 장기와 바둑이 장려되기도 했는데 1930년 무렵부터 그것이 도박이라는 문제로 비화되었고, 마작박멸론이 강화되며 '명랑'에 반하는 것으로 엄격하게 통제하기 시작했다. 이경돈·김은영·김은경·최규진·김윤정·김연숙·김윤희, 《일제강점기 경성부민의 여가생활》, 서울역사편찬원, 2018, 368~380쪽 참조

29 — "일제는 세 부류를 '풍기 문제'로 삼았다. 첫 번째는 강점 전부터 조선민족주의 엘리트들도 문제 삼았던 음부탕자 부류다. 두 번째는 의복 사치와 낭비를 일삼는 상류층 학생 부류다. 세 번째가 부랑배, 부랑 자제 등 일정한 직업 없이 살아가는 상류층 자제였다." 유선영, 〈식민지의 스티그마 정치〉, 《사회와 역사》 제89집, 한국사회사학회, 2011, 53~58쪽

30 — 〈不良學生淸掃工作 撞球場·映畵館·카-페·빠 出入者를 團束〉, 《조선일보》 1940년 2월 9일자

31 — 주요섭, 〈학생풍기문란론〉, 《동광》 제28호, 1931년 12월, 50~53쪽에는 학생들을 대상으로 하는 풍기문란 지적에 대한 글이 실렸는데, 흥미롭게도 이를 괜한 걱정이라며 학생들을 두둔하고 나섰다. 학생들이 읽었다면 통쾌해할 만한 머리글 부분을 인용하면 다음과 같다. "'풍기문란,이란 말의 정의가 대단히 힘이 든다. 그것은 도덕관념이라는 것이 시대와 처소를 따라서 상이하고 또 변하기 때문이다. 더욱이 어느 곳이나 어느 시대나를 막론하고 풍기가 문란하지 않은 곳 또는 시대가 없다. 어느 곳 어느 시대에나 늙은이들은 젊은이의 풍기문란을 염려하고 책망하였다. 그것은 그들이 젊었을 때 자기네들 놀던 생각은 다 잊어버리고 젊은이들을 나무라는 것이다. 또 시대가 감에 따라 도덕적 관념과 조건이 변하기 때문에 젊은이들의 행동이 늙은이에게 해괴하게 보일 수밖에 없을 것이다. … 현재에 있어서도 학생이 중년신사 계급만큼 풍기가 문란하냐 하면 그렇지도 않다. 가장 풍기를 문란하게 하는 분자는 30으로 50까지의 중년신사들이라는 것을 부인할 사람이 없을 것이다. 그래서 학생의 풍기문제는 공상하는 것처럼 그리 중대한 문제는 아닌 것이다."라고 했다.

빌리어드 걸과 명랑, 그리고 베이비골프

풍기문란의 의미를 사회문화적으로 확장해 생각하면 그 상대어로 '명랑'을 꼽을 수 있다. 1930년대 신문에서 '명랑'이 가장 많이 사용된 사례는 일제의 식민지 정책을 설명하고 보도하는 기사였다. "'명랑'을 표방하는 총독부의 정책은 배제와 증진이라는 양방향으로 진행되었다. 부랑자, 오물, 질병, 미신, 범죄처럼 근대적 생활과 도시환경을 저해하는 요소들이 '명랑성'을 감소시키는 배제의 대상이 되었다면 위생설비, 전등, 치안, 범죄예방 및 범법자 검거, 건전 오락 등 생활환경을 근대화하고 체제 안전에 기여하는 요소들은 '명랑성'을 증진시키는 대상으로 '명랑'의 의미장을 확장했다."[32]

이에 따라 "'명랑'은 체제에 부합하는 모든 정책과 변화에 '긍정'의 의미를 부여하는 체제 선전의 표어이자 정책 동원 표지로 작동하기 시작했다."[33] 그렇다면 각종 신문과 잡지 등에서 지속적으로 제기했던 경성 아파트의 '풍기문란'이란 매우 복합적인 것에 해당한다. 아파트에 '불편과 폐단'이 많았다는 지적[34]은 근대적 생활을 지지하는 대도시의 건축물이 '총체적 명랑의 본산'이어야 함에도 각종 전염병의 전파 온상과 같은 위생상의 문제점과 함께 치정 살인이나 생활고 비관에서 연유한 자살과 같은 배제의 은밀한 작동공간이라는 것이며, 명랑을 증진하기 위한 오락이 배제의 대상인 도박으로 전복되는 상황이 된 것이기도 하다. 당연하게도 총독부는 당황할 수밖에 없었고, 여기에 질서와 안전을 저해할 것만 같은 성 도덕과 관련한 '풍기문란'[35]의 문제가 겹쳐졌으

---

32 ─ 김지영, 《매혹의 근대, 일상의 모험》, 돌베개, 2016, 259쪽. 같은 책 250쪽에서는 "일제강점기 '명랑'은 장르 코드이기보다는 총동원 체제가 마련한 정신 개조 운동의 차원에서 자주 등장했고, 유사한 맥락에서 1960년대 군사정권 아래 대대적으로 전개되었던 시민운동 또한 '명랑'을 주요한 표어로 사용했다."고 언급하고 있다.

33 ─ 김지영, 《매혹의 근대, 일상의 모험》, 돌베개, 2016, 259쪽

34 ─ 〈消防 衛生上의 不備로 危險한 旅館「아파-트」〉, 《매일신보》 1937년 6월 5일자; 〈아파-트取締強化〉, 《동아일보》 1938년 5월 6일자; 〈風紀紊亂한「아파트」取締法規를 制定〉, 《매일신보》 1938년 11월 6일자

35 ─ 이것이 함의하는 내용은 주요섭의 언급처럼 '성 도덕' 문제다. "학생풍기 문제의 가장 큰 두통거리가 이 성(性) 문제"라고 했다. 주요섭, 〈학생풍기문란론〉, 《동광》 제28호, 1931년 12월, 51쪽; 〈女學生行狀報告書〉, 《삼천리》 제8권 제11호, 1936년 11월, 198쪽에는 다음과 같은 내용이 담기기도 했다. "가정을 떠나 부모들의 슬하를 멀리하고 하숙생활「아빠트」생활을 하는 남학생 또는 여학생들이 서로 방문을 하고 찾아다니는 것이 쉬운 까닭에 그 접촉이 비교적 가정에 붙들려있는데 비하여 용이할 것이다. 더구나 전문학교 대학생들은 거의 순결치 못하다. 그래서 결국은 최후의 일선을 넘어서는 것이 자명의 리(理)다. 이 실정을 모르는 교육자나 부모들은 「아무렇게나 그러려고」 부정으로 기울어져 버린다마는 예를 들고 있는 자는 그것이 너무나 많은데 아니 놀랄 수 없는 터이다."

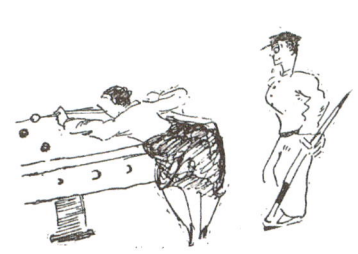

1 빌리아드 걸을 그린 삽화. 출처:《신동아》, 1932년 12월
2 경성부영버스 운행과 함께 등장한 '버스 걸.' 출처:《매일신보》1928년 4월 21일자
3 〈바다 업는 항구(港口) 부두(埠頭)의 처녀(處女) "목가적(牧歌的)인" 쌔소린쌜〉,《매일신보》1941년 3월 16일자

니 문제는 더욱 복잡했다.

한편 식민지 조선에서 점차 자본주의 경제가 성장하면서 서비스업 분야에 진출하는 여성이 늘어났다. 데파트 걸(백화점 직원), 버스 걸(버스안내원), 헬로 걸(전화 교환수), 티켓 걸(극장표 판매원), 가솔린 걸(주유소 주유원), 엘리베이터 걸(승강기 안내원), 매니큐어 걸, 빌리어드 걸, 숍 걸, 서비스 걸, 마네킹 걸 등 이루 다 헤아리기 어려울 정도로 다양했다. 이들의 호칭에서 이미 알 수 있듯 이들은 낮은 임금의 장기간 감정노동을 감당해야 했고, 이러한 직업을 알선해 준다는 꾐에 빠져 험한 일을 당하는 경우도 적지 않았다.

1937년 빌리어드 걸로 취직을 시켜주겠단 호의를 믿고 꾐에 빠졌다가 다행스럽게 나락의 수렁에서 벗어난 여성 관련 사건은 오락장을 당구장으로 사용하곤 했던 경성의 아파트를 다시 생각하게 한다. 사건의 내막은 이렇다. '1937년 11월 26일, 천안발 경성행 열차로 서울에 도착한 천안 출신의 17세 강산옥이라는 소녀가 역 앞에서 머뭇거리자

30세 정도의 남성이 접근해 '빌리아드 걸'로 취직시켜준다는 말에 귀가 솔깃해 그를 따라 서대문의 모처까지 따라갔는데, 이들의 움직임을 수상하게 여긴 근처의 양복점 직공이 여자에 대해 묻자 유괴한은 소녀를 둔 채 뺑소니를 쳐 다행히 소녀가 종로경찰서에 넘겨져 불행을 면했다'[36]는 것인데, 강산옥은 서울이 얼마나 무서운 곳인지를 알고는 자꾸 울기만 해 소녀의 신원조사를 맡은 종로경찰서가 골머리를 앓았다는 내용이다.

일제강점기 '직업여성'이라면 인텔리 계층에 속하는 기자, 의사, 교사와 대중적인 직업으로 전환교환수, 간호부, 타이피스트 등이 있었다. 이들은 실내에서 소수의 남성들만 대면하기 때문에 목소리가 담장 밖으로 나가는 일이 없었다. 차장은 달랐다. 조선 팔도 중 사람들의 이목이 가장 많이 집중되는 경성 한복판에서 몸매와 종아리를 드러낸 옷을 입고 소리를 지르는 젊은 처녀의 모습은 너무나 낯설었다. … 사람들은 문화적 충격에 휩싸였다.[37]

일제강점기 여성들이 진출했던 근대적 서비스업종을 대표하는 것은 데파트 걸, 가솔린 걸, 티켓 걸, 빌리어드 걸 등이 이런 상황에 직면한 대표적인 경우인데[38] 이 가운데 빌리어드 걸은 흔히 손님과 함께 당구 게임을 하거나 손님들이 어울려 당구 놀이를 할 때 점수판을 들고 서서 점수를 세기도 했던 여성들을 말한다. "당구장 사업의 성패는 빌리어드 걸의 외모에 달렸다는 말이 나돌 정도였으므로, 업주들은 예쁘고 인상 좋고 목소리 좋은 여성을 채용하려고 애썼다."[39]는 것이 당시 세태 풍속이었다.

빌리어드 걸의 보수는 월 15원 내외로 숍 걸로도 불렸던 데파트 걸의 20~30원 벌이에 비해 많지 않았고 일은 상대적으로 편했지만 남성들과 어울리는 일이 태반이어서 어느 직종보다 남성들의 희롱이 잦았다고 한다. 게다가 당구장을 찾은 손님들이 '아무도 없는 틈을 타서 손목을 만지고 몸을 스치는 등 별별 추태를 다 부리는 바람에 남자란 흉측하고 더럽다고 해도 과언이 아니라'[40]고 했던 빌리어드 걸을 대상으로 남성들이

---

36 — 〈少女誘因〉, 《동아일보》 1937년 11월 28일자

37 — 정찬일, 《삼순이-식모, 버스안내양, 여공》, 책과함께, 2019, 201쪽

38 — 소래섭, 《불온한 경성은 명랑하라》, 웅진 지식하우스, 2011, 155쪽

39 — 소래섭, 《불온한 경성은 명랑하라》, 웅진 지식하우스, 2011, 160쪽

40 — 〈직업부인 만화방문기-빌리아드 걸〉, 《신동아》, 1932년 12월호. 소래섭, 《불온한 경성은 명랑하라》, 웅진 지식하우스, 2011, 159~160쪽 재인용; 《조선일보》 1940년 2월 9일 기사에서도 '중등학교 생도들이 인천부내의 아홉 군데 당구장에 몰려들어 책보를 낀 채로 당구장에 들어와서 정모와 정복을 착용하고 담배까지 피워 물고는 게임을 보는 여자들에게 농담까지 건네며 유희를 한다'고도 했다.

행한 성희롱 작태는 당시 당구장에서의 상황을 익히 짐작하게 한다.

　1937년에 발발한 중일전쟁이 격화되면서 조선총독부는 '임시수출입조치법'에 따라 당구용품을 수입금지 품목에 포함했고, 1938년 4월 1일부터는 당구장에 대한 입장세를 징수했다.[41] 입장세는 당구장을 운영하는 사업주가 당구장 입장 요금의 5%를 별도로 징수하는 것인데 임시군사비특별회계 추가예산의 재원 마련을 위한 것이었다. 그래서 일반 대중은 오락기관 입장세를 '일종의 사변(事變)세금'이라고도 불렀다. 입장세 징수가 시작된 1938년 4월부터 같은 해 11월 말까지 거둔 세액에 따라 당시 조선에서의 오락과 취미활동을 분석한 기사[42]에 따르면, "구경은 연극이 최고, 놀기는 당구가 제일"[43]이라고 했다. 전쟁 와중에도 당구가 유력한 오락이었다는 사실을 다시 한번 확인하게 한다.

　총독부의 '명랑기획'과 관련해 마작놀이를 즐기는 패를 가리켜 '마작당'으로 몰아붙이면서 퇴폐와 노름을 즐기는 한심한 것들이라는 생각이 만들어지던 때 이를 대체할 새로운 오락물이 등장했으니 '베이비골프'였다. 1932년에는 '명랑을 찾는 신인의 감각'이거나 '오락물의 총아'라 불린 두 가지 오락으로 당구와 베이비골프가 자리한 것인데, 효창원과 청량리에 이어 경성 인근에서 세 번째로 1929년 출현한 능동의 경성골프구락부와도 적지 않은 관계가 있으리라 여겨진다. 경성 외곽의 골프장에 쉽사리 나서지 못할망정 근대 오락으로 칭송된 골프를 당장 그만둘 처지가 아니라면 가장 마땅한 것이 바로 베이비골프였다. 그런 이유 때문인지 당구가 한창 유행하고 아파트에 당구장이 설치되기 시작한 1932년 무렵 베이비골프가 '엽기적으로 유행'[44]했다.

---

41 —　〈臨時輸出入措置法 改正條文及品目〉, 《동아일보》 1938년 8월 20일자

42 —　〈求景은 演劇이 조코 놀기는 撞球가 第一, 入場稅額을 通해 본 都市人 趣味〉, 《조선일보》 1939년 1월 27일자

43 —　"구경은 연극이 최고, 놀기는 당구가 제일"이라는 표현은 매우 중요한 것이다. 당시 오락이나 취미활동에 참여할 때 시설공간 운영자에게 납부하도록 한 입장세는 오락의 종류에 따라 달랐다. 즉 연극이나 영화, 기타 관람형 오락은 제1종으로 구분했고, 마작이나 빌리어드 등과 같은 소위 기술적 오락은 제2종 오락으로 분류했다. 따라서 이 내용을 엄밀하게 다시 살피면 관람형 오락은 연극이 최고였고, 참여형 오락은 당구가 제일이었다고 할 수 있다. 전쟁특별회계에 속하는 입장세 징수는 일본과 조선에 동시에 적용했는데 일본에서는 1회 입장료가 23전 이상인 경우부터 과세한 반면 조선의 경우는 39전 이상부터 부과하도록 규정했다.

44 —　〈모-던 風聞錄: 娛樂物의 寵兒 玉突과 뻬비꼴푸 명낭을 찾는 신인의 감각〉, 《매일신보》 1932년 12월 19일자

1 마작이 시들해지며 당구와 함께 유행을 끌었던 경성 본정의 베이비골프장. 출처: 京城電氣株式会社庶務課編,
《伸び行く京城電氣》, 京城電氣, 1931
2 김남천이 쓰고 정현웅이 삽화를 그려 1939년 8월 1일 부터 《조선일보》에 연재한 〈사랑의 수족관〉 제1회 삽화
3 한국전쟁 이후에도 여전히 빌리어드 걸이 존재했음을 보여주는 《동아일보》 1956년 8월 27일자 삽화

      이쯤에서 다시 당구장과 빌리어드 걸로 시선을 옮겨보자. 당구가 풍기문란의 온상이라는 오명을 뒤집어썼음에도 불구하고 1939년 8월 1일부터 《조선일보》에 연재를 시작한 김남천의 소설 〈사랑의 수족관〉 1회에는 당구장 삽화가 실렸다. 총독부의 간섭에도 불구하고 당구의 대중화 뿌리가 상당했음을 의미하는 장면인데, 이 삽화에 빌리어

드 걸은 등장하지 않았지만 그로부터 15년이 지난 1956년 8월 27일 《동아일보》 삽화에는 빌리어드 걸이 등장한다. 뿐만 아니다. 아직 한국전쟁 휴전협정이 체결되기 전인 1953년 4월 17일 교통부장관이 국무총리에게 보낸 문건에는 〈동래철도호텔 시설계획서〉가 함께 담겼는데, '기존 객실 7개를 보수하여 4개 실은 양실로 하고, 3개는 한실로 만들어서 운영을 개시할 것'이라는 시설계획 설명과 함께 부대시설로는 '당구장'을 둘 것을 제안하고 있다.

경성의 아파트 가운데 상당수가 중일전쟁 격화 전후로 호텔로 전업하는 과정에서 그리고 해방 이후에도 으레 그런 것인 양 새롭게 지어지는 호텔에서도 당구장은 별다른 의심 없이 그대로 대중적 오락공간으로 이어졌다고 할 수 있다. 이는 한국전쟁 이후 장기 주둔한 미군 병영 내에 베이비골프장이 만들어졌다는 사실과도 그 맥락을 같이 한다. 일제강점기 총독부의 식민지 명랑화 정책과 이에 부응한 민간아파트 경영자의 이익이 부합해 출현했던 오락으로서의 당구가 가진 사회문화적 관성을 새삼 확인할 수 있다.

부영아파트 오락장과 댄스홀

중일전쟁 발발 이후 조선총독부에 의해 본격 추진된 부(府) 단위의 부영아파트 건설계획에 따라 대구부에서 기획한 대구 부영아파트 경우에도 1층 현관에 들어선 뒤 오른편 복도 끝에는 식당과 조리실, 욕실과 함께 오락실이 등장한다.[45] 이는 객실을 제외하곤 1층에 식당과 주방, 담화실 정도만 구비했던 청진 부영아파트의 경우[46]와 다른 경우이다. 대구부가 구상했던 대구의 또 다른 부영아파트 1층에는 식당이며 조리실, 응접실과 관리용 사무공간 등은 대체적으로 다른 경우와 유사하지만 특이하게도 16.8평의 임대용 사무실이 1층에 자리하고 있는데, 이 역시 순수한 사무공간으로 임대하기 위한 것이라기보다는 사무실이나 오락실 등으로 임대했을 개연성이 적지 않았으리라 추정할

---

45 ― 〈대구부영주택및아파트신영비기채의건〉 1940년 2월, 국가기록원

46 ― 〈청진부아파트신영비기채의건〉 1940년 2월, 국가기록원

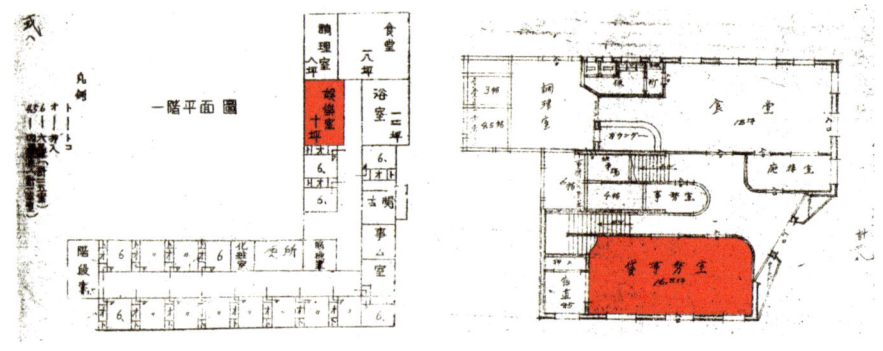

1 대구 부영아파트B 1층 평면도에 표기된 오락실. 출처: 〈대구부영주택및아파트신영비기채의건〉 1941년 10월. 국가기록원
2 대구 부영아파트A 1층 평면도에 표기된 임대용 사무실. 출처: 〈대구부영주택및아파트 신영비기채의건〉 1941년 10월. 국가기록원

수 있다.[47]

결국 일제강점기 경성을 포함한 대도시의 아파트는 민간부문에서 일본인 경영자가 임대 수익을 목적으로 영업한 도심형 임대주택이었지만 지대가임통제령 이후 민간 주택건설이나 공급이 격감하며 그 대안으로 상정한 조선총독부의 부영아파트 계획 및 공급 과정에서도 민간에서 주도한 도심 아파트를 유용한 선례로 삼아 상당 부분 따랐다는 것이다. 대구 부영아파트의 경우처럼 1층에 오락실을 두는 방식이 그 예다. 오락실엔 당시 대중으로부터 큰 인기를 얻었던 당구장이나 마작장이 설치돼 운영됐을 가능성 역시 농후하다. 지금의 아파트와 사뭇 다른 일제강점기 아파트 풍경의 단면이다.

1937년 1월 잡지 《삼천리》 제9권 제1호를 통해 '서울에 댄스홀을 허가해 달라'고 경무국장에게 청원한 글[48]이 논설이라는 형식을 표방하며 실렸는데 그때는 서울이며 평양을 각각 대표할 만한 내자동 미쿠니아파트와 동아파트가 이미 준공한 뒤였다. 이와 관련해 흥미로운 사실 하나는 1927년 착공해 1934년 봄에 드디어 준공했다고 알려진 광희문 옆 채운장아파트에도 댄스홀이 들어설 예정이었다는 사실이다. 1935년 1월

47 — 경성상공회의소, 《경성성공인명록》, 1937. 부록 8쪽에서 알 수 있듯이 경성부 본정 1정목에 있던 '본정아파트'에 경성약업조합과 경성약종상조합이 사무실을 두었던 것처럼 대구 부영아파트 구상과정에서는 실제로 사무공간으로 임대할 것을 염두에 두었을 가능성도 있다.

48 — 청원서를 낸 사람은 음반회사 문예부장 이서구, 연극배우이자 유명 다방인 '비너스'의 마담이던 복혜숙과 '바 멕시코' 여급 김은희, 영화배우 오도실과 동양극장 배우 최선화, 조선권번과 한양권번, 종로권번의 기생 오은희, 최옥진, 박금도 등이다.

《조선일보》 1935년 1월 1일자 특집 〈대경성(大京城)의새얼골〉편에 "새서울의 「푸로필」 기관고층(奇觀高層)아파트"로 소개된 채운장아파트

  1일 새해 첫날을 맞아 서울이 어떻게 바뀔 것인가를 다룬 《조선일보》는 〈대경성(大京城)의새얼골〉이라는 특집 기사를 신문 펼침면으로 크게 내보냈다.
    새로 들어설 '동대문 전차역은 별명이 파리의 철도역'이라고 하고, '한강에 면한 용산의 한가한 풍경을 빗대 서울의 나폴리 항구'로 칭송했으며, '영등포는 서울의 맨체스터'로 부르는 등 일제의 조선강점 25년의 상전벽해를 사진과 설명으로 채운 17가지 사례 가운데 채운장아파트를 특별하게 소개했다. 굴뚝 꼭대기에 달린 풍차를 보고 '구라파 농촌으로 미리 짐작하지 말라'며 서울의 풍경을 바꿀 고층아파트가 들어서게 되는데 이곳에 댄스홀까지 들어서면 "아파트는 한층 더 탕남음녀들의 마굴"이 될 것이 걱정된다는 내용이다.[49] 이미 전쟁의 암운이 조선 전체에 서서히 드리워졌고 권장해야 할 명랑 대신 풍기문란이 조선 사람들의 우울을 대신하게 된 점을 서둘러 걱정한 것이니 마작과 당구에 이어 댄스까지 모조리 퇴폐의 낙인을 찍은 것이다.

49 — 1934년 6월 13일자 《동아일보》의 〈公娼은 廢止決定 居住制限의 私娼을 認定〉이라는 제목의 기사에 따르면 이미 당시에는 '오락'의 의미 범주가 크게 넓어져 총독부에서도 '카페, 바, 댄스홀 등을 오락장의 범주에 포함'했음을 알 수 있다. 따라서 채운장아파트에 오락장을 둔다는 의미로 사업주가 댄스홀 허가 신청을 했다는 사실은 당시로서는 별 문제는 아니었을 것이다.

당시 경성의 '모던걸'이며 '모던보이'들이 오락이자 취미로 갖춰야 할 것이 있었다면, 댄스와 재즈, 스피드와 스포츠였다는 점에서 당구와 베이비골프, 댄스와 마작 등은 당시 아파트 오락실과 불가분의 관계를 맺고 있었다.[50]

---

50 ― 특히 중일전쟁 발발 이후인 1938년 〈특별세령〉에 따라 흥행물 입장세가 부과되었는데, 이때 흥행물 분류에 따라 크게 1종과 2종으로 구분했다. 이 가운데 1종 1항은 연극, 활동사진, 연예 또는 관람(씨름, 야구, 권투 등과 같은 운동경기)을 포괄했고, 2항은 경마, 3항은 박람회와 전람회와 같은 비상설 관람을 포함했다. 경마장을 따로 2항으로 구분한 까닭은 관람 경기인 동시에 일종의 노름이 병행됐기 때문이다. 2종은 1항에 무도장, 마작장, 당구장을, 2항에는 골프장, 스케이트장으로 분류했는데, 1항이 대도시의 일반적 오락에 해당한 반면에 2항은 주로 상류계급에서 즐긴 것이어서 따로 구분한 것이고, 이에 따라 흥행물 입장세율을 달리 적용했다. 〈興行物의 入場稅額은 一人, 卅九錢부터 課稅, 卅九錢에 백분의 五과세면 결국 四十錢 注目되는 入場料引上問題〉, 《매일신보》 1938년 3월 30일자

아파트에서 벌어진
사건과 사고

아파트의 사건·사고:
신문기사로 역추적한 1930년대 아파트

이태준의 장편소설 〈딸 삼 형제〉에서 '… 아파트 안에는 수십 가정, 수백 사람이 들끓었다. 그러나 복도를 들어서 자기네 방문을 닫으면 거기는 이들의 무인도요 이들의 천국이었다.'[1]라며 아파트를 많은 사람이 함께 살고 있는 공동숙소이자 익명의 공간으로 묘사하고 있다. 김남천의 단편소설 〈맥〉의 "제칠천국(第七天國)[2] 같으네" 또는 "… 복도를 돌아서 어떤 방 앞에 마주 섰을 때, 잠시 동안 쭈루루니 나란히 하여 있는 문들로 하여 지금 다녀 나온 구치감을 연상하는 듯하다가 …"[3]라는 표현을 통해 역시나 집단적으로 거주하지만 똑같이 일렬해 있는 각 호실의 문 너머로 독립적이고 개인적인 공간구조를 가졌던 것이 당시의 아파트에 대한 인상비평이었다는 사실도 소설을 통해 살펴볼 수 있다. 공동거주 공간이었던 '경성의 아파트'는 살림살이를 하는 공간이라기보다 임시로 머무르던 곳이었다. 김남천의 소설 〈맥〉에 나오는 젊은 회사원이 결혼을 하게 되면서 독신자용 방을 정리하고 돈암정 주택지의 살림집으로 신접살림을 차린다는 내용만 얼핏 보아도 이를 쉽게 확인할 수 있다.

1930년대 중후반부터 1940년대 초반즈음에 아파트가 독신자와 샐러리맨을 겨냥해 경성뿐 아니라 부산, 목포, 대구 등에서도 출현했다는 소식과[4] '여자'라는 젠더를 화두로 체신국 직원을 위한 독신아파트가 존재했다는 사실은 신문을 통해서 알 수 있다.[5]

새롭게 등장한 아파트라는 거주공간은 기존 주거공간과 다른 특성을 지니고 있어서 사람들의 입에 오르내릴 만한 어느 정도 흥밋거리가 되는 기사도 많았다. 아파트는 주로 독립형 주택이 모여 있는 주택지가 아닌 도심 곳곳, 교통의 요지나 대로변에 자리

---

1 — 《동아일보》 1939년 6월 8일자. 이태준의 장편소설 〈딸 삼 형제〉는 《동아일보》 1939년 2월 4일자부터 7월 17일자까지 133회에 걸쳐 연재되었다.

2 — '제칠천국' 또는 '공익질옥'은 당시의 전당포를 일컫는데, 근대적 은행이 아닌 서민들에게 급전을 빌려주는 곳으로 경성부에서 운영했다.

3 — 김남천, 《맥–김남천 단편선》, 문학과지성사, 2006, 245쪽

4 — 〈寶水町河畔に生れたスマートな「淸風莊」〉, 《부산일보》 1934년 10월 23일자; 〈訓練院跡に三層으로 모던 獨身아파트〉, 《매일신보》 1937년 1월 21일자; 〈獨身者に朗報 木浦にアパート出現〉, 《부산일보》 1940년 3월 10일자

5 — 〈男やもめの爲に 獨身アパート 女子には各種講習會を常置 遞信從業員に施設〉, 《부산일보》 1938년 3월 17일자

했다. 아파트에 사는 사람은 대부분 도심에 일을 나가거나 학교에 다니는 독신자로 불특정 다수가 협소한 실 하나를 차지한 채 일종의 공동 생활을 했다. 근대적 설비를 갖추었으나 많은 사람이 한 건물 안에 거주했기 때문에 위생, 관리, 보안, 안전에 관련한 사고가 종종 발생했다. 뿐만 아니라 도심 아파트에 살고 있는 사람들 사이에 개인적인 문제, 횡령·자살·폭력·풍기문란·치정과 같은 사건들이 다수 벌어졌다.

흥미로운 점은 아파트를 배경으로 벌어지는 사건·사고가 기사화되면서 1930년을 살아가는 사람들은 아파트라는 새로운 거주공간에 대해 인지의 폭을 점차 넓혀 갔을 것이라는 점이다. 현재를 살아가는 우리는 신문기사를 역추적해 당시 사건·사고들이 발생한 아파트에서의 삶과 아파트의 모습을 확인할 수 있다. 적게는 6개의 호실을 가진 남산정 미쿠니아파트부터 82개의 방이 있었던 동사헌정의 채운장아파트까지, 집단적으로 모여 사는 근대의 공동숙소인 아파트에서는 사건 사고가 끊이질 않았다.

근대식 공동숙소에서 빈번하게 발생한 전염병과 화재

1936년 새해, 신문에 아파트와 관련하여 꽤나 이상적이면서도 흥미로운 칼럼[6]이 등장했다. 글을 쓴 세브란스의학전문학교 교장 오긍선은 조선의 학자와 문인들을 위한 '스칼라스·호텔' 혹은 '스칼라스·아파트맨트'는 실현 가능성은 없겠지만 있으면 좋겠다면서 공동숙소로 갖춰야 할 이상적인 시설들을 언급한다. 100명의 학자를 수용하기 위한 아파트는 서대문밖 연희장(延禧莊) 근처 대지 3,000평에 건평은 500평 정도 규모로 본실, 객실, 변소 외에 공동욕장, 공동식당, 공동응접실, 공동유희실, 도서실, 전화교환실, 사무소 그리고 자동차고 등의 시설을 구비해야 한다고 했다. 즉 명랑하고 활동적인 근대식 아파트에서 생활하면 공공 정원, 공동 화장실, 공동 취사시설, 공동 육아, 공동 운동

---

6 ― 〈研究創作을爲한 學者아파−트〉, 《동아일보》 1936년 1월 1일자. 당시 세브란스의전 교장이었던 오긍선이 기고한 이 칼럼은 100만원으로 조선의 학자와 문인들이 연구에 몰두할 수 있는 공간 마련 방안을 제시하면서 "스칼라스·아파트맨트"의 다양한 시설과 비용에 대해 언급하고 있다. 여기서 비용에 대해 덧붙이자면, 지가 6만원, 건물칠 5천원, 공동욕장 5천원, 공동식당 1만5천원, 공동응접실 1만 2천5백원, 공동유희실 1만5천원, 도서실 만원, 전화교환실 2천원, 사무소 5천원, 자동차고 2천원, 수도 및 난방장치 1만2천5백원, 전기 및 전열장치 1만2천원, 비품비 등 1만원, 인건비 연 4천8백원 등으로 설비비를 산정하게 되면 이 "스칼라스·아파트맨트"에 거주할 학자 및 문인들에게 매월 1원50전, 거기다 식비를 가산하면 매일 2원50전에서 3원을 받아야 충당이 된다고 하여 재단법인에 의한 문화시설로 짓되, 거주인들은 선정해서 들이는 것을 제안하고 있다.

1 내자정 미쿠니아파트에 전염병이 발생해 위생당국에서 당황했다는 《조선중앙일보》 1935년 10월 5일자 기사

2 명치정에 있는 스즈키아파트 화재로 일가족 4명이 참사를 당했다는 《경성일보》 1937년 1월 31일자 기사

시설 등을 이용할 수 있기 때문에 생활의 단순화와 합리화가 가능하다고 역설하고 있다.[7] 그러나 '스칼라스·아파트맨트'에서 처럼 많은 사람이 함께 살고 다양한 부대시설을 운영하고 관리하기 위해서는 감염병이나 전염병 확산을 고려한 보건위생관리나 화재에 대비한 방화 및 방재 대책 등은 잘 계획되었을까?

1935년 10월 100여 명이 넘는 사람이 지내는 내자정 미쿠니아파트에 거주하는 경성 제2고등여학교 교사 두 명이 장티푸스에 걸렸다. 당시에는 장티푸스와 같은 전염병이 돌면 많은 사람이 사망했다. 특히 공동숙박이 이루어지는 아파트에 전염병이 돌면 위생당국은 당황할 수밖에 없었다. 취약한 공동주택의 위생관리체계를 바로 잡아야 한다는 목소리가 커졌다.[8] 그런데 1938년 겨울에 또 다시 전염병이 발생해 내자정 미쿠니아파트의 일본인 투숙객이 감염되는 일이 벌어졌다. 남산정 이케다병원(池田病院)에서 입원 치료를 받게 하고 전염을 우려한 종로서는 내자정 아파트에 대소독을 실시하여 방역 조치를 했다.[9] 또 이듬해에는 명치정 히마루(日丸)아파트에서 적리(赤痢)환자 즉 이질(痢疾)환자가 7명이나 발생했고,[10] 다음 해에도 의주통(義州通, 현 의주로) 오타(太田)아파트

7 — 〈朝鮮住宅問題(住宅營團幹部를 迎하여의 座談會 國民總力聯盟會議室에서)〉, 《삼천리》 제13권 제9호, 1941년 9월. 이 글은 일본에서 먼저 지어진 분카아파트를 연상하게 하기도 한다.

8 — 〈미쿠니아파-트에 傳染病二名發生〉, 《조선중앙일보》 1935년 10월 5일자.

9 — 〈"아파트"에 傳染病이 發生〉, 《매일신보》 1938년 1월 19일자.

10 — 〈하로에 赤痢七名 - 本町管內 患者續出〉, 《매일신보》 1939년 8월 15일자.

에서 장티푸스가 발생해 4명이 순화원[11]에 실려가기도 했다.

아파트에서는 화재 사고도 빈번하게 발생했다. 신문 기사들은 아파트 구조가 전후 좌우상하로 각호의 집합체이므로 각호의 벽은 내화구조의 건축으로 해야 하며, 각실에서 취사를 하니 위험성이 크다며 층수가 계속 높아지는 아파트의 화재에 대한 우려를 표명하고 있다.[12] 더구나 방세가 상대적으로 저렴한 목조로 허술하게 지어진 아파트의 경우는 화재에 더더욱 취약할 수밖에 없었다.

1937년 겨울 새벽, 명치정 2정목의 스즈키아파트에서 불이 났는데 발견과 통보가 늦어서 소방서원이 도착했을 때에는 이미 2층까지 건물은 불타버렸고 4명이나 목숨을 잃었다.[13] 화재는 아래층 노인이 쓰던 일본식 화로에서부터 시작되었는데 사고로 일문타자회사의 영업원 일가족 4명이 죽고 놀러온 아이 2명은 실종되었다.[14] 그 외에도 스토브 과열에 의한 화재로 20원 손해를 본 죽첨정 3정목의 도요타아파트,[15] 담뱃불로 창고에서 불이 난 적선정 미쿠니아파트,[16] 그리고 고시정 백령장(白嶺莊)아파트에서도 화재[17]는 잇달아 발생했다. 본정 1정목에 있는 본정아파트에서는 투숙객 2명이 가스를 끄지 않고 자다 질식되어 사망한 것을 하녀가 발견한 일도 있었다.[18] 여관에는 취체규칙이 있는 반면 계속 늘어나는 아파트에 대해서는 소화 또는 피난에 관한 설비 등의 관리 법령이 마땅히 없어 이에 대한 필요성은 계속해서 제기될 수밖에 없었다.[19]

11 — 순화원은 1911년에 개원한 전염병원으로 일본인과 조선인의 격리병실을 통일하여 100여 명을 수용할 수 있었다. 《조선총독부시정연보(1911)》, 357쪽

12 — 〈共同住宅의 防火設備 明治町劫火로 痛感 일반차가인들의 주의할 일 時急한 아파-트 取締規則 新海消防署長談〉, 《매일신보》 1937년 1월 31일자

13 — 〈共同住宅의 防火設備 明治町劫火로 痛感 일반차가인들의 주의할 일 時急한 아파-트 取締規則 新海消防署長談〉, 《매일신보》 1937년 1월 31일자

14 — 〈けさ明治町に火事 親子4人慘死す 炬燵の火が蒲団に燃え移り〉, 《경성일보》 1937년 1월 31일자

15 — 〈火神이處處에出沒!〉, 《동아일보》 1938년 5월 27일자

16 — 〈三國아파-트 昨朝에小火〉, 《동아일보》 1939년 12월 16일자. 아 아파트는 미쿠니상회가 운영하던 적선하우스로 추정된다.

17 — 〈昨夜, 古市町大火: 下宿집白嶺莊에서 發火하야 損害는 二萬圓豫想〉, 《매일신보》 1939년 4월 9일자

18 — 〈까스 피우고 자다가 女子 二名 窒息, 아파트에서 생긴 初慘事〉, 《동아일보》 1938년 1월 3일자

19 — 〈消防, 衛生上의 不備로 危險한 旅舘「아파-트」 市內三十九個所調査의 結果 改善의 具體策講究〉, 《매일신보》 1937년 6월 5일자

아파트로 숨는 도둑, 아파트에 사는 도둑

대담하게 다이아몬드를 훔쳐 아파트에 숨는 사건, 아파트만 노려 금품을 가져가는 도둑 그리고 남의 눈에 잘 띄지 않도록 아파트에 사는 도둑 등 아파트와 관련된 다양한 도난 사건도 많았다. 당시 아파트에는 지금의 차량 차단기라든지 경비원이 교대로 근무하는 경비실이나 출입관리시스템과 같은 보안 장치가 당연히 없었고, 식당이나 오락실을 겸비한 규모가 큰 아파트에만 현관으로 출입하는 사람을 확인하는 아파트 사무실 겸 관리실 정도를 갖추고 있었다. 더구나 여러 사람이 임시로 머무는 성격이 짙었던 여관이나 아파트의 경우에는 외부인이 잠깐 잠입하거나 투숙해도 도드라질 정도로 드러나지 않았을 것으로 보아, 도적들이 피신하기에는 좋은 장소로 활용되었을 가능성이 크다. 물론 이러한 임시거처를 겨냥해 물건을 훔친 사건은 더 빈번하게 일어났다.

스기야마상회(杉山商會)를 중심으로 한 금괴밀수단 사건이 1932년에 발생해 계속 내사를 하던 중 이듬해 다시 경성역 앞 중앙아파트에 투숙하고 있던 금괴밀수단을 검거하기도 했다.[20] 잡힌 밀수단이 기차를 타고 도망갈 계획이었는지, 아니면 큰 역 앞이라 많은 사람이 오가며 출입하는 부산스러움을 노리고 투숙했는지는 모를 일이다. 경부서 사무원의 처가 시내 백화점을 돌아다니며 금품과 옷감 수백 원 어치를 절취하여 다음 날 새벽차로 돌아가기 전 잠시 관수정(寬水町, 현 관수동) 히카리(ヒカリ)아파트에 머물러 있는 것을 종로서에서 발견하고 체포했다.[21] 이미 전과가 있는 한 금고 털이범이 대담하게도 오전 8시경에 내자정 미쿠니아파트 현관에 놓인 구두 한 켤레를 절취하려다 본정서에 잡힌 경우도 있었다.[22] 1938년 정초에는 심야에 여관과 아파트, 신혼부부 집만을 전문으로 돌며 현금, 시계, 귀금속, 양복 등 50여 건에 5000원 어치를 절취한 전과 2범이 결국 미생정(彌生町, 현 용산구 도원동) 한 유곽에서 잡힌 사건이 발생하기도 했다. 이 대담한 행적 뒤에는 폐병에 걸린 황금정 과자점 주인이었던 유부녀를 감언이설로 꾀어 전국 각지를 돌며 향락을 즐기다가 자금이 부족해지자 보안에 취약한 임시거처인 여관이나 아파트를 대상으로 침입하여 강도짓을 한 것이었다.[23] 등잔 밑이 어둡다고 삼판아파트에서

---

20 — 〈金塊密輸團 兩名쯔檢擧 경성역압아파-트서 共犯兩名을 追跡〉, 《매일신보》 1933년 6월 21일자

21 — 〈窃盜次로入京〉, 《동아일보》 1936년 4월 17일자

22 — 〈手提金庫窃取〉, 《동아일보》 1939년 1월 8일자

23 — 〈肺病人妻만誘引〉, 《동아일보》 1938년 1월 7일자

일하는 하녀가 투숙객의 물품을 절도하는 사건이 있는가 하면,[24] 한강통(漢江通, 현 한강로) 3번지 어느 하숙집에 묵고 있던 한 목공은 고시정 하타(畑)아파트에 침입해 열쇠로 방 세 곳이나 열고 들어가서 의류 등 시가 800원 어치를 훔친 것이 용산서원에게 발각되어 체포당하는 일도 있었다.[25] 1943년에 전과 2범의 남성이 앵정정의 국수장아파트에서 회중시계, 양복 등 시가 400여 원을 절취한 것도 모자라 두 달 여간 부내 각 처에서 시가 약 3000원 여 정도의 귀금속, 양복 등 24회나 절취 행위를 지속한 사건도 있었다. 도적들이 아파트에서 훔친 물건을 살펴보면 단일 물건 중 가장 고가는 내자정 미쿠니아파트 본관 412호에 투숙중이던 방에서 절취한 700원 상당의 60mm 촬영기[26]였다.

    도둑질을 일삼던 이들 중에는 아파트에 거주하는 경우도 종종 있었다. 명치정 보석상에 반지를 수리하러 왔다고 둘러댄 후 점원이 잠깐 한눈을 판 사이 진열장 속 시가 210원인 '싼프라치나 다이아' 반지를 훔치고 달아난 남성은 관수정 131번지에 위치한 히카리(光)아파트에 살고 있던 일정한 직업이 없던 이였다.[27] 광희정(光熙町, 현 광희동) 1정목 광희아파트에 살고 있던 또다른 남성은 비단행상과 무직인 무리들과 함께 거리를 돌아다니며 지나다니는 사람들을 위협하기 일쑤였는데, 결국 넥타이 행상하는 이를 붙잡고 폭행하고 지갑을 훔쳐 달아나다 체포된 일도 있었다.[28] 광희아파트에 기거하던 구마모토 태생의 일본인은 열쇠전문 대적이라고 일컬어질 정도로 40여 개의 열쇠를 가지고 다니며 회사와 고관의 집을 중심으로 대담하게 문을 열고 들어가 장품들을 절취하다 경찰이 아파트를 습격해 체포했다.[29] 도난과 관련된 사건·사고는 늘상 접하지만, 유독 1930년대 후반 아파트와 관련한 사건·사고에서 힘들었던 약자계급의 어려움을 고스란히 엿볼 수 있는 현미경이기도 했다.

24 ― 〈아파트下女가窃盜〉,《매일신보》1939년 7월 6일자

25 ― 〈아파트에 盜賊〉,《매일신보》1939년 3월 24일자

26 ― 〈撮影機窃取〉,《동아일보》1938년 7월 24일자

27 ― 〈盜難된寶石 犯人을逮捕〉,《동아일보》1938년 5월 27일자

28 ― 〈遊廓村에暴力團〉,《동아일보》1938년 10월 25일자

29 ― 〈겻쇠專門의 大賊을 逮捕 아파-트에 묵으면서 도적질 警察部大活動所得〉,《매일신보》1935년 5월 13일자

아파트 거주자의 고단한 삶이 투영된 실업, 횡령 그리고 자살사건

1930년대로 접어든 경성은 서구 자본주의가 이식되면서 명랑한 상업도시 이미지와 퇴폐적이고 암울한 도시민의 일상이 뒤엉켜 있었다. 식민지 근대화 과정을 겪으면서 경성의 조선인들은 급격한 제도의 변화로 가치관이 붕괴되고 경제적으로도 궁핍한 상황에 직면하게 된 것이다. 이에 따라 상실감과 무력감을 견뎌내지 못하고 극단적인 선택을 하는 사람도 많았다. 1929년 8월 7일자《조선일보》에서 '자살을 어느 사람은 과장하여 위대하다한다… 비범한 사람 위대한 사람이 되는 것보담 범인이 되는 것이 어려운 일이다. …'[30]라고 할 정도로 당시는 평범하게 하루하루의 일상을 견뎌내기가 버거웠다. 변화의 중심인 아파트에 살던 사람들에게도 예외는 아니어서 일자리를 잃거나 횡령으로 덜미가 잡히거나 유흥에 빠지거나 치정에 얽혀 극단적인 선택에 이른 사람이 많았다.

조선 출장소 일본인 출장원 두 명이 경성 출장소를 개설하고 판로를 개척하라고 본사에서 보내준 물품 3만 원어치를 주색에 소비하다 발각이 되어 본정서에서 취조를 받았는데, 한 명이 욱정 1정목 119번지 히노데아파트에 살고 있던 오복행상이었다.[31] 명치정 2정목 스즈키아파트에 사는 회사원은 본인이 재직하고 있는 일미광유회사(日米鑛油會社)로부터 광유 2만 원어치를 사준다며 지인들에게 돈을 받고 그 중 5천 원을 횡령하고 거듭 일을 저지르다 본정서에 발각되고 말았다.[32]

물론 방탕한 생활을 위해 사기와 횡령을 일삼는 경우도 다반사였다. 23세의 젊은 토목청부업 사무원은 19세에 일본에서 조선으로 건너와 밤에는 쇼와공과학교 건축과를 다녔다. 학교를 졸업하고 카페와 바에 출입하기 시작, 외국인과 3각 연애 관계를 맺어 유명해진 카페 '바나나'의 여급에 빠져 서소문정(西小門町, 현 서소문동) 덕수아파트에서 동거를 시작했다. 그러나 결국 돈이 궁핍해져 일하고 있던 뚝섬수원지 공사장 인부들의 임금전표를 지불하는 척하고 3907원 76전을 횡령했다가 본정서에 덜미가 잡혔다.[33]

횡령이나 실업으로 인해 극단적인 선택을 한 사연도 있다. 현재 용산구 도원동인

---

30 — 〈漫畵레뷰— 痴人散步 自殺心境〉,《조선일보》1929년 8월 7일자

31 — 〈엉터리出張〉,《동아일보》1939년 1월 15일자

32 — 〈詐欺코被捉〉,《동아일보》1940년 4월 9일자

33 — 〈情婦의歡心낙끄려 賃金四千圓橫領 請負業事務員의所行〉,《동아일보》1938년 5월 27일자

사기횡령으로 지명수배된 사람이 미생정
아파트에서 장총으로 자살했다는
《조선중앙일보》 1935년 2월 27일자 기사

미생정 11번지의 미생정아파트에서는 40세 남자가 사기횡령으로 지명수배를 받다 장총을 자기 입에다 대고 발사해 자살한 사건이 발생했다.[34] 직업을 잃고 만주로부터 경성에 와서 신정 유곽 대송루의 창기와 함께 광희정아파트에 머물고 있다가 절망적인 현실을 견디지 못하고 1933년 5월 새벽 부외 왕십리역 선로를 달리던 열차에 뛰어들어 자살한 사건도 있었다.[35] 식민지 근대사회로 접어든 1930년대 경성에서 악화되는 경제 사정으로 실업자는 늘어나고 일확천금을 노리는 욕망과 절망적인 현실을 이겨내기가 쉬운 일은 아니었을 것이다.

아파트를 배경으로 펼쳐진 비극적 사랑

전차와 버스가 다니는 대로변을 따라 백화점, 식당, 우체국, 각종 상점이 형성된 번화가의 뒤편, 골목 사이로 번져나갔던 유곽, 주점, 선술집과 카페, 바들은 침울한 '경성 모더니티'의 민낯을 보여주고 있었다.[36] 1910년대에 카페 타이거의 출현과 함께 1920년대를 거쳐 번성하기 시작한 카페는 1930년대 '모던걸'과 '모던보이'들의 향락적인 에로문화의

---

34 — 〈아파ー트에서 長銃으로 自殺: 詐欺橫領한 杉本某 彌生町의 突發事件〉, 《조선중앙일보》 1935년 2월 27일자

35 — 〈失業한男子와 娼妓가鐵道自殺〉, 《동아일보》 1933년 5월 4일자

36 — 이경돈, 〈미디어텍스트로 표상된 경성의 여가와 취미의 모더니티〉, 《일제강점기 경성부민의 여가생활》, 서울역사편찬원, 2018, 20~22쪽

유흥공간으로 전성기를 맞이하게 된다. 당시 신문과 잡지에서는 늘어나는 카페와 거기서 일하는 여급에 대한 부정적인 인식에도 불구하고 샐러리맨, 실업가 그리고 학생에 이르기까지 번민과 방황, 욕망의 탈출구로 카페를 비롯한 유흥가들은 더욱 번성해나갔다. 식민지 조선에서 살아가는 조선인들의 좌절된 욕망을 대변하던 카페는 자본주의 유입과 함께 성의 산업화를 이끌었다. 물론 다른 한편으로는 조선인의 사상의식과 생활문화에 대한 통제를 목적으로 기획된 조선총독부의 식민지 문화 정책의 일환으로도 볼 수 있다.[37] 그와 맞물려 일제강점기에도 여전히 전근대적인 혼인 풍속이었던 조혼(早婚)[38]은 관습처럼 지속되었던 반면 자본주의적 가치관이 만연해지며 자유연애와 자유결혼에 대한 갈망은 높아졌다. 이 괴리 사이에서 벌어지는 비극적인 치정에 관한 기사들은 신문에 끊이지 않고 등장했는데 경성의 아파트를 배경으로 펼쳐지는 사건들도 적지 않았다.

경성역 앞 중앙아파트에 살고 있던 32세의 남성은 시내 모 백화점의 악기부를 위임 맡아 경영하던 중에 금강산 온정리로 지방출장을 갔다가 묵고 있던 영양여관의 하녀를 본인의 명예와 재산을 미끼로 유인하여 정조를 빼앗았다. 결국 아들까지 낳고도 외면당한 이 여성은 본정경찰서에 위자료 청구를 하며 고소에 이르게 된 사건도 있었다.[39] 명치정에 위치한 타치바나료(橘寮)아파트에 3~4일 정도 투숙한 경성고등상업학교 3학년에 재학 중이던 남학생은 어느 날 돌연 다량의 칼모친을 마시고 자살하려고 했다. 이를 아파트 여급이 발견하고 사카이병원(坂井病院)에서 응급치료를 받아 생명에는 지장이 없었다.[40] 알고보니 그가 머물던 아파트에 '스미꼬'라는 스무 살 안팎의 여자가 몇 번 방문하였고 음독자살을 기도하던 날에도 다녀간 것으로 보아 이루어질 수 없는 비련의 사랑에 극단적인 선택을 하고자 하였던 것으로 보인다.

부내 동사헌정(東四軒町, 현 장충동 일대) 채운장아파트에서 고용인으로 있었던 21세 남성은 카페 여급과 연애를 계속 중이었으나 빈궁한 탓에 결혼까지 이르지 못하고 실연을 당하게 되자 이것을 비관하던 끝에 용산역 기점 9km되는 곳에서 질주하는 화물열차에 뛰어들어 자살하였다. 관수동에 위치한 히카리아파트에서 편모를 모시고 생활

---

37 — 이경민, 《경성 카메라 산책: 사진으로 읽는 경성 사람, 경성 풍경》, 아카이브북스, 2013, 19쪽

38 — 조혼은 후손을 빨리 얻기 위해 혼인 연령을 낮추었던 풍속으로 근대에 들어와 폐습으로 인식되면서 1894년 갑오개혁 때 남자는 20세, 여자는 15세에 혼인하도록 법으로 규율했으나 관습적인 연유로 일제강점기에도 지속되었다. 한국민족문화대백과사전

39 — 〈處女貞操蹂躪 慰藉請求告訴〉, 《동아일보》 1934년 11월 22일자

40 — 〈悲戀에 飮毒 高商學生의 짝사랑〉, 《동아일보》 1937년 7월 10일자

〈돈벌이하는 여자직업탐방기(女子職業探訪記)〉 연재 가운데 한 편인 "「카페」의 「웨트레쓰」 설움" 기사와 함께 실린 카페 여급 모습. 출처: 《동아일보》 1928년 3월 4일자

하고 있는 카페 '엔젤'의 21세 여급은 우연히 정이 들어 해로를 언약한 남성과 동거를 하고 있었다. 그런데 이 남성에게는 이미 본처가 있었고, 그 본처가 매일같이 여급을 찾아와 행패를 부리자 남자는 비상약을 구해 여급과 자살을 결심했다. 결국 여급은 유서를 남기고 다량의 독극물인 아비산을 먹었지만 뜻대로 되지 않자 다시 칼로 목을 찔러 자살하였다. 아파트에 동거하던 남성은 함께 죽지 못하고 자살방조죄로 종로서에 안치되기도 했다.[41] 유행처럼 번지던 1930년의 연애 관련 자살은 당시 사회적 이슈로 급부상했으며, 밀매음과 각종 범죄의 온상이 된 카페에서 일하는 여급과 관련이 높았던 만큼 조선총독부에서도 카페 단속에 나서기 시작했다. 1930년대 후반에는 중일전쟁 이후 전시체제로 들어서면서 카페에 대한 통제와 관리는 더욱 엄격해졌고 이후 카페도 몰락과 쇠퇴의 길을 걷게 되었다.

41 — 〈情死에 時間못대 男女가 幽明兩路로〉, 《동아일보》 1936년 3월 12일자

일제강점기 말 통제의 대상으로 변모한 대규모 아파트

1940년에 접어들면서 조선총독부는 본격적인 전시체제에 돌입하면서 경성부에 있는 다수의 사람을 수용하는 대규모 건물인 관공서, 학교, 회사, 공장 그리고 '아파트' 등은 국민정신총동원운동[42]의 대상이 되었다. 일제는 방공법 실시 이후 1939년 9월에 대규모 방공훈련을 마친 후 삼판아파트에서 훈련에 대한 시찰을 한 후 강평을 방송하였고,[43] 1940년에는 아파트를 포함한 사람들이 밀집한 건축물에 대해 국민 방공체제를 확립하고자 방독면을 일제히 비치하기도 하였다.[44] 애국반[45]이 결성된 동사헌정에 위치한 채운장아파트에서는 본정서에 1500원을 헌금하기도 하였다.[46]

이처럼 근대적인 도시 안에 살면서 근대적인 삶을 누리지 못하는 조선인들은 빈곤, 소외, 번민, 방황, 욕망, 타락의 구렁텅이에 빠져들고 전시체제로 접어들자 이제는 일제의 통제와 관리의 대상으로 내몰리면서 이중적 소외와 차별을 받는 대상으로 전락했다. 지금은 우리에게 너무나 익숙한 아파트라는 공동주거생활이 1930년을 살았던 당시의 사람들에게는 얼마나 낯선 거주공간이었을까?

신문이나 잡지의 기사를 통해 1930년대 본격적으로 등장한 아파트와 관련한 사건·사고 소식을 통해 아파트라는 새로운 형식의 거주공간과 그곳을 삶의 거처로 삼았던 사람들에 대한 면면을 살펴볼 수 있다. 1930년대 초반에는 화재, 위생, 설비, 도난 사건 등과 관련한 공동숙소로서의 아파트 관련 문제와 함께 거주하는 사람들이 저지르는 횡령, 연애와 치정 사건 등이 종종 발생하다가 1930년대 후반으로 갈수록 아파트 관련 사건이나 사고가 더욱 빈번해지면서 취체규칙에 대한 목소리는 더욱 증폭되었다.

---

42 — 국민정신총동원운동(國民精神總動員運動)은 일제가 중일전쟁 이후 침략 전쟁을 벌이면서 조선에 대한 인적, 물적 통제와 수탈을 자행하기 위해 내선일체를 통한 전시 협력 기획이다. 1937년 국민정신총동원운동이 개시되고, 이듬해 1938년에 이 운동을 이끌어갈 조직으로 국민정신총동원조선연맹(國民精神總動員朝鮮聯盟)이 결성되었다.

43 — 〈南總督一行 今日防空訓練視察〉, 《동아일보》 1939년 9월 9일자

44 — 〈防空體制의總動員!〉, 《동아일보》 1940년 5월 7일자

45 — 국민정신총동원조선연맹에서는 연맹의 조직 중 하나로 각 정동리 부락의 10호 단위 세포조직으로 애국반(愛國班)을 결성하게 되는데, 빌딩, 아파트 등 일상의 다수 사람을 수용한 사무소에서는 실정에 맞게 애국반을 조직하였다. 〈十戶民間單位로 細胞를組織〉, 《동아일보》 1938년 7월 20일자

46 — 〈우리 府民號 獻納에 赤誠의 巨彈은 集中—六日까지 獻金集計 五萬圓을 肉迫—彩雲莊에서 獻金〉, 《매일신보》 1942년 1월 7일자

조선인이 경영한 덕수아파트

1930년 《경성·인천 전화번호부》

1933년 9월 1일 발행한 《삼천리》 제5권 제9호는 빙허 현진건(憑虛 玄鎭健)이 '세속잡무에 쪼들리고 있음인지 세상 사람들이 그의 장편소설을 기다리고 있음에도 불구하고 도무지 글을 내놓지 않고 침묵을 지키고 있다.'는 내용과 더불어 '시인 김안서(金岸曙) 씨는 부인과 어린아이를 진남포에 내려보내고, 최근에는 관수동의 아파트에 이주해 시 짓기에 분주한데, 서울에서 일본인이 경영하는 아파트는 많지만 조선 사람이 경영하는 아파트는 시인이 묵고 있는 관수동 한 곳뿐'이라는 내용을 실었다.[1] 당시 대중에게 널리 알려진 소설가며 시인의 근황을 '소식'이라는 형식으로 전한 것이다.

이 내용은 구체적인 조사 내용이나 공식 통계자료를 동원해 당시 상황을 살핀 것이 아니니 내용의 사실 부합 여부는 확인할 수 없겠지만 1930년대 경성의 아파트 대부분은 일본인 토목건축청부업자가 지었고, 아파트 임대사업 역시 일본인들에겐 제법 수지맞을 사업이었음이 분명하니[2] 시인 김안서의 경우만 하더라도 상황을 크게 잘못 전한 것은 아님이 분명하다. 설령 조선인이 주인으로 나서 아파트 임대사업을 경영한 경우가 있더라도 아파트 규모나 부대시설, 근대적인 문화 설비 수준 등에서 일본인이 경영하는 경우에 직접 맞설 정도가 못 되었을 것이 분명하니 잡다한 소식을 실어 날랐던 당시 신문이며 잡지에도 조선인 아파트 사업자에 관한 언급은 쉽게 등장할 수 없었다.

조선에서는 1902년 민간전화사업이 시작됐다. 1906년 인천, 경성, 평양에만 국한했던 전화선로가 전국으로 확장되고 자동전화 교환기술이 도입됐지만 식민지 통제를 위한 일제의 경비통신이 대부분이었다. 1935년에 이르러도 경성의 전화는 극소수 조선인만 사용했다. 대부분 여전히 일본의 식민지 지배를 위한 통제적 경비통신에 집중되어 있었다.[3] 당시 〈전화가입구역도〉에서 알 수 있는 것처럼 청계천 남쪽의 일본인 거주지역

---

1 — 〈金岸曙의 아파-트 生活, 玄憑虛의 沈默〉, 《삼천리》 제5권 제9호, 1933년 9월, 71쪽

2 — 1930년대만 하더라도 사업을 할라치면 전화를 이용해야 했던 시절이었는데, 경성중앙전화국이 1930년 5월 15일 가입자를 기준으로 발행한 《경성·인천 전화번호부》를 살펴보면 전화번호를 가진 임대사업으로 '아파트'라는 명칭을 가진 상호나 업종은 발견할 수 없다. 그러나 토목건축청부업의 대부분과 하숙, 여관, 호텔업의 대부분을 일본인이 차지하고 있음을 쉽게 확인할 수 있다.

3 — 실제로 1935년 2월 10일 현재 경성에는 본국과 광화문 분국 및 용산 분국 등에 9,297개의 전화번호가 등록됐는데 이 가운데 1,364개의 가입자가 관공서와 학교(관사 및 관공리용)였고, 그 뒤를 이어 요릿집(537개), 은행 및 금융기관(457개), 식료품점(437개), 토목건축 및 재료업체(389개) 순이었다. 〈職業別로 본 大京城의 電話數〉, 《조선중앙일보》 1935년 2월 19일자

인 남촌 일대가 본국 관할구역이고, 한강통과 후암동 일대의 문화주택지며 일본군영과 철도국 관련 시설이 집중된 용산에 분국이 설치됐다는 사실은 이를 그대로 보여준다.

전화는 총독부의 식민지 통제와 함께 조선에서 사업을 벌이는 일본인들에게는 매우 중요한 영업수단이었다. 당연하게도 불특정 다수의 이동이 잦고 물동량이 증가하게 된 경성이라는 대도시에서는 필수적인 영업도구였을 것이다. 그런 이유에서 1930년 5월 15일을 기준으로 경성중앙전화국이 제작한 《경성·인천 전화번호부》에는 여관이나 하숙 혹은 대가(貸家)와 더불어 호텔이 전화를 두고 영업을 하고 있음을 확인할 수 있다. 흥미로운 사실은 이들과 유사하다 할 수 있는 '아파트'는 단 한 곳도 전화번호부에 등장하지 않았다는 사실이다. 이때까지만 하더라도 아파트 임대사업은 아직 대중이 쉽게 이해하거나 이용할 수 있는 상황이거나 업역(業域)으로 독립하지 않았다는 말과 다르지 않다.[4]

1930년 《경성·인천 전화번호부》에 토목건축청부업 관련 업체와 그 일에 종사하는 개인의 전화번호가 모두 211개[5] 정도가 실렸는데 조선인으로 판단할 수 있는 건축청부업자는 서대문정 2정목 70번지의 이명원(李命遠)과 익선정 166번지에 주소를 두었던 정세권 단 2명에 불과하다. 건축설계 분야로 추정할 수 있는 건축사, 건축설계, 건축설계감독, 설계제도, 건축사무소 등으로 업종이 분명하게 표기된 경우로 한정해 보면 모두 8곳의 사무소와 개인 전화번호가 확인되는데 이 가운데 조선인으로 건축설계를 업으로 삼았던 이라고 판단할 수 있는 경우는 운니동 70번지에 주소를 둔 이훈후(李醺雨)[6]가 유일하다. 대강의 상황이 이렇듯 아파트가 아직 일반 대중이 이해할 수 있는 보편적인 사업유형으로 본격 출현하지 않았으며, 아파트라는 새로운 도시건축 유형이 경성에 막 등장하고 있었지만 이를 구체적인 건축물 형태로 지을 수 있는 업체나 해당 아파트의 설계를 감당할 수준에 이른 조선인 업체나 조선인 전문가는 매우 드물었을 것이 분명

4 — 그러나 1934년 5월 26일 경성중앙전화국에서 발행한 《경성·인천 전화번호부》에는 아파트가 세 곳 등장한다. 광희아파트, 중앙아파트, 녹천장아파트가 그곳이다.

5 — '토목건축청부'라 뭉뚱그린 경우에는 매약(賣藥)건축청부, 건축, 건축사(建築士), 건축설계시공, 건축청부, 공사설계청부, 청부, 건축설계감독, 토목건축, 건축장식청부, 연와건축청부, 타일연와건축, 가구건축청부, 건축건구(建具)청부 등은 포함하는 대신 토목청부와 다양한 건자재만을 판매하는 건축재료상, 목공, 건구, 금물, 토관, 페인트, 시멘트, 콘크리트 등으로 분류한 경우는 포함하지 않았다. 해당 전화번호부는 전화번호마다 구체적으로 사업 구분을 한 경우도 있지만 상당수의 전화번호는 가입자 이름과 주소만 밝히거나 세부 종목은 언급하지 않은 채 상호만 게재한 것이 있어 211개의 토목건축청부업체 숫자는 정확한 통계라 할 수 없다.

6 — 조선인 건축가 이훈우에 관해서는 김현경·유대혁·황두진, 〈건축가 이훈우에 대한 연구〉, 《건축역사연구》 제29권 제3호(통권130호), 한국건축역사학회, 2020년 6월, 37~50쪽 참조

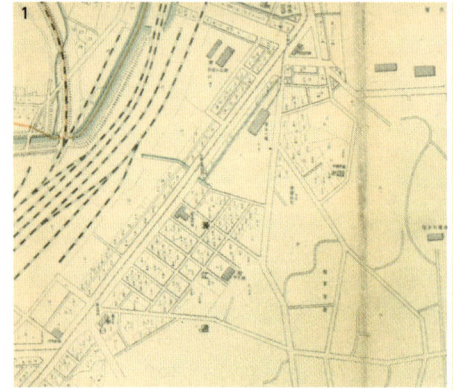
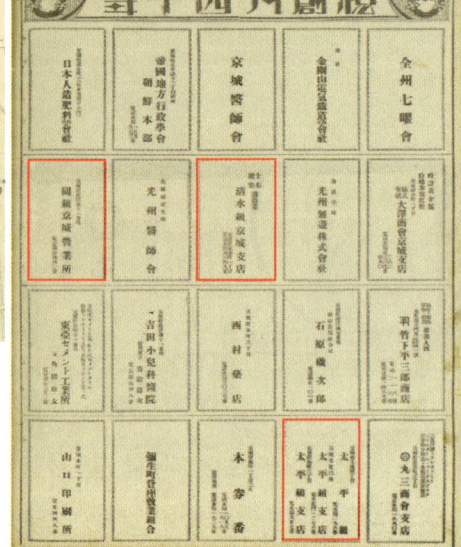

1 1930년대 경성에서 가장 많은 건설업체가 있었던 한강통 11번지 일대. 출처: 《지번구획입대경성정밀지도》, 1936, 서울역사박물관

2 신문 창간 4주년을 기념해 《조선신문》 1927년 5월 21일자에 협찬 광고를 낸 토목건축청부업체들. 대부분 일본에 본사를 두고 있는 업체이다.

하다. 그러니 당연하게도 1933년에 조선인이 경영하는 아파트는 경성에 관수동 한 곳뿐이라는 소식은 제법 사실에 가깝다고 할 수 있다.

  개인이나 법인을 막론하고 많은 토목 및 건축청부업체가 본국과 용산 분국이 관할하는 지역에 주소지를 두고 있었는데, 한강통 11번지에 특히 집중해 이곳에만 14곳이 있었다.[7] 이밖에도 주소지는 달리 하지만 한강통 11번지 주변에는 일본에 본사를 둔 건설업체의 경성지점이나 출장소 혹은 공무점들이 대거 사무실을 설치하고 대도시 경성의 건축붐에 뛰어들었음을 쉽게 알 수 있다.[8] 물론 일본인들의 독무대였다고 해도 과언이 아닌 상황이었지만 조선인이 없지는 않아 정세권은 1930년에 토목건축청부업자 172명 가운데 유일한 조선인으로 1930년판 《경성상공명록》에 올랐다. 1933년판 《경성

7 — 이곳에 주소지를 둔 대표적인 업체로는 핫도리구미(服部組), 하자마구미지점(間組支店), 테라오구미(寺尾組), 아리마구미출장소(有馬組出張所) 등이 있다.

8 — 이에 해당하는 건설업체로는 니시모토구미경성지점(西本組京城支店), 호리우치구미출장소(堀內組出張所), 호쿠리쿠구미출장소(北陸組出張所), 토미타구미출장소(富田組出張所), 오바야시구미출장소(大林組出張所), 카지마구미출장소(鹿島組出張所), 마츠모토구미경성지점(松本組京城支店), 철도공업경성출장소(鐵道工業京城出張所), 사카키다니구미출장소(榊谷組出張所), 모리아스구미경성영업소(森安組京城營業所) 등이 있다.

상공명록》에는 건축청부업을 하는 21명 가운데 기존의 정세권 외에 손덕현과 소영기가 조선인으로 새로 올랐으며, 토목청부업에는 조창윤 1명이, 토목건축청부업에는 장세철, 김경규, 김타 등 조선인 3명이 137명 가운데 이름을 올렸다.[9]

조선인 본위의 문화「아파-트」

조선인이 운영하는 아파트 출현을 알린 《매일신보》 1936년 8월 11일자 기사

조선인이 운영했던 아파트와 관련해 주목할 만한 기사가 실린 것은 《매일신보》 1936년 8월 11일자이다. 잡지 《삼천리》 제5권 제9호(1933년 9월호)에서 당시 관수동 아파트가 유일하게 조선인 운영하는 아파트라 했던 때부터 3년 가까이 지났고, 경성이 근대도시로서의 틀을 잡아가기 시작한 시기였으며 관제 언론에서는 본격적으로 '대경성(大京城)'을 외치던 무렵이었다.

대경성의 한복판에 조선 사람이 경영하는 문화「아파-트」가 출현하게 되었다. 그곳은 총독부로 통하는 현관 도로의 측면이요, 총독부 일부 관사(官舍)와 동척사택(東拓舍宅) 맞은편으로 속칭 중국인거리(支那街)라고 하는 서소문통으로 중국인이 많이 살고 있는 곳인데, 경성부 남대문통에 사는 조옥현(趙玉顯) 씨가 그 부지와 건물을 매수해 약 1,000평의 부지를 정리해 문화「아파-트」를 짓고 있는 중이다. 원래 이 부근은 아편굴(阿片窟)과 불결함으로 유명한 곳이었는데「아파-트」 신축으로 인해 명랑한 거리가 될 것이라 한다.[10]

9 — 도리우미 유타카(鳥海豊) 지음, 《일본학자가 본 식민지 근대화론》, ㈜지식산업사, 2019, 124쪽

10 — 〈朝鮮人本位 共同住宅計劃〉, 《매일신보》 1936년 8월 11일자. 1936년 당시 각종 매체에서는 서소문정을 이를 때면 '음산한 서소문정 아편굴'로 쓰기도 했다. 〈阿片窟이綻露〉, 《동아일보》 1936년 5월 28일자 등

기사의 제목이 "조선인 본위 공동주택계획"인데, '아파트'를 오늘날 주택법이 정한 그대로 '공동주택'으로 구분했으니 무엇보다도 의미를 부여할 만한 대목이다. 또한 '아파트 신축으로 인해 명랑한 거리가 될 것'이라는 내용은 흔히 교양, 질서, 공공성, 위생 등을 범주에 넣었던 조선총독부의 '명랑화(明朗化) 전략'[11]을 아파트를 통해 실현하겠다는 것이니 이 또한 주목할 대목이다. 매음굴이나 아편굴로 여겨졌던 비위생적 장소를 근대적 설비와 오락실을 갖춘 아파트로 일신할 수도 있다는 기대를 드러낸 것이기도 하다. 따라서 일제강점기에 신문에 자주 오르내리던 '문화아파트'란 결코 특정 대상을 지칭하는 것이 아니라 명랑화 정책의 구체적 도구였고, 특별하게는 근대적 설비를 두루 갖춘 아파트를 일컫는 용어였다는 점에서 주목할 필요가 있다. 게다가 조옥현이라는 조선인이 기존의 부지와 건물을 매입하고 인근 필지를 보태 1,000평에 이르는 규모 있는 아파트를 짓고 있음을 전한 것이다. 조선인이 경영한 매우 드문 아파트였다는 사실에서 역시 세심하게 살필 대상이다.

그러나 기사에서 위치를 특정할 수 있는 번지수는 확인할 수 없었는데, 여기에 실마리를 제공한 기사가 《매일신보》 1940년 11월 19일자에 다시 등장한다. '경성부 서소문정 18번지 덕수(德壽)아파트 주인 조정현(趙正鉉, 36세 가명)이 자신의 아파트에 세든 35명으로부터 가임통제령[12]을 무시하고 방세 25원 짜리는 28원으로, 18원의 경우는 25원으로 인상해 받음으로써 부정 이득을 취한 것으로 판단해 서대문경찰서에서 사업자를

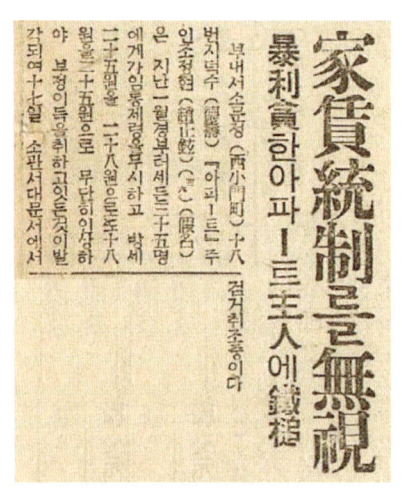

덕수아파트가 총독부 지대가임통제령을 따르지 않아 조사를 받게 됐다는 《매일신보》 1940년 11월 19일자 기사

---

11 — 이와 관련해서는 소래섭, 《불온한 경성은 명랑하라》, 웅진 지식하우스, 2011, 참조

12 — '가임통제령'이란 1939년 10월 18일 공포하고 조선총독부령 제184호에 의거해 10월 27일 발포한 지대가임통제령 시행규칙을 말한다. 이 통제령의 핵심은 지대(地代)와 집세를 한 해 전인 1938년 12월 말일 기준으로 되돌리고 부(府)와 읍(邑) 단위의 행정부서에서는 공영(公營)주택 건설 대책을 강구하며, 특별히 경성, 평양, 부산, 대구 등과 같은 대도시에서는 대규모 주택 수요에 대응해 '아파트' 건축을 검토한다는 것이다. 이는 오늘날의 국무총리격인 정무총감의 강력한 행정 지시로 이어졌다.

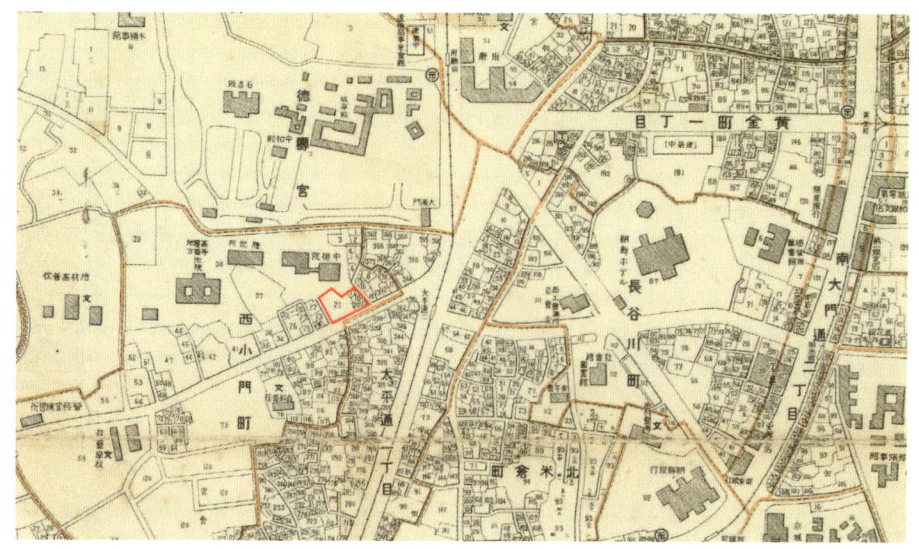

기사 속 아파트로 추정되는 덕수아파트의 위치(경성부 서소문정 18번지 일대) 출처: 〈지번구획입대경성정밀지도〉, 1936. 서울역사박물관

검거해 조사'[13] 하고 있다는 내용이다. '경성부 서소문정 18번지 덕수아파트'라고 했으니 매우 유용한 단서인 셈이고, 조정현이라는 가명으로 신문에 소개한 인물의 실명이 조옥현이라는 사실을 검증할 수 있다면 이를 일제강점기 조선인이 직접 아파트를 지어 운영한 구체적이고 실증적인 사례로 삼을 수 있다. 물론 그런 경우가 적지 않았겠지만 조선인 아파트 경영자만 특별하게 지목해 총독부가 혼찌검을 낼 생각이었을지도 모를 일이다. 아무튼 이 기사 내용은 조선인이 경영한 아파트와 관련해 제법 의미를 가질 만한 경우다.

먼저 당시 서소문정 18번지 일대 토지대장과 토지조사부를 살펴보자. 오래전 토지대장에 따르면 서소문정 18번지 필지는 36평인데 다이쇼 원년인 1912년 총독부의 토지조사사업에 따른 사정(査定)을 통해 독일인인 에프 칼리츠키(F. Kalitzky, 정동에 상점을 두고 외국인 상대로 영업한 F. Kalitzky & Co.의 소유자) 소유로 결정했으며, 1918년 9월에 장곡천정 97번지에 거주했던 중국인 주소고(周昭高)에게, 같은 해 10월에는 역시 중국인으로 황금정 2정목 9번지에 살던 담걸생(譚傑生)을 거쳐 1931년 6월에 중국인인 담정택(譚廷澤)에게 소유권이 이전됐다. 독일인으로부터 중국인이 이를 매입해 소유권을 변경한 뒤 중국

13 — 〈家賃統制를 無視, 暴利 貪한 아파-트 主人에 鐵槌〉, 《매일신보》 1940년 11월 19일자

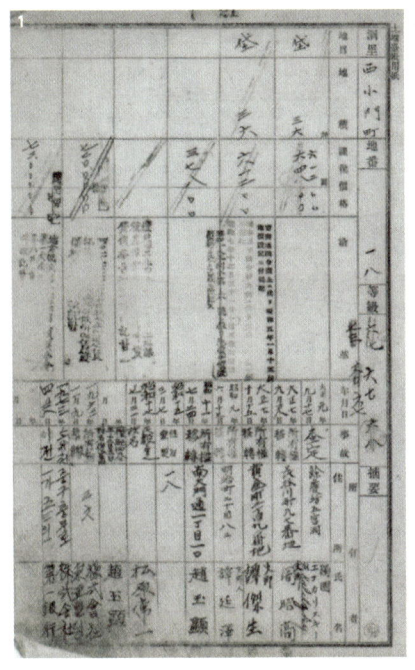
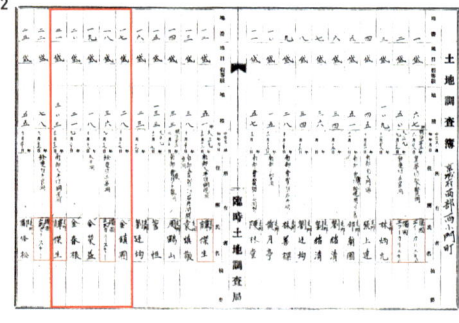

1 경성부 서소문정 18번지 폐쇄토지대장
2 1912년 경성부 서부 서소문정 1~23번지 토지조사부.
   출처: 국가기록원

인들끼리 소유권 이전을 몇 차례 이행했는데, 1936년 7월 24일 남대문통 1정목 10번지에 거주하던 조선인 조옥현에게 소유권이 넘어갔음을 확인할 수 있다. 결국 신문이 전한 내용이 사실이라면 이 기사에 가명으로 등장한 36세의 조정현이라는 인물은 조옥현이라는 사실에는 의문의 여지가 없다.[14]

물론 1912년 토지조사부를 통해서도 이를 다시 확인할 수 있는데, 신문에서 이 일대를 속칭 중국인거리라고 했던 것처럼 서소문정 1~23번지의 23개 필지 가운데 16개 필지가 중국인 소유, 4개 필지는 앞서 언급한 독일인 에프 칼리츠키 소유였다. 경성부가 조선인 소유권을 인정한 곳은 17번지와 19~20번지 등 단 3곳이었는데, 이들 3필지의 면적을 모두 합해도 고작 67평에 불과했다. 이 일대에서 가장 커다란 면적을 가진 곳은 1912년 토지조사 당시 중국인 담걸생이 소유했던 21번지로서 하나의 필지 면적이 303평에 달했으니 당시에는 가히 중국인촌으로 불러 마땅했다.

14 — 신문에서 가명이라 밝힌 조정현(趙正鉉)과 공식기록물인 토지조사부에 등장한 본명 조옥현(趙玉顯)은 성씨는 동일하되 이름은 서로 다른 한자를 사용했다. 본명인 玉顯 대신 가명으로 사용한 正鉉은 비슷하게 보이거나(玉과 正) 동일한 음(顯과 鉉)을 가진 한자를 골라 사용한 것이라 할 수 있다.

문화아파트 신축이 진행되고 있다 했던 당시의 서소문정 18번지는 오늘날에는 서울특별시 중구 서소문동 21-1로 편입됐는데, 1975년 5월 12일 서소문동 17, 18, 19, 20, 38-2와 합병되었음을 토지대장은 기록하고 있다.[15] 그런데 폐쇄토지대장을 통해 서소문정 21-1을 살펴보면, 이미 서소문정 21-1의 지번을 가진 상태에서 1936년 7월 24일 남대문통 1정목 10번지에 주소지를 둔 조옥현[16]에게 소유권이 이전됐음을 확인할 수 있고, 소유권 이전 당시 면적은 303평이었다. 이는 1912년 담걸생이 소유했던 21번지의 면적과 동일하지만 1975년 5월에 일제강점 당시 중추원과 경성 고등복심지방법원이 자리했던 38번지의 2를 다시 합병하면서 오늘날의 서소문동 21-1로 후일 새롭게 정리됐음을 알 수 있다. 그 결과 오늘날 서소문동 21-1은 406평으로, 1978년 7월 12일 미터법 환산에 의해 1,342.1m^{2}로 토지대장에 오른 것이다.

조옥현이 담걸생으로부터 서소문정 21-1의 땅을 매입해 소유권 이전을 완료한 것은 1936년 7월 24일이었는데, 그 땅에는 이미 병원으로 사용하던 2층 벽돌건물과 아연판 지붕을 덮은 목조 2층 건축물 등이 있었다.[17] 따라서 《매일신보》 1936년 8월 11일자가 전한 내용 가운데 '경성부 남대문통에 사는 조옥현 씨가 그 부지와 건물을 매수해 약 1,000평의 부지를 정리해 문화「아파-트」를 짓고 있는 중'이라는 내용은 좀 더 세심하게 살필 필요가 있고, 조선총독부 기관지로서 조선인 독자들을 대상으로 발행했던 신문이니만큼 사실과 다르게 부풀려 소식을 전했을 가능성 또한 없지 않다. 다만 1937년 9월과 10월에 걸쳐 광화문 전화국을 의미하는 '광(光)3179'를 두고 난방위생설비가 완비된 순양식(純洋式) 아파트로서 식당까지 갖췄다는 영업 광고를 신문에 거듭 냈고, 총독부의 지대가임통제령을 위반해 당시 아파트 사업자였던 조옥현이라는 인물이 조사를 받을 당시 아파트에 세든 이가 이미 35명에 달했다는 점에서 비교적 상당한

15 — 구 건축물대장을 통해 21-1의 내용을 살펴보면 이보다 앞선 1969년 10월 28일에 지번 변경이 먼저 이뤄졌는데 당시에는 17, 18, 19, 20, 21-1을 합해 21-1로 통합했음을 확인할 수 있으므로 1975년에는 여기에 다시 38-2가 더해진 것이다.

16 — 토지 구입 당시 조옥현의 직업은 양복점 경영과 함께 토지매매업이었다. 《第36回 商工資産信用錄: 朝鮮·臺灣·滿洲·外國人》, 商業興信所, 1935, 28쪽. 이 기록물에서 조옥현의 직업을 조사한 기준은 1936년 5월이다.

17 — 당시 병원은 다나카마루(田中丸)병원으로 보인다. 국사편찬위원회가 소장한 1920년 4월 21일자 진단서에 따르면 일본인 의사 다나카마루지헤이(田中丸治平)가 조선인 환자 정운복(51세)의 질환에 대해 복막염과 만성위장병으로 판단해 3주 동안 정양을 취할 것을 권하고 있는데, 진단서 발급지가 바로 경성부 서소문정 21번지였다.

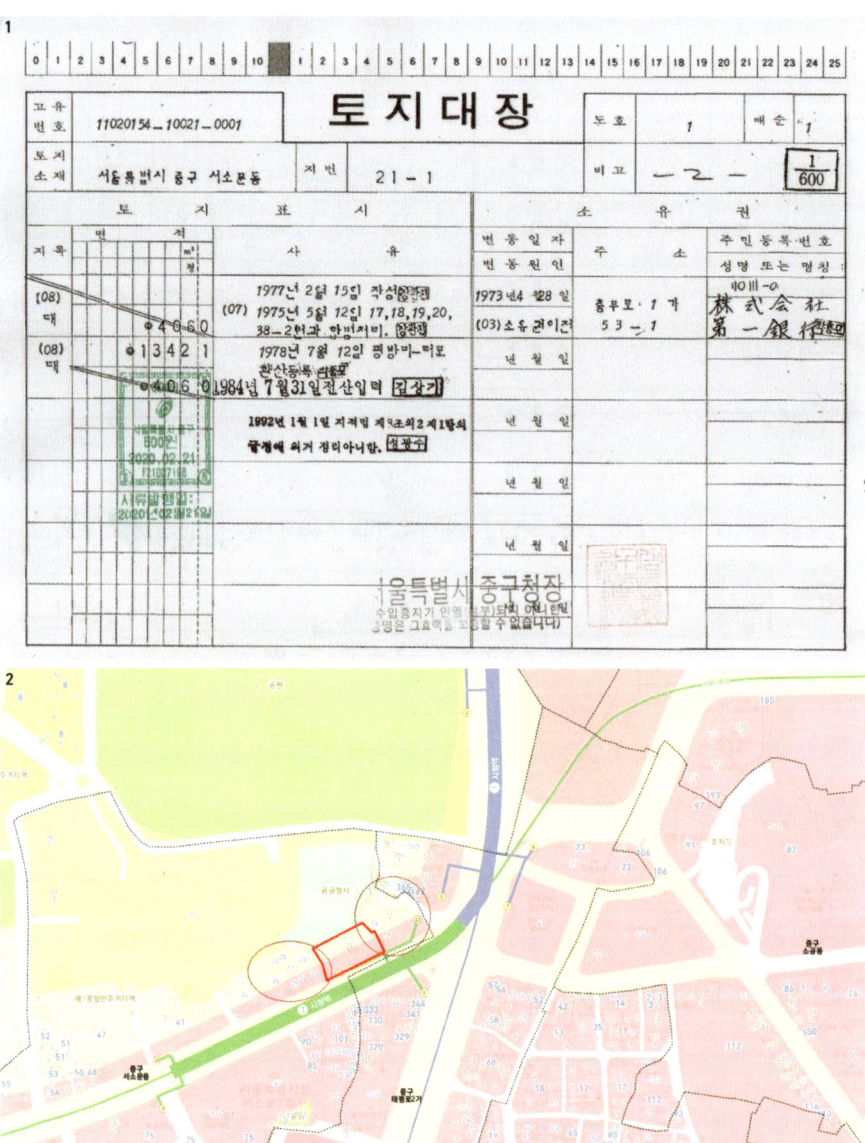

1 서울특별시 중구 서소문동 21-1 토지대장
2 2020년 2월 현재 법정동 구분과 필지 지번, 서소문동 21-1 출처: 카카오맵

〈경성부청부근평면도〉에 표기한 덕수아파트 부지 일대 건축물. 출처: 서울역사박물관

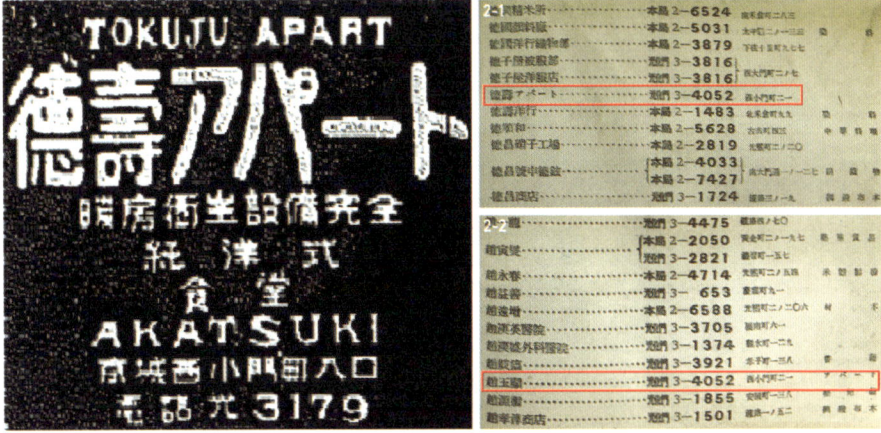

1 《경성일보》 1937년 9월 25일자와 10월 4일자에 게재된 덕수아파트 광고
2 1939년 12월 경성중앙전화국에서 발행한 《경성·영등포 전화번호부》에 오른 덕수아파트와 조옥현의 전화번호

규모였다고 할 수 있다.[18] 오래된 도면이어서 정밀한 내용을 확인할 수는 없지만 1930년대 중반 도로 확장과 필지 경계 조정 등을 위해 작성한 〈경성부청부근평면도(京城府廳附近平面圖)〉를 통해 덕수아파트가 들어섰던 대지 일대의 당시 건축물 윤곽의 대강을 알아볼 수 있을 뿐이다.[19]

조옥현이라는 인물이 1939년에 덕수아파트를 운영했다는 사실은 다른 기록물을 통해서도 확인할 수 있다. 1939년 10월 1일자를 기준으로 삼아 1939년 12월에 경성중앙전화국이 발행한 《경성·영등포 전화번호부》가 그것인데, '덕수아파트'가 등장했을 뿐만 아니라 덕수아파트를 운영했던 '조옥현'의 전화번호가 함께 실렸다.[20] 당연하게도 아파트의 소재지와 조옥현의 주소지가 서소문정 21번지일 뿐만 아니라 '광화문 ③-4052'

18 — 1934년 11월 1일 '근대건축의 정수'라는 찬사 속에 평양에서 준공한 동아파트의 경우는 임대용 방이 95개에 달했고, 7개월 뒤인 1935년 6월 1일 내자동 신축 아파트 옥상에서 기생들의 여흥까지 곁들이며 요란한 낙성식을 했던 내자동 미쿠니아파트의 경우는 임대용 방이 69개였다. 따라서 이 아파트들과 비교할 때 덕수아파트 세입자가 35명이었고, 이들이 대부분 독신 샐러리맨들이었다면 아파트의 규모가 결코 영세했다고는 할 수 없다.

19 — 1939년에 발행된 《경성·영등포 전화번호부》에는 덕수아파트가 광화문전화국 3-4052 전화를 개설해 영업하고 있는 것으로 나타난다. 당시 주소는 서소문정 21번지로 기록되어 있다. 경성중앙전화국, 《경성·영등포 전화번호부》, 1939, 251쪽

20 — 경성중앙전화국, 《경성·영등포 전화번호부》, 1939, 205·251쪽

라는 전화번호를 아파트와 개인 전화번호를 함께 사용했다는 점에서 의문의 여지없이 조선인 조옥현이 1939년에 덕수아파트를 소유, 운영했음을 확인할 수 있다.

조옥현에서 다시 조옥현으로

오늘날 서울특별시 중구 서소문동 21-1로 합병되기 전의 대지는 1912년 토지조사 당시 중국인 담걸생의 소유였다가 1934년 6월 같은 중국인인 담정택에게 소유권이 넘어갔으며, 1936년 7월 24일 해당 대지 소유권이 다시 조선인 조옥현으로 옮겨진 곳이다. 덕수아파트를 지었다는 서소문 18번지의 소유권 이전과 유사하나 최초 소유가 독일인이 아니었다는 점만 다르다.

이 대지에 대한 소유권 이전 내역만 따로 살펴보면 1936년 7월 소유자가 된 조옥현이 1940년 3월 7일 남대문통 1정목 10번지에서 18번지로 자신의 주소를 옮김에 따라 토지대장에도 소유자 주소가 변경되어 있다. 흥미로운 대목은 그 이후의 소유자 관련 변경 내역이다. 주소도 그대로이고, 땅의 소유자도 동일 인물임에도 불구하고

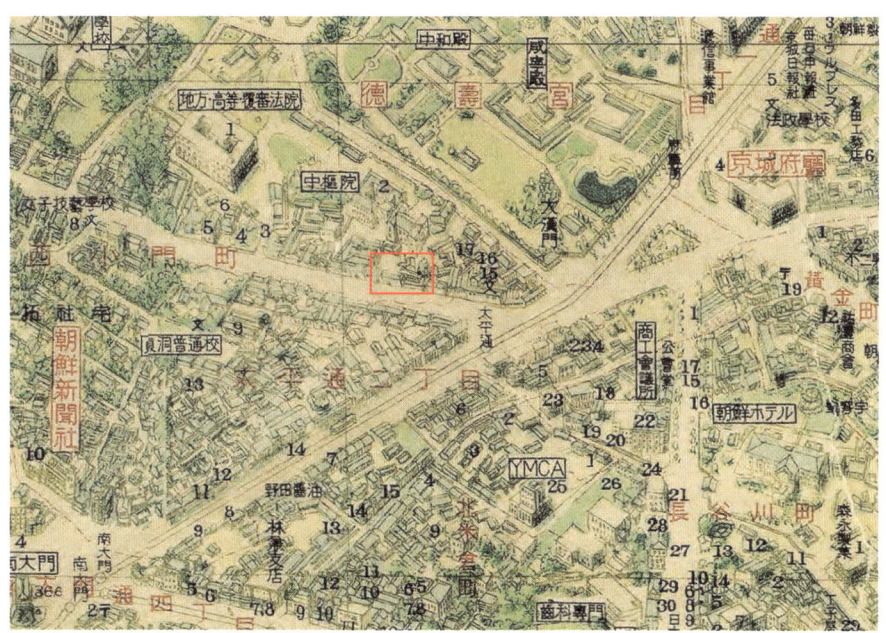

1936년 8월 제작된 〈대경성부대관〉에 나타난 덕수아파트 일대. 출처: 《대경성부대관(大京城府大觀)》, 1936. 서울역사박물관

1942년 7월 21일 '씨설정개명(氏設定改名)'이라는 법정 사유를 들어 소유자가 조옥현에서 마츠바라 쓰네카즈(松原常一)로 변경된 것이다. 303평의 대지 소유권을 다른 이에게 이전하지 않은 상태에서 소유자의 이름만 바뀐 것이니 가볍게 볼 일이 아니다.

　이야기가 여기에 이르면 한국인이라면 누구나 쉽게 짐작할 수 있는 역사적 사실과 마주한다. 이 땅의 소유자 조옥현이 창씨개명을 통해 마츠바라 쓰네카즈로 '창씨(創氏, 趙→松原)'하고 '개명(改名, 玉顯→常一)'한 것이다. 그러곤 해방 후 4년이 조금 지난 1949년 12월 5일 이번에는 '성명복구(姓名復舊)'라 불리는 행정행위를 통해 원래의 이름인 조옥현으로 소유자가 되돌려졌다. 조옥현이 마츠바라 쓰네카즈로 바뀌었다가 다시 조옥현으로 제자리를 찾은 셈이다. 그 후 이 땅은 1963년 11월 9일 주식회사 동아빌딩으로 소유권이 변경됐고,[21] 다시 10년이 지난 1973년 4월 28일에는 주식회사 제일은행으로 소유권이 이전됐다가 1977년 9월 26일 효성개발㈜ 소유가 되어 고층의 사무용 빌딩이 들어서게 되었다.

　창씨개명이라는 말로 우리에게 익숙한 일제의 황국신민화 정책은 '조선민사령' 개정을 통해 조선의 관습법으로 유지했던 '성명제'를 폐지하고 일본 민법에 따라 일본식 '씨명제'를 사용하게 한 것으로 1936년에 부임한 7대 총독 미나미 지로가 시행한 식민지 동화정책 가운데 하나다. 창씨는 호적상의 성을 일본식의 씨로 정정하는 것이고, 개명은 기존의 호적상 이름을 씨에 조화되도록 새로 만들어 창씨의 뒤에 붙이는 것[22]으로 춘원 이광수처럼 한시적 명령 기간 전인 1940년 1월부터 카야마 코오로(香山光郎)로 창씨개명하고 자랑스러워 한 경우도 있지만 끝까지 거절한 경우도 적지 않았다. 따라서 덕수아파트 주인이었던 조옥현이 마츠바라 쓰네카즈로 창씨와 개명을 통해 자신이 소유한 대지의 소유권을 변경한 때가 1942년 7월이었으니 모르긴 해도 연장 기간 끄트머리까지 견디다가 마지못해 창씨개명에 가담한 것이라고 믿고 싶다. 굴곡진 우리 역사의 한 장면이 아닐 수 없다.

21 — 1960년 초 주식회사 동아빌딩의 대표이사 사장 역시 조옥현이었지만 이후 김춘화로 명의 변경됐다.

22 — 창씨개명은 1937년 4월 사법개정조사위원회 설치로 관련 연구가 진행됐고, 1939년 11월 10일 제령 제19호 '조선민사령 중 개정의 건'과 제령 제20호 '조선인의 씨명에 관한 건'의 공포로 1940년 2월 11일부터 8월 10일까지 '한시적' 명령으로 시행했다. 그러나 자발적인 '창씨'이외에는 실적이 저조해 1940년 5월 중순까지 총 호수의 7.6%에 불과해 1941년 말까지 기한을 다시 연장하는 등 강력한 통제가 뒤따랐다. 그 결과 1941년 말에 이르러 81.5%가 '창씨'했다는 것이 조선총독부의 발표다.

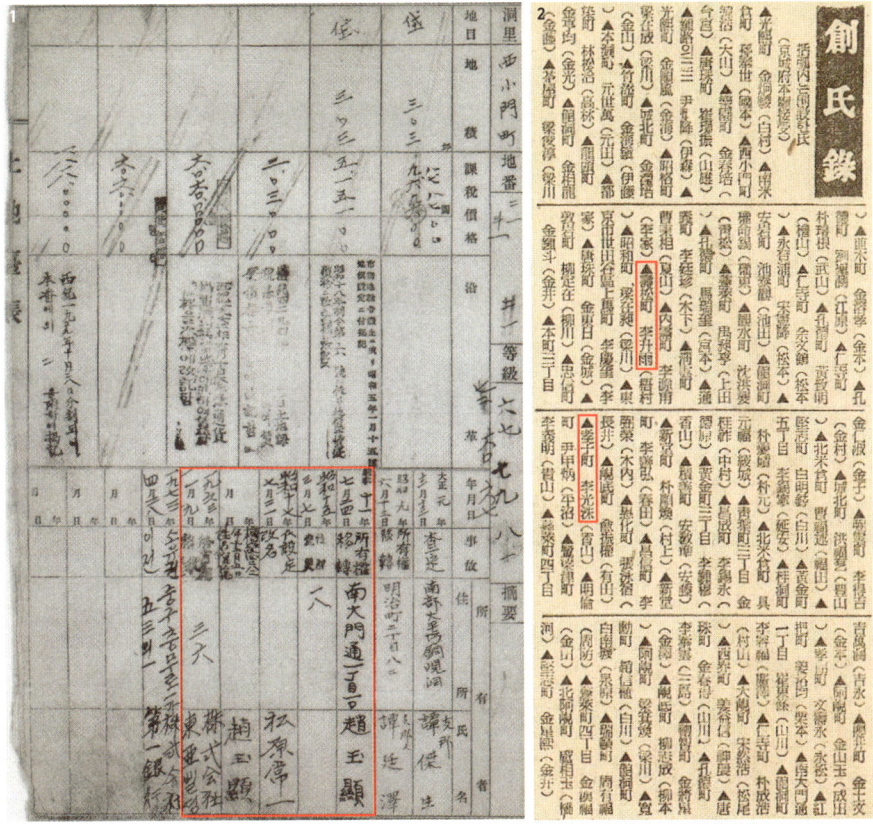

1 서소문정 21-1 폐쇄토지대장
2 창씨 인물들을 소개한 《매일신보》 1940년 2월 13일자 기사. 작가 이광수와 변호사 이승우 등이 보인다.

덕수아파트-덕수여관·덕수호텔-덕수빌딩

덕수아파트는 1937년 9월에 본격적으로 신문 광고를 내보냈다. 다른 경우와 마찬가지로 입주자를 사전에 모집해야 안정적인 임대사업이 가능하리라는 점을 전제한다면 이 시기를 전후로 아파트 준공이 이뤄졌으리라 추정하는 것이 합리적이다. 평양 동정의 동아파트나 경성 내자정 미쿠니아파트가 그랬듯이 당시 아파트는 준공 이전부터 입주자를 모집했다는 점에서 그렇기도 하거니와 준공 시점을 늦춰 잡는 것이 괜한 논란을 줄이는 일이기 때문이다. 물론 1936년 8월에 공사를 시작했다고는 하지만 이후에도 건축물대장에 큰 변화가 없었다는 점에서 필지별로 산재한 기존 건축물을 대수선해 아파트 임대사업을 벌였을 가능성도 배제할 수 없다. 따라서 정확하게 아파트 건축 준공 시점이며, 임대사업의 시작점을 특정하기는 어렵지만 1936년 8월 이후 1937년 9월 이전, 좀 더 시간을 좁혀본다면 1937년 9월을 전후한 시점에 서소문동 21-1에 새로운 형식과 설비를 갖춘 아파트라는 도시건축물이 들어섰고, 조선인 경영자가 본격적인 임대사업에 나섰다고 추정할 수 있다.

당시 《경성일보》에 등장한 광고 내용을 살피면 난방과 위생설비를 완비한 '순양식(純洋式)'이라는 점을 특별히 강조했다. 당연하게도 온돌 난방을 하는 조선식도 아니요, 그렇다고 다다미 바닥에서 좌식생활을 하는 일본식도 아니었음을 굳이 드러낸 셈이니 문화아파트라 부를 만했을 것이다. 광화문전화국에서 연결하는 전화를 갖췄고(光3179), 아카즈키(Akatsuki, アカツキ)라는 이름의 식당을 따로 두어 손님을 받았다는 점을 고려한다면 일정한 규모 이상을 갖춘 것일 뿐만 아니라 식당이며 방을 누구라도 이용할 수 있는 경우라 할 수 있다. 따라서 1936년 신문이 전한 문화아파트 공사 소식은 조옥현이 소유하게 된 몇 개 필지의 기존 건축물을 대상으로 증개축과 함께 설비 보강을 통해 임대용 아파트로 규모를 키운 것으로 조심스럽게 추정할 수 있으며, 한국전쟁이 한창이던 1951년 9월 촬영한 서울시청과 덕수궁 일대의 항공사진을 통해 그 흔적의 대강을 살필 수 있을 뿐이다.

아쉽게도 자세한 평면도나 규모 혹은 각 층의 바닥면적 쓰임새 등을 확인할 수 있는 자료나 기록은 따로 발굴하지 못했지만 무엇보다도 중요한 것은 '아파트'로 이름 붙여 임대한 덕수아파트 경우도 그 이전 경성과 평양에 지어진 내자동 미쿠니아파트나 동아파트와 마찬가지로 방은 철저하게 임대하는 방식이었으며, 아파트 내부에 별도의 식당 등을 두어 이 역시 당시 사람들이 자유롭게 이용할 수 있었다는 사실은 쉽게 다시 확인할 수 있었다.[23]

또한 오래전 사진을 통해 확인할 수 있는 것처럼 당시 일본이나 조선의 다른 대도시 아파트 건축형식과 마찬가지로 당연하게도 서소문통이라는 경성의 주요 가로변에서 누구나 직접 출입할 수 있는 필지와 건축형식을 택한 것이었으며, 추정컨대 배치방

---

23 — 1945년 3월 20일 경성중앙전화국이 발행한 《경성·영등포 전화번호부》에 의하면 서소문정 21번지에 자리했던 '덕수아파트'가 '동아호텔 별관'으로 바뀌었음을 알 수 있다. 이 전화번호부는 1944년 9월 1일을 기준일자로 삼아 발행한 것이므로 덕수아파트는 해방 1년 전 정도에 이미 '호텔'로 전업한 것이다.

1   1951년 9월에 촬영한 서울시청과 덕수궁 일대 항공사진. 출처: 《LIFE》 ⓒStephen Booth
3   1953년 3월 29일에 촬영한 덕수아파트 추정지역의 항공사진. 출처: 미국국립문서기록관리보관소

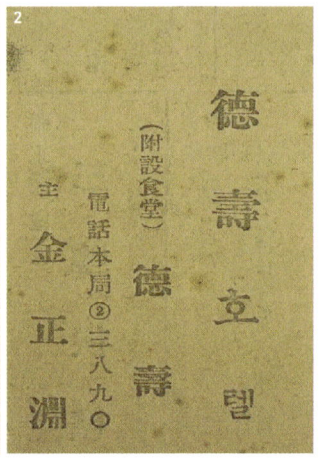

1 《한성일보》 1949년 9월 29일자에 게재된 덕수호텔 광고

2 《부인신문》 1950년 1월 1일자에 게재된 덕수호텔 광고

식 역시 길에서부터 용이한 시설 접근과 공간이용을 전제했을 것이라 충분히 짐작할 수 있다. 조선인 건축주로서 매우 드물게 아파트 임대사업에 나섰던 조옥현이라는 인물 역시 이를 전제했기에 서로 다른 규모로 잘게 나누어진 인접 필지를 모두 구입해 하나로 통합, 운영하는 방식으로 아파트 임대사업을 펼쳤으리라 생각할 수 있다.

    태평양전쟁 발발 이후 해방에 이르는 기간 동안 덕수아파트가 동아호텔 별관으로 바뀌었다는 사실 이외의 흔적은 쉽게 찾을 수 없다. 해방 후 제법 시간이 경과한 1949년부터 한국전쟁 발발 이전인 1950년 초에 걸쳐 간간이 '덕수'라는 상호를 사용한 덕수호텔이며 부설 식당에 대한 신문 광고를 발견할 수 있는 정도가 고작이다. 또한 '덕수'라는 명칭은 서소문로와 태평로 등 서울 중심을 설명하기에 유용한 덕수궁에서 가져온 것이니 따로 그 위치를 상세하게 풀이할 필요가 없는 명칭이어서 기업 이름이나 건축물 명칭으로 여러 곳에서 흔히 쓰이기도 했다.

    1949년 9월《한성일보》에 실린 덕수호텔 광고는 '대한문 옆 태평로'라고 위치를 밝히고 있으며, 1950년 1월《부인신문》의 광고는 덕수호텔과 더불어 부설식당 '덕수'를 특별히 강조한 것으로 보인다. 그런데 신문에 실린 이 두 곳의 광고에 등장한 전화번호가 '②3890'이라는 사실로 미뤄 이 두 곳은 당연하게도 동일한 곳이라 할 수 있다. 그런데 주소가 기존의 덕수아파트가 위치했던 '서소문동'이 아니라 '태평로'라 했으니 덕수호텔로 불리던 이곳은 조옥현이 운영했던 덕수아파트와는 다른 곳이라 할 수 있다. 비록 일제강점기의 아파트 상당수가 중일전쟁 이후 총독부가 강제한 지대가임통제령의 제약에

1960년 6월 19일 아이젠하워 미국대통령 방한을 환영하는 덕수궁 앞 인파. 대한문 왼쪽으로 덕수호텔·덕수여관, 덕수상회 간판을 단 건물이 보인다. 출처: 국가기록원

서 벗어나기 위해 호텔로 전업했다고는 하나 덕수아파트의 경우는 같은 이름의 덕수호텔로 전업을 감행한 경우에 해당하지 않았던 것으로 조심스럽게 추정한다.

  덕수호텔이 그동안 살폈던 덕수아파트와 다른 곳이라는 사실은 몇몇 다른 기록사진을 통해서도 확인할 수 있다. 미국의 아이젠하워 대통령 방한 당시 미국 대사관저로 향하는 방한단 일행을 환영하는 인파가 대한문 앞에 인산인해를 이룬 적이 있었는데, 그 배경에 희미하지만 덕수호텔이 보인다. 덕수호텔이 곧 덕수여관이라는 사실과 함께 그 건물의 위치가 대한문 옆 태평로였음을 알 수 있다. 이곳은 1961년과 1962년에 촬영한 또 다른 사진에서도 재차 확인할 수 있는데, 하나는 5.16 군사정변 직후 도심에 주둔한 군대의 도심경비 상황을 촬영한 것이고, 다른 하나는 군사정변 1주년 기념 퍼레이드 준비를 위해 도로 정비에 나선 모습을 촬영한 것이다. 결국 덕수호텔과 덕수여관은 동일한 대상을 두 가지로 편의에 따라 나눠 부른 이름에 불과하고, 서소문로에 위치했던 덕수아파트와는 전혀 다른 것일 뿐 아니라 당연하게도 덕수아파트가 덕수호텔로 전

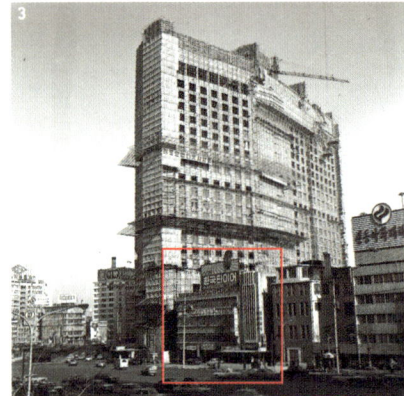

1 군사정변 직후인 1961년 5월 30일 촬영한 사진에서 보이는 덕수여관. 출처: 국가기록원

2 군사정변 1주년 기념 퍼레이드 준비 작업을 촬영한 1962년 4월 13일자 사진에서 보이는 덕수여관. 출처: 국가기록원

3 1958년 12월 시범상가주택으로 준공한 태평로 1가 29번지의 덕수빌딩, 1976년 1월 26일 촬영. 출처: 서울성장50년 영상자료

업한 경우도 아니라는 사실을 확인하기에 충분하다. 1960년에 이용했던 전화번호 '②3890'이 1961년 이후에 '②2038'로 변경되었을 뿐이다.

대한문 주변에는 대한제국의 황제가 거처하던 덕수궁의 이름을 빌려 건축물 명칭으로 사용한 경우가 제법 많았다. 지금까지 살핀 덕수아파트와 덕수여관 혹은 덕수호텔과 마찬가지로 많은 사람의 관심을 받은 경우가 하나 더 있었으니 바로 덕수빌딩이다. 이승만 정권 시절의 일이다. 《동아일보》 1959년 2월 20일자에는 이승만 정권이 추진한 '상가주택'을 강하게 비판하는 글이 게재된다. 서울시 중구 태평로1가 28번지에 위치한 4층의 덕수빌딩 3~4층이 당초 계획과 달리 주택으로 쓰이지 않고 다방과 당구장으로 임대하기 위한 내부공사가 진행되고 있다는 고발인데, 이름하여 '덕수빌딩 변조사건'[24]이다.

24 ― 〈건물변조 말썽, 정부에 의해 건축된 덕수빌딩 조사〉, 《동아일보》 1959년 2월 20일자

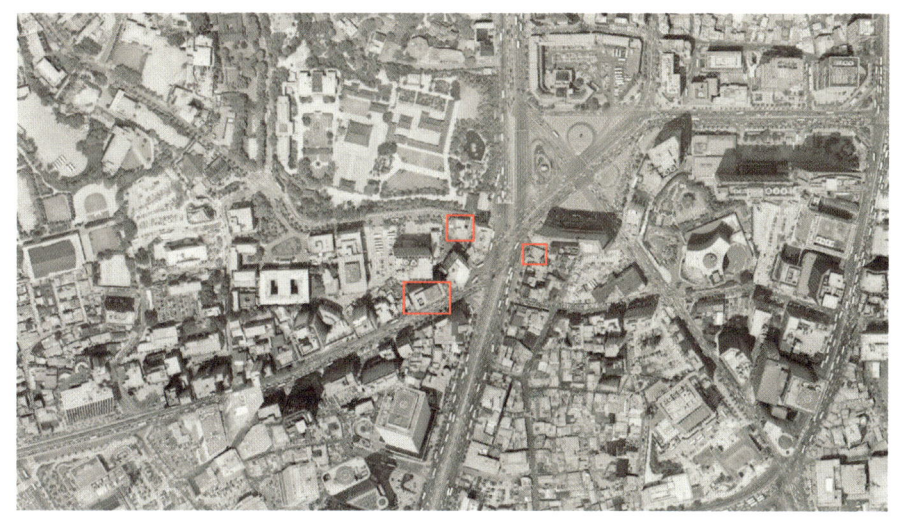

덕수아파트-덕수호텔·덕수여관-덕수빌딩 일대 항공사진. 1989년 1월 촬영. 출처: 국토교통부 공간정보 오픈 플랫폼

    이 건물은 1958년 이승만 대통령이 국무회의를 통해 전쟁 상흔이 남은 서울의 도심부 주요 간선도로변을 독일의 베를린처럼 조성하라는 지시에 따라 건축비의 60%를 특혜에 가까운 좋은 조건으로 융자해 지은 시범상가주택이다. 육군 공병단이 시공하고, 이승만 대통령이 직접 현장을 찾은 곳이기도 하다.[25] 그런데 엄청난 특혜에 가까운 정부의 융자금 상환기간이 끝나기도 전에 건축주가 융자조건을 지키지 않고 주택임대보다 조금이라도 수익을 더 낼 수 있을 것으로 보이는 다방과 기원 등의 업종을 들이기 위해 건축물의 용도를 변경하고 있다는 고발이 있었던 것이다. 만약 그렇다면 공적 자금으로 건축주의 배를 불리게 된 것이라는 점에서 사업 책임을 가진 정부와 기술적, 실무적 책임을 맡았던 대한주택영단의 관련자가 조사를 받게 되었다는 언급도 곁들였다.[26] 마치 1937년 중일전쟁 발발 이후 지대가임통제령에 따라 집세를 올려 받을 수 없게 된 아파트 임대사업자들이 총독부의 통제를 피하기 위해 아파트를 호텔로 서둘러 전업했던 것과 하등 다를 것이 없다.

25 — 시범상가주택과 일반상가주택에 대한 자세한 내용은 박철수, 《박철수의 거주박물지》, 도서출판 집, 2017, 13~32쪽 참조

26 — 물론 관련자들에 대한 처벌은 없었다. 4.19혁명으로 이승만 대통령이 망명하고, 이후 관련 사업은 중단됐다.

덕수빌딩은 시범상가주택 6동 가운데 하나로, 최초 계획은 상가주택 건설요령에 따라 3층과 4층에 모두 14세대를 위한 주택을 넣는 것이었다. 그런데 정부로부터 융자 지원을 받는 토지소유자나 조합 입장에서는 주택 14가구의 전세금을 받아 은행에 넣어봤자 매달 들어올 점포 임대료보다 못한 것이 자명했기 때문에 다소간의 부작용을 감수하고라도 용도변경을 감행했던 것이다. 상가주택 건설요강을 따르지 않은 것이고, 당시 사진을 통해 흔히 볼 수 있는 다방이나 당구장 혹은 기원이 성했던 시절을 떠올릴 수 있는 대목이지만 다른 한편으로 생각해보면, 서울의 주요 간선도로변에서 직접 주택으로 접근할 수 있는 새로운 도시건축 유형이었다는 점에서는 덕수아파트와 큰 차이가 없으리란 판단이다. 서둘러 얘기하자면, '덕수'라는 이름을 통해 도심주택의 가능성이 일제강점기 이후 두 번 등장했다 사라진 것이라 할 수 있다.

'서울특별시 서대문구 서소문동 21번지'라는 주소지가 대한주택공사 문서에 다시 등장한 것은 1963년 11월 20일이다. 이번에는 '주식회사 동아빌딩 대표이사 김춘화(金春和)'가 자필로 대한주택공사 장동운 총재에게 〈상가아파-트 대지후보 신청서〉[27]를 제출한 것이다. "(서울특별시 서대문구 서소문동 21번지 406평) 토지를 귀 공사 상가아파-트 건설부지로 제공함에 있어 제공 조건은 귀 공사와 협의 하에 약정하기로 하여 이에 신청하나이다."라는 내용을 신청서에 담아 대한주택공사에 제출한 이 문건에는 일제강점기 조옥현이 '아파트 임대사업'을 했던 바로 그 대지의 지적 상황이 알기 쉽게 그려져 첨부되어 있다.

대한주택공사는 이 신청에 대해 후보지를 조사한 뒤 '방향은 정남향이며, 대지의 형상은 다각형이나 후면 법무부 대지와 일부를 교환하여 네모꼴로 만들기 위해 추진중으로 후보지 안에는 가건물 2동과 기와집 2동 그리고 철거장애물 1동이 있으나 신청자의 말로는 (상가아파-트) 착공 전에 완전철거할 것'이라고 하면서 '전체 신청부지에 위치한 필

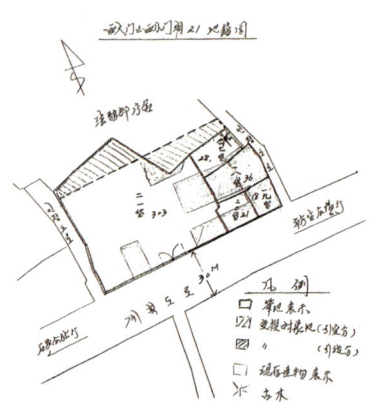

서대문구 서소문동 21 지적도. 출처: 대한주택공사, 〈상가아파-트 후보지 조사보고〉, 1963년 11월 20일

27 — 대한주택공사, 〈상가아파-트 후보지 조사보고〉, 1963년 11월 20일. 이후, 대한주택공사 내부문건

국군의 날 기념 퍼레이드를 위해 촬영한 항공사진에서 확인할 수 있는 덕수아파트 자리. 1968년 10월 1일. 출처: 국가기록원

지 5곳에 대해 모두 10,050,000원의 근저당권이 국민은행과 한국산업은행에 설정되어 있다'고 했다.

또한 '신청자의 말에 따르면, 주한 일본대사관 건설 부지로 제공해 줄 것을 요청받은 바 있으며, 일본의 개인 상사와도 건설계획을 논의한 바 있으나 국내 유일의 대한주택공사에서 사업을 추진한다면 적극 호응할 것'이라는 의견과 함께 '동아빌딩주식회사 대표이사 김춘화는 수십 년간 부동산 임대업(건물인대사업)을 해 온 인물'이라는 조사자의 의견도 함께 실렸다. 대지 소유자의 구체적 요구조건은 '서울시청 앞에 지어지고 있는 11층 빌딩에 뒤지지 않을 11층 이상으로 대한주택공사가 빌딩을 지어줄 것과 더불어 대지 가격은 은행 감정에 의해 평가하기로 하고, 대지 비용 부담 비율은 세계 선진 각국에서 실시하고 있는 비율에 준하기도 한다.'는 것이었다.

그러나 안타깝게도 이 대지에 대한 대한주택공사의 수락 여부는 알 수 없고, 그것이 과연 세운상가 등으로 대표되는 '상가아파트'와 동일한 건축유형인가도 확인할 수 없다. 또한 이승만 정권에서 적극 추진했던 '상가주택'으로 판단할 수 있는가도 명확하지 않다. 다만 특혜에 가까운 정부의 조건부 건축공사비 융자를 받은 뒤 융자조건을 무시하고 불법으로 증축과 주택부분 변경을 거듭했던 상가주택이 토지소유자들에게는 마치 황금알을 낳는 거위처럼 여겨져 토지소유자들의 배만 불린다는 여론이 들끓었다는 사실 등으로 미뤄볼 때 서소문동 21번지 406평 역시 정부의 융자를 받아 건축물을 신축할 목적으로 동아빌딩주식회사 김춘화가 대한주택공사에 상가주택 신축 부지 검토를 요청했던 것으로 보인다.[28]

그러니 덕수아파트는 덕수여관·덕수호텔, 덕수빌딩과는 전혀 상관없는 경우지만 조옥현에서 김춘화로 동아빌딩주식회사의 대표이사가 변경된 뒤에는 덕수빌딩과 마찬가지로 서소문동 21번지 406평의 대지에 상가주택으로 모습이 바뀌어 들어설 수도 있었으니 흥미로운 대목이 아닐 수 없다. 이미 앞에서 언급한 것처럼 이후 해당 대지는 1973년 4월 28일에는 주식회사 제일은행으로 소유권이 변경됐고, 1977년 9월 26일 효성개발㈜에 의해 고층의 사무용 빌딩이 들어서게 된 것이다.

---

28 — 이는 176건에 달하는 대한주택공사의 상가주택 목록을 통해서도 확인할 수 있다. 이 자료에 따르면 서소문동 21번지 406평에 대해서는 11층을 전제로 김춘화가 후보지 신청서를 제출했다는 사실만 기록하고 있다. 다른 경우에는 융자대상 선정 여부와 설계검토 결과 등을 기록하고 있다는 사실에 비춰볼 때 상가주택 신청에 그쳤을 것으로 판단한다. 1962년 말을 기준으로 6개 시범상가주택이 서울에 지어졌고, 일반상가주택은 준공된 경우가 서울 86동과 지방 7동에 그쳤다. 대한주택공사, 〈상가주택 관리현황〉, 1962

추적! 경성의 아파트:
채운장아파트, 욱아파트, 중앙아파트

로마의 폐허에서 볼 수 있는 투우장과 같은 건물

소화원(昭和園)주택지 위에 아주 높이 우뚝 솟은 거대한 건축물, 마치 로마의 폐허에서 볼 수 있는 투우장과 같은 건물이 시민들의 눈길을 끌고 있는데, 기자가 놀란 것은 본정 5정목에 사는 우에하라 나오이치 씨가 혼자 힘으로 아파트를 짓고 있다는 사실이다. 그 일을 수년 전부터 쉼 없이 꾸준히 해온 결과 최근에는 4층의 일부까지 완성했다. 처음에는 400평에 80실 정도를 들일 예정이었으나 벌써 4층 일부가 모습을 드러냈는데 이 상태라면 백 수십 실은 가능할 것 같다. (이 정도라면 예산이) 10만 원 정도가 필요하다는 얘기인데, 직접 현장에서 제작한 시멘트 블록을 썼는데도 멋진 모습이지만 건축주인 우에하라는 여전히 그것이 언제 완성될 것인지 예측할 수 없다고 한다. 하지만 지금 보더라도 조선 제일의 아파트 출현은 그리 멀지 않았다.[1]

금화장(金華莊)주택지, 학강(鶴ヶ岡)주택지와 더불어 일제강점기 경성의 3대 주택지[2] 가운데 하나로 꼽혔다는 소화원주택지[3]는 1927년 경성 동부지역에 문화주택지로 조성된 곳인데, 그곳 일각에 마치 로마의 콜로세움을 연상시키는 거대한 건축물이 '아파트'라는 이름으로 머지않아 출현할 것이라는 내용이다. 거대한 아파트 사업을 직접 벌이고 있는 인물을 《경성일보》기사에는 '우에하라 칸이치(上原貫一)'라 표기했는데, 이는 우에하라 나오이치(上原直一)에 대한 잘못된 표기여서 번역 인용문에서는 이를 바로 잡았다.[4]

동사헌정에 지어지고 있다는 거대한 아파트에 대한 신문기사는 그 이전에도 등장했다.

---

1 — 〈住宅點景(3): ローマの鬪牛場〉,《경성일보》1930년 11월 19일자.《경성일보》는 1930년 11월 17일부터 11월 30일까지 모두 10회에 걸쳐〈주택점경〉이라는 이름을 붙인 기획기사를 연재했다. 이 기획은 일본의 식민통치를 통해 조선의 풍경이 어떻게 달라졌는가를 적극 알리기 위한 선전용 기사로 '아파트'라는 건축 유형에 주목한 것이라기보다는 새롭게 조성된 문화주택지(文化住宅地)의 근대적 풍경을 집중적으로 소개하는 것이었다. 인용 내용 가운데 ( )안은 설명을 위해 추가했다.

2 — 이경아,《경성의 주택지: 인구 폭증 시대 경성의 주택지 개발》, 도서출판 집, 2019, 139쪽

3 — 일제강점기에 자주 사용한 '장(莊)'이라는 명칭은 근대적인 도시 가로망에 따라 위생적 설비와 기반시설을 제대로 갖춘 일종의 전원형 단독주택지를 일컫는 것으로, 명수대를 중심으로 조성된 오늘날 상도동 일대의 '강남장', '연희장', '금화장', '안암장' 등과 같은 곳을 일컬었다. 비슷한 용어지만 도심으로부터 조금 멀리 떨어져 '건강'과 '위생', '정온' 등의 개념을 드러내기 위해서는 원(園)이라는 단어를 따로 붙이기도 했다.

4 — 中央情報鮮滿支社編,《大京城寫眞帖》, 中央情報鮮滿支社, 1937, 31쪽. 또 다른 신문에서는 그의 이름을 우에하라 나오이치로(上原直一郎)로 표기하기도 했다.

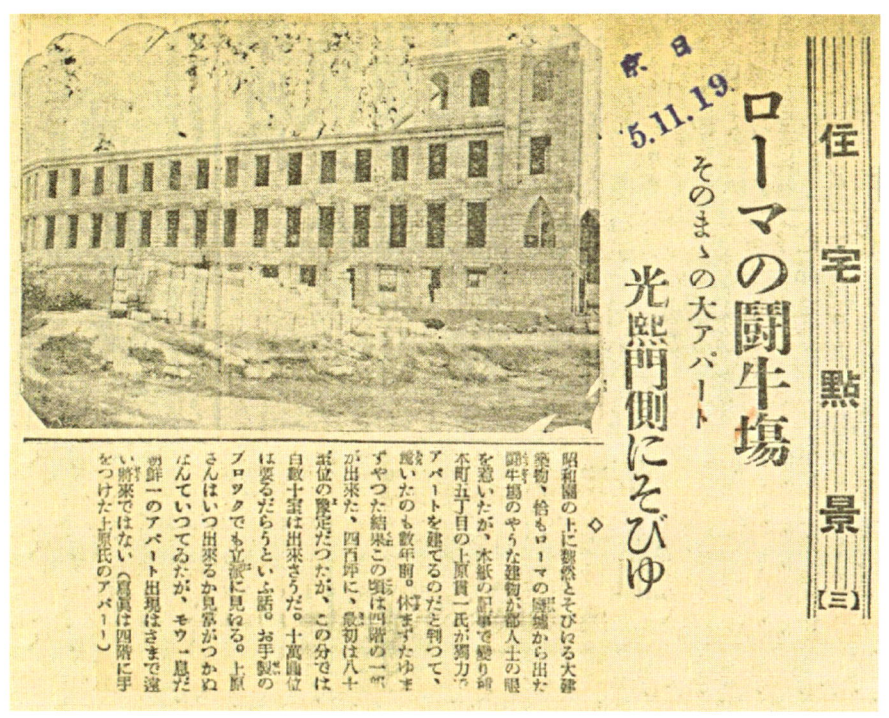

광희문 근처에 로마의 콜로세움이 연상될 만큼 거대한 아파트가 등장했다는 《경성일보》 1930년 11월 19일자 기사

부내 동헌정에서 우에하라 나오이치로(上原直一郎) 씨가 공사 중인 아파트먼트 스토아(apartment store)는 제1기 공사를 마무리하며 건평 400평에 달하는 거대한 건축물로 설계를 변경해 인가신청을 본정서(本町署)에 제출했고, 관할부서에서는 지형이 급경사여서 설계변경에 따른 증축은 매우 위험하다는 판단에 따라 이를 다시 경기도청에 이관해 설계전문가의 의견을 구한 결과 경사지형에 돌출하는 지상부가 매우 위험할 것이라는 의견을 받아 이를 신청인에게 전달했다.[5]

이는 《경성일보》에 자세한 내용과 사진이 실리기 9개월 전인 1930년 2월의 일인데, 이 기사를 통해 몇 가지 흥미로운 사실을 발견하거나 호기심을 발동할 수도 있다. 우선 우에하라 나오이치가 당시 동헌정에서 벌인 건축공사는 임대용 실을 여럿 만들어 대실

---

5 — 〈素人考へから急斜面へ危險極まるアパート建設〉, 《조선신문》 1930년 2월 14일자

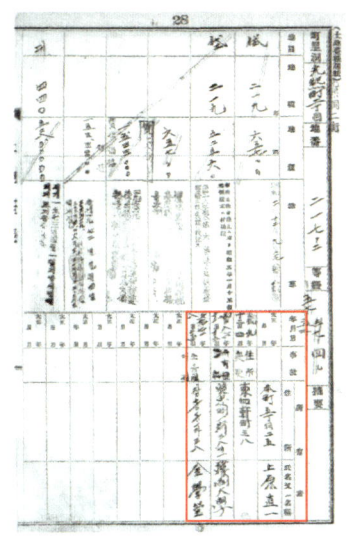

채운장아파트가 들어선 광희정 2정목 217-2 폐쇄토지대장 일부

(貸室)하는 단순한 아파트 건축공사가 아니라 여러 점포를 아파트와 결합한 건축물로 지어 임대하는 방식을 염두에 두었을 가능성이다. 물론 제1기 공사를 마무리했다는 사실에서 처음부터 아파트 건축공사를 장기 프로젝트로 꾸려갈 것을 전제하고 있었을지도 모를 일이다. 또한 관할 관청과 전문가 모두 경사지형에 대한 위험성을 지적했다는 사실은 역으로 우에하라 나오이치가 제출한 인가신청이 매우 거칠었거나 막무가내 식으로 만들어진 것은 아니었을까 하는 의문을 갖게 하기도 한다. 이 아파트를 소개한 대부분의 내용 가운데 빼놓지 않는 것이 '우에하라 나오이치 스스로 설계와 시공을 담당했고, 건축공사 현장에서 스스로 직접 시멘트 블록을 제작하면서 공정을 이어갔다.'는 것이기 때문이다.

이밖에 이미 1930년 벽두에 건축주가 일차적인 건축공사를 마무리하고 증축으로 추정되는 설계변경 인가신청을 접수한 것으로 보아 그동안 한국 최초의 아파트로 흔히 언급되던 남산동 미쿠니아파트가 완공되기 한참 전의 일이니 좀 더 세심하게 살펴야 할 대상으로 삼아도 좋을 듯하다.[6] 신문기사처럼 '조선 제일의 아파트 출현' 대상으로 우에하라 나오이치가 짓던 아파트를 상정할 수도 있기 때문이다.[7]

1935년을 기준 시점으로 잡았지만 1937년에 발간한 《대경성사진첩》에 담긴 관련 기록에 근거해 판단하자면 이 건축물은 4층 구조에 82개의 방을 갖춘 아파트로, 경성부 동사헌정 38번지에 있었다.[8] 또한 여러 신문에서 이 아파트를 단편적으로나마 언급할 적마다 빼놓지 않았던 '규모와 크기'는 1936년 8월 경성부가 제작한 조감도 형식의 지도인 〈대경성부대관〉에서도 주위를 압도하는 볼륨을 갖는 건축물로 묘사했다는 점

6 — 〈築きあげる彼と人生(13): 彩雲莊アパートの主 上原直一氏〉, 《조선신문》 1937년 2월 24일자 기사에서는 아파트 공사가 이미 1927년 봄에 착공됐다고 나온다.

7 — 이미 1929년 12월 21일자 《경성일보》에는 광희정의 대(大) 아파트가 풍경을 바꾼다는 취지의 기사와 사진이 실렸다.

8 — 中央情報鮮滿支社 編, 《大京城寫眞帖》, 中央情報鮮滿支社, 1937, 31쪽

1 1936년 8월에 제작된 〈대경성부대관〉에 주위를 압도하는 크기와 높이로 묘사된 채운장아파트. 출처: 《대경성부대관(大京城府大觀)》, 1936, 서울역사박물관

2 1936년 8월 제작된 〈지번구획입대경성정도〉에 표기한 동사헌정 38번지 일대. 출처: 서울역사박물관

3 1940년 4월 1일을 기준으로 작성된 광희정 2정목 지적도. 오른쪽 아래 귀퉁이에 표기한 부분이 채운장아파트 부지이다.

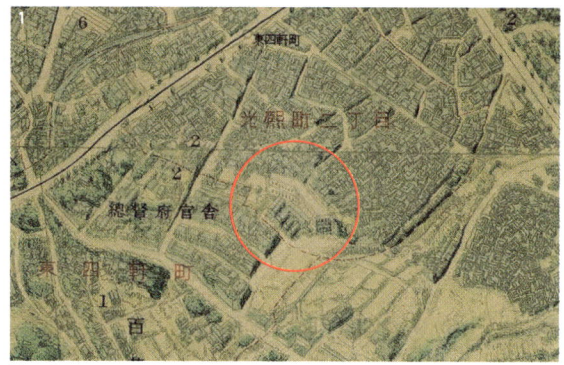

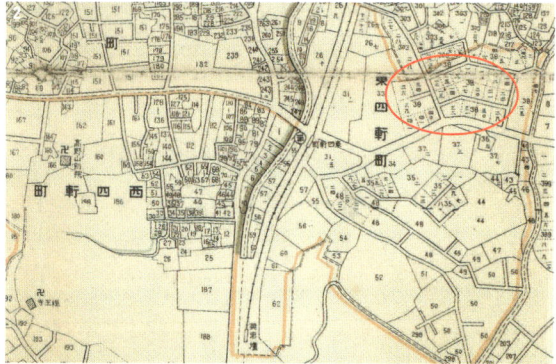

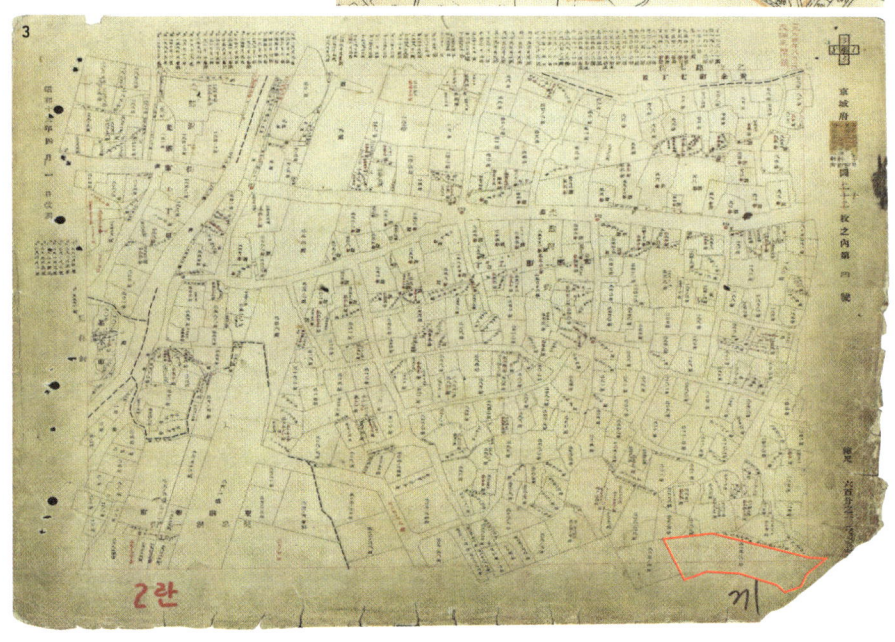

에서 상당한 설득력을 갖는다.[9] 물론 취산아파트나 삼판아파트와 달리 지도에는 형상만 표현하고 있을 뿐 별도의 명칭은 기록하지 않았다.

1936년 8월에 만들어진 〈지번구획입대경성정밀도〉에는 동사헌정 38번지가 여러 개의 블록으로 나뉘어 있다. 따라서 이 아파트의 위치를 특정하기 위해서는 폐쇄지적도와 폐쇄토지대장을 확인해야 했다. 폐쇄토지대장에 따르면 '본정 5정목 25번지'[10]에 거주했던 우에하라 나오이치가 1927년 12월 9일 '광희정 2정목 217-2'의 219평에 해당하는 땅(垈)을 구입했고 당시 땅값은 657원이었음을 확인할 수 있다. 이어서 소유권은 그대로인 채 1934년 12월 4일 소유자인 우에하라 나오이치의 주소가 변경됐는데, 새로 변경한 주소가 마침 동사헌정 38번지다. 이곳은 앞서 언급한 《대경성사진첩》에 등장하는 채운장아파트 위치와 동일하다. 따라서 1927년 봄에 착공한 광희문 옆 '대(大)아파트'는 1930년에 4층 일부까지 공사가 진행됐고 1934년 준공과 더불어 대지 소유자이자 아파트 임대사업체 운영자인 우에하라 나오이치도 이곳으로 자신의 주소지를 옮겨 아파트 사업을 시작했다. 그렇게 시작한 아파트 대실 사업대상이 곧 채운장아파트였던 것이다. 채운장아파트가 들어선 대지는 1953년 11월 13일 '장충동 1가 38의 1'에 소재한 한국대학(韓國大學)으로 소유권이 이전됐다.[11]

1964년 8월 1일자로 폐쇄한 경성부 광희정 2정목(광희동 2가) 폐쇄지적도는 1940년 4월 1일 기준으로 만들어진 것으로, 폐쇄토지대장에 담긴 우에하라 나오이치 소유의 땅인 '광희정 2정목 217-2'를 확인할 수 있다. 이를 통해 해당 지번의 필지 형상과 〈대경

9 — 〈대경성부대관〉은 일제가 조선 강제병합 25주년을 기념해 1936년 8월에 조선신문사에서 발행하게 한 지도로 가로 153cm, 세로 142cm 크기의 천연색 조감도다. 족자 형식으로 제작된 이 조감도는 오노 가쓰마사(小野三正, 조선신문사의 1935년 8월 광고에는 오노 미쓰오(小野三生), 교토제국대학 전 이학부 교무촉탁으로 당시 신문에 등장한 이름은 잘못 표기한 것으로 보임)가 조선신문사의 의뢰를 받아 1935년의 항공사진을 바탕으로 제작한 것이며, 조감도 제작에는 지도교열 자격으로 교토제국대학 교수인 이시바시 고로(石橋五郞)도 참여했다. 《조선신문》 1935년 8월 7일자 광고 참조. 관련 기사에 의하면 1935년 8월 24일 오후 2시 30분부터 2시간 정도 오노 가즈마사의 지도에 따라 고도 500m 상공에서 동서 3코스, 남북 7코스로 나눠 경성과 주변부를 항공사진으로 촬영했다는 점에서 1935년 8월 24일 이전에 제 모습을 갖추지 못한 건축물은 조감도에 등장하지 않았다고 할 수 있다. 이는 〈대경성부대관〉을 볼 때 중요한 지표가 된다.

10 — 건축주인 우에하라 나오이치의 거주지가 본정이었던 까닭에 1930년 2월 《조선신문》에서 언급한 증축 인가신청을 본정서에 접수한 것이고, 당시 경성부는 경기도 산하의 행정단위여서 경기도청으로 인가신청서가 이관된 것이다.

11 — 서울특별시 항공사진서비스를 통해 거칠게 살펴보면 채운장아파트는 1972년까지는 최초 모습 거의 그대로 서울 한복판에 존속했지만 1973년부터 일부 철거를 시작해 1974년에 완전 철거된 것으로 보인다.

1972년 2월 3일 촬영한 채운장아파트 일대 항공사진. 출처: 서울특별시 항공사진서비스

성부대관〉에 그려진 건축물의 형상이 유사하다는 사실을 재차 확인할 수 있다. 그렇다면 역으로 〈대경성부대관〉에 나타난 채운장아파트 조감도를 통해 당시 작성한 도면이나 이미지 자료가 매우 희귀한 채운장아파트의 여러 정황을 살필 수도 있다. 그러나 항공사진을 다시 조감도 형식으로 변환하는 과정에서 구체적 사실 여부를 확인할 정도의 정밀도를 갖추지 못한 탓에 그 가능성은 희박하다. 예를 들어 아파트 남측에 일렬로 늘어선 나지막한 4동의 건축물이 과연 아파트 부속공간이었는지 여부는 〈대경성부대관〉에서는 판단할 수 없지만 채운장아파트가 원래의 모습대로 남아있던 1972년 2월의 항공사진을 보면 아파트와 이들 건축물은 별개의 것이라는 사실 확인과 함께 아파트 현관으로 보이는 부분을 짐작하는 정도의 덤을 얻는 정도에 불과하다.

'쇼와의 변종', 우에하라 나오이치가 꾸었던 경성 '무랑루주'의 꿈

《조선신문》 1937년 2월 24일자 〈쌓아올린 그의 인생(13)-이제 알게 된 그의 열정, 만 7년의 건설, 목표는?〉이라는 제목을 단 기사는 '채운장아파트 주인 우에하라 나오이치'

를 조명하면서 그의 이력이며 인물평을 박스 기사 형식으로 다루었다.

건축이나 아파트 경영에 대해서는 문외한이었던 우에하라 나오이치는 도쿄 대지진 이후 일본의 주택난에 대한 충분한 이해와 함께 다른 도쿄 사람들과 마찬가지로 유럽과 미국으로부터 들어온 영화며 사진을 통해 조금씩 알게 된 아파트의 간이생활[12]에 대해 크게 흥미를 갖기 시작했고, 그 연장선에서 도준카이아파트에도 깊은 관심을 가졌다. 아파트에 대한 그의 흥미와 관심은 외국의 아파트에 대해서도 독학을 통해 눈을 떴고, 직접 도준카이아파트에 거주하면서 공부와 조사를 거듭해 아파트의 구조와 아파트 건축에 대해 본격 조사를 시작했는데, 그때가 1926년 늦은 봄이었다. 당시 일본에도 도쿄를 빼고는 아파트를 거의 볼 수 없었던 때였다.

    이후 경성으로 거처를 옮긴 우에하라 나오이치는 조선가옥들이 마치 모래로 쌓은 산처럼 들어섰던 소화원주택지 귀퉁이를 구입해 스스로 설계하고 공사 진행을 주관하면서 아파트 건설의 전 과정을 감당했는데, 그의 목표는 경성 무랑루주(Moulin rouge, ムーランルージュ)를 만드는 것이었다. 1927년 봄에 착공한 아파트는 경성의 60만 부민에게 큰 소리를 칠 만한 것이었고, 드디어 7년의 공사를 마무리하고 지난 1934년 봄에 준공에 이르러 채운장아파트라는 명칭을 사용했다. 이 명칭은 모두에게 의문과 호기심을 갖게 했으며, 82개에 달하는 객실은 순식간에 입주가 이뤄져 대단한 인기를 누렸다. 아파트를 짓던 7년 동안 우에하라 나오이치의 거듭된 고심에 대해 당시 전국으로 배포했던 여러 신문에서는 '쇼와의 변종(昭和の變種) 우에하라 나오이치'가 건축한 채운장아파트를 마치 귀한 선물처럼 여기며 다투어 게재했고, 지금까지 사람들의 기억 속에 여전히 자리하고 있다.[13]

    '무랑루주'는 물론 프랑스 파리의 그것이고, 직역하면 '빨간 풍차'라는 뜻일 뿐이지만 넓게 보면 근대 유흥문화의 아이콘이라고도 할 수 있다. 그리고 '여러 가지 빛깔로 아롱진 고운 구름과도 같은 집'이라는 뜻으로 해석할 수 있는 '채운장(彩雲莊)'이라는 이름은 우에하라 나오이치가 일찍이 생각했던 경성의 '무랑루주'였다. 《조선일보》 1935년

---

12 — 당시 간이생활(簡易生活) 혹은 간편생활(簡便生活)이 의미한 내용은 간편한 나들이를 위한 주택구조와 평면형식의 개조, 서구로부터 이입된 기사노동 절감형 주방 채택, 위생적 식생활과 식모나 찬모 등을 따로 두지 않는 가정생활 등을 포괄하는 것으로서 아파트라는 새로운 주택유형을 선전하거나 설명할 때 자주 동원했던 개념어 가운데 하나이다.

13 — 〈築きあげる彼と人生(13): 彩雲莊アパートの主 上原直一氏〉, 《조선신문》 1937년 2월 24일자

1 채운장아파트 서측에 설치된 풍차모양의 구조물과 현관 캐노피를 겸한 발코니. 출처: 中央情報鮮滿支社 編,
   《大京城寫眞帖》, 中央情報鮮滿支社, 1937
2 《조선일보》 1935년 1월 1일자 〈경성의 새 얼굴〉 특집기사에 담긴 채운장아파트 설명

1월 1일자 기사와 사진을[14] 통해 이를 명확하게 확인할 수 있다. 신년특집호 기사로 삼은 '대경성'을 향한 새로운 모습 17곳을 소개한 사례 가운데 하나로 채운장아파트가 뽑힌 것인데 '새 얼굴의 프로필-기관(奇觀) 고층아파트'라는 작은 제목 아래 풍차가 달린 사진과 함께 아주 짧은 글이 실렸다. 아직 내자동의 미쿠니아파트가 준공되지 않은 때여서 채운장아파트를 경성의 새얼굴로 선정했는지는 모를 일이지만 채운장아파트가 17곳 가운데 하나에 들었다는 사실 자체만으로도 크게 의미를 부여할 수 있다.

'아메리카 인디언의 모자와 같은 풍차(風車)를 보고 구라파 농촌으로 미리 짐작 마

14 — 《조선신문》 1935년 1월 1일자는 신년특집호였다. 특집기사 가운데 하나가 〈대경성의 새 얼굴〉이라는 것인데, 경성의 지리적 확장에 맞춰 서울의 17곳을 골라 별칭을 붙여 사진과 글로 설명하는 방식이었다. 예를 들어 영등포 공장지대 사진과 함께 '서울의 맨체스터-성장하는 영등포'라고 하거나 동대문 밖에 새로 꾸민 노상전차 정거장을 두고 '동대문 밖 새 명물-별명은 파리열차역'이라고도 했으며, 청량리 역전 광장을 평평하게 고르기 위해 동원된 불도저를 두고 '대지의 다리미꾼'으로 묘사하기도 했다.

朝鮮にダンス
時期が早い
許せば京城釜山平壌か
立田警務課長語る

亡國的とか、風紀紊亂とか問題視されてゐるダンスも流行的に全鮮主要都市にみなぎりつゝあり當局が何んと云つても社交の影に潜んで踊り狂つてゐるが内地側では京都が許可して以來「ダンスも社交上どうせ許可しなければ――」といふ氣運に向ひつゝあるに對し十九日の警察部長會議から歸鮮した立田警務課長は「朝鮮にも近く許可しなければなるまいが目下の處は尚早の感がある許可すれば京城のみでなく釜山、平壌も許可しなければなるまい」と近い將來にダンス公認のときが來さうである

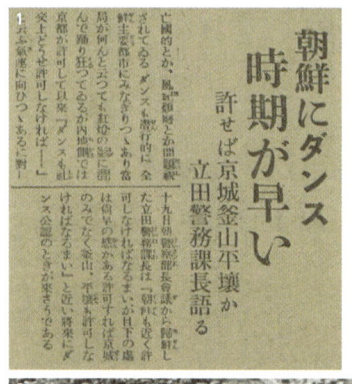

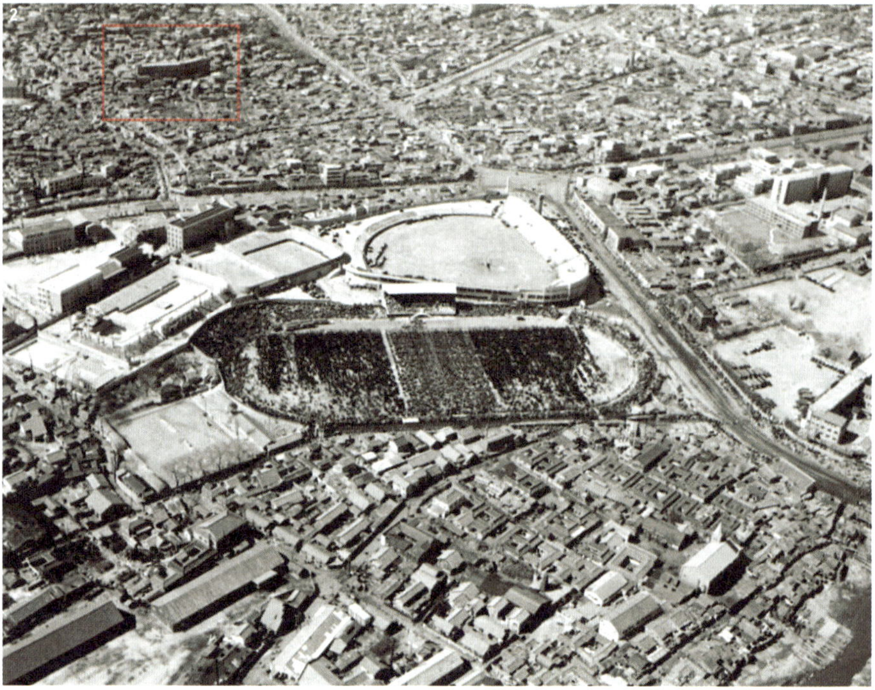

1 '조선에서 댄스는 아직 이르다'는 경무과장의 발언을 옮긴 《부산일보》 1933년 5월 20일자 기사

2 서울운동장에서 열린 "4.19 혁명 2주년 기념행사" 항공사진 배경에도 도드라진 모습으로 등장한 채운장아파트. 1962년 4월 19일 촬영. 출처: 국가기록원

십시오. 이것은 멀리 그렇게까지 생각하실 것이 아니라 바로 수구문(水口門) 턱에 있는 「아파트」 채운장의 물 퍼 올리는 풍차입니다. 도시로서 인구밀도가 많지 않고, 도시로서 제대로 된 시설이 없는 서울에서 이 「아파트」의 그림자를 볼 수 있기는 수년 전부터였습니다만 난쟁이 수염처럼 시답지 않게 보이던 것이 이제는 대경성의 실현을 앞두고 그 수염이 수염구실을 하게 되었습니다. 그러나 앞으로 댄스홀이 생기는 날이면 「아파트」가 한층 더 탕남음녀(蕩男淫女)들의 마굴이 안 될까 걱정입니다.'라고 썼다.

'댄스홀'을 아파트의 부대시설공간으로 갖추겠다는 것이 아파트 임대에 나섰던 우에하라 나오이치의 생각이었으니 과연 '쇼와의 변종'이라는 말을 들을 만했다. 당시만 해도 댄스홀은 풍기문란의 발원지라는 생각과 함께 일제의 명랑화 정책을 위해서는 나름 역할을 할 수도 있겠다는 생각이 교차하던 때였다. 이미 일본에서는 교토에 댄스홀을 허가해 영입중이었지만 "서울에 댄스홀을 허하라"는 청원이 1937년 1월 대중잡지 《삼천리》에 등장했던 사실이나 그해 7월의 중일전쟁 발발 등 상황의 급변으로 미루어 짐작하자면 채운장아파트 댄스홀 설치는 무산됐을 것으로 보인다.

정리하면 이렇다. 채운장아파트가 세워질 광희정 2정목 217-2(동사헌정 38)의 대지 219평을 1927년에 취득한 우에하라 나오이치는 그해 봄 아파트 건설에 착수해 7년에 걸친 단계별 공사를 진척해 1934년 완성하고, 경성 '무랑루주'를 만들겠다는 뜻으로 곧 경영에 나설 자신의 아파트에 '채운장'이라는 이름을 붙였다. 아파트 준공 전후 아파트 소유자인 그는 자신의 주소지도 채운장아파트가 있는 자리로 이전했으며, 채운장아파트 안에 댄스홀을 인가해 줄 것을 관계 당국에 신청했다. 그러니 댄스홀 인가신청 결과를 기다리던 1935년에는 이미 아파트를 준공해 본격 영업에 나선 후였음을 알 수 있다.

항공사진을 통해 채운장아파트는 1972년 무렵에도 최초의 모습을 거의 그대로 유지한 채 그 자리에 존속했었지만 1973년부터 일부 철거되었고, 1980년에 이르러서는 아파트 주변과 유사한 크기를 갖는 작은 필지들로 전체 대지가 분할되면서 오늘에 이르렀다. 사실 확인이 필요한 많은 질문이 있지만 이렇다 할 기록을 남기지도 않은 채 여느 건축물과 마찬가지로 사라지고 만 것이다. 대개 민간부문의 건축물이 그러하듯 채운장아파트 역시 마찬가지 경로를 밟은 것이다.

채운장아파트 이력

이미 냉난방설비를 갖추었을 뿐만 아니라 욕실까지 구비되어 있어 언제라도 여관식으로 변경해도 무리가 없을 것으로 알려진 채운장아파트는 준공과 함께 순식간에 82개에 달하는 객실 입주를 마쳤는데[15] 준공 이후 1930년대에는 특별한 부침 없이 임대사

---

15 — 〈築きあげる彼と人生(13): 彩雲莊アパートの主 上原直一氏〉, 《조선신문》 1937년 2월 24일자; 中央情報鮮滿支社 編, 《大京城寫眞帖》, 中央情報鮮滿支社, 1937, 31쪽

업을 지속했던 것으로 보인다.[16] 1941년 일제의 진주만 공격에 따라 태평양전쟁으로 전선이 확대되자 경성부가 나서서 애국기(愛國機) 헌납운동을 벌였을 때 '부내 동사헌정「아파트」채운장에 살고 있는 48명의 애국반원들이 현금 750원을 모아 해군에 헌금하겠다는 명목으로 본정 경찰서에 가져왔고, 이에 뒤질세라 채운장 경영자인 우에하라 나오이치도 현금 750원을 육군에 헌금하게 됐다.'[17]는 정도가 해방 전 채운장아파트와 관련해 알려진 일이다.

 해방과 동시에 일본과 일본인들의 모든 재산은 미군정에 의해 적산(敵産)으로 접수, 관리대상으로 전락했다. 미군정 당국의 1945년 10월 19일자 문건에는 "일본인의 사유재산을 한국인에게 이전하는 것과 관련된 문제들이 늘어나고 있다. 일본인들의 사업체와 개인자산을 헐값으로 팔라는 압력이 가해지고 있다. 매일 이러한 종류의 문제를 처리하는 하위 부대에 내리는 지침으로서 군정청에서 사유재산을 매매하고 이전하는 것과 관련된 분명한 정책을 공표할 것을 권고"[18]했다고 기록하고 있다. 또한 서울에서는 1945년 10월 17일에 전재민(戰災民)들에 의한 일본인 소유 건축물에 대한 무단점유 퇴거 과정에서 갈등을 일으키자 11월 16일 제40군정중대 지휘관인 윌슨 중령이 서울시에 대한 지휘권을 인계받아[19] 이범승 서울시장에게 (태평양) 전쟁 이전에 일본인들이 소유했던 모든 주택 및 공업 자산의 조사를 지시하기도 했는데[20] 채운장아파트도 그 대상이었다.

 결국 채운장아파트 역시 대부분의 일본인 소유 건축물과 유사한 상황에서 벗어나지 않아 해방 이후 한동안은 버려진 곳이 됐고, 많은 고학생과 전재민들이 무단으로 점유해 사용했던 것이다. 이 과정에서 서울역 앞 공립빌딩에 있던 조선공제회(朝鮮共濟會)가 공제회 사무공간을 전재민수용소로 정해 귀환 동포를 위한 임시 거처로 사용하도록 하는 과정에서 채운장아파트에 머물고 있던 고학생과 서북학생들의 취직 알선이며 학비 조달, 나아가 식사를 모두 제공하며 이들을 보살폈다고 알려졌다. 이에 필요한

---

16 ─ 채운장아파트 준공 이후 신문으로 전해진 내용이라고는 채운장아파트 종업원인 김삼남(金三男, 21세)이라는 사람이 카페 여급과 연애하던 중에 결혼에 이르지 못함을 비관해 용산역 기점 9km 되는 지점에서 1936년 1월 8일 밤 제531호 화물열차에 뛰어들어 자살했다는 보도가 있었을 정도다. 〈戀愛幻滅과薄倖歎〉, 《동아일보》 1936년 1월 10일자

17 ─ 〈채운장 헌금〉, 《매일신보》 1942년 1월 7일자

18 ─ 서울역사편찬원, 《국역 서울지역 관할 미군정문서》, 서울역사편찬원, 2017, 180쪽

19 ─ 서울역사편찬원, 《국역 서울지역 관할 미군정문서》, 서울역사편찬원, 2017, 17~18쪽

20 ─ 서울역사편찬원, 《국역 서울지역 관할 미군정문서》, 서울역사편찬원, 2017, 226쪽

공제회 회장 조영의 부담으로 내부 수리는 물론 식당을 신축한 채운장이 400여 명의 고학생이 생활하는 '고학생들의 전당'이 되었다는 《대동신문》 1946년 8월 1일자 기사

경비는 대부분 공제회장을 맡았던 조영(趙營)이라는 사람이 부담했으며, 상당 기간 버려졌던 채운장아파트에 대한 수리를 위해 다시 개인적으로 많은 돈을 들여 내부 수리와 식당을 신축해 1946년 8월 1일 낙성식을 갖게 되어 이곳에 기숙하고 있는 400여 명의 고학생이 크게 감사하는 마음을 갖게 되었다고 전한다.[21]

이 소식을 전했던 《대동신문》은 이틀 뒤인 1946년 8월 3일 다시 채운장아파트 소식을 전했는데 채운장 낙성식을 매우 자세하게 알렸다. '8월 1일 오후 2시에 시작한 채운장아파트 낙성식에는 이승만 박사와 문교부장관, 미군정에서 임명한 윌슨 경성부윤(당시 군정시장), 대동신문 총무국장 등의 축사와 훈시가 있었고, 경북 상주 출신인 조영 공제회장이 186만 원을 희사해 채운장을 인수, 경영하기로 했는데, 이곳에는 목욕탕과 난방장치가 완비되었으며 향후에는 옥상에 도서실을 증축할 예정'이라는 것이다.

하지만 폐쇄토지대장을 통해서는 이러한 내용의 사실 여부를 확인할 수 없다. 채운장아파트를 인수했다면 당연하게도 소유권 이전에 대한 이력이 등장했을 터인데 관련 기록은 찾아볼 수 없으며, 1953년 11월 13일 장충동 1가 38의 1에 주소를 둔 한국대학으로 소유권 변경이 이뤄진 뒤 다시 1972년 8월 24일 장충동 1가 38에 주소를 둔 김학영(金學瑩)에게 소유권 이전이 이뤄졌을 뿐이다. 특히 장충동 1가 38-1이라는 주소지는 채운장아파트의 위치와 일치한다. 따라서 해방 이후 적산으로 관리하던 채운장아파트를 한국대학이 정부로부터 공식 불하받아 인수했다고 하는 것이 합리적이며, 조선공제회 조영 회장의 인수 사실 확인은 불가능하다.

조영이 회장으로 있던 조선공제회가 대대적인 수리를 통해 새로운 모습으로 탈바꿈시켰다는 채운장아파트가 한국대학으로 소유권이 변경됐음을 알려주는 당시 신문기사도 이를 증언한다. '해방 직후 홍제동에 설립한 한국야간대학숙(韓國夜間大學塾)이 공식 재단법인을 꾸려 대학령(大學令)이 정하는 바에 따라 문교부에 정식 인가 신청을 해 1947년 10월 22일 한국대학관(韓國大學館) 설립을 인가받았다. 그동안은 한관섭(韓觀

21 ― 〈苦學生들의 殿堂「彩雲莊」〉, 《대동신문》 1946년 8월 1일자

1950년 2월 한국대학 졸업식 장면으로 알려진 사진. 출처: 네이버블로그 로맨틱 락 글렌(GLEN)의 두 개의 달 https://blog.naver.com/glen4

變)[22] 단독으로 운영했는데 재단인가를 받음으로써 앞으로의 발전이 기대된다며, 그동안 교사(校舍)는 여상(女商)을 이용'[23]했다고 전했다.

그렇다고 한국대학이 이곳을 인수해 바로 학교로 사용했는지는 확실하지 않다. 1950년 2월 한국대학 졸업식 장면으로 알려진 사진을 보면 300여 명 이상이 참석한 공간으로 보이고, 외벽에는 아치형 모양의 틀을 가진 창이 2개씩 짝을 이루며 가지런히 배열된 것임을 알 수 있다. 하지만《대경성사진첩》과《조선일보》기사에 실린 창문의 형상은 사각형 모양의 좁고 긴 것이어서 같은 곳으로 단정할 수 없다. 물론 수리나 수선 과정을 거치며 창의 꼴이 달라졌을 수는 있다. 그럼에도 불구하고 기록으로 판단하면 한국대학이 인수한 것은 틀림없는 사실로 보인다. 한국대학은 '4년제 대학으로 인가된

---

22 — 한국근현대인물자료에 따르면 한관섭은 1909년 12월 평안남도 개천군 출신으로 일본대학 상과를 졸업한 뒤 경성여자상업학교 교사로 2년간 재직했는데 이때 학생들 동맹휴학사건에 연루되어 1934년 1월 경성지방법원에서 조사를 받기도 했다. 해방 직전엔 메리다지방회 이름으로 독립금을 기부하기도 했으며, 해방 후 3.1동지회에 가담해 독립촉성 선서에 참여했다. 1948년에는 재단법인 동명학원 이사장, 1949년엔 재단법인 한국대 이사장을 맡았으며, 1954년 11월 30일을 기준할 당시에는 한국대학 학장으로 재직했다. 한관섭, 국사편찬위원회, 한국사 데이터베이스;〈韓國大學塾, 大學으로 昇格〉, 《독립신문》1947년 10월 28일자 참조

23 — 〈韓國大學館 新設認可 發足〉,《자유신문》1947년 10월 24일자. 정식 재단인가를 받은 한국대학관에 개설했던 학과는 영문학, 정경(政經), 수학, 화학 등 4개 학과였다. 원래 '한관섭 개인의 피나는 노력으로 대학을 경영했는데 대구 유지 이상근(李相瑾)이 3천만 원 상당의 토지를 기부해 재단법인 하초학원(河樵學園)을 설립해 인가를 받았으며, 재학생 700여 명에 교사는 선린상업학교를 쓰다가 1947년 10월 현재는 기독교청년회관(YMCA)을 이용하고 있다.'는 내용도 언론을 통해 알려졌다.

최초의 정규 야간대학으로 한국전쟁 와중에서는 제주도 임시교사에서 교육을 계속했지만 1954년 9월 30일 폐교[24]했기 때문이다. 이후 앞서 언급한 것처럼 멸실 과정을 거쳐 사라졌다.

단 한 장의 사진으로 남은 욱아파트

'욱(旭)아파트'라는 이름으로 남겨진 사진이 한 장 전해진다. 일본 도쿄에 본사를 둔 건설회사인 시미즈구미가 매년 발행하는《공사연감》가운데 1939년 9월 15일 발행한 책자에 담긴 것이다.[25] 시미즈구미가 발간하는《공사연감》은 한 해 전 자신들이 공사를 맡아 준공한 공사 가운데 중요하다 싶은 것을 유형별로 분류해 간략한 정보와 사진을 중심으로 해마다 펴냈던 일종의 공사 기록 자료집인데, 욱아파트는 〈호텔·경마장·기숙사·기타〉편으로 분류했으며 '조선 경성부 욱정'이라는 소재지와 더불어 '욱아파트(旭アパート)'라는 설명이 한 장의 사진 아래 쓰여 있을 뿐이다. 더 이상의 다른 정보는 담고 있지 않다.

이 사진이 담긴 시미즈구미《공사연감》발행일은 1939년 9월이니 책자의 통상적인 발간 관행으로 본다면 1938년에 준공했을 것이 거의 분명할 것이다. 하지만 무작정 이를 특정할 수 없어 몇 차례에 걸쳐 도쿄에 위치한 시미즈구미 본사(현 시미즈건설주식회사)와 연락을 주고받은 끝에 해당 건축물은 시미즈구미가 설계와 시공을 맡아 1938년에 준공했지만《공사연감》에 실린 사진 한 장 이외의 도면이나 더 이상의 정보는 전혀 가지고 있지 않다는 응답을 받았다. 이와 함께 지금도 그 건축물이 서울에 남아있는가에 대해 외려 물어오기까지 했다. 난감했지만 도움을 받았으니 보답해야 한다는 생각에서 그동안 발굴했던 사진을 몇 장 건넸고, 다시 얼마 뒤 아주 짧게 기록한 당시 공사기록대장 일부 내용을 다시 받을 수 있었다.

---

24 — 한국대학 폐쇄조치는 학칙 변경 없이 약학과 학생의 불법 모집, 근거 없는 통신교육 실시, 전임교수와 강사 등을 채용하지 않고 학교를 운영했다는 것이 이유였다. 〈韓國大學長 拘束〉,《경향신문》1954년 6월 5일자; 〈韓大閉鎖措置是非〉,《동아일보》1955년 2월 21일자 등 관련기사 참조. 현재의 서경대학교 홈페이지 약사(略史)를 살피면 한국대학 폐교 후 1955년 국제학원에서 이를 인수해 교명을 국제대학으로 변경했으며, 이후 감리학원을 거쳐 1958년에는 이화학당에서 재단을 인수하기도 했다. 그 이후에도 삼문학원이나 명지학원 등으로 재단이 바뀌다가 1987년 4월 성한학원이 학교를 인수한 뒤 지금의 서경대학교로 변모했다.

25 — 清水組編,《工事年鑑》, 清水組, 1939, 108쪽

욱정 욱아파트 전경. 출처: 淸水組編, 《工事年鑑》, 淸水組, 1939

    공사기록대장에 남아있는 내용을 통해 사진에서 얻지 못했던 다른 정보 일부를 보 탤 수 있었다. 1936년 5월 100,300엔의 공사비로 욱정여관(旭町旅館) 공사를 수주해 자체 설계를 통해 1937년 6월까지 1년 정도 공사를 진행했고, 최종 준공은 1938년이라는 것이었다. 건축주는 타바타 노보루(田端 昇)였다. 건축주인 타바타 노보루는 1931년 4월 29일 경성부 욱정 2정목 1-1에 합자회사 시라누이여관(不知火旅館)을 설립, 운영한 인물로[26] 오래전부터 가족 모두가 조선으로 건너와 경성에서 활동한 사업가이다.[27]

    타바타 노보루가 경성에서 활발하게 사업을 벌일 수 있었던 배경에는 그의 부친인 타바타 토시즈미(田端俊純)가 있었다고 해도 과언이 아니다.[28] 타바타 토시즈미는 1926년 2월에 시라누이여관 대표 자격으로 경성여관조합(京城旅館組合) 신임조합장에 선출됐으

---

[26] — 中村資良, 《朝鮮銀行會社組合要錄》, 東亞經濟時報社, 1933年版; 不知火旅館(合資), 국사편찬위원회, 한국사 데이터베이스, 회사기업가연표

[27] — 1935년 11월 조선신문사 주최로 개성 북쪽 야산에서 실시한 수렵대회에 경성실업엽우회(京城實業獵友會) 소속으로 참가해 단체 우승에 기여하고 실사(實射)에서는 2등, 개인전에서는 공동 4등을 기록했다는 내용이 《조선신문》 1935년 11월 4일자에 실린 것으로 봐 경성에서 활동하던 일본인 사업가로서 널리 알려졌던 인물로 보인다.

[28] — 타바타 노보루의 아내는 1924년 1월 20일 후쿠오카현에 있는 병원에서 지병으로 사망했고, 현지에서 장례를 마치고 경성 남산의 본원사(本願寺)로 모셨음을 알리는 부고 기사를 통해 타바타 노보루의 부친이 타바타 토시즈미임을 확인했다. 《조선신문》 1924년 1월 24일자

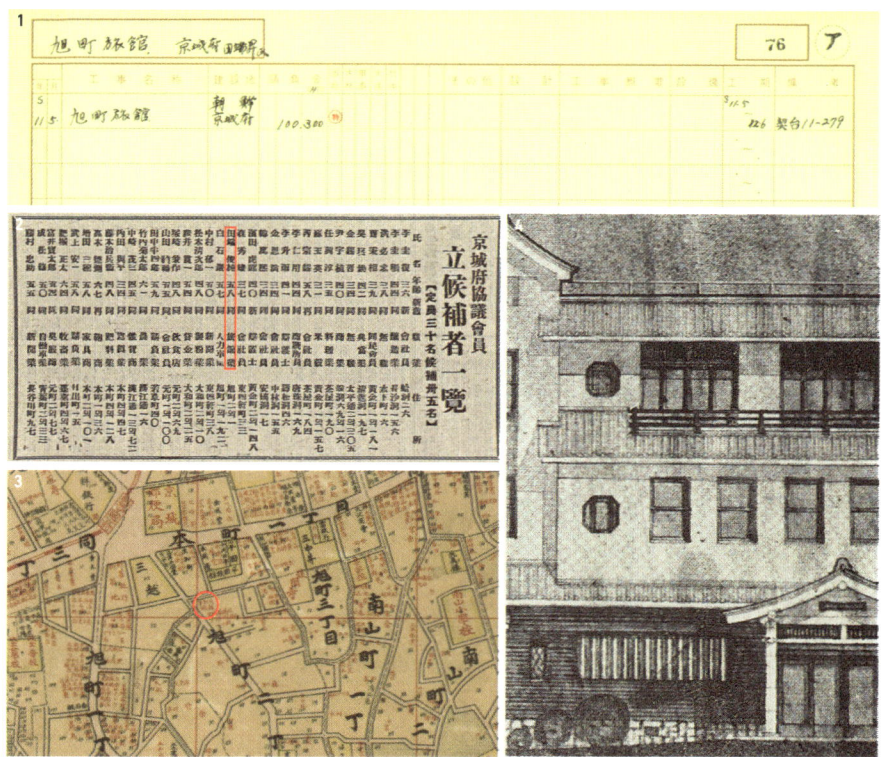

1 시미즈건설주식회사의 공사기록대장 중 '욱정여관'이라는 공사 명칭으로 분류되어 있는 욱아파트 관련 부분.
  출처: 시미즈구미건설주식회사
2 경성부협의회원에 입후보한 타바타 노보루의 부친 타바타 토시즈미(田端俊純). 출처:《매일신보》1929년 11월 20일자
3 1933년 4월에 제작된〈경성정밀지도〉에 표기된 시라누이여관. 출처: 서울역사박물관
4 시라누이여관 부분 입면 사진. 출처: 조선신문사,《大京城都市大觀》旅館ノ部, 1937

며, 1929년에는 경성여관업조합을 비롯해 욱정 2정목과 3정목, 남산정 1, 2, 3정목 등의 지지를 받아 경성부협의회원에 입후보해 당선된 후 매우 활발한 경성부협의회 활동을 이어갔다. 1929년 경성부협의회원 입후보 당시 그의 나이가 58세였다. 따라서 그의 아들 타바타 노보루는 아버지를 뒷배로 삼아 조선 전역으로 여관 지점을 늘리거나 숙박업의 새로운 방식을 모색한다는 취지에서 욱아파트 신축을 감행하는 등 적극적이고 공격적인 사업을 할 수 있었던 것이라 할 수 있다. 부친을 통해 확보한 사회적 자본을 십분 활용해 사업 확장을 꾀하는 과정에서 욱아파트가 등장했다는 것이다.

타바타 토시즈미와 타바타 노보루 부자가 설립, 운영한 경성 시라누이여관의 주소 역시 욱정 2정목이고, 구체적 번지수는 1-1이다. 따라서 이들 부자가 여관업을 활발하

1 시라누이여관과 욱아파트.
   1953년 3월 29일 촬영.
   출처: 미국국립문서기록관리보관소

2 8.15 해방 직후 미군의 한국은행
   일대 항공사진에서 확인할 수 있는
   욱아파트. 1945년 9월 촬영.
   출처: 미국국립문서기록관리보관소

3 1936년에 제작된
   〈지번구획입대경성정밀도〉에
   표기한 욱아파트 위치.
   출처: 서울역사박물관

4 1965년 10월 5일 촬영한 욱아파트
   일대 모습. 출처: 국가기록원

5 1989년까지 일부가 잘려나간
   채 존속했던 욱아파트.
   출처: 국토교통부 브이월드
   과거 항공사진

4

5

게 벌인 일상적 활동공간은 남산정과 욱정 일대였으며,[29] 1929년 경성부협의회원에 출마하면서 등록한 주소는 시라누이여관 주소 그대로 욱정 2번지의 1이었다.[30] 따라서 이를 근거로 남아 전해지는 다양한 유형의 사진 확인 작업을 통해 1953년 3월 29일 미군이 촬영한 한국은행 일대의 항공사진에 등장한 시라누이여관 위치를 중심으로 살핀 결과 그 오른편에 시미즈구미의《공사연감》에 등장한 욱아파트와 유사한 규모로 보이는 건축물이 존재했다는 사실도 확인할 수 있었다.

　이를 근거로 다시 시간을 거슬러 올라 1945년 해방 직후 미군의 본격적인 서울 진주를 앞두고 상공에서 선회비행을 하며 곳곳을 촬영한 사진 가운데 시라누이여관 바로 옆에 욱아파트로 판단되는 건축물을 발견했고, 국가기록원이 소장하고 있는 사진자료를 통해 시미즈구미의《공사연감》에 실린 욱아파트가 욱정 2정목 1번지와 6번지에 걸쳐 지어졌음을 확인함으로써 욱아파트 위치를 특정할 수 있었다. 이러한 과정을 통해 욱아파트가 시라누이여관을 개축했다거나 증축했다는 추정은[31] 옳지 않다는 사실을 확인했다. 동시에 굳이 추정하자면 시라누이여관 소유자인 타바타 노보루라는 인물이 소비도시로 탈바꿈하는 경성의 한복판에서 대실(貸室)사업 확장을 위해 새로운 여관으로 신축한 건물이 준공에 이를 때 아파트로 전환했다는 것이 보다 합리적이라는 추정에 이르렀다.

　때론 한 장의 사진이 호기심을 불러일으키거나 다른 질문에 답하는 경우가 종종 있다. 물론 누군가의 호기심이나 궁금증을 해소하기 위해 기록 자료를 남긴 것은 아닐 테지만 그렇게 남아 전하는 사진 자료가 전혀 다른 질문에 답하기도 한다는 것이다. 사진 한 장의 공식 기록만 남긴 채 이미 사라진 경성의 욱아파트는 80년도 훨씬 지나 다

---

29 ── 시라누이여관은 오늘날 호텔체인처럼 여러 곳에 지점을 운영했는데, 1930년 7월에는 내금강 장안사에 시라누이여관 지점을 신축해 영업을 시작했고, 대구 원정(元町)에서도 같은 이름의 여관을 운영했다.

30 ── 욱아파트는 경성부 욱정 1번지와 6번지에 걸쳐 자리 잡고 있는데, 1912년 경성부 남구 욱정 2정목 토지조사부에 의하면 당시 욱정 1번지는 384평으로 정말국(丁抹國, 덴마크) 사람인 뮈렌스 소유였고, ㄴ자 모양의 6번지는 1,086평에 달하는 상대적으로 큰 필지였다.

31 ── 시라누이여관은 1906년에 창업했다고 알려져 있으며, 1937년에 객실 30개를 갖춘 철근콘크리트 5층 건물로 개축했다는 것이 조선신문사에서 1937년에 발행한《대경성도시대관》"여관편"에 담긴 내용이다. 또한 1937년을 기준으로 할 때 시라누이여관의 소유자이자 운영자는 타바타 노보루였는데, 그는 1938년에 준공한 욱아파트의 건축주와 동일 인물이라는 점에서 이러한 추정이 비롯된 것이다. 특히 철근콘크리트 구조의 5층 건축물로 개축했다는 사실과 3층 건축물로 준공된 욱아파트는 차이가 있으며, 1945년과 1953년에 미군이 촬영한 욱정 일대의 항공사진으로 추정하자면 본래의 시라누이여관이 욱아파트에 비해 높다는 사실을 확인할 수 있다.

시 호출됐고, 또 다른 의도에서 촬영한 해방 후 그리고 한국전쟁 끄트머리에 촬영한 다른 기록사진과 우연히 만나 관계를 맺을 수 있었다.

문명은 기록을 남기는 일이고 어떤 형태로든 기록을 남겨 후대에 전하는 것은 문명을 일군 자들의 의무다. 이미 흔적도 없이 사라진 경성의 아파트, 채운장아파트와 욱아파트는 도면 한 장 남기지 않았지만 관련 문서와 사진을 통해 부족하지만 그 뒷얘기를 꾸릴 수 있었다.

기록이 남아있지 않은 중앙아파트

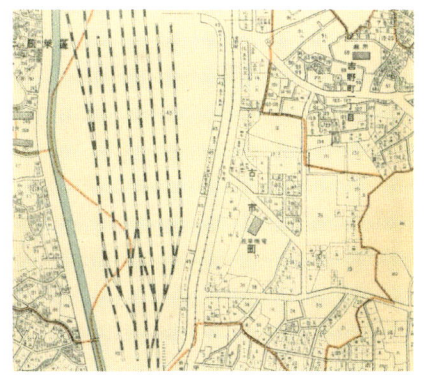

1930년대 초 중앙아파트가 자리했던 경성부 고시정 43-52 일대. 출처:《대경성정도》, 1936, 서울역사박물관

욱아파트가 한 장의 사진을 남긴 경우라면 경성부 고시정 43-52에 있었던 중앙아파트는 어떠한 기록도 명확하게 남기지 못한 경우에 속한다. 1933년판 《조선은행회사조합요록》에 따르면, 합자회사 중앙아파트먼트는 사사키 세이이치로(佐佐木淸一郎)를 대표로 하고, 사사키 히데요시(佐佐木秀吉), 아카기시 미사오(赤岸操), 사사키 준노스케(佐佐木淳之介), 사사키 이사무(佐佐木勇), 사사키 히데코(佐佐木秀子) 등 가족관계로 보이는 출자자의 대부분을 사원으로 등재한 임대주택업체로, 간대(間貸)를 목적으로 1931년 6월 5일 설립한 법인이며, 본점 주소를 경성부 고시정 43-52에 두었다.[32]

따라서 중앙아파트는 1931년 6월부터 합자회사 중앙아파트먼트에서 임대용으로 사용한 경성의 아파트였던 셈이다. 법인대표 사사키 세이이치로는 간대를 목적으로 하는 합자회사 설립 7년 정도 전인 1924년 11월 15일 합자회사 중앙택시자동차를 경성부 원정 2정목 59에 설립했던 인물이기도 하다. 택시회사에도, 아파트에도 '중앙'이라는 상호를 붙인 것을 보니 그에게 이 단어는 뭔가 특별한 의미를 가졌던 모양이다. 당시 지도

32 — 국사편찬위원회-한국사 데이터베이스-한국근현대회사조합자료

에서 위치를 확인하면 서울역 광장의 남측에 면한 활처럼 휜 좁고 긴 첫 번째 필지의 남쪽 끄트머리 땅으로 보인다.

폐쇄토지대장에 따르면 경성부 토지조사 후 고시정 43-52는 조선총독부 소유 대지(垈地)로 면적은 69.3평인데, 1932년 5월 합자회사 중앙아파트멘트로 소유권이 이전됐다. 이어 5월 18일에는 소유권 보존신청이 진행됐고, 1936년 6월 30일에는 합자회사 중앙아파트멘트의 상호가 중앙빌딩합자회사로 변경됐다. 이후 1939년 7월 3일 일본인 개인에게 소유권이 넘어갔다. 따라서 폐쇄토지대장의 내용은 합자회사 중앙아파트멘트 법인 설립 이후의 상황을 알아차리게 하는 중요한 근거로, 이곳에서 '아파트업'을 시작한 것은 1931년 6월 법인 설립 이후이고, 상호변경이 이루어진 1936년 6월까지 적어도 만 5년 동안에 고시정 43-52에는 '중앙아파트'라는 이름의 건축물이 있었던 것이다.

흥미로운 사실은 《조선신문》 1928년 10월 29일자에 등장한 〈중앙호텔 초연(招宴)〉 기사이다. '경성역 부근 고시정 43번지에 신축한 중앙호텔의 낙성을 맞아 10월 28일 관계 관민과 신문기자를 초대해 대중들이 좋아할 만한 설비 등을 관람하고 기생들까지 동원된 축하연회를 베풀었다'는 내용이다. 여기에 보태 1929년 8월 현재 기준으로 작성한 《경성상공안내》[33]를 살피면 고시정 43에 위치한 '중앙호텔'이 여관업으로 등록해 영업하고 있었음을 알 수 있다. 결국 1928년 10월 신문기사에 등장한 '중앙호텔'은 고시정 43번지의 중앙호텔과 같은 곳임을 알아차릴 수 있다. 안타까운 사실은 해당 번지수 폐쇄건축물대장에는 1958년 이후의 내용만을 기록하고 있어 일제강점 당시의 건축 규모와 소유권 등을 정확하게 확인할 수 없다는 것이다.

따라서 중앙아파트에 대한 기록이나 사진 자료 확인은 완전하지 못할 뿐만 아니라

1928년 10월 28일 중앙호텔 낙성 축하연회가 있었다는 《조선신문》 1928년 10월 29일자 기사

---

33 — 朝鮮博覽會京城協贊會, 《京城商工案內》, 1929, 252쪽. 1929년 8월에 〈조선매일신문사〉에서 펴낸 《대경성안내(大京城案內)》 300쪽에도 중앙호텔은 경성부 고시정 43에 위치하고 있다고 기록하고 있다.

정확하지도 않다. 해방 직후 미군의 서울 진주 직전 촬영한 서울역 일대의 항공사진을 통해 어렴풋하게나마 중앙아파트로 보이는 건물을 추정할 수는 있으며, 앞의 내용을 간추리면 어느 정도의 합리적 추정은 가능해진다. 1928년 10월 28일 고시정 43에서 건축물 신축 준공을 기념해 축하연회를 열고 개업한 중앙호텔은 영업 개시 3년이 조금 못 된 1931년 6월에 업태를 '간대업(間貸業)'으로 전환하면서 합자회사 중앙아파트먼트를 설립해 호텔로 사용하던 건축물을 아파트 임대업으로 전환 운영한 것은 아닐까 하는 추정이 그것이다. 이 과정에서 조선총독부가 소유했던 69.3평의 대지를 불하받았다고 추정할 수 있다.

이러한 추정을 설명할 수 있는 기록도 발견할 수 있다. 1933년 12월 15일 가고시마신문(鹿兒島新聞) 경성지국에서 발행한 《약진 조선과 삼주인(躍進朝鮮と三州人)》[34]에 경성부 고시정 중앙아파트에 조선총독부 경무국 촉탁직인 키사누키 우시노스케(木佐貫牛之助)가 거주하고 있었다는 기록이 있다.[35] 그는 일제의 조선 강제병합 이전부터 경상남도에 순사(巡査)로 임용됐고, 1910년에는 총독부 경무총감부 고등경찰과 기밀계 경부(警部)를 지냈고, 1915년에는 하얼빈총영사관 경찰서장을 맡는 등 조선뿐만 아니라 만주까지 오가며 서슬 퍼런 경무국 기밀계 직원으로 일했던 인물[36]인데, 그의 주소지가 경성부 고시정 43의 중앙아파트로 기록된 것은 앞의 기록과 추정을 통해 언급한 것처럼 1931년 6월 중앙호텔이 중앙아파트로 영업 종목을 변경했기 때문이다.

《동아일보》1934년 11월 22일자 기사에 의하면 '고시정 중앙아파트에 기거하면서 시내 백화점 악기부를 위임 경영하는 (가명)김희원이라는 인물이 금강산 온정리 출장길에 묵었던 여관 하녀를 자신의 악기점 직원 채용을 미끼로 성관계를 지속했고, 이를 참다못한 여성이 소송을 제기한 사건'을 다뤘다. 당시 기사에 언급한 파렴치범의 주소가 1931년 설립한 합자회사 중앙아파트먼트가 경영하는 '아파트'라 할 수 있으므로

---

34 — '삼주인'이란 일본의 '큐슈(九州)·가고시마(鹿兒) 향우회'라 할 수 있다. 1918년 가고시마현의 사쿠라지마 화산이 분화하며 일대가 큰 피해를 입었을 때 삼주구락부(三州俱樂部)라는 조직이 생기면서 사쓰마(薩摩), 오오수미(大隅), 휴가(日向) 출신자들이거나 이곳에 인연이 있는 사람들이 모인 이후 지속적으로 친목을 도모하는 활동을 하면서 끈끈한 공동체성을 띠기 시작했다. 1926년 경성의 용산지역에서만 삼주인이 170여 명이 거주했다고 알려지고 있다. 《조선신문》 1926년 2월 4일자

35 — 淵上福之助, 《朝鮮と三州人》, 鹿兒島新聞京城支局, 1933, 326쪽; 〈하얼빈(哈爾賓)소식〉, 《매일신보》 1915년 12월 10일자 기사 등 참조

36 — 1911년도 조선총독부 직원록 자료, 국사편찬위원회. 그는 1932년 12월 17일자 《중앙일보》에 나병방협회(癩病防協會)에 기부자 명단에 이름을 올리기도 했다.

1933년판《조선은행회사조합요록》과 신문기사 내용은 일치한다. 그러므로 중앙호텔이던 것이 같은 자리에서 업종이나 업태를 중앙아파트로 바꾼 것이 아닐까 추정할 수 있고, 충분한 설득력을 가진 것으로 볼 수 있다.

결국 문제는 중앙호텔과 중앙아파트가 동일한 것인가에 대한 확정이 중요하나 중앙호텔과 관련한 모든 기록에는 그 위치가 고시정 43번지라고만 언급하고 있을 뿐 43-52로 특정한 경우를 발견할 수 없다는 것이다. 앞서 언급한 것처럼 당시 고시정 43번지는 서울역 광장에서 한강로로 이어지는 좁고 긴 철도 연변 필지 대부분에 부여한 지번이었고, 중앙아파트가 위치한 고시정 43-52는 서울역 광장 남측에 활처럼 휜 부지의 남쪽 마지막임을 1936년 8월에 간행한〈대경성정도〉를 통해 확인할 수 있을 뿐이다.

따라서 중앙아파트에 관한 기록이 충분하지도, 구체적이지도 않다는 점에서 중앙아파트는 1928년 10월 준공 이후 호텔로 사용되던 것이 1930년대 경성의 아파트 시대에 발맞춰 1931년 아파트로 업종과 용도를 변경해 만 5년 동안 아파트로 사용했고, 1936년에 보통의 사무실 임대 공간으로 바꾸고 법인 명칭 또한 중앙빌딩합자회사로 바꾼 것이라고 할 수 있다. 그러므로 고시정 43-52에 지어진 건축물이 중앙아파트라는 이름으로 사용된 것은 1931년 6월부터 1936년 6월에 해당하는 5년 동안인 셈이라 추정할 수 있다.

그렇다면 1932년 6월 경성지방법원에서 징역 4년형을 언도받아 대전형무소에서 복역 중이던 도산 안창호가 형기 9개월을 남기고 가출옥해 화신백화점 소유자인 박흥식의 집에서 만찬을 하고 중앙호텔에서 첫날밤을 보냈다는 기사[37]에 등장한 중앙호텔은 중앙아파트로 바뀌기 전의 중앙호텔이 아닌 것이다. 1930년 6월에 경성중앙전화국에서 발행한《경성·인천 전화번호부》에 등장한 중앙호텔 주소는 고시정 43이었지만 1939년 12월에 발행한《경성·영등포 전화번호부》에는 같은 이름의 중앙호텔 주소지는 삼각정(三角町, 현 삼각동) 61이다. 따라서 도산이 하루를 지내고 고향인 평양으로 떠났다는 기사에 등장하는 중앙호텔은 중앙아파트와는 다른 삼각정 61에 위치한 또 다른 중앙호텔이다.

고시정 43번지 일대에는 많은 숙박업소가 자리하고 있었다. 이 가운데 외관이 특별하달 수 있는 경우가 하야시야여관(林屋旅館)으로 일식 침실로 꾸민 다다미 6장, 8장짜리 객실 13실을 갖춘 곳이었다. 서울역 광장에 면해 있었으므로 기차 시간을 기다리

---

37 —《驛頭盛大한 歡迎裡에 安昌浩昨夕着城》,《매일신보》1935년 2월 12일자

1 중앙아파트로 추정되는 건축물과 서울역 광장에 바로 인접한 하야시야여관(林屋旅館). 1945년 9월 9일 촬영.
　출처: 미국국립문서기록관리보관소
2 《매일신보》 1935년 2월 12일자에 실린 도산 안창호 가출옥 기사

는 사람들에게는 2원짜리 방이나 3원짜리 방 모두를 50%만 받았다. 기차 탑승 후 끼니를 해결할 수 있는 도시락을 만들어 팔기도 하던 곳이었는데, 중앙호텔이 중앙아파트로 용도를 전환해 영업할 당시 하야시야여관은 오히려 하야시야호텔로 업종을 변경

중앙아파트와 동일한 번지인 고시정
43번지에서 영업했던 하야시야여관 신문 광고
출처:《조선신문》1929년 9월 11일자

했다.[38] 1930년대 경성은 이렇듯 왕래발착이 빈번했던 도시였고, 이들을 대상으로 영업하던 여관, 하숙, 아파트, 호텔 등은 소비도시 경성에서 살아남기 위해 저마다 발버둥친 것이다. 그 한가운데 중앙아파트가 있었다.

일제강점기는 우리에게 자산과 부채를 모두 남겼다. 이 말은 공공건축물에만 해당하는 것이 아닐뿐더러 물질적인 것에 국한할 일도 아니다. 사라지더라도 기록은 남아야 하고, 그래야 여러 가지 궁리와 방법 혹은 태도로 언제라도 필요에 따라 다시 소환할 수 있다. 이는 당연하게도 일제강점기 경성의 아파트에만 국한한 것이 아니며 권력의 재현 장치에만 주목할 일도 아니다. 한국 근현대건축사에 여전히 채워야 할 부분이 적지 않지만 주택 부분은 특히 그렇다. 권력의 장치로부터 일상에 대한 관심으로 시선을 옮겼다고는 하나 이는 구호에 그칠 뿐 실질적 행동으로 옮겨가기에는 여전히 힘에 부친다. 기록은 그것이 어떤 내용이나 형태이건 서사의 출발이다. 채운장아파트와 욱아파트, 중앙아파트를 추적한 이유며 항변인 셈이다.

38 — 《조선중앙일보》 1935년 7월 14일자 기사에는 서울역 앞 하야시야호텔 앞에서 뺑소니 자전거에 의한 현금도난 사고가 실렸으며,《경성일보》 1935년 9월 10일에도 하야시야호텔 명의의 광고가 실렸다는 사실에서 1935년 7월 이전 하야시야여관은 하야시야호텔로 용도를 변환한 것으로 보인다.

한 번쯤 스쳐 지났을 경성의 아파트

이 건물이 아파트?

사라졌다고 알려진 아파트와 현재는 다른 용도로 사용되고 있지만 오래 전 서울이 경성이었던 시절에는 아파트였다는 기록을 추적하던 중 기사 하나가 눈에 들어왔다.

귀속재산을 둘러싸고 소청소송을 관재청장을 상대로 법원에 제소하여 귀속재산에의 또 하나의 물의를 세간에 던지고 있다. 시내 남산동(南山洞) 1가 16번지와 회현동 2가 19번지 그밖에 동 2가 49번지에 있는 구삼국석탄회사주택(舊三國石炭會社住宅)에 거주하는 40호 56가구의 거주자 대표와 전기하(田), 주수남(朱), 한춘택(韓) 씨등은 지난 10일 서울법원특별부에 관재청장을 상대로 주택계약에 관한 소청소송을 제소하였다는 것인데 동주택은 전기 소청인들이 해방 후 관재청의 대행기관인 삼국석탄회사 관재과와 임대차 계약을 하고 합법적으로 사용했던 것이라는 바 지난 번 관재청에서 일방적으로 전기 귀속사업체와는 하등의 연고가 없는 자에게 임대차 계약을 체결하였다는 것이라는 바 소청인 일동은 이와 같은 하등의 연고도 없는 어떠한 배경을 가진 특수층에 해방 이후 현재에 이르도록 합법적으로 거주해온 현 거주인을 무시하고 일방적으로 임의계약을 체결한 데 대하여 이는 귀재 불하원칙인 연고자에 대한 우선권을 침해한 것이라고 관재청 당국을 통렬히 비난하고 있다.[1]

《동아일보》1953년 9월 23일자에 실린 구삼국석탄회사 주택[2] 거주자들이 관재청장을 상대로 소송을 제기했다는 기사이다. 이 기사에서 아파트에 대한 중요한 실마리를 제공하는 단어는 '삼국석탄회사'와 '관재청'이다. 관재청은 해방이후 일제로부터 귀속된 재산을 처리하기 위해서 설치한 재무부의 외청이고, 삼국석탄회사는 삼국(미쿠니) 상회가 1941년 11월에 법인명을 변경한 회사이다.

해방 이후 귀속재산처리 문제로 생긴 소송 기사에는 3곳의 주택이 언급되었는데, 주소는 남산동 1가 16번지, 회현동 2가 19번지, 회현동 2가 49번지이다. 이중 남산동 1가 16번지 주택이 '남산동 미쿠니아파트'로 사라졌다고 알려져 있으나 지금도 여전히

---

1 — 〈緣故者優先權無視 舊三國社宅民,管財廳걸어訴訟〉,《동아일보》, 1953년 9월 23일자

2 — 이 책에서는 일본인의 회사였던 '삼국(三國)'상회를 '미쿠니'상회로 표기 통일했으나 기사의 원문을 인용한 부분에서는 '삼국'이라는 한자 음을 그대로 표기했다.

공동주택으로 사용되고 있는 아파트이고, 회현동 2가 49번지에 있는 주택이 '취산아파트'로 지금은 '아일빌딩'이라는 이름의 사무용 건물로 사용되고 있다.

남산동 미쿠니아파트

1 《조선과건축》(제9집 제12호, 1930)에 소개된 미쿠니상회아파트 외관
2 2020년 12월 현재도 공동주택으로 사용되고 있는 남산동 미쿠니아파트 ⓒ권이철

남산동 미쿠니아파트에 관한 정보는 《조선과건축》에서 확인할 수 있다. 1930년 12월호(9집 12호)에 공사설명과 1장의 투시도, 3장의 평면도가 실려 있어 아파트 건립 당시의 기록을 상세하게 살펴볼 수 있다. 건립 당시의 기록은 아니지만 아파트의 흔적을 알 수 있는 또 하나의 기록이 있다. 근대건축 연구자인 김정동은 《문화속 우리도시기행2》에서 남산동 미쿠니아파트를 '회현동의 미쿠니아파트'로 칭하며 우리나라 최초의 아파트로 추정하며 소개했다. 책에서는 《조선과건축》의 글과 도판을 인용하며 추가 설명을 보탰다.

아마 우리나라 최초의 아파트는 1930년 세워진 서울 회현동(당시는 욱정)의 미쿠니(三國)아파트일 것이다. 남산으로 오르는 경사지에 세워졌는데, 1930년 10월 착공하여 3개월 만에 완공되었다. 미쿠니 상회가 오다공무점(多田工務店)에 설계와 시공을 맡겼다. 연건평 106평에 건평 35평짜리 3층 벽돌 조적조였다. 각층 슬래브는 철근콘크리트로 쳤다. 한 층에

18평짜리 2호씩, 전체가 6호짜리의 아주 작은 규모였다. 호당 6첩, 8첩짜리 다다미방 1개씩 두고 스팀 난방을 했다. 각호에 수도, 전기 시설을 설치했고, 옥탑을 만들어 옥상에 공동세탁장을 두었다(《조선과건축》 1930년 11월). 미쿠니 아파트는 일본의 도우쥰카이 아파트 평면형을 그대로 가져왔다. 하지만 온돌방은 들어가지 않았다. 생활상의 문제도 있지만 연료난 때문이기도 했다. 따라서 다다미방이 들어왔다.³

최초의 아파트일지도 모른다는 추정에도 불구하고 1930년 《조선과건축》에 실린 내용과 투시도 사진만 게재하고 아파트의 현존 여부는 확인해 주지 않았다. 하지만 여전히 충정로의 도요타아파트가 현존하는 최고의 아파트로 여겨지며 다양한 기록에 사용되었다.

또 한 가지 확인해야 할 부분이 있다. "서울 회현동의 미쿠니아파트"라는 아파트 명칭에 관한 내용이다. 김정동이 '남산동'이 아닌 '회현동'을 붙인 이유는 《조선과건축》의 공사설명의 위치에 '경성부 욱정'이라고 표기되어 있기 때문이었을 것이다. 《조선과건축》의 설명에는 "삼국상회아파트(三國商會アパート)" 또는 "삼국아파트(三國アパート)"로 표기되어 있다.

1933년 4월의 〈경성정밀지도〉에서 "남산아파트(南山アパート)" 표기를 볼 수 있다. 남산정 1정목 16번지 일대는 욱정 2정목과 욱정 3정목에 바로 붙어 있어서 《조선과건축》에서 주소를 '욱정'으로 내보냈을 수도 있다. 그러나 이제 정확한 위치와 건축물의 현존을 확인하였기 때문에 '남산동 미쿠니아파트' 또는 '남산동 미쿠니상회아파트'라고 불러야 한다. 이렇게 아파트 명칭을 다시 또 이야기하는 이유는 미쿠니상회는 서울 여러 곳에 아파트를 건립했기 때문에 각각의 아파트를 구별하기 위해서 정확한 위치를 확인하고 올바른 지역 명칭을 이름에 붙여야 할 필요가

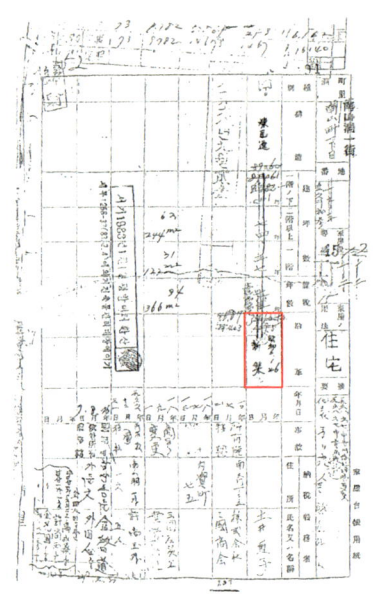

남산동1가 16-23번지 폐쇄건축물대장

3 — 김정동, 《문학속 우리도시기행2》, 푸른역사, 2006, 132쪽. 이 글에는 바로 잡아야 할 내용이 있다. 《조선과건축》에 게재된 것은 1930년 11월호가 아닌 12월호이다. 설계와 시공 업체를 '오다공무점(多田工務店)'이라고 했는데 '타다공무점'으로 읽는 것이 관례다.

있기 때문이다.

아일빌딩

회현동 2가 49번지에 제법 오래돼 보이는 건물이 있다. 대지면적 1,414m², 연면적 4,060m², 지상 5층 규모로 아일산업(주)이 소유한 임대용 사무실 건물이다. 겉모습을 봐서는 '설마 아파트였을까' 의심이 들 정도로 여느 사무실 건물과 별반 달라보이지 않는다. 이 건물이 취산아파트였다.

    이 아파트의 건립연도를 추정할 수 있는 몇 가지 자료가 있다. 우선 폐쇄건축물대장 기록이 있다. 최초 등재는 1936년(소화11) 11월 25일이다. 다른 하나는 1936년 8월 1일에 제작된 〈대경성부대관〉인데 현재 아일빌딩 자리에 '취산아파트(翠山アパート)'라고 표기되어 있다. 건축물대장의 등재일보다 먼저 〈대경성부대관〉에 표기된 것은 1936년 7월 14일 《조선신문》[4]의 기사에서 연유를 확인할 수 있는데, 하루 전인 7월 13일에 상량식을 거행했고 골조가 완성되었기 때문이다. 폐쇄토지대장 기록도 참고할 수 있다. 1936년 4월 9일 토지의 소유권이 조선은행(朝鮮銀行)에서 미쿠니상회로 이전했다는 기록이 있다. 미쿠니상회로서는 취산아파트 건립을 위한 부지를 먼저 확보한 셈이다. 《매일신보》 1936년 4월 21일자에 '욱정 1정목 조선은행 사택 1,000평을 미쿠니상회의 도이 세이치에게 매각했는데, 도이 세이치는 이 토지를 이용해 '취산장아파트'를 신축하기 위해 부지를 정리하고 있다고 언급'했다는 기사에서 사실을 다시 확인할 수 있다.

    아일빌딩 즉 취산아파트의 기록을 추적하던 중 취산아파트 건립보다 몇 년 앞선 '취산장(翠山莊)'의 기록을 발견했다. 《조선은행회사조합요록》 1935년판에 '1934년 4월 16일 합자회사 취산장(翠山莊)'이 설립되었다고 나온다. 이시바시 다케(石橋ダケ)를 대표자로 주소는 경성부 본정 4정목 148번지에 하숙업이 등록되었다. 《조선신문》 1934년 5월 22일자[5]에 실린 취산장 광고에는 이를 '고등하숙'이라고 소개했다. 1934년에 경성부 본

---

[4] — 〈アパート翠山莊上棟式〉, 《조선신문》 1936년 7월 14일자. "욱정2정목에 타다(多田)공무소가 신축 공사중인 미쿠니상회가 경영할 취산아파트는 공사진척이 잘 이루어져 굉장한 규모의 4층 건물이 이미 골조가 준공되어 7월 13일 오후 5시에 관계관민 등이 참석한 가운데 엄숙하게 상량식이 거행되었다."

[5] — 《조선신문》 1934년 5월 22일자 〈朝新案內〉라는 작은 광고란에 고등하숙, 조용, 넓은 마당, 좋은 조망, 화양실 완비하고 경기아파트에서 한 정거장 거리 정도로 가깝다는 광고를 내보냈다.

정에 위치한 취산장과 1936년 욱정 2정목 49번지에 취산장아파트는 위치가 다르고 설립자도 다르지만, '취산(翠山)'이라는 같은 이름을 쓴 이유와 '취산장아파트'가 최초 '취산아파트'에서 '장(莊)'이 추가된 사연이 궁금한 일이나 자료의 부족으로 확인하기에 어려움이 있다. 중요한 것은 이 둘이 서로 달랐다는 점이다.

1 2020년 8월에 촬영한 아일빌딩 ⓒ권이철
2 1936년 8월에 발간된 〈대경성부대관〉에도 나와 있는 취산아파트. 출처: 《대경성부대관》, 1936. 서울역사박물관

개발의 경계에서

남산동 미쿠니아파트가 최초 건립되었을 당시 위치는 골목 안쪽이었다. 남산자락의 남산동은 오래된 건축물도 많이 남아있지만, 회현사거리 쪽으로는 개발이 많이 되어 옛 길의 흔적을 찾아보기 어렵다. 현재는 북쪽 부지가 오피스와 주상복합으로 개발되어 아파트의 북측면은 2차선 도로의 코너에 면하게 되었다. 이 아파트를 중심으로 회현사거리 방향 북쪽은 개발되어 대형건축물이 들어서 있고, 남쪽은 아직 옛 건물들이 남아 있어 개발의 파고를 맨앞에서 견디고 있는 형국으로 보인다. 조금만 더 개발의 힘이 밀려들어왔으면 이 아파트는 '사라진 아파트'가 되었을 것이다.

《조선과건축》에 소개될 당시 건축물 전경을 찍은 투시도를 보면 상당히 화각을 크게 하여 작은 건축물임에도 크고 웅장해 보이게 의도했다. 이것은 사진을 찍은 사람 또는 의뢰한 사람이 이 건축물에 대한 기대와 중요성을 크게 가지고 있었음을 보여주는 것이라 추측할 수 있다. 지금은 전면도로가 넓어 그때와 유사한 사진을 찍는데 어려움이 없어 화각을 조절할 필요는 없지만 건립 당시의 도시구조는 현재와 달리 전면도로가 좁았기 때문에 의도를 가지고 화각을 키워 찍은 사진임을 알 수 있다.

취산아파트는 남산동 미쿠니아파트보다 남산자락을 따라 골목으로 더 올라간 곳에 있었다. 이 건축물은 1957년 국가기록원의 취산아파트 수리 사진과 1961년 영화 〈오발탄〉 그리고 1969년의 서울시 기록사진에서도 찾아볼 수 있다. 여러 곳에서 아파

항공사진에서 보이는 남산동 미쿠니아파트. 출처: 브이월드 공간정보 오픈플랫폼, 국토교통부

1 2018년 항공사진에 담긴 아일빌딩. 출처: 서울특별시 항공사진서비스
2 3호 터널 공사 중인 1976년 8월에 촬영한 남산 일대 사진에 담긴 아일빌딩. 출처: 서울성장50년 영상자료

트의 모습을 볼 수 있는 것은 5층 규모 건축물이어서 남산에서 내려다보면 상대적으로 눈에 잘 띄기 때문이다.

아일빌딩의 남쪽 모서리는 3호 터널의 도로경계 및 톨게이트와 붙어 있어 3호 터널의 위치가 조금만 달라졌다면 없어졌을 건축물이었는데, 다행히 90년에 이르는 시간의 역사를 간직한 채 그 자리에 남아있다. 1978년 3월 31일 개통된 3호 터널이 이 아파트를 비켜지나간 것은 당시로도 아일빌딩이 대단한 규모의 건축물로서 쓰임새에 대한 고민이 있었기 때문일 것으로 추정된다.

그대로 남아있는 아파트와 변화를 거듭해온 아파트

남산동 미쿠니아파트는 정육면체 형태의 3층 규모로 아주 평범한 건축물이다. 박스 형태의 건축물이기 때문에 특별하달 것이 없어 눈여겨 보지 않은 채 지나쳤을 것이다. 또한 최근에 외벽 전체가 외단열 미장마감공법으로 다시 마감되어 자세히 보지 않으면 90여 년의 역사를 가진 건축물임을 눈치 챌 수 없다. 그러나 아주 평범한 건축물이면서도 '나 여기 살아 있다'라고 건축물이 외치는 한 가지 아주 중요한 포인트가 있다.《조선과건축》에 소개된 사진을 보면 독특한 디자인 형상이 보인다. 바로 현관 상부, 계단실

남산동 미쿠니아파트 현관 위에 남아있는 요철 기둥, 2020년 8월 촬영 ⓒ권이철

창호 가운데 부분에서 보이는 기둥이다. 이 기둥이 여전히 남아있어 1930년대 당시 건물임을 짐작할 수 있다.

　1930년대 투시도의 오른쪽 부분에 보이는 부분이 건축물의 주출입구이고 그 가운데 요철이 있는 기둥이 보인다. 외벽 마감을 다시 한 현재도 기둥의 요철이 그대로 남아있는 것이 마치 지층의 화석을 발견한 것 같은 느낌이다.

　당시 모습을 상당히 간직한 채 남아있는 남산동 미쿠니아파트와 달리 취산아파트는 10여 차례에 걸쳐 사용자는 물론 용도가 변경되고 증축되었다. 지금은 평범한 임대용 사무실로 사용되고 있다. 1936년 이후 아파트로 사용될 당시를 전하는 토막 기사가 있다. 《매일신보》 1939년 7월 3일자[6] 기사로 취산아파트에서 보일러 폭발 사고가 있었다는 내용이다. 또 다른 자료에 의하면 1939년의 《경성·영등포 전화번호부》[7]에 "翠山莊アパート(취산장아파트) 本局(본국)2-1893 旭町(욱정)2-49"로 표기되어 있고, 1942년의 《사제 경성직업별전화번호부》[8]에 아파트업을 소개하는 페이지에 취산장아파트가 표기되

6 ─ 〈보일러 爆發로騷動〉, 《매일신보》, 1939년 7월 3일자. "30일 오후 네시쯤 부내욱정 2정목 49번지 취산장아파트에서 인부가 기관실에서 난로에 석탄을 때일 때에 별안간 큰 음향을 내이며 보일러가 폭발되어 큰 소동을 일으키었는데…."

7 ─ 경성중앙전화국, 《경성·영등포 전화번호부》 1939년 10월 1일 기준, 1939년 12월, 162쪽

8 ─ 조선인사흥신소, 《사제 경성직업별 전화번호부》 1941년 6월 6일 기준, 1939년 12월, 2쪽

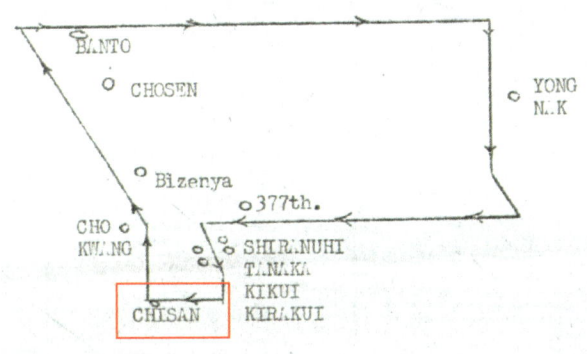

미군정청 DH주택을 순환하던 버스의 노선도, 1947년 5월.
출처: 미국국립문서기록관리철

어 있는 것을 보면 1941년까지 아파트로 사용된 것을 반복해 확인할 수 있다. 다음은 1947년 2월 10일의 기록이다. 미군정청의 DH 목록에 여러 차례 경성의 아파트 목록이 보이는데, 취산아파트 또한 'CHISAN'이라는 명칭으로 포함되어 있었다. 또한 1947년 5월 13일 DH주택을 순환하던 버스의 노선도에 'CHISAN'으로 표기된 것을 확인할 수 있다. 해방 이후 미군정청의 시설로 사용되었음을 확인하는 자료이다.

《자유신문》 1947년 9월 10일자에는 '회현동 미국여자시민숙사인 취산장의 관리자(manager)였다가 지금은 서울 시내의 모든 미국여자시민숙사의 총감독을 맡고 있는 '그레이스씨로허-' 여사가 취산장에 근무하고 있는 연세대 전문부 문과 3년생인 이모 군을 미시간 주립대학 농과에 유학시켜 4년 동안 공부를 시키고자 9월 12일 출국하게 되었다.'[9]는 기사가 있다. 앞서 설명한 것처럼 해방이후 미군정이 접수했던 취산장이 미국여자시민숙사로 활용됐음을 알려준다.

다음 해인 1948년 8월 20일에 촬영한 미군정청의 관련 사진은 또 다른 용도로 사용되었음을 증언한다. 사진 뒷면에는 "주한 미 대사관 소속 기혼 직원들을 위한 42개의 집을 보유중인 취산호텔(The Chi San Hotel has a unit of 42 apartments for married couples)"이라는 설명이 있다. 따라서 일제강점기 아파트였던 것이 해방 후 미군정 당국에 접수되어 편의에 따라 기혼자 숙소로 전용되었음을 알 수 있다. 이때 연세대 전문부 학생이 주경야독하며 그곳에서 아르바이트를 했던 것이다.

1953년 9월 23일 '회현동 2가 49번지 구 미쿠니석탄회사 주택 거주자 관재청장 상

9 — 〈조선청년의 진실에 감격, 현란한 선물 미주유학〉, 《자유신문》, 1947년 9월 10일자

대로 소송 청구'[10] 기사로 전쟁이후 다시 주택으로 사용되고 있었던 것을 확인할 수 있다. 이것은 1953년 9월 9일자 적산관리 제2747호에 따라 대한석탄공사가 1953년 9월 21일 미쿠니석탄공업주식회사의 건물 일부를 사용하는 것으로 계약을 체결함에 따라 퇴거명령을 받은 거주자들의 집단 소송으로 추정된다. 이후 1954년과 1956년에 미8군과 육군이 사용했다는 기록[11]도 있다.

국가기록원이 소장하고 있는 1957년 성업공사 생산 문건인 〈취산장 수리 착수 전 사진〉[12]에는 11페이지에 걸쳐 40여 장의 사진이 수록되어 있다. 사진으로 확인한 취산아파트는 오랜 시간 사람이 살지 않은 것처럼 보이며, 기록물의 제목처럼 취산장을 수리하기 전 단순기록을 남긴 것으로 추정된다. 이 기록물을 통해서 당시 실내외 모습을 살펴볼 수 있다. 1957년 성업공사가 수리하기 전까지 아파트, 호텔, 기숙사 등 거주의 용도로 사용되었고 이후에 수리를 통해서 사무실의 용도로 전환되었다고 추정된다.

이후 폐쇄건축물대장에 1964년 8월 24일 개인으로 소유권이 이전되면서 건축물 용도를 사무실로 변경하고, 1964년 12월 24일 충무로 2가 3-2에 소재한 아일산업주식회사로 소유권이 이전되었다. 아일산업 소유임에도 관공서에서 이 건축물을 사무실로 임대해서 사용했다. 수산청과 자유센터, 대한준설공사 등이 이 건물의 일부 혹은 전부를 사용했다는 기록이 이를 뒷받침한다. 1966년 9월 3일 '수산청은 충무로 현 청사를 3일 회현동 2가 49-4 자유「센터」로 이전'[13]했다. 이 기사에서 언급한 '자유「센터」'의 주소가 취산아파트의 주소와 일치한다. 1966년 이전에 자유센터로 사용되었음을 확인할 수 있는데, 자유센터 사용 흔적은 이 기사 이외에는 찾아볼 수 없다. 1967년 7월 15일, 그러니까 수산청 청사로 1년 정도 사용한 후에 '수산청은 15일 현재의 회현동 아일(亞一)「빌딩」에서 충무로 1가 흥화(興和)「빌딩」으로 청사를 이전'[14]했다는 것이다. 1967년 8월 10일 대한준설공사 사옥으로 사용된 기록[15]도 있다. 이후 대한준설공사는 1973년 3월 19일 서울지법 인천지원으로 이사를 했다. 대한준설공사는 1982년 1월 주식회사 한양

---

10 — 〈緣故者優先權無視 舊三國社宅民,管財廳걸어訴訟〉, 《동아일보》, 1953년 9월 23일자

11 — 대한석탄공사, 〈1954년 서면이사회의록서류철〉, 출처: 국가기록원

12 — 성업공사, 〈1957년 취산장 수리 착수 전 사진〉, 출처: 국가기록원

13 — 〈수산청사이전〉, 《매일경제》, 1966년 9월 3일자

14 — 〈수산청사충무로로〉, 《매일경제》, 1967년 7월 15일자

15 — 대한준설공사창립식장, 1967년 8월 10일, 국가기록원

1 〈1957년 취산장 수리 착수 전 사진〉에 포함된 3층 내부. 출처: 국가기록원
2 〈1957년 취산장 수리 착수 전 사진〉에 포함된 2층 내부. 출처: 국가기록원
3 〈1957년 취산장 수리 착수 전 사진〉에 포함된 북측면. 출처: 국가기록원

이 인수했다.

다음은 증축의 시점이다. 최초 취산아파트는 지하1층, 지상3층 건축물인데, 현재는 지하1층, 지상5층이다. 지상3층에서 5층으로 증축되면서 면적은 2,690.91m²[16]에서 4,060.71m²로 늘어났다. 1957년 성업공사에서 현장 조사를 시작했고, 1964년 12월 24일 건축물대장에 등재된 면적이 달라진 것을 보면 1957년에서 1964년 사이에 증축이 있었던 것으로 추정할 수 있다. 그러나 기록사진을 보면 조금 상이하다. 증축 직전의 3층 모습을 확인할 수 있는 사진은 1967년 3월 3일 '한돌 맞는 수산청'[17] 사진이고, 1967년 8월 10일의 '대한준설공사 창립식장'[18] 사진에서는 4층 증축의 모습을 확인할

16 — 〈취산장아파트 폐쇄건축물관리대장〉(1936년 11월 25일). 대장의 면적: 지하1층(304.13m²), 1층(786.78m²), 2층 이상(1600.00m²)

17 — 〈한돌맞은 수산청〉, 《매일경제》, 1967년 3월 3일자

18 — 대한준설공사창립식장, 1967년 8월 10일. 국가기록원

1 수산청이 생긴 지 1년 되었음을 전하는 《매일경제》 1967년 3월 3일자 기사에 실린 취산아파트
2 대한준설공사 창립식 행사장이었던 취산아파트. 꼭대기층에 돌출되어 있는 비계가 매달려 있는 것으로 보아 4층 증축공사를 하는 것으로 보인다. 1967년 8월 10일 촬영. 출처: 국가기록원
3 1967년 12월 14일에 촬영한 취산아파트. 출처: 서울성장50년 영상자료

수 있고, 5층까지 증축된 가장 빠른 모습은 "서울성장50년 영상자료"의 1967년 12월 14일 사진에서 볼 수 있다. 폐쇄건축물대장에는 1964년에 규모가 변경된 것으로 기록되어 있지만, 사진기록에 의하면 1967년 1년 동안 3층에서 5층까지 증축이 일어난 것을 재차 확인할 수 있다.

1936년 11월 25일 준공한 취산아파트는 이후 미국여자시민숙사, 취산호텔, 주택 용도를 거쳐 자유센터, 수산청과 대한준설공사 사무실로 사용되었고, 현재는 임대용 사무실로 사용되고 있다. 상당히 길고 다양한 시설 변경의 역사를 간직하고 있는데 이것은 1930년대 '아파트' 건축물이 근대적 하드웨어를 가지고 있었고, 적산으로 분류되어 공공공간으로 사용되면서 격동의 한국 근현대 시기를 통과하며 각 시기별 대표성을 가진 시설을 수용할 수 있었던 까닭이라 하겠다.

취산아파트 건립 이후 현재까지의 용도 및 사용자 변화 추적

일자	용도 / 사용자	소유자	규모 / 연면적	출처
1936년 11월 25일	아파트	㈜미쿠니상회	지하1층 지상3층 2,690.91m²	폐쇄건축물대장
1939년 10월 1일	아파트	–	–	1939년 《경성·영등포 전화번호부》 욱정 2-49, 본국 2-1893
1941년 6월 6일	아파트	–	–	1942년 《사제 경성직업별 전화번호부》 욱정 2-49, 본국 2-1893
1943년 9월 1일	아파트	미쿠니 석탄산업 주식회사	–	폐쇄건축물대장
1947년 2월 10일	DH (dependent housing)	–	–	1947년 2월 미국국립문서기록관리철 〈미군정청의 DH목록〉
1947년 9월 10일	기숙사	–	–	〈조선청년의 진실에 감격, 현란한 선물 미주유학〉, 《자유신문》, 1947년 9월 10일자
1948년 8월 20일	호텔	–	–	미군정청의 관련 사진 설명, 취산호텔
1953년 9월 23일	주택	–	–	〈연고자우선권무시 구미쿠니사택주민 관재청걸어소송〉, 《동아일보》, 1953년 9월 23일자
1954년 9월	미8군 308부대	–	–	1954년 9월 2일 대한석탄공사 서면이사회에서 원안대로 의결하고, 미8군 퇴거 이후에는 이를 정부로부터 불하받아 사용할 것을 결의

1956년 5월	육군 부대	–	–	육군 특무부대에서 사용하다가 1956년 5월 퇴거 호텔로 사용하기 위해 수리 착수
1957년 9월	수리전 퇴거, 공사	–	–	국가기록원 (취산장 수리 착수 전 사진: 성업공사)
1964년 8월 24일	사무실	개인	–	폐쇄건축물대장 – 소유권 이전
1964년 12월 24일	사무실	아일공업 주식회사	지하1층 지상5층 4,060.71m²	폐쇄건축물대장 – 증축에 의해 면적 및 층수 증가 – 소유권 이전
1966년 9월 3일	사무실 /수산청	–	–	《수산청사이전》, 《매일경제》, 1966년 9월 3일자
1967년 3월 3일	사무실 /수산청	–	–	《한돌맞는 수산청》, 《매일경제》, 1967년 3월 3일자 (사진 속 건축물 규모 3층)
1967년 7월 15일	사무실 /수산청	–	–	《수산청사 충무로로》, 《매일경제》, 1967년 7월 15일자
1967년 8월 10일	사무실 /대한준설공사	–	–	대한준설공사창립식장, 1967년 8월 10일. 출처: 국가기록원 (4층 증축공사중)
현재	사무실 /임대	아일산업(주)	–	건축물대장

* 표의 일자는 문서의 기록 및 사건의 특정 날짜를 표기한 것으로 표기한 날짜와 날짜 사이 기간의 시설 사용 용도와 사용자에 대한 정확한 정보는 아직 발견하지 못했다.

과연 아파트였을까: 적선하우스와 구 미쿠니사택 아파트

1939년 《경성·영등포 전화번호부》에서 한 페이지 전체를 활용한 아파트 광고[19]를 발견할 수 있다. 모두 미쿠니상회의 관련 전화번호인데, 하단부에 "근대문화의 명랑주택(近代文化の 明朗住宅)"을 소개하며 내자동아파트, 적선하우스, 삼판아파트, 취산아파트를 소개하고 있다. 여기서 주목할 것은 적선하우스이다. 다른 아파트는 여러 자료를 통해서 아파트의 존재를 확인할 수 있는데, 적선하우스는 1939년 전화번호부에 처음 등장하는 명칭이다. 또한 이 전화번호부의 기록에 의하면 적선하우스와 같은 주소에 미쿠니상회

19 — 경성중앙전화국, 《경성·영등포 전화번호부》 1939년 10월 1일 기준, 1939년 12월, 318쪽

1 적선하우스 전경. 2020년 8월 촬영 ⓒ권이철
2 (구)미쿠니사택 아파트 전경. 2020년 8월 촬영 ⓒ권이철

의 북부매점이 있어 내자동 미쿠니아파트 별관의 1층에 매점이 있었던 것과 동일하게 아파트일 가능성을 추정해볼 수 있다.

적선정 31번지 폐쇄건축물대장[20]의 기록에 의하면 적선정(현 적선동) 31번지에 있는 적선하우스의 종별은 갑, 용도는 주택, 과세 평수는 186평으로 3층 건축물이고, 최초 소유자는 남대문 1가 25번지에 위치한 미쿠니상회였다. 최초 등재일의 기록은 찾아볼 수는 없다. 현재의 건축물대장은 종로구 적선동 31-1번지, 연면적 460.17m^2인 3층 건축물로 최초 대장의 기록보다 건축물의 연면적이 줄어 있어 과거의 건축물이 그대로 있는 것인지 아니면 증·개축을 거치면서 건축물의 형상이 변했는지 확인되지는 않는다. 폐쇄건축물대장에는 1978~1979년 사이에 수용, 멸실, 용도 변경 등 몇 가지 행위가 기록되어 있을 뿐이다. 그러나 현재의 건축물 소유주가 28명이라는 점에서 최초의 형태가 아파트였다는 것을 능히 추정할 수 있다. 다른 아파트의 사례를 보면 건립 후 임대형태로 운영되다가 해방이후 귀속재산 처리로 아파트에 거주하던 사람에 의해서 소유권이 분할되는 것과 같은 전례가 있었기 때문이다. 또한 《경향신문》 1948년 1월 30일자 기사에 "적선동(積善洞) 「아파-트」 10호에 거주하던 … 동 「아파-트」 28호실"[21]이라는 부

20 — 폐쇄건축물 대장, 소유자: 남대문 1-25 미쿠니상회, 종별: 갑, 용도: 주택, 과세 평수: 186평(1층 62평, 2층이상 124평), 1978년 12월 수용, 멸실, 1979년 2월 용도변경

21 — 〈私宅에서 少女에게 私刑 橫暴한 警官所行調中〉,《경향신문》 1948년 1월 30일자

분이 있다. 이 기사에 등장하는 28호와 지금의 소유주 28명의 상관성을 근거로 적선하우스는 아파트로 28호실 이상은 있었을 것으로 추정된다. 그러나 현재의 건축물이 옆 건축물과 인접해 있고, 개인 건축물인 관계로 내부를 자세하게 확인할 수 없어 아쉽지만 경성의 또 다른 아파트였음은 분명하다.

또 하나의 아파트는 《동아일보》 1953년 9월 23일자에 실린 미쿠니석탄회사주택 거주자들이 관재청장[22]을 상대로 한 소송 관련 기사에 실린 아파트로 3개의 주소 가운데 회현동2가 19번지이다. 남산동 미쿠니아파트의 서쪽 골목 건너편에 있는 건축물로 폐쇄건축물대장[23]에 의하면 1941년 준공된 것으로 미쿠니상회 소유였다. 현재는 1~2층 정도 되는 3개의 오래된 건축물들이 서로 붙어 있어 어느 건축물이 1940년대부터 있었던 건축물인지는 확인하기 어렵다.

(구)미쿠니사택 아파트 폐쇄건축물대장의 기록

년 월 일	사유	주소	성명 또는 명칭
1941년 6월 23일	보존	남대문1가 15	미쿠니상회(주)
1953년 8월 25일	상호 변경	남대문1가 15	미쿠니석탄공업(주)
1963년 11월 11일	명의 변경	-	5명으로 소유권 분할
1999년 9월 17일	소유권 이전	-	○○○(개인)

22 — 1949년 12월에 국무총리 직속으로 귀속된 재산 처리를 위해 설치한 재무부의 외청. 1955년에 재무부 관재국이 신설되면서 1956년에 폐지되었다.

23 — 폐쇄건축물대장 1941년 6월 23일(보존), 소유: 미쿠니상회(주), 목조 3층, 주택, 면적 297.53㎡

남아있는 아파트 찾아가기

남산동 미쿠니아파트

현주소:	서울시 중구 퇴계로16길 35-25 (남산동1가 16-23)
지어질 당시 주소:	경성부 남산정 1정목 16-23
규모:	지상 3층, 6호
구조:	연와조+철근콘크리트조
완공 연도:	1930년

1 전경 ⓒ권이철
2 입구 기단석 ⓒ박철수

정면 오더 ⓒ박철수

남아있는 아파트의 첫 번째 답사지는 중구 남산동의 아파트이다. 답사의 시작은 한국은행 앞 사거리에서 시작하면 좋겠다. 이 사거리가 '조선은행전(朝鮮銀行前)' 또는 '선은전(鮮銀前)' 전차역이 있던 자리로 조선은행(현 한국은행) 앞 사거리이다. 당시 아파트에 살던 사람들도 전차에서 내려서 아파트까지 걸어 올라갔을 것이기 때문이다. 지금은 퇴계로가 개설되어 있어 회현사거리를 지나서 올라갈 수 있다. 남산 3호터널 방면으로 약 170m 올라가다가 남산플래티넘 쌍용아파트를 끼고 왼쪽 2차선 도로로 들어서서 약 70m가량 이동하면 도로가 꺾이는 곳 오른쪽에 바로 보인다. 출발지에서부터는 천천히 걸어도 10분이 채 걸리지 않는다. 건립 당시는 골목 안에 있었지만, 지금은 2차선 도로의 귀퉁이 아주 잘 보이는 자리에 있다.

1930년 《조선과건축》에 실린 사진과 비슷한 각도에서 다시 찍어 보는 것도 당시의 분위기를 느낄 수 있는 것으로 의미 있는 일이다. 개발의 문턱에 있어 언제 사라질지 모르기 때문이다. 외부를 외단열 미장 마감공법으로 다시 했지만, 지어질 당시 아파트 외부에서 보이던 요철과 같은 장식 요소가 잘 남아있다.

전경 사진을 찍었으면 건물의 정문으로 가서 주출입구 상부의 기둥 장식을 확인하길 권한다. 기둥 모양이 1930년 잡지 사진의 형상과 똑같다. 이 건축물이 남산동 미쿠니아파트임을 확인할 수 있는 확실한 증거이다. 아쉽게도 계단실 안쪽은 바닥과 벽 등이 모두 오늘날의 내장재료와 방식으로 마감되어 있어 당시의 모습을 알 수는 없다. 1층 출입구 기단석이 오래전의 것으로 보여 혹시 처음 시공 당시의 것일 수도 있겠다는 생각은 든다.

취산아파트 (현 아일빌딩)

현주소:	서울시 중구 소공로3길 25 (회현동2가 49-4) 아일빌딩
지어질 당시 주소:	경성부 욱정 2정목 49
규모:	지하 1층, 지상 3층(5층으로 증축), 46호 이하
구조:	철근콘크리트조
완공 연도:	1936년

남산동 미쿠니아파트와 가까운 곳에 자리한 취산아파트를 찾아가 보자. 일단 한국은행 앞에서 남산 3호터널 방향으로 약 450m 걸어 올라가면 된다. 취산아파트가 지어진 1936년에는 지금의 회현사거리까지만 길이 넓고 이후부터는 골목이었다. 회현사거리를 지나 올라가다가 남산롯데캐슬 아이리스를 지나 소공로 27 일대를 거친 뒤 골목으로 들어가면 된다. 소공로 3길이다. 소공로 3길을 찾기 어려울 수 있지만, 터널로 가기 전 마지막 골목이기 때문에 혼선은 없을 것이다. 골목으로 40m 들어가서 좌회전해서 50m 정도 걸어 올라가면 취산아파트, 현 아일빌딩이 보인다. 올라가다 보면 건축물 상부에 녹색의 '아일' 간판이 커다랗게 보인다.

아일빌딩이 있는 소공로 3길은 1936년 지도의 골목이 지금도 거의 그대로 남아있다. 주변을 살펴보면 2층 한옥, 일본풍 가옥 등 오래된 건축물들이 눈에 들어온다.

출입구 현관의 캐노피는 1957년 수리 및 증축시 만들어진 것으로 추정된다. 1948년 8월 20일에 촬영된 미군정청의 사진속에는 캐노피가 없고 진입부가 계단으로 되어 있다. 이후 1967년 8월 10일의 사진속에는 캐노피와 진입 램프로 바뀐 것을 확인할 수 있다. 그러나 나머지 대부분의 모습은 그대로인 채 여전히 그 자리를 지키고 있다. 진입부의 기단 초석이 세월의 오래됨을 잘 보여준다.

건물의 뒤편으로 돌아가보면 1957년 기록사진에 있던 굴뚝이 지금도 자리를 지키고 있다. 지금도 기능을 하고 있는지는 알 수 없으나 오래된 흔적을 간직하고 있음을 확인하며 다음 아파트로 발걸음을 옮겨본다.

1 현관 진입로 ©박철수
2 진입로에 남아있는 취산아파트 석재 초석 ©권이철
3 여전히 남아있는 굴뚝 ©박철수
4 진입로에서 본 아일빌딩 ©박철수

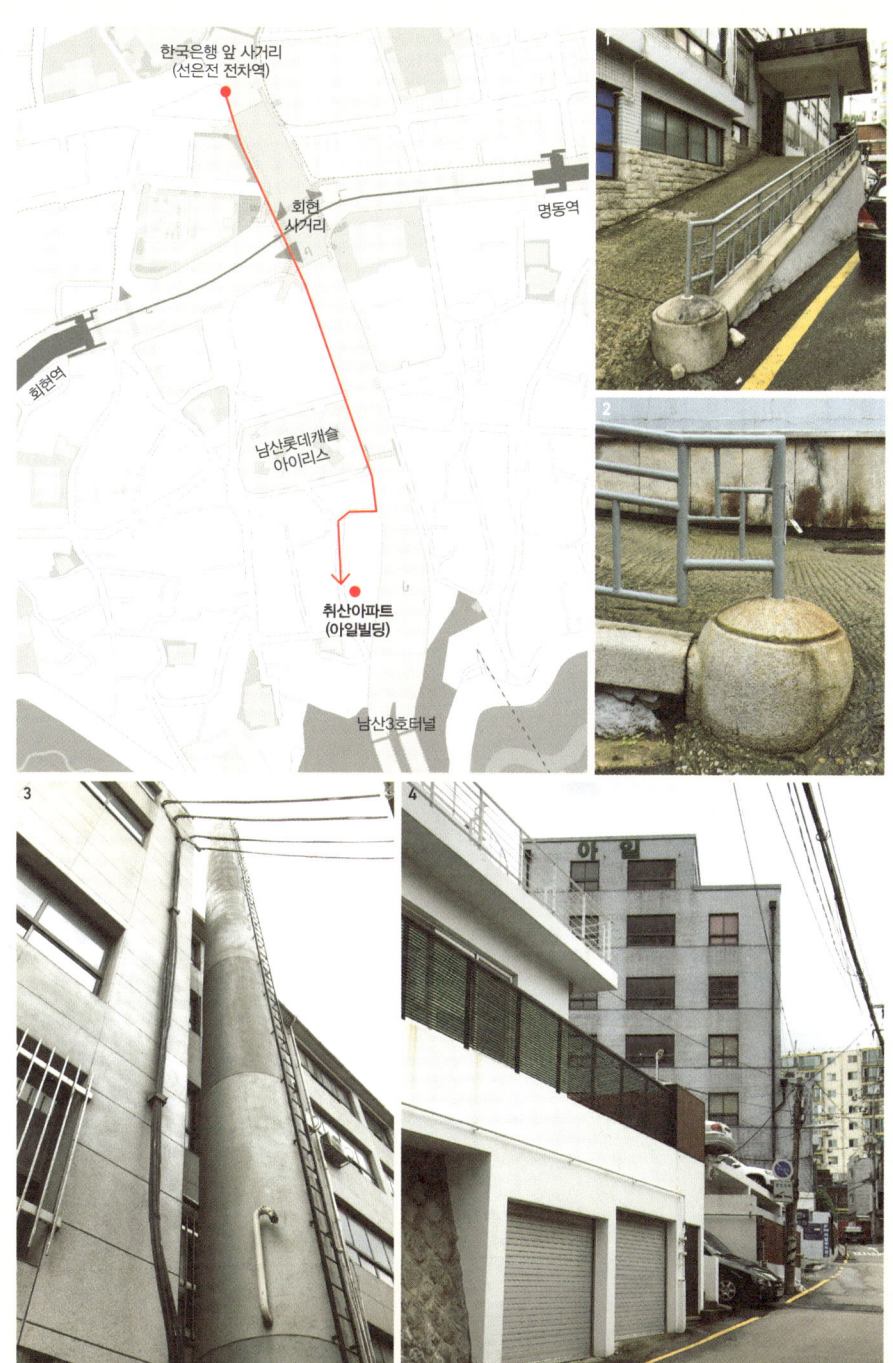

청운장아파트

현주소:	서울시 중구 퇴계로8길 31-6 (회현동1가 99-6)
지어질 당시 주소:	경성부 욱정 1정목 99
규모:	지하 1층, 지상 5층
구조:	철근콘크리트
완공 연도:	1938년

취산아파트 인근 도보 5분 거리에 청운장아파트가 있다. 이 아파트 역시 '선은전(조선은행 앞)' 전차역에서 내려서 걸어 올라왔을 것이다. 현재 골목 안쪽에 가림막을 두른 채 폐허처럼 남아있어 아무도 살지 않을 뿐 아니라 전혀 사용되지 않는 것처럼 보인다. 다른 아파트들과 달리 현재 1명이 소유권을 가지고 있는 것으로 나온다. 폐쇄토지대장에는 1942년 1월 15일 남선합동전기(南鮮合同電氣) 주식회사로 소유권 이전, 1961년에 국가로 귀속된 이후 2011년에 개인에게 소유권이 넘어간 상태이다. 아파트의 자세한 연혁과 소유주 등에 관한 정보는 부족하지만, 연면적이 약 1,041㎡로 취산아파트 2,690㎡의 절반에 조금 못 미치고 366㎡인 남산동 미쿠니아파트보다 약 3배 정도 큰 규모이다. 5층 규모로 지어질 당시에는 우뚝 솟아 멀리서도 보였을 것이다.

1954년 휴전협정 이후 미군이 남산에서 촬영한 서울시 전경 사진에 청운장아파트가 있는데 아파트의 굴뚝과 상부층이 잘 보인다. 1939년 《경성·영등포 전화번호부》와 1942년 《사제 경성직업별 전화번호부》에 전화번호와 주소가 나온다. 주소는 '욱정 1-99'이고 전화번호는 '본국 2-7721'이었다.

해방 직후 38선 이남을 점령한 미 제24군단의 기록에 의하면 청운장아파트 역시 군정 당국의 요원 숙소와 사무공간으로 사용했음을 확인할 수 있다.

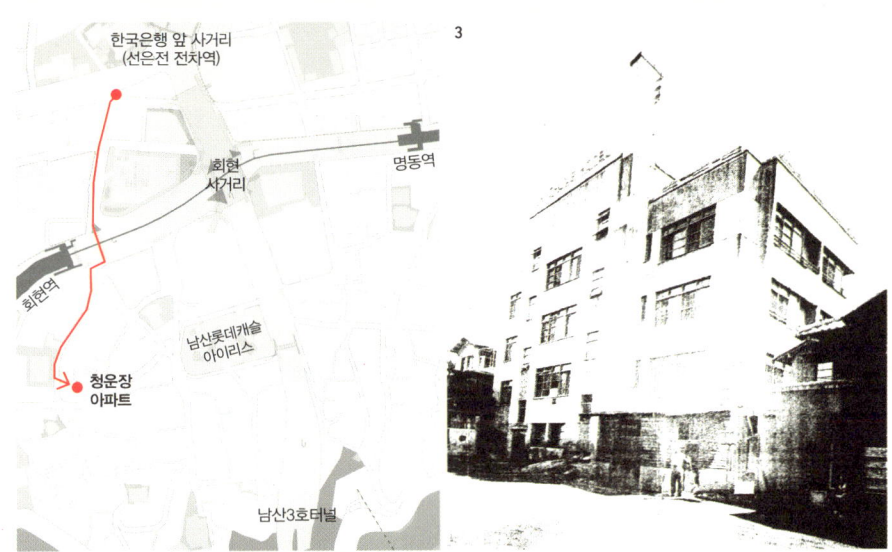

1 부분 입면 ⓒ권이철
2 전경 ⓒ권이철
3 해방 직후 미24군단이 접수해 군정 관련자 숙소와 사무공간으로 사용했다. 출처: 미국국립문서기록관리보관소
4 휴전협정 이후 서울 남산에서 바라본 서울시 전경, 1954년 12월 18일 촬영. 출처: 미국국립문서기록관리보관소

국수장아파트

현주소:	서울시 중구 마른내로4가길 22 (인현동1가 126-1)
지어질 당시 주소:	경성부 앵정정 1정목 126
규모:	지하 1층, 지상 2층
구조:	목조
완공 연도:	1940년

국수장아파트는 세운재정비촉진지구 6구역에 포함되어 있었으나 2020년 구역 해제되었다. 세운지구 개발 압력에서 한동안은 벗어나 있을 것 같다. 이 아파트는 충무로역에서 300m 정도 떨어져 있다. 지어질 당시에는 아파트에서 가장 가까운 곳에 '본정3역' 버스 정류장이 있었다. 이곳에서 약 도보 3분 정도 걸린다. 현재 충무로역에서 갈 때와 소요되는 시간이 비슷하다. 1939년 퇴계로 개설 이후에는 접근성이 더욱 좋아졌을 것이다. 퇴계로가 개설되기 전, 현재의 충무로2길은 청계천 남쪽에서 동서를 가로지르는 중요한 길 가운데 하나였다. 조선은행 앞에서 명동을 지나 동사헌정(현 장충동)까지 이어지는 길이었다. 현재도 상가들이 밀집해 있는 번화한 골목길로 남아있다.

이 아파트의 폐쇄건축물대장에는 지하층이 있다고 되어 있지만, 내부에서 지하로 내려가는 계단을 발견하지는 못했다. 사용승인일은 1940년 8월 5일이고 전체 연면적은 약 580m^2이다. 최초 몇 호가 있었는지에 대한 기록은 없으나 현재 25명이 구분소유하고 있다는 점을 고려하면 25호 이상이 있었을 것으로 추정된다.[1] 2층을 오르내리는 계단이 아직까지 목재로 되어 있고 복도 양쪽에 방이 있는 'ㄷ'자형 중복도 평면이다.

서울 도심 작은 골목 안쪽에서 80여 년의 세월을 어렵사리 견뎌낸 경성시절의 아파트이다.

---

1 — 물론 현재의 구분 소유자 숫자로 경성 시절 아파트의 호수를 견주는 것은 자칫 위험한 주장이기도 하다. 적산으로 분류된 경우에는 해방 이후 대부분 전재민들이 무단 입주했고 많은 경우에는 연고자 우선 불하원칙에 전재민의 체류를 근거로 이들에게 불하한 경우도 허다하기 때문이다.

1 전경 ⓒ오오세 루미코
2 귀퉁이 출입구 ⓒ박철수
3 목재계단과 중복도 ⓒ권이철
4 골목에서 본 국수장아파트 ⓒ권이철

황금아파트

현주소:	서울시 중구 동호로34길 5-1, 5 (을지로5가 152, 154)
지어질 당시 주소:	경성부 황금정 5정목 152, 154
규모:	지상 2층
구조:	연와조
완공 연도:	1937년

5호선 동대문역사공원역 7번 출구에서 120m 거리에 있다. 1930년대라면 경성사범학교(현 훈련원 공원) 앞에 있는 '사범교전(師範校前)' 전차역에서 내려 지금의 을지로 38번길을 따라서 남쪽으로 200m 정도 걸어오다가 동호로34길을 만나면 오른쪽으로 돌아 마주했을 건물이다.

황금아파트는 1918년 4월 11일부터 소유주인 이노우에 타카시(井上堯)가 집을 빌려주는 대가(貸家)로 운영하고 있었다. 1937년 4월 1일 도이 요시지로(土井義次郎)가 토지 소유권을 이전받아 황금아파트로 전환, 운영했다. 건축물대장의 사용승인일이 1937년 4월 10일이라는 점에서 도이 요시지로가 토지 소유권을 이전받은 후 아파트로 신축한 것으로 추정할 수 있다. '황금정 5-154'는 1930년 《경성·인천 전화번호부》에는 '대가업'으로 표기되어 있고, 1939년 《경성·영등포 전화번호부》와 1942년 《사제 경성직업별 전화번호부》에는 '아파트업(본국 2-7318)'으로 표기되어 있다. 1945년부터 1979년까지 미쓰비시상사 주식회사(三菱商事 株式會社)가 소유하고 있었고, 그 이후에는 국세청을 거쳐 17명의 개인이 소유하고 있다.

현재는 2층 건물로 여러 차례의 공사가 포개지고 보태진 상태여서 원형을 정확하게 파악하는 것은 어렵다. 건축물대장에는 동호로34길에 면한 154번지와 안쪽의 필지인 152번지가 같은 황금아파트로 되어 있으나 안쪽 152번지는 진입할 수 없어 확인이 어렵다.

정면 주출입구 상단과 측면에서 세로로 길게 난 모던풍의 개구부 디테일을 발견할 수 있다. 건물은 여러 번 개축이 이뤄진 뒤 제대로 관리되지 않아 매우 노후한 느낌이지만, 정면과 측면의 개구부 디자인은 황금아파트가 처음 만들어졌을 때 경성에서의 위상이 남달랐음을 보여준다.

1 전경 ⓒ권이철
2 주출입구 및 파사드 ⓒ박철수
3 측면 디테일 ⓒ박철수

적선하우스

현주소: 서울시 종로구 사직로 133 (적선동 31-1)
지어질 당시 주소: 경성부 적선정 31
규모: 3층
구조: 철근콘크리트
완공 연도: 1939년 이전 추정

미쿠니상회에서 운영했던 적선하우스는 지어질 당시에는 전차역에 바로 붙어 있는 위치였다. 내자동 미쿠니아파트와는 사선 방향에 직선거리로 150m 정도밖에 떨어져 있지 않다. 사직로의 북쪽 도로선은 건립 당시와 변경이 없어 필지가 그대로 보존되어 있다. 도로에 면해 저층에는 미쿠니상회의 북부매점이 있었고, 상층부에는 아파트 거주 공간이 있는 형태였을 것으로 추정된다. 적선동이기 때문이겠지만, 현재 1층에는 적선식품이 있다.

건축물의 정면은 리모델링으로 정리가 되어 있지만 옆면에서 개보수의 흔적이 여실히 드러나보이는 건축물이다. 층별 단부가 드러나 있어 여러 차례에 걸쳐 증축과 같은 변화가 있었을 것으로 추정되지만 정확한 정보는 부족하다.

건축물 내부는 중복도 방식이다. 주계단의 난간이 여러 번의 공사로 무뎌져서 세월의 흔적이 고스란히 드러나 있다.

1 배면 ⓒ박철수
2 내부 중복도 ⓒ박철수
3 주계단 ⓒ박철수

마치며: 시간을 거슬러 경성시절에 주목한 까닭

1930년대 전반기와 후반기 경성의 아파트

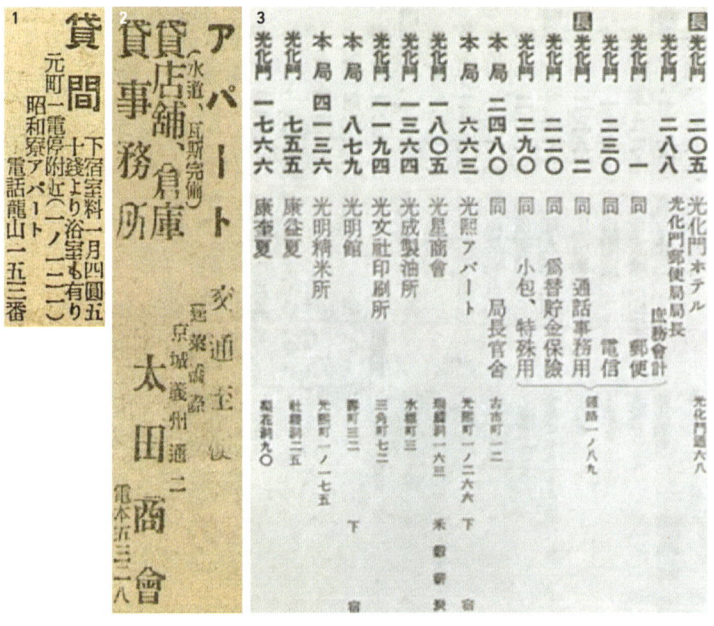

1 《경성일보》 1930년 9월 21일자에 게재된 아파트 광고
2 《조선신문》 1937년 4월 25일자에 게재된 아파트 광고
3 1934년 5월 발행한 《경성·인천전화번호부》의 광희아파트 부분

'아파트'가 식민도시 경성에서 제법 이른 시기에 신문광고에 등장한 경우는 1930년 9월 21일 《경성일보》의 경우를 꼽을 수 있다. 또한 의주통(義州通, 현 의주로) 경성역 방향 끄트머리 봉래교 근처에 자리 잡은 오타상회(太田商會)가 사무소, 점포, 창고와 더불어 수도와 가스 설비를 완비한 '아파트'를 중개한다고 《조선신문》에 광고를 낸 것은 1937년 4월 25일이었다.

이 두 가지 신문광고가 등장한 시간적 간극은 약 7년인데 여러 추정을 가능하게 한다. 1930년의 광고는 원정 1정목 121번지에 있는 쇼와료아파트(昭和寮アパート)인데 한 달에 4원 50전만 내면 욕실을 구비한 방을 임대할 수 있다는 것이다. '아파트'라는 단어 앞에 공동숙사 등을 일컫는 '요'가 붙었고, 광고 지면에 가장 힘주어 강조한 단어는 아파트가 아니라 '대간(貸間)'이라는 용어였으며, 그 뒤를 이어 '하숙'이라는 명칭을 동원했다. 당시만 하더라도 '아파트'는 일종의 유행어에 불과했고, 대중에게는 '하숙'이 훨씬

익숙했고, 그 모습을 '요'로 설명한 것이다. 이용 방법은 누구나 그 대강을 알고 있는 '대가업(貸家業)'이라는 큰 범주에 속하지만 집 전체가 아니라 칸(間) 단위로 임대하는 '대간'으로 구분했음을 알려준다. 아파트를 거론했으니 이를 정당화할 수 있는 욕실은 공동욕실로 판단하는 것이 옳겠다. 1940년 충정로의 도요타아파트에 잠시 살았던 화가 김환기가 《문장》 1940년 4월호에 실린 수필을 통해 자신의 거처를 '여관방'이라 했던 것도 다르지 않다.[1]

1937년 4월에 등장한 광고는 전혀 다른 정황을 알려준다. 이번에는 '아파트(アパート)'가 광고의 머리 단어로 바뀐 것이다. 7년여 만에 '대간'에서 '아파트'로 상황이 바뀐 것이고 수도와 가스 설비를 갖췄다는 설명이 따라붙었다. 뿐만 아니라 점포와 창고, 사무소 등과 함께 직접 이를 찾는 이들에게 유용한 정보를 제공하는 부동산 알선이나 중개의 대상으로 '아파트'가 본격 등장한 셈이고, 수도 설비와 가스를 완비했다는 말도 당연히 따로 붙였다. 이제 '아파트'는 소비도시 경성에서 누구나 그 전모를 알 수 있는 상황에 이르렀고, 사무소와 점포, 창고와 같이 아파트를 구하려는 수요자 역시 만만치 않게 증가했음을 암시한다.

이 두 건의 광고 사이에 놓인 1934년 《경성·인천 전화번호부》[2]는 어떨까. 전화번호부에 수록된 광희정 1정목 266번지에 자리한 광희아파트는 '본국 전화 663번'을 두고 영업했는데, 업종 설명에는 '하숙'으로 등재했다. 앞서 언급한 쇼와료아파트의 '하숙료(下宿寮)'와 다르지 않다. '아파트'가 아직 독립된 숙박업 유형이나 영업 대상의 한 부류로 자리 잡지 않은 상황에서 근대적 설비와 시설 공간을 갖춘 단기 거처용 임대공간이라는 사실을 드러내기 위한 방편으로 '아파트'를 소비했다고 추론할 수 있다. 1930년대 경성의 아파트를 구분하자면 이렇듯 전반기와 후반기로 나눠 볼 수 있을 것이다.

---

1 — 김환기, 〈군담〉, 《문장》, 1940년 4월호, 17~19쪽

2 — 경성중앙전화국, 《경성·인천 전화번호부》, 1934년 5월. 천안 우정박물관 소장. 이 전화번호부는 1934년 4월 1일을 기준으로 만들어진 것으로 광희아파트, 중앙아파트, 녹천장아파트의 전화번호가 수록되어 있다.

일제 패망에 따른 아파트의 변모

일제 패망에 따른 해방 공간에서 경성의 아파트는 크게 두 갈래로 나뉘며 운명을 맞는다. 원(園)이며 장(莊) 혹은 대(臺) 등의 꼬리말을 붙여 팔았던 경성 집단주택지에 들어섰던 문화주택도 크게 다르지 않았고, 식민권력의 행동대원들 거처였던 관사(官舍)와 사택(社宅)도 마찬가지였다. 이 주택들은 상대적으로 조선인들의 그것보다 나은 것이었으며, 대부분 교통의 요충지로 막일이라도 할 수 있는 곳에서 가까운 곳에 들어섰던 집이었다.

일제의 강제에 의해 또는 생업이나 일거리를 찾아 만주나 일본으로 이주했다 돌아온 귀환 동포(당시 이들을 일컫던 일반적 호칭은 전재민) 가운데 38선 이남 지역으로 돌아온 사람은 대한민국 정부 수립이 이루어질 때까지 대략 160만 명으로 추산되며, 이와 달리 소련이 점령한 북한지역의 공산주의 체제에 동의하지 않고 남한으로 내려온 북한지역 출신자도 같은 기간인 1945년 8월부터 1948년 8월까지 45만~65만 명 정도에 달했다.[3] 약 70만~90만 명의 일본인이 자기 나라로 돌아갔음을 감안하더라도[4] 100만~150만 명의 인구가 단기간에 불어난 셈이다. 이는 당시 남한 총인구의 5~7%에 달하는 숫자였다. 남한의 농촌은 이들을 수용할 여력이 없었으며, 조국으로 돌아온 이들은 당연하게 농사지을 땅도 가지지 못했으니 어쩔 수 없는 이들은 도시로 와 허름한 집을 얼기설기 지어서라도 눌러앉을 수밖에 없었다.[5]

그들이 택할 수 있는 또 다른 방법은 주인 없는 빈집을 택해 무작정 들어가 눌러사는 것이었다. 채운장아파트가 해방 후 고학생들의 집합 숙소로 바뀐 것처럼 전재민

---

3 — 유민영, 〈미군정기의 사회·경제·문화〉, 《한국사(신편)》 53, 국사편찬위원회, 2002, 230~232쪽

4 — 조선에 거주하다 일제 패망으로 자기 나라로 돌아간 이들 역시 그들의 입장에서는 귀환자였는데, 일본에서 태어나 자란 사람들이 이들을 대하는 시선은 곱지 않았다. 1925년 7월에 서울 평동 적십자병원에서 태어나 조선을 떠난 적 없이 살다가 패망으로 가족과 함께 스물에 일본으로 돌아간 마리코(万理子)의 기억을 채록한 그의 딸 사와이 리에(澤井理惠, 1954년 히로시마 출생)는 "(어머니의) 일본 귀환 당시에는 '귀환자 주제에…' 라며 업신여김을 당한 적이 많았다고 한다. 전쟁이 끝나고 식량난이 한창일 때 '타관 사람'이 왔으니 주위의 눈이 차가웠을 것이다. 게다가 '외지에서 편한 생활을 했다'고 생각해 한층 원한을 샀을 수도 있었을 것이다. 그 후유증은 지금도 남아 있다. 귀환한 뒤에 엄마가 강하게 끌렸던 사람들은 아무래도 외지에서 자란 사람들이었다고 한다." 사와이 리에 지음, 김행원 옮김, 《엄마의 게이죠(京城) 나의 서울》, 신서원, 2000, 17쪽

5 — 이희봉·양영균·이대화·김혜숙, 《한국인, 어떤 집에서 살았나》, 한국학중앙연구원출판부, 2017, 24쪽. 해방된 조국을 찾아 귀환하는 동포들은 미군의 지참금 제한 조치에 따라 1인당 최대 1천엔을 소지할 수 있었다.

1 해방을 맞아 일본에서 귀환하는 한국 동포들. 1945년 10월 2일 촬영. 출처: 미국국립문서기록관리보관소
2 전재민을 위해 군정당국이 공급한 염가 주택. 1947년 12월 13일 촬영. 출처: 미국국립문서기록관리보관소

들을 위한 주택은 따로 마련할 겨를도 없었으며, 재정도 채비하지 못했다. 불법 거래가 횡행했고, 그나마 전재민들이 주인 없는 집을 찾아 간신히 비바람을 피할 수 있게 됐다 하더라도 제법 멀쩡하다 싶은 집에는 한반도 이남을 점령한 미군의 명도집행명령(明渡執行命令)이 이어졌고, 곳곳에서 크고 작은 갈등을 빚었다.[6] 이 와중에 통제력을 잃은 일부 관공리와 교사 등은 자신의 집은 그대로 둔 채 일본인들이 두고 떠난 소위 적산가옥(敵産家屋)을 차지해 공분을 사기도 했다.[7] 적산가옥과 전재민주택이 사회적 관심으로 떠올랐고, 이 와중에 규모가 크고 문화적 설비를 갖춘 경성의 크고 작은 아파트들은 거의

6 — 서울의 경우, 신당동 일대의 문화주택지에서 벌어진 미군과 주민들 간 마찰이 대표적이다. 주민들은 하지 중장에게 탄원서를 제출하는 한편 현장에서는 주택 강탈을 멈추라는 시위가 잇따랐다. 일부 지역에서는 주변의 주민들까지 합세해 나가던 직장까지 쉬면서 미군의 주택강제명도에 대항하기도 했다. 〈新堂洞明渡命令 이들의 活路는 어디?〉, 《현대일보》 1947년 7월 15일자

7 — 충청북도 괴산군, 〈관사 또는 관공리의 주택으로 적산가옥 이용 상황 조사에 관한 건〉, 1946년 12월 17일. 국가기록원

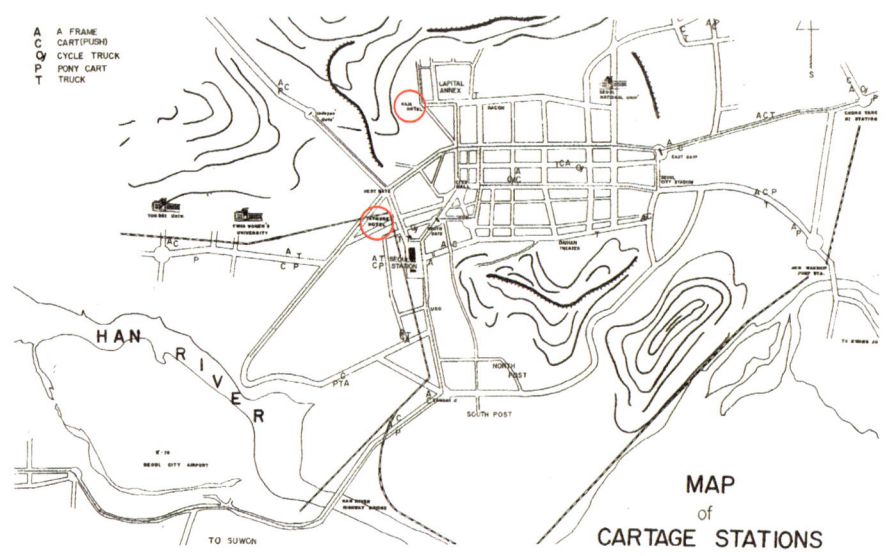

내자동 미쿠니아파트와 충정로 도요타아파트를 각각 내자호텔과 트레머호텔로 표기한 주한미국경제협조처(USOM)의 1960년 7월 작성 지도. 출처: 미국국립문서기록관리보관소

모두 미군이나 군정당국 관리의 숙소가 되었다. 그들이 가장 오래도록 점유하며 사용한 경성시대의 대표적 아파트는 다름 아닌 내자동 미쿠니아파트로, 후일 내자호텔로도 오래 사용했다.

《서울은 만원이다》로 잘 알려진 작가 이호철은 한국전쟁이 한창이던 1951년 7월에 부산의 미군 정보기관인 잭(Jack)[8] 부대 경비원으로 들어가 1952년 11월까지 생계를 잇다가 1953년 1월 부산에서 상경해 전차를 타고 미군 정보기관인 잭 부대 서울 파견대로 찾아가 경비대장이었던 평북 선천사람 계태순에게 빌붙어 기거했다고 연보에 밝혔다. 작가가 서울에서 경비대장을 찾았을 때 도달한 곳이 최근 1937년으로 준공 시기가 새롭게 밝혀진 충정로 도요타아파트였다.[9] 이 아파트 역시 1930년대 경성의 아파트 시

8 — 잭 부대란 미중앙정보국(CIA)의 합동고문단(Joint Advisory Commission Korea)을 줄여 일컫던 것으로 한국전쟁 기간 충정로 도요타아파트를 사무공간으로 이용했다.

9 — 도요타아파트에 대해서는 이연경·박진희·남용협, 〈근대도시주거로서 충정아파트의 특징 및 가치: 충정로 3가 일대의 도시 변화와 연계하여〉, 《도시연구: 역사·사회·문화》 제20호, 2018년 10월, 도시사학회, 7~52쪽 참고

1   1950년 서울 탈환에 나선 유엔군
    사령부의 전략적 탈환시설 목록 일부.
    출처: CIC Target List Seoul-1950,
    미국국립문서기록관리보관소

2   한국전쟁 중 서울 탈환 과정에서
    인민군 색출 사진의 배경에 등장하는
    도요타아파트. 1950년 10월 16일 촬영.
    출처: 미국국립문서기록관리보관소

대에 민간인에 의해 지어진 도심형 임대주택이었다.[10]

실제 한국전쟁 발발 후 속수무책으로 밀리던 한국을 위해 유엔의 참전 결의 후 서울 탈환에 나섰던 유엔군 총사령부가 서울 탈환에 앞서 전략 목표로 삼은 인물과 시설 목록을 살펴보면 서울에 진주한 인민군 본부로 사용했던 반도호텔과 인민군 최고위층이 점유했었을 것으로 판단한 조선호텔을 비롯해 한국전쟁 이전 군정요원이나 미국측 위원들의 숙소 혹은 적십자 간호원의 거처 등으로 쓰였던 곳을 우선 탈환 장소로 꼽았다. 서울 탈환에 앞서 작성된 문건에는 우선 탈환시설을 A, B, C 등으로 등급을 정한 것이 보인다. 도요타아파트에 대해서는 달리 언급하지 않고 C급 탈환시설로 꼽았다. 이는 군사작전 측면에서 혹은 전략적 거점 확보라는 측면에서 도요타아파트가 높은 비중을 가졌음을 시사하는 대목이기도 하다.

그런 이유에서 충정로의 도요타아파트는 해방 이후 미군 관련 기록물에서 가장 많이 언급된 경성의 아파트 가운데 하나였고, 한국전쟁 발발 직후 점령되었던 서울의 탈환 과정에서 C급 주요시설로 구분한 유엔군의 탈환 목표였다. 도요타아파트는 한국전쟁 휴전 이후 대대적인 개수와 보수를 거쳐 트레머호텔로 이름을 바꿔 미군 관련 독신여성 숙소로 가장 널리 사용되었는데, 용산 미군기지 내 숙소를 3~4명이 사용했던

1 트레머호텔(도요타아파트) 독신자용 숙소 내부 모습. 출처: 미국국립문서기록관리보관소
2 새롭게 보수공사를 마치고 여성 숙소로 전환한 트레머호텔 전경. 출처: 미국국립문서기록관리보관소

10 — 京城商工會議所,《京城商工名錄》, 1939, 34쪽에는 도요타아파트의 소유자인 도요타 타네마쓰(豊田種松)의 본업이 생선가게(豊田魚店)였음을 밝히고 있다. 즉 그는 생선가게를 운영하면서 같은 자리에 지어진 아파트 임대사업을 겸하고 있었는데, 이는 곧 1937년에 지어진 도요타아파트 역시 일제강점기 아파트가 보편적으로 채택한 1층 상점, 2층 이상 개실 임대의 보편적 원리를 충실하게 수용한 사례라는 사실을 알려준다.

반면 이곳은 영외거주가 가능한 여성요원이 개별적으로 추가 비용을 조금 더 내면 호젓하고 편안하게 한국에서의 주둔 시간을 보낼 수 있는 곳으로 미 육군에서 홍보하기도 했다.[11] 이 홍보물에는 흥미롭게도 지금껏 발견할 수 없었던 트레머호텔의 실내 공간 사진이 담겼다. 물론 1930년대 후반 준공 당시의 모습은 여러 차례의 개보수 과정을 통해 변형되었으리라는 것은 분명하지만 트레머호텔로 이름이 바뀌었음에도 준공 당시 도요타아파트의 외관과 규모를 대부분 그대로 유지하고 있는 것으로 보이는 전경과 함께 실내 공간이 담겼다는 점에서 그 대강의 분위기를 짐작할 수 있을 것이다.

대한민국 정부 수립 이후에는 아파트에 대한 대중의 생각과 정부의 인식은 어땠을까? 스스로 자신을 일컬어 불평분자가 아닌 온건한 사람이라 전제한 어떤 이가 일종의 일기 형식을 빌려 '아파트'에 대해 쓴 적이 있다.[12] 그 가운데 일부를 보면, '아파트 생활이란 간편하나 풍기가 문란하여 가정생활에는 적당하지 않다.'며 이웃인 '술집에 나가는 27호 여급을 찾아오는 놈팡이의 추파'를 꼽는가 하면, '어느 집은 부부니 아니니 하면서 서로 만날 때마다 쑥덕거리는 소문과 자기 집 앞에만 쓰레기가 없으면 되는 줄 아는 이웃들' 때문에 아파트를 벗어나지 못하는 월급쟁이 아내 노릇에 화가 치민다고 했다. 신문에 발표한 글의 사정으로 본다면 어수선한 해방 정국에서 번듯한 아파트를 새

운크라 지원으로 육군공병단에 의해 서울 외곽 지역에 지어진 2층 테라스 주택. 1957년 2월 1일 촬영. 출처: UN Photo Gallery

11 — Department of Army, 《Living and Working in Korea》, Department of the Army Pamphlet 690-4, 1961.2, pp. 13~14

12 — 김남옥, 〈주부일기〉, 《부인신보》, 1948년 10월 14일자

로 신축했을 가능성은 거의 없다고 할 때 글쓴이 역시 일제강점기에 지은 아파트에 살고 있었음이 자명한데, 경성 시절의 아파트에 대한 상황과 다를 것이 별로 없어 보인다. 여전히 풍기문란과 위생을 아파트의 문제로 인지했던 것이다.

정부의 사회부 역시 이재민과 월남 동포의 주택문제로 고심했다. 전재민주택 3천호를 전국에 보급할 계획이지만 우선 서울에 미관과 보건위생을 고려해 100세대 정도를 수용할 수 있는 근대식 아파트를 공급하겠다고 발표했다. 이 아파트는 각각 복도식 1동, 공동취사장을 가진 것 1동, 계단식 1동 등 3동으로 공급해 각 동별로 30여 세대를 수용한다는 계획이었다.[13] 물론 이 계획이 구체적 실천으로 이어졌는지는 알 길이 없지만 1930년대 아파트가 취했던 건축 유형으로부터 자유롭지 않았음은 분명하다. 중요한 사실은 해방 이후 전재민주택 문제와 결합하면서 아파트가 독신자들의 거처에서 서서히 가족용 주택으로 변모하고 있음은 충분히 눈치챌 만하다.

한국전쟁 발발 이전까지 서울시에서는 보사부와 마찬가지로 이재민주택 건축, 봉급생활자를 위한 아파트 신축과 귀속주택의 재분배 등에 대한 논의만 무성했다. 물론 전쟁은 이 모든 논의와 나름의 시도를 삼켜버렸고, 휴전협정 이후에는 단독주택이나 부분 2층형 단독 혹은 연립형 주택이 주를 이루는 재건주택이나 부흥주택 혹은 유엔한국재건단(UNKRA)이나 국제협조처(ICA) 등의 원조에 의한 주택건설로 이어졌다.

도시건축 유형으로서의 지속과 변용

여러 가지 이유와 사정으로 1930년대 경성을 비롯한 대도시에서 크게 유행했던 새로운 도시건축 유형으로서의 아파트는 거의 모두가 도심에 들어섰다. 근대도시, 자본도시, 소비도시로의 변모 과정이 요구한 건축유형이자 주택유형으로서의 아파트는 그렇게 이 땅에 들어왔고, 당연하게도 기존의 하숙이며 숙사 등과는 다른 공간점유 방식과 사용태도를 만들었다. '권력-자본-근대-소비'가 맞물린 식민도시 경성의 나른한 아파트 풍경은 지나친 무거움 속에 존재했던 지나친 가벼움의 표상이기도 했다. 아파트에 덧씌워진 풍기문란과 위생 문제는 식민지배층의 식민지 경영 전략의 일환이었을 수도 있었지만 전근대와의 마찰이 빚은 충돌의 현장이기도 했다.

13 — 〈백여 세대 수용할 아파트〉, 《수산경제신문》, 1949년 9월 7일자

경성의 아파트는 연도형 건축이자 때론 '사회적 자본'[14] 생산에 기여할 수 있었던 건축유형이다. 길에 직접 대면하면서 산책자로서의 대중이 자유롭게 드나들 수 있는 곳이었고, 1층에 오락실이며 식당, 사무실과 점포 등이 들어섰기 때문에 따로 울타리를 두르는 지금의 경우와는 전혀 다른 것이기도 했다. 따라서 임대주택으로 쓰인 각 실은 최소한의 거주 조건만을 갖춘 것이었고, 주방이며 변소와 화장실을 집 안에 구비하지 않은 것이 태반이었다. 그러므로 개실은 지극히 사적인 공간으로서 작동했기에 방문객과의 만남조차 1층 혹은 각층마다 따로 마련한 응접실이나 사교실을 이용해야 했다. 방의 크기는 다양해서 매달 지불할 비용의 크기와 바닥면적의 넓이가 비례했으며, 달리 쿠폰을 이용하는 경우도 있었지만 식당 이용 횟수에 따라 별도 비용을 임대료에 추가해 지불하는 곳이었다. 이러한 공간점유 방식과 사용 태도는 당연하게도 기존의 방식이며 태도와 갈등을 빚었고, 살림집이 아니라는 낙인과 함께 지나치게 가벼운 인간군상의 모양 치레로 여겨지기 일쑤였다.[15]

물론 시간의 축적은 언제나 다른 시대를 만들고, 다른 요구를 생성하듯 경성의 아파트 역시 시간의 색깔이 변함에 순응해 점차 다른 모습으로 그 모양을 조금씩 바꿔 나갔다. 1958년에 불현듯 등장한 서울 도심의 '상가주택'은 유전학적으로 보건대 일제강점기 경성의 아파트와 많이 닮았다. 서울의 13개 주요 간선도로변에 들어서되 1, 2층은 점포나 사무실로, 3, 4층은 주택으로 지을 것을 조건으로 건축주에게 건축공사비의 40~60%를 대단히 좋은 조건으로 융자해 준 것이니 건축주로서는 마다할 이유가 없었다. 나날이 인구가 늘어가는 서울, 도시재건과 국가 부흥을 꿈꾸는 상황에서 건축

---

14 — 에릭 클라이넨버그 지음, 서종민 옮김, 《도시는 어떻게 삶을 바꾸는가: 불평등과 고립을 넘어서는 연결망의 힘》, 웅진지식하우스, 2019 참조. 이 책의 지은이가 정의하고 주장한 '사회적 자본'이란, 사람들 사이의 관계와 대인 네트워크를 가늠하는 토대로서 사회적 인프라(social infrastructure)와 비례 관계에 있는 것으로 인프라의 공고함이 어느 정도인가에 따라 사회적 자본 축적의 총량이 결정된다는 것이다. 특히 이를 위해 공공도서관과 같은 공공건축물뿐만 아니라 상업시설인 카페까지도 포함할 수 있다고 했으니 딱히 공공이 구축한 건축이나 공간 환경에 머물지 않는다고도 했다.

15 — 일제강점기 아파트의 특성을 잘 알려주는 것 가운데 하나는 중일전쟁 이후 총독부가 마련한 조선의 주택난 완화방안 가운데 하나로 '대가업자(貸家業者)들을 조합 형식으로 조직해 가임(家賃)을 효율적으로 통제함으로써 병참기지화에 따른 조선의 주택문제에 이들을 적극 동원한 데서도 찾아볼 수 있다. 이에 따라 1940년 12월 8일 경성대가조합 창립총회를 열었으며, 경성을 비롯해 평양과 부산 등지에서는 '아파트 경영자로 하여금 (대가조합과는 다른) 대실조합(貸室組合)을 만들고, 경성의 6곳 이외의 주요 도시에 대가알선소 18개를 설치'했다는 것으로 보아 당시 아파트의 공간 점유방식이 '대실'이었음을 쉽사리 짐작할 수 있다. 김윤경, 〈경성의 주택난과 일본인 대가업자들〉, 《서울학연구》 제78호, 2020 봄호, 17쪽 등 참조.

1 1956년 8월 한미재단(KAF) 시범주택 가운데 하나로 지어진 서울 교북동의 한미재단아파트. 출처: 국가기록원

2 이승만 정권이 도시미화를 위해 정책자금을 지원해 건설한 시범상가주택의 하나인 '관문빌딩'. 1960년 6월 19일 촬영. 출처: 미국국립문서기록관리보관소

3 1961~1962년 사이에 동독의 지원으로 지어진 함흥 일대의 호텔과 아파트. 출처: 독일연방 문서보관소

1　1969년 1월 준공한 인왕아파트단지 내 점포병용아파트. 출처: 대한주택공사 문서과
2　서울 동부이촌동 한강맨션의 노선상가아파트. 1973년 5월 19일 촬영. 출처: 국가기록원

주의 생각은 매우 달랐고, 융자금을 얻은 이후에는 조건을 어기고 증축을 일삼았는가 하면 주택이 마땅히 들어가야 할 곳에 불법 용도를 넣어 돈 불릴 궁리를 했던 것이다. 1937년 중일전쟁 발발 후 지대가임통제령을 피해 아파트를 호텔로 전용했던 이들의 생각과 하등 다를 것이 없었다.

　　한국전쟁 이후 남한과 북한 모두 각자의 동맹국에 여러 가지를 기댈 수밖에 없었고, 아파트 역시 각각의 방식으로 두 곳에 이식됐다. 일본이 번안한 미국의 그것을 받아들였던 시대가 미국으로부터 직접 전해지는 방식으로 전환됐고, 사회주의 국가를 향한 북측의 바람은 동독을 포함한 사회주의 국가들의 이데올로기 전시를 위한 장치로 활용했다. 아직 아파트에 대한 구체적인 규정과 법령이 미비한 상태에서 전쟁으로 인한 절대적이고 심각한 주택 부족은 이를 따질 계제가 아니었다. 무엇을 아파트로 정의할 것인가의 문제보다는 당장 비바람을 피할 수 있는 거처가 중요했고, 그건 마땅한 일이기도 했다. 그렇게 둘은 각자 등을 돌린 채 각자에게 주어진 길을 걸었다. 똑같이 아파트로 불린다하더라도 지금의 남북한 아파트의 건축 유형이 다른 까닭이다.

　　물론 1960년대에 서울 변두리 아파트단지에서 종종 봤던 점포병용아파트와 그 뒤를 이어 서울뿐 아니라 전국적으로 중산층아파트의 전범이 된 한강맨션의 노선상가아파트 역시 경성시대의 아파트들과 많은 부분이 닮았지만 가장 큰 차이는 이들 모두가 가족형 아파트라는 사실이다. 닮았다고 한 부분은 그저 상업용도인 점포와 주거 용도가 하나의 건축물에 복합되었다는 사실뿐이다. 한강맨션아파트의 경우는 길거리를 따라 점포가 이어진 것이 일제강점기의 욱아파트와 제법 유사하기는 하지만 이 역시 건축물에 출입하는 방법과 외부공간 구성 태도 등은 전혀 다른 방식이다. 게다가 노선을

초고층 주상복합아파트의 대명사로
불리곤 하는 도곡동 타워팰리스 ©박철수

따라 형성된 상가와 아파트 주민들의 생활이 맺어지는 관계는 상당히 달랐다.

　오늘날의 초고층 주상복합아파트와는 무엇이 다를까? 주거 용도와 상업 용도가 결합해 상업지역에 들어선 것이니 입지적 유전자는 다르지 않다. 하지만 경성의 아파트와 달리 오늘날의 초고층 주상복합아파트는 특정 지역의 주택수요에 기대 상업지역의 본질을 호도하거나 훼손하는 것이며, 때론 제도로 의무화한 상업공간의 포기를 전제로 그 비용까지를 주택분양가에 포개 얹는 것이니 일제강점기 아파트와 사뭇 다르다. 도심에 들어서는 건축물이 지녀야 할 가치는 사회적 자본의 생산에 기여하는 것이어야 하기 때문이다.

　지극히 당연한 말이지만 울타리로 담장을 두르고 차단기를 열고서야 들어설 수 있는 지금의 통상적인 단지형 아파트와도 경성의 아파트는 많이 달랐다. 길에 면하는 것은 같지 않느냐고 반문할 수도 있지만 그 길에서 누구나 자유로이 건축물에 진입할 수 있는가, 또 그렇게 누구나 이용할 수 있는 시설공간을 구비하고 있는가에 대한 질문으로부터 자유롭지 않기 때문이다. 따라서 당시의 아파트와 지금의 아파트는 절대 다르다고 해야 옳다.

마치며

　시간을 거슬러 오래전의 일을 다시 불러내 살피는 것은 사실을 확인하는 것에만 그치는 것이 아니라 지금, 여기서 얻을 수 있는 교훈이나 의미를 읽어내기 위함이다. 지극히 당연하게도 그 시대를 덮었던 암울함에서 배울 것이 무엇인가를 찾아내는 일도 중요하고, 다시는 그런 우울과 무력감에 휘말리지 말아야 한다는 각성에서부터 망각해서는 안 된다는 당위도 새삼 확인해야 한다. 《경성의 아빠트》 역시 마찬가지 생각으로 지었다. 오늘의 아파트에서 성찰해야 할 것이 무엇인가를 유추하고 끄집어내 여럿과 보듬고 나누기 위해 시간을 거슬러 경성시대를 살핀 것이다.

일제식민지였던 조선의 한복판 '경성의 아빠트' 역시 1930년대 '착란의 교향악'[16]에 동원된 또 하나의 도구이자 기념비적 구조물로서 '도시 거주자들에게 문화적 우위와 정치적, 종교적 명령을 전달하는 역할을 했고, 근대성과 진보를 물질적으로 재현한 것으로서 주변의 원주민 도시와는 다른, 새롭고 근대적인 생활방식을 도입하고 촉진'[17]하기 위한 장치였을 것이다. 이는 당연하게도 새롭고 근대적인 유형의 주체를 잉태했을 것이 분명하지만 무엇보다도 과거와는 다른 새로운 공공공간의 탄생을 예고한 것이기도 했다. 따라서 어둡고 팽팽했던 식민시기에 도시민의 우연한 만남을 조장해 사회적 자본을 축적하는 사회적 영역의 태동에도 '경성의 아빠트'가 일조했을 것이라 판단했다.

김종광 작가의 소설 〈범골 달인 열전〉에는 이런 얘기가 담겼다. "멀리 내다보지 않더라도, 자식 놈들 시집 장가보내고 더러 효도 방문이라도 받고 싶으면 고쳐야 했다. 다른 것은 몰라도 밥하는 데 닦는데 누는 데는 아파트 흉내라도 내야 며느리 구경을 해볼 것"[18]이라고. 지금이야 모두 고개를 주억거릴 오늘의 세태다. 물론 거의 100년 전이라면 그랬을 리가 없는 것이 자명한 사실이지만 어떤 경우든 무엇인가를 대하는 태도와 세평은 시간이 흐르며 바뀌고 달라지기 마련이다. 지금의 아파트 역시 달라져야 한다는 생각이 책을 쓴 이유이긴 하지만 글 솜씨가 짧으니 이번엔 작가의 소설을 해설한 문학평론가 노태훈의 말을 빌려 책을 마무리한다. "회한이나 쓸쓸함에 기대는 것이 아니라 낡고 오래된 것들의 풍부한 사연을 통해 삶의 동력을 끊임없이 찾아낸다는 점"[19]에 의지해 이 책이 오늘의 아파트에 일조했으면 한다.

16 — 1929년 10월 17일자 《동아일보》 머리기사 〈대경성은 어디로 가나 파괴와 건설의 교향악〉이란 글에서 가져왔다. 이와 비슷한 표현으로는 작가 채만식이 1930년 1월에 발표한 소설 〈그 뒤로〉 시작 부분에서 언급한 '기형적 모던화'를 꼽을 수 있다. 채만식, 〈그 뒤로〉, 《별건곤》 제25호, 1930년 1월, 164쪽

17 — 리브커 야퍼·아나욱 더코닝 지음, 박지환·정헌목 옮김, 《도시인류학》, 일조각, 2020, 65쪽

18 — 김종광, 〈범골 달인 열전〉, 《놀러 가자고요》, 작가정신, 2018, 81쪽

19 — 노태훈, 〈작품해설: 무방비로 방심하게 만드는〉, 《놀러 가자고요》, 작가정신, 2018, 328쪽

경성 어디에, 얼마나 많은 아파트가 있었을까

"얼마전에도 경성소방서에서는 부내에 잇는 려관외에 「아파-트」의 형식을 가춘 삼십(三十九)개소의 숙사를 검사한 결과 대체로 오랜 건물인 것은 물론⋯."[1] 《매일신보》 1937년 6월 5일자 기사는 당시 경성에 39개의 아파트가 존재했음을 알려준다. '아파트 형식을 갖춘 숙사'라는 구절은 여러 가지를 시사한다. 1937년에 이미 여러 채의 아파트가 존재했지만 이에 대한 이해는 매우 자의적이었다는 사실, '여관 외'라는 표현에서 여관과는 사뭇 다른 무언가로 아파트를 이해했다는 점이다. 1930년대 경성에 아파트라는 이름을 붙여 지은 건축물의 숫자는 실제 얼마나 될까?

구체적이고 공식적인 자료나 기록이 미흡한 상황에서 경성의 아파트 수를 특정하는 것은 불가능하다. 기록에 담기지 않은 경우를 배제하기 때문이기도 하거니와 무엇을 과연 아파트로 정의할 것인가의 전제 조건이 완벽하지 않기 때문이다. 그래도 확인해 보고 싶었다. 가장 먼저 당시 흔히 사용하곤 했던 '아파트의 표기 용례'[2]를 모두 동원해 신문이나 잡지, 각종 조사서와 지도, 단행본이나 전화번호부 등을 뒤졌다. 그리고 일제강점기 사진과 도면을 비롯해 각종 문헌과 자료를 검색할 수 있는 국가기록원과 국사편찬위원회, 미국국립문서기록관리청, 일본국립국회도서관 디지털 컬렉션도 꼼꼼히 살폈다. 서울역사박물관, 국립민속박물관, 대한민국역사박물관 역시 빼놓지 않았다. 그 결과 경성에 존재했던 70여 곳의 아파트 목록을 작성할 수 있었다.[3]

공간 점유 방식이며 용도가 일부 바뀐 경우도 있지만 지금도 그 자리에 남아 일제강점기 소비도시 경성의 아파트 풍경을 일러주는 곳은 모두 7곳으로 황금아파트, 국수장아파트, 남산동 미쿠니아파트, 도요타아파트, 취산아파트, 청운장아파트, 적선하우스이다. 아직까지 일부라도 주거시설로 사용되고 있는 곳은 취산아파트와 청운장아파트, 적선하우스를 제외한 4곳이다. 취산아파트는 몇 차례의 증축과 변형을 거쳐 업무공간이 되었다. 청운장아파트는 무슨 사연인지 폐허로 남아 있다.

1 — 〈消防, 衛生上의 不備로 危險한 旅舘「아파-트」市內三十九個所調査의 結果 改善의 具體策講究〉, 《매일신보》 1937년 6월 5일자

2 — 검색에 사용한 표기 용례는 'アパートメンツ·ハウス', 'アパート', '아파ー트멘츠·하우스', '아파ー트멘트', '아파-트', '아파트', '아파-아트', '아빠트' 등이다.

3 — 경성 이외에도 부산, 대구, 인천, 평양, 청진 등의 아파트 목록도 일부 작성해 경성의 아파트와 비교 대상으로 삼았다.

아파트 목록 읽기

경성의 아파트 70여 곳과 비교 대상으로 삼은 부산, 대구, 평양의 일부 아파트 목록까지 최대한 다양한 정보를 담았다. 아파트 건축물의 준공 일자(사용승인일 혹은 영업개시일, 각종 기록 자료), 소재지, 동의 수, 구조와 층수, 운영 주체, 점유 유형과 방의 개수 및 크기, 설비 내용 등을 망라했다. 참고로 삼을 만한 특별한 정보와 목록 작업의 근거로 삼았던 자료를 출처로 따로 분류해 표기했다.

• 준공 일자

폐쇄건축물대장과 각종 기록 자료를 통해 준공 시기를 표기했다. 구체적으로 확인할 수 없는 경우는 준공 연도와 월일 정보에서 확인 가능한 것까지 담았다. 관련 기록을 전혀 발견하지 못한 경우는 공란으로 두어 숙제로 남겼다. 준공일자는 각종 기록 가운데 가장 빠른 것을 표기했고 그 이후 정보는 내용란에 구체적으로 기록했다.

준공 기록 가운데 정확한 기록이 없어 날짜를 특정할 순 없었지만 해당 아파트가 사건사고 기사를 통해서 대략 시기를 파악할 수 있었다. 이러한 경우 연도 옆에 비고를 두어 '이전, 이후' 등을 추가로 표기했다.

확정	폐쇄건축물 대장과 각종 기록자료를 통해서 준공 및 영업개시 연도와 월일을 확정할 수 있는 경우
이전	기사의 사건사고의 기록에 의해서 그 이전부터 아파트가 존재했다는 것은 확인되지만, 준공기록이 없는 경우
이후	기사나 기록에 건립계획 또는 공사중까지만 있고, 이후 준공기록이 없는 경우
미상	아파트가 있었다는 기록은 있으나 시기를 전혀 알 수 없는 경우

예를 들어 스즈키(鈴木)아파트의 경우《매일신보》1937년 1월 31일자에 '화재로 인해 4명 사망' 관련 기사만 있을 뿐 그 이상의 정보는 확인하지 못했기에 아파트의 건립 연도는 1937년 '이전'이 된 것이다. 1937년 1월 이전에 지어진 것은 분명하기 때문이다. 물론 아파트 건립연도와 월일 모두를 정확하게 밝힌 경우라 하더라도 기록으로 확인한 경우가 실제 건축물 준공일인 경우도 있고, 폐쇄건축물 관리대장에 등재한 날짜일 수도 있다. 때론 아파트 영업을 시작한 날을 의미할 수도 있기에 시기에 대한 정보 출처를 따로 정리해 그것이 무엇을 의미하는 것인가를 알 수 있도록 했다.

경성의 아파트 연도별 건립 개소

연도	1930	1931	1932	1933	1934	1935	1936	1937	1938	1939	1940	1941	1942	1943	1944	미상	합계
개소	3	1	2	2	3	7	5	8	5	15	6	5	2	0	1	3	
5년단위	11					40					14					3	68

준공일자 기록을 바탕으로 1930년부터 해방 직전인 1944년까지 아파트의 연도별 건립 개소를 정리했다. 경성에서 아파트 건립이 가장 많았던 해는 1939년이지만 앞서 밝힌 것처럼 15곳의 아파트가 그 해에 지어졌다고는 단정할 수 없다. 따라서 시기를 특정할 수 없다는 사실을 전제로 5년 단위로 건립 숫자를 파악하면 1935년부터 1939년까지 5년 동안 40여 곳의 아파트가 지어져 가장 많은 수가 집중된 시기임을 확인할 수 있다.

• 이름

기록상의 명칭을 아파트명으로 정리하였다. 아파트 이름은 지역명칭에 따라 작명되거나 건립회사의 이름에 따라 호명했다. 몇 개의 아파트는 아파트 위치에 주소로 두고 있는 소유자 이름만 있고 명칭을 찾지 못한 경우에는 명칭은 공란으로 두었다. 또한 미쿠니아파트의 경우 명칭 앞에 남산동과 내자동의 지역명을 추가하여 지역명과 건립회사의 이름을 병기하는 방식으로 서로 구분이 가능하도록 했다.

• 주소지 및 지도에 표기

당시 주소와 현재 동명을 함께 표기해 지금의 서울시 행정권역 안에서 그 위치를 쉽게 찾아볼 수 있도록 했다. 오래전의 행정구역 명칭이나 번지수를 확인했지만 지번의 병합이나 급격한 도시 공간 변화과정에 돌연 지번이 없어졌거나 이전된 경우에는 그 위치를 정확하게 특정하지 못했다. 또한 70여 곳의 아파트 중에서 주소를 정확하게 알게된 60여 곳의 아파트를 지도에 표기하였다.

당시 주소는 신문이나 대중잡지, 국가기록원을 비롯한 여러 공공기록물 관리 기관, 《조선과건축》과 같은 전문잡지와 전화번호부 등에서 확인했다. 예를 들어 광희아파트의 주소는 《조선신문》 1932년 11월 5일자 광고에 나온다. "시대의 요구"라는 광고 문구를 내세우고 다다미 3장, 4장, 4.5장, 5장, 6장, 7장, 8장에 이르는 크기의 방을 임대한다는 '아파-트'라는 정보를 참고했다. '광희정 1정목 266'이라는 주소와 함께 '경성사범 전차

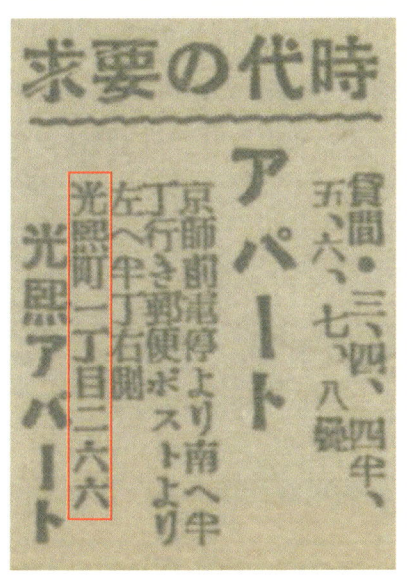

전화번호와 소재지 주소를 밝힌 《조선신문》
1932년 11월 5일자 광희(光熙)아파트 광고

정거장에서 남쪽으로 조금 걷다가 우편 취급소에서 왼편으로 다시 조금 걸으면 오른편에 있다'라는 찾아가는 방법도 상세하게 나와 있다. 당시 아파트 거주자들이 어떤 길로 다녔는지 짐작할 수 있는 대목이다. 《경성일보》 1937년 2월 4일자에는 "임정 244번지 미도리(ミドリ)아파트에 사는 노가미다 이토(野上田いと)"[4]라는 인물에 관한 기사가 실렸는데 이를 통해 '임정 244번지'라는 미도리아파트의 주소를 확인할 수 있다.

무엇보다 경성의 아파트 가운데 주소가 정확하게 표시된 대표적 자료는 1934년 《경성·인천 전화번호부》, 1939년《경성·영등포 전화번호부》와 1941년 《사제 경성직업별전화번호부》이다.[5] 세 권의 전화번호부가 없었다면 많은 수의 아파트 위치를 정확하게 알아내는 것은 아마 불가능했을 것이다. 다른 어떤 자료보다 전화번호부에 기록된 주소는 매우 신빙성이 높을 것으로 판단했다.

• 규모, 구조, 운영주체

아파트 건축물의 동수, 층수(지상 및 지하), 구조형식을 표기하였다. 운영주체는 회사와 대표자 명으로 구분했다.

4 — 〈心臓の強い女〉, 《경성일보》 1937년 2월 4일자

5 — 경성중앙전화국, 《경성·인천 전화번호부》(1930년 5월 15일 기준 1930년 6월)과 《경성·영등포 전화번호부》(1939년 10월 1일 기준, 1939년 12월)에서 1930년대 경성의 아파트 주소와 전화번호를 확인할 수 있다. 1941년 6월 6일을 기준으로 경성중앙전화국이 발행한 전화번호부를 조선인사흥신소에서 작업별로 다시 간추려 1942년 7월 15일 발행한 전화번호부가 바로 《사제(私製) 경성직업별전화번호부》이다.

- 점유 유형 및 실 크기

독신자용인지 가족형인지, 이 둘의 복합 방식인지를 구분했다. 당시 경성의 아파트가 주로 어떤 용도로 공간을 점유하였는가를 살피기 위함이다. 당연하게도 규모와 상관성을 갖는 방의 개수를 조사했으며, 아파트에 들어선 방의 크기도 살폈다. 호수에서 '+' 또는 '-'는 기준 호수 이상이거나, 이하일 가능성이 있는 것으로 정확한 호수 정보가 부족한 아파트에 '+, -'를 추가 표기했다.

- 관련 내용, 출처

해당 아파트에 관련된 내용을 출처와 함께 정리했다. 부엌이나 변소의 독립성 여부, 냉·난방장치의 구비 여부, 수도와 가스 및 전기설비 를 표기했다. 또한 멸실했는지 현존하는지도 표기했다. 별도의 표기가 없는 것은 현존하는지 사라졌는지 정보가 부족해 확인하지 못한 아파트들이다.

지도에서 아파트 읽기

- 지도에 표기

70여 곳의 아파트 중 정확한 주소를 알아낸 것은 60여 곳이다. 그러나 1936년 8월에 제작된 '지번구획입대경성정도'에 확인한 주소에 맞춰 몇 곳을 제외하고 모두 표기했다. 이 지도는 다른 어떤 지도보다 상세하게 행정구역과 번지수를 담고 있어 당시 주소를 매우 정확하게 지도에 대입할 수 있다. 이 작업을 통해 소재지 정보가 있는 당시 아파트의 위치와 분포를 확인할 수 있었다. 물론 어떤 아파트는 대표 지번만 있고 분할된 하위 지번이 없어 폐쇄 지적도와 현재의 번지수를 비교해 가며 가장 유사한 위치에 해당 아파트를 표기했다. 아파트 개발 과정에서 오래전의 큰 필지가 여러 개의 작은 대지로 쪼개지는 과정이 있었기 때문이다. 또한 당시 주소를 알 수 있지만 평화장, 창경원아파트, 종연방적아파트는 표기하지 못했다. 평화장(平和莊, 1939)아파트의 주소는 한강통 16번지인데 현재 용산공업고등학교 일대가 모두 같은 번지로 되어 있어 정확한 위치를 파악할 수 없었다. 창경원아파트(昌慶苑, 1940)는 동정 172번지인데, 동정은 동정골, 동정동으로 종로구 견지동의 당시 주소이다. 《동아일보》 1940년 4월 20일자에는 "원남우편소전에서 동정172번지 창경원아파트 광장로타리까지"라는 주소를 명시하는 기사가 나온다. 이 기사대로라면 창경원아파트는 견지동이 아닌 현재의 명륜동 즈음에 있었다는 것이 된다. 결국 견지동과 명륜동 어디쯤 정도라는 것만 알 수 있고 정확한 위치는 지정하지 못했다. 마지막으로 종연방적아파트의 경우는 위치는 알고 있지만 경성의 아파트를 특정하기 위해 사용한 지도가 영등포 일대를 포함하지 않아 표기하지 못했다.

• 전차와 버스 노선을 지도에 표기

위치를 확인한 아파트와 더불어 당시 버스 노선과 정류장, 전차 노선과 정차역을 표기하여 경성의 아파트 위치와 대중교통 수단의 위치를 같이 볼 수 있게 하였다.

  1936년 경성부 행정구역 확장으로 아파트도 경성 중심지를 넘어 주변부로 확장되어 들어섰다. 위치를 특정한 60여 곳의 아파트 중 1936년 이전에 경성에 건립된 아파트는 20여 곳인데 많은 수의 아파트가 도성 안에 지어졌다. 반면 경성의 행정구역 확장 이후인 1937년부터는 한양도성의 경계를 넘어 미생정(彌生町, 현 도원동), 삼판통(三坂通, 현 후암동), 신당정(新堂町, 현 신당동) 등지에 아파트가 확산되었다. 이후 해방 전까지 10여 곳의 아파트가 주변부에 추가로 건설된 것이 확인되었다.

  1930년 중반 이후부터 토지구획정리사업지구 확대와 버스와 전차 등 대중교통망의 확충에 따라 아파트가 들어선 곳도 경성의 외연부로 확장되었다. 마포로 이어지는 전차선을 따라 죽첨정2, 3 전차역을 중심으로 식산은행 독신자아파트와 도요타아파트, 경성대화숙이 위치하고 있다. 서울역과 후암동을 순환하는 버스 노선에 인접해 삼판통 244-5에 미쿠니상회가 모던 양식을 채용한 3층의 삼판아파트가 건설되었다. 또한 이곳에는 백령장아파트, 중앙아파트 등도 신축되었다. 황금정 6정목과 동사헌정 전차역 사이에는 소화원(昭和園)주택지 가장자리에 채운장아파트가 건설되었고, 장충단전차역에서 신당리로 향하는 버스를 갈아타고 가다보면 신당리의 민간주택지인 박문대(博文臺)주택지[6]에 무학장(舞鶴莊)아파트가 위치하고 있다.

---

6 — 이경아, 《경성의 주택지: 인구 폭증 시대 경성의 주택지 개발》, 도서출판 집, 2019, 168쪽, '서사헌정, 동사헌정 및 신당리의 주택지 목록' 신당리 417~425, 822~830번지 일원에 1937년에 박문대주택지 경영사무소에서 조성한 주택지로 규모는 80,000평, 35필지, 필지규모는 100평

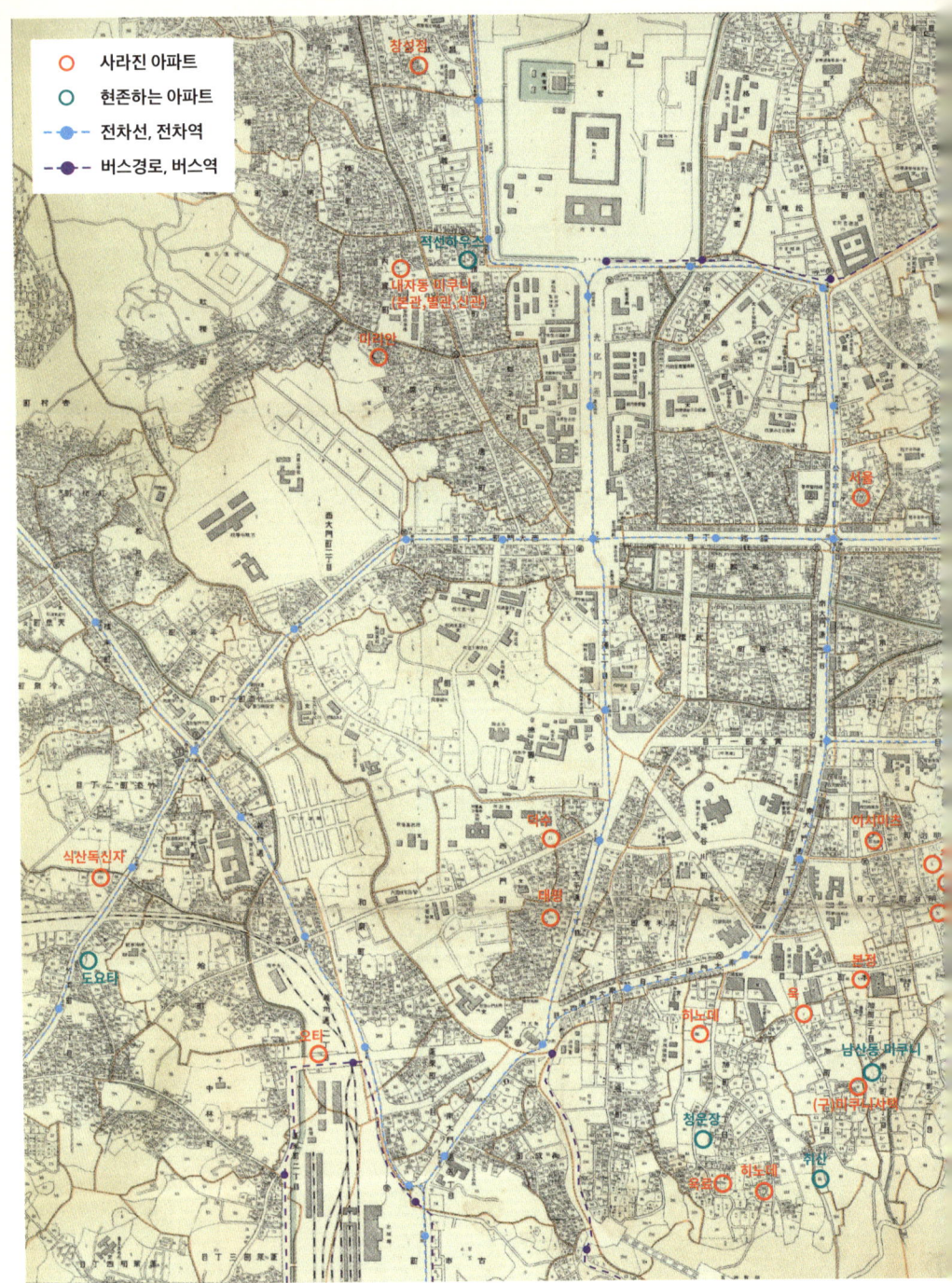

현 종로, 명동, 을지로 일대에 있었던 경성의 아파트

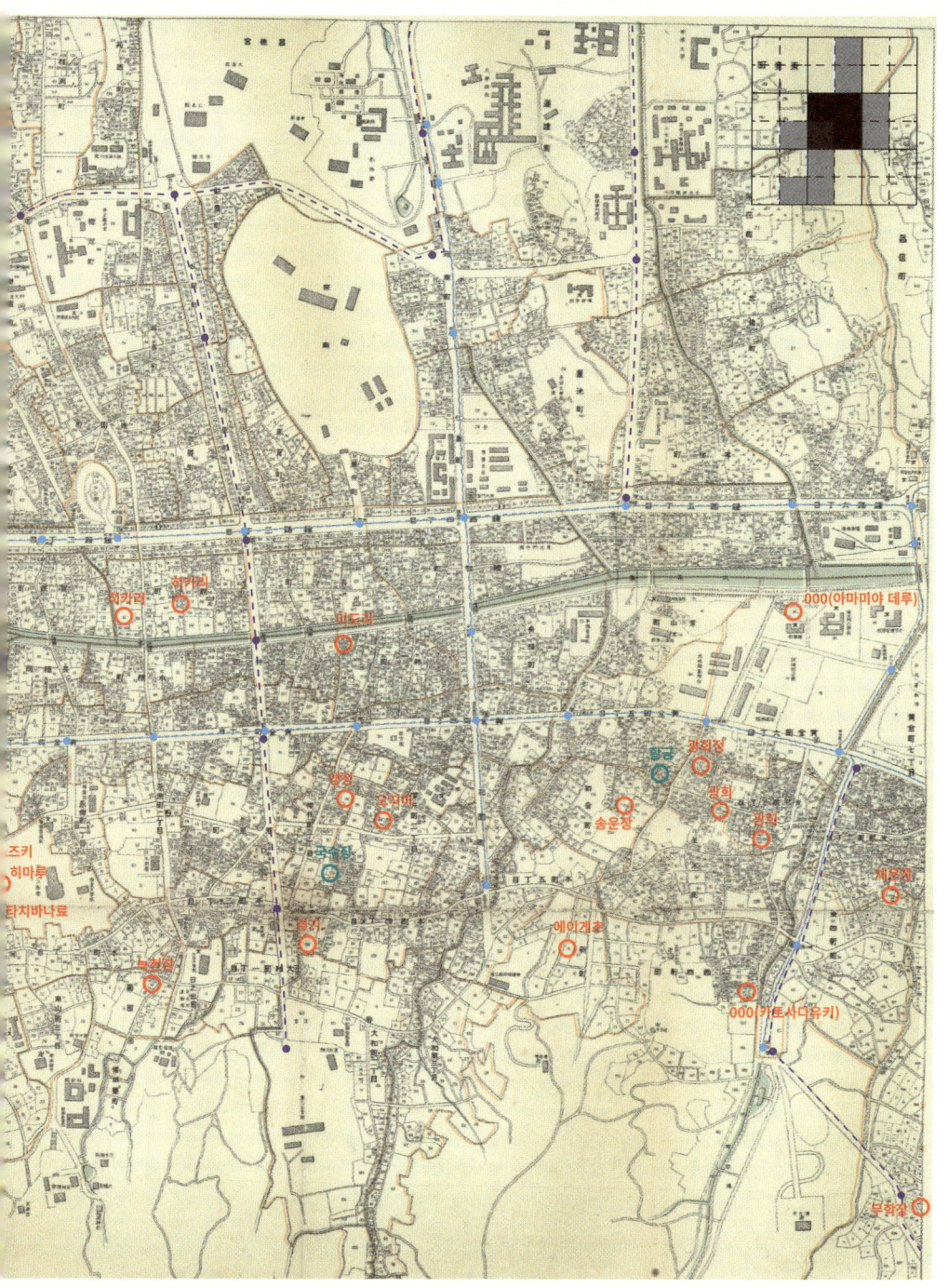

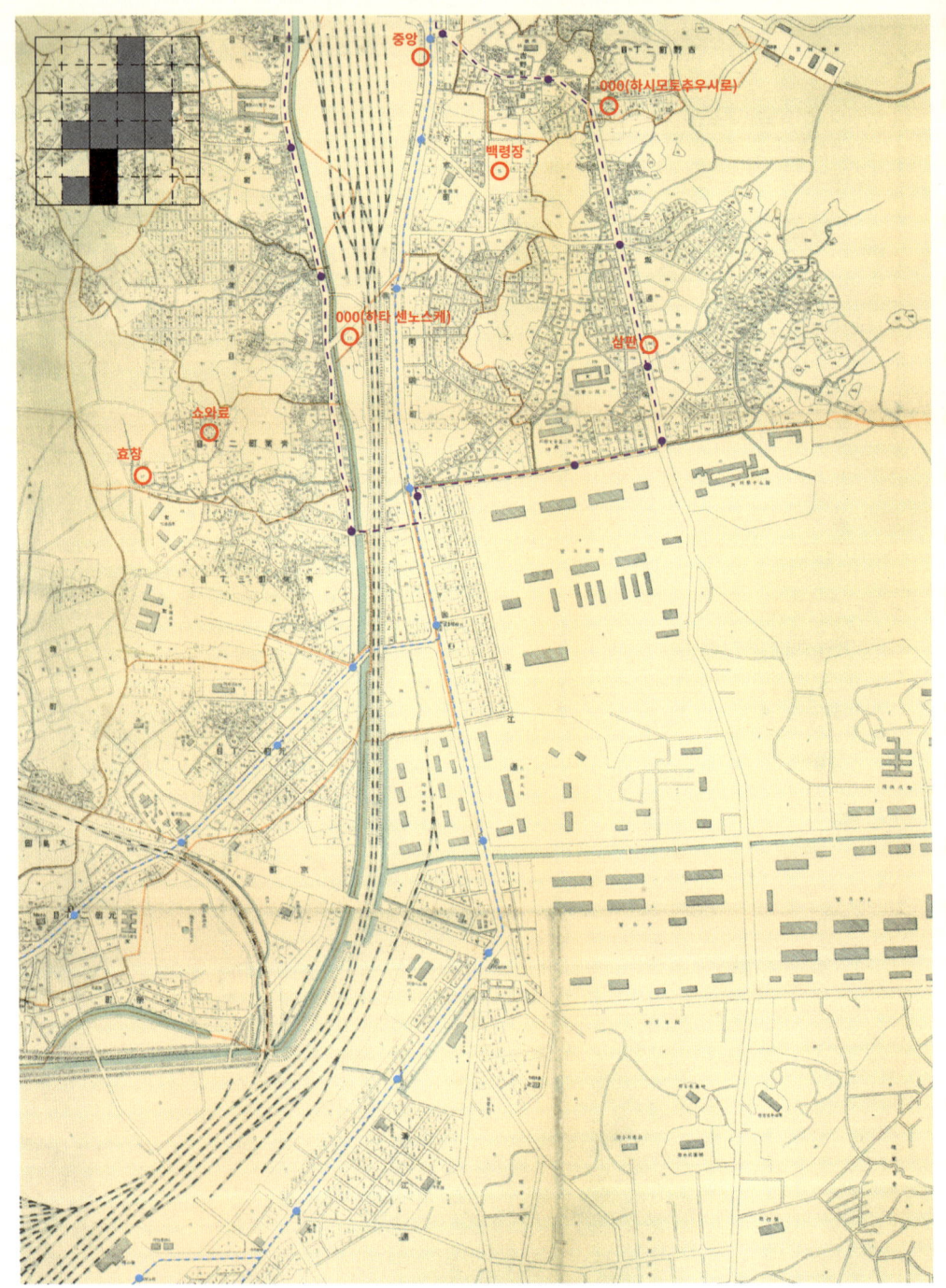

현 용산구 후암동, 한강로, 원효로 일대에 있었던 경성의 아파트

현 종로구 혜화동 일대에 있었던 경성의 아파트

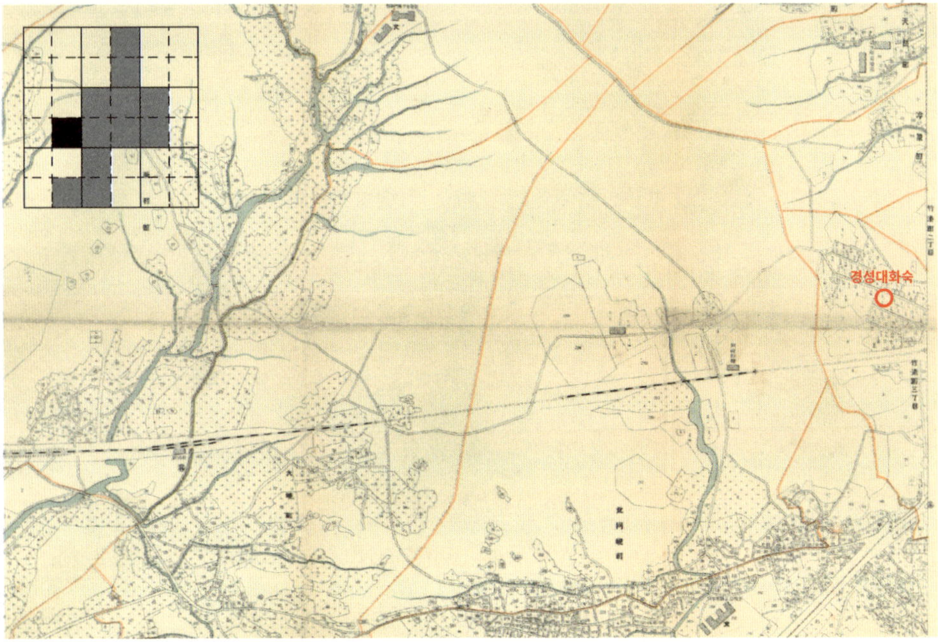

현 서대문구 충정로 일대에 있었던 경성의 아파트

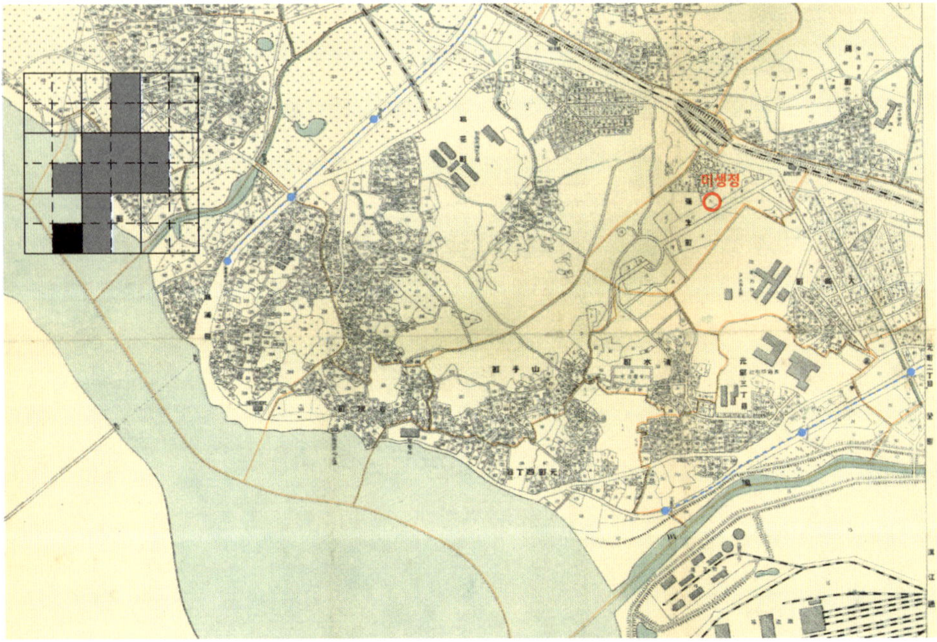

현 마포구 도화동, 공덕동 일대에 있었던 경성의 아파트

현 중구 신당동, 종로구 창신동 일대에 있었던 경성의 아파트

경성의 아파트 목록

준공/영업 시작			이름	주소 (현 주소)	규모 및 구조	운영주체	회사명 대표자명	점유유형 및 실 크기
년	월	일						
1930 이전			(서울)아파트	공평정 55 (종로구 공평동)	지상1층 벽돌조			여성합숙소, 독신자용 10+호
1930 이전			쇼와료(昭和寮) 아파트	원정1정목 121 (용산구 원효로1가)		용산고데라 합자회사 고데라 히코베에 (小寺彦兵衛)		
1930	12		남산동 미쿠니 (三國商會) 아파트	남산정1정목 16-23 (중구 남산동1가)	지상3층 벽:벽돌조, 슬래브: 철근콘크리트조	미쿠니상회 (三國商會) 도이 세이치 (土井誠一)		사원숙소 6호 다다미 8+6장 방 6호
1931 이전			중앙(中央) 아파트멘트	고시정 43-52 (용산구 동자동)		합자회사 중앙 아파트멘트 사사키 세이이치로 (佐佐木淸一郞)		다다미 6,8,10장
1932 이전			광희아파트	광희정1정목 266 (중구 광희동)				다다미 3, 4, 4.5, 5, 6, 7, 8장
1932 이전			경기아파트	본정4정목 148 (중구 충무로4가)				
1933 이전			관수정아파트	관수정 (종로구 관수동)				
1933 이전			광희정(光熙町) 아파트 (광희아파트)	광희정1정목 26 (중구 광희동1가)				

내용	출처
·멸실 ·대동인쇄회사(공평동55) 옆, 단층양옥 ·독립 부엌, 독립 변소	草士, 〈京城 獨身女性 合宿所風景〉, 《삼천리》 13호, 1930년 3월호
·하숙료 월 4원 50전부터 ·욕실 ·전화번호부에 토목청부업으로 기록	광고 "貸間", 《경성일보》 1930년 9월 21일자 《경성·인천 전화번호부》(1930): 용산 153
·현존: 공동주거시설 ·설계 및 시공: 타다공무점(多田工務店) ·독립 부엌, 독립 변소	《조선과건축》 9권 12호, 1930년 12월호: 1930년 10월 기공, 1930년 12월 준공 사단법인 경성골프구락부, 〈경성골프구락부 회원 명부〉, 1939년 4월 《朝鮮人事興信錄》, 朝鮮新聞社, 1935
·멸실 ·1928년 신축한 중앙호텔이 1931년 아파트로 전환되었을 것으로 추정 ·집세: 15~33엔(전기세 및 수도세 포함, 난방비 별도) ·공동 부엌, 난방설비	《조선은행회사조합요록》, 1933년판 《(신판)대경성안내》, 1936 〈金塊密輸團 兩名또檢擧 경성역압아파-트서 共犯兩名을 追跡〉, 《매일신보》 1933년 6월 21일자 〈處女貞操蹂躪 慰藉請求告訴〉, 《동아일보》 1934년 11월 22일자 淵上福之助 著, 《躍進朝鮮と三州人》, 鹿兒島新聞京城支局, 1933 《경성·인천 전화번호부》(1934): 본국 2731
	광고 "時代の 要求 アパート", 《조선신문》 1932년 11월 5일자 〈겻쇠전문의 대적을 체포〉, 《매일신보》 1935년 5월 13일자 《경성·인천 전화번호부》(1934) : 본국 663
	광고 "朝新案內: 外務員募集", 《조선신문》 1932년 7월 2일자 광고 "朝新案內: 高等下宿 翠山莊", 《조선신문》 1934년 5월 22일자
	김영양 글, 홍득순 그림, 〈춘엽부인〉, 《동아일보》 1939년 10월 24일자 〈金岸曙의 아파-트 生活〉, 《삼천리》 제5권 제9호, 1933년 9월호
·폐쇄건축물대장에 2층 '브럭조'로 기록	〈실업한 남자와 창기가 철도 자살〉, 《동아일보》 1933년 5월 4일자

준공/영업 시작			이름	주소 (현 주소)	규모 및 구조	운영주체	회사명 대표자명	점유유형 및 실 크기
년	월	일						
1934			본정(本町) 아파트	본정1정목 47 (중구 충무로1가)	2동 지하1층,지상2층 철근콘크리트조		경성토지건물 합자회사	
1934 이후			채운장(彩雲莊) 아파트	동사헌정 38 (중구 광희동2가)	지상4층 시멘트블록조		우에하라 나오이치 (上原直一)	독신자용 80호 다다미 6, 7.5장
1934 이후			이시미츠(石光) 아파트	명치정1정목 54 (중구 명동1가)				
1935 이전			녹천장(綠泉莊) 아파트	수정 19 (중구 주자동)				

내용	출처
·설계: 가와사와 나오마사(川澤直正) ·시공: 하자마구미(間組)	〈本一に 大アパート〉《조선신문》 1934년 7월 1일자 〈까스 피우고 자다가 女子 二名 窒息, 아파트에서 생긴 初慘事〉, 《동아일보》 1938년 1월 3일자 〈女子苦學生會館設立, 李海瑱氏本町아파-트를 提供〉, 《자유신문》 1945년 11월 12일자 《경성상공명록(京城商工名錄)》, 경성상공회의소, 1937 《경성·영등포 전화번호부》(1939): 본국 2-2055 《사제 경성직업별 전화번호부》(1942): 본국 2-2055 《경성·영등포 전화번호부》(1945): 본국 2-2055 京城土地建物(合資), 한국근현대인물자료
·멸실: 1973년 철거 시작, 1980년 작은 필지로 대지 분할 ·우에하라 나오이치 직접 설계 및 시공 ·집세: 17~20엔(전기세, 난방비 별도) ·냉난방장치, 욕실	《(신판)대경성안내》, 1936 《대경성부대관》, 1936 《대경성사진첩》, 1937 사단법인 경성골프구락부, 〈경성골프구락부 회원 명부〉, 1939년 4월 〈風變りなアパート 上原さんのお道樂〉, 《조선신문》 1929년 12월 21일자 〈住宅點景(3): ローマの鬪牛場〉, 《경성일보》 1930년 11월 19일자 〈素人考へから急斜面へ危險極まるアパート建設〉, 《조선신문》 1930년 2월 14일자 〈대경성의 새 얼굴〉, 《조선신문》 1935년 1월 1일자 〈戀愛幻滅과薄俸歎〉, 《동아일보》 1936년 1월 10일자 〈彩雲莊アパート完成〉, 《조선신문》 1936년 1월 27일자 〈築きあげる彼と人生(13): 彩雲莊アパートの主 上原直一氏〉, 《조선신문》 1937년 2월 24일자 〈防空體制의總動員!〉, 《동아일보》 1940년 5월 7일자 〈채운장 헌금〉, 《매일신보》 1942년 1월 7일자 〈苦學生들의 殿堂 「彩雲莊」〉, 《대동신문》 1946년 8월 1일자 기사 《경성·영등포 전화번호부》(1939): 본국 2-4724 《사제 경성직업별 전화번호부》(1942): 본국 5-0919 《경성·영등포 전화번호부》(1945): 동 5-0919
·1931년 이시미츠칸이 이시미츠아파트로 변경된 것으로 추정 ·1936년 명치좌(국립극장, 현 명동예술극장)건립으로 철거된 것으로 추정	《경성·인천 전화번호부》(1930): 본국 4256
	《조선과 건축》 14권 12호, 1935년 12월 《경성·인천 전화번호부》(1934): 본국 1808

준공/영업 시작			이름	주소 (현 주소)	규모 및 구조	운영주체	회사명 대표자명	점유유형 및 실 크기
년	월	일						
1935	5		내자동 미쿠니(三國) 아파트 본관	내자정 75 (종로구 내자동)	지상4층 철근콘크리트조		미쿠니상회 —————— 도이 세이치	가족형+독신자용 59호 다다미 4.5, 6장 방 31호 다다미 6+3, 6+4.5, 6+6, 6+8장 방 28호
1935	5		내자동 미쿠니(三國) 아파트 별관	내자정 75 (종로구 내자동)	지하1층, 지상3층 철근콘크리트조		미쿠니상회 —————— 도이 세이치	가족형+독신자용 10호 4.5장 방 2호 6+4, 6+4.5, 6+8장 방 8호
1935 이전			미생정(彌生町) 아파트	미생정 11 (용산구 도원동)				
1935	12	9	삼판(三坂) 아파트	삼판통 244 (용산구 후암동)	지상3층 철근콘크리트조		미쿠니상회 —————— 도이 세이치	
1935 이전			창경(昌慶) 아파트	숭삼동 99 (종로구 명륜동 3가)				
1935 이전			앵정(櫻井) 아파트	앵정정1정목 70 (중구 인현동)				

내용	출처
· 멸실 · 집세: 4.5장 방 15~16엔(전기, 난방, 수도세 별도), 월세 두 달 치를 보증금으로 미리 지불 · 독립 및 공동 부엌, 변소 · 난방장치, 옥외계단에 방화문 설치 · 실내계단에 방화셔터 설치	《조선과건축》 14권 6호, 1935년 6월:1934년 8월 기공, 1935년 5월 준공 清水組編, 《工事年鑑》, 清水組, 1936 《(신판)대경성안내》, 1936 《대경성부대관》, 1936 사단법인 경성골프구락부, 〈경성골프구락부 회원 명부〉, 1939년 4월 〈ミクニアパート落成式〉, 《조선신문》 1935년 6월 1일자 〈미쿠니 아파-트에 傳染病二名發生〉, 《조선중앙일보》 1935년 10월 5일자 〈"아파트"에 傳染病이 發生〉, 《매일신보》 1938년 1월 19일자 〈撮影機竊取〉, 《동아일보》 1938년 7월 24일자 〈이것이 취재: 아파트…「내자호텔」〉, 《경향신문》 1987년 2월 25일자 《경성·영등포 전화번호부》(1939): 본관-광화문 3-900, 별관-광화문 3-1174 《사제 경성직업별 전화번호부》(1942): 본관-광화문 3-900, 별관-광화문 3-1174 《경성·영등포 전화번호부》(1945): 본관-광화문 3-900, 매점-광화문 3-762 《1958 Foreign Community Directory》, Yungmoonsa, 1958
	〈아파-트에서 장총으로 자살〉, 《조선중앙일보》 1935년 2월 27일자 〈肺病人妻만誘引〉, 《동아일보》 1938년 1월 7일자
· 멸실 · 1945년 이전에 이미 삼판호텔로 전용 · 집세에 수도세 포함 · 공동 부엌, 난방장치	《대경성사진첩(大京城寫眞帖)》, 1937 〈아파트下女가窃盜〉, 《매일신보》 1939년 7월 6일자 〈南總督一行 今日防空訓練視察〉, 《동아일보》 1939년 9월 9일자 《경성·영등포 전화번호부》(1939): 용산 4-878 《경성·영등포 전화번호부》(1945): 본국 2-4537,6445,6447(삼판호텔)
《경성·영등포 전화번호부》에는 창경관(昌慶館)으로 나옴.	〈日本ムスメは外人が好きです〉, 《조선신문》 1935년 8월 13일자 《경성·인천 전화번호부》(1934): 광화문 2517 《경성·영등포 전화번호부》(1939): 광화문 3-2517
· 1935년 《조선신문》 광고에는 전화번호가 229번로로 나옴.	광고 "謝近火御見舞", 《조선신문》 1935년 7월 22일자 《경성·영등포 전화번호부》(1939): 본국 2-4509 《사제 경성직업별 전화번호부》(1942): 본국 2-4509 《경성·영등포 전화번호부》(1945): 본국 2-4509

준공/영업 시작			이름	주소 (현 주소)	규모 및 구조	운영주체	회사명 대표자명	점유유형 및 실 크기
년	월	일						
1936 이전			히카리(ヒカリ) 아파트	관수정 161 (종로구 관수동)				
1936			태평(太平) 아파트	태평통2정목 292 (중구 태평로2가)			기우치 린타로 (木内倫太郎)	
1936	11	25	취산(翠山) 아파트	욱정2정목 49 (중구 회현동2가)	지하1층, 지상3층 (1967년 지상 5층으로 증축) 철근콘크리트조	미쿠니상회 도이세이치		46-호 다다미 6+3장 방 3호 다다미 6+4.5장 방 31호 다다미 6+6장 방 3호 다다미 6+8장 방 9호 추정
1936	10	26	내자동 미쿠니(三國) 아파트 신관	내자정 75,114 (종로구 내자동)	지상4층 철근콘크리트조	미쿠니상회 도이세이치		36-호 다다미 4.5, 8장 방 24호 다다미 6+8장 방 9호 다다미 8+8장 방 3호 추정
1936	10	30	종연방적 (鐘淵紡績) 아파트	영등포정 (영등포구 문래동 3가)	지상3층	종연방적 (鐘淵紡績)		독신자용, 사원기숙사

내용	출처
·멸실 ·《경성·영등포 전화번호부》(1939)에는 히카리여관(ヒカリ旅館)으로 나옴.	〈情死에 時間못대 男女가 幽明兩路로〉,《동아일보》1936년 3월 12일자 〈窃盜次로 入京〉,《동아일보》1936년 4월 17일자 《경성·영등포 전화번호부》(1939): 광화문 3-637
·멸실	〈太平 アパート〉,《경성일보》1936년 5월 23일자 광고 "近日 太平 アパート",《경성일보》1936년 5월 24일자 《경성·영등포 전화번호부》(1939): 본국 2-6658 《사제 경성직업별 전화번호부》(1942): 본국 2-6658
·현존: 임대용 오피스 아일빌딩 ·시공: 타다(多田)공무점 ·4층 규모로 공사비는 15만 5천원 ·독립 부엌 및 독립 변소 있었을 것으로 추정, 피난계단	《대경성부대관》, 1936 《조선은행회사조합요록》, 1935년판 사단법인 경성골프구락부, 〈경성골프구락부 회원 명부〉, 1939년 4월 〈1954년 서면이사회의록서류철〉, 대한석탄공사 〈1957년 취산장 수리 착수 전 사진〉, 성업공사 대한준설공사창립식장, 1967년 8월 10일 〈재계 뉴-스〉,《매일신보》1936년 4월 21일자 광고 "고등하숙",《조선신문》1934년 5월 22일자 〈アパート翠山莊上棟式〉,《조선신문》, 1936년 7월 14일자 〈보일러爆發로騷動〉,《매일신보》, 1939년 7월 3일자 〈조선청년의 진실에 감격, 현란한 선물 미주유학〉,《자유신문》, 1947년 9월 10일자 〈緣故者優先權無視 女性舊三國社宅民,管財廳걸어訴訟〉,《동아일보》, 1953년 9월 23일자 〈한돌맞은 수산청〉,《매일경제》, 1967년 3월 3일자 《경성·영등포 전화번호부》(1939): 본국 2-1893 《사제 경성직업별 전화번호부》(1942): 본국 2-1893 《경성·영등포 전화번호부》(1945): 본국 2-0392 (사무소)
·멸실 ·이시다구미(石田組) 시공 ·총공사비 10여 만원 ·옥외계단에 방화문 설치	사단법인 경성골프구락부, 〈경성골프구락부 회원 명부〉, 1939년 4월 〈ミクニアパート新館上棟式〉,《조선신문》1936년 8월 30일자 《경성·영등포 전화번호부》(1939): 광화문 3-1429 《사제 경성직업별 전화번호부》(1942): 광화문 3-392
·멸실	《조선과건축》제16권 제1호, 1937년 1월 〈鐘紡洛城〉,《매일신보》1936년 11월 17일자

준공/영업 시작			이름	주소 (현 주소)	규모 및 구조	운영주체	회사명	점유유형 및 실 크기
년	월	일					대표자명	
1937	9		덕수(德壽) 아파트	서소문정 21 (중구 서소문동)			조옥현(趙玉顯) 창씨개명: 마츠바라 쓰네카즈 (松原常一)	35+호
1937 이전			○○○아파트	고시정 (용산구 동자동)			타카무라 진이치 (高村甚一)	
1937 이전			타치바나료(橘寮) 아파트	명치정2정목 25 (중구 명동2가)				
1937	8	29	도요타(豊田) 아파트	죽첨정 3정목 250 (서대문구 충정로 3가)	지하1층, 지상4층 철근콘크리트조		도요타 타네마쓰 (豊田種松)	52호
1937	4	10	황금(黃金) 아파트	황금정 5정목 152,154 (중구 을지로 5가)	지하1층, 지상2층 벽돌조		도이 요시지로 (土井義次郎)	
1937 이전			스즈키(鈴木) 아파트	명치정2정목 5 (중구 명동2가)			스즈키 히코이치 (鈴木彦市)	
1937 이전			미도리(ミドリ) 아파트	임정 244 (중구 산림동)				

내용	출처
·멸실 ·1944년 9월 이전 동아호텔 별관으로 전용 ·난방위생	〈朝鮮人本位 共同住宅計劃〉,《매일신보》1936년 8월 11일자 광고 "덕수아파트-난방 위생 설비 완비 순양식 침실",《경성일보》1937년 9월 25일자와 10월 4일자 〈情婦의歡心낙끄려 賃金四千圓橫領 請負業事務員의所行〉,《동아일보》1938년 5월 27일자 〈家賃統制를 無視, 暴利 貪한 아파-트 主人에 鐵槌〉,《매일신보》1940년 11월 19일자 《경성·영등포 전화번호부》(1939): 광화문 3-4052 《사제 경성직업별 전화번호부》(1942): 광화문 3-4052 《경성·영등포 전화번호부》(1945): 광화문 3-4052[동아호텔 별관, 마쓰바라(松原常一)] 《1958 Foreign Community Directory》, Yungmoonsa, 1958
·운영자의 이름과 주소만 확인됨.	〈히도노미찌 지부건물이 옮겨 아파트로 새로 데뷔〉,《매일신보》1937년 6월 26일자 〈悲戀에 飮毒 高商學生의 짝사랑〉,《동아일보》1937년 7월 10일자
·현존: 공동주거시설 ·유림아파트, 충정(로)아파트로도 불림.	〈火神이處處에出沒!〉,《동아일보》1938년 5월 27일자 〈아파-트 旅舘轉業〉,《조선일보》1940년 6월 1일자 Department of Army,《Living and Working in Korea》, Department of the Army Pamphlet 690-4, 1961. 2 〈「國民의아버지」에 5億臺建物 아들六兄弟滅共戰線에 바쳐〉,《동아일보》1962년 4월 13일자 《경향신문》1987년 2월 25일자 《경성상공명록》, 1939년판 1939《경성·영등포 전화번호부》(1939): 광화문 3-2706 《1958 Foreign Community Directory》, Yungmoonsa, 영문사, 1958
·현존: 주거시설	〈女性의最大危機는 姙娠七個月?〉,《동아일보》1938년 8월 3일자 《경성·인천 전화번호부》(1930): 본국 1296 (대가) 《경성·영등포 전화번호부》(1939): 본국 2-7318 《사제 경성직업별 전화번호부》(1942): 본국 5-2095 《경성·영등포 전화번호부》(1945): 동 5-2095
	〈共同住宅의 防火設備 明治町刼火로 痛感 일반차가인들의 주의할 일 時急한 아파-트 取締規則新海消防署長談〉,《매일신보》1937년 1월 31일자 〈けさ明治町に火事 親子4人慘死す 炬燵の火が蒲団に燃え移り〉,《경성일보》1937년 1월 31일자 〈燒出された 愛の逃避行〉,《경성일보》1937년 2월 4일자 〈詐欺코被捉〉,《동아일보》1940년 4월 9일자
	〈心臟の强い女〉,《경성일보》1937년 2월 4일자

준공/영업 시작			이름	주소 (현 주소)	규모 및 구조	운영주체	회사명	점유유형 및 실 크기
년	월	일					대표자명	
1937 이전			초음(初音)아파트	초음정 87 (중구 오장동)				
1938 이전			복수장(福壽莊)	광희정1정목 28 (중구 광희동1가)				
1938 이전			히카리(光) 아파트	관수정 131 (종로구 관수동)				
1938 이전			미리안아파트	내수정 75 (종로구 내수동)				
1938	8	15	욱(旭)아파트	욱정2정목 1,6 (중구 회현동2가)	지상3층 철근콘크리트조		합자회사 시라누이 여관	
							타바타 노보루 (田端 昇)	
1938	8	29	청운장(靑雲莊) 아파트	욱정1정목 99 (중구 회현동 1가)	지하1층,지상5층 철근콘크리트조			
1939 이전			하타(畑) 아파트	고시정 (용산구 동자동)				
1939 이전			백령장(白嶺莊) 아파트	고시정 35 (용산구 동자동)	지상2층 추정		야마다 단하치 (山田團八)	
1939 이전			광희(光熙) 아파트	광희정1정목 226 (중구 광희동)				
1939 이전			무학장(舞鶴莊) 아파트	신당정 420 (중구 신당동)				
1939 이전			앵구(櫻ヶ丘) 아파트	신당정 321 (중구 신당동)				
1939 이전			에이게쓰(榮月) 아파트	신정 8 (중구 묵정동)				
1939 이전			욱료(旭寮)	욱정1정목 100 (중구 회현동1가)				

내용	출처
	〈盜癖잇는 百貨店員兩名〉,《조선일보》1937년 7월 8일자
	〈端緖는마스크케―스飛行機로追擊逮捕〉,《조선일보》1938년 2월 11일자
	〈盜難된寶石 犯人을逮捕〉,《동아일보》1938년 5월 27일자
	〈撮影機窃取〉,《동아일보》1938년 7월 24일자
・멸실 추정 ・시미즈구미는 1936년 5월 100,300엔의 공사비로 욱정여관 공사 수주, 자체 설계, 1937년 6월까지 공사, 1938년 최종 준공	清水組編,《工事年鑑》, 清水組, 1936
・현존: 2020년 현재 비어 있음.	사단법인 경성골프구락부, 〈경성골프구락부 회원 명부〉, 1939년 4월 《경성·영등포 전화번호부》(1939): 본국 2-7721 《사제 경성직업별 전화번호부》(1942): 본국 2-7721
	〈아파트에 盜賊〉,《매일신보》1939년 3월 24일자
	山川秀好著,《日本火災史》, 昭和14年, 第14卷, 雪州会 〈古市町에大火 損害一萬圓〉,《동아일보》1939년 4월 9일자 〈昨夜, 古市町大火:下宿집白嶺莊에서 發火하야 損害는 二萬圓豫想〉,《매일신보》1939년 4월 9일자 《경성·영등포 전화번호부》(1939): 본국 2-5519 (하숙)
	《경성·영등포 전화번호부》(1939):본국 2-4317 《사제 경성직업별 전화번호부》(1942): 본국 5-0694
・멸실	《경성·영등포 전화번호부》(1939): 본국 2-5495 《사제 경성직업별 전화번호부》(1942): 본국 5-1481 《경성·영등포 전화번호부》(1945): 동 5-1481
・멸실	《경성·영등포 전화번호부》(1939): 본국 2-5713 《사제 경성직업별 전화번호부》(1942): 본국 5-1596 《경성·영등포 전화번호부》(1945): 동 5-1596
	〈뱃심좋은활량 유곽에서유치장〉,《매일신보》1939년 7월 11일자
	《경성·영등포 전화번호부》(1939): 본국2-6908(료) 《사제 경성직업별 전화번호부》(1942): 본국 2-6908

준공/영업 시작			이름	주소 (현 주소)	규모 및 구조	운영주체	회사명 대표자명	점유유형 및 실 크기
년	월	일						
1939 이전			히노데(日ノ出) 아파트	욱정1정목 195 (중구 회현동1가)	지상2층		기우치 린타로	28호
1939 이전			히노데(日出) 아파트	욱정1정목 119 (중구 회현동1가)				
1939 이전			적선하우스 (積善ハウス)	적선정 31 (종로구 적선동)	지상3층 철근콘크리트조		미쿠니상회	
1939 이전			효창(孝昌) 아파트	청엽정2정목 53 (용산구 청파동 2가)				
1939 이전			평화장(平和莊)	한강통 16 (용산구 남영동)			야나기 효에 (柳兵街)	
1939 이전			○○○아파트	황금정6정목 18 (중구 을지로 6가)			아마미야 데루 (雨宮てる)	
1939 이전			○○○아파트	서사헌정 산13 (중구 장충동)			가토 사다유키 (加藤定之)	
1939 이전			○○○아파트	고시정 57 (용산구 청파동1가)			하타 센노스케 (畑詮之助)	
1939 이전			창경원아파트	동정 172				
1940 이전			히마루(日丸) 아파트	명치정2정목 18 (중구 명동2가)				
1940	8	5	국수장(菊水莊) 아파트	앵정정1정목 126 (중구 인현동1가)	지하1층, 지상2층 목조, 기와지붕			
1940 이전			오타(太田)아파트	의주통2정목 175 (중구 의주로2가)			오타상회 (太田商會)	

내용	출처
· 멸실 · 2010년 서울역사박물관 조사 당시 49명 거주 확인 · 공동 부엌, 공동 변소, 공동 세면대	〈日之出아파트 집세 올리고 警察에〉,《매일신보》1940년 7월 3일 《2013 서울생활문화자료조사 남대문시장》, 2013, 서울역사박물관 《경성·영등포 전화번호부》(1939): 본국 2-7016 《사제 경성직업별 전화번호부》(1942): 본국 2-7016 《경성·영등포 전화번호부》(1945): 본국 2-7016
	〈엉터리出張〉,《동아일보》1939년 1월 15일자
· 현존: 임대용 건물, 소유주 28명	〈私宅에서 少女에게 私刑 橫暴한 警官所行取調中〉,《경향신문》1948년 1월 30일자 《경성·영등포 전화번호부》(1939): 광화문 3-392
· 멸실	《경성·영등포 전화번호부》(1939): 용산 4-1045 《사제 경성직업별 전화번호부》(1942): 용산 4-1045 《경성·영등포 전화번호부》(1945): 용산 4-1045
	《경성·영등포 전화번호부》(1939): 용산 4-1944 《사제 경성직업별 전화번호부》(1942): 용산 4-1944
· 운영자의 이름과 주소만 확인됨.	《경성·영등포 전화번호부》(1939): 본국 2-7329 《경성·영등포 전화번호부》(1945): 동대문 2098(청운장호텔) 《1958 Foreign Community Directory》, Yungmoonsa, 1958
· 운영자의 이름과 주소만 확인됨.	《경성·영등포 전화번호부》(1939): 본국 2-6967
· 운영자의 이름과 주소만 확인됨.	《경성·영등포 전화번호부》(1939): 본국 2-0746
	〈事故防止코저 車馬禁止區設定〉,《동아일보》1940년 4월 20일자
	〈하로에 赤痢七名- 本町管內 患者續出〉,《매일신보》1939년 8월 15일자
· 현존: 주거시설, 2020년 현재 25명 구분 소유	〈窃盜就縛〉,《매일신보》1943년 7월 27일자
· 멸실	〈太田아파트에"屍體"〉,《동아일보》1940년 2월 16일자 〈아파-트地下室에 無屆出宿泊所 西署에서 嚴斷取締方針〉,《조선일보》1940년 2월 2일자 《대경성사진첩(大京城寫眞帖)》, 1937 《경성·영등포 전화번호부》(1939): 본국 2-5328(오타상회)

준공/영업 시작			이름	주소 (현 주소)	규모 및 구조	운영주체	회사명 대표자명	점유유형 및 실 크기
년	월	일						
1940 이전			경성대화숙 (京城大和塾)	죽첨정3정목 3 (중구 충정로3가)				가족형+독신자용 71호
1940	11	30	식산은행 독신자 (朝鮮殖産銀行 獨身者) 아파트	죽첨정3정목 189 (중구 충정로3가)	지상3층 지상2, 3층: 목조 지상1층: 조적조	조선식산은행 (朝鮮殖産銀行)		독신자용, 사원기숙사 가족형+독신자용 43호 다다미 4.5장 방 42호 다다미 8+10장 방 1호
1941	6	23	(구)미쿠니 사택아파트	욱정2정목 19 (중구 회현동2가)	목조, 기와지붕	미쿠니상회 도이 세이치		
1940 이전			○○○ 아파트	길야정2정목 104 (용산구 후암동)		하시모토 추시로 (橋本忠四郎)		
1941 이전			경학장(經學莊)	명륜정3정목 90 (종로구 명륜3가)				
1941 이전			숭인장(崇仁莊) 아파트	숭인정 70 (종로구 숭인동)				
1941 이전			송운장(松雲莊) 아파트	초음정 153 (중구 오장동)				
1942 이전			오지마(尾島) 아파트	앵정정2정목 121 (중구 인현동2가)		주식회사 미야케구미 (三宅組)		
1942 이전			혜화(惠化) 아파트	혜화정 (종로구 혜화동)	지하1층, 지상2층 목조			
1944 이전			동소문(東小門) 아파트	혜화정 53 (종로구 혜화동)				
미상			창성정(昌成町) 아파트	창성정 105 (종로구 창성동)	지상3층			
미상			남산(南山) 아파트	남산정 (중구 남산동)				
미상			삼청정(三淸町) 아파트	삼청정 (종로구 삼청동)				

내용	출처
·멸실	〈日本情神修鍊道場 京城大和塾, 今日盛大한發會式〉,《매일신보》 1940년 12월 15일자
·멸실 ·현관과 내현관 2개의 출입구로 구성 ·층당 2개의 공동 변소(화변기 2개, 소변기 3개) ·지하1층에 공동 목욕탕, 식당, 관리인사무실 ·증기난방	《조선과건축》 20집 2호, 1936년 2월
	〈緣故者優先權無視 舊三國社宅民,管財廳걸어訴訟〉,《동아일보》, 1953년 9월 23일자
·운영자의 이름과 주소만 확인됨.	《사제 경성직업별 전화번호부》(1942): 본국 2-8736
	《사제 경성직업별 전화번호부》(1942): 본국 5-0132
	《사제 경성직업별 전화번호부》(1942): 본국 5-0429
·멸실	《사제 경성직업별 전화번호부》(1942): 본국 5-2485
	《조선과건축》 제21권 제3호, 1942년 3월
	권은,《서강 인문연구전간 55: 경성 모더니즘-식민지 도시 경성과 박태원 문학》, 일조각, 2018
	《경성·영등포 전화번호부》(1945) : 동 5-3247
·멸실	〈總督府代用官舍〉,《매일신보》1941년 2월 8일자 〈조선총독부대용관사창성정아파트〉, 국가기록원

경성 이외 지역의 아파트 목록

준공/영업 시작			이름	주소 (현 주소)	규모 및 구조	운영주체	회사명 대표자명	점유유형 및 실 크기
년	월	일						
1934	10		부평정 청풍장 (淸風莊) 아파트	부산 부평정2정목 24 (부평동2가)	지상2층 규모 2동		조선도시경영 주식회사 추정	독신 샐러리맨
1941	4	8	남빈 청풍장 (淸風莊) 아파트	부산 남빈정 (남포동6가 69, 72-73)	지상3층 벽돌조		조선도시경영 주식회사 부산지점	가족형 18호 갑형(24.37평) 6호 을형(20.87평) 6호 병형(16.5평) 6호
1944	6	15	남빈 소화장 (昭和莊) 아파트	부산 남빈정 (남포동6가 77-1외 7필지)			조선도시경영 주식회사 부산지점	독신자용 18호 갑형(14.62평) 6호 을형(12.37평) 12호
1934	11	1	동(東) 아파트	평양 동정 6-31 (평양역 인근)	지하1층, 지상4층 철근콘크리트조	동아파트 주식회사		독신자용, 가족형 95호 다다미 4.5장, 6장 30호
						요시무라 겐지 (吉村源治)		다다미 4.5+6장 20호
1936 이후			사이토(齋藤) 아파트	평양 대화정	지상3층	사이토(齋藤) 합명회사		
1940 이전			빈정(濱町) 아파트	평양 빈정				
1941 이전			대구 부영 아파트(A)		지상4층	대구부		독신자용 31호 다다미 6장 17호 다다미 4.5장 6호 다다미 6+4.5장 3호 다다미 6+3장 1호 다다미 6+2장 2호 다다미 4.5+4.5장 2호
1941 이전			대구 부영 아파트(B)			대구부		독신자용 40호 다다미 6장 25호 다다미 4.5장 15호
1939 이전			청진 부영아파트		지하1층, 지상3층	청진부		독신자용 56호 다다미 8장 6호 다다미 6장 30호 다다미 4.5장 20호
1939 이전			금강아파트	인천 해안정1정목 (해안동1가)				
1940 이전			목포 ㅇㅇㅇ아파트				오쿠다이라 큐이치 (奧平九一)	독신자용

내용	출처
· 집세: 월 8원~15원(1실 2명 기준, 추가시 1명당 2원 추가), 전표 제도 도입으로 식사를 못할 경우 식비 공제 · 라디오 청취 장비, 전화설비, 옥상정원	〈寶水町河畔に生れた スマートな「淸風莊」〉,《부산일보》 1934년 10월 23일자
· 부산 최초의 아파트 전시회 개최 · 집세: 월 45~65원(다다미 한 장당 2원 50전~2원 60전) · 채광과 위생을 고려해 남쪽에 응접실 겸 선룸 설치 · 실내 화장실 및 욕실 구비 · 수도, 가스, 전등 설비	〈南濱にアパート 住宅難緩和へ〉,《부산일보》 1940년 3월 2일자 〈淸風莊アパート展〉,《부산일보》 1941년 4월 1일자 〈あす 釜山で初めての アパート展示會〉,《부산일보》 1941년 4월 5일자 〈南濱埋立地に 蕭洒なアパート〉,《부산일보》 1940년 4월 23일자
	〈南濱にアパート 住宅難緩和へ〉,《부산일보》 1940년 3월 2일자 〈南濱埋立地に 蕭洒なアパート〉,《부산일보》 1940년 4월 23일자
· 집세: 방 크기에 따라 12~20원, 다다미 4.5+6장 23~25원, 식대 12원 · 2층은 가족형, 3층은 독신자용으로 구분 · 욕장, 변소, 세면실, 난방장치 · 전화실, 응접실, 매점, 이발소, 당구장, 옥상 발코니	동아경제시보사,《조선은행회사조합요록》, 1935년판, 1939년판, 1941년판, 1942년판 〈獨身者アパート 建築の 平壤無盡會社で〉,《조선신문》 1932년 5월 29일자 〈平壤最初のアパート建築 二階は家族三階は獨身者 階下をマーケット〉,《조선신문》 1933년 8월 11일자 〈平壤市街の偉觀 東アパート出現, 近代建築の粹〉,《조선신문》 1934년 11월 2일자
· 건평 750평, 3층의 근대식 건물, 1층에 식료품 상점, 2층부터 주거공간	〈三階建の齋藤アパート地鎭祭擧行〉,《조선신문》 1936년 5월 24일자
	"國防獻金",《동아일보》 1940년 7월 28일자
· 집세: 1실형 월 10원, 2실형(6+4.5장) 월 17원 · 1층에 부대시설이 있고 2층부터 거주공간 · 응접실, 변소, 공동취사장, 발코니 · 식당, 임대사무실, 숙직실	〈대구부영주택및아파트신영비기채의건〉 1940년 2월, 국가기록원 〈대구부영주택 및 아파트신영비기채의건〉 1941년 10월 28일, 국가기록원
· 집세: 월 17원 정도 · 욕실, 변소, 화장실 · 식당, 조리실, 오락실, 임대사무실	〈대구부영주택및아파트신영비기채의건〉 1940년 2월, 국가기록원 〈대구부영주택 및 아파트신영비기채의건〉 1941년 10월 28일, 국가기록원
· 공동변소, 공동부엌, 보일러, 하수처리시설 구비 · 발코니, 실내외 모두 피난계단 설치 · 안내실, 식당, 부엌, 담화살, 보일러실	〈청진부아파트신영비기채의건〉 1940년 2월, 국가기록원
	〈機械사달라는代金 酒色에蕩盡〉,《동아일보》 1939년 8월 29일자
· 집세: 월 10원이지만 하루 세 끼 비용까지 합하면 월 18원	〈獨身者에朗報 木浦에아파트出現〉,《부산일보》 1940년 3월 10일자

찾아보기

ㄱ

가사이 시게오 128, 276
건축법 216, 218, 219, 220, 221, 226, 228, 230
건축취체규칙 255, 347, 354
경성건축사 212
경성대화숙 123, 457
경성시구개수사업 27
경성여관조합 395
경성토목건축조합 211
경성토지건물합자회사 208
고려호텔 55
광화문호텔 55
광희아파트 69, 349, 437, 454
국가총동원법 232, 236, 237, 238, 244
국민정신총동원운동 354
국수장아파트 223, 349
금수장호텔 80

ㄴ

나루토칸 59
나카지마여관 80
남빈매립지 301, 310
남산동(남산정) 미쿠니아파트(미쿠니상회아파트) 28, 29, 80, 101, 123, 125, 126, 152, 153, 160, 165, 201, 222, 223, 224, 344, 382, 406, 407, 408, 411, 412, 413, 421, 422, 423, 424, 426
내자동(내자정) 미쿠니아파트 10, 14, 29, 30, 34, 36, 69, 71, 80, 123, 125, 128, 130, 131, 133, 134, 135, 136, 138, 142, 144, 162, 163, 165, 168, 172, 175, 176, 190, 208, 225, 226, 228, 229, 246, 257, 260, 264, 266, 268, 271, 273, 274, 276, 278, 279, 281, 282, 285, 287, 293, 296, 299, 313, 316, 326, 327, 340, 346, 348, 349, 369, 370, 387, 419, 432, 452
내자호텔 279, 281, 440
녹천장아파트 69

ㄷ

다가노장 59
다이부쓰호텔 53
다이죠호텔 55, 59
다이쿄여관 79
다케노야여관 80
대가조합 33, 206
대구 부영아파트 191, 256, 262, 263, 264, 266, 267, 339, 340
대실조합 33
덕수아파트 69, 80, 351, 360, 361, 366, 367, 370, 372, 373, 374, 376, 378, 408, 437, 440, 442, 443, 452, 457
덴토여관 80
도요타 타네마쓰 80, 168
도요타아파트 79, 80, 101, 123, 166, 168, 169, 170, 171, 172, 213, 347
도이 세이치 10, 153, 160, 165, 196, 197, 198, 199, 200, 201, 202, 203, 246, 271, 272, 273, 277, 286, 409
도이 요시스케 197
도이 요시지로 431
도준카이아파트 88, 89, 94, 96, 97, 98, 100, 102, 185, 201, 205, 386

동(東)아파트 13, 31, 34, 36, 101, 172, 175, 190, 191, 208, 257, 260, 268, 287, 288, 289, 290, 291, 292, 293, 294, 296, 298, 299, 313, 316, 326, 340, 370

동소문아파트 69

동아파트주식회사 209, 290, 291, 292, 293, 316

동아호텔 별관 80, 372

ㅁ

명동호텔 55

명치여관 79

모리 타쓰오 197, 204, 206, 207

모토야마호텔 79

미나토호텔 55

미도리아파트 223, 455

미도리요여관 180

미생정아파트 351

미에여관 180

미카와야 59

미쿠니상회 10, 11, 30, 127, 130, 134, 136, 153, 160, 165, 172, 175, 197, 198, 199, 200, 201, 202, 245, 246, 249, 271, 272, 273, 274, 277, 278, 282, 286, 316, 326, 406, 408, 409, 419, 420, 421, 432, 457

미쿠니석탄공업주식회사 126, 201, 415

ㅂ

반도호텔 22, 54, 55, 56, 80, 124, 168, 442

백화점건축규칙 218

법덕온천호텔 55

본정아파트 22, 76

본정호텔 55, 180, 208

ㅅ

사사키 세이이치로 399

사사키 히데코 399

사이토 히사타로 196, 203, 204

사이토아파트 185, 204

사이토합명회사 203

삼판아파트 71, 190, 194, 245, 246, 247, 349, 354, 384, 419, 457

삼판호텔 71, 199, 246, 247, 249

소영기 212

소화장아파트 101, 299, 310

손덕현 212

손탁호텔 53

숙옥영업취체규칙 56

스즈키아파트 103, 104, 212, 223, 347, 350, 453

승리호텔 80

시가지건축취체규칙 216, 218, 219, 220, 221, 222

시라누이여관 56, 78

시미즈구미 10, 31, 146, 162, 276, 393, 398

식산은행 독신자아파트 122, 123, 125, 131, 138, 140, 142, 143, 457

신남선 212

신민호텔 80

신영비기채 33, 256

ㅇ

아오키 마사루 197, 208, 209, 210, 299

아카기시 미사오 399

아파트건축규칙 96, 97, 211, 217, 218, 224, 225, 229, 230

애국건축사 213

앵정아파트 223

야나기 효에 69

야마모토여관 56

약초여관 78

오병섭 212

오지마아파트 223

오타아파트 347

옥류장 80

옥상전망대 29, 264, 271, 274, 313, 326

옥상정원 36, 260, 302, 303, 313, 315, 316

요시무라 겐지 197

우라오여관 56

우에하라 나오이치 172, 197, 204, 205, 206, 234, 284, 285, 380, 381, 382, 384, 385, 386, 389, 390

욱아파트 13, 31, 76, 78, 393, 395, 398, 399, 404, 447

이기진 212

이노우에 타카시 431

이명원 357

이시미츠아파트 223

이즈미야여관 59

이토 요시카즈 288, 290

이훈우 357

ㅈ

적선하우스 71, 76, 199, 282, 419, 420, 432, 452

전화번호부 12, 14, 43, 46, 48, 50, 52, 55, 56, 58, 59, 68, 69, 70, 71, 78, 80, 81, 82, 196, 357, 419, 452, 454, 455

정세권 36, 146, 212, 358, 359

조선도시경영주식회사 301, 307, 308, 310, 316, 317

조선시가지계획령 시행규칙 216, 217, 219, 225, 229

조선시가지계획령 216, 217, 218, 221

조선주택영단 33, 34, 101, 155, 156, 157, 158, 242, 255

조선토목건축업통제회 211

조선토목건축협회 211

조선호텔 54, 55, 56, 80, 168, 180

조옥현 69, 359, 360, 362, 363, 366, 367, 368, 370, 372, 376, 378

종연방적주식회사 영등포공장 아파트 152

주택대책위원회 157, 158, 239, 241, 242, 243, 244, 267

중앙아파트 69, 160, 190, 194, 348, 352, 399, 400, 401, 402, 403, 404, 457

중앙호텔 400, 401, 402, 403

지대가임통제령 시행규칙 32, 156, 157, 192, 237

지대가임통제령 32, 33, 59, 78, 156, 158, 237, 238, 239, 240, 242, 244, 245, 249, 251, 262, 340, 360, 363, 372, 375, 447

ㅊ

차경환 212

채운장아파트 9, 28, 69, 101, 106, 123, 164, 165, 172, 186, 190, 194, 204, 205, 234, 284, 340, 341, 344, 353, 354, 384, 385, 386, 387, 389, 390, 391, 399, 404, 438, 457

천진루여관 56

철강공작물축조허가규칙 99, 238

청운장아파트 78, 80, 143, 145, 222, 223, 224, 426, 452

청운장호텔 79, 80

청진 부영아파트 256, 260, 262, 263, 264, 266, 339

청풍장아파트 101, 176, 299, 302, 303, 307, 309, 310, 312, 313, 316, 317

취산아파트 69, 78, 123, 125, 126, 136, 165, 174, 199, 222, 224, 229, 230, 247, 285, 384, 407, 409, 411, 413, 414, 415, 416, 418, 419, 424, 426, 452

취산호텔 138, 249, 414, 418

ㅋ

코리아관광호텔 81

킨파호텔 55, 59

ㅌ

타바타 노보루 394, 395, 398

타치바나료아파트 223

트레머호텔 81, 171, 442, 443

특수건축물취체규칙 97

ㅍ

평양 부영아파트 34, 255

평양무진주식회사 208, 209, 289, 290, 291, 292, 316

평화장 69

ㅎ

하야시야여관 403

하자마구미 208

합자회사 시라누이여관 394

합자회사 중앙아파트멘트 399, 400, 401, 402

합자회사 취산장 409

해동호텔 55

해방호텔 80

협동호텔 80

호죠여관 79

황금아파트 59, 430, 431, 452

효창아파트 71

후쿠야여관 78, 80

흐키마츠칸 59

히노데아파트 76, 78, 125, 192, 350

히라타여관 76

히마루아파트 223, 347

히카리아파트 223, 348, 349, 353